Les créateurs de la Rome moderne, en quatre livres

Mme Oliphant

Writat

Cette édition parue en 2023

ISBN : 9789359250847

Publié par
Writat
email : info@writat.com

Contenu

PRÉFACE.

Personne n'attendra dans ce livre, ni de ma part, les résultats d'une recherche originale, ni un règlement – si jamais un règlement est possible – de questions controversées qui ont occupé les étudiants les plus sérieux. Un coup d'œil individuel sur l'aspect de ces questions qui se présente le plus clairement à un esprit un peu exercé aux aspects de l'humanité, mais non exercé aux manières d'apprendre, est tout ce que j'essaie ou désire. Cet humble effort a été au moins consciencieux. Le travail a été très interrompu par le chagrin et la souffrance, c'est pourquoi, pour ses erreurs, l'écrivain demande l'indulgence de ses amis inconnus.

LIVRE I.
FEMMES HONORABLES PAS QUELQUES.

LE COLISÉE.

CHAPITRE PREMIER
. ROME AU QUATRIÈME SIÈCLE.

Il n'y a aucun endroit au monde dont il est moins nécessaire de tenter une description (ou dont tant de descriptions ont été tentées) que l'ancienne capitale de ce monde, la ville suprême et éternelle, le siège de l'empire, la demeure de l'Empire. conquérant, le plus grand centre humain de pouvoir et d'influence que notre race ait jamais connu. Son histoire est unique ainsi que sa position. Par deux fois, dans des circonstances et par des moyens aussi différents qu'on peut l'imaginer, elle a conquis et soumis le monde. Tout ce qui était connu de l'homme à son époque rendait hommage et reconnaissait le Césars ; et un cercle toujours plus large, englobant des pays et des races inconnus des Césars , a considéré les souverains spirituels qui leur ont succédé comme la première et la plus haute des autorités sur terre. Le lecteur sait, ou du moins est aidé de toutes parts, à avoir une certaine idée et conception de la ville classique – dont être les citoyens était le but de l'ambition du monde entier, et dont les institutions et les lois, et même son architecture et ses coutumes domestiques. , étaient la seule règle de la civilisation — avec ses édifices nobles et grandioses, ses rues splendides, la magnificence et l'ampleur de sa vie ; tandis que, d'un autre côté, la plupart des gens sont capables de se faire une idée de ce qu'était la Rome des papes, la ville médiévale superbe et sordide , avec ses grands palais et ses repaires de pauvreté, et cette conjonction d'exubérance et de misère qui ne frappe pas l'esprit. œil alors que la majeure partie d'une population reste en état d'esclavage. Mais il y a une période entre les deux, qui n'a pas beaucoup attiré l'attention des écrivains anglais, et que le lecteur considère comme une époque sur laquelle il n'est guère souhaitable de s'attarder, bien qu'elle soit en réalité le moment de transition où l'ancien est sur le point de s'arrêter. être remplacé par le nouveau, et alors que déjà l'énergie et l'enthousiasme d'une influence nouvelle font leur apparition parmi les lies tragiques et les abîmes du passé. Une ancienne civilisation mourant dans l'impuissance du luxe et de la richesse, d'où tout pouvoir actif ou influence sur le monde avait disparu, et une nouvelle et profonde révolte intérieure, brisant son faux calme de l'intérieur, avant que les forces déchaînées d'une autre puissance montante n'aient encore commencé à tonner à ses portes au dehors, mais forme cependant un spectacle plein d'intérêt, surtout quand la scène de tant de conflits est traversée et éclairée par les figures les plus vivantes, et a laissé son récit, tant du bien que du mal, dans une authenticité et une authenticité authentiques. des chroniques détaillées, pleines de caractère et de vie individuelle, dans lesquelles les hommes et les femmes de notre époque se tiennent devant nous, occupés et entourés de circonstances très différentes des nôtres, et pourtant liés à nous par cette unité infaillible de la vie et des sentiments humains qui fait de l'étranger le plus éloigné un frère, et du plus éloigné de nos premiers prédécesseurs un voisin d'aujourd'hui.

La situation de Rome au milieu et à la fin du IVe siècle était singulière à tous points de vue. Avec tout son prestige et tous ses souvenirs, c'était une ville dont le pouvoir et les forces dominantes de la vie s'étaient évanouies. Le corps était là, la grande ville avec ses hauts lieux faits pour donner loi et jugement au monde, même les fonctionnaires et exécuteurs des codes qui avaient rendu la justice dans tout l'univers ; mais l'esprit de domination et d'empire avait disparu. Il restait une grande aristocratie, habituée partout à la première place, pleine de richesses, pleine de loisirs ; mais n'ayant rien à faire pour justifier cette grandeur, rien que le luxe, son prix et son accompagnement, devenu désormais son unique objet et son unique sens. La classe patricienne s'était développée par l'usage, par sa grande capacité à occuper tous les postes et à mener chaque expédition dont elle avait constamment montré, ce qui était sa cause originelle et la raison de son existence, dans une position de supériorité et de splendeur inhabituelles . Mais cette raison était éteinte, l'empire les avait quittés, le monde avait un nouveau centre : et les fils des hommes qui avaient dirigé toutes les immenses entreprises de Rome restaient derrière eux avec le fardeau de leurs grands noms et le poids de leurs grands noms. de leur grande richesse, et n'ont rien d'autre à faire que de jouir et de s'amuser : pas de vocations à remplir, pas de fonctions publiques importantes pour occuper leur temps et leurs pouvoirs. Une telle situation est peut-être la plus terrible qui puisse arriver à une classe sociale dans l'histoire d'une nation. Une richesse immense et irresponsable, la suprématie d'une position élevée, sans ces liens d'affaires pratiques qui, dans le cas de tous les dirigeants - même des domaines ou des usines - préservent l'équilibre de l'humanité, sont des instruments de dégradation plutôt que d'élévation. Avoir quelque chose à faire pour cela, quelque chose à voir avec cela, est la condition qui seule rend saine une richesse illimitée. Et cela avait complètement échoué dans la ville impériale. Le plaisir et la parade avaient remplacé le travail et le devoir. Rome n'avait plus d'affaires impériales en main. Son temps était révolu : l'absence d'une cour et toutes ses intrigues n'auraient pu représenter une perte minime pour une communauté – si les fils de la domination universelle qui les avaient occupés jusqu'alors avaient été transférés entre d'autres mains, et que toutes les luttes, les grandes Les questions, les causes, les plaidoyers, les ordonnances du monde étaient maintenant décidées et prononcées à Constantinople, ce qui était la ruine des anciens maîtres du monde. C'était pire que la destruction, un renversement plus terrible que tout ce que les Goths et les barbares pouvaient apporter - non pas la mort qui apporte la satisfaction de toutes les nécessités pour en finir avec eux - mais cette mort dans la vie qui remplit le sang des hommes de froid.

Les images que nous avons laissées de cet état de choses glacent effectivement le sang. Il est naturel qu'il y ait là une certaine exagération. Nous lisons quotidiennement dans nos propres annales contemporaines, documents sur la société dont nous sommes parfaitement compétents pour juger, que, bien que fidèles aux faits sur de nombreux points, ils donnent un tableau trop sombre dans toutes ses ombres, trop criard dans ses lumières, pour offrir une image trop sombre de toutes ses ombres, trop criarde dans ses lumières. juste une vue de l'état de toute condition de choses existante. Les contemporains savent ce qu'il faut recevoir et ce qu'il faut rejeter, et ont tendance à sourire à la possibilité qu'une impression permanente sur le visage de l'histoire soit faite par des lumières et des ténèbres au-delà des habitudes de la nature. Mais pourtant, une fois tout pris en compte, les images contemporaines de Rome à cette époque malheureuse laissent sur l'esprit une impression qui n'est pas contredite mais soutenue et renforcée par les incidents de l'époque et du cours de l'histoire. La population, qui depuis des siècles s'était nourrie et nourrie du pain des allocations publiques et de ces divertissements de gaieté féroce qui endormissaient tous les sens supérieurs, était tombée dans un avilissement complet. Un travail honnête et un objectif honnête, ni aucun espoir d'améliorer leur propre position, de s'élever ou de former leurs enfants, ne semblent pas avoir existé parmi eux. Un détail à moitié ridicule, qui nous rappelle que le vrai Romain a toujours eu un peu de pédantisme dans son orgueil, est noté avec dégoût et dédain même par les écrivains sérieux : c'est que le peuple ne portait plus son nom propre, mais était connu entre eux par des surnoms, tels que ceux de Mangeurs de choux, Marchands de saucisses et autres vulgarismes grossiers et familiers. Cela pourrait être pardonné à la foule qui passait ses journées oisives au cirque ou au spectacle, et ses nuits sur les bancs du Colisée ou sous le porche d'un palais ; mais il est difficile d'exagérer l'avilissement d'une population qui vivait uniquement pour s'amuser, ramassant les misérables morceaux qui la maintenaient en vie de n'importe quelle source fortuite ou corrompue, sans travail à faire ni espoir d'amélioration. Ils formaient l'accompagnement criant et rauque de chaque spectacle, ils envahissaient les sièges inférieurs de chaque amphithéâtre , hurlant de nombreuses critiques ainsi que de bruyants applaudissements, et gardant dans la peur et l'obéissance dégoûtée mais forcée à leurs grossières exactions, les joueurs et les forains qui ont fourni un objet à leur vie. D'après toutes les représentations qui nous sont parvenues, rien de plus dégradé que cette populace, encombrant chaque portique et escalier de marbre, grouillant sur les bancs du Colisée, se prélassant dans la crasse et l'oisiveté sous le brillant soleil de Rome, ou cherchant, parmi les vides, les gloires d'un âge triomphal révolu, un refuge paresseux contre celui-ci, ont toujours été connues.

Les classes supérieures souffraient à leur manière tout aussi profondément et avec une conscience plus profonde des mêmes influences avilissantes de la stagnation. Les descriptions de leur vie inutile et luxueuse sont presque trop extravagantes pour être citées. "Une ample robe de soie", dit le critique et historien de l'époque Ammianus Marcellinus, parlant d'un noble romain, "car une toge du tissu le plus léger aurait été trop lourde pour lui - un lin si transparent que l'air y passait à travers". des éventails et des parasols pour le protéger de la lumière, une troupe d'eunuques toujours autour de lui. C'était l'apparence et le costume d'un fils des grands et célèbres sénateurs de Rome. "Quand il n'était pas au bain ou au cirque pour soutenir la cause de quelque conducteur de char ou pour inspecter de nouveaux chevaux, il dormait à moitié sur un canapé luxueux dans de grandes pièces pavées de marbre et lambrissées de mosaïques . " La chaleur luxueuse impliquée, qui rend la fraîcheur du marbre, la finesse du linge, si désirables, comme dans un tableau de M. Alma Tadema, nous invite en même temps à nous arrêter pour recevoir l'ensemble de cette description comme incontestable ; car Rome a ses époques où les vastes chambres pavées de marbre ne sont plus agréables, bien que les manières et les paroles de la race tendent encore à ignorer complètement cet autre côté du tableau : mais pourtant ses traits généraux sont sans aucun doute vrais.

Quand ce Sybarite sortit, c'était sur un char élevé, où il s'inclina négligemment, montrant lui-même, ses cheveux bouclés et parfumés, ses robes avec leurs merveilleuses broderies et tissus de soie et d'or, à l'admiration du monde ; les harnais de ses chevaux étaient recouverts d'ornements d'or, son cocher armé d'une baguette d'or au lieu d'un fouet, et tout l'équipage suivi d'un cortège de valets, d'esclaves, d'affranchis, d'eunuques, jusqu'aux valets de cuisine, les tailleurs. de bois et de caisses d'eau, pour donner de l'importance à la suite, qui se déplaçait dans les rues avec toute la brutalité qui est l'envers d'une parade insensée, écartant les citoyens et les passants. Les dîners du soir étaient également enfantins dans leur extravagance : les tables couvertes de plats étranges, de monstres de la mer et des montagnes, de poissons et d'oiseaux d'espèces inconnues et de taille inégalée. Ces derniers semblent avoir été un sujet d'orgueil particulier, car on nous parle de domestiques apportant des balances pour les peser, et de notaires se pressant avec leurs tablettes et leurs styles pour enregistrer le poids. Après la fête vint un « orgue hydraulique » et d'autres instruments de grandeur correspondante, pour remplir la grande salle d'une musique retentissante, et des jeux et des danses pantomimiques pour égayer la monotonie des spectateurs luxueux sur leurs canapés – « des femmes aux cheveux longs, qui auraient pu se marier et donner des sujets à l'État », furent ainsi employés, à l'indignation du critique.

Ce chroniqueur de folie et de mauvaises manières ne serait pas humain s'il omettait de son tableau la noble femme de Rome. Ses chambres pleines de servantes obséquieuses, d'esclaves et d'eunuques, la moitié de son temps était occupée par la toilette monstrueuse qui annulait tous les charmes naturels pour donner à la beauté de la Société un étalage fictif et artificiel de rouge et de blanc, de paupières peintes, de cheveux torturés, et une tenue extravagante. Une autorité encore plus incisive que l'historien païen Jérôme décrit même l'une des nobles dames qui dirigeaient la société chrétienne de Rome comme passant la majeure partie de la journée devant le miroir. Comme les dames de Venise d'autrefois, ces femmes, chargées d'ornements, vêtues de draps d'or et dont les chaussures crépitaient sous leurs pieds sous la raideur des décorations métalliques, étaient presque incapables de marcher, même avec l'appui de leurs pieds. préposés; et une vie ainsi accoutrée se passait naturellement à déployer les charmes et la richesse ainsi douloureusement exposés.

Le côté le plus beau du tableau, la révolte de la nature supérieure contre une telle vie, nous amène au cœur même de cette société : et rien ne peut être plus curieux que la pénétration progressive d'un sentiment différent et même nettement contraire, l'impulsion de l'ascétisme et le plus grand dépouillement personnel, au milieu d'une communauté gâtée par une telle formation, mais non incapable de dégoût et d'impatience face au luxe même qui semblait essentiel à son existence. Le pittoresque et l'attrait du tableau résident ici, comme dans bien des cas, principalement du côté des femmes.

Il faut cependant noter le curieux mélange qui existait dans cette société romaine, où le christianisme comme système était déjà fort, et où les hauts fonctionnaires de l'Église commençaient à prendre peu à peu et par degrés lents les places abandonnées par les fonctionnaires de l'Église. L'empire. Bien que la hiérarchie soit déjà établie et que l'évêque de Rome ait pris une importance particulière dans l'Église, le paganisme tenait toujours aux hautes places la domination de l'ancienne économie laissant place à la nouvelle, à la fois si désespérée et si intrépide. l'impuissance et l'amertume se mêlent à la fausse tolérance du cynisme. Le culte des dieux était devenu une survivance de certaines habitudes d'esprit et de vie, auxquelles certains s'accrochaient avec le dégoût colérique de la terreur contre un nouveau pouvoir révolutionnaire d'abord méprisé ; , et certains avec le sentiment de la supériorité intellectuelle de l'art et de la philosophie sur les arguments et les motivations qui ont ému la foule. La vie s'était éloignée de ces religions du passé. La tentative fictive de Julien pour rétablir le culte des dieux et apporter du sang neuf dans les veines épuisées du système mythologique avait en réalité donné la dernière preuve de son extinction en tant que puissance dans le monde : mais elle persistait toujours. son dernier, occupant une place, parfois digne d'une lueur de manières nobles et des grâces de la vie intellectuelle - et souvent, il faut l'admettre, justifiée par l'échec de l'Église à incarner cette pureté et cette élévation que ses doctrines, mais à peine sa morale ou sa vie, professée. Ainsi la foi au Christ, souvent réelle, mais très erronée — et la foi en Apollon, presque toujours fictive, mais parfois digne et supérieure — coexistaient-elles côte à côte. Le père pouvait considérer la seconde avec une superbe indifférence à l'égard de ses rites et une tolérance méprisante à l'égard de ses adversaires, tandis que la mère soutenait la première avec de temps en temps de chauds élans de dévotion et des performances de pénitence pour le pardon de ces amusements et dissipations mondains auxquels elle revenait avec d'autant plus d'enthousiasme que ses veillées et ses prières étaient terminées.

Cette conjonction de deux systèmes si opposés dans toutes leurs impulsions, procédant de fondements si absolument contraires l'un à l'autre, ne pouvait manquer d'avoir un effet extraordinaire sur l'esprit des générations qu'elle mouvait, et fournit, je pense, une explication de certains événements. très difficile à expliquer selon les principes ordinaires, et en particulier l'abandon de ce qui semblerait les devoirs les plus incontestables, par certains des personnages, notamment les femmes dont les histoires et les manières remplissent ce chapitre des grands récits de Rome. Certains d'entre eux abandonnèrent leurs enfants pour s'enterrer dans les déserts, se retirer dans les montagnes, mettant des lieues de terre et de mer entre eux et leurs devoirs les plus chers : pourquoi ? » demande le lecteur. À la demande d'un prêtre, à l'impulsion égoïste de ce désir de sauver leur propre âme, qui, de nos jours du moins, est devenu un motif dégradant, voilà la réponse générale. Il ne serait cependant pas difficile de dresser de l'autre côté un tableau de la lutte avec les autorités de sa famille pour l'éducation d'un fils, pour le mariage d'une fille, devant lesquels une femme peut reculer avec un sentiment d'impuissance. , connaissant le prestige du noble gardien contre lequel elle aurait à lutter, et toutes les forces de l'orgueil familial, de la tradition, de l'usage et de l'habitude, qui seraient déployées contre elle. Mieux vaut peut-être, penserait la mère, abandonner cette guerre, quitter le conflit pour lequel elle n'était pas assez forte, plutôt que de perdre également l'amour de son enfant et de devenir pour lui l'emblème d'une faction opposée tentant de le transformer. de ces délices de la jeunesse que l'autorité héréditaire de sa maison encourageait au lieu de s'opposer. Il est peut-être difficile pour les historiens de prendre en considération de telles motivations, mais je pense que celui qui étudie la nature humaine peut estimer qu'elles valent la peine d'être réfléchies et les considérer comme une justification, ou du moins des excuses, pour les actions de certains des historiens. Les femmes romaines qui remplissent l'histoire de l'époque.

Malheureusement , il n'est pas possible de laisser de côté l'Église de Rome lorsque nous recueillons des détails sur la dépravation et la folie de la société. On ne peut que sentir combien est robuste la foi qui remonte à ces époques pour nous guider et nous donner l'exemple quand on voit l'image dans les pages de saint Jérôme d'une période si ancienne dans l'histoire du christianisme. « Ne pourriez-vous pas regarder avec moi une heure ? Notre Seigneur a dit aux disciples choisis, à ses amis et à ses disciples les plus proches, au moment de sa propre angoisse extrême, avec un reproche si douloureux, et pourtant si conscient de la faiblesse de l'humanité, qu'il fait taire toute excuse. Nous pouvons dire que pendant quatre cents ans, l'Église ne pouvait-elle pas garder l'empreinte de son enseignement, la réalité de la foi de ceux qui étaient eux-mêmes tombés et évanouis, mais qui avaient pourtant trouvé la grâce de vivre et de mourir pour leur Maître ? Mais quatre siècles, c'est long, et les hommes ne sont que des hommes, même avec l'héritage des chrétiens. Ils appartenaient à leur race, à leur âge et aux influences multiples qui modifient dans la foule tout ce qu'elle croit ou veut. Et ils étaient exposés à de nombreuses tentations qui étaient doublement fortes dans ce monde auquel ils appartenaient par leur naissance et leur formation. Comment un homme ordinaire peut-il mépriser la richesse au milieu d'une société corrompue par elle et dans laquelle elle est suprême ? Comment apprendre à être indifférent au rang et au prestige dans une ville où, sans cela, toute autre revendication était foulée aux pieds ? « Les vertus de l'Église primitive, dit Villemain plus tard encore, avaient été sous la garde de la pauvreté et des persécutions : elles étaient faibles dans le succès et le triomphe. L'enthousiasme devint moins pur, les règles de vie moins sévères. Parmi les prosélytes toujours plus nombreux se trouvaient de nombreux indignes, qui se tournaient vers le christianisme par ambition et par intérêt, pour se frayer un chemin à la cour, pour paraître fidèles à l'empereur. offrandes de la foule chrétienne, commença à se revêtir d'une magnificence profane. » Ceux qui atteignaient les honneurs cléricaux plus élevés étaient sûrs, selon le témoignage d'Ammien, « d'être enrichis par les offrandes des dames romaines, et partaient comme des nobles sur de hauts chars, vêtus magnifiquement et s'asseyaient à des tables dignes des rois. " L'Église, dotée autrefois par des convertis, qui offraient parfois tous leurs moyens de subsistance pour la subsistance de la communauté qui leur donnait foyer et refuge, avait continué à recevoir les dons des pieux après que les règles de la vie ordinaire aient repris leur force ; et maintenant qu'elle avait cédé dans une large mesure aux tentations dominantes de l'époque, elle trouva un grand moyen de dotation dans les dons de la repentance sur son lit de mort et de la faiblesse des pénitents mourants, dont elle était réputée tirer un grand profit : la richesse croissait en elle. ses frontières, et le luxe avec, selon l'exemple de la société environnante. C'est Jérôme lui-même qui rapporte à Mgr Damase la parole d'un des plus hauts fonctionnaires romains . « Si vous entreprenez de me faire évêque de Rome, je serai chrétien demain. Même la plus haute place du gouvernement n'était pas aussi précieuse et aussi grande. C'est Jérôme aussi qui nous retrace — l'indignation farouche de son caractère naturel, mêlée à une perception involontaire du côté ridicule du tableau — un jeune prêtre populaire de son temps, dont le plus grand souci était d'avoir des robes parfumées, une robe bien ajustée . chaussure, les cheveux magnifiquement bouclés et les doigts brillants de pierreries, et qui marchait sur la pointe des pieds pour ne pas se salir les pieds.

" Que sont ces hommes ? Pour ceux qui les voient passer, ils ressemblent plus à des mariés qu'à des prêtres. Certains d'entre eux consacrent leur vie et leurs énergies au seul objet de connaître les noms, les maisons, les habitudes, la disposition de toutes les dames de la maison. " Rome. Je vais vous esquisser, cher Eustochium , en quelques lignes, le travail quotidien de l'un d'eux, grand dans les arts dont je parle, afin que, par l'intermédiaire du maître, vous puissiez reconnaître plus facilement ses disciples.

« Notre héros se lève avec le soleil : il règle l'ordre de ses visites, étudie les chemins les plus courts et arrive avant qu'on le demande, presque avant que ses amis ne soient réveillés. S'il aperçoit quelque chose qui lui plaît, un joli meuble ou un marbre élégant, il le regarde, le loue, le retourne entre ses mains, et s'afflige de ne pas en avoir un pareil, extorquant ainsi plutôt qu'obtenant l'objet de ses désirs ; car quelle femme n'hésiterait pas à offenser l'universel. potins de la ville ? La tempérance, la pudeur (*castitas*) et le jeûne sont ses ennemis jurés. Il flaire les festins et aime les viandes salées .

"Où qu'on aille, on est sûr de le rencontrer; il est toujours là devant soi. Il connaît toutes les nouvelles, les proclame d'un ton autoritaire et est mieux informé que quiconque. Les chevaux qui le portent aux quatre Les quartiers de Rome occupés à cette honnête tâche sont les plus beaux qu'on puisse voir ailleurs : on dirait qu'il était le frère de ce roi de Thrace connu dans l'histoire par la rapidité de ses coursiers.

« Cet homme, ajoute l'implacable satiriste dans une autre lettre, est né dans la plus grande pauvreté, élevé sous le toit de chaume d'une maison de paysan, avec à peine assez de pain noir et de mil pour satisfaire les envies de son appétit ; est exigeant et difficile à satisfaire, dédaignant le miel et la farine la plus fine. Expert dans la science de la table, il connaît chaque espèce de poisson par son nom, et d'où viennent les meilleures huîtres, et quelle région produit les oiseaux de la plus belle saveur . Il ne se soucie que de ce qui est rare et malsain. Dans une autre sorte de vice , il n'est pas moins remarquable : sa manie est de guetter les vieillards et les femmes sans enfants. Il assiège leurs lits quand ils sont malades, les sert de la manière la plus répugnante. bureaux, plus humble et servile qu'aucun infirmier. Quand le médecin entre , il tremble, demandant d'une voix hésitante comment va le malade, s'il y a un espoir de le sauver. S'il y a un espoir, si la maladie est guérie, le curé disparaît avec des regrets pour sa perte de temps, maudissant le misérable vieillard qui s'obstine à vivre jusqu'à être aussi vieux que Mathusalem ."

La dernière accusation, qui a été le reproche de l'Église à bien des époques, venait d'être spécialement condamnée par une loi de l'empereur Valentinien

Ier, déclarant nuls tous les legs faits aux prêtres, loi qui suscita la dénonciation furieuse de Jérôme. , non pas de lui-même, mais de l'abus qui l'a provoqué. C'était une affaire plus grave que l'attaque contre les chéris frisés du sacerdoce, plus semblables à des mariés qu'à des prêtres, qui portaient les nouvelles de boudoir en boudoir et faisaient payer leurs amuseurs pour les bibelots et les vieux bric-à-brac qui leur faisaient plaisir. voulu. Ainsi, partout où le regard se tournait, il n'y avait que luxe et amour du luxe, étalage insensé, extravagance et émulation dans tous les arts de la prodigalité, une vie sans gravité, sans occupation sérieuse, sans rien en elle pour justifier l'existence de ces créatures humaines. debout entre la terre et le ciel, et capable de tant de choses meilleures. La répulsion, une répulsion inspirée par le dégoût et non sans extravagance à sa nouvelle manière, était sûre de venir.

LE PALATINE, DE L'AVENTIN.

LA RIPETTE.

CHAPITRE II.
LE PALAIS SUR L'AVENTIN.

Le fort recul de la nature humaine face à ces éléments fatals qui, à maintes reprises, ont menacé de détruire toute la société est l'une des choses les plus nobles de l'histoire, comme l'une des plus divines de la vie. Il existe des preuves qu'elle existe même chez les individus les plus méchants, et elle apparaît très évidemment au premier plan dans chaque république, de siècle en siècle, pour sauver encore et encore de l'avilissement total une communauté ou une nation. Lorsque la dépravation devient la règle au lieu de l'exception, et que les principes sobres apparaissent sur le point de céder complètement au tourbillon de la folie ou à la soif de complaisance envers soi-même, alors on peut toujours s'attendre à ce qu'une braise d'indignation divine, un frisson de haute le dégoût des misérables satisfactions du monde s'allumera d'un côté ou de l'autre et enflammera mille pneus fumants sur toute la surface de la terre. C'est l'une des plus hautes preuves de cette charte de notre être qui est notre bien le plus précieux, le reflet de cette image de Dieu qui, au milieu de toutes les dégradations, tient encore sa place dans la nature humaine et ne sera pas détruite. Nous pouvons en effet déplorer qu'une si courte période de siècles ait effacé à tel point le souvenir de la lumière la plus brillante qui ait jamais brillé parmi les hommes, au point de rendre nécessaire l'extravagance d'une répulsion humaine et d'une révolution afin de préserver et de restaurer la vie meilleure de la chrétienté. En même temps , c'est notre salut en tant que race que de telles révolutions, si imparfaites qu'elles soient en elles-mêmes, soient sûres de se produire.

Ce dégoût du vice, de la dégradation et du mal de toute sorte, public et personnel, s'était déjà accompagné du plus grand excès d'auto-punition et d'austérité en Orient, où déjà les déserts étaient minés de cavernes et de trous dans le sable, auxquels les ermites et les cœnobites , une classe à peine moins exaltée que l'autre dans la passion et la souffrance religieuses, avaient échappé au courant du mal auquel ils ne se sentaient pas capables d'affronter, et vivaient, affamés et agonisants pour le salut des leurs. âmes et pour un monde gisant dans la méchanceté. La renommée de la Thébaïde , de ses saints et de ses martyrs, se faisant peu à peu connaître à travers les grands distances et les silences, avait déjà respiré dans le monde entier, lorsqu'Athanase, chassé par la persécution de son siège et de son pays, vint à Rome, accompagné de deux des les moines dont le caractère était à peine compris en Occident, et apportant avec lui son propre livre, la vie de saint Antoine du désert, ouvrage qui eut à cette époque autant d'effet que la plus populaire des publications, se répandit à travers le monde, en milliers d'exemplaires, pourrait l'avoir maintenant. Cela laisse perplexe le lecteur moderne de penser comment un livre aurait pu ainsi bouleverser le monde et révolutionner des centaines de vies, alors qu'il n'existait que sous forme manuscrite et que chaque exemple devait être soigneusement et fastidieusement copié avant de pouvoir toucher même ceux qui étaient assez riches pour obtenir eux-mêmes un tel luxe. Quelles lectures en commun, quels cercles d'auditeurs sérieux, quel ravissement intense accroché aux lèvres du lecteur, il a dû y avoir avant qu'une œuvre, même la plus sacrée, pénètre dans la foule ! — mais pour nous sans aucun doute, le processus semble plus lent et difficile qu'il ne l'était en réalité lorsque les scribes étaient partout et que les manuscrits étaient traités avec révérence et respect. Lorsqu'Athanase trouva refuge à Rome, c'était pendant le pontificat, ou plutôt, car personne n'avait encore revendiqué la pleine autorité papale, la primauté de Libère , et vers l'an 341, il fut reçu par tout ce qu'il y avait de mieux. à Rome avec une grande hospitalité et sympathie. Rome, dans la mesure où elle était chrétienne, était entièrement orthodoxe, l'hérésie arienne n'y ayant gagné aucune partie de la société chrétienne – et un homme de génie et de caractère imposant, qui apportait dans cette atmosphère stagnante le souffle d'un monde plus vaste, qui avait partagé le Il participait aux conseils de l'empereur et vivait dans les cellules de l'Egypte ; orateur, voyageur , exilé, avec toutes sortes d'intérêts qui s'attachaient à lui, était un visiteur comme on en voyait rarement dans la ville désertée par l'empire. Quelque chose comme l'homme qui, neuf siècles plus tard, parcourait les rues d'Italie avec les signes de celui qui avait traversé le ciel et l'enfer, l'évêque d'Orient a dû apparaître aux citoyens alanguis, avec le brun du désert encore sur les joues, mais il avait pourtant un peu l'air d'un prélat de cour, ami des princes ; tandis que ses serviteurs, l'un avec toute la sauvagerie d'un ermite du désert dans les yeux et l'aspect, dans la robe et le capuchon inconnus - et l'autre doux et jeune comme l'adolescent idéal, timide et simple comme une fille - étaient de merveilleuses apparitions dans la société fatiguée et *blasée* , qui aspirait avant tout à quelque chose de nouveau, à quelque chose de réel, parmi toutes les moqueries et les spectacles de sa vie impuissante.

L'une des maisons dans lesquelles Athanase et ses moines étaient les plus bienvenus était le palais d'une noble veuve, Albina, qui menait la vie grande et luxueuse de sa classe dans la parfaite liberté d'une matrone romaine, chrétienne, mais sans aucune idée en elle. esprit de retraite du monde, ou de renoncement à ses plaisirs. Femme d'un esprit plus ou moins instructif et d'une intelligence vive, elle recevait avec le plus grand intérêt et le plus grand plaisir ces étrangers qui avaient tant de choses à raconter, le grand évêque fuyant ses ennemis, les moines du désert. Le fait qu'elle et son cercle se soient rassemblés autour de lui avec cette attention ravie et flatteuse à laquelle ni le saint le plus abstrait, ni le général le plus sévère ne peut résister, ressort clairement de l'histoire, et elle jette une lueur plus douce sur le théologien passionné qui a tenu bon. , "Moi, Athanase, contre le monde" pour cette mystérieuse splendeur de la Trinité, contre laquelle s'était soulevé l'Orient hérétique. Dans le salon de la dame romaine , dans ses robes orientales sombres et fluides, nous le trouvons au milieu des questions avides des femmes, leur décrivant la vie étrange du désert dont il était si merveilleux d'entendre parler - le chant du soir qui s'élevait comme de chaque crevasse de la terre, tandis que la rémanence égyptienne brûlait en un grand cercle de couleurs autour du vaste globe du ciel, diffusant une illumination étrange et mystique sur les rochers fantastiques et les ouvertures sombres où les chanteurs vivaient invisibles. Quelle image à présenter devant ce cercle doux et impatient, à moitié dressés sur des canapés de soie, vêtus de tissus d'or, flamboyants de bijoux, leurs joues délicates brillant de rouge et de blanc artificiels, leurs tresses croustillantes et bouclées surmontées de la fantastique coiffe imposante. ce qui les a alourdis !

Parmi les dames se trouvait l'enfant de la maison, la petite fille qui était l'excuse de sa mère pour conserver la liberté de son veuvage, Marcella : une enfant réfléchie et pensive, dévorant toutes ces histoires merveilleuses, écoutant tout et faisant une réserve de paroles silencieuses . résolutions et fantaisies dans son cœur. Sa sœur aînée Asella semble s'être déjà isolée de la famille dans un dévouement précoce, ou du moins n'est pas mentionnée. L'histoire qui toucha l'esprit général de l'époque avec un enthousiasme si étrange et si fort, tomba dans le sol vierge de ce jeune esprit comme le germe d'une vie nouvelle. Mais la petite romaine n'était pas une ascète. Elle n'avait évidemment aucune envie, comme l'ont eu certains jeunes dévots, de partir pieds nus à la recherche de la souffrance. Lorsqu'Athanase quitta Rome, il laissa dans la maison qui l'avait si bien accueilli sa vie de saint Antoine, le premier exemplaire qu'on ait vu dans le monde occidental. Ce manuscrit, écrit peut-être de la main d'un de ces merveilleux moines, figures les plus étranges de son monde luxueux, que Marcella connut, devint le trésor de sa jeunesse. Un tel cadeau, à un tel moment, suffisait à occuper le silence visionnaire de la vie d'une jeune fille, souvent si pleine de rêves inconnus et insondables même dans son environnement le plus proche. Elle vécut cependant la routine habituelle de la vie d'une jeune femme à Rome. Madame Albina, la mère, bien que pleine d'intérêt et de curiosité pour tout ce qui était intellectuel et chrétien, tenait encore plus cher au désir naturel d'une mère de voir son seul enfant restant noblement marié et établi dans la splendeur et l'éminence pour lesquelles elle est née . On nous dit que Marcella a grandi pour être l'une des beautés de Rome, mais comme c'est une qualification inaliénable de toutes ces belles âmes, il n'est pas nécessaire de croire que " l' insigne decorem corporis" signifiait toute distinction extraordinaire. Elle accomplit en tout cas son destin naturel et épousa un mari riche et noble, dont cependant nous ne connaissons aucun détail, sinon qu'il mourut quelques mois après, la laissant sans enfant ni lien avec l'ordinaire. vie du monde, dans toute la liberté du veuvage, dès le plus jeune âge.

Ainsi placée en pleine maîtrise de son destin, elle ne semble jamais avoir hésité sur ce qu'elle devait faire d'elle-même. Elle fut bien sûr assaillie par de nombreux nouveaux prétendants, parmi lesquels son historien, qui n'est autre que saint Jérôme lui-même, mentionne spécialement le très riche Cerealis ("dont le nom est grand parmi les consuls"), et qui était un prétendant si splendide que le fait qu'il était vieux ne semble guère avoir joué contre lui. Le refus de Marcella de ce grand mariage et de tous les autres qui lui étaient proposés offensa et aliena ses amis et même sa mère, et il s'ensuivit un moment de douleur et de perplexité dans sa vie. On dit qu'elle sacrifia une partie de ses biens à des parents à qui, à défaut d'elle-même, il incombait de maintenir le nom de famille, espérant ainsi assurer leur tolérance. Et elle acquit la réputation d'une excentrique, et probablement d'une *poseuse* , si générale dans tous les temps où une jeune femme sort des sentiers battus, comme elle l'avait fait en renonçant aux modes et aux toilettes ridicules du temps, en mettant de côté le rouge et l'antimoine, la splendeur invalidante du drap d'or et le fait de revêtir une simple robe de couleur sombre , ce qui a profondément choqué sa génération. Les ragots montaient et volaient de bouche en bouche dans les salons de marbre où les dames romaines languissaient pour un sujet nouveau, ou dans les antichambres où les jeunes prêtres et les diacres attendaient ou devançaient le réveil de leurs patronnes. Ce pouvait être l'hôtel Rambouillet dont nous parlons, et une belle dame réfugiée à Port-Royal, dont on discutait et qu'on mettait en pièces dans ces palais antiques. Quelle était la signification qui se cachait sous cette robe marron ? Était-ce quelque déception inavouée , ou, plus excitant encore, quelque intrigue secrète, quelque amour bas qu'elle n'osait pas avouer ? Retirée dans une villa, s'était-elle, dans la solitude d'un jardin de banlieue, cachée à tous les regards ? et qui donc était le compagnon de solitude de Marcella ? Les dames qui parlaient d'elle avaient peu confiance dans les austérités, ni dans le désir d'une jeune et jolie femme de vivre complètement seule.

Il est très probable que Marcella elle-même, ainsi que ses détracteurs, commencèrent bientôt à penser que le faux désert dans lequel elle avait transformé les jardins de sa villa était en réalité une manière fictive de vivre la vie sainte, et la calomnie était plus prête et susceptibles de s'emparer de cette retraite artificielle, que d'un cours d'existence mené à la vue du monde. Elle a finalement choisi une voie plus sage et plus raisonnable. Sa demeure naturelle était un palais sur l'Aventin où elle retourna, en consacrant une partie à des usages pieux, une chapelle pour le culte commun et de nombreux logements pour les amis partageant les mêmes vues et objectifs qui commencèrent immédiatement à se rassembler autour d'elle. Il est évident qu'il y avait déjà beaucoup de ces femmes dans la meilleure société de Rome. Un sentiment vif de la société féminine, des causeries, des consultations, des spéculations multipliées et sans fin, d'une communauté de femmes, ouverte à toute curiosité agréable et prompte à tout intérêt nouveau, s'élève immédiatement devant nous dans ce premier établissement du monachisme - ou, comme les historiens ecclésiastiques l'appellent le premier couvent de Rome, sous nos yeux. Après tout, ce n'était pas tant un couvent qu'une grande et hospitalière maison féminine, possédant le grand luxe de belles chambres et de beaux meubles, et les manières libérales d'une famille nombreuse et riche, avec tout ce qu'il y avait de plus élégant, de plus cultivé, de plus élevé. , ainsi que les plus dévots et pieux. Les « Âmes », pour reprendre notre jargon du moment, sembleraient en effet y avoir été plus fidèlement représentées que les Sœurs de notre entendement moderne, même si l'on peut reconnaître qu'il existe peu de communautés de Sœurs dans lesquelles cet élément n'intervient pas davantage. ou moins s'épanouir. Des dames chrétiennes, touchées comme elle du désir d'une vie plus vraie et plus pure, se rassemblaient autour d'elle, ainsi que les dames françaises de Port-Royal, et des femmes de la même classe partout, partout où une femme de caractère influent ouvre la voie.

Le caractère et la position de ces dames n'étaient peut-être pas si différents qu'on pourrait le supposer de ceux de la cour de Louis XIV. ou toute autre période historique au cours de laquelle un grand luxe et beaucoup de dissipation avaient rendu malade le cœur de tout ce qui était bon et noble. Il y avait pourtant dans leur sort des caractéristiques très particulières. Certaines d'entre elles étaient les épouses de fonctionnaires païens de l'empire, menant une course parfois sournoise et toujours agitée à travers les troubles d'une maison divisée : et il y avait beaucoup de jeunes veuves perplexes face à des projets de remariage, dont certaines seraient tentées par les perspectives. d'une rentrée triomphale dans les pleines jouissances de la vie, même si un plus grand nombre était probablement résistant et alarmé, soucieux de conserver leur liberté ou de se consacrer, comme Marcella l'avait fait, à une vie supérieure. Les femmes de la mode, qui ne manquaient pas d'ajouter à leurs autres distractions une dévotion à la mode, des femmes d'aspirations intellectuelles, amatrices de l'enseignement supérieur, en quête d'une société tout à fait brillante et nouvelle, sans émotions particulières de sentiment religieux, remplissaient sans doute *le* rangs. « Une société, dit Thierry, dans sa *Vie de Jérôme*, de femmes riches et influentes, appartenant pour la plupart à des familles patriciennes, s'organisa ainsi, et l'oratoire de l'Aventin devint un siège d'influence et de pouvoir laïc que les le clergé lui-même fut bientôt obligé de compter avec.

Les chefs de la communauté portaient à Rome les noms les plus nobles, ce qui cependant, à cette époque de détérioration universelle, n'était pas toujours une garantie de naissance noble, puisque les plus grands noms étaient parfois pris avec les plus minces prétentions à leurs honneurs . La sœur de Marcella, Asella , plus âgée que les autres, et parmi elles une sorte de mère, avait depuis longtemps « vécu la vie » dans l'obscurité et l'humilité, et plusieurs autres personnes peu remarquables dans les archives étaient des associées éminentes. Cependant, les membres réels de la communauté ne sont pas tant remarqués ou évoqués que les visiteurs qui allaient et venaient, tous n'ayant pas un caractère religieux cohérent, des dames du grand monde. L'une d'elles, Fabiola, offre un épisode amusant dans le conte le plus grave, le contraste d'un papillon du monde, une *grande dame* aux manières, aux airs et aux grâces fascinantes, malheureuse chez ses maris, dont elle en eut deux, dont l'un divorcé. – et pas vraiment réticente à divorcer de la seconde et à tenter à nouveau sa chance. Une autre, l'une des plus importantes de toutes en termes de famille et de prétentions, et de loin la plus importante dans l'histoire de ces visiteurs constants, était Paula, une descendante (collatérale, le lien étant de l'espèce la plus légère et la plus facile, comme c'était le cas de la famille). époque) du grand Æmilius Paulus, fille d'un Grec distingué qui prétendait descendre d'Agamemnon, et veuve d'un autre qui prétendait qu'Énée était son ancêtre. Ces grandes prétentions mises à part, elle était certainement une grande dame dans tous les sens du terme, délicate, luxueuse, suivant toutes les modes du temps. Elle aussi était veuve, avec une famille de jeunes filles, dans cet état enviable de liberté dont les dames romaines donnent tout signe d'avoir utilisé et apprécié au maximum, la seule condition dans laquelle elles étaient tout à fait libres de régler leur propre sort. . Paula est la plus intéressante de la communauté, car c'est celle que nous connaissons le mieux. Aucune belle dame n'est plus exquise, plus exigeante, plus splendide qu'elle. Même son christianisme ne l'avait pas détournée des plus beaux atours de ses habitudes romaines. Elle était une de ces belles dames qui ne pouvaient se promener sans le soutien de leurs domestiques, ni traverser à peine le sol de marbre d'un lit de soie à l'autre sans chanceler, comme elle le pouvait, sous le poids des lourds tissus entrelacés d'or. dont ses robes étaient faites. Veuve à trente-cinq ans, elle était encore en pleine possession des charmes de la femme et du soleil de la vie (même si l'on nous dit que son chagrin pour son mari était profond et sincère) - avec ses jeunes filles grandissant autour d' elle , plus semblable à ses sœurs qu'à ses enfants, et partageant chaque pensée. Blæsilla , l'aînée, veuve à vingt ans, était, comme sa mère, une Romaine exquise, aimant tout ce qui était beau, doux et luxueux. Dans les quolibets affectueux de la famille , on la décrit comme passant des journées entières devant son miroir, se livrant à toutes les extravagances vestimentaires et de décoration personnelle, la tour de boucles sur sa tête, la touche de rouge sur ses joues. Une seconde fille, Pauline, était à la veille de se marier avec un jeune patricien, aussi noble, aussi riche et, comme on le prouva plus tard, aussi dévotement chrétien que la famille dans laquelle il s'était marié. Le troisième membre de la famille, Eustochium , une fille de seize ans, d'un caractère contrastant fortement avec ceux de sa belle mère et de sa sœur, sainte de naissance, était la préférée et presque l'enfant de Marcella, instruite par elle depuis ses premières années, et avait déjà fixé son choix sur une vie monastique, et semble avoir résidé dans le palais de l'Aventin où les autres visitaient si fréquemment. De tout ce groupe charmant et brillant , elle est la seule née recluse, sévère dans sa vertu juvénile, insensible à aucune des fascinations du monde. L'histoire suivante, très jolie et graphique, est racontée à son sujet, dans laquelle nous avons un curieux aperçu de la société étrangement mixte de l'époque.

La famille de Paula, bien que chrétienne et pleine de ferveur religieuse , ou du moins imprégnée du nouvel esprit de révolte contre la corruption de l'époque, était étroitement liée à la société païenne encore existante de Rome. Sa belle-sœur, sœur de son mari et tante de ses enfants, était une certaine dame nommée Prætextata , épouse d' Hymettius , haut fonctionnaire de l'empereur Julien l'Apostat, tous deux appartenant, avec quelque chose de l'enthousiasme fictif. de leur maître, à la foi des anciens dieux. Sans doute l'une des critiques les plus sévères de cette société de l'Aventin , Prætextata voyait avec impatience et colère ce qu'elle considérait sans doute comme la gravité artificielle, inspirée par son entourage, de la jeune nièce qui avait déjà annoncé son intention de ne jamais se marier, et se retirer complètement du monde. De telles résolutions de la part de filles qui ne savent rien du monde qu'elles abandonnent ont exaspéré les parents les plus dévots, et il n'était pas étonnant que cette dame païenne trouve cela absurde. Le petit complot qu'elle formait contre la jeune fille sérieuse était pourtant du genre le plus bon enfant et le plus innocent. Constatant que les paroles n'avaient aucun effet sur elle, la dame aînée invita Eustochium chez elle pour une visite. La jeune vestale arrivait toute impertinente dans sa petite robe brune, costume d'humilité, mais à peine était-elle entrée dans la maison de sa tante qu'elle fut saisie par les mains caressantes et flatteuses des servantes, intéressées à l'intrigue comme les servantes préférées d'un tel établissement . serait, qui dénouait ses longs cheveux et les tordait en boucles et en tresses, lui ôtait son humble robe, la vêtissait de soie et de drap d'or, la couvrit d'ornements et la conduisit devant le miroir qui reflétait tous ces charmes, pour l'éblouir. yeux avec l'apparition d'elle-même, si différente de la figure de l'école qu'elle connaissait. Le petit complot était aussi intelligent qu'innocent, et aurait sans doute pu faire battre un cœur de seize personnes. Mais Eustochium , avec son nom grec et son cœur vierge, était la fille grave que nous connaissons tous, celle qui çà et là parmi le jardin des filles, née avec un sérieux naturel qui dépasse de telles tentations. Elle se laissa tourner en rond, reçut doucement dans son doux calme les applaudissements de la maison rassemblée, regarda son image dans le miroir comme un tableau, et rentra chez elle dans sa petite robe brune avec son histoire à raconter, qui C'était sans doute un amusement et un triomphe sans fin pour les dames de l'Aventin, répété à chaque nouveau venu avec de nombreux rires de la sottise de la tante intelligente qui avait espéré par de tels moyens séduire Eustochium, Eustochium, le plus sérieux des le centre commercial!

Telle fut la première communauté religieuse de Rome. C'était la maison naturelle de Marcella dans laquelle ses amis se réunissaient, sans pour la plupart abandonner leur propre palais ni abandonner leur propre place dans le monde – un centre et une maison de cœur, où ils se retrouvaient constamment, les résidents étant toujours prêts à recevoir. , non seulement leurs plus proches associés, mais toute la société des dames romaines, qui pourraient être attirées par les aspirations plus élevées de l'intellect et de la piété. Il n'existe plus aucune pierre de cette noble demeure, mais on suppose qu'elle se trouvait à proximité de l'église actuelle de Sta. Sabina, une monture de vision inégalée. De ce mont maintenant couvert de tant de ruines, les dames regardaient la splendeur encore intacte de la ville, le Tibre tout en bas balayant sous les murs. Palatinus , avec les « toits blancs » de cette maison vers laquelle Horace regardait avant de se plonger dans le fleuve Jaune, se tenait encore intact à leur droite : et, bien plus anciennes et plus anciennes, la richesse de la nature, la gloire de l'Empire romain . le ciel et l'air, la daphné aux fleurs blanches et le myrte étoilé, et ces roses qui sont les plus anciens habitants du monde que nous connaissons, jetant leurs gloires sur les balustrades de marbre et rendant les terrasses douces. Là, ils se promenaient et causaient, les solitaires à l'aise et simples dans leurs robes brunes, les grandes dames inquiètes sous le poids de leurs toilettes, mais toutes avides d'entendre, de raconter, de lire la dernière lettre de l'Orient, du désert. ou au cloître, pour échanger leurs expériences et planifier leurs œuvres caritatives. Il n'y a rien d'ascétique dans ce tableau, qui est bien différent de celui de ces austères solitudes du désert, qui l'avaient suggéré et inspiré : la dame Paula entrant en chancelant, avec un domestique de chaque côté pour la conduire au lit le plus proche. et la jeune Blæsilla faisant une brillante irruption dans toute sa bravoure, avec ses bijoux étincelants et son voile transparent flottant, et ses talons d'or tapant sur le sol de marbre. Ce n'est pas ainsi qu'on comprend l'atmosphère d'un couvent ; cependant, si l'on prend en considération les faits, les plus grands couvents ont été très semblables à cela, de tous les temps, les plus belles dames ayant toujours aimé ce commerce et ce contraste, moitié envieuses de la paix de leurs sœurs cloîtrées, moitié heureuses de les éblouir de leurs regards. une splendeur qui ne pourrait jamais être la leur.

« Aucune règle fixe, dit Thierry, dans sa *Vie de saint Jérôme* , n'existait dans cette assemblée où il y avait tant d'individualités et où la vie monastique n'était même pas tentée. Ils lisaient ensemble les Saintes Écritures, chantaient des psaumes, organisaient bonnes œuvres, discutait de la condition de l'Église, des progrès de la vie spirituelle en Italie et dans les provinces, et entretenait une correspondance avec les frères et sœurs en dehors d'un caractère plus strictement monastique. Les gens du monde venaient de temps en temps se rafraîchir dans ces saintes réunions, puis retournaient dans leurs familles. Ceux qui étaient libres s'adonnaient aux exercices de dévotion, selon leur goût et leur inclination, et Marcella se retirait dans son désert. peu de temps ces exercices furent variés par la recherche du savoir. Toutes les dames romaines de haut rang connaissaient un peu de grec, ne serait-ce que pour pouvoir dire à leurs favorites , selon le *mot* de Juvénal, répété par un père de l'Église, Ζω ὴ κα ὶ ψυχ ὴ , ma vie et mon âme : les dames chrétiennes l'ont étudié mieux et avec un motif plus élevé. Plusieurs versions ultérieures de l'Ancien et du Nouveau Testament circulaient généralement en Italie, différant considérablement les unes des autres, et cette différence même incitait les esprits inquiets à se référer au grec original pour les Évangiles et pour les livres hébreux au grec de la Septante. , le guide préféré des traducteurs occidentaux. Les dames chrétiennes se mirent donc à perfectionner leur connaissance du grec, et beaucoup, parmi lesquelles Marcella et Paula, y ajoutèrent la langue hébraïque, afin de pouvoir chanter les psaumes avec les paroles mêmes du roi-prophète. Marcella est même devenue, grâce à une comparaison intelligente des textes, si forte en connaissances exégétiques qu'elle était souvent consultée par les prêtres eux-mêmes.

C'est vers l'an 380 que cet établissement fut formé. "Le désert de Marcella" évoqué ci-dessus était, comme le lecteur s'en souvient, un grand jardin dans une banlieue de Rome, qu'elle s'était plu à laisser courir à l'état sauvage, et où parfois cette grande dame romaine jouait à la vie d'un ermite dans solitude et abstinence. Le désert de Paula, peut-être pas si facile, était dans sa propre maison, où, outre les trois filles déjà mentionnées, elle avait une fille plus jeune, Rufina , pas encore en âge de montrer des tendances marquées, et un petit garçon Toxotius , son fils. fils unique, qui était jalousement soigné par ses parents païens, pour l'empêcher d'être emporté par cette marée du christianisme.

SUR LE PALATIN.

Tel était l'état du cercle sur l'Aventin, lorsqu'un grand événement se produisit à Rome. Après bien des luttes et des désastres en Orient, principalement le malheur toujours récurrent d'une rupture de l'unité, un diocèse exhibant ici et là sa liberté en choisissant deux évêques représentant des partis différents à la fois, et réclamant ainsi l'exercice d'une autorité centrale. — Le pape Damase avait convoqué un concile à Rome. Il était si bien qualifié pour être juge dans de tels cas, qu'il avait lui-même conquis son siège à la pointe de l'épée, après un combat acharné au cours duquel beaucoup de sang a été versé, et l'église de S. Lorenzo, théâtre de la lutte, fut assiégé et pris comme un château. S'il avait espéré par ce moyen établir l' autorité universelle de son siège, prétention encore peu développée, il fut immédiatement devancé par l'évêque de Constantinople, qui convoqua aussitôt un concile rival en ce lieu. Le Concile de Rome, cependant, est d'une importance bien plus importante pour nous qu'il a mis en pleine lumière dans le monde occidental la grande et remarquable figure de Jérôme : et plus encore pour notre histoire des dames romaines de l'Aventin, puisqu'il a soudainement leur présenta l'homme dont le nom est à jamais lié au leur, qui est supposé à tort, comme le lecteur le verra, avoir été le fondateur de leur communauté, mais qui en devint désormais le chef et le guide le plus fiable dans la vie spirituelle.

LES MURS PAR ST. JEAN DE LATERAN.

CHAPITRE III.
Mélanie.

Il serait peut-être bon, cependant, avant de poursuivre ce récit, de raconter l'histoire d'une autre dame romaine, qui n'était ni de leur bande, ni en harmonie avec eux, qui avait déjà fait écho à travers le monde chrétien, un roman sauvage d'enthousiasme et d'aventure dans lequel la violation de toutes les convenances de la vie n'était pas moins remarquable que l'abandon de ses devoirs. Une dizaine d'années avant la formation de la maison religieuse de Marcella (les dates sont de la dernière incertitude), une jeune dame de Rome, d'origine espagnole, riche et noble et du plus haut rang existant, se trouva brusquement abandonnée au début d'une vie splendide et vie heureuse, dans la désolation et le deuil. Son mari, dont le nom n'est pas enregistré, est décédé prématurément, la laissant avec trois petits enfants, et peu de temps après , alors qu'elle n'était pas encore remise de ce coup écrasant, un autre l'a frappée dans la mort de ses deux enfants aînés, l'un après l'autre. La jeune femme, âgée de vingt-trois ans seulement, ainsi terriblement frappée, semble avoir été poussée dans une fièvre d'excitation et de passion par une série de désastres à écraser n'importe quel esprit. On raconte qu'elle ne pleurait ni ne s'arrachait les cheveux, mais qu'elle s'avançait vers le crucifix, les bras étendus, la tête haute, les yeux sans larmes et quelque chose comme un sourire sur les lèvres, et remerciait Dieu qui l'avait maintenant délivrée de tout. liens et la laissa libre de se servir. On ne nous dit pas si elle avait déjà nourri ce désir, ou si c'était seulement le désespoir de la mère distraite qui s'exprimait par de tels mots. Dans la hâte et l'inquiétude de son angoisse, elle organisa tout pour de grandes funérailles et, plaçant les trois cadavres sur une même bière, les suivit seule à Rome jusqu'au mausolée familial, tenant dans ses bras son fils en bas âge, la seule chose qui lui restait. La population de Rome, avide de tout spectacle public, s'était rassemblée au cours de nombreux triomphes et avait vu plus d'un César haut placé revenir victorieux dans la ville qui applaudissait, mais elle n'avait jamais vu une procession aussi triomphale que celle-ci, La Mort la Conquérant menant ses captifs. On ne nous dit pas si elle fut accompagnée de charités débordantes, d'allocations extravagantes et d'offrandes aux pauvres avec lesquelles d'autres personnes en deuil tentèrent d'apaiser leur chagrin, ou si la splendeur et la solitude du deuil de Melania n'étaient adoucies par aucun ministère de charité ; mais cette dernière est plus conforme à la fureur et à la passion extraordinaires du chagrin, comme d'une femme blessée et indignée par le ciel sur laquelle elle a ainsi attiré l'attention des sphères.

L'impression produite par cette splendeur funéraire et par la vue de la jeune femme qui le suivait sans larmes et désespérée avec son dernier enfant dans ses bras, n'avait pas disparu de l'esprit des spectateurs lorsque le bruit courut à Rome que Melania avait abandonné son dernier enfant. liée à la vie et partit pour le monde extérieur on ne savait où, laissant son enfant si complètement sans aucun arrangement pour son bien-être que le fonctionnaire chargé de s'occuper des orphelins dut choisir un tuteur pour ce fils de sénateurs et de consuls comme s'il était un enfant trouvé sans nom. Quelle amertume d'âme se cachait derrière un abandon aussi incompréhensible, qui pourrait le dire ? Il pourrait s'agir d'un sentiment de malheur tel qu'il accable certains esprits sensibles, comme si tout ce qui leur appartient était destiné et que rien ne leur laissait d'autre que le tragique expédient d'Agar dans le désert : « Que je ne voie pas l'enfant mourir ». Peut-être le courage de la jeune femme au cœur brisé a-t-il sombré devant la lutte avec les relations païennes, qui ne ménagerait aucun effort pour élever ce dernier descendant de la famille dans la foi ou la non-foi de ses ancêtres ; peut-être était-elle en réalité dépourvue de ces instincts maternels qui font de l'enfant mis à genoux le meilleur consolateur de la femme à qui on a ramené son guerrier mort. C'est l'explication donnée par le monde qui a mis en pièces la malheureuse Mélanie et l'a soumise à l'indignation universelle. Même les chrétiens déjà touchés par l'enthousiasme et la passion du pèlerin et de l'ascète ne pouvaient justifier la disparition soudaine et mystérieuse d'une femme qui avait encore un lien naturel si fort pour la garder dans sa maison. Mais quel que soit le caractère de Melania, qu'elle soit dénuée de tendresse, ou seulement distraite par le chagrin et le deuil, et se hâtant d'éloigner son ombre fatale du berceau de son enfant, elle était au moins invulnérable à toute discussion ou persuasion. "Dieu prendra soin de lui mieux que moi", a-t-elle déclaré en laissant l'enfant à son sort. C'était probablement une meilleure affaire que celle de cette jeune femme apparemment sans amis, avec ses relations païennes, son enthousiasme et sa volonté sans compromis, et avec tous les risques entourant ses pieds qui faisaient le chemin d'une jeune veuve à Rome . si plein de danger; mais il est heureux pour le monde que peu de mères soient capables de compter ces risques ou de tourner le dos à un devoir qui est habituellement leur meilleure consolation.

Il y a cependant un intérêt pour le caractère et les démarches d'une femme aussi exceptionnelle qui a toujours excité le monde, et que le spectateur réfléchi aura peine à rejeter en l'imputant communément d'un simple manque de cœur et d'un manque de sensibilité. Melania était une fière patricienne, même si elle rejetait toute trace de rang terrestre ou de richesse, et une personne pleine d'entrain et de caractère, malgré sa plongée ultérieure dans les ministères de charité les plus avilissants. Et ces traits de caractère n'étaient pas altérés par son soudain renoncement à toutes choses. Elle s'est présentée comme un personnage magistral déterminé, bien que sans doute inconsciemment, à influencer toutes les circonstances selon sa volonté, bien que dans le plus grand abnégation et avec toutes les apparences et l'environnement de l'humilité. C'est un paradoxe que nous rencontrons de tous côtés, dans les récits d'abandon du monde qui sont familiers dans toute histoire des débuts du système monastique, dans lequel continuellement les hommes et les femmes abandonnent tout sans renoncer à rien, et exercer leur volonté individuelle et traverser des circonstances qui semblent exclure l'exercice de l'une ou l'autre.

La disparition de Mélanie fit une grande sensation à Rome, et découragea sans doute le zèle chrétien et éveilla le doute dans de nombreux esprits, tout en prouvant aux autres l'ampleur du sacrifice qui pouvait être consenti pour la foi. D'un autre côté , l'adversaire avait d'innombrables occasions de blasphémer et de dénoncer les doctrines qui, comme il avait quelque raison de le dire, frappaient ainsi les fondements mêmes de la société et affaiblissaient tous les liens de la nature. Quelle influence plus terrible que celle qui faisait qu'une femme abandonnait son enfant, l'enfant qu'elle avait porté dans ses bras aux grands funérailles, aux yeux de toute Rome, le fils de sa douleur ? Personne, à l'exception d'un passionné impétueux, ne pouvait prendre son parti, même parmi ses confrères chrétiens, et il ne semble pas non plus qu'elle ait recherché un quelconque soutien ou présenté des excuses pour elle-même. Jérôme, alors jeune étudiant et érudit d'Orient, était à Rome, dans l'obscurité, encore catéchumène préparant son baptême, au moment de la fuite de Mélanie ; et bien qu'il n'y ait aucune preuve qu'elle le connaissait, et aucune probabilité qu'une personne aussi inconnue puisse avoir quoi que ce soit à voir avec sa résolution, ou ait pu influencer son esprit, il a été suggéré plus tard, quand il était bien connu, qu'il avait probablement beaucoup à faire – qui peut le dire, sinon le motif le plus puissant et le plus coupable ? – pour déterminer sa fuite. Une explication aussi vulgaire est toujours adaptée à l' humeur de la foule et donne une solution facile à des problèmes autrement si difficiles à résoudre. En fait, ces deux personnages, assez semblables en force et en esprit, eurent beaucoup à faire l'un avec l'autre, quoique le plus souvent dans un sens hostile, dans la suite de leur vie.

Nous retrouvons Mélanie en Égypte, vers laquelle elle a vraisemblablement dirigé sa fuite comme le quartier général d'une dévotion austère et d'un sacrifice de soi, en quittant Rome - seule, à ce qu'il semble. C'était en l'an 372 (rien n'est plus délicieux que de rencontrer de temps en temps une date, comme un ange, dans le vague désert des lettres et des récits), alors qu'Athanase, le grand évêque, touchait à sa fin. La jeune fugitive, dont l'arrivée à Alexandrie ne serait pas accompagnée d'un mystère tel que celui de son départ de Rome, fut reçue avec bienveillance par le saint mourant, auquel elle avait probablement été connue dans ses meilleurs jours et qui, dans son enthousiasme pour la vie, de privation et de sacrifice monastiques considérait probablement sa fuite et sa résolution comme inspirées par le ciel. Il lui donna, espérons-le, sa bénédiction et de nombreux bons conseils, en plus de la peau de mouton sacrée qui avait formé l'unique vêtement du saint Macaire dans sa cellule du désert, qu'elle emporta avec elle comme son bien le plus précieux. . La grande dame romaine poursuivit alors son chemin dans le désert, qui était en effet un désert plutôt de nom que de fait, étant peuplé de tous côtés par des communautés d' hommes et de femmes, tandis que dans chaque fissure rocheuse et chaque caverne étaient des ermites jalousement enfermés chacun dans leur intimité. son trou, plus il est inaccessible, mieux c'est. Rien de plus contradictoire que les termes utilisés. Ce désert de solitaires chantait l'hymne du soir sur toute son étendue, comme si les sables et les rochers chantaient, tant les fidèles invisibles étaient nombreux. Et la voyageuse partit pour ainsi dire seule dans le désert, dans la plus grande abnégation et humilité, mais accompagnée d'un cortège interminable de serviteurs dont la présence était indispensable, ne serait-ce que pour transporter et protéger le stock de provisions et de cadeaux qu'elle emportait avec elle. son.

La conception d'un personnage solitaire au bord d'un désert de sable sans piste, confronté à tous les périls, et rencontrant peut-être après de pénibles jours de solitude un anachorète encore plus solitaire dans sa cellule, pour lui offrir l'hospitalité d'une poignée de pois et d'un sanctuaire de la prière, qui est l'image naturelle qui se présente à nous, change considérablement lorsque les détails sont examinés. Mclania voyageait évidemment avec un grand caravansérail, avec des chameaux chargés de céréales et de toutes sortes de provisions nécessaires à la vie dans ces régions. Les temps étaient encore plus difficiles que d'habitude. La mort d'Athanase fut le signal d'un de ces accès de persécution qui déchirèrent le monde chrétien dans ses premiers âges, et qui, hélas ! l'Église elle-même n'a jamais tardé à apprendre l'usage de. La population souterraine ou aérienne du désert égyptien était orthodoxe ; les puissances qui existaient étaient ariennes ; et les ermites comme les cœnobites furent chassés de leurs refuges et traînés devant des tribunaux, où leur cause fut tranchée avant d'être entendue et toutes les férocités utilisées contre eux. Dans un pays si déchiré par les agitations les plus violentes, Mélanie passait comme un ange de charité. Elle est devenue la providence des moines traqués et souffrants. On dit qu'elle eut pendant une courte période pourvu à cinq mille dollars à Nitria , ce qui prouve que si secrète que soit sa disparition de Rome, son adresse, comme nous devrions le dire, devait être bien connue de ses banquiers, ou de leur équivalent. Il est donc évident qu'une robe de sac n'implique pas nécessairement la pauvreté, encore moins l'humilité, et qu'une femme peut monter sur le cheval le plus désolé (choisi, semble-t-il, parce que c'était une chose plus abjecte que l'âne bien conditionné de l'homme). l'Orient) et pourtant se comporter comme une princesse.

Palladius à propos de cette Dame Abondante primitive qui, si elle ne rappelait pas l'action de saint Paul dans des circonstances à peu près similaires, serait très pittoresque. Le proconsul de Palestine, ne sachant pas du tout qui était la femme pestilentielle qui persistait à approvisionner et à défendre la population de religieux dont il avait mission de se débarrasser — allant même jusqu'à les visiter et à les nourrir dans ses prisons — avait elle a été arrêtée pour répondre de son ingérence. Il n'y a rien de plus probable que Mélanie se soit souvenue de la méthode adoptée par saint Paul pour mettre ses juges sur pied. Elle envoya au consul un message où un certain mépris compatissant se mêle à l'orgueil. « Vous m'estimez par ma tenue actuelle, » dit-elle, « qu'il est tout à fait en mon pouvoir de changer quand je le veux. Prenez garde de ne pas vous attirer des ennuis par ce que vous faites dans votre ignorance. Cet incident s'est produit à Césarée , la grande ville du bord de la Méditerranée qu'Hérode avait bâtie, et dont les ruines prodigieuses gisent encore dans une sombre grandeur capable de restaurer les usages de la vie. Le gouverneur de la ville syrienne tremblait sur son fauteuil doré. Les noms cités par Melania ont suffi à le renverser une demi-douzaine de fois, même si, à vrai dire, ils ne sont pas très clairement révélés à l'étudiant éloigné. Il s'empressa de libérer la pèlerine hâlée dans sa robe brune et de la laisser à elle-même. "Il faut répondre à un imbécile selon sa folie", dit-elle avec dédain, en acceptant sa liberté. La progression de cette dame à travers les déserts hantés, son entrée de ville en ville, avec le bouclier de son rang prêt à être utilisé en cas d'urgence, accompagnée des fournitures continuelles des intendants de ses domaines, et du pouvoir de répandre l'abondance autour d'elle partout où elle allait, on ne pouvait guère dire qu'elle méritait les récompenses de la privation et de l'austérité, même si ses pieds délicats étaient chaussés de sandales grossières et si le drap d'or était remplacé par une tunique de laine rugueuse.

COLISÉE AU CLAIR DE LUNE.

Melania était, sans doute depuis quelque temps avant cet incident, accompagnée d'un prêtre nommé Rufinus , compatriote, camarade d'école et ami cher de Jérôme, le futur Père de l'Église, à cette époque un jeune aventurier religieux si l'on peut employer le terme. mot : — qui semble en effet la seule description applicable aux bandes de jeunes fervents enthousiastes, qui parcouraient le monde, sans être liés à aucun devoir particulier, subvenant on ne sait comment, visant on ne sait quoi, sinon quelque dévotion de vie religieuse mystique ou service chrétien indéfini envers le monde. Le but de sauver leurs âmes était peut-être pour la plupart l'objectif prédominant, et la plupart d'entre eux avaient passé au moins un an ou deux dans ces déserts orientaux où le renoncement au monde avait été poussé jusqu'à ses limites les plus extrêmes. Mais ils étaient aussi avides de savoir, de connaissances, de disciples, et pleins de cette activité de jeunesse qui doit aller partout et tout voir, avec ou sans moyens et motifs possibles. Quoi qu'ils soient, ils n'étaient pas autant que l'on puisse qualifier de missionnaires dans quelque sens que ce soit du terme. Ils étaient reçus partout où ils allaient, dans des maisons pieuses ici et là, dans l'un des premiers essais dans les monastères qui existaient par la générosité et la charité chrétienne, parmi les nombreux dépendants des grandes maisons, ou par l'évêque ou d'autres religieux.

fonctionnaire. Ils étaient le secrétaire de tel homme, le tuteur de tel homme — rarement, autant que nous puissions le constater, ils étaient employés comme aumôniers. Rufinus était certes prêtre, mais peu d'autres l'étaient,

Jérôme lui-même n'ayant consenti à être ordonné que par courtoisie, et ne remplissant en aucune manière les devoirs du sacerdoce. Il y avait pourtant bien des charges qui leur convenaient sans doute dans la maison d'un évêque, qui était souvent le distributeur de grandes charités et l'administrateur de grands biens. Mais il est évident qu'il y avait toujours un certain nombre de ces moines étudiants et érudits disponibles pour se joindre à n'importe quel groupe de voyage, pour servir leur patron avec leur connaissance du désert et leur expérience générale des usages du monde. « Diriger une sœur » : — Saint Paul avait peut-être déjà en son temps quelque connaissance de l'utilité d'un tel fonctionnaire et du caractère parfaitement légitime de sa charge. Rufinus rejoignit ainsi Melania, selon toute apparence comme l'autre chef de l'expédition, dans des conditions parfaitement égales, bien que ce soit sa bourse qui fournisse tout le nécessaire. Jérôme lui-même (avec un cortège de frères derrière lui) voyageait de la même manière avec Paula, Océanus avec Fabiola. Rien de plus conforme à la mode du temps. Peut-être que les jeunes gens subvenaient à leurs dépenses, comme on dit, mais la caravane était à la dame et à toute la charité immense et aveugle qui en découlait.

Il n'est pas nécessaire que nous suivions la carrière de Rufinus , pas plus que nous n'entendons suivre celle de Jérôme, dans la violente controverse qui est le lien principal qui relie leurs noms, ou même d'une autre manière que celle de leur association avec les femmes. de notre conte. Rufinus était un Dalmatien des bords de l'Adriatique, assez instruit selon la mode de son temps, mais pas aussi érudit que Jérôme, et enclin à mépriser ces élégances littéraires qu'il était incapable d'apprécier. Lui aussi, sans doute, comme Jérôme , avait quelques disciples d'autres hommes comme lui, prêts à toute aventure et heureux de se faire les aumôniers de Mélanie et de faire partie de sa suite. C'est une conjonction étrange selon nos idées modernes, et il y avait sans doute des calomnies vagues et volantes, comme il en existe de tous les temps, expliquant tout ce qui est insolite ou mystérieux par les pires raisons. Mais il faut se rappeler que de telles associations étaient habituelles à cette époque, permises par l'usage d'une époque dont la pureté absolue était la folie et la monomanie, si l'on peut ainsi dire, aussi bien que l'idéal : et aussi que la solitude de ceux - là Les pèlerins étaient toujours ceux d'une foule, le prétendu fugitif s'envolant seul étant en réalité, comme nous l'avons déjà expliqué, accompagné à chaque étape du chemin par des accompagnateurs suffisants pour remplir son navire et former sa caravane partout où il allait.

De Césarée , où Mélanie a déconcerté le gouvernement par son rang élevé et ses relations, il n'y a qu'un petit chemin jusqu'à Jérusalem, où se dirigeaient les pas du groupe après leur long voyage à travers le désert. C'était déjà devenu la fin de nombreux pèlerinages, le seul lieu au monde qui attirait le plus les cœurs et les imaginations des dévots du monde entier ; et l'on se rend bien compte de la sensation des promeneurs lorsqu'ils aperçurent cette colline verte, dominant le théâtre de tant de tragédies, la ville encore à moitié ruinée mais immortelle dont la poussière même était chère aux chrétiens primitifs. Qui est arrivé soudainement sur cette scène, dans le calme, sans direction offensive ni cicéronie , qui ne s'est pas nommé le Mont des Oliviers avec un frisson d'identification tel qu'il ne l'émouvrait dans presque aucun autre paysage au monde ? C'était encore un sol relativement vierge à la fin du IVe siècle. L'impératrice Hélène avait été là, faisant, comme nous le sentons tous maintenant, des découvertes trop faciles et trop exactes : mais le pays était inexploré par de vaines recherches de curiosité et par le calme de la solitude, aussi parfait et bien plus doux qu'au milieu des sables. des déserts, s'y trouvait encore. Les pèlerins n'allèrent pas plus loin. Ils choisirent chacun leur emplacement sur la pente douce de cette colline des souvenirs divins. Rufinus s'installa dans une cellule rocheuse, Melania probablement dans une maison de la ville, pendant que leurs monastères étaient en construction. La grande dame romaine et ses fidèles intendants, envoyant toujours ces provisions toujours précieuses, pourvoyaient sans aucun doute aux dépenses de tous deux : et bientôt deux communautés s'élevèrent près l'une de l'autre, préservant la camaraderie de leurs fondateurs, où après quelques années de voyage et de mouvement Mélanie , avec force et courage retrouvés, elle prit sa demeure permanente.

Il est difficile de décider ce que l'on entend par sacrifice et abnégation dans ce monde de subterfuges humains et d'auto-illusion. Il est très probable que Mélanie, comme Paule après elle, se livra aux plus humbles offices, et ne dédaigna pas, si grande dame qu'elle était, de baisser la tête hautaine qui avait fait trembler le proconsul de Palestine, devant les modestes nécessités. de la vie primitive. Peut-être cuisinait-elle les réserves de nourriture, balayait-elle les cellules nues de ses propres mains : sans aucun doute, elle surveillerait les troupeaux et les maigres champs qui approvisionnaient sa communauté. Nous savons qu'elle montait le cheval le plus triste et portait la robe la plus grossière. Ces choses occupent une place importante dans le catalogue des privations, comme les privations sont calculées dans les histoires des saints. Et pourtant, on peut se demander dans quelle mesure on peut lui attribuer, si c'était un mérite, un quelconque sacrifice de soi. Elle avait atteint la pleine satisfaction de sa propre volonté et de sa propre voie, ce qui est un avantage difficile à calculer ou souvent. Elle s'était installée dans l'endroit le plus intéressant du monde, au milieu d'un paysage qui, malgré toute l'aridité naturelle et les effets déprimants de la ruine partout, est pourtant plein de beauté et d'intérêt. Peut-être surtout était-elle sur le chemin de la meilleure compagnie, recevant des pèlerins de la plus haute éminence, des évêques, des érudits, des princes, parfois des dames de rang comme elle, qui allaient et venaient continuellement, apportant les grandes nouvelles du monde. de tous côtés aux reclus qui commandaient ainsi tout ce que la richesse pouvait fournir. On peut être sûr que, tandis que Jérôme et Paule passaient ensuite de nombreuses soirées sereines à Bethléem sous leurs arbres, Melania et Rufinus s'asseyaient souvent sous ces oliviers chenus, doublement grisés par l'âge, parlant de toutes choses au ciel et sur terre, regardant à travers le petit vallée jusqu'au mur, d'autant plus pittoresque qu'il était brisé, et gisait çà et là en monceaux de ruines, de Jérusalem, et entendant, dans les pauses de leur conversation, le tintement de ce petit ruisseau qui a vu tant de scènes sacrées et au cours de laquelle notre Seigneur et ses disciples préférés traversèrent jusqu'à Gethsémané, une nuit telle que celle où ses serviteurs étaient assis et parlaient de lui. Il est vrai que les maudits ariens et les graves nouvelles de la lutte qui les opposait aux catholiques, ou peut-être de la question de l'orthodoxie d'Origène, ou de la façon dont se déroulait la lutte entre Paulin et Mélétius à Antioche, pourraient les occuper plus que ces choses sacrées . souvenirs. Mais il est fort douteux qu'une quelconque grandeur de la vie romaine aurait autant retenu l'attention de Melania que le couvent du Mont des Oliviers, le flot de pèlerins distingués et la société de son compagnon et ami toujours dévoué .

LE TEMPLE DE VESTA

ÉGLISES SUR L'AVENTIN

CHAPITRE IV.
LA SOCIÉTÉ DE MARCELLA.

Le concile qui s'est tenu à Rome en 382 dans le but de trancher les cas de divers évêques en conflit dans des sièges éloignés, notamment à Antioche où deux avaient été élus pour le même siège - un concile à peine reconnu même par ceux au nom desquels il se tenait , et pas du tout par ceux qui leur étaient opposés - était surtout remarquable, comme nous l'avons dit, par l'apparition pour la première fois, en tant que personnage marqué et remarquable, de l'une des figures les plus importantes, les plus pittoresques et les plus influentes de son temps. — Jérôme : un savant insatiable de zèle intellectuel, qui avait cherché partout les meilleures écoles de son temps et était instruit dans toutes leurs sciences : et en même temps moine et ascète fraîchement sorti des austérités du désert et d'un de ces luttes avec la chair et l'imagination qui formaient l'épopée du solitaire. Il n'était pas anormal que le régime d'abstinence extrême, combiné au manque total d'occupation et à la concentration de toutes les pensées sur soi-même, sur ses humeurs et ses conditions d'esprit, ait éveillé toutes les subtilités de l'imagination et rempli l'esprit maussade de des rêves de toutes sortes, sauvages et extravagants ; mais il ne nous viendrait pas à l'esprit maintenant de représenter le passage orageux dans une vie consacrée à la religion comme rempli de nymphes dansantes et de visions des jouissances sensuelles les plus grossières - surtout dans le cas d'un homme tel que Jérôme, dont on aurait pu imaginer les principales tentations. semblait être d'un tout autre genre. C'était pourtant la mode de l'époque et appartenait plus ou moins à l'idéal monastique, qui exagérait la force de toutes ces pulsions charnelles inférieures en renforçant la vertu de celui qui réussissait à les surmonter. Les premiers pères se flagellaient tous jusqu'à mettre leur vie en danger, se roulaient dans la neige, s'étendaient sur la terre froide et vivaient d'une poignée de grains séchés, peut-être de l'herbe et des herbes sauvages que l'on trouvait dans les crevasses des les rochers, afin de soumettre le corps : ce qui aurait pu être fait plus facilement, aurions-nous dû le supposer, en mettant d'autres sujets plus sains à la place de ces tentations visionnaires, ou en remplissant les heures vacantes par un travail acharné. Mais l' ennui d'un clown ou d'un athlète anglais, chez qui l'exercice musculaire éteint toutes les visions, n'aurait pas du tout été à l'esprit d'un néophyte moine, à qui les piqûres les plus aiguës de la pénitence et les angoisses de l'auto-humiliation étaient nécessaires, qu'il avait fait n'importe quoi pour les appeler ou non.

Jérôme avait enduré toutes ces souffrances nécessaires sans s'épargner un pincement au cœur. Son visage pâle par le jeûne, et son corps si usé par la pénitence et les privations qu'il était presque mort, il avait pourtant senti le feu des passions terrestres brûler dans son âme selon le modèle le plus orthodoxe. « Le sac dont j'étais couvert, dit-il, déformait mes membres ; ma peau et ma chair étaient comme celles d' un Éthiopien . Mais dans cette vaste solitude, brûlée par un soleil de plomb, toutes les délices de Rome apparaissaient devant mes yeux. yeux. Les scorpions et les bêtes sauvages étaient mes compagnons, mais il me semblait entendre les chœurs des danseuses.

Ne trouvant de secours nulle part, je me jetai aux pieds de Jésus, les baignant de larmes, les essuyant avec les cheveux de ma tête. J'ai passé jour et nuit à me frapper la poitrine, je me suis banni même de ma cellule, comme si elle était consciente de toutes mes mauvaises pensées ; et, rigide contre moi-même, j'errais plus loin dans le désert, cherchant quelque grotte plus profonde, quelque montagne plus sauvage, quelque rocher déchiré dont je pourrais faire la prison de cette chair misérable, le lieu de mes prières.

Parfois il essayait de trouver refuge dans ses livres, dans les précieux parchemins qu'il emportait avec lui même dans ces régions improbables : mais ici une autre tentation survenait. « Malheureux de ce que je suis, s'écrie-t-il, j'ai jeûné et pourtant j'ai lu Cicéron. nuits d'éveil et de larmes, j'ai trouvé Plaute dans mes mains. Laisser de côté le dramaturge, l'orateur et le poète, si connus et si familiers, et se plonger dans le caractère imparfaitement connu de l'hébreu qu'il apprenait, les mystères incompréhensibles et le style grossier des prophètes, était presque aussi terrible que de se jeter à jeun. sur la terre froide et entendre les os trembler dans la peau qui les maintenait à peine ensemble. Pourtant, parfois il y avait des moments de délivrance : parfois, quand toutes les larmes coulaient, regardant avec des yeux secs et épuisés le ciel flamboyant d'étoiles, « je me sentais transporté au milieu des anges, et plein de confiance et de joie, élevé j'ai élevé la voix et j'ai chanté : « À cause de la saveur de tes onguents, nous courrons après toi. » Ainsi tous deux furent réconciliés, son imagination libérée de la tentation, et la poésie des livres crabes, si différents de Cicéron, devint soudainement clair à ses yeux troublés.

Ce n'était pourtant qu'une petite partie de la formation de Jérôme. De son désert, tandis que son esprit se calmait, il entretint une grande correspondance, et nombre de ses lettres devinrent aussitôt une partie de la littérature de son temps. L'une en particulier, un appel éloquent et oratoire à l'un de ses amis, l'Épître à Héliodore , avec sa description élaborée des maux du monde et son appel passionné à la paix du désert, a parcouru les cercles religieux de l'époque avec cette merveilleuse vitesse et facilité de circulation qu'il est si difficile de comprendre, et a été lu dans le palais de Marcella sur l'Aventin et appris par cœur par quelques auditeurs fervents, tant ses phrases élaborées étaient considérées comme précieuses. Cette lettre proclamait hardiment comme le principe le plus élevé de la vie le pas extraordinaire que

Melania, ainsi que tant d'autres personnes dévouées, avaient franchi - et appelait chaque chrétien au désert, quels que soient les devoirs ou les jouissances qui pourraient l'empêcher. Peut-être de telles exhortations sont-elles moins dangereuses qu'elles ne semblent l'être, car les nobles dames qui lisaient, admiraient et apprenaient par cœur ces émouvants appels ne semblent pas en avoir été autrement affectées. Comme le chant de l'Ancien Marin, ils doivent être adressés aux prédestinés, qui seuls ont des oreilles pour entendre. Héliodore , sur qui toute cette éloquence s'était déversée de première main, fit la sourde oreille, et vécut et mourut en paix parmi les siens, parmi les lagunes où Venise n'était pas encore, malgré tout ce que pouvait dire son ami.

"Qu'est-ce qui te fait venir dans la maison de ton père, ô soldat paresseux ?" s'écria cette voix impatiente ; "Où sont vos remparts et vos tranchées, sous quelle tente de peaux avez-vous passé l'hiver rigoureux ? La trompette du ciel sonne, et le grand Chef vient sur les nuages pour vaincre le monde. Que les petits s'accrochent à d'autres cous ; que vos mère lui déchire les cheveux et ses vêtements ; que ton père s'étende sur le seuil pour t'empêcher de passer ; mais lève-toi, viens ! N'es-tu pas voué au sacrifice même du père et de la mère ? Si tu crois au Christ, combats avec moi. pour Son nom et que les morts enterrent leurs morts. » Nombreux étaient ceux qui s'attardaient sur ces supplications comme sur un chant noble qui réveille le cœur et charme l'oreille, mais l'équilibre de la nature humaine n'est que rarement perturbé par un tel appel. Même à ce jeune âge, nous pouvons, dans la plupart des cas, lui permettre d'émouvoir tous les auditeurs sans grande crainte quant au problème.

Jérôme cependant ne resta pas lui-même très longtemps dans son désert ; il a été envahi dans sa cellule même par les échos de la guerre polémique provenant du monde qu'il avait quitté : et a été appelé à se prononcer pour un côté ou pour l'autre, tout en ignorant, selon son propre récit, de quoi il s'agissait. à propos de. Il quitta sa retraite à contrecœur après environ trois ans, citant Virgile sur la barbarie de la race qui lui refusait l'hospitalité d'un peu de sable, et se plongea dans la lutte à Antioche entre évêques et partis rivaux, l'hérésie d'Apollinaris et tous les rage des polémiques religieuses. C'est probablement sa connaissance intime de toutes les questions si fortement contestées en Orient et sa capacité à donner des informations sur des points que le Conseil occidental ne pouvait connaître que de seconde main, qui le conduisirent à Rome à la veille du Concile déjà mentionné. , convoqué par le pape Damase , en 382. L'objet principal de ce concile était de régler les questions de politique ecclésiastique, et en particulier la question réelle de savoir lequel des concurrents était évêque légitime d'Antioche, en plus d'autres questions concernant d'autres sièges importants. Ce n'était pas une mince hypothèse de la part des évêques d'Occident, hypothèse soutenue à cette époque par aucun dogme quant à la suprématie de l'évêque de Rome, de s'immiscer à ce point dans les affaires de l'Orient. Et elle fut aussitôt écrasée par l'action de l'Église d'Orient, qui tint immédiatement son propre concile à Constantinople et décida avec autorité de toutes les questions pratiques. Jérôme était l'ami de tous ces évêques dont les causes auraient été plaidées à Rome, si leur propre partie de l'Église n'avait pas ainsi fait qu'une bouchée d'eux : et cela l'a sans doute recommandé à l'attention particulière de Damase , même après ces questions pratiques. furent mis de côté, et l'hérésie d'Apollinaris, qui avait été destinée à être traitée en second lieu, fut transformée en le seul sujet soumis à la Chambre. Jérôme était également profondément instruit au sujet d'Apollinaris. C'est à cause de cette nouvelle hérésie que sa place en Egypte était devenue intenable. Ses connaissances ne pouvaient qu'être de la plus haute importance pour les évêques occidentaux, qui n'étaient en règle générale ni des érudits, ni portés aux raisonnements subtils de l'Orient. Il fut donc le bienvenu à Rome, surtout après que la maladie du grand Ambroise eut privé ce Conseil, dépouillé d'une grande partie de son prestige, du seul nom imposant qui lui restait. C'était l'occasion d'un homme comme Jérôme, en lui-même, comme nous l'avons dit, encore peu différent des nombreux jeunes aventuriers religieux qui parcouraient le monde. Il était pourtant déjà un homme de lettres distingué : il était connu de Damase , qui l'avait baptisé : il avait suffisamment de savoir pour suppléer aux déficiences de tout un Concile, et pour une fois ces capacités furent pleinement appréciées et trouvèrent leur juste place. A peine arrivé à Rome, il fut nommé secrétaire du Concile, charge temporaire qui fut ensuite prolongée et étendue à celle de secrétaire du pape lui-même : ainsi l' étranger devint aussitôt un fonctionnaire de la plus haute importance dans les travaux du pape. Voir Rome et son développement en tant que pouvoir et autorité suprêmes dans l'Église.

Il y a quelque chose d'étrangement familier et pittoresque dans l'apparence, si parfaitement connue de nous, de la réunion d'un congrès religieux, d'une convocation ou d'une assemblée générale, lorsque chaque maison considérable et chaque famille hospitalière est déplacée pour recevoir quelque visiteur clerc distingué - ce qui a ainsi pris lieu à Rome à la fin du IVe siècle, alors que tout était encore classique dans l'aspect de la Ville éternelle et que les autels des dieux étaient encore debout. Les évêques et leurs cortèges arrivaient en faisant un peu de bruit, parfois même sous les portiques de marbre des grandes demeures où le maître ou la maîtresse professait encore une dévotion langoureuse à Jupiter ou à Mercure. Jérôme, brûlé par les soleils égyptiens, maigre et nerveux dans sa robe usée, avec un ou deux humbles frères à sa suite, accepta, après une petite difficulté modeste, l'invitation ou le lot qui le conduisit à l'Aventin, au palais de Marcella, où il était déjà bien connu, et où, même si ses yeux étaient baissés avec une réserve convenable à la vue de toutes les dames, il sentit pourtant qu'il fallait suivre l'exemple de l'Apôtre et vaincre avec zèle sa propre pudeur. Ce n'était peut-être pas une qualité très forte dans sa nature, et très vite sa nouvelle et splendide habitation devint pour l'ascète une maison plus chère que toutes celles qu'il avait connues jusqu'à présent.

Il est curieux de constater à quel point le principe de l'association et de l'amitié d'un homme et d'une femme, à défaut de liens plus étroits, a été adopté et reconnu parmi ces mystiques et ascètes, sans crainte apparente des commentaires du monde, ni de ceux d'eux-mêmes. conscience qui gâche si souvent de telles relations dans la société ordinaire. Peut-être que les commérages souriaient déjà alors à l'alliance étroite de Jérôme avec Paula, ou de Rufinus avec Mélanie. Il y eut à l'étranger des calomnies des plus grossières, comme c'était inévitable ; mais ni le moine ni la dame ne semblent en avoir été affectés. Il en a été constamment ainsi dans l'histoire de l'Église, et il est intéressant de recueillir de tels témoignages répétés du côté le plus improbable, au profit de cette association naturelle. Les femmes ont subi des mesures sévères de la part des médecins et des saints catholiques. Leur position conventionnelle, pour ainsi dire, est celle de la Séductrice, étudiant toujours comment détourner les pensées des hommes des choses supérieures. L'Est et l'Ouest, bien que très éloignés sur d'autres points, ne font qu'un sur ce point. De l'angoisse des pères dans le désert aux prétendues difficultés du plus humble prêtre ordinaire des temps modernes, l'influence perturbatrice est toujours censée être celle de la femme. Figure horrible qu'il était pour une telle tentation, Antoine d'Egypte lui-même était poussé à l'extrême par la simple pensée d'elle : et c'est elle qui figure comme danger ou comme victime dans toutes les plaintes ultra-protestantes sur la condition du prêtre (sauf en Irlande, île merveilleuse des contradictions ! où les prêtres et tous les hommes sont plus portés à se battre qu'à aimer). Cependant, il n'y a eu aucun fondateur d'institutions ecclésiastiques, aucun réformateur, presque aucun saint, qui n'ait été accompagné de l'amitié et de l'affection particulières d'une femme. Jérôme, qui était tellement l'inverse, si l'on peut oser employer ces mots, d'un héros de salon, homme plus habitué aux vitupérations qu'à la douceur de parole, souvent dur comme le désert d'où il venait, était un exemple notable de cette règle. Depuis son arrivée sur l'Aventin jusqu'à sa mort, son nom ne fut jamais dissocié de celui de Paula, la pieuse dame *par excellence* du groupe, la patricienne exquise et délicate qui pouvait à peine planter fermement son soulier d'or sur le sol. , mais elle entra en chancelant dans la grande maison de Marcella, avec un esclave à ses côtés pour la soutenir, avec toute la grâce languissante qui était la plus haute mode du temps. Qu'un tel exemple de délicatesse et de luxe conventionnels soit devenu l'humble ami et secrétaire de Jérôme, et que lui, le pieux solitaire, âpre d'opposition et de controverse, ait trouvé dans cette belle fleur de la société son compagnon de vie, à la fois dans le travail et dans la vie, est plus étonnant que les mots ne peuvent le dire.

LES ÉTAPES DU CAPITOLE.

Son arrivée dans la maison hospitalière de Marcella, avec sa foule de visiteurs féminins, fut à tous égards un grand événement. Cela plaçait les dames au milieu de toutes les questions ecclésiastiques du temps : et on peut imaginer combien elles se pressaient autour de lui quand il revenait des séances du Concile, peut-être dans le calme du soir après l'heure dangereuse du coucher du soleil, quand Rome entière sort pour respirer à nouveau, se rassemblant sur la terrasse de marbre, d'où cette scène magique était visible à leurs pieds : la longue distance qui s'éloigne au-delà du fleuve, d'où pourrait apparaître quelque lueur de la grande église qui couvrait déjà les tombeaux. des Apôtres, et le blason blanc du Capitole à portée de main, et les lumières de la ville dispersées faiblement comme des vers luisants parmi les larges ouvertures et les lignes planes des bâtiments classiques qui faisaient la Rome de l'époque. Les sujets abordés n'étaient pas précisément ceux que l'imagination conventionnelle la plus légère, Boccace ou Watteau, a associés à de tels groupes, pas plus que le moine noir ne ressemblait au troubadour. Mais il s'agissait de sujets qui, jusqu'à nos jours, n'ont jamais perdu de leur intérêt. Les débats du Concile furent principalement consacrés à une hérésie extrêmement abstruse, concernant l'humanité de Notre Seigneur, dans quelle mesure la nature de l'homme existait en lui en relation avec la nature de Dieu, et si le Rédempteur de l'humanité avait pris sur lui une simple apparence éthérée de chair, ou d'un corps humain réel, tentés comme nous le sommes et soumis à toutes les influences qui affectent l'homme. C'est une question qui s'est posée à maintes reprises à diverses époques et de diverses manières, et les subtilités d'une telle controverse se sont révélées du plus profond intérêt pour de nombreux esprits. Jérôme n'était pas seul à rendre compte à ces auditeurs avides du déroulement des débats et à démolir une fois de plus les arguments complexes par lesquels cette assemblée de théologiens s'efforçait de s'échauffer. Le grand évêque Épiphane, le grand chasseur d'hérésies de son époque, qui avait sondé tous les raisonnements fallacieux de tous les schismatiques et pouvait déceler une erreur théologique à la distance d'un continent, sous quelque costume qu'il puisse se protéger, était l'invité. de Paula, et sans aucun doute, avec son hôtesse, se joignait souvent à ces rassemblements. Les deux médecins ainsi réunis rivaliseraient pour faire comprendre le cours de la controverse aux femmes, qui s'accrochaient aux lèvres avec une appréhension aiguë de chaque phrase et la partisanerie enthousiaste qui inspire le débat. Il ne pourrait y avoir de meilleur public pour les arguments finement élaborés qu'exige une telle controverse. Comme il est étrange de penser que ces discussions brûlantes se poursuivaient et que la fleur de la société artificielle de Rome était vivement occupée par une telle question, tandis que l'ombre de Jupiter s'attardait sur le Capitole et sur la Rome des empereurs païens, la Rome de la grande République se tenait blanche et splendide, une ombre, mais puissante, sur les sept collines !

Avant son arrivée à Rome, Jérôme était peu connu du monde en général. Son nom avait été entendu à propos de quelques lettres éloquentes qui avaient volé de main en main dans les plus beaux cercles ; mais sa véritable force et son caractère étaient mieux connus en Orient qu'en Occident, et c'est en partie ce Concile qui lui donna la place qui lui revient dans les rangs de l'Église. Il n'était pas un prêtre susceptible d'être promu évêché ou établi dans de hauts lieux. Il avait en effet été consacré contre son gré par un prélat enthousiaste, désireux d'assurer ses grands services à l'Église ; mais, tout moine et ascète qu'il était, il n'avait aucune inclination pour le caractère sacerdotal et n'avait dit qu'une seule messe, immédiatement après son ordination, et pas plus. Ce n'est donc pas comme directeur spirituel au sens ordinaire du terme qu'il trouva sa place dans la maison de Marcella, mais d'abord au moins comme visiteur simplement et probablement pour le seul temps du Concile. Mais l'homme du désert semble avoir été charmé hors de lui-même par la douceur inaccoutumée de cette vie douce. Il aurait en effet été difficile de lui plaire s'il n'avait ressenti l'attrait d'une telle retraite, non pas hors du grand monde, mais aux confins de celui-ci, avec ses agitations et ses guerres à portée de main, le murmure lointain de la foule, le perspective de la grande ville avec ses lumières et ses rumeurs , mais pourtant un calme sacré et une délicieuse sympathie intérieure. La petite communauté avait renoncé au luxe de l'époque, mais elle n'aurait pas pu renoncer aux raffinements d'une éducation douce, aux manières et à la grâce de haute naissance, au charme des voix instruites et des esprits cultivés. Et il y avait bien plus que ces attraits pour satisfaire le savant. Aucune allusion ne pouvait être faite aux études dont il était le plus fier, à l'hébreu robuste qu'il avait péniblement maîtrisé, ou au grec orné, sans qu'une intelligence rapide ne s'en charge ; et les poètes et les sages de leur langue maternelle, Cicéron et Virgile dont il ne pouvait se sevrer même dans le désert, étaient leur propre littérature, leur précieux héritage. Et ce n'est pas dans la communauté de moines la plus dévouée que le grand orateur aurait pu trouver une attention et un intérêt aussi entiers pour son travail que parmi les dames de l'Aventin, ou des secrétaires si désireux et prêts à aider, si fiers d'y être associés. Il était en même temps à la portée de Mgr Damasus , un homme aux expériences multiples, qui semble l'avoir aimé comme un fils, et qui en fit non seulement son secrétaire, mais son conseiller privé dans de nombreuses difficultés et dangers : et bientôt Jérôme devint également le centre d'un petit groupe d'amis choisis, de personnages distingués de la société romaine liés par la foi et par le sang à la fraternité, dont il parle comme Daniel, Ananias, Azarias et Misael, dont certains étaient ses propres anciens compagnons et camarades de classe, tous profondément attachés à lui et fiers de son amitié. Aucune position plus délicieuse n'aurait pu être imaginée pour le repos et le renforcement d'un homme qui avait enduré de nombreuses épreuves et qui avait encore bien plus à supporter devant lui.

Jérôme resta près de trois ans dans cette heureuse retraite, et c'est ici qu'il exécuta la première partie de son grand ouvrage, cette première traduction faisant autorité de tout le Canon de l'Écriture qui conserve encore sa place dans l'Église de Rome, la Vulgate, donc ainsi nommé du fait que le latin de Jérôme, qui n'est nullement celui de Cicéron, était la langue de la foule. À chaque génération, ce qu'on appelle l'éducation supérieure des femmes est traité comme une chose nouvelle et surprenante par l'époque, comme s'il s'agissait de la plus grande nouveauté ; mais nous doutons que Girton lui-même puisse produire des diplômés aussi capables que Paula et Marcella d'aider dans ce travail, discutant de la tournure d'une phrase ou de la signification d'un mot hébreu abstrus, et opposant souvent leur propre opinion à celle du savant écrivain dont les scribes ils étaient si disposés à l'être. Cette entreprise donnait un double charme à la vie, qui se poursuivait avec beaucoup de variété et d'animation, avec des nouvelles de toutes parts, avec l'excitation constante d'une nouvelle charité établie, d'une nouvelle communauté fondée : et jamais sans amusement non plus, une grande connaissance du monde. les paroles et les actes de la société extérieure, les visites des plus belles personnes, et un divertissement quotidien dans les battements de la jeune Blæsilla entre le monde et le couvent, et ses jolies manières, une si vraie femme du monde, et pourtant une sainte prédestinée. : et les actions de Fabiola, un jour entièrement absorbée par la fondation de son grand hôpital, le premier à Rome, le lendemain pas si sûre dans son esprit que l'amour, même au moyen d'un second divorce, ne pourrait pas l'emporter sur le dévouement. . Même Paule, en ces jours-là, n'était qu'à moitié décidée, et venait, une vision éblouissante dans ses bijoux et sa couronne, rendre visite à ses amis, dans toute la splendeur de la beauté automnale, parmi ses filles, dont cette petite fille sérieuse Eustochium était la seule . quelqu'un d'assez détaché du monde. Car n'y avait-il pas aussi sous leurs yeux la douce cour de Pammachius et de Paulina pour faire comprendre au monde que les dames de l'Aventin ne discréditaient pas entièrement les liens ordinaires de la vie, bien qu'elles considéraient avec saint Paul que les autres était la meilleure façon ? Les amants étaient aussi dévots et aussi adonnés aux bonnes œuvres que n'importe lequel d'entre eux, mais, comme Jérôme lui-même pouvait le pardonner une fois, ils préféraient au cloître le bonheur commun de la vie. Ces bonnes œuvres étaient la partie la plus merveilleuse de toutes, car chaque membre de la communauté était riche. Leur fortune était comme la cruche de la veuve. On parle de grandes fondations comme celle de l'hôpital de Fabiola et de l'aide de Melania aux moines d'Afrique, pour laquelle tout a été sacrifié ; pourtant, le lendemain, l'année suivante, des bénéfices renouvelés apparaissaient, et toujours un intendant fidèle, un bon intendant, pour continuer les abondantes provisions. Ces libéralités sont si merveilleuses, et ces détails si extraordinaires, qu'il est surprenant de constater qu'aucun érudit allemand, ni aucun autre savant, n'ait encore tenté de prouver que le féroce et vif Jérôme n'a jamais existé, que ses lettres étaient le œuvre d'une demi-douzaine de mains, et les sujets de son brillant récit entièrement fictifs - Melania et Paula n'étant que des répétitions mythiques du même incident, enveloppées dans les couleurs de la fable. Cette hypothèse pourrait paraître tout à fait possible s'il n'était peut-être un peu trop tard dans les siècles pour les opérations de cette critique autoritaire, et Jérôme lui-même est un fait très difficile à constater.

Mais la grande richesse de ces dames reste une des circonstances les plus singulières de l'histoire. Lorsqu'ils vendent et sacrifient tout, il est clair que ce ne sont que leurs possessions flottantes, laissant intacts le capital, comme nous devrions dire, ou les domaines, peut-être, plus justement, la riche source d'où coulait le flux continu. Cela donnait une splendeur et une grandeur de vie à la maison de l'Aventin. Il n'était pas nécessaire de renvoyer un pétitionnaire vide de sens, la charité étant la règle de vie, et aucune pensée n'était encore entrée dans l'esprit le plus élevé que donner aux pauvres était pour eux inopportun et susceptible d'établir une classe pauvre, dépendante et prêt à l'être. Ces dames remplissaient d'une main égale et ouverte chaque portefeuille et chaque bouche. Ils accueillaient les orphelins, ils pourvoyaient aux veuves, ils remplissaient les quartiers pauvres au pied de la colline, où tous les travailleurs de la Marmorata se regroupaient près des rives du fleuve, dans les mansardes et les cours des vieilles maisons, d'asiles et de lieux de refuge. La population misérable et oisive dont l'historien parle avec tant de mépris, les gens qui traînaient dans les cirques et qui n'avaient d'autre nom que les surnoms du plus grossier argot, les mangeurs de choux, les mangeurs de saucisses, etc., les écuelles et les gloutons, étaient, sans aucun doute, d'autant plus libres de suivre leurs propres desseins ignobles ; mais les pauvres femmes, qui, bien que peut-être loin d'être innocentes, souffrent le plus de l'avilissement de la population, et les malheureux petits essaims d'enfants, profitèrent de ce baume universel de charité et, espérons-le, devinrent quelque chose d'un peu meilleur que leurs pères. . Car, même si le paganisme persistait parmi la classe supérieure, les multitudes étaient toutes nominalement chrétiennes. C'était vers les tombeaux des Apôtres qu'ils faisaient leurs pèlerinages, plutôt que vers les quatre cents temples des dieux. « Malgré toutes ses dorures, le Capitole a l'air crasseux », dit Jérôme lui-même dans une de ses lettres ; "Tous les temples de Rome sont couverts de suie et de toiles d'araignées, et les gens se ruent devant ces sanctuaires à moitié en ruine pour visiter les tombeaux des apôtres."

La maison de Marcella était dans l'état que nous avons tenté de décrire lorsque Jérôme en fut l'hôte. Ses lois n'étaient en rien plus rigides qu'au début. La petite *ecclesia domestica* , comme il l'appelait avec bonheur, semble avoir été entièrement dépourvue de règle et d'ordre conventuel. Ils chantaient des psaumes ensemble (on nous laisse parfois croire, dans l'hébreu original appris à cet effet - mais il devait y en avoir peu qui atteignirent cette hauteur), ils lisaient ensemble, ils tenaient leurs petites conférences sur des points de doctrine, avec beaucoup de consultation de textes savants ; mais il n'y a même aucune mention d'un service religieux régulier, encore moins des matines, des vêpres, des nones et des complies, et des autres divisions rituelles d'une journée monastique ; car en effet, aucune règle n'avait encore été inventée pour les cœnobites d'Occident. On n'entend même pas parler de messe quotidienne. Souvent il y avait des désertions dans les rangs, tantôt une jeune fille se retirant de l'enceinte sociale, tantôt une jeune veuve ramenée dans le tourbillon du monde à la mode. Mais dans l'ensemble, le bilan de la petite église domestique, avec sa garde du corps d'amis et de serviteurs fidèles à l'extérieur, et Jérôme , sa fierté et sa couronne de gloire, à l'intérieur, est celui d'une vie sereine et heureuse, digne de tout ce qu'il y avait de meilleur dans le monde. monde antique.

survint la petite tragédie de Blæsilla , la fille aînée de Paula, déchirant leurs doux cœurs. « Notre chère veuve », comme l'appelait Jérôme, n'avait aucune idée en tête d'un second mariage. Le premier, semble-t-il, n'avait pas été heureux ; et Blæsilla , belle, riche et jeune, avait toutes envie de jouir de sa liberté, de ses belles robes et de tous les plaisirs de sa jeunesse. Logée en sécurité sous l'aile de sa mère, entourée de ces amis irréprochables de l'Aventin, aucun commérage ne touchait à son doux nom. La communauté s'amusait de ses manières légères. "Notre veuve adore se parer. Elle est toute la journée devant son miroir", dit Jérôme sans aucune dureté dans sa voix. Mais au milieu de sa vie gaie et innocente, elle tomba malade de la fièvre, ce qui n'est pas inhabituel. Elle dura cependant plus d'un mois et prit une forme dangereuse, si bien que les médecins commencèrent à désespérer. Alors que les choses en étaient à ce point, Blæsilla eut un rêve ou une vision, dans sa fièvre, dans laquelle le Sauveur lui apparut et lui ordonna de se lever comme il l'avait fait à Lazare. C'était la crise de la maladie, et elle commença immédiatement à se rétablir, avec la foi la plus profonde qu'elle avait été guérie par un miracle. Le papillon fut touché au-delà de toute mesure par cette intervention divine, comme elle le croyait, en sa faveur , et dès qu'elle fut rétablie, se décida à se consacrer à Dieu. "Il s'est passé une chose extraordinaire", s'écrie Jérôme. " Blæsilla a mis une robe brune ! Quel scandale ! " Il se lance alors dans une diatribe contre les dames du monde, aux visages de gypse comme des idoles, qui n'osent verser une larme de peur d'abîmer leurs joues peintes, et qui sont le véritable scandale du christianisme : puis raconte avec une tendresse croissante le changement que s'est produit dans les habitudes du jeune pénitent. Elle, dont la tête innocente a été torturée de boucles et de tresses et couronnée de la *mitella à la mode* , trouve désormais un voile qui lui suffit. Elle s'allonge sur le sol qui trouve dur les coussins les plus moelleux, et se lève le premier le matin pour chanter Alléluia de sa voix argentée.

La conversion retentit à Rome d'autant plus que Blæsilla était connue pour n'avoir aucune inclination à l'austérité de la vie. Ses relations, à moitié païennes et tout à fait mondaines, étaient ardentes contre le moine fanatique qui, selon la croyance habituelle, tyrannisait toute la maison dans laquelle il avait été si bien reçu, et contre la mère faible d'esprit qui s'était prêtée à ses machinations. La question enflamma Rome et devint un sujet de discussion sous tous les portiques et partout où hommes et femmes se rassemblaient. Était-il légal, y avait-il un fondement juridique ou historique, cette nouvelle folie consistant à s'opposer au mariage et à présenter le célibat comme un État plus heureux et plus saint ? C'était contraire à toutes les traditions de la race ; il a déchiré les familles, a soustrait à la société ses membres les plus brillants, a aliéné le patrimoine des familles, a touché à la succession et à toutes les lois naturelles. Dans la tourmente suscitée par cet événement, une vive polémique publique a éclaté. Deux assaillants se présentèrent, l'un un prêtre, qui avait été un temps moine, et l'autre un laïc, pour maintenir le canon populaire, la supériorité du mariage et la vie naturelle du monde. Ces arguments eurent un grand effet sur l'esprit public, naturellement enclin à s'effrayer de toute interférence avec ses lois naturelles. Ils eurent plus tard des conséquences très graves, tant dans la vie de Paule que dans celle de Jérôme, et ils semblent avoir menacé pendant un certain temps de graves dommages aux couvents nouvellement établis que la communauté de Marcella avait implantés partout et dont les sœurs timides profitèrent de cette occasion pour se séparer. Il est amusant de constater que, par une tournure curieuse et furieuse de l'argumentation habituelle, Jérôme dans sa défense indignée et pas toujours tempérée décrit ces déserteurs comme vieux et laids, incapables de trouver des maris malgré les efforts les plus désespérés. Il est très courant d'invoquer cela comme une raison pour le dévouement des religieuses : et c'est toujours un missile pratique à lancer.

Jérôme n'était pas homme à laisser passer une si belle ouverture à une polémique. Il se précipita sur ses adversaires, tonnant du haut de l'Aventin, réduisant en poudre les faibles écrivains qui lui opposaient. Helvidius , le laïc mentionné ci-dessus, avait abordé la question — question toujours offensante et préjudiciable au sentiment et aux préjugés naturels, exclusifs même du sentiment religieux, et à laquelle, quelles que soient les opinions prédominantes, il doit toujours être profane de toucher — de la Vierge. Marie elle-même, et l'existence de personnes appelées frères et sœurs de Notre Seigneur. Jérôme lui répondit par un flot d'éloquence colérique, ainsi que par quelques arguments convaincants, bien qu'un argument, aussi fort soit-il, soit insupportable sur un tel sujet. Et il lança à l'autre, Jovinien , le faux moine, cette fameuse lettre sur la virginité, nominalement adressée à Eustochium , dans laquelle l'un des tableaux les plus tranchants jamais faits de la société, tant laïque que cléricale, les habitudes, les idées, les Les folies de Rome dégradée et déchue – ont bien plus de force et d'importance que l'argument, et nous fournissent un spectacle que très peu d'écrivains, à quelque époque ou en quelque lieu que ce soit, sont capables de placer sous les yeux du monde. J'ai déjà cité de cette merveilleuse composition le portrait du prêtre populaire.

La vierge insensée qui donne une apparence d'indifférence aux choses du monde et « sous l'enseigne d'une sainte profession attire vers elle le regard des hommes », est traitée avec la même sévérité.

Nous chassons et bannissons de nos yeux les vierges qui ne veulent que paraître telles. Leurs robes n'ont qu'une étroite bande de pourpre, ils laissent leurs cheveux pendre sur leurs épaules, leurs manches sont courtes et étroites et ils ont des chaussures bon marché aux pieds. C'est tout leur caractère sacré. Ils font par ces faux-semblants un prix plus élevé à leur innocence. Evitez, cher Eustochium , la pensée secrète qu'après avoir cessé d'attirer l'attention sous des draps d'or, vous pourriez commencer à le faire dans des vêtements mesquins. Lorsque vous entrez dans une assemblée de frères et de sœurs, ne choisissez pas, comme certains, la place la plus basse et ne prétendez pas que vous n'êtes pas digne d'un marchepied. Ne parlez pas d'une voix hésitante, comme si vous étiez épuisé par le jeûne, et ne vous appuyez pas sur les épaules de vos voisins comme si vous vous évanouissiez. Il y en a qui défigurent ainsi leur visage pour donner l'impression aux hommes qu'ils jeûnent. Dès qu'on les voit, ils commencent à gémir, ils baissent les yeux, ils se couvrent le visage, sauf un œil. Leur costume est sombre , leurs ceintures sont en toile de sac. D'autres prennent l'air des hommes, rougissant d'être nées femmes, qui coupent leurs cheveux courts et se promènent à l'étranger avec effronterie, confrontant le monde aux visages impudents des eunuques. parmi les plus nobles de Rome qui, dans la basilique même du bienheureux Pierre, fit l'aumône de ses propres mains à la tête de sa suite de serviteurs, mais frappa au visage une pauvre femme qui lui avait tendu la main à deux reprises. Fuyez aussi les hommes qui portent une chaîne de fer, qui ont des cheveux longs comme les femmes contre la règle de l'Apôtre, une misérable robe noire, qui marchent pieds nus dans le froid, et ont en apparence au moins un air de tristesse et d'inquiétude.

Le croquis suivant de la femme mariée qui pense aux choses du monde, comment elle peut plaire à son mari, tandis que les célibataires sont libres de plaire à Dieu, a un intérêt qui survit longtemps à la controverse, dans la lumière qu'il jette sur la vie romaine contemporaine.

Pensez-vous qu'il n'y a aucune différence entre celle qui passe son temps à jeûner et s'humilie nuit et jour dans la prière, et celle qui doit préparer son visage à l'arrivée de son mari, se parer et prendre des airs fascinés ? La première voile sa beauté et les grâces qu'elle méprise ; l'autre se peint devant un miroir, pour se rendre plus belle que Dieu ne l'a faite. Puis viennent les enfants, pleurant, émeutes, accrochés à son cou, attendant son baiser. Les dépenses s'enchaînent sans fin, son temps est consacré à faire ses comptes, sa bourse toujours ouverte dans sa main. Ici, il y a une troupe de cuisiniers, leurs vêtements ceints comme des soldats pour la bataille, hachant et fumant. Puis les femmes tournoyaient et babillaient. Bientôt arrive le mari, suivi de ses amis. La femme vole comme une hirondelle d'un bout à l'autre de la maison, pour voir si tout va bien, les lits faits, les sols en marbre qui brillent, les fleurs dans les vases, le dîner préparé. Y a-t-il dans tout cela, je le demande, une pensée de Dieu ? Est-ce que ce sont des foyers heureux ? Non, la crainte de Dieu est absente là où le tambour sonne, la lyre frappe, où la flûte expire et les cymbales s'entrechoquent. Alors le parasite abandonne la honte et s'en glorifie, s'il amuse l'hôte qui l'a invité. Les victimes de la débauche ont leur place à ces fêtes ; ils apparaissent à moitié nus dans des vêtements transparents que des yeux impurs voient à travers. Quelle part y a-t-il pour la femme dans ces orgies ? Il faut qu'elle apprenne à prendre plaisir à de telles scènes, ou bien à semer la discorde dans sa maison.

Il nous peint, dans une autre lettre, un tableau d'accompagnement de la veuve remariée.

A peine votre contrat de mariage sera-t-il rédigé que vous serez contraint de rédiger votre testament. Votre nouveau mari fait semblant d'être très malade et fait un testament en votre faveur , vous priant de faire de même. Mais il vit, et c'est toi qui meurs. Et s'il arrive que vous ayez des fils de votre second mariage, la guerre éclate dans votre maison, une lutte domestique sans terme ni conclusion. Ceux qui vous doivent la vie, il ne vous est pas permis de les aimer également et pleinement. Le second envie la caresse que vous donnez au fils du premier. Si au contraire c'est lui qui a des enfants d'une autre femme, quoique vous soyez la plus aimante des mères, vous êtes condamnée comme marâtre par toute la rhétorique des comédies, des pantomimes et des orateurs. Si votre beau-fils a mal à la tête , vous l'avez empoisonné. S'il ne mange rien, vous l'affamez, si vous lui servez sa nourriture, c'est encore pire. Quelle compensation y a-t-il dans un second mariage pour compenser tant de malheurs ?

Cet éclat formidable et d'autres du même genre soulevèrent, comme il était naturel, un vif sentiment contre Jérôme. Il était peu probable que les originaux de ces croquis tranchants pardonneraient facilement à l'homme qui les a exposés en effigie sur les murs mêmes de Rome. L'identification des images ressort clairement d'une autre lettre, dans laquelle il demande s'il ne doit jamais parler d'aucun vice ou d'une folie, de peur d'offenser un certain Onasus , qui a tout pris pour lui. Peu importait celui qu'il offensait, ou quel jade irrité pouvait grimacer. Mais les remontrances de ses amis finirent par apaiser sa colère. "Quand tu liras ceci , tu fronceras les sourcils et tu vérifieras ma liberté, en mettant un doigt sur ma bouche pour m'empêcher de parler", écrit-il à Marcella. Il était grand temps que la prudente maîtresse de la maison qui abritait un tel champion intervienne.

Tandis que faisait encore rage le conflit suscité par le retrait de Blæsilla du monde, et qui s'était ainsi élargi à la question générale, bien plus importante que n'importe quel cas individuel, entre le parti réformateur de l'Église, les puritains de l'époque : puis spécialement représenté par le nouveau développement du monachisme - et du monde qu'il appelait toutes les âmes élevées à abandonner : des incidents se produisaient qui plongeaient dans le chagrin la joyeuse maison de l'Aventin et désolaient une autre maison noble de Rome. La jeune convertie, dans l'épanouissement de sa dévotion juvénile, qui avait été miraculeusement relevée, comme chacun le pensait, de son lit de malade pour pouvoir consacrer sa vie au Christ, fut de nouveau frappée par la maladie, et cette fois sans aucune intervention du un miracle. Blæsilla mourut dans la plénitude de sa jeunesse, à peine âgée de vingt-deux ans, priant seulement pour qu'on lui pardonne de n'avoir pas pu faire ce qu'elle avait souhaité faire au service de son Seigneur. C'était une grande dame, même si elle avait dépouillé sa splendeur naturelle , et ce fut avec toute la pompe d'un enterrement patricien qu'elle fut portée à son repos. C'est encore Jérôme qui nous rend visible la triste scène de ces funérailles, et le sentiment de la multitude envers les austères réformateurs qui avaient par leurs cruelles exactions retranché avant son temps cette fleur de la société romaine. Paula, la mère endeuillée, suivit, comme c'était la coutume, le cercueil de sa fille à travers les rues bondées de Rome, à peine capable, au plus profond de son chagrin, de subvenir à ses besoins, et finit par tomber évanouie dans les bras des serviteurs et être ramené à la maison insensible. A ce spectacle , qui aurait pu toucher leurs cœurs, la multitude cria d'une seule voix contre la mère affolée. "Elle pleure, la fille qu'elle a tuée en jeûnant ", criaient-ils. "Pourquoi ces détestables moines ne sont-ils pas chassés de la ville ? pourquoi ne sont-ils pas lapidés ou jetés à la rivière ? Ce sont eux qui ont séduit cette misérable femme pour qu'elle soit elle-même moine contre son gré ; c'est pourquoi elle pleure son enfant comme aucune femme n'a jamais pleuré auparavant. » Paule, espérons-le, n'a pas entendu ces cris de colère populaire. Les rues résonnaient avec eux, la population toujours prête au tumulte, et les nobles dégoûtés et en colère encourageant tout élan de révolte. Sans doute beaucoup de classes supérieures avaient observé avec inquiétude et alarme ce nouveau mouvement qui dissipait parmi les pauvres tant de beaux héritages et menaçait d'emporter hors du monde, dont ils avaient été les ornements, tant des plus beaux héritages. femmes distinguées. Tout soulèvement soudain qui pourrait tuer ou bannir le moine pestilentiel ou disperser la communauté en difficulté trouverait naturellement grâce à leurs yeux.

LE LATRAN DE L'AVENTIN.

PORTIQUE D'OCTAVIE.

CHAPITRE V.
PAULA.

Paula était une femme au caractère très différent de la passionnée et austère Melania qui l'a précédée et qui lui ressemblait dans de nombreux détails de sa carrière. Pleine d' humour tendre et pourtant vif , d'amour, de douceur et de gentillesse humaine, une vraie mère bienveillante et gracieuse, mais avec ces individualités d'intelligence vive, de compréhension et de sympathie qui vivifient cet idéal doux et apportent tous les éléments de l'amitié et de la vie sociale : elle était la plus importante de ces visiteurs et associées qui faisaient de la maison de l'Aventin la mode et la remplissaient de tout ce qu'il y avait de meilleur à Rome. Bien que son pedigree semble un peu trompeur, sa relation avec Æmilius Paulus se résolvant en une descendance de sa sœur par sa propre mère, il est pourtant évident que ses prétentions à la plus haute naissance et à la position la plus élevée étaient pleinement reconnues, et qu'aucune matrone romaine ne détenait de titre . place plus élevée ou plus honorable . Elle était riche comme eux tous, très alliée, la favorite de la société, ne négligeant aucune de ses lois, mais toujours avec un amour des relations intellectuelles et une tendance au dévouement. Nous ne pouvons dire laquelle de ces tendances l'a attirée la première vers Marcella et sa petite société : mais il est évident que toutes deux y ont trouvé satisfaction et ont été vivifiées par la forte impulsion donnée par Jérôme à sa sortie des écoles et de la nature. à la fois érudit et ermite, à cette maison d'amitié, l'Ecclesia Domestica de Rome. Que toute cette marée montante de la vie, les livres, l'œuvre littéraire, la compagnie toujours divertissante, ainsi que l'influence supérieure d'une vie d'abnégation et de renoncement, telle qu'elle était comprise à l'époque, auraient dû au début ajouter un charme même dans cette existence à sa frontière, la vie dans laquelle tous les motifs contredisaient la nouvelle loi, est très apparente. Plus d'une grande dame, profondément plongée dans toutes les affaires du monde, a éprouvé le même attrait, le plaisir intense d'échapper à ces gaies agitations qui, à la lumière de l'autre vie, paraissent si insignifiantes et si ennuyeuses, la sensation de repos et de la tranquillité et quelque chose de plus élevé, de plus pur, dans l'air — qui pourtant donnaient peut-être au début un zeste au retour au monde, en soi une fois de plus un soulagement de cette tension plus élevée et de ces exigences plus profondes. Le processus par lequel l'attraction s'est développée est également très compréhensible. Les plaisirs communs et les bavardages insensés sur la société deviennent de plus en plus ennuyeux en comparaison de la conversation pleine de merveilles et de révélations qui maintiendraient toutes les facultés en exercice, des études mutuelles, de la crainte et de l'exaltation des prières et des psaumes mutuels, de la réalisation des choses spirituelles . Et sans doute l'âme de l'enfant dévot si tôt fixée, la petite fille qui n'avait pensé à rien depuis son berceau que le service de Dieu, a dû attirer encore plus près la mère toujours tendre et toujours sympathique au centre de tout . La belle mère parmi ses filles, une fiancée, une consacrée , une dans toute la gaie émancipation d'un veuvage précoce, offre le tableau le plus charmant parmi les femmes les plus graves, toutes si proches les unes des autres par la nature, mutuellement liées, membres d'une même communauté, liés par tous les liens d'association et de tradition commune.

Lorsque Blæsilla , guérie de sa maladie, abandonna ses gaietés et ses atours, enfila la robe brune et adopta toutes les règles de la communauté, la vie de Paula, tremblante entre deux sphères, fut secouée par une impulsion plus forte que jamais. Mais comme toute décision était difficile dans sa situation ! Elle avait à la maison son garçon et sa fille encore peu développés – son unique garçon, traîné autant que possible de l'autre côté, persuadé de considérer sa mère comme une fanatique et ses sœurs comme des idiotes. Paula faisait tout ce qu'elle pouvait pour combiner les deux vies, se livrant peut-être à un excès d'austérités sous le drap d'or et de bijoux qu'elle ne pouvait pas encore différer, symboles de son état et de son rang. La mort de Blæsilla fut le choc qui brisa sa vie. Même les grossiers reproches de la rue nous montrent avec quelle angoisse de deuil l'accable cette première rupture dans sa famille. "C'est pourquoi elle pleure son enfant comme aucune femme n'a jamais pleuré auparavant", s'écria la foule, transformant son chagrin en accusation, comme si elle avait ainsi reconnu sa propre faute en abandonnant Blæsilla à des privations qu'elle ne pouvait supporter . La censure cruelle a-t-elle peut-être éveillé un écho dans son cœur, prêt comme tous les cœurs dans ce moment de prostration à se blâmer pour quelque chose de négligé, de mal fait ? Au moins, cela rappellerait à Paula qu'elle-même n'avait jamais fait complètement ce sacrifice que son enfant avait fait avec un effet si fatal. Elle était complètement accablée par son chagrin : ses sanglots et ses cris déchiraient le cœur de ses amis. Elle refusait toute nourriture, et, épuisée par les paroxysmes d'un violent chagrin, tombait dans une léthargie de désespoir plus alarmante encore. Alors que tout le monde avait fait de son mieux pour la tirer de cet excès d'affliction, les dames eurent recours à Jérôme dans leur extrémité : car il était clair qu'il fallait tirer Paula de cet effondrement de tout courage et de toute espérance, ou bien elle devait mourir.

Jérôme ne refusa pas de répondre à l'appel : quoique impuissant comme l'est l'affection la plus anxieuse devant cette angoisse de la mère qui ne sera pas consolé, il fit ce qu'il put ; il lui écrivit de la maison de leurs amis qui partageaient mais ne parvenaient pas à apaiser son chagrin, une lettre pleine de douleur et de sympathie, dans le désespéré espoir de la ramener à la vie. De telles lettres, Dieu le sait, sont assez courantes. Nous avons tous écrit, et la plupart d'entre nous les avons reçus, et n'avons trouvé dans leurs tendres arguments, dans leurs assurances du bien final et de la camaraderie présente, que de nouvelles douleurs et des maladies de cœur supplémentaires. Pourtant, la lettre de Jérôme n'était pas d'un genre commun. Personne n'aurait pu toucher le cœur rétréci avec un toucher plus doux que ce féroce polémiste, ce champion fougueux et impitoyable : car il disposait d'un sortilège encore plus efficace pour émouvoir la personne en deuil, en ce sens qu'il était lui-même un pleureur, pas beaucoup moins profondément touché que elle. « Qui suis-je, s'écrie-t-il, pour interdire les larmes d'une mère qui pleure moi-même ? Cette lettre est écrite dans les larmes. Il n'est pas le meilleur consolateur que maîtrisent ses propres gémissements, dont l'être est inhabité, dont les paroles brisées distille en larmes. Oui, Paula, je prends à témoin le Christ Jésus que suit maintenant notre Blæsilla , et les anges qui sont maintenant ses compagnons, moi aussi, son père en esprit, son père nourricier en affection, je pourrais aussi dire avec Toi... Maudit soit le jour où je suis né. De grandes vagues de doute déferlent sur mon âme comme sur la tienne. Moi aussi, je me demande pourquoi tant de vieillards vivent encore, pourquoi les impies, les meurtriers, les sacrilèges vivent et prospèrent. sous nos yeux, tandis que la jeunesse épanouie et l'enfance sans péché sont retranchées dans leur fleur." Ce n'est qu'après avoir ainsi pleuré avec elle qu'il prend un ton plus sévère. "Vous vous refusez de la nourriture, non par désir de jeûne, mais par chagrin. Si vous croyiez que votre fille est en vie, vous ne pleureriez pas ainsi qu'elle ait émigré vers un monde meilleur. N'ayez-vous pas peur que le Sauveur ne vous dise "Es-tu en colère, Paula, que ta fille soit devenue ma fille ? Es-tu contrariée par mon décret, et avec des larmes rebelles, me reproches-tu la possession de Blæsilla ?" Au son de vos cris, Jésus, tout clément, demande : "Pourquoi pleures-tu ? La jeune fille n'est pas morte mais dort ". Et lorsque vous vous étendez désespéré sur la tombe de votre enfant, l'ange qui est là vous demande sévèrement : « Pourquoi cherchez-vous le vivant parmi les morts ? »

En conclusion, Jérôme ajoute un vœu merveilleux : « Tant que le souffle animera mon corps, tant que je continuerai dans la vie, je m'engage, déclare et promets que le nom de Blæsilla sera à jamais sur ma langue, que mes travaux lui seront dédiés. honneur et mes talents consacrés à sa louange. C'était le dernier mot que pouvait dire l'enthousiasme de la tendresse : et sans doute la ferveur et la chaleur de la promesse, mieux tenues que ne le sont habituellement de telles promesses, donnaient un peu de réconfort à l'âme affligée.

Lorsque Paula revint aux charités et aux dévotions de la vie après cette terrible pause, un lien d'amitié nouvelle se noua entre elle et Jérôme. Ils avaient pleuré ensemble, ils supportaient ensemble le reproche, si peut-être leurs cœurs tremblants pouvaient y sentir quelque chose de vrai, d'avoir peut-être exposé la jeune créature qu'ils avaient perdue à des privations plus qu'elle ne pouvait supporter. Mais il est peu probable que ce raffinement moderne des sentiments ait affecté ces âmes dévouées ; car de telles privations étaient à leurs yeux les plus hauts privilèges de la vie, et le jeûne permettait à l'homme de manger la nourriture des anges. En tout cas, la mort de Blæsilla créa entre eux un lien nouveau, le lien d'un souvenir mutuel et très cher qui ne sera jamais oublié.

Cette conséquence naturelle d'un chagrin commun enflamma la rage populaire contre Jérôme jusqu'à la fureur la plus folle. Les relations et les relations de Paula, dont la moitié, comme dans la plupart des cas dans les rangs supérieurs de la société, étaient encore païennes – qui voyaient maintenant devant eux l'aliénation presque certaine de la richesse de Paula à des fins charitables et religieuses, le poursuivirent avec calomnie et indignation, et le firent. n'hésitez pas à accuser la dame et le moine d'une relation honteuse et de tout crime. Pour aggraver les choses, Damase , dont Jérôme avait été l'ami et le secrétaire, presque son fils, mourut quelques mois après Blæsilla , le privant aussitôt de cette haute place à laquelle la faveur du pape l'élevait naturellement. Il se plaint de la différence que ses liens étroits avec la famille de Paula ont eu sur l'opinion générale à son sujet. "Tous, presque sans exception, me croyaient digne de la plus haute position sacerdotale ; il n'y avait qu'une parole au monde pour moi. Par la bouche du bienheureux Damase , c'est moi qui parlais. On m'appelait saint, humble, éloquent." Mais tout cela avait changé depuis les récents événements survenus chez Paula. Elle, de son côté, blessée au cœur par les reproches qui lui étaient adressés et par les calomnies honteuses dont elle était l'objet et qui l'avaient sans doute piqué à la vie et à l'énergie renouvelées, résolut de faire un pas plus fort que celui de rejoindre l'Union. communauté et annonça son intention de quitter Rome, de chercher refuge dans la ville sainte de Jérusalem et de secouer de ses pieds la poussière de son pays natal, où elle avait été si vilipendée. Cette résolution fut portée au compte de Jérôme comme on pouvait s'y attendre, et lorsque la mort de son patron le laissa sans protection, tous les ennemis qu'il s'était fait, et sans aucun doute ils étaient nombreux, furent lâchés. Celui que les courtisans avaient recherché, dont les mains avaient été embrassées et sa faveur implorée par tous ceux qui attendaient quelque chose du pape, était maintenant accueilli lorsqu'il apparaissait dans les rues par des cris féroces de « grec », « imposteur », « moine » et sa présence devenait un danger pour la paisible maison dans laquelle il avait trouvé refuge.

Il n'est guère possible d'être vraiment désolé pour Jérôme. Il n'avait pas mâché ses mots ; il avait lancé des libelles et des satires qui ont dû piquer et blesser beaucoup de personnes, et dans de telles affaires, les représailles sont inévitables. Mais Paula n'avait fait aucun mal. Même en admettant que la santé de Blæsilla ait été ruinée par le jeûne, la mère elle-même avait traversé les mêmes privations et en avait exulté : et son seul tort était d'avoir suivi et sympathisé avec enthousiasme les nouveaux enseignements et préceptes du divin. la vie sous la forme la plus appréciée à son époque. Aucun cri de cette femme silencieuse ne vient dans le vieux monde, résonnant de tant de clameurs, où la foule grossière des Romains hurlait des injures, et où les dames sur leurs canapés de soie se murmuraient le scandale de la liaison de Paula, et où les hommes se moquaient et ricanaient. lors de leurs banquets à la simple pensée qu'une telle amitié était innocente. Quelqu'un de leurs ennemis osa prononcer ou écrire publiquement l'ignoble accusation, et fut immédiatement traduit en justice par Jérôme, et renonça publiquement au scandale qu'il avait répandu. "Mais", comme le dit Jérôme, "un mensonge est difficile à tuer ; le monde aime croire à une mauvaise histoire : il met sa foi dans le mensonge, mais pas dans la rétractation." Et la situation devint telle que lui aussi ne voyait d'autre solution que de quitter Rome. Il semblait avoir été, ou s'être imaginé, en danger de mort, et sa présence représentait incontestablement un danger pour ses amis. Un homme au tempérament plus patient et à l'esprit tranquille aurait pu penser que la résolution de Paula de partir était une raison pour lui de rester, et donc de supporter seul le scandale et l'indignation, au moins jusqu'à ce qu'elle soit en sécurité, hors de sa portée – ce qui ne laissait aucune possibilité. occasion pour l'adversaire de blasphémer. Mais Jérôme n'était évidemment pas disposé à une telle abnégation, et il est même très probable que sa situation était devenue intolérable et que sa seule ressource était le départ. C'est à l'été 385, près de trois ans après son arrivée à Rome, en août, sept mois après la mort de Damase, et pas un an après celle de Blæsilla, qu'il quitta « Babylone », comme il appelait la ville tumultueuse. , écrivant ses adieux avec des larmes de chagrin et de colère à Dame Asella, aujourd'hui l'un des membres les plus âgés et les plus importants de la communauté, et remerciant Dieu d'avoir été jugé digne de la haine du monde. Nous avons tendance à parler comme si le voyage était une invention de notre temps : mais en fait, les facilités de voyage existaient alors à peine inférieures à celles que nous possédions nous-mêmes il y a trente ou quarante ans, et ce n'était pas un voyage étrange ou inhabituel depuis Ostie à l'embouchure du Tibre, le long des doux rivages de la Méditerranée, le long des rochers tourmentés des Sirènes par temps de plomb, jusqu'à Chypre, cette île de monastères, et Antioche, une ville tourmentée et entachée d'hérésie, mais pleine d'amis et de secours . Jérôme avait autour de lui un groupe de fidèles et fut escorté par une foule en pleurs jusqu'au point même de son embarquement : mais néanmoins emporté hors de Rome dans une passion d'indignation et de détresse.

TEMPLE DE VÉNUS ET ROME DU COLISÉE (1860).

C'est en attendant le moment du départ dans le bateau qui devait l'emmener loin de ses amis et de la vie qu'il aimait, que furent écrites les lettres de Jérôme à Asella . Ils étaient pleins de colère et de chagrin, l'expression d'un cœur blessé et blessé, d'un homme poussé presque au désespoir. « On me dit, s'écrie-t-il, que je suis un personnage infâme, un trompeur plein de ruse, un imposteur avec tous les artifices de Satan au bout des doigts... Ces hommes m'ont baisé les mains en public et m'ont piqué. en secret avec une dent de vipère ; ils me compatirent des lèvres et se réjouissent dans leur cœur. Mais le Seigneur les vit et les tourna en dérision, les réservant de paraître avec moi, son malheureux serviteur, au jugement dernier. eux ridiculisent ma démarche et mon rire : un autre fait de mes traits un sujet d'accusation ; pour un autre la simplicité de mes manières est le mal : et j'ai vécu trois ans en compagnie de tels hommes ! Il poursuit ainsi sa légitime défense indignée :

"J'ai vécu entouré de vierges, et à certaines d'entre elles j'ai expliqué du mieux que je pouvais les livres divins. Avec l'étude est venue une connaissance accrue les uns des autres, et avec cette connaissance une confiance mutuelle. Qu'ils disent s'ils ont jamais trouvé quelque chose dans ma conduite est indigne d'un chrétien. N'ai-je pas refusé tous les présents, grands ou petits ? L'or n'a jamais sonné dans ma paume. Ont-ils entendu sortir de mes lèvres une parole douteuse, ou vu dans mes yeux un regard audacieux ou hasardeux ? Jamais, et aucun on ose le dire. La seule objection qui m'est faite est que je suis un homme : et cette objection n'est apparue que lorsque Paule a annoncé son intention d'aller à Jérusalem. Ils ont cru mon accusateur quand il a menti

: pourquoi ne le croient-ils pas quand il se rétracte ? C'est le même homme aujourd'hui qu'autrefois. Il m'imputait de faux crimes, maintenant il me déclare innocent. Ce qu'un homme avoue sous la torture a plus de chance d'être vrai que ce qu'il raconte dans un moment de gaieté : mais les gens sont plus enclin à croire un tel mensonge qu'à la vérité.

"De toutes les dames de Rome, seule Paule, dans son deuil et son jeûne, a touché mon cœur. Ses chants étaient des psaumes, ses conversations étaient de l'Évangile, sa joie était dans la pureté, sa vie était un long jeûne. Mais quand j'ai commencé à vénérez-la, respectez-la et vénérez-la, comme le méritait sa vertu éclatante, toutes mes bonnes qualités m'abandonnèrent sur-le-champ.

« Si Paula et Melania s'étaient précipitées aux bains, profitant de leur richesse et de leur position pour se joindre, parfumées et parées, dans un même culte de Dieu et de leur richesse, de leur liberté et de leur plaisir, elles auraient été connues comme de grandes et saintes dames ; mais maintenant on dit qu'ils cherchent à être admirés dans des sacs et des cendres, et descendent en enfer chargés de jeûnes et de mortifications : comme s'ils n'eussent pas aussi bien pu être damnés avec les autres, au milieu des applaudissements de la foule. et les Juifs qui les ont condamnés, ils auraient eu la consolation d'être haïs par ceux qui haïssaient le Christ, mais ce sont des chrétiens, ou des hommes connus sous ce nom.

"Dame Asella , j'écris ces lignes à la hâte, tandis que le navire déploie ses voiles. Je les écris avec des sanglots et des larmes, tout en rendant grâce à Dieu d'avoir été jugé digne de la haine du monde. Saluez Paula et Eustochium, les miennes en Christ, bon gré mal gré au monde, salue Albina ta mère, Marcella ta sœur, Marcellina , Felicita : dis-leur que nous nous reverrons devant le tribunal de Dieu, où seront dévoilés les secrets de tous les cœurs. Souviens-toi de moi, oh exemple de pureté ! et que tes prières tranquillisent devant moi les tumultes de la mer !

TRINITA DE' MONTI.

On imagine aisément l'agitation avec laquelle la communauté des dames dut recevoir une pareille lettre. Ils savaient mieux que quiconque juger de la probité et de l'honneur de l'écrivain qui avait vécu si longtemps parmi eux : et sans doute toutes ces tempêtes qui faisaient rage, les imputations injurieuses et insultantes, toutes les mauvaises langues de Rome déchaînées sur le maison inoffensive, leur intimité envahie, leur tranquillité troublée, ont dû, pendant tout le déroulement de ce déplorable incident, être la cause de douleurs et de troubles indicibles pour la douce société de l'Aventin. Il est évident que Marcella avait fait ce qu'elle pouvait pour faire taire Jérôme lorsque les ennuis ont commencé ; c'est peut-être pour cette raison que la lettre d'adieu est adressée à l' Asella plus âgée , peut-être à un juge plus doux.

Les préparatifs de Paula avaient commencé avant que Jérôme ne songe à son départ plus brusque. Elles ne se faisaient pas aussi facilement que celles d'un solitaire déjà détaché du monde. Elle avait toutes ses affaires de famille à régler et, ce qui était plus difficile encore, ses enfants à se séparer, le plus difficile de tous, et le point particulier de sa conduite avec lequel il nous est impossible de sympathiser . Mais il faut se rappeler que Paula, une matrone impeccable, avait été stigmatisée des calomnies les plus honteuses, qu'elle avait été criée par la foule comme la tueuse de sa fille et accusée par le monde d'avoir déshonoré son nom . Elle avait fait l'objet d'une affaire de diffamation, comme on dirait, devant les tribunaux publics, et bien que le calomniateur ait avoué son mensonge (sous l'influence de la torture semble-t-il, selon les paroles de Jérôme), l'imputation, comme dans la plupart des cas, est resté. Outrée et blessée au vif, il est fort possible qu'elle ait pensé qu'il était bon pour ses plus jeunes enfants de les quitter, afin qu'ils ne restent pas sous l'aile d'une mère dont le nom avait été évoqué dans les bouches. des hommes. Sa fille Pauline était alors mariée au bon et fidèle Pammachius , dont la protection pouvait être plus avantageuse pour la jeune fille et le jeune garçon que pour la sienne. Et Paula connaissait parfaitement les tendres miséricordes de ses relations païennes et l'influence qu'elles étaient susceptibles d'exercer contre elle, même dans sa propre maison. La jeune Eustochium , sérieuse et calme, s'accrochait au côté de sa mère, sa tête juvénile déjà couverte par le voile de la vierge consacrée , figure sereine et inébranlable au milieu de toutes les agitations de la séparation. Toute Rome se précipitait pour les accompagner au port, frères et sœurs avec leurs femmes et maris, parents moins proches, foule d'amis. Tout au long des rives sinueuses du Tibre, ils adressèrent à Paule des supplications, des reproches et des larmes. Elle ne leur fit aucune réponse. Elle était toujours lente à parler, comme le rapporte la tendre chronique. "Elle leva les yeux vers le ciel, pieuse envers ses enfants mais plus pieuse envers Dieu." Elle resta maître d'elle-même jusqu'à ce que le navire commence à s'éloigner du rivage, où le petit Toxotius , le garçon de dix ans, se tenait debout, lui tendant les mains dans un dernier appel, sa sœur Rufina silencieuse, avec des yeux mélancoliques, près de son côté. Le cœur de Paula semblait éclater. Elle détourna les yeux, incapable de supporter ce spectacle cruel, tandis qu'Eustochium , ferme et inébranlable, soutenait sa mère plus faible dans ses bras.

Était-ce une désertion cruelle, un abandon sans cœur du devoir ? Qui peut le dire ? Il y a des désertions, des cruautés de ce genre, qui sont le plus grand sacrifice, et quelquefois la preuve la plus amère du dévouement. Paula croyait-elle dans son cœur, pensée la plus douloureuse qui puisse venir à l'esprit d'une mère, que son fils serait meilleur sans elle, élevé en paix parmi ses oncles et ses tuteurs, qui, si elle avait été là, auraient fait de sa vie une vie continue. lutte entre deux camps ? Rufina était-elle plus susceptible d'être heureuse sous la garde de sa douce sœur que d'avoir l'esprit perturbé, et peut-être son mariage gâché, par les vœux religieux de sa mère, et tout ce que cela impliquait ? Elle a peut-être tort de penser cela, comme nous nous trompons tous souvent dans nos plans les meilleurs et les plus douloureusement réfléchis. Mais la condamnation est très facile et pose si peu de problèmes : il y a sûrement un mot à dire de l'autre côté de la question.

Lorsque ces pèlerins quittent Rome , ils cessent de participer à l'histoire de la grande ville à laquelle nous avons affaire. Pourtant, leur sort ultérieur peut être décrit en quelques mots. Inutile de suivre la grande dame dans son voyage sur terre et sur mer jusqu'à la Terre Sainte avec toutes ses associations, où Jérusalem, sortie de ses ruines, parée d'un nouveau nom classique, remontait déjà dans la connaissance et la vénération du monde. . Ce n'était pas l'époque des trains d'excursions et des bateaux à vapeur, il est vrai ; mais le nombre de pèlerins allant et venant toujours vers ces rivages plus que classiques, ces lieux saints, animés de toutes espérances plus élevées, était peut-être plus grand en proportion de la plus petite taille et de la moindre population du monde connu que ne le sont nos nombreux pèlerinages actuels, bien que cela semble si étrange à dire. Mais n'existe-t-il pas encore un Murray, un Baedeker, du IVe siècle, l' *Itinéraire de Bordeaux à Jérusalem* , incontesté et authentique, contenant le récit le plus minutieux des auberges et des lieux de refuge et des modes de déplacement des pèlerins ? Il est possible que dame Paula ait eu cet ancien rouleau dans son cartable, ou qu'il l'ait jeté sur les épaules de sa servante pour s'y référer constamment. Son navire était occupé par son propre groupe seul, et transportait sans aucun doute beaucoup de bagages et de nombreuses provisions, comme le ferait naturellement une émigration pour la vie ; et il n'a été gêné par aucune tempête, autant que nous l'entendons, mais seulement par un grand calme qui a beaucoup retardé le navire et a rendu le voyage fastidieux, nécessitant l'utilisation des rames de la galère, ce que très probablement les dames préféreraient, bien que cela soit les a gardés encore tant de jours en mer. Ils atteignirent enfin Chypre, cette île sainte aujourd'hui couverte de monastères, où Épiphane, autrefois hôte de Paule à Rome, l'attendait et la reçut avec tous les honneurs , et où il y avait de nombreuses visites à rendre aux moines et aux nonnes dans leurs nouveaux établissements, les dissipation préférée du cloître. Les dames continuèrent ensuite leur voyage vers Antioche, où elles rencontrèrent Jérôme ; et continuèrent leur voyage, en ayant probablement assez de la mer, le long de la côte par Tyr et Sidon, par la splendide ville de Césarée d'Hérode , et Joppé avec ses souvenirs des Apôtres - non sans penser à Andromède et à son monstre alors qu'ils regardaient. sur les écueils sombres et dangereux qui effraient encore le voyageur : car ils aimaient la littérature, malgré leur séparation du monde. Ils formaient alors un grand caravansérail, assez semblable, à vrai dire, à un de ces partis que nous sommes si portés à mépriser, sous la direction de guides et de serviteurs qui portent la livrée de Cook. Mais une telle expédition était bien plus digne et importante à cette époque lointaine. Jérôme et ses moines ne formaient qu'une seule famille de sœurs et de frères avec les dames romaines et leurs suivantes, qui supportèrent si vaillamment toutes les fatigues et tous les dangers du chemin. Paula la pèlerine n'était plus une belle dame chancelante, mais la voyageuse la plus animée et la plus intéressée , sans simple mission de chasse à l'ermite comme Melania, mais avec le plus véritable enthousiasme humain pour toutes les scènes historiques qu'elle traversait. Lorsqu'ils atteignirent Jérusalem , elle alla avec ravissement de larmes et d'exaltation de l'un à l'autre des lieux sacrés, baisant la pierre brisée qui était censée avoir été celle qui était roulée contre la porte du Saint-Sépulcre, et la suivant avec un respect pieux et réjouissez-vous des pas d'Hélène dans la grotte où la Vraie Croix a été trouvée. La légende était encore fraîche à cette époque et il n'y avait aucun doute. L'enthousiasme de Paule, le ravissement et l'exaltation, qui se déversaient dans des torrents de larmes, dans des extases d'émotion sacrée, de joie et de prière, émurent toute la ville, remplie de pèlerins, pieux et non, pour qui la grande dame romaine était une merveille. : la foule la suivait de point en point, s'émerveillant de son dévouement et de la chaleur du sentiment naturel qui la distinguait en toutes circonstances. Le lecteur ne peut que suivre toujours avec un intérêt admiratif une figure si fraîche, si peu conventionnelle, si profondément touchée par toutes ces associations saintes et sacrées. Parmi tant de personnes représentées comme presque plus abstraites parmi les pensées spirituelles que la nature ne le permet, son émotion franche et son enthousiasme tendre et naturel sont toujours un rafraîchissement et un charme.

Nous arrivons ici à une rupture dans une histoire jusqu'ici redondante. Mélanie et Rufin étaient en possession de leurs couvents et pleinement établis comme résidents sur le Mont des Oliviers, lorsque les autres pèlerins arrivèrent ; et il ne fait guère de doute que toutes les grâces d'hospitalité ont été accordées par une dame romaine à l'autre, ainsi que par les anciens compagnons de Jérôme à son amie. Mais au cours des années qui suivirent, ces chers amis se querellèrent amèrement, non pas sur des questions personnelles, autant qu'il semble, mais sur des points de doctrine, et tombèrent dans une guerre si prolongée de paroles colériques et cinglantes qu'elles blessèrent plus que des coups. Grâce à cette intimité même, ils savaient tout ce qui avait été dit ou murmuré l'un de l'autre et, dans le feu du conflit, n'hésitaient pas à utiliser toutes les vieilles insinuations, toutes les suggestions qui pouvaient blesser ou blesser. La lutte fut si intense que la paix ultérieure des deux partis en fut sérieusement affectée ; et l'un de ses résultats les plus significatifs fut que Jérôme, un homme assez grand et assez petit pour quoi que ce soit, que ce soit en termes de méchanceté ou de magnanimité, retrancha de ses lettres et annales toute mention de cette première période de paix, et toute référence à Mélanie, qu'il est censé avoir si hautement louée dans son premier état d'esprit qu'il devint impossible dans son second de permettre que ces expressions d'amitié soient liées à son nom. C'est une explication mélancolique du silence qui règne pendant la première période du séjour de Paula en Palestine, mais elle est très naturelle : et les deux côtés étaient également coupables. La querelle s'est cependant produite des années après la première visite, que nous avons toutes les raisons de croire n'être que convivialité et paix.

Après cette première pause à Jérusalem, le caravansérail repartit et se lança dans un long voyage à travers toutes les scènes de l'Ancien Testament, les déserts et les ruines légendaires de la Syrie, pas beaucoup moins anciennes à voir et beaucoup moins articulées qu'aujourd'hui. . C'était en l'an 387, deux ans après leur départ de Rome. Même aujourd'hui, avec toutes nos facilités de voyage accrues – neutralisées comme elles le sont par le fait que ces terres sauvages et désertiques ne seront probablement jamais adaptées aux méthodes modernes – le voyage serait une entreprise très longue et fatigante. Jérôme et sa bande « allaient partout », comme on dirait ; aucune difficulté ne les intimidait. Aucune dame moderne en costume de traqueuse de cerfs n'aurait pu moins reculer devant une route dangereuse que Paula, autrefois exigeante. Ils s'arrêtaient partout, recevant l'hospitalité des couvents dans chaque affreux passage de rochers et de déserts pierreux où étaient implantées de telles maisons de pénitence. Ces déserts en ruine, dans lesquels nos propres explorateurs ont soigneusement repéré quelque tradition de Guilgal ou de Tsiklag , quelque bastion philistin ou ville de refuge juive, ont été explorés par ces aventuriers il y a mille quatre cents ans, à une époque peut-être plus fraîche de tradition. mais aucun des aides de la science pour déchiffrer ce qui leur semblerait encore plus vieux qu'à nous avec l'âge. Combien insignifiantes dans nos prétentions à l'exploration nous semblent les fêtes luxueuses du XIXe siècle, abstraites de la vie commune pour quelques mois tout au plus, et avec toutes les ressources de la civilisation sur lesquelles s'appuyer, en comparaison de celles de ces patients vagabonds, mangeant du pain arabe et du lait caillé, et tout ce qu'on pouvait obtenir, trouvant refuge parmi les ascètes à la peau sombre des communautés du désert, se réfugiant dans la grotte qu'un saint avait habitée un jour ou deux auparavant, errant partout , sur les ruines primitives et le sanctuaire récent !

Lorsqu'ils revinrent de ces déserts sauvages vers la verte Bethléem dressée sur son flanc de colline au-dessus des champs agréables, le calme et la douceur des lieux leur touchèrent le cœur. C'est dans ce lieu sacré qu'ils décidèrent de s'installer, construisant leurs deux couvents, celui de Jérôme sur la colline près de la porte ouest, celui de Paula au niveau souriant en contrebas. Il aurait vendu tout ce qu'il possédait, quelques restes de biens personnels en Dalmatie lui appartenant ainsi qu'à son frère, qui était son fidèle et constant compagnon, pour subvenir aux dépenses de la construction, de son côté ; et sans aucun doute la richesse abondante de Paula complétait tout ce qui manquait. Peu à peu, un établissement conventuel, tel qu'il était l'idéal de l'époque, se rassembla à cet endroit. Une fois son propre couvent terminé, Paula en construisit deux autres à proximité, qui furent bientôt remplis de sœurs dévouées. Et elle construisit un hospice pour l'accueil des voyageurs , afin que, comme elle le disait avec de tendres sourires et des larmes, "si Joseph et Marie revenaient à Bethléem, ils fussent sûrs de leur trouver une place à l'auberge". Ce doux discours brille comme une lueur de tendre lumière sur la petite ville sainte avec tous ses souvenirs, nous montrant la grande dame d'autrefois dans sa gracieuse bonté, pleine de noble bonté naturelle, et voyant dans chaque pauvre pèlerin qui passait par là quelque semblant de ce couple simple, qui a porté la Lumière du Monde jusqu'à la petite ville de David parmi les collines.

Toutes ces demeures de piété et de charité sont balayées, et il ne reste aucune tradition même de leur emplacement ; mais il y a une salle riche en histoire qui reste pleine du plus grand intérêt de toutes. C'est la salle rocheuse, dans une des demi-grottes, demi-excavations voisines de celle de la Nativité, et communiquant avec elle par des escaliers et des passages grossièrement taillés, dans laquelle Jérôme s'établit tandis qu'on construisait son couvent, qu'il appelait son Paradis, et qui est à jamais associé au grand travail qui y est accompli. Toutes les autres traditions et souvenirs s'estompent en présence du grand et sacré intérêt du lieu. Pourtant, même là, il sera impossible au spectateur qui connaît leur histoire de rester insensible à la scène, pratiquement inchangée depuis l'époque où Jérôme travaillait à sa grande traduction, et où Paule et Eustochium copiaient, comparaient et critiquaient ses travaux quotidiens . Une grande partie de la Vulgate avait été achevée à Rome, mais depuis qu'il avait quitté cette ville, Jérôme avait beaucoup accru sa connaissance de l'hébreu, ne perdant aucune occasion, au cours de ses voyages, d'étudier la langue avec tous les rabbins érudits qu'il rencontrait et d'acquérir beaucoup d'informations dans respect aux opinions et lectures des médecins en droit. Il profite de sa retraite à Bethléem pour réviser ce qui a déjà été fait et terminer le travail. Ses deux amis avaient tous deux appris plus ou moins l'hébreu avant de quitter Rome. Ils avaient sans doute partagé ses études en chemin. Ils lisent quotidiennement avec lui une partie des Écritures dans l'original ; et c'est sur leur supplication et avec leur aide qu'il commença la traduction des Psaumes, si profondément appropriés à cette scène, où l'on pouvait presque entendre la voix du berger de Bethléem, chantant tandis qu'il conduisait son troupeau dans les petites collines. . Je cite de M. Amédée Thierry une description sympathique de la méthode de ce travail tel qu'il s'effectuait dans la chambre rocheuse de Bethléem, ou dans le couvent voisin.

Ses deux amis se chargèrent du soin de rassembler tous les matériaux, et cette édition, préparée par leurs soins, est celle qui reste dans l'Église sous le nom de Jérôme. Nous leur avons donné ses propres instructions pour cet ouvrage, jusqu'aux lignes tracées pour plus d'exactitude, et l'explication des signes qu'il avait adoptés dans la collation des différentes versions avec son texte, tantôt une ligne soulignée, tantôt un obélisque ou astérisque. Une virgule suivie de deux points indiquait la suppression de mots superflus provenant d'une paraphrase de la Septante ; une étoile suivie de deux pointes indiquait au contraire où il fallait insérer des passages de l'hébreu ; une autre marque désignait des passages empruntés à la traduction de Théodose, légèrement différents de la Septante quant à la simplicité de la langue. En lisant ces divers symboles, il est agréable de penser aux deux nobles dames romaines assises devant le vaste bureau sur lequel étaient étalés les nombreux manuscrits grecs, hébreux et latins, le texte hébreu de la Bible, les différentes éditions de la Septante, l'Hexaple d'Origène, Théodose, Symmaque, Aquila et la Vulgate italienne, tandis qu'ils examinaient et comparaient, mettant en ordre sous leurs mains, avec piété et joie, ce Psautier de saint Jérôme que nous chantons encore, du moins en grande partie. de cela, dans l'Église latine d'aujourd'hui.

C'est en effet une association touchante avec cette partie de l'Écriture qui, après l'Évangile, est la plus chère aux dévots, que la traduction, encore en usage quotidien dans les églises de l'Europe continentale, les paroles sonores et nobles qui, au milieu de tout le bavardage des différentes langues, forment encore un grand langage universel, dont tous ont au moins une compréhension conventionnelle – aurait dû être ainsi transcrit et perfectionné à l'usage des générations. Jérôme n'est pas un héros doux et, à vrai dire, n'a jamais été très aimé dans l'Église qui lui doit pourtant tant. Pourtant, il n'existe aucune autre œuvre du genre qui véhicule autant d'associations douces et tendres. La grotte de Bethléem est aussi peu adaptée comme scène à cette combinaison domestique que Jérôme est naturellement adapté pour en être le centre . Et il y a sans doute des critiques méchants qui décriront cet intérieur austère mais magnifique comme l'atelier de deux pauvres esclaves traînées après lui par la tyrannie de leur sinistre maître d'œuvre pour faire son travail à sa place. Aucune idée de ce genre n'est conforme au dossier. La douce Paula était une femme de grand esprit ainsi que de beaucoup de grâce et de courtoisie, de fermeté et d'humour , la dernière qualité la plus inhabituelle de toutes. La dévotion imaginative qui l'avait poussée à apprendre l'hébreu afin de chanter les chants du Psalmiste dans l'original, parmi le petit groupe d'âmes, sous le toit doré de Marcella, avait son évolution naturelle dans la douce pression exercée sur Jérôme pour en faire un représentant faisant autorité. traduction : et où aurait-on pu trouver une place aussi appropriée pour ce travail que dans le repos délicieux après la fin de leurs voyages, dans la scène même où ces chants sacrés ont commencé pour la première fois ? Il serait presque aussi impertinent et insensé de supposer qu'un doute moderne quant à leur authenticité existait dans l'esprit de Paula que de suggérer qu'il s'agissait de travaux forcés et mornes auxquels elle était poussée par un tyran spirituel. À notre avis, ce travail et cette étude mutuels ajoutent le dernier charme à leur compagnie. La femme vive et douce qui a jeté tant de lumière sur cette curieuse vie d'abnégation et d'indulgence pour elle-même, et la jeune fille grave qui ne l'a jamais quittée, dont l'ombre douce ne fait qu'un avec elle, de sorte que tant que Paula a vécu, nous ne pouvons pas les distinguer . à part, ils ont dû trouver un bonheur tranquille au-dessus de tout ce qu'ils avaient prévu dans ces relations et ce travail délicieux. Leurs esprits et leurs pensées, occupés par le charme de la noble poésie, par l'énigme des mots à clarifier et à combiner correctement, et par un emploi constant dans une matière qui les intéressait si profondément, et qui est peut-être la meilleure de toutes, durent se rapprocher et se rapprocher. toujours plus proches, mère à enfant, et enfant à mère, ainsi que tous deux de l'ami et du père qu'ils aimaient servir, et dont la grande intelligence et les connaissances maintenaient les leurs dans une sympathie constante, non dénuée de temps en temps d'un peu d'opposition, et l'agréable agitation de l'opinion indépendante.

Il est juste de donner à Jérôme lui-même, si féroce en querelles et en controverses, l'avantage de cette douce lampe qui brûle à jamais dans son petit Paradis. Et quelqu'un peut-il supposez que Paula, autrefois si sensible et si exquise, maintenant forte et vigoureuse dans la simplicité de cette retraite, les mains pleines et l'esprit plein de choses à penser, beaucoup de choses à faire, n'avait-elle pas aussi son avantage ? La vie serait idéale sans la pensée qui aurait dû la traverser de temps en temps, des jeunes restés à Rome et de ce qui leur arrivait. Elle a en effet été accablée de chagrin à maintes reprises par la mort de ses filles là, l'une après l'autre, et pleurée avec une amertume qui nous fait nous demander si ce doute obsédant et cette autocensure, qui ont peut-être donné une piqûre supplémentaire à son chagrin dans le Le cas de Blæsilla n'a peut-être pas encore submergé son cœur, bien que pour une raison contraire - le doute si les austérités qu'elle a recommandées et partagées avaient été fatales à quelqu'un, le doute contradictoire de savoir s'il fallait les abandonner au cours habituel de la vie n'aurait pas été possible. fatal aux autres. Une telle femme n'a aucune de cette confiance en elle qui dresse tant de gens contre le destin, et ne trouvant rien d'efficace pour la sécurité de ceux qu'elle aime, ni un dévouement sacré, ni ce consentement au bonheur banal qui est l'idéal ordinaire du devoir d'une mère, pourrait bien parfois sombrer dans le désespoir – un désespoir partagé en silence par bien des cœurs tremblants à toutes les époques, qui découvrent que ses plans les mieux conçus, bien qu'opposés les uns des autres, tombent également dans la chute et la consternation.

DE L'AVENTIN.

Mais elle avait ses compensations. Elle avait aussi sa petite gloire dans les livres qui sortaient de cette retraite de Bethléem, portant son nom, inscrit à elle et à son enfant par le plus grand écrivain de l'époque. "Vous, Paule et Eustochium , qui avez étudié si profondément les livres des Hébreux, prenez-le, ce livre d'Esther, et testez-le mot par mot ; vous pouvez dire si quelque chose y a été ajouté, si quelque chose a été retranché ; et vous pouvez rendre un témoignage fidèle si J'ai bien rendu en latin cette histoire hébraïque. Peu de femmes mépriseraient un tel tribut, et encore moins la place de ces deux femmes dans le paradis de cette laborieuse étude, et aux portes de ce bel hospice sur la route de Jérusalem, où Joseph et Marie auraient couru en revenant. aucun risque de trouver de la place !

Ils moururent tous les trois, l'un après l'autre, et furent déposés dans le rocher pur et sain, près du lieu sacré de la Nativité. Il y a une histoire touchante qui raconte comment Eustochium , après la mort de sa mère, alors que Jérôme était accablé par le chagrin et incapable de retourner à aucune de ses anciennes occupations, est venue vers lui avec le livre de Ruth encore non traduit dans sa main, à la fois une promesse. et une supplication. "Où tu iras , j'irai. Où tu habiteras, j'habiterai" - et une continuation en même temps de l'œuvre bénie qui maintenait leurs âmes en vie.

LE CAPITOLE DU PALATINE.

CHAPITRE VI.
LA MAISON MÈRE.

Au milieu de tous ces changements, la maison de l'Aventin – la maison mère comme on l'appellerait dans le langage moderne – continuait son activité dans un calme tranquille, on ne la voyait plus dans cette lumière féroce qui bat sur le chemin d'un homme tel que Jérôme, faisant son travail tranquille. il travaillait régulièrement, ayant participé à beaucoup de choses, la plupart bienfaisantes, qui se passaient à Rome. Albina, la mère de Marcella, et Asella , sa sœur aînée, moururent en paix : et des âmes plus jeunes, avec des épisodes de vie plus émouvants, troublèrent et égayèrent la paix du cloître, qui pourtant n'était pas un cloître mais ouvert à toutes les influences de la vie, entretenant une correspondance importante et des relations nombreuses et variées avec la société de l'époque. Dans la première ferveur de l'installation à Bethléem, Paula et Jérôme (elle par la main) écrivirent à Marcella pour l'exhorter à se joindre à eux, à abandonner le monde d'une manière plus complète qu'elle ne l'avait fait jusqu'à présent. "... Tu as été le premier à allumer le feu en nous" (la lettre est nominalement de Paula et Eustochium) : "le premier par précepte et par exemple à nous pousser à adopter notre vie présente. Comme une poule rassemble ses poules, qui crains le faucon et trembles à chaque ombre d'oiseau, c'est ainsi que tu nous as pris sous ton aile. Et vas-tu maintenant nous laisser voler au hasard, sans mère près de nous ?

Cette lettre est pleine non seulement de supplications affectueuses, mais aussi de délicieuses images de leur propre vie retirée et paisible. « Comment vous décrire, dit l'écrivain, la petite grotte du Christ, l'auberge de Marie ? Le silence est plus respectueux que les mots, qui ne suffisent pas à en exprimer la louange. Il n'y a pas de lignes de nobles colonnades, pas de murs. décoré par la sueur des pauvres et le travail des forçats, pas de toits dorés pour intercepter le ciel. Voici que dans cette pauvre anfractuosité de la terre, dans une fissure du rocher, est né le bâtisseur du firmament. Elle continue avec une éloquence touchante en avançant tous les arguments pour émouvoir son amie.

Lisez l'Apocalypse de saint Jean et voyez là ce qu'il dit de la femme vêtue d'écarlate, sur le front de laquelle est écrit le blasphème, et de ses sept collines, et de ses nombreuses eaux, et de la fin de Babylone. «Sortez d'elle, mon peuple», dit le Seigneur, «afin que vous ne participiez pas à ses péchés». Il y a bien là une sainte Église ; il y a les trophées des apôtres et des martyrs, la véritable confession du Christ, la foi prêchée par les apôtres, et le paganisme foulé aux pieds , et le nom du chrétien s'élevant chaque jour en haut. Mais son ambition, sa puissance, la grandeur de la ville, le besoin de voir et d'être vu, de saluer et d'être salué, de louer et de dénigrer, d'entendre ou de parler, de voir, même contre son gré, toutes les foules du monde. — ces choses sont étrangères à la profession monastique et elles ont gâté Rome, elles opposent toutes un obstacle insurmontable à la tranquillité du vrai moine. Les gens vous rendent visite : si vous ouvrez vos portes, adieu au silence : si vous les fermez, vous êtes fier et hostile. Si vous leur rendez leur politesse, c'est par des portails fiers, par une foule de laquais insolents et grogneurs. Mais dans la chaumière du Christ tout est simple, tout est rustique : sauf les Psaumes, tout est silence : aucune conversation frivole ne vous dérange, le laboureur chante Alléluia en suivant sa charrue, le faucheur couvert de sueur se rafraîchit en chantant un psaume, et c'est David qui supplée d'un chant au vigneron au milieu de ses vignes. Ce sont les chants du pays, ses chansons d'amour, jouées sur la flûte du berger. Le temps ne viendra-t-il jamais où un courrier essoufflé nous apportera la bonne nouvelle, votre Marcella a atterri en Palestine ? Quel cri de joie parmi les chœurs des moines, parmi toutes les bandes de vierges ! Dans notre excitation, nous n'attendons aucune voiture mais allons à pied à votre rencontre, vous serrer la main, regarder votre visage. Quand viendra le jour où nous entrerons ensemble dans la maison natale du Christ : quand, penchés sur le divin sépulcre , nous pleurerons avec une sœur, une mère, quand nos lèvres toucheront le bois sacré de la Croix : quand sur le Mont des Oliviers nos cœurs et nos âmes s'élèvent ensemble dans le lever de notre Seigneur ? Ne verriez-vous pas Lazare sortir de son tombeau, lié dans son linceul ? et les eaux du Jourdain purifiées pour le lavage du Seigneur ? Ensuite nous nous hâterons vers les bergeries des bergers et prierons au tombeau de David. Écoutez, c'est le prophète Amos qui sonne du haut de son rocher de sa corne de berger ; nous verrons les monuments d'Abraham, d'Isaac et de Jacob, et des trois femmes célèbres, et Samarie et Nazareth, la fleur de Galilée, et Silo et Béthel et d'autres lieux saints, accompagnés du Christ, où les églises s'élèvent partout comme les étendards des victoires. du Christ. Et quand nous reviendrons à notre caverne, nous chanterons toujours ensemble, et parfois nous pleurerons ; nos cœurs blessés par la flèche du Seigneur, nous nous dirons les uns aux autres : « J'ai trouvé celui que mon âme aime ; je le tiendrai et je ne le lâcherai pas ! »

Jérôme avait déjà adressé à Marcella des paroles similaires sur le bonheur de la vie rurale et de la retraite. Il l'avait prévenue du danger de la mer tumultueuse de la vie, et du fait que la frêle barque, battue par les vagues, devait chercher l'abri du port avant le déferlement du dernier ouragan. L'image était encore plus vraie qu'il ne l'imaginait ; mais ce n'était pas des périls de Rome dans le temps terrible de guerre et de siège qui approchait qu'il parlait, mais des dangers habituels de la vie commune pour la piété du reclus. "Le port que nous vous proposons, c'est la solitude des champs", dit-il :

Du pain brun, des herbes arrosées de nos propres mains et du lait, le plus délicat du pays, alimentent nos fêtes rustiques. Nous ne craignons pas la somnolence dans la prière ni la lourdeur dans nos lectures, avec un tel tarif. L'été, nous recherchons l'ombre de nos arbres ; en automne, le temps doux et l'air pur nous invitent à nous reposer sur un lit de feuilles mortes ; au printemps, quand les champs sont peints de fleurs, nous chantons nos psaumes parmi les oiseaux. Quand l'hiver arrive, avec ses frissons et ses neiges, le bois de la forêt la plus proche alimente notre feu. Que Rome garde ses tumultes, ses arènes cruelles, son cirque fou, ses théâtres luxueux ; que le sénat des matrones fasse ses visites quotidiennes. Il est bon pour nous de nous attacher au Seigneur et de mettre toute notre espérance en Lui.

Mais Marcella fit la sourde oreille à ces supplications. Peut-être aimait-elle encore le sénat des matrones, les réunions des âmes, l'irruption des gentils visiteurs, le murmure de toutes les histoires de Rome, et les délicates difficultés du mariage et du remariage qu'on lui apportait pour conseil et orientation. Les allusions contenues dans ces deux lettres conduisent à une telle conclusion, et il n'y a aucune raison pour qu'il n'en soit pas ainsi. La supérieure d'un couvent a ainsi rempli, bien plus tard, des usages plus importants que la douce religieuse des champs. Quoi qu'il en soit, cette dame resta dans sa maison, son lieu naturel, et continua à déverser sa générosité sur les pauvres de sa ville natale : ce qui, beaucoup en conviendraient, était peut-être le meilleur, même si ce n'était certainement pas le plus sûr. La mort de sa mère, qui changea sa vie et aurait pu justifier une rupture encore plus grande de toutes les anciennes coutumes et de tous les anciens liens, fut peut-être l'occasion de ces discussions affectueuses ; mais Marcella elle-même ne serait plus jeune et dans une position qui ressemblerait beaucoup à celle d'une mère en sa propre personne, l'amie de confiance de beaucoup à Rome et leur lien le plus étroit avec une vie plus spirituelle et meilleure. La lumière d'un hôte comme Jérôme, attirant tous les regards sur la maison et l'inscrivant dans les archives de l'histoire littéraire, seul moyen de sauver de l'oubli la vie quotidienne d'une maison, s'était en effet éteinte, laissant la vie peut-être un peu plate. et vide, certainement beaucoup moins agité et visible pour le monde extérieur que lorsqu'il déversait feu et flammes sur chaque adversaire depuis l'abri de ses murs paisibles. Mais aucun autre changement ne s'était produit dans les circonstances dans lesquelles Marcella ouvrit son palais à quelques sœurs consacrées et en fit un oratoire général et un lieu de pieux conseils et de retraite pour les dames de Rome. Les mêmes lectures dévotes, les mêmes chants de psaumes (parfois dans l'original), la même vie de piété et d'intellectualisme mêlés ont dû continuer comme avant : et d'autres belles dames peut-être non moins intéressantes que Paula ont dû rechercher avec leurs confessions et leurs confidences. l'oreille de la femme expérimentée qui, comme Paula le dit à propos d'elle-même et de ses filles, "a d'abord porté l'éclat de la lumière dans nos cœurs et nous a rassemblés comme des poulets sous votre aile". Elle était la même, « notre douce, notre douce Marcella, plus douce que le miel », ouverte à toute charité et bonté : ne refusant pas, semble-t-il, de visiter aussi bien que d'être visitée, et prête à « vivre la vie » sans abandonnant tout lien ordinaire ou toute tradition d'existence. Il y a moins à dire sur elle pour cette raison, mais peut-être pas moins à louer.

Marcella eut sans doute sa part dans la formation de l'esprit des deux jeunes esprits, voués dès leur berceau à la vie parfaite de la virginité, la seconde Paula, fille de Toxotius et de son épouse chrétienne ; et la plus jeune Mélanie, fille également du fils que sa mère avait abandonné alors qu'elle était enfant. C'est une curieuse réponse à la vertu sévère qui reproche à ces deux dames romaines la cruelle désertion de leurs enfants, que de constater que ces deux enfants, adultes, permettaient ou encourageaient la vocation de leurs filles, et étaient fiers de la sainte renommée de leurs filles. les mères qui les avaient abandonnés à leur sort. Les filles consacrées ne laissent cependant qu'une faible trace de deux catéchumènes impeccables dans l'histoire. Des incidents plus excitants troublaient de temps en temps le calme de la vie dans le palais de l'Aventin. M. Thierry dans sa vie de Jérôme nous donne peut-être une esquisse trop amusante de Fabiola, une des dames plus ou moins associées à la maison de Marcella, une visiteuse constante, une pénitente par moments, une passionnée de charité, une femme acharnée à faire, du moins semble-t-il, le meilleur des deux mondes. Elle avait conclu très tôt ce qu'on pourrait appeler, faute d'une meilleure expression, un mariage d'amour, dans lequel elle avait été amèrement déçue. Qu'un divorce s'en suive était à la fois naturel et légal dans l'opinion de l'époque, et Fabiola avait déjà noué un nouvel attachement et s'était empressée de se remarier. Mais le deuxième mariage fut une déception encore plus grande que le premier, et cet échec répété semble avoir semé la confusion et excité son esprit sur des questions qui n'étaient pas du tout claires au début, probablement même pour elle-même. Elle fit, dans la distraction de sa vie, une visite soudaine et inopinée au couvent de Paula à Bethléem, où elle fut une visiteuse bienvenue et charmante, emportant avec elle toutes les nouvelles personnelles qui ne peuvent être mises par écrit et les manières gracieuses d'une femme accomplie. du monde. Elle est censée avoir eu un objet privé lors de cette visite d'amitié, mais l'atmosphère et les occupations du lieu ont dû impressionner Fabiola, et bien que son objet ait été caché dans une toile de fiction astucieuse, elle n'a pas eu l'audace de le révéler. soit au sévère Jérôme, soit à la douce Paula. Ce qu'elle faisait, c'était se rendre agréable à tous deux dans la petite société sur laquelle nous avons tant de regards latéraux, et qui sans doute, quoique si laborieuse et si pleine de privations, était une société très délicieuse, mais pas meilleure, avec un homme tel que Jérôme, plein de puissance intellectuelle et d'expérience humaine, à sa tête, et des dames de la plus haute qualité comme

Paula et sa fille pour régler ses simples habitudes. On nous raconte une jolie scène où, au milieu des discussions qui portaient sans doute sur le bonheur de cette vie paisible au milieu des champs agréables où les bergers privilégiés entendaient le chant des anges, s'éleva tout à coup la voix du nouveau venu récitant avec le flatterie la plus enchanteresse, une certaine lettre célèbre que Jérôme avait écrite longtemps auparavant à son ami Héliodore et qui avait été lue dans tous les couvents et passée de main en main comme un *chef-d'œuvre* de beauté littéraire et d'enthousiasme sacré. Fabiola, rapide, adroite et émotive, l'avait appris par cœur, et Jérôme aurait été plus qu'un homme s'il n'avait éprouvé le charme d'une telle flatterie.

L'espace d'un instant, la sensible Romaine semble avoir senti qu'elle avait atteint le havre de paix après sa vie troublée et agitée. Ses mains étaient pleines et son cœur généreux : elle répandait partout ses charités parmi les pauvres pèlerins et les pauvres habitants avec cette libéralité incontestable qui considérait l'aumône comme l'un des premiers devoirs chrétiens. Mais si la société peu occupée pâlit au bout d'un certain temps, ou si ce fut la grande peur du bruit de l'arrivée des Huns qui effraya Fabiola, nous ne pouvons pas le dire, ni exactement combien de temps dura son séjour. Ses allées et venues se sont déroulées au moins en l'espace de deux ans. Elle n'était pas faite pour s'installer dans la révision des manuscrits comme ses amies, même si elle s'était plongée comme elles dans l'hébreu et faisait preuve d'une jolie connaissance. Il semblerait cependant qu'elle en ait témoigné plus par des questions curieuses et quelque peu frivoles que par une quelconque aide apportée au travail en cours. Rien de plus bon, de plus paternel que Jérôme envers le petit groupe de femmes qui l'entouraient. Il se plaint, il est vrai, que Fabiola posait parfois des problèmes sans attendre de réponse, et que parfois il devait répondre qu'il ne savait pas, lorsqu'elle l'intriguait avec ce courant rapide de questions. Mais il est évident aussi qu'il faisait de son mieux pour satisfaire sincèrement sa curiosité, comme si c'eût été la chose la plus sincère au monde. Par exemple, elle fut prise du désir de connaître la signification symbolique du costume du grand prêtre chez les Juifs : et pour satisfaire ce désir, Jérôme passa une nuit entière à dicter à l'un de ses scribes un petit traité sur le sujet, qui probablement la belle dame prenait à peine le temps de lire. Rien de plus caractéristique que les indications de cette visiteuse brillante et charmante, jetant des reflets de tout ce qui se passait autour d'elle, si brillants qu'ils semblaient meilleurs que la réalité, flottant à la surface de leur vie, les envoûtant tous. .

Il semble cependant que peu de raisons permettent à M. Thierry de supposer qu'il était dans l'intérêt de Fabiola qu'Amandus , prêtre à Rome, ait écrit une lettre exposant à Jérôme un cas de conscience, celui d'une femme qui avait divorcé de son mari et remariée, et qui était maintenant troublée dans son esprit quant à son devoir ; si le second mari était totalement illégal, et si elle pouvait rester en pleine communion avec l'Église, après avoir fait ce mariage ? Si c'était elle la personne dont il s'agissait, personne n'a pu révéler ce que signifiait la question : si elle avait en tête un troisième mariage, ou si un accès de remords tout à fait inutile l'avait saisie ; car en fait, elle n'avait jamais été soumise par l'Église à aucune peine ni pénalité à la suite de son second mariage. Jérôme cependant, comme on pouvait s'y attendre de sa part, ne laissa échapper aucun son incertain dans sa réponse. Selon l'Église, dit-il, il ne peut y avoir qu'un seul mari, le premier. Quelle qu'ait été son indignité, le remplacer par un autre, c'était vivre dans le péché. Que ce soit cette réponse qui ait décidé de son action, ou si elle ait été poussée par la puissante communauté de Bethléem à renoncer au cours plus agité de la vie mondaine, il est au moins certain que la carrière de Fabiola a changé à partir de cette époque. Peut-être était-ce son désir de se débarrasser de son deuxième mari qui l'avait émue. Quoi qu'il en soit, à son retour à Rome, elle annonça à l'évêque qu'elle se sentait coupable d'un grand péché et qu'elle désirait en faire pénitence publique.

SAN BARTOLOMMEO.

Ainsi, à la veille de Pâques, alors que les pénitents se rassemblaient sous le porche de la grande église de Saint-Jean-de-Latran, au milieu de toutes les figures sauvages et hagardes qui y paraissaient, meurtriers et criminels de toutes sortes, la délicate Fabiola, les cheveux pendants, ses épaules, la cendre sur sa tête et sur la robe sombre qui la couvrait, son visage pâle de jeûne et de larmes, se dressaient parmi elles, un spectacle pour le monde. Sous de nombreux aspects, Rome entière avait vu cette fille de la grande race fabienne, dans la splendeur de ses fiançailles mondaines , et dans tous les grands spectacles et divertissements d'une ville vouée à l'étalage et au divertissement. Ses bijoux, ses robes splendides, ses beaux équipages étaient bien connus. Avec quelle curiosité tous ses anciens admirateurs, ses rivales de splendeur , ceux qui avaient envié son luxe et sa haute place, se rassembleraient-ils pour la voir maintenant dans son humiliation volontaire, descendant au niveau le plus bas comme elle l'avait été jusqu'alors au tout dernier niveau. le plus haut sommet de la société ! Toute Rome, nous dit-on, était là, regardant, s'interrogeant, suivant ses déplacements sous le portique, parmi ces compagnes inaccoutumées. Peut-être pourrait-il y avoir une suprême satisfaction fantastique pour le pénitent – avec ce besoin de sensations qu'apporte l'épuisement de toutes sortes de triomphes et de plaisirs – à passer ainsi d'un extrême à l'autre, une satisfaction à la pensée que Rome qui l'avait adorée la beauté et la splendeur regardaient maintenant avec horreur ses pieds nus et ses cheveux ébouriffés . On ne peut douter de la sensation ressentie par le *Tota Urbain spectante Romana* . Cela valait la peine de fréquenter les cérémonies religieuses quand un tel spectacle était possible ! Fabiola, — une fois à pas hachés, et de chaque côté de magnifiques serviteurs en livrée, descendant langoureusement les grandes marches de marbre de son palais jusqu'au carrosse doré dans lequel elle s'enfonça de fatigue après ce bref parcours, la mitella flamboyante d'or sur sa tête , sa robe tissée de toutes les teintes de l'arc-en-ciel en une splendeur métallique de fils d'or et d'argent. Et maintenant, la voir au milieu de cette foule de bandits de la Campagne et de malheureuses femmes des environs de la ville, sa tête splendide découverte, ses mains maigres croisées dans les manches rudes de la robe de pénitent ! Ce pourrait être pour certains un spectacle peut-être salutaire : émouvoir d'autres grandes dames ayant des péchés plus lourds sur la tête que celle de Fabiola de ressentir les piqûres du remords ; mais il est sans doute également possible qu'ils pensent avoir vu à jour en elle et dans la nouvelle forme d'exposition de soi qui a attiré le monde entier vers son regard. On ne sait pas si Fabiola a trouvé refuge dans la maison de l'Aventin avec Marcella, qui avait allumé le feu de la foi chrétienne dans son cœur ainsi que dans celui de Paula : ou si elle est restée, comme Marcella, dans sa propre maison, faisant c'est un autre centre de bonnes œuvres. Mais en tout cas, sa vie, à partir de ce moment, fut entièrement consacrée à la charité et aux choses spirituelles. Ses parents et ses nobles voisins , encore plus ou moins païens, étaient remplis de fureur et d'indignation et de ce vif dégoût de la perte de tant d'argent pour le monde, qui avait tant à voir avec une opposition amère : mais les chrétiens étaient profondément impressionnés, l'hommage d'une si grande dame à la foi et sa rétractation de ses erreurs affectant beaucoup comme un véritable martyre.

Si c'était réellement le remords pour le péché du second mariage qui l'émouvait tant, sa position ressemblerait beaucoup à celle de la *fine fleur* de la société française telle qu'elle se constitue actuellement , dans sa formidable opposition à la loi du divorce, maintenant légale en France de le XIXe siècle comme ce fut le cas dans la Rome du IVe siècle, mais à laquelle résista, avec une splendide bigoterie de sentiment, totalement indépendante de la moralité ou même de la raison, de la part de tout ce qu'il y a de plus noble dans le pays. Le divorce de Fabiola avait été parfaitement légal et conforme à tous les enseignements et traditions de son temps. L'Église n'avait encore élevé aucune voix contre cette mesure. Elle n'avait pas été exclue de la société même des plus pieuses, ni condamnée à aucune pénitence ou privation. Même Jérôme (jusqu'à ce qu'il soit obligé de donner une réponse catégorique), ni le cercle le plus pur des femmes pieuses de Bethléem, ne lui avaient refusé aucun privilège. Son action était unique et sans précédent en tant que protestation contre la loi en vigueur dans le pays, ainsi que contre les coutumes et traditions universelles. Nous ne savons pas si cela a eu un effet durable ou si cela a constitué un précédent pour d'autres femmes. Il ne fait aucun doute qu'il a encouragé la formation de lois contre le divorce qui sont nées dans l' Église elle-même, mais qui ont exercé au cours des siècles une influence douteuse, brisée de tous côtés par les dispensations papales, jusqu'à ce qu'elles se soient installées aujourd'hui dans un lien de fer sur l'Église. consciences des dévots — principalement des femmes, et plus spécialement encore des gentilles femmes — de l'Europe catholique, là où, comme au temps de Fabiola, ils sont une fois de plus contre la loi du pays.

L'indigne second mari, nous dit-on, était mort avant même l'acte public de pénitence de Fabiola ; mais aucun autre mouvement vers le monde ni aucun mode de vie plus commun ne se révèlent dans sa carrière future. Si elle est revenue à la vie avec la tête voilée et les pieds nus de sa pénitence, ou si elle a repris, comme Marcella, une grande partie du trafic ordinaire de la société, nous n'avons aucune information. Mais elle fut la fondatrice du premier hôpital public de Rome, outre les monastères habituels, et construisit de concert avec Pammachius un hospice à Ostie, à l'embouchure du Tibre, où étaient reçus les étrangers et les voyageurs de toutes les parties du monde, probablement sur le modèle de cet hospice pour pèlerins que Paula avait fondé. Et elle était elle-même la principale infirmière de son propre hôpital, ne reculant devant aucune mission de charité. L'Église a toujours et en toutes circonstances encouragé de tels actes concrets de dévouement.

Les dames de l'Aventin et tous les amis de Jérôme avaient été troublés un peu auparavant par l'arrivée à Rome d'un étranger, également prétendu ami de Jérôme, et d'abord très disposé à s'abriter sous ce titre, Rufinus, qui amena avec lui — après un moment d'amabilité trompeuse au cours duquel il avait presque trompé les élus eux-mêmes — un souffle de ces violents vents de guerre polémique qui résonnaient depuis quelque temps avec une force sacrilège et inappropriée depuis le Mont des Oliviers lui-même. L'excitation qu'il suscita à Rome à l'égard des doctrines d'Origène provoqua beaucoup d'agitation dans la communauté, qui vivait autant des nouvelles de l'Église et des récits de tout ce qui se passait en théologie que du pain quotidien de leurs charités et de leurs bontés. . C'est à Marcella que Jérôme écrivait, lorsque, des rapports lui ayant été faits sur tout ce qui s'était passé, il fit exploser, avec la bombe enflammée de sa rhétorique furieuse, les déclarations fictives de Rufin, par lesquelles il était fait passer pour un partisan de Origène. Nous n'avons pas besoin d'entrer dans cette controverse brûlante et féroce. Personne ne peut étudier la vie de Jérôme sans connaître cet épisode et découvrir combien la colère d'un Père de l'Église est semblable à la rage des autres hommes, sinon plus violente ; mais heureusement, comme Rome n'est pas le lieu de naissance de cette féroce querelle, cela n'a aucune importance pour notre sujet ou notre histoire. Cela remplit la maison de Marcella de trouble et de doute pendant un certain temps, puis d'indignation lorsque les faits de la controverse furent mieux connus ; mais si intéressant que cela ait dû être pour les théologiens enthousiastes qui remplissaient leurs salles de discussions et d'alarmes sans fin, de peur que cette nouvelle agitation ne gêne le repos de leur ami, cela n'intéresse plus que l'étudiant maintenant. Rufinus fut finalement démasqué et condamné par l'évêque de Rome, principalement grâce aux efforts de Marcella, qu'Océanus, revenant tout juste du lieu de la controverse, et de Paulinien, frère de Jérôme, avaient instruit son véritable caractère. Les événements étaient nombreux en ce moment dans cette petite société chrétienne. Le tumulte de la controverse ainsi excitée et toute l'ardeur et la passion qu'il entraînait étaient à peine dissipés, que les oreilles du monde romain furent émues par la merveilleuse histoire de Fabiola, et la foule courut pour les contempler sous le portique de l'église. Latran son étrange apparence de pénitent ; et l'agitation de cet événement était à peine apaisée qu'un autre incident merveilleux apparaît dans l'histoire contemporaine, remplissant la maison de lamentations et de malheur.

La jeune Pauline, chère à tous aux dames de l'Aventin comme fille de sa mère et comme épouse de son mari (car Pammachius , l'ami et camarade d'école de Jérôme, était l'un des amis et conseillers les plus fidèles de la communauté), ainsi que quant à ses propres vertus, mourut à la fleur de la vie et du bonheur, jeune matrone riche et noble, exhibant dans sa propre maison et au milieu des devoirs communs de l'existence, tous les plus nobles principes de la foi chrétienne. Elle n'avait pas choisi ce que ces femmes consacrées considéraient comme la meilleure voie : mais selon sa propre méthode, et au milieu d'un monde gisant dans la méchanceté, elle avait déployé cette fleur blanche d'une vie irréprochable que même les moines et les nonnes étaient reconnaissants de reconnaître comme capable d'exister. ici et là au milieu des splendeurs et des occupations du monde. Elle ne laissait aucun enfant derrière elle, de sorte que son mari Pammachius était libre des inquiétudes et des ennuis, ainsi que de la joie et de l'orgueil, d'une famille à régler et à subvenir aux besoins. Sa jeune femme lui laissa tous ses biens à condition qu'ils seraient distribués aux pauvres, et après avoir accompli cet héritage, le triste mari se retira lui-même de la vie et entra dans un couvent, obéissant à la forte impulsion qui poussait tant de gens. . Avant que cela ne se produise, "toute Rome" fut réveillée par un autre grand spectacle. La ville entière était conviée aux funérailles de Pauline comme à son mariage, même si ceux qui y venaient n'étaient pas les mêmes cercles émerveillés qui se pressaient autour de la porte du Latran pour voir Fabiola dans son humiliation. C'étaient les pauvres de Rome qui étaient appelés au son de la trompette dans toutes les rues, à se rassembler autour de la grande église Saint-Pierre, où se trouvaient ces tombeaux des Apôtres que chaque chrétien visitait comme le sanctuaire le plus sacré, et où Pauline était déposée sur son cercueil, la maîtresse du festin. L'usage était ancien, et des chambres pour ces repas funéraires étaient attachées aux grandes catacombes et à tous les lieux de sépulture. La fête funéraire de Paulina signifiait cependant plus que des célébrations ordinaires de ce genre, car le lieu dans lequel elle se tenait était plus impressionnant et plus imposant qu'un sépulcre ordinaire , aussi splendide soit-il. Elle a dû être transportée à travers les rues en procession solennelle, depuis les hauteurs sur lesquelles s'élevaient les palais de son ancienne race, à travers le pont et par le tombeau d'Hadrien jusqu'à cette grande basilique où reposaient les apôtres, son mari et ses amis la suivant . la bière : et selon toute vraisemblance, Marcella et son train étaient également là, remplaçant la mère lointaine. Il est inutile de dire que Saint-Pierre n'était pas le Saint-Pierre que nous connaissons ; mais c'était déjà alors une grande basilique, avec de larges portiques et carrés, et un toit élevé, bien que l'édifice fût à peine tout à fait détaché du rocher dans lequel la partie arrière de la cathédrale avait été taillée.

ST. PETER'S, DU JANICULUM.

De nombreux spectacles étranges ont été vus dans cet endroit qui était autrefois le centre du monde civilisé , et celui qui nous semble l'un des plus étranges n'était en rien inhabituel ni contraire aux traditions de l'époque où il se produisait. L'église elle-même et tous ses environs, nef, bas-côtés et portiques, et la place au-delà, étaient remplis de tables, et celles-ci venaient des quatre quartiers de Rome, du cirque et des bancs du Colisée, où dormaient les misérables. et, cachées des trottoirs ensoleillés et de tous les repaires et repaires des pauvres au bord du Tibre, les foules affluaient, dans ces haillons inconcevables et pittoresques qui revêtent la misère du Sud. Ils furent solennellement conduits à leurs sièges, la crainte du lieu, espérons-le, faisant taire les voix d'une population profane et dégradée, et maîtrisant la multitude multicolore et chuchotante . Dehors, les arrivants ultérieurs seraient plus effrénés, et le rugissement, bien que atténué, de l'humanité massée devait s'ajouter étrangement au silence de la grande église et des personnes en deuil, déterminées à rendre à Paulina un honneur de cette curieuse manière . Était-elle allongée là, dressée sur son cercueil élevé, pour recevoir ses invités ? Ou bien Pammachius , le cœur brisé, était- il l'hôte, debout pâle sur les marches, au-dessus de la tombe des apôtres ? Lorsqu'ils furent « saturés » de nourriture et de vin, la première assemblée quitta ses places et fut remplacée par une autre, chacun en s'éloignant recevant des mains de Pammachius lui-même une somme d'argent et un nouveau vêtement. "Heureux donateur, distributeur infatigable !" dit le dossier. Le jour où ce processus s'est poursuivi; une journée d'hiver à Rome, pas toujours chaude, pas toujours agréable, très froide dehors sur la place sous la brise du soir, et sans doute devenant de plus en plus bruyante à mesure qu'un groupe se succédait et que les premiers nourris s'attardaient à comparer leurs cadeaux. , et espérant peut-être que quelques restes soient récupérés à la fin du repas abondant et souvent renouvelé. Il n'y avait dans l'esprit de personne aucun doute, comme nous l'avons dit, sur le fait d'encourager le paupérisme ou de démoraliser les destinataires de ces cadeaux ; peut-être eût-il été difficile de démoraliser davantage cette foule mendiante. Mais on ne peut s'empêcher de se demander comment la paix était maintenue, s'il y avait des soldats ou une sorte de police classique prête à maintenir l'ordre, ou si les sénateurs dégoûtés devraient se mobiliser pour empêcher ce sauvage carnaval chrétien de douleur et de charité de devenir un danger. à la paix publique.

On raconte que c'est la vente des bijoux de Paulina et de ses splendides toilettes qui a fourni les frais de cet extraordinaire festin funéraire. "Les belles robes tissées de fils d'or étaient transformées en chaudes robes de laine pour couvrir les personnes nues ; les pierres précieuses qui ornaient son cou et ses cheveux remplissaient de bonnes choses les affamées." Pauvre Pauline ! Elle avait porté ses atours très modestement, selon tous les rapports ; cela n'avait servi à rien de coquetterie. Le lecteur pense que quelque chose de plus sympathique que cette foule grossière et bruyante remplissant l'église de ses difformités et de ses répugnances aurait pu célébrer son enterrement. Mais ce n'était pas le sentiment de l'époque ; qu'ils étaient plus misérables que les mots ne pouvaient le dire, vils, nuisibles et impurs, formaient leur revendication de droit à tous ces dons - une revendication à laquelle leurs grossièretés bruyantes et grossières, leur blasphème rauque et leur ingratitude n'enlevaient rien. La charité était plus robuste aux premiers siècles qu'à nos jours exigeants. « Si telles avaient été toutes les fêtes organisées pour toi par tes sénateurs, s'écria Mgr Paulin, l'historien de cet épisode, ô Rome, tu aurais pu échapper aux maux dénoncés contre toi dans l'Apocalypse. Nous devons nous rappeler que quelle qu'ait pu être l'opinion ultérieure, il n'y avait aucun doute dans l'esprit chrétien du quatrième siècle que Rome était la Femme écarlate de l'Apocalypse de Saint-Jean et qu'un destin terrible allait submerger son luxe et son orgueil. .

Pammachius , après avoir ainsi exaucé les souhaits de sa femme, faisant vibrer d'une triste satisfaction le cœur de la mère et de la sœur en deuil à Bethléem et édifiant les spectateurs inquiets de l'Aventin, a mené sa volonté jusqu'à son terme final en devenant un moine, mais avec le curieux mélange de dévotion et d'indépendance courant à l'époque, ne se retirait dans aucun cloître, mais vivait dans sa propre maison, remplissant ses devoirs et apparaissant même au Sénat dans la robe et le capuchon si différents du splendide costume du jour. Il fut sans doute un des membres des pauvres dans cette assemblée auguste mais peu active, et occupa désormais tous ses loisirs aux œuvres de charité et aux organisations religieuses , à la construction de maisons religieuses et à la protection des chrétiens dans toutes les nécessités de la vie.

Nous avons dit que Rome, à cette époque, était aussi librement identifiée à la Femme écarlate de l'Apocalypse que ne l'a jamais été un réformateur ou un puritain dans les temps ultérieurs. Pour Jérôme, elle était autant Babylone, et aussi damnable et coupable à tous égards, que s'il avait été un Orangiste ou un Covenantaire. La douceur n'était générale ni dans le discours ni dans la pensée : elle l'a rarement été peut-être dans les controverses religieuses. Il est en effet curieux de constater comment, si près de la source du christianisme, l'Église en était déjà arrivée à se déchirer en questions de doctrine et à consacrer à des discussions de subtilité philosophique la force qui était nécessaire pour l'avantage moral du monde. Mais c'était là sans doute un des défauts du grand principe du dévouement personnel, qui visait à vider l'esprit de tout ce qui était mondain et pratique, et à le fixer entièrement sur des sujets spirituels, les substituant ainsi aux obstacles plus grossiers qui occupaient dans la vie commune la vie. forces plus grossières de la nature.

ST. PETER'S, DU PINCIO.

Cependant, tout se dirigeait maintenant rapidement vers l'une des plus grandes catastrophes de tous les temps. Même si le christianisme était jeune, l'ensemble du système de gouvernement du monde était vieux et sur le point de tomber. Rome était morte, ou presque, et tout le vieux prestige, l'ancien orgueil et la prétention de sa race périssaient misérablement dans ces dernières vulgarités de luxe et d'étalage qui étaient tout ce qui lui restait. Il est sans doute vrai que l'effondrement de tous les liens communs qui s'est produit dans son sein, sous l'invasion des moines missionnaires venus d'Orient et sous l'influence d'Athanase, de Jérôme et d'autres, minait depuis quelque temps son unité , et que la fracture entre cette partie de l'aristocratie de Rome qui tenait encore au système en ruine du paganisme et ceux qui avaient adopté la nouvelle foi, était maintenant complète. Rome, qui avait été le siège de l'empire, le centre d'où la loi et le pouvoir s'étaient répandus sur toute la terre, l'incarnation même des forces les plus élevées de l'humanité, l'orgueil de la vie, l'éminence de la famille et du sang, voyait maintenant son plus haut des noms volontairement soumis à d'étranges nouvelles lois d'humiliation, des familles entières se déplaçant silencieusement en costume de serviteurs vers le désert quelque part, en Terre Sainte en pèlerinage, ou vivant une vie de difficultés, de privations et de détachement de tout intérêt public, au plus près palais qui étaient autrefois les sièges de l'autorité. Ses patriciens se déplaçaient silencieusement dans les rues, vêtus de sandales grossières et de robes mesquines de moine : ses grandes dames ne partaient plus resplendissantes comme Vénus sur son char, mais se tenaient comme des Madeleines pénitentes sur les marches d'une église ; et les époux et la mariée, non plus liés par des guirlandes fleuries, mais par le cordon noué de la règle monastique, vivaient côte à côte comme des vestales. Qu'arriverait-il à une société si brisée et minée, ne connaissant de salut que dans sa propre perte totale, se préparant inconsciemment à une convulsion imminente ? L'interprète des sombres paroles de la prophétie traverse une époque après l'autre, considérant les menaces de la justice divine comme encore et toujours inaccomplies, et ne se contentera jamais que ce soit autre chose que l'économie actuelle qui soit marquée par la malédiction et menacé de ruine les dénonciations apocalyptiques. Mais personne ne pouvait douter que le vin ne soit rouge dans cette coupe de la colère de Dieu que la ville aux tant de péchés tenait dans sa main. La voix qui appelait « Sortez d'elle, mon peuple », avait résonné avec un ton indubitable, appelant à ses côtés les meilleurs de ses fils et de ses filles ; ses armes naturelles étaient tombées de ses mains sans nerfs ; elle n'avait même plus le cœur de se défendre, elle qui n'avait qu'à lever la main et l'air avait picoté jusqu'aux confins du monde connu comme si une épée flamboyante eût été dégainée. Il ne faut que peu d'imagination pour adapter à l'état de Rome à la veille de l'invasion d'Alaric chaque strophe de la magnifique ode du dix-huitième chapitre de l'Apocalypse. Il y a des réminiscences dans ce grand poème d'un autre, de la montée de l'Enfer à la rencontre du roi de l'ancienne Babylone, résonnant dans les brumes de l'Antiquité par les lèvres du prophète hébreu. Une fois de plus, ce cri résonnait dans l'air – une fois de plus, le frisson de la destruction prochaine était comme un frémissement de chaleur dans la grande atmosphère d'azur céleste qui entourait les toits blancs, les temples brillants, les vieux forums encore intacts et les nouvelles basiliques. à peine encore achevé, de Rome. L'ordre ancien était sur le point de changer enfin pour laisser la place au nouveau.

Tout se confond dans la rapidité et la précipitation de la ruine descendante. Nous pouvons retracer les dernières heures de Paula mourant en toute sécurité dans sa retraite à Bethléem, et même de la moins douce Mélanie ; mais lorsque nous essayons de suivre le cours des événements qui ont submergé la maison de la foi primitive sur l'Aventin, la confusion de la tempête et du sac, des souffrances horribles et de la terreur remplit l'air de noirceur. Pendant des années, il y avait eu une succession constante de dangers et de répits, d'armées menaçantes (les soi-disant amis ne valaient guère mieux que les ennemis) autour des murs de la ville condamnée, de grandes figures de conquérants avec leurs armées qui allaient et venaient, maintenant les barbare, tantôt général romain au plus fort de la vague de bataille, la ville s'échappant d'un cheveu, puis replongée dans la terreur. Et la maison de Marcella avait souffert avec le reste. Sans doute, une grande partie de la gaieté, du délicieux intellectualisme de cet agréable refuge avait disparu avec le temps. L'âge avait terni la vivacité et l'éclat d' une communauté encore pleine de correspondances, de tant d'écritures épistolaires dont les femmes aiment. Les compagnes de Marcella étaient mortes à ses côtés ; la vie s'épuisait plus vite en ces jours d'agitation, et elle-même, la jeune et brillante fondatrice de cette communauté d'âmes, devait avoir soixante ans ou plus lorsque le terrible Alaric, fléau de Dieu comme son prédécesseur Attila, s'approcha de Rome. On ne sait pas ce qu'étaient devenus les autres, ni si les reliques de la communauté, anonymes par leur âge et leur importance moindre, étaient toujours là : la seule qui soit mentionnée est une jeune sœur appelée Principia, son enfant adoptif et sa servante. Rien de plus probable que le reste de la communauté ait fui, cherchant la sécurité, ou plus probablement une mort inconnue, dans des quartiers moins visibles de la ville que le grand palais de l'Aventin avec son air patricien de richesse et de trésor possible. Dans cette grande maison, autant qu'il paraît, ne restait que sa maîtresse, son âme vouée à tout martyre, et la jeune fille qui s'accrochait à elle. S'ils avaient osé regarder depuis la terrasse de marbre où ils avaient si souvent dû contempler Rome brillante blanche au soleil dans toutes ses lignes mesurées et ses grandes proportions, ses colonnes et ses dômes, quelle scène effrayante aurait dû se présenter à leurs yeux. , des nuages de fumée et des lueurs sauvages de flammes, et le rugissement des cris et du massacre montant dans les airs, souillé le ciel même. Là, les plus grandes dames de Rome étaient venues dans leur grandeur jouir du contraste piquant et des propos plus piquants encore, des philosophies qu'elles aimaient pénétrer et comprendre, du savoir qui leur passait au-dessus de la tête. Là, Jérôme, entouré de douces flatteries et de provocations, avait parlé de son mieux, sortant de ses magasins les récits merveilleux qu'il avait rapportés des cellules et des grottes orientales et de toutes les connaissances des écoles, pour éblouir les amateurs du gynécée romain . Quels souvenirs gais, passionnants, heureux ! – mêlés à la douceur du souvenir de la douce Paula morte, d' Asella morte, de Fabiola dans toutes ses fascinations et ses caprices, morte aussi autant qu'il paraît – et sans doute dans ces trente des années depuis que Marcella a ouvert sa maison au service spécial de Dieu, et bien d'autres encore ; jusqu'à présent qu'elle restait seule, les cheveux gris, sur cette hauteur où arrivaient les féroces Goths, furieux, faisant jaillir autour d'eux le feu et la flamme, avec la jeune fille qui ne voulait pas la quitter, la jeune fille dans sa douceur muette que l'on voit seulement en ce moment terrible, elle qui pourrait avoir devant elle une agonie plus aiguë que la mort, le plus épouvantable des martyres.

Il restait cependant un dernier triomphe à Marcella. Par quels moyens merveilleux nous ne savons pas, par ses prières et ses larmes, par ses supplications à genoux envers les grossiers Goths qui, à leur espèce, étaient chrétiens, et tantôt épargnant les victimes impuissantes, tantôt écoutant la prière d'une femme, elle réussit à la sauver. jeune compagne par indignation, et en la traînant tant bien que mal jusqu'à l'abri de l'église la plus proche, où ils étaient en sécurité. Mais elle était elle-même, dans son âge et sa faiblesse, torturée, fouettée et traitée avec la plus grande cruauté, afin de révéler la cachette où elle avait mis son trésor. Le trésor de la maison de l'Aventin n'était pas là : il avait nourri les pauvres et pourvu aux besoins des malades dans tous les coins les plus misérables de Rome. Les coups de pied et les coups des pilleurs déconcertés ne parvinrent pas à réunir à nouveau cet or et cet argent dépensés depuis longtemps. Mais ces souffrances n'étaient rien en comparaison du saint triomphe du salut de la jeune Principia, qui fut la dernière et non la moindre œuvre merveilleuse de sa vie. Les soldats mêmes qui avaient frappé et battu la maîtresse de la maison désolée furent vaincus par sa patience et sa bravoure . « Le Christ a adouci leurs cœurs endurcis », dit Jérôme. "Les barbares vous ont emmenés, vous et elle, à la basilique afin que vous trouviez un lieu sûr ou au moins un tombeau." Rien de plus extraordinaire au milieu de cette effroyable scène de carnage et de rapines que de savoir que les églises étaient des sanctuaires sur lesquels les assaillants les plus grossiers n'osaient lever la main, et que les femmes impuissantes, à moitié mortes d'effroi et l'une d'entre elles saignantes et blessées par le traitement cruel qu'elle avait reçu, furent sauvées dès qu'elles eurent été traînées par-delà le seuil sacré.

TEMPLE DE VESTA.

L'église dans laquelle Marcella et son jeune compagnon trouvèrent refuge était la grande basilique Saint-Paul *hors les murs* , au-delà de la porte ostienne . Ils y furent conduits par leurs ravisseurs eux-mêmes, quelque Gaulois ou Franc compatissant, dont la rude chevalerie d'âme avait été touchée par le spectacle de la lutte de la vieille dame pour son enfant. Quelle terrible fuite à travers les ténèbres cela a dû être « dans la bataille perdue portée par le vol » au milieu des cortèges de fugitifs tremblants tous penchés sur ce seul lieu de sécurité, l'obscurité éclairée par les lueurs de la ville en feu derrière, l'air était plein de cris et de cris de ceux qui étaient sans défense, le Tibre se précipitant rapidement et fort sur le chemin pour avaler tout voyageur impuissant repoussé par des fugitifs plus forts. Les deux dames atteignirent à moitié mortes la grande église au bord de la Campagna, dernier refuge des misérables, où s'entassaient les épaves de la société romaine, tant païenne que chrétienne, patricienne et esclave, bousculées ensemble dans l'égalité du malheur. . Quelques jours après, dans l'église elle-même ou dans certaines de ses dépendances, Marcella mourut. Son palais en ruine, ses compagnons morts ou en fuite, elle périt avec la vieille Rome contre les vices de laquelle elle avait protesté, mais qu'elle avait aimée et ne voulait pas abandonner : dont elle avait nourri les pauvres de ses biens, dont elle avait tenté de préserver la société. purifiée, et dans laquelle elle avait mené une vie si honorable et si noble – ne peut-on pas croire aussi, au milieu de toutes ses austérités, à la robe brune qui était presque un scandale, et aux maigres repas qui maintenaient à peine le corps et l'âme ensemble ? – une vie si heureuse . Il n'y a plus aucune trace maintenant de la noble demeure qu'elle a consacrée à un si haut dessein, et peu des nombreux pèlerins qui aiment découvrir tout ce qu'il y a d'intéressant dans les reliques de Rome, ont même entendu le nom de Marcella... " Illam mitem , illam suavem , illam omni melle et dulcedine dulciorem " - dont l'exemple " a attiré vers des mondes supérieurs et a ouvert la voie ". Mais son agréable souvenir persiste sur la crête verdoyante de l'Aventin où elle a vécu et où se trouve aujourd'hui l'église de Sainte Sabine : et sa douce ombre repose sur cela grande église hors des portes, souvent détruite, souvent restaurée, le sanctuaire de l'Apôtre Paul, où, blessée et brisée, mais toujours fidèle à sa confiance, elle mourut. L'histoire de la première maison consacrée, du premier couvent, de l'ecclesia *domestica , qui était un* centre si brillant de la vie dans la vieille Rome, pas encore entièrement chrétienne, est ainsi rassemblé en un récit parfait. Il a commencé vers 380 et s'est terminé en 410. Son histoire n'est qu'un chapitre obscur des chroniques troublées. de l'époque ; mais il n'y en a pas de plus impeccable, et presque aucun n'est aussi sereinement radieux et lumineux.

Pammachius est également mort dans le siège, on ne sait si parmi les défenseurs de la ville ou dans le carnage général, "avec beaucoup d'autres frères et sœurs dont la mort nous est annoncée", dit Jérôme, que cette terrible nouvelle a plongé dans une stupeur d'horreur. et de misère, de sorte qu'il lui fallut un certain temps avant de pouvoir comprendre les détails ou découvrir qui était sauvé et qui avait perdu. Les sauvés furent en effet très peu nombreux et les pertes nombreuses. La jeune Paula, petite-fille du premier, l'enfant de Toxotius , qui était également morte heureusement avant ces horreurs, était depuis quelques années à Bethléem, apprenant paisiblement à prendre la place de Paula aînée et répandant de la douceur dans la vie du vieux prophète. dans sa chambre rocheuse à Bethléem, et du tombeau d'Eustochium dans son couvent. La jeune Mélanie, dans la même relation avec l'héroïne de ce nom, dont la renommée est moins douce, était également hors de danger. Eux et de nombreux membres plus humbles de la communauté s'étaient échappés par la fuite, parmi les foules agitées qui affluaient depuis longtemps de l'Italie vers l'Est, certains par simple panique, d'autres par les vœux de dévouement et de retraite du monde. Beaucoup d'autres, comme on l'a vu, s'échappèrent à Rome même, avant le début de son agonie, par la voie encore plus efficace de la mort. Seule Marcella, la première de toutes, l'élève d'Athanase, la mère et la maîtresse de tant d'âmes consacrées, tomba sur le seuil outragé de sa propre maison, par-dessus laquelle elle allait et venait depuis trente ans, avec ces pieds qui sont beaux. sur les montagnes, aux pieds de ceux qui apportent la bonne nouvelle et qui portent à chaque porte la charité et la bonté.

PORTE SAN PAOLO.

LIVRE II.
LES PAPES QUI ont fait la papauté.

LES PAS DE SAN GREGORIO.

CHAPITRE I.
GRÉGOIRE LE GRAND.

Lorsque Rome fut tombée dans les dernières profondeurs de la décadence, du luxe, de la faiblesse et du vice, vint le temps d'une épreuve féroce et ardente. La grande ville gisait comme une femme sans défense, à la merci de ses ennemis – ou plutôt à la merci de tout nouvel envahisseur qui choisissait de saccager ses palais et d'abattre ses murs, sans même le prétexte d'une quelconque querelle contre la ville trop riche et luxueuse. , qui avait été pendant ses dernières règles l'ennemi d'au moins personne d'autre que la sienne. Alaric, qui, non content de la rançon la plus lourde, revint faire rage dans ses rues avec toutes ces horreurs et cruautés qu'aucun progrès de la civilisation n'a jamais encore entièrement dissocié du terrible nom de siège : Attila, dont la peur du sort de son prédécesseur et du on rapporte communément des meurtres et des présages, saint Pierre avec une épée de flammes gardant sa ville, et d'autres signes propres à faire fondre le cœur des Huns eux-mêmes dans leur sein, tenus à distance : ils passèrent sans nuire à la ville prostrée. Mais Genseric et ses Vandales ne furent pas freinés par de telles terreurs. La Rome antique, avec tous ses magnifiques vestiges de l'époque impériale, tomba en ruine et fut foulée aux pieds par les vainqueurs les uns après les autres, dans la licence féroce du triomphe barbare. Ses trésors secrets, son or et son argent, ses magnifiques robes, ses trésors d'art tombèrent, comme ses beaux édifices, entre des mains grossières qui ne respectaient rien, ni la beauté ni les traditions d'un passé glorieux. Comment une ville pleine de monde peut-elle rester solitaire ? Toutes les plaintes pathétiques et merveilleuses du prophète hébreu sur un lieu encore plus saint et plus ancien, foulé aux pieds et transformé en désert, nous viennent à l'esprit pendant cette passion et cette agonie de la Rome impériale. Mais la maîtresse du monde ne disposait pas d'une bande de patriotes aussi féroces que l'ancienne Jérusalem pour combattre pied à pied pour ses lieux saints. Rares étaient ceux qui versaient leur sang pour elle pour se défendre . Le sang qui coulait était celui d'une faiblesse assassinée, et non celui d'hommes vaillants versés librement.

Durant cette terrible période de sang, d'outrage, de passion et de souffrance, une seule institution demeura ferme au milieu des ruines, arrachant même aux plus féroces des barbares un certain hommage, et établissant un sanctuaire au milieu des pillages et des sièges dans lequel les misérables pouvaient Trouver refuge. Alors que toutes les autres fonctions et puissances publiques tombaient, l'Église leva un front intrépide et prit à la fois la place d'autorité et de secours parmi le peuple écrasé et opprimé. Il est courant de parler de cela comme du début de cette sagesse astucieuse et politique de Rome qui a fait de la ville au Moyen Âge une puissance presque plus grande qu'à l' époque impériale, et également maîtresse du monde. Mais il y a très peu de preuves qu'un grand plan pour l' agrandissement de l'Église ou l'établissement de sa suprématie ait encore été formé, ou que les premiers papes avaient en tête un objectif plus grand que de faire de leur mieux dans la position de qu'ils se sont tenus, pour éviter le désastre, pour répandre le christianisme et pour protéger autant que possible les personnes confiées à leurs soins. Aucune prétention formelle de suprématie sur le reste de l'Église n'avait encore été formulée : elle fut en effet formellement répudiée par le grand Grégoire à la fin du VIe siècle comme une prétention non autorisée, attribuée aux évêques de Rome uniquement par leurs ennemis, bien que avec encore plus d'indignation à être dénoncé lorsqu'il est présenté par toute autre autorité ecclésiastique telle que le patriarche de Constantinople. C'est à Pierre, dit-il dans une de ses épîtres, qu'était confiée la charge de toute l'Église, mais ses successeurs ne se disaient pas pour cela chefs de l'Église universelle, et encore moins un évêque d'Orient qui n'avait pas d'aussi glorieux antécédents .!

Mais si la prétention à la primauté n'avait pas encore été avancée, une situation pratique s'était produite qui appelait les évêques de Rome à une sorte de souveraineté de la ville. Les fonctionnaires de l'empire, un exarque lointain à Ravenne, un faible préteur à Rome, n'avaient aucun pouvoir ni pour protéger ni pour sauver. L'évêque, instinctivement, presque involontairement, chaque fois qu'il était un homme fort ou remarquable, était mis dans la brèche. Tout ce qui pouvait être fait par voie de négociation, lui, homme de paix, était naturellement appelé à le faire. Innocent obtint d'Alaric l'exonération des églises contre les attaques, même lors du premier et du plus terrible siège ; là, des hommes blessés et des femmes volantes trouvèrent refuge au plus chaud du pillage, et Marcella se débattant, priant pour la délivrance de sa jeune religieuse, à travers la foule brutale qui avait envahi sa maison, était en sécurité avec sa charge, comme nous l'avons vu, dès qu'ils purent se traîner dans le sanctuaire. C'était déjà une grande chose dans ce terrible conflit de la force avec la faiblesse, et cela continua à être plus ou moins le cas dans toutes les vagues successives de feu et de flammes qui passèrent sur Rome. Et lorsque la terrible vague de dévastation fut passée, un pape patriote prit au moins les vases sacrés d'or et d'argent, qui avaient été conservés avec le peuple dans leurs sanctuaires, et les fit fondre pour procurer du pain au reste, livrant ainsi doublement le troupeau confié à ses soins. Ces faits ont contribué silencieusement, et il ne semble y avoir aucune raison de croire autrement qu'inconsciemment au début, à la formation de la grande puissance qui devait une fois de plus faire de Rome un centre d'empire. L'historien est trop porté à percevoir dans chaque action un projet formé de bonne heure et longtemps caché, tendant vers un grand but ; et il est courant de reconnaître , même dans les expéditions missionnaires de l'Église, ainsi que dans la protection immédiate exercée autour de son siège, cette politique astucieuse et ce projet toujours mûrissant et toujours grandissant. Mais ni Leo ni Gregory n'exigent une telle explication de leurs motivations ; leur devoir était de protéger, de délivrer, de travailler jour et nuit pour le bien-être du peuple qui n'avait pas d'autres protecteurs : comme c'était leur premier devoir de répandre l'Évangile, d'enseigner à toutes les nations selon la mission de leur Maître. Il est difficile de leur enlever le crédit de ces mesures qui étaient à la fois leur devoir naturel et leur plaisir, pour subordonner tous leurs offices de miséricorde à l'établissement d'une autorité universelle à laquelle aucun d'eux ne prétendait.

Tandis que Rome restait impuissante au milieu des invasions successives, tantôt aux mains d'un conquérant, tantôt aux mains d'un autre, vers le milieu du VIe siècle, un jeune homme de race noble, dont le père et la mère étaient tous deux chrétiens, le premier occupant une haute fonction publique, La position, comme ce fut également le cas de son fils, dans ses premières années, devint remarquable parmi ses pairs selon la seule manière qu'un objectif élevé et une signification noble semblent avoir pu prendre à cette époque. Peut-être qu'un esprit tel que celui de Grégoire n'aurait jamais pu être belliqueux ; Pourtant, il est curieux de constater qu'aucun sauveur patriotique de son pays, aucun défenseur de Rome, qui aurait pu susciter un esprit dans la jeunesse dorée et susciter l'ancienne force romaine pour la délivrance de la ville, ne semble avoir été possible. à cette époque de dégénérescence. Aucun Maccabée ne se trouvait parmi les cendres de la race qui avait autrefois gouverné le monde. Ce qui restait d'excellence était consacré à la nouvelle passion du cloître, à l'instinct de sacrifice et de renoncement au lieu de résistance et de défense . On peut dire que l'une des voies conduisait également avec l'autre à cette puissance qui est toujours chère au cœur de l'homme : cependant il est extraordinaire qu'au milieu de toutes les glorieuses traditions de Rome, malgré la renommée de grands ancêtres qui traînent encore partout noble maison, et la dévotion que la ville elle-même, alors comme aujourd'hui, excitait parmi ses enfants, sentiment qui a rendu invulnérables de nombreux endroits de moindre importance, tant qu'il y avait une arme indigène pour porter un coup en leur faveur, aucune tentative audacieuse n'a été faite. jamais prise, aucune prise de position individuelle, aucune frénésie populaire de patriotisme jamais excitée pour la défense de la vieille impératrice du monde. La population était peut-être trop complètement dégradée pour permettre une telle tentative, mais le véritable héros, lorsqu'il apparaît, ne calcule pas et est capable de mener à bien son glorieux effort avec parfois les pires matériaux. Cependant, il est inutile de tenter d'expliquer un échec aussi extraordinaire dans les qualités mêmes qui avaient rendu le nom romain illustre. Le désespoir a dû s'emparer du cœur même de la race. Cette race elle-même avait été viciée et mêlée à des éléments plus vils par des siècles de conquêtes, de captivités et de renversements répétés, et par toutes les vicissitudes terribles mais monotones du désastre, les outrages les uns après les autres, et le terrible sentiment d'impuissance qui écrase l'être même. grandissant à chaque nouvelle catastrophe. Il a dû paraître aux enfants des anciens conquérants qu'il n'y avait pour eux aucun refuge ni aucun espoir, sauf dans ce royaume non de ce monde, qui s'était élevé tandis que tout s'effondrait sous leurs pieds, qui avait grandi en silence pendant que l'ancien économique tombée en cendres, et qui seule promettait une résurrection et un renouveau digne des plus hautes espérances.

Cet idéal s'était répandu dans le monde entier et avait pénétré dans presque toutes les régions de la chrétienté avant la période de la naissance de Grégoire. Près de cent cinquante années malheureuses s'étaient écoulées depuis que Marcella avait terminé sa vie pieuse au milieu du feu et des flammes du premier siège ; mais les temps avaient si peu changé que ce fut d'abord sous le même aspect qui attirait cette dame romaine et tant de ses contemporains, que la vie monastique se recommanda au jeune patricien Gregorius, dans la maison de ses parents, la villa romaine. en lisière de ce pittoresque et magnifique bois de grands chênes qui donna à la colline Cœlian son premier titre de Mons Querquetulanus . Elle avait été dès le début de sa vie une maison pieuse, pleine de la présence et de l'influence de trois saintes femmes, toutes canonisées depuis , sa mère Silvia et les sœurs de son père. Ce père lui-même n'était pas étranger à son environnement, bien qu'il menât la vie habituelle, pleine de magnificence et d'éclat, du noble Romain, remplissant à son tour de grandes fonctions dans l'État, ou du moins le nom et la pompe extérieure des fonctions qui lui sont propres. avait été génial autrefois. Certaines reliques d'anciens temples qui brillent à travers les arbres au-delà des jardins de la villa devaient encore exister parmi les bosquets autrefois sacrés ; et les vastes bâtiments de l'ancienne économie, le Colisée derrière, les palais en ruine et sans toit du Palatin, seraient visibles depuis la terrasse sur laquelle errait le jeune méditatif, méditant sur Rome à ses pieds et sur le grand monde au-delà, dans lequel il y avait des marches et des contre-marches sans fin d'armées barbares, l'une appelée pour résister à l'autre, des Huns et des Vandales d'un côté, des Francs irrésistibles, des races étrangères toutes adonnées à la guerre, tandis que le secret et l'âme de la paix résidaient dans cette forteresse troublée et isolée de Celui dont le royaume n'était pas de ce monde. Grégory réfléchit ne peut avoir eu aucune pensée, telle que nous devrions instinctivement mettre dans l'esprit d'un noble jeune homme dans de telles circonstances, de mourir sur les murs brisés et effondrés pour son pays, ou de mener un espoir désespéré ; et si son imagination s'éloignait plutôt de ces scènes de bataille et de troubles pour se tourner vers les cellules du couvent et les confréries silencieuses, où les hommes dégoûtés et malades de cœur pouvaient entrer et prier, c'était encore sans penser ni avoir l'intention de suivre leur exemple. Il nous dit lui-même qu'il a résisté tant qu'il a pu à « la grâce de la conversion », et qu'il est de fait entré dans la vie publique telle qu'elle était à l'époque, sur les traces de son père, et qu'il a été lui-même, comme Gordianus , *préteur urbis* à son époque, quand il avait atteint la fleur de l'âge. Les dates de sa vie sont douteuses jusqu'à ce que nous arrivions à ses dernières années, mais on suppose qu'il est né vers 540 ; et il fut recommandé pour la préture par l'empereur Jules, ce qui devait être avant 573, date à laquelle il aurait atteint l'âge de trente-trois ans, période si significative dans la vie de l'homme, limite, comme on le croit, de l'existence de notre Seigneur sur terre, et proche de ce *mezzo del cammin* que le poète a célébré comme le tournant de la vie. Dans ses robes splendides, accompagné de sa foule de serviteurs, il a sans aucun doute dû ébouriffer les meilleurs parmi les fonctionnaires d'un État qui n'avait guère que de somptueux étalages et de splendeur pour justifier sa prétention de gouvernement ; mais nous n'entendons rien ni de la piété primitive ni des premiers blasphèmes qui distinguent généralement, l'un ou l'autre, le début d'un saint prédestiné. Ni prodigue ni dévot, le fils de Gordianus et Silvia fait honneur à son éducation, même s'il n'en adopte pas les habitudes plus austères . Mais à la mort de son père, l'attrait qui attirait tant de monde vers le cloître dut commencer à s'exercer sur Grégoire. Lorsque toutes les richesses tombèrent entre ses mains, lorsque sa mère pieuse se retira dans la cellule de sa religieuse sur l'Aventin, près de l'ancienne basilique de S. Sabba , abandonnant le monde, et que le jeune homme se retrouva en pleine possession de son héritage et la demeure de ses pères, il semblerait qu'il soit arrivé à une sérieuse pause dans sa vie. A-t-il donné une grande partie de sa fortune pour doter des monastères dans la lointaine Sicile, aussi éloignée, pourrait-on dire, que possible, par souci de compromis avec sa conscience et pour se sauver du courant qui avait commencé à attraper ses pieds ? Peut-être était-ce quelque lien familial avec la Sicile — des domaines, situés là-bas, comme certains le pensent, — qui le poussa à s'approprier ses dons sur cette île lointaine ; mais ce n'est que spéculation, et tout ce que les autorités nous disent, c'est qu'il a effectivement fondé et doté six monastères en Sicile, sans en donner aucune raison. Ce fut son premier pas vers la vie à laquelle plus tard tous ses souhaits et intérêts furent consacrés.

Il semblerait cependant que s'il y a une part de vérité dans l'idée selon laquelle les dotations siciliennes étaient une sorte de rançon pour lui-même et pour le sacrifice personnel du monde que sa ferveur croissante exigeait de lui, que l'expédient n'a pas été couronné de succès . . Il n'a pas résisté très longtemps à la grâce de la conversion ; mais il est curieux de le voir, si longtemps après, adopter le même expédient que celui qui avait constitué un terrain d'entente pour ses prédécesseurs dans une époque antérieure, en transformant la maison de son père en couvent. Saint Benoît, le premier des fondateurs monastiques en Europe, était à peine né que Marcella appela pour la première fois autour d'elle les quelques pieuses jeunes filles et veuves qui formaient sa maison permanente à Rome ; mais à l'époque de Grégoire, l'ordre de Benoît était devenu l'un des grands faits et institutions de l'époque – et sa villa fut bientôt remplie d'une communauté régulière de moines en robe noire avec leur abbé et d'autres dirigeants. Restant dans le refuge bien-aimé de sa maison naturelle, il est devenu membre de cette communauté. Il n'a même pas conservé, comme Marcella, le gouvernement du nouvel établissement entre ses mains, mais a servi humblement, sans exercer de fonctions, comme un frère sans distinction. Ce ne fut pas sans difficulté qu'il se décida à franchir cette étape. Dans la lettre à Léandre qui constitue la dédicace de son commentaire sur Job, il rend compte brièvement et vaguement de ses propres hésitations et doutes. L'amour des choses éternelles, dit-il, s'était emparé de son esprit tandis que la coutume avait tellement enroulé ses chaînes autour de lui qu'il ne pouvait se résoudre à changer de vêtement extérieur. Mais la nouvelle influence fut si forte qu'il ne s'engagea au service du monde que pour l'apparence, son dessein et son inclination se tournant de plus en plus vers le cloître. Lorsque le courant de sentiments et d'excitation spirituelle l'emporta au-delà de toutes ces réticences et hésitations, et qu'il finit par « chercher le refuge du monastère », ayant, comme il le dit, « quitté tout ce qui est du monde comme à cette époque j'avais en vain cru, je suis sorti nu du naufrage de la vie humaine. » Son intention, dans cette crise, n'était évidemment pas de se préparer aux grands offices de l'Église ou d'accéder à ce qui était en effet l'une des plus grandes professions de l'époque, le sacerdoce, celui qui, après celui de soldat, était le plus approprié. pour l'avancement. Comme Jérôme, le penchant de Grégoire était d'être moine et non prêtre, et il nous dit expressément que « la vertu d'obéissance s'opposait à mon propre penchant à me faire prendre la charge du ministère au saint autel », ce qu'il fut obligé de faire. accepter au motif que l'Église avait besoin de lui. Cette réticence à accéder au sacerdoce est d'autant plus remarquable que Grégoire était manifestement un prédicateur né et qu'il semble avoir développé ce don au début de sa vie monastique. L'élucidation d'un livre aussi difficile et mystérieux que celui de Job lui fut demandée par ses frères au début de sa carrière.

Nous n'avons aucune indication de dates pour nous permettre de savoir combien de temps il passa dans le monastère, dédié à saint André, après qu'il l'ait transformé d'une villa-palais en cellules monastiques et en cloîtres ; mais la légende qui vient ici plus ou moins dans chaque vie de saint nous offre une ou deux vignettes délicieuses pour illustrer l'histoire. Sa mère Silvia dans la cellule de sa religieuse, entourée de son petit jardin, à S. Sabba , envoyait quotidiennement, raconte l'histoire - et il n'y a aucune raison de douter de sa véracité - un plat de légumes à son fils sur le Cœlian , préparé par elle propres mains tendres. On peut imaginer un Romain choqué, un frère convers, un vieux serviteur ou un serviteur, marchant seul, jour après jour, sur les chemins pierreux, à travers la vallée profonde entre les deux collines, avec le simple plat noué dans sa serviette, qui avait peut-être quelque chose. saveur de la maison et de l'enfance, la provision de la mère pour son garçon.

Une autre histoire, moins originale, raconte qu'après avoir tout vendu et donné tout son argent aux pauvres, Grégoire fut assailli par un marin naufragé qui revenait sans cesse le voir dans la cellule où il écrivait, et à qui finalement, n'ayant aucun de l'argent, il donna la seule chose de valeur qui lui restait, un plat en argent que lui avait offert sa mère, peut-être le bol même dans lequel on lui envoyait chaque jour son dîner d'herbes. Inutile de dire que le mystérieux marin prit ensuite une forme plus glorieuse, et Grégoire découvrit qu'il avait fait l'aumône, sinon comme dans la plupart des cas à son maître, du moins à un ange au service. Puis aussi, au cours de ces années tranquilles, surgirent d'autres légendes visionnaires, celle de la colombe qui s'asseyait sur son épaule et lui insufflait l'inspiration dans l'oreille, et la Madone qui lui parlait pendant qu'il réfléchissait - une Madone peinte par aucune main mortelle, mais naissant sur le mur – une vision douce et consolante dans une lumière qui n'a jamais été au bord de la mer ou du rivage. Ce sont les compléments nécessaires de toute légende sainte. Il n'est pas nécessaire d'insister sur eux ; mais ils nous aident à comprendre l'aspect du jeune Romain qui avait enfin, après quelques luttes, atteint cette « grâce de conversion » qui rend possible le renoncement à tous les avantages du monde, mais qui demeurait toujours paisiblement dans sa propre maison et occupait la cellule qu'il s'était choisie avec quelque chose de la conscience du maître de maison, bien qu'aucune supériorité de rang parmi ses frères, trouvant sans doute un nouveau ressort de vie délicieux dans la composition de ses homélies, et le sentiment qu'un plus haut La sphère du travail et de l'activité s'ouvrait ainsi devant ses pieds.

La cellule de saint Grégoire et son fauteuil de marbre dans lequel il travaillait et se reposait, sont encore montrés pour l'admiration des fidèles sur le côté droit de l'église qui porte son nom : mais ni l'église ni le couvent ne sont de son édifice, bien qu'ils soient occuper les lieux consacrés par lui au service de Dieu. "Ici se trouvait la maison de Grégoire, transformée par lui en monastère", dit l'inscription sur le portique. Et en un endroit au moins, les pas du gentilhomme romain devenu moine peuvent encore être tracés dans la fraîcheur du soir et parmi les rosées du matin - dans le jardin, d'où les sommets voisins de la ville couronnée de soleil s'élèvent encore devant le spectateur ravi. avec tous leurs souvenirs et leurs ruines. Il y avait de plus grandes ruines à l'époque de Grégoire, des ruines encore fumantes à cause du siège et des incendies, des palais sans toit racontant leur sévère leçon de la fin d'une grande période d'empire, d'une puissance puissante renversée et de nouvelles forces grossières et écrasantes, sur lesquelles aucun homme ne pouvait compter. , entrez, dans l'anarchie et l'effusion de sang, pour bouleverser le monde. Nous faisons tous nos propres comparaisons et réflexions quelque peu conventionnelles sur cette scène frappante, et moralisons à notre guise sur le païen et le chrétien, et sur tout ce qui a été signifié au monde dans un tel renversement et une telle transformation. Mais les pensées de Gregory alors qu'il arpentait sa terrasse de jardin devaient être très différentes des nôtres. Il éprouvait sans doute un frisson de plaisir en regardant les lieux profanés sur lesquels Goth et Vandal avaient fait rage, à la pensée que le paisible toit de la maison de son père était sûr, un refuge pour les âmes choisies qui avaient abjuré le monde ; et retiré de tous ces conflits et de toutes ces misères, il réfléchissait dans son cœur au monde nouveau qui naissait, sous les tendres soins de l'Église et le ministère de ces moines dénués de tout, dont la seule inspiration était d'être l'amour de Dieu et le secours du genre humain. Le monde ne pourrait pas continuer si chaque nouvelle économie ne se faisait pas un rêve aussi glorieux du triomphe final du bien, du noble et du vrai. La grande Rome restait détruite et s'éteignait sous les yeux du moine patricien qui s'était instruit de toute l'amertume des vaincus dans cette nouvelle espérance et cette nouvelle vie de cloître. A-t-il déjà vu ses frères, les messagers de la foi, se diriger vers tous les coins les plus sombres du monde inconnu avec leur évangile, et de nouveaux cieux et de nouvelles terres se tourner vers l'éclat du jour nouveau ? — ou avec des pensées plus profondes. dans une crainte plus sacrée dans une joie mystérieuse, retenait-il son souffle pour penser à ce que pourraient présager toutes ces rages de nations et ces renversements de pouvoirs , l'ère glorieuse où toute misère devrait prendre fin et où le Seigneur viendrait dans les nuées pour juger la terre. et justifier son peuple ? Les moines ont échoué comme les empereurs depuis l'époque de Grégoire : les papes n'ont pas trouvé de solution plus sûre aux problèmes de la terre que les philosophes. Mais il est peut-être plus naturel sur l'une de ces sept collines de Rome de penser à ce dernier grand événement qui accomplira toutes choses et dénouera finalement cet anneau mortel des affaires humaines, que sur n'importe quel autre endroit de la terre, à l'exception du mystique. Mont des Oliviers, d'où s'élevaient les dernières marches visibles du Fils de l'Homme.

Nous ne savons pas combien de temps a duré cette vie tranquille, ni s'il a été longtemps laissé pour écrire ses sermons dans sa cellule, et méditer dans son jardin, et recevoir son repas de rechange des mains de sa mère, le désordre de lentilles, ou de haricots , ou des artichauts, qui constitueraient son seul repas ; mais il est évident que même dans cette réclusion, il avait donné l'assurance d'un homme aux autorités de l'Église et était considéré comme l'un de ses espoirs. Il n'avait aucun désir, comme on l'a dit, de devenir prêtre, mais éprouvait plutôt une peur presque superstitieuse d'être appelé à exercer le ministère au saint autel, sentiment très habituel à cette époque parmi les hommes du monde convertis à l'amour de la vie de prière et de pénitence, mais non de charge ou de profession sacerdotale. Il est curieux en effet de constater à quel point l'idée sacramentelle s'était alors peu développée dans l'esprit des plus pieux. La règle de Benoît exigeait que la messe soit célébrée seulement les dimanches et les fêtes, et il n'est guère fait mention des offices de culte les plus solennels au temps de Jérôme, qui était prêtre malgré lui et ne disait qu'une seule messe. dans sa vie. C'est à « vivre sa vie », comme dans le cas d'un récent et remarquable converti des occupations terrestres au religieuxisme mystique, que le défunt préteur , las des choses du monde, se consacra : et non à entrer dans une nouvelle caste, contre laquelle le La tradition qui discrédite tous les sacerdoces et le caractère insignifiant de beaucoup de ses membres, a toujours entretenu un préjugé qui existe aujourd'hui comme il existait alors.

Mais Grégoire ne put lutter contre le fiat de ses supérieurs ecclésiastiques, et fut presque obligé de recevoir les premiers ordres. Après beaucoup de travail et d'examen des preuves, les Bollandistes, toujours prudents , ont conclu que cet événement s'est produit en 578 ou 579, tandis que Baronius , peut-être moins fanatique dans son exactitude, le fixe en 583. Ce n'est pas non plus sans un but précis que cette mesure a été prise ; il y avait plus à faire dans le monde pour cet homme que de prêcher des homélies et d'exposer l'Écriture dans les petites églises romaines. Il fallait quelqu'un pour représenter le pape Benoît Ier à Constantinople, quelqu'un qui connaissait le monde et ne craindrait la face d'aucun empereur ; et ce fut évidemment pour lui permettre d' occuper le poste d' Apocrisaire ou de Nonce, que Grégoire fut hâtivement investi des ordres de diacre, et reçut la position connue plus tard sous le nom de cardinal diacre. Il est un peu prématuré et ne s'harmonise pas avec les autres caractéristiques de l'homme, de le décrire comme un véritable nonce médiéval , avec tous les pouvoirs subtils et les présomptions arrogantes de la Rome du moyen âge . C'est cependant la description que Gibbon en fait, un anachronisme audacieux, antérieur de plusieurs siècles aux prétentions qui n'avaient en aucun cas atteint un tel développement au sixième siècle. Il décrit l' Apocrisaire du pape Benoît comme celui « qui a hardiment pris au nom de saint Pierre un ton de dignité indépendante qui eût été criminel et dangereux chez le laïc le plus illustre de l'empire ».

Il ne fait aucun doute que Grégoire serait une figure originale et remarquable parmi les courtisans de la cour impériale, où les vices de l'Orient se mêlaient à ceux de l'Occident, et où tout était vénal, corrompu et avili. Grégoire était le représentant d'une puissance grandissante, pleine de vie et de perspectives d'avenir sans limites. Il n'existait encore ni pape ni théorie de primauté universelle, et il fut confronté à Constantinople à des fonctionnaires ecclésiastiques aux prétentions aussi élevées que toutes celles qu'il pouvait mettre en avant ; mais pourtant l'évêque de Rome avait une position unique, et le souci des intérêts de l'Église occidentale tout entière ne devait être tenu autrement qu'avec dignité et une façade audacieuse à quiconque s'y opposerait.

VILLA DE' MEDICI.

Il y avait cependant un autre côté dans la vie du Nonce qui est digne de mention et très caractéristique de l'homme. Il avait été accompagné dans sa mission par un petit cortège de moines ; car ces cœnobites n'étaient que sociables, et leur solitude était toujours tempérée par le proverbial compagnon à qui ils pouvaient dire combien il était délicieux d'être seuls. Ce petit cercle privé formait une demeure pour le représentant de Saint-Pierre, où il se retirait avec délices des audiences ennuyeuses, des intrigues et des cérémonies de la cour impériale. Un autre envoyé, Léandre, noble Espagnol, plus tard évêque de Séville, et l'un des saints préférés de l'Espagne, était à la même époque à Constantinople, chargé de quelque haute mission de Rome « touchant la foi des Wisigoths », dont la conversion de L'arianisme fut principalement l'œuvre de cet ouvrier apostolique . Et lui aussi trouva refuge dans la maison de Grégoire parmi les amis rassemblés là, emmenant probablement avec lui sa petite suite dans le même habit bénédictin. « C'est vers leur société que j'ai fui, dit Grégoire, comme vers le sein du port le plus proche, loin de la houle et des vagues de l'occupation terrestre ; et bien que cette fonction qui m'a retiré du monastère ait été poignardée à mort avec la pointe de ses emplois. mon ancienne tranquillité de vie, mais dans leur société j'ai été réanimé. Ils lisaient et priaient ensemble, respectant les points bien-aimés de la règle monastique, les frères avec une attention ininterrompue, le Nonce et l'Évêque autant que cela leur était possible dans les intervalles de leur travail public. Et dans le frais atrio de quelque palais oriental, avec la fontaine tintante au milieu et les bancs de marbre tout autour, la petite compagnie suppliait d'un seul souffle leur supérieur d'exercer pour eux ces dons d'exposition et d'élucidation dont il s'était déjà montré un excellent. maître. « C'est alors qu'il parut bon à ces frères, vous aussi en ajoutant votre influence, comme vous vous en souviendrez, de m'obliger, par l'importunité de leurs demandes, à exposer le livre du bienheureux Job — et dans la mesure où la Vérité m'inspirerait , pour leur dévoiler ces mystères." Nous ne pouvons que penser que c'était un choix curieux que les frères devaient faire au milieu de cet étrange monde scintillant de Constantinople, où toutes les nouvelles ecclésiastiques seraient de persécutions ariennes et d'évêques orientaux pervers, et où toutes sortes d'hérésies subtiles, tant doctrinales et personnels, étaient dans l'air, de fines disputes à couper le souffle sur la part ou le peu d'humanité commune dans la personne sacrée de notre Seigneur, ainsi que des questions sur le jour précis où célébrer Pâques et d'autres règlements de l'Église. importance égale. Mais les moines en exil ne pensèrent à aucune de ces questions. "Ils ont également fait de cela un fardeau supplémentaire que leur requête m'a imposé, à savoir que non seulement je démêlerais les mots de l'histoire dans un sens allégorique, mais que je continuerais à donner au sens allégorique le tour d'un exercice moral : avec l'ajout de quelque chose d'encore plus dur, que je fortifierais les différentes significations avec des passages analogues, et que ceux-ci, s'ils devaient être impliqués, devraient être démêlés à l'aide d'explications supplémentaires.

Cet ouvrage abstrus était la récréation que ses frères fournissaient à l'esprit actif de Grégoire au milieu de ses emplois publics et de toutes les distractions de la cour impériale. Il n'est pas nécessaire de dire qu'il n'a pas abordé le sujet de manière critique ou avec l'une des lumières de cet apprentissage tardif qui a tellement accru la difficulté d'aborder n'importe quel sujet avec simplicité. On ne suppose même pas qu'il ait eu la moindre connaissance de l'original, ni même le moindre savoir. Le Nonce et ses moines n'ont pas été dérangés par les questions sur cette scène merveilleuse dans laquelle Satan se tient devant Dieu. Ils l'acceptèrent avec un calme aussi peu préoccupé par sa grandeur poétique que troublé par ses étranges suggestions. Cette révélation extraordinaire d'un monde antique, si merveilleusement éloigné de nous, hors de toute portée de l'histoire, était pour eux la plus simple préface à un récit d'expérience spirituelle, plein d'instructions pour eux-mêmes, de leçons de patience et de foi, et de toutes les consolations de Dieu. Rien n'est plus probable que parmi les hommes qui se rassemblaient autour de Grégoire dans son palais oriental, certains qui, comme Job, avaient vu périr tout ce qui leur était cher et avaient enterré leur santé, leur richesse, leur maison et leurs enfants sous les cendres de pillés et de pillés. brûler Rome. On pourrait même imaginer que c'est la raison pour laquelle ce poème mystérieux, avec tous ses merveilleux discours , a été choisi comme sujet à traiter dans une assemblée si choisie. Peu de ces hommes, voire aucun, seraient des fils paisibles du cloître, élevés dans le calme de la vie conventuelle ; il n'est pas non plus probable qu'ils soient des érudits ou des théologiens. C'étaient des hommes sauvés d'un monde plus que d'habitude terrible et destructeur du bonheur individuel, attristés par la perte, humiliés dans chaque sentiment de fierté familiale ou nationale, les fils déchus d'une grande race, essayant par-dessus tout de se consoler de la destruction. de tout espoir humain. Et l'exposé de Job est écrit dans ce but, avec d'étranges nouvelles gloses et interprétations de ce Nouveau Testament qui n'avait pas encore six cents ans, et peu de détails sur les différences entre les deux : car les deux Saintes Écritures n'étaient-elles pas destinées à la consolation et à l'instruction ? de l'humanité ? et n'était-ce pas là le but suprême de tous : non pas soulever des questions antiquaires ou exercer l'esprit sur des arguments métaphysiques, mais recueillir un peu de baume pour les blessures et former un petit soutien pour la faiblesse des hommes laborieux et lourdement chargés ? *Moralia* : "Le Livre de la Morale de saint Grégoire le Pape" est le titre du livre - un recueil de leçons sur la manière d'endurer et de souffrir, d'espérer et de croire, de tenir bon - dans la certitude d'une foi qui surmonte toutes choses, face au destin.

"Quiconque parle de Dieu", dit Grégoire, "doit veiller à rechercher minutieusement tout ce qui fournit une instruction morale à ses auditeurs; et doit considérer que c'est la bonne méthode d'ordonner son discours qui lui permet lorsque l'occasion d'édification l'exige, se détourner, dans un but utile, de ce dont il avait commencé à parler. Celui qui traite des écritures sacrées devrait suivre le chemin d'une rivière : car si une rivière, en coulant le long de son lit, rencontre des vallées ouvertes sur son côté, dans il change immédiatement le cours de son courant, et lorsqu'ils lui sont abondamment fournis, il se déverse dans son lit. Ainsi devrait-il en être sans aucun doute avec quiconque traite de la parole divine, de sorte que, s'il discute d'un sujet, il ait la chance de trouver à À chaque occasion d'édification opportune, il devrait pour ainsi dire forcer les courants de discours vers la vallée adjacente, et lorsqu'il s'est suffisamment répandu sur son niveau d'instruction, retomber dans le canal de discours qu'il s'était proposé.

Nous ne savons pas ce que le lecteur pensera de la géographie de Gregory ; mais certainement il réalise pleinement ses vues discursives et remplit chaque vallée qu'il peut avoir la chance d'atteindre dans son courant, avec des étangs et des ruisseaux - sans aucun doute des eaux rafraîchissantes pour les âmes qui l'entouraient, toujours désireuses de le pousser. Un commentaire ainsi suscité par les nécessités du moment, adressé en premier lieu à des auditeurs anxieux qui l'avaient réclamé avec beaucoup de pression et qui hochaient la tête dessus avec un mélange d'approbation et de critique comme la moitié du leur, a un caractère distinctif et particulier. à lui-même et nécessite peu d'aide de la science ou de l'apprentissage. Une grande partie a été écrite telle qu'elle tombait de ses lèvres, sans révision, nous informe Grégoire, « parce que les frères qui m'entraînaient vers d'autres choses ne voulaient pas laisser le temps de corriger cela avec un grand degré d'exactitude ».

Une lueur d' humour transparaît dans le tableau alors qu'il décrit sa position parmi cette bande de fidèles dépendants et applaudissants, qui étaient pourtant plus ou moins maîtres de ses loisirs et de sa vie privée. "Poursuivant mon objectif d'obéir à leurs instructions, *qui, je dois l'avouer, étaient suffisamment nombreuses* , j'ai achevé ce travail", dit-il. L' humour est un peu triste, la situation pleine de force et de nature. Le petit groupe d'hommes inférieurs se seraient sans doute pleinement reconnus inférieurs au frère éloquent, leur fondateur, leur instructeur, un homme tellement plus grand qu'eux à tous points de vue : mais pourtant incapables de s'en sortir sans les allusions de frère John ou Frère Paul, tant aidé par cette belle suggestion du Cellarius , et par les questions et remarques sagaces des autres. Les instructions des frères ! qui ne reconnaît pas la scène, les hochements de tête, les objections, les informations et les instructions volontaires pour dire ceci ou cela, qu'il savait bien mieux dire que n'importe lequel d'entre eux ! tandis qu'il écoutait tout le temps, prêtant attention à chaque critique, reprenant une allusion ici et là, avec cette curieuse alchimie de la bonne humeur et du génie, mettant à profit les remarques ennuyeuses, mais toujours avec un scintillement dans les yeux à ces conseils " suffisamment nombreux" qui avait pour but de lui apprendre à les enseigner, une position que bien des ecclésiastiques et bien des orateurs ont dû prendre conscience depuis lors. Grégoire révèle involontairement sa conscience de l'état des choses , rien n'étant plus éloigné de son esprit que de trahir à son révérend et saint frère quelque chose d'aussi humain et d'aussi défectueux qu'un sourire ; et force est de constater qu'il a pris en bonne part les animadversions avec autant de bonhomie que d'humour . Il est très difficile de distinguer les traits du même homme dans l'image d'un prêtre arrogant de Gibbon qui assume plus que n'importe quel profane n'oserait le supposer. L'historien a évidemment fait son étude à partir de modèles quelques centaines d'années plus loin dans les archives.

Grégoire semble avoir occupé la place d' Apocrisaire à deux reprises sous deux papes différents : Benoît Ier et Pélage II ; mais il n'est pas clair s'il est retourné à Rome entre les deux. Une partie de sa mission auprès de Pélage consistait à obtenir l'aide de l'empereur contre les Lombards qui menaçaient Rome. La lettre du pape, avec son récit lamentable de l'état non défendu et impuissant de la ville, et l'urgence avec laquelle il supplie son représentant de soutenir la plaidoirie d'un envoyé spécial envoyé à cet effet, est intéressante. Elle est envoyée à Grégoire par les mains d'un certain Sébastien, « notre frère et coadjuteur », qui a été à Ravenne avec le général Decius et qui est donc en mesure de décrire de première main à l' empereur la terrible situation . « De tels malheurs et de telles tribulations, dit le Pape, nous ont été infligés par la perfidie des Lombards, contrairement à leur propre serment, que personne ne pourrait décrire. Parlez donc et agissez de manière à nous soulager promptement de notre danger. L'État est tellement enfermé que, à moins que Dieu ne mette dans le cœur de notre prince le plus pieux de faire preuve de pitié envers ses serviteurs et de nous accorder une subvention d'argent, ainsi qu'un commandant et un chef, nous sommes laissés à la dernière extrémité, tous les districts autour de Rome étant sans défense et l'exarque incapable de faire quoi que ce soit pour nous aider. Puisse donc Dieu persuader l'empereur de venir rapidement à notre aide avant que les armées de cette race la plus maudite n'aient envahi nos terres.

Quel étrange bouleversement de toutes choses apparaît lorsqu'un appel aussi pitoyable est adressé à l'empire d'Orient qui commence déjà à chanceler, depuis ce qui fut autrefois la Rome impériale et triomphante !

C'est en 586, quatre ans avant la fin de la vie de Pélage, que Grégoire rentra chez lui. L'abbé de son couvent, Maximien , avait été promu au siège de Syracuse, mais nous ne savons pas si c'est pour des raisons indépendantes ou pour faire de la place à Grégoire dans cette position agréable ; et le nonce, à son retour, succéda naturellement à la place vacante. Si c'est maintenant ou à une époque antérieure qu'il a donné toutes ses robes, bijoux, etc., au couvent, il est difficile de décider, car il semble toujours y avoir eu une réserve de cadeaux à sortir plus tard, après nous avons entendu parler d'un sacrifice apparent de toutes choses pour la dotation d'une charité ou d'une autre. Quoi qu'il en soit, les œuvres de charité de Grégoire furent infinies et se poursuivirent aussi longtemps qu'il vécut.

Aucune retraite à l'ombre du couvent n'était cependant désormais possible pour celui qui avait pris une position si marquante dans la vie publique. Il fut nommé secrétaire du pape, cumulant cette charge avec les fonctions de chef de son couvent, et paraît d'ailleurs avoir été le prédicateur le plus populaire de Rome, suivi d'une église à l'autre par des foules admiratives, et émouvant le peuple de toutes ses forces. la force de cet oratoire religieux qui est plus puissant que toute autre description de l'éloquence : bien qu'à vrai dire nous ne trouvions que peu de traces de cette force irrésistible dans ses discours tels qu'ils nous sont parvenus . Aussi populaire qu'il fût , il ne semble pas avoir eu de réputation particulière ni pour son savoir ni pour son style littéraire.

L'une des anecdotes historiques les plus connues est l'histoire de la rencontre de Grégoire avec le groupe d'enfants anglais amenés à Rome comme esclaves, qu'il a vus par hasard, comme on dit, au cours d'une de ses promenades. Elle appartient selon toute vraisemblance à cette période de sa vie, et constitua sans doute un épisode de son cheminement quotidien depuis Saint-André sur sa colline jusqu'au palais de l'évêque de Rome qui était alors rattaché à la grande église de la porte du Latran. Dans cette première demeure du chef de la hiérarchie romaine, il y aurait sans doute des logements pour les pèlerins et les étrangers, en plus de la cour de rechange du pape primitif, mais probablement peu d'anticipation des splendeurs du Vatican, dont on n'avait pas encore rêvé . Grégory poursuivait sa voie rêveuse, figure géniale, pleine d'observation joyeuse et d'intérêt pour tout ce qui l'entourait, lorsqu'il fut soudainement attiré alors qu'il traversait une rue ou une place, au milieu de la foule de têtes sombres et de visages basanés d'un groupe, contrairement aux autres. , de blonds garçons saxons, longs et minces, avec leurs reflets roses et leurs mèches dorées. Le grand ecclésiastique nous apparaît ici tout à coup sous un jour nouveau, après tout ce que nous avons connu de lui parmi ses frères monastiques. Il semble avoir été un de ces plaisantins invétérés qui pullulent parmi les ecclésiastiques, en même temps qu'un homme au cœur tendre et plein d'instincts paternels. Il s'arrêta pour regarder ces pauvres enfants si différents de tout ce qu'il connaissait. Qui étaient-ils? Angles. Non, plutôt comme des anges, dit-il de son ton aimable, avec sans doute un sourire en échange des regards étonnés soudainement posés sur lui. Et leur pays ? Deiri . Ah, un signe heureux ! *de ira eruti* , destiné à sortir de la colère pour entrer dans la béatitude. Et leur roi ? les garçons eux-mêmes pourraient alors être poussés à répondre au bon moine qui les regardait si tendrement. Ella—Alle, comme on le rapporte en latin, adoucissant la voyelle la plus étroite. Et ce pays lointain était-il encore païen, avec ce monarque grossier et inconnu, et les parents de ces enfants angéliques ? Alors pourrait-il bientôt arriver, bon Dieu, qu'Alléluia retentisse partout où régnait le barbare Alle ! Peut-être souriait-il de son propre jeu de mots, comme ont tendance à le faire les calembours, en s'éloignant , mais nous ne pouvons en être sûrs sans une touche de bénédiction sur les têtes fauves brillantes des petits lions saxons. Mais sourire n'était pas la seule raison d'être. Cette pensée l'habitait tandis qu'il poursuivait son chemin, le long du grand tour du Colisée à moitié en ruine, probablement plus en ruine alors qu'aujourd'hui, et dans la longue rue jusqu'à la porte latine, où Pélage et tout le travail de son secrétariat l'attendaient. . Le Pape était vieux et avait besoin d'être applaudi, surtout en ces jours sombres où l'envahisseur faisait si souvent rage au dehors et où Tibre gonflait lentement à l'intérieur, marmonnant colère et désastre ; alors qu'il n'existait aucune force, à opposer à tel ou tel ennemi, si ce n'est les prières de quelques vieillards. Grégoire a raconté l'histoire de sa rencontre, faisant peut-être rire le vieux pape de l'esprit si tempéré de dévotion, avant de lancer son plaidoyer pour qu'une bande de missionnaires soit envoyée dans ces régions inconnues pour convertir cette belle et merveilleuse race blonde . . Pélage était très disposé à donner son consentement ; mais où trouver des hommes pour risquer leur vie et leur vie dans une expédition si lointaine parmi les sauvages de cette île inconnue ? Lorsqu'on s'aperçut que personne n'entreprendrait une mission aussi périlleuse, Grégoire, qui serait naturellement devenu plus déterminé à son égard après chaque échec, s'offrit

; et réussit d'une manière ou d'une autre à extorquer un consentement au pape, dont il profita immédiatement, partant aussitôt avec un groupe de frères fidèles, parmi lesquels devaient sans doute se trouver certains de ceux qui l'avaient accompagné lorsqu'il était nonce dans des scènes si différents, et le pressèrent de leurs conseils et de leurs critiques tandis qu'il leur ouvrait les mystères de l'Écriture. Ils pouvaient être tyranniques dans leurs suggestions, mais il ne fait aucun doute que l'impulsion des apôtres – « mourons avec lui » – était forte dans leur cœur.

Mais à peine sut-on à Rome que Grégoire avait quitté la ville pour une mission si lointaine et si périlleuse, que le peuple se souleva soudain dans un tumulte. Ils se précipitèrent ensemble de tous les quartiers de la ville, en bandes excitées, vers le Latran, entourant le pape de cris de colère et de protestations, exigeant le rappel du prédicateur, dont l'éloquence ainsi que ses grands bienfaits envers les pauvres l'avaient fait connaître aux masses. la figure la plus importante de l'Église. Le pape, effrayé par ce tumulte, céda à la demande et envoya en toute hâte des messagers pour ramener le futur missionnaire. Le tableau que nous offrent ses biographes est moins connu que les incidents précédents, mais plein de caractère et de détails pittoresques. La petite bande avait déjà trois jours de voyage (on se demande de quel port ils comptaient s'embarquer, car Ostie, la voie naturelle, n'était qu'à quelques heures de Rome) lorsqu'ils firent leur halte habituelle à midi pour se rafraîchir et se reposer. dans les champs." Gregory s'était assis à l'ombre d'un arbre avec un livre pour tromper les heures chaudes et prolongées. Et tandis qu'il lisait ainsi, avec toute l'agitation du petit campement autour de lui, hommes et chevaux en liberté profitant de la pause, de l'ombre et de la nourriture nécessaire, une sauterelle se posa soudain sur sa page, sur le rouleau de parchemin qui était puis la forme des dernières éditions. Un tel visiteur ne se pose généralement que pour un instant et pas plus ; mais Grégoire était un spectateur trop doux de toute vie pour chasser l'insecte, et il resta là avec une fermeté et une « mansuétude » contrairement aux habitudes de la créature. Le bon moine commença à s'intéresser, à réfléchir et à faire des jeux de mots, et finalement à s'interroger. « Locusta », se disait-il en cherchant un sens, « loca sta ». Qu'est-ce que cela pourrait signifier sinon qu'en cet endroit il serait obligé de rester ? Il appela ses serviteurs à se préparer au plus vite et à avancer, impatients de se mettre hors de portée de la poursuite ; mais avant que le lourd train puisse reprendre la route, les messagers du pape arrivèrent « sanglants d'aiguillon, rouges de feu de hâte », et les missionnaires furent contraints de retourner à Rome. Ainsi, sa première tentative de conversion de l'Angleterre aurait dû être faite, s'il avait réalisé son dessein, par lui-même.

Il existe également une histoire curieuse racontée à propos de Grégoire lors de ses promenades à travers Rome, dont l'issue, si une époque incrédule y croyait, serait encore plus remarquable. Un jour, alors qu'il passait devant le

Forum de Trajan, alors sans doute un endroit plus en ruine qu'aujourd'hui, bien qu'il y ait encore quelques-unes de ses grandes galeries et de ses édifices parmi les monuments renversés et les piliers brisés, quelqu'un lui raconta l'histoire de Trajan et du veuve, ce qui a dû beaucoup affecter l' imagination médiévale depuis que Dante l'a introduit dans son grand poème. La prière adressée à l' empereur en route vers les guerres était la même que celle de la veuve dans la parabole « Venge-moi de mon adversaire ». "Je le ferai à mon retour", répondit l' Empereur . "Mais qui m'assurera que vous reviendrez un jour ?" dit la veuve importune ; sur quoi l' empereur , reconnaissant la justesse de l'objection, arrêta sa progression guerrière jusqu'à ce qu'il ait exécuté la vengeance requise, sur l'un de ses propres fonctionnaires (n'est-il pas dit par une autorité, son propre fils ?) qui lui avait fait du tort. Grégory fut autant impressionné par ce conte que Dante. Il continuait à déplorer qu'un tel homme, si juste, si tolérant à l'interruption, si prêt à faire ce qui était juste, soit retranché de la miséricorde divine. Il porta ce regret avec lui jusqu'au tombeau des apôtres, où il se jeta à genoux et pria de tout son cœur pour que le bon Trajan, l'homme qui faisait le bien selon la lumière qui était en lui, les coûts, devraient être économisés. Certaines versions de l'histoire ajoutent qu'il offrit de supporter toute pénitence qui pourrait lui être infligée pour sa présomption, et qu'il était prêt à encourir n'importe quelle pénalité pour obtenir cette grande faveur. Il ne sera jamais possible de prouver dans ce monde si la requête de Grégoire a été entendue ou non, mais ses moines et ses biographes en étaient sûrs, et certains d'entre eux prétendent que ses propres souffrances corporelles et sa faiblesse étaient la punition qu'il acceptait volontiers pour le salut . de cette grande âme. L'histoire prouve au moins l'intense humanité et le désir des malheureux qui étaient dans son cœur. Qu'il jouât et plaisantait avec un humour tendre avec les objets de sa sympathie, ou qu'il se jetât avec eux avec une profonde compassion dans l'abîme du désespoir, au point de pouvoir se souhaiter, comme Paul, maudit pour le bien de ses frères, l'être de Grégory était plein d'amour fraternel. et un sentiment fervent, un amour qui pénétrait même au-delà des limites de la vie visible.

Les quatre années qui s'écoulèrent entre son retour dans son couvent et son élection au pape (ou pour parler plus justement à l'évêché de Rome) furent des années de troubles. Outre le danger constant d'invasion, la misère, même lorsqu'on y échappait, des récits apportés à Rome par les fugitifs qui s'y réfugiaient de tous les pays environnants, dans toutes les aggravations de pauvreté et de misère, et les efforts qui avaient été déployés pour à faire pour leur secours : une grande inondation du Tibre, désastre familier et pourtant terrible dont Rome n'a pas encore pu se garantir, eut lieu vers la fin de cette période, suivie d'une terrible peste, son résultat naturel. Grégoire expliquait le prophète Ézéchiel dans l'une des églises romaines au moment de cette visite : mais à mesure que la peste augmentait, son âme triste ne pouvait supporter aucun esclavage de paroles ou de pensées en dehors des terribles besoins du moment, et fermant le livre, il déversa son cœur sur le peuple craintif et tremblant, exhortant tous à se repentir et à se jeter sur la miséricorde de Dieu afin que la peste puisse être stoppée. Dans toutes ces terribles situations d'urgence, la nature humaine a tendance à se réfugier dans quelque chose qui peut être fait, et cette impulsion est sans aucun doute elle-même utile pour soulager le poids écrasant du désespoir, quelle qu'en soit la forme.

SAN GREGORIO MAGNO ET ST. JEAN ET ST. PAUL.

De nos jours, nous nettoyons, récurons et blanchissons à la chaux, et croyons en ces moyens d'arrêter les démons ; mais dans la vieille Rome, l'appel à l'aide était au moins plus impressionnant et raffermissait probablement l'âme des malades comme même le blanchiment ne pouvait pas le faire. La manière dont Grégoire essaya de renverser la terrible marée fut par un appel direct au Ciel. Il organisa une grande procession simultanée de tous les quartiers de Rome pour se réunir à « l'église de la Vierge » (nous ne savons pas laquelle) dans un grand cri commun vers Dieu pour sa miséricorde. La litanie septiforme , comme on l'appelait, était chantée dans les rues désolées en se rapprochant progressivement, les hommes mariés et célibataires, les prêtres et les moines s'approchant chacun en bande distincte ; tandis que, venant d'autres églises, venaient les femmes dans toutes leurs subdivisions, les épouses, les veuves, les jeunes filles, les vierges consacrées, Ancillæ Dei, chaque ligne convergeant vers le centre , chacune suivie sans doute des fenêtres à l'intérieur desquelles les mourants gisaient avec des larmes et échos de prières. Il y a eu de nombreux sites remarquables dans la vieille Rome, mais rares sont ceux qui auraient pu être plus mélancoliques ou plus impressionnants que celui-ci. On n'entend parler d'aucune image miraculeuse, d'aucune sainte idole comme dans les cérémonies ultérieures, mais seulement des sept processions avec leurs longs et monotones pénitences, les hommes seuls, les femmes seules, les veuves en deuil, les religieuses voilées, les la jeune génération, garçons et filles, la plus précieuse de toutes. Que Grégoire ait eu le don de voir, ou de croire qu'il a vu, un ange brillant sur la tombe d'Hadrien, s'arrêtant et rengainant son épée alors que la longue file de suppliants s'approchait, est une pensée très apaisante et humaine. Fraîchement sorti de ses études sur Ézéchiel ou sur Job, bien que trop malade du cœur pour les poursuivre, pourquoi aurait-il douté que celui qui entendait la prière puisse ainsi accorder un signe visible de l'acceptation qu'il avait promise ? Nous ne nous attendons pas à de telles visions de nos jours, et nous ne les recherchons pas non plus avec un objectif aussi intense et uni ; mais la même légende se rattache à de nombreuses périodes similaires d'extrêmes nationales. Même lors de la Grande Peste de Londres, une grande figure similaire, rayonnante d'une blancheur céleste, aurait également été vue alors que la peste s'apaisait, rengainant, dans la même imagerie, une épée flamboyante.

L'histoire de la litanie septiforme raconte comment, çà et là, dans les rues, tandis qu'ils défilaient, les morts et les mourants tombaient des rangs mêmes des suppliants. Mais l'ange rengaina son épée. Il est difficile de se rappeler le splendide monument d'Hadrien, avec ses marbres et ses statues étincelants, lorsque le pèlerin d'aujourd'hui s'approche de la ronde vaste mais tronquée et lourde du château Saint-Ange ; mais il ne faut pas un si grand effort d'esprit pour se rappeler cette scène, où le grand ange se détachant sur le ciel n'existait que dans les yeux anxieux de Grégoire, et se reflétait à travers les larmes de milliers de spectateurs désespérés, qui se tenaient tremblants entre les La toute-puissance qui pouvait sauver en un instant et la mort terrible qui s'emparait et tuait sous leurs yeux. Aucun cœur humain ne peut refuser de battre plus vite devant un tel spectacle - l'homme bon dans son ravissement d'amour et de sérieux avec son visage tourné vers ce ciel romain radieux, et toutes les lignes sombres des gens arrêtés dans leur marche regardant aussi, le chant mourant. » de leurs lèvres, tandis que l'ange blanc s'arrêtait un instant et rengainait l'épée du jugement au-dessus de leurs têtes.

Ce n'est que plusieurs siècles plus tard, lorsque toutes les reliques de la gloire du tombeau du grand empereur furent arrachées de ses murs, que l'ange en marbre, suivi plus tard par l'ange actuel en bronze, fut érigé au sommet du château de Saint-Ange, qui tire de cet incident son nom, un nom désormais chargé de nombreuses autres associations et familier à nous tous.

Le pape Pélage fut l'une des victimes de cette grande peste ; et il ressort clairement de toutes les circonstances rapportées que Grégoire était déjà le personnage le plus éminent de Rome, occupant la place principale, non seulement dans des questions telles que la pénitence publique, mais dans toutes les mesures nécessaires pour faire face à une si grande calamité. Non seulement ses pouvoirs d'administrateur étaient très grands, mais il avait la faculté de s'emparer de ces hordes sacrées de richesses ecclésiastiques, des trésors d'or et d'argent de l'Église , auxquels un dirigeant séculier n'aurait pas pu toucher. La libéralité de Gregory était la meilleure des leçons, et bien qu'il ait déjà tant sacrifié, il lui restait encore, semble-t-il, quelque chose qui lui était propre à disposer, comme nous l'avons déjà constaté dans de nombreux cas, sans aucun doute. les rentes ou les produits des domaines ne pouvaient être aliénés, bien que tout ce qu'ils produisaient fût librement cédé. Déjà les richesses de l'Église avaient été réquisitionnées pour subvenir aux besoins des fugitifs réfugiés à Rome contre les Lombards. Ces richesses, cependant, étaient maintenant presque épuisées par les besoins d'une république désorganisée , où toutes les industrie et occupations avaient été mises hors service, et où il ne restait plus que besoin et misère, des corps affaiblis et des cœurs découragés . Il était inévitable qu'à une telle époque, Grégoire soit le seul homme vers lequel tous les regards se tournaient en tant que successeur de Pélage. Le clergé, la noblesse et le peuple, tous accoutumés à prendre part au choix de l'évêque, se prononcèrent d'une seule voix pour lui. C'est une sorte de mode parmi les saints que chacun à son tour résiste et refuse les honneurs qu'on veut lui imposer ; mais il y avait au moins des raisons suffisantes de résister dans le cas de Gregory. Car le siège apostolique, qui était loin d'être à aucun moment un lit de roses, était, à cette époque de détresse et de danger, l'un des postes les plus onéreux du monde.

Pélage mourut en janvier 590, mais ce n'est que tard dans l'année que son successeur fut forcé d'occuper le poste vacant. Entre- temps , Grégoire avait fait appel à l'empereur, le suppliant de s'opposer à l'élection et de le soutenir dans sa résistance. Cette lettre tomba entre les mains du préfet de Rome, qui l'intercepta, et écrivit en son nom et celui du peuple une prière contraire, priant l' empereur Maurice de sanctionner et de donner autorité à leur choix. Ce ne fut que lorsque fut reçue la réponse confirmant l'élection, que Grégoire se rendit compte du tour qui lui était joué ; et toute son aversion naturelle renforcée par ce procédé trompeur, il se retira secrètement de la ville, se cachant, dit-on, dans une grotte au milieu des bois. Que cela signifie qu'il s'était dirigé vers les collines et avait trouvé ce refuge parmi les ruines de Tusculum, ou dans quelque grotte forestière autour d'Albano, ou que certaines cabanes de bergers de la Campagna, au milieu des arches brisées des aqueducs, reçurent et l'a caché, il est impossible de le dire. On dit que le lieu de sa retraite fut révélé par une lumière venue du ciel qui l'illumina dans son refuge de pierre, car la légende est sans ménagement dans l'ampleur de ses effets et s'approprie facilement le grand miracle qui, dans l'Ancien Testament, accompagne le passage d'une nation entière au service d'un individu, sans aucun de ce sens des proportions que l'on retrouve dans les archives plus anciennes. Cette lumière suggère en quelque sorte la vaste étendue de la Campagna où sa lueur lointaine pouvait être vue de loin, depuis les remparts de Rome elle-même, plutôt que depuis les collines les plus lointaines. Et il faut espérer que cette trahison directe par le Ciel de sa cachette montra à Grégoire que la nomination contre laquelle il luttait avait en fait la sanction des puissances supérieures.

Il parle cependant dans plusieurs de ses ouvrages de la grande répugnance qu'il éprouvait à assumer les soins d'une telle fonction. Il s'était laissé ordonner diacre à contrecœur, et apparemment seulement, étant entendu que lorsque l'urgence qui réclamait ses services serait passée , il pourrait être autorisé à se retirer de nouveau dans son cloître. Sa lettre à Léandre déjà mentionnée est pleine de plaintes selon lesquelles « lorsque le ministère de l'autel était un poids si lourd, on m'a imposé le fardeau supplémentaire de la charge pastorale, ce que j'ai maintenant d'autant plus de difficulté à supporter que Je me sens inégal à cela et je ne peux trouver de consolation dans une confiance confortable en moi-même. » A un autre correspondant, il proteste contre la censure qu'il a reçue pour avoir tenté d'échapper à une si lourde accusation. Ces hésitations ne sont pas comme celles avec lesquelles il est habituel de trouver les grands hommes de l'Église refusant les honneurs , car ce n'est pas une profession d'humilité qui anime Grégoire, mais son sentiment irrésistible des difficultés et du danger que court le pasteur en chef de l'Église. serait forcément exposé. Son idée de sa position est en effet très différente de celle de ceux qui le considèrent comme l'un des premiers à concevoir le grand plan de la papauté, et comme travaillant assidûment et avec intention aux fondations d'une institution qu'il espérait durer des centaines d'années. des années et pour influencer la fortune du monde. Il était au contraire pleinement persuadé que tous les signes des temps annonçaient plutôt la fin du monde et la conclusion définitive de l'histoire humaine. Les apôtres l'avaient cru avant lui, et chaque époque successive avait senti que la catastrophe n'était que de peu de temps retardée. Sous ses yeux, nation se soulevait contre nation, des tremblements de terre détruisaient les villes de la terre et pestilent leurs populations. Il y avait eu dans le ciel des signes généralement rapportés et crus, des rangées enflammées de combattants se rencontrant en conflit dans les cieux mêmes, et tous les signes de jugement sur le point de tomber. Il ne pensait guère à une économie ecclésiastique triomphante et puissante qui devrait dominer toutes choses. "Étant indigne et faible, j'ai pris sur moi la garde du vieux vaisseau battu", dit-il dans l'une de ses épîtres écrites peu après son élection ; "Les vagues s'engouffrent de toutes parts, et les planches pourries, brisées par des tempêtes quotidiennes et violentes, menacent un naufrage imminent." Navire vieux et battu, il avait supporté la tension de six siècles — une longue période pour ceux qui ne connaissaient rien des siècles à venir :

et maintenant il luttait sur son chemin, battu par les vents et les vagues, ne sachant pas quand le terrible moment attendu par tant d'hommes. de nombreuses générations pourraient venir, quand le soleil serait transformé en ténèbres et la lune en sang – seuls signes qui manquaient encore de l'approche de ce grand et terrible jour. Combien ces anticipations étaient différentes de tout plan conscient de conquête ou d'empire spirituel ; et combien plus pleinement justifié par tout ce qui se passait autour de cette capitale du monde brisée, souffrante, pauvre, essoufflée et sans espoir !

Pourtant, il est assez évident que cet homme résolu, travaillant de toutes les manières possibles pour protéger les gens qui l'entouraient, a mis un certain cœur dans la ville qui avait traversé tant de convulsions. Encombré de fugitifs, décimé par la peste, laissé pendant de nombreux mois sans chef plus compétent que les préteurs et les fonctionnaires timides de l'État et l'exarque lointain de Ravenne, avec lesquels, selon le propre témoignage de Grégoire, l'exaction des impôts C'était l'objectif principal : un dirigeant fort et inébranlable au milieu de ce peuple distrait changeait de toutes les manières la disposition des affaires. D'une part, il semble avoir pris sur lui dès le début le soin et la nourriture des pauvres. Dès ses débuts, l'Église avait eu pour principe que l'aumône était l'un des premiers devoirs, et le soin des pauvres son droit inaliénable ; mais une telle période de désastre rendait nécessaire quelque chose de plus héroïque que les allocations et les charités habituelles. Une grande partie de la population de Rome tomba entre les mains de Grégoire pour être nourrie et soignée. Les listes des pauvres démunis, de leurs maisons et de leur situation, étaient tenues avec le plus grand soin ; et on nous dit qu'avant que le pape ne se mette à table pour un repas, les tables des pauvres à l'extérieur étaient d'abord fournies. Comme il est épouvantable pour tout philanthrope de nourrir les affamés de manière simple et concrète ! mais c'était le genre de christianisme, le plus compris et le plus approuvé dans les premiers âges, celui avec lequel même les politiciens les plus éclairés n'avaient rien à reprocher. C'était la première idée de toute âme évangélique, mais ce n'était en aucun cas la limite des efforts de Grégoire. Il avait appris la diplomatie ainsi que la charité au cours des expériences de sa vie passée, et toutes les ressources de ses compétences et de ses connaissances étaient nécessaires au salut de cette ville autrement désespérée. Dans toute la dignité de sa fonction spirituelle, mais avec tous les arts d'un homme d'État, nous pouvons le voir debout comme devant les portes de Rome, comme Horatius se tenait sur les rives du Tibre. C'est tantôt vers Constantinople, tantôt vers l'armée des envahisseurs, qu'il se tourne pour expliquer, argumenter, plaider d'un côté et de l'autre pour la sécurité de sa ville et de son peuple. Ses lettres à l'empereur et à l'impératrice d'une part, et celles à la reine Théodolinde d'autre part, l'épouse de l'envahisseur, montrent avec quelle persistance et quel sérieux il défendit Rome et son peuple qui constituait sa charge spéciale et son troupeau, et qui n'avait ni dirigeant ni défenseur à part lui-même.

C'était, dit-on, une de ses façons d'établir l'empire de la papauté ; c'était en même temps et avant tout l'apparition du seul homme qui pouvait ou voulait se mettre à la tête d'une armée désorganisée et tremblante, sans chef ni défenseur. Lui, lui seul, s'est tenu fermement pour frapper à leur place, pour intercepter la destruction qui planait au-dessus de leurs têtes, et ce serait en effet un fait curieux dans la nature humaine si un tel homme accomplissait son premier devoir pour le bien d'un empire informe qui viendrait après. des centaines d'années s'étaient écoulées. Il réussit contre les barbares, préservant Rome des attaques souvent menacées mais jamais exécutées ; mais il ne fit guère de bien à Maurice, qui, de son côté, avait peu de troupes à envoyer et aucun général capable de mener avec succès une campagne contre les Lombards. Les officiers et les armées de l'empire étaient utiles pour lever des impôts pour le trésor impérial, mais pas pour s'opposer à un envahisseur vigoureux ou pour secourir un peuple sans défense .

Aucun de ses biographes ou admirateurs n'a jamais prétendu que Grégoire était un homme de savoir, ni même qu'il s'intéressait beaucoup à la préservation des lettres ou au progrès de la vie intellectuelle. Le savoir et la philosophie étaient l'héritage de l'Église grecque, qui était la rivale très présomptueuse et arrogante de Rome, et le berceau de la plupart des hérésies et de toutes les questions difficiles et délicates qui avaient troublé la paix de l'Église. Il est accusé, sans preuves suffisantes, d'avoir incendié une bibliothèque de poètes latins, ce qu'il aurait très bien pu faire, selon ses idées, sans grand sentiment de culpabilité. Il n'y a jamais eu d'époque où certains livres n'aient pas été sujets à cette réforme par le feu, et le principe est tout aussi fort aujourd'hui qu'au sixième siècle, nous n'avons donc pas besoin de prendre la peine d'exonérer Grégoire d'une telle imputation. Il n'aimait pas, comme Jérôme, la littérature pleine d'images et d'allusions classiques. Ni Cicéron ni Platon ne l'auraient tenté de s'occuper de vaines études. « La même bouche, dit-il, ne doit pas prononcer le nom de Jupiter et celui du Christ ; » mais en même temps il exprime un vif regret que les lettres soient mortes hors de Rome, au milieu de tous les tumultes qu'elle a traversés. Au milieu du jargon des barbares entendu de toutes parts, le grec, se plaint-il, était presque tombé dans l'ignorance. Il y avait peu d'hommes assez instruits pour régler une question de doctrine en se référant au texte original de l'Écriture. "Ceux que nous avons ne servent qu'à traduire mot à mot ; ils sont incapables d'en saisir le sens, et c'est avec difficulté que nous comprenons leurs traductions." Il ne s'attribue aucun crédit pour son propre style, qui est en effet tout sauf cicéronien. Il se plaint avec beaucoup de simplicité, à la fin de la dédicace à Léandre de ses *Moralia* , des « collisions du métacisme », une difficulté sur la lettre *m* qui semble avoir été aussi gênante que la lettre *h* de nos jours ; et anticipe les critiques en avouant qu'il a négligé les « cas de prépositions ». "Car je considère qu'il est loin d'être convenable", dit-il, prenant, comme nous devrions dire en Écosse, "le premier mot du vol," et d'une main haute, "de soumettre les paroles de l'Oracle divin aux règles de (le grammairien) Donatus." Car qui devrait le dire, Lindley Murray n'a rien à voir avec le langage d'un sermon. C'était beaucoup à dire pour un homme dont l'un des premiers exploits de sa vie avait été la conviction et la conversion par l'argumentation d' Eutychius , dont l'hérésie concernant le corps de la résurrection (un sujet suffisamment lointain et lointain pour déranger l'Église - mais de tels rebondissements de doctrine impossible ont toujours affecté certains esprits) a survécu à lui-même - mais qui a reconnu dans son dernier souffle qu'il avait tort et que Grégoire avait raison.

ARC DE CONSTANTIN.

La doctrine, cependant, n'était pas le point sur lequel Grégoire était le plus fort : ses Dialogues, écrits, dit-on, pour l'édification et le renforcement de la foi de l'Impératrice Théodolinde , ne sont que de pieuses discussions et sanctions des miracles accomplis par les saints. , dont nous craignons qu'il ait un effet très contraire s'il était publié de nos jours. Ses ouvrages sur la loi pastorale et la discipline de l'Église sont les plus précieux et les plus importants de ses productions ; bien que sur ces points également, son point de vue soit extraordinairement différent du nôtre, et il conseille un type et un degré de tolérance quelque peu épouvantables à entendre. Par exemple, dans ses instructions à Augustin et à sa bande de missionnaires, Grégoire leur demande de s'immiscer le moins possible dans les coutumes, notamment en matière d'observances religieuses, des personnes parmi lesquelles ils ont été envoyés. Ils ne devaient pas abandonner les accompagnements familiers des rites et cérémonies indigènes de leurs convertis. Les anciens temples de

Woden et de Thor ne devaient pas être abandonnés mais destinés à un nouvel et meilleur usage ; même le système de sacrifice à ces dieux ne devait pas être complètement mis de côté. « Qu'il n'y ait plus de victimes aux démons, dit-il avec une curieuse casuistique, mais qu'ils tuent et mangent en rendant grâce à Dieu ; car il faut leur laisser quelques jouissances matérielles pour qu'ils entrent d'autant plus facilement dans les délices du monde. âme." En revanche, ses instructions à un évêque de Sardaigne revêtent un caractère curieusement différent. Il recommanda à ce prélat d'exercer une pression plus ou moins douce sur les paysans restés encore païens, sous la forme d'une augmentation des loyers et des impôts jusqu'à ce qu'ils deviennent chrétiens. "Bien que la conversion ne s'obtienne pas par la force", dit-il avec un cynisme sagace, "pourtant, les enfants de ces mercenaires convertis recevront le baptême dans leur innocence et seront de meilleurs chrétiens que leurs pères" ; un argument qui incarne certainement une grande partie de la vérité économique, sinon exactement l'esprit de l'Évangile.

LA PIAZZA DEL POPOLO.

le travail pastoral, citées par Bède dans la réponse de Grégoire aux questions d'Augustin, sont étrangement différentes de ces suggestions mondaines, dans lesquelles la conscience artificielle du confessionnal apparaît soudain en plein développement, à côté de ces conseils étranges d'une époque encore à moitié païenne. Rien ne peut être plus remarquable que ce contraste, qui exige un point d'observance plus que lévitique de la part des dévots, tout en laissant ouvertes toutes les portes pour l'entrée des profanes. Bien qu'il se soit lancé avec tant de réticence dans la pastorale de l'Église, personne n'a posé des directives plus détaillées pour la guérison des âmes. Il semblerait que ce soit en réalité une des choses qui l'intéressait le plus. Son esprit était à certains égards celui d'un homme d'État plein du sens le plus large de l'opportunité et du réalisable, et de tolérance et de compromis poussés à un point qui nous remplit de consternation ; tandis que de l'autre, c'était celui d'un législateur paroissial, un enquêteur de détails personnels, pour qui aucune bagatelle n'était sans importance, et les stipulations les plus fantastiques d' une purification rituelle aussi importante que la moralité elle-même.

Cependant, contrairement à ces lettres qui recommandaient ce qui n'était guère plus qu'une conversion forcée et qui ont été fréquemment citées comme exemples du manque de scrupules des premiers missionnaires, nous devons ici citer certaines des instructions pastorales de Grégoire dans lesquelles le véritable esprit d'un pasteur brille. « Rien, dit-il dans une de ses épîtres aux évêques avec lesquels il entretenait des communications constantes, n'est un fardeau si lourd pour un prêtre que de plier la force de son propre esprit en sympathie, au point de changer les *âmes (cum personne supervenientibus animé mutare)* avec chaque nouvelle personne qui l'approche ; pourtant cela est très nécessaire . impliqué dans des affaires personnelles, tel est son conseil à Augustin, qui l'avait consulté sur les différences de culte entre les églises gallicanes et celles de Rome.

"Vous connaissez, mon frère, la coutume de l'Église romaine dans laquelle vous avez été élevé. Mais cela me plairait si, lorsque vous avez trouvé quelque chose, soit dans l'Église romaine, soit dans l'Église gallicane, soit dans toute autre Église, qui puisse être plus acceptable au Tout-Puissant. Dieu, tu feras soigneusement ton choix et tu enseigneras assidûment à l'Église d'Angleterre, qui est encore nouvelle dans la foi, tout ce que de bonnes choses tu pourras recueillir des différentes Églises. Car les choses ne doivent pas être aimées pour le plaisir. " De lieux, mais de lieux pour l'amour des bonnes choses. Choisissez donc dans chaque Église ce qui est pieux, religieux et droit, et quand vous les aurez pour ainsi dire transformés en un seul système, que l'esprit des Anglais s'y habitue. "

C'est sûrement la tolérance la plus vraie et la plus élevée.

La papauté de Grégoire commença dans des difficultés et une détresse ; Rome était plus désorganisée , plus misérable, plus confuse et impuissante que jamais auparavant, même si elle avait déjà traversé de nombreuses crises terribles ; et il avait reculé devant la terrible tâche de la redresser. Mais une fois qu'il eut entrepris cette tâche, il n'y eut ni faiblesse ni hésitation dans la manière avec laquelle il l'accomplit. La pénitence publique et l'humiliation auxquelles il poussa le peuple, la litanie septiforme avec ses foules chantantes et en pleurs, les prières et les intercessions incessantes dans l'Église n'étaient pas toutes, bien que sans doute la partie principale pour Grégoire, des méthodes par lesquelles il soutenait le courage, ou plutôt le courage, de la population brisée, de sorte que pour une fois, une démonstration de résistance fut faite lorsque les Lombards menacèrent la ville. Et ses négociations anxieuses ne cessèrent jamais. L' Empereur , lointain et indifférent, pour ne pas dire impuissant, à Constantinople, n'avait de repos devant les remontrances et les appels constants de l'évêque toujours vigilant. Grégoire se plaignait, et avec raison, qu'aucun effort, ou du moins que des efforts fictifs, n'était fait pour aider Rome, et que l'indifférence ou l'hostilité de l' empereur lui était plus dangereuse que les armes des Lombards. D'autre part , il s'adressa au quartier général des envahisseurs, prenant pour champion - comme c'était son habitude, comme cela a toujours été l'habitude des hommes d'Église - la reine Théodolinde, devenue catholique et qui baptisa son fils dans ce sens. foi, malgré l'opposition de son mari arien, et était donc un intercesseur très approprié et naturel. "Quelle charge écrasante c'est !" crie-t-il à l'un de ses correspondants, « d'être à la fois chargé de la surveillance des évêques et du clergé, des monastères et du peuple tout entier, et de rester tout le temps attentif à toute entreprise de l'ennemi et sur mes gardes contre le vol et injustice de nos dirigeants. C'était en effet un fardeau sous lequel peu d'hommes auraient pu supporter.

Grégoire paraît n'avoir négligé aucun mouvement de l'ennemi, avoir constaté toutes les exactions et trahisons de Constantinople, avoir rappelé chaque évêque dans les régions les plus éloignées, et avoir adressé à chacun tour à tour ses remontrances, ses supplications, ses réprimandes . On nous a parlé de nos jours du poids écrasant des affaires (attribué aux facilités de la poste et des communications quotidiennes) qui écrase presque un archevêque anglais, bien que ce dignitaire, outre les soins de l'Église, n'ait qu'un tel souci dans les affaires publiques. comme doit l'avoir un conseiller consciencieux. Mais Grégoire était responsable de tout, de la vie et autant que possible des libertés de sa ville et de son peuple, de leur pain quotidien, de leur sécurité, de leur existence même, sans compter la guérison des âmes qui était son occupation particulière. La masse de correspondance qu'il a réussi à parcourir, en plus de tous ses autres travaux, sans rien oublier, a de quoi faire honte à tout écrivain moderne de notes hâtives et de lettres commerciales brèves. Sur ce point, on peut dire un mot d'excuse au pape, très harcelé, à l'égard de ce moment de son histoire, où sa conduite ne peut être défendue par son plus fervent admirateur. Ses prières et ses appels furent traités avec mépris à Constantinople, mépris qui concernait non seulement sa propre personne, mais Rome et l'Église, dont l' empereur Maurice ne prétendait même pas se soucier. Et lorsque cet empereur fut subitement balayé, il est assez naturel qu'une sensation de soulagement, une touche d'espoir chez le nouvel homme qui, malgré la trahison et la cruauté du premier pas de sa carrière, pourrait se révéler meilleur que son prédécesseur, aurait dû briller dans l'esprit d'un spectateur lointain, et peut-être au début imparfaitement informé, dont les intérêts étaient si étroitement concernés. La complaisance avec laquelle Grégoire écrivait à Phocas, les termes étonnants qu'il employait à l'égard de cet assassin et de ce tyran, constitueront toujours la tache la plus sombre de sa réputation. Sous Maurice, les ministres de l'empire avaient été plus oppressifs que les envahisseurs. Peut-être que sous Phocas on pouvait espérer mieux. C'est tout ce qu'on peut dire de ce moment malheureux de sa carrière ; mais c'est quand même quelque chose.

Ce n'est qu'en 597, après avoir occupé son évêché pendant sept ans, que Grégoire réussit à réaliser le projet longtemps caressé de la mission en Angleterre, qui lui tenait tant à cœur depuis de nombreuses années. On dit qu'il avait lui-même acheté quelques-uns des garçons captifs qui avaient attiré son attention dans les rues et les avait formés à la doctrine et à la foi chrétiennes, afin qu'ils puissent servir d'interprètes et recommander les missionnaires à leur peuple, un expédient qui a été si largement suivi (et bien sûr vanté comme une pensée originale) dans les missions récentes. Ces garçons auraient alors atteint l'âge de la virilité, et peut-être cela détermina-t-il le moment où Augustin et ses compagnons furent envoyés. Ils furent solennellement consacrés dans la chapelle du couvent de la colline Cœlian , maison bien-aimée de Grégoire, où il revenait toujours avec tant d'affection, et à laquelle ils appartenaient également, moines de la même maison. Leurs noms sont inscrits sur le porche de l'église actuelle après celui de leur maître, avec des désignations étrangement familières à nos oreilles britanniques : S. Augustin, apôtre d'Angleterre ; S. Lawrence, archevêque de Cantorbéry ; S. Mellitus, de Londres et Canterbury ; S. Justus, de Rochester ; S. Paulinus, de York, figure dans les archives, les premiers enseignants et dignitaires ecclésiastiques de l'Angleterre saxonne. L'église dans laquelle cette consécration a eu lieu n'existe plus ; le bâtiment actuel, son troisième ou quatrième successeur, ne date que du XVIIIe siècle et est dédié à saint Grégoire lui-même ; mais la petite place aujourd'hui visitée par tant de pèlerins est inchangée, et c'est de cette petite place, si petite place au milieu des lieux historiques de Rome, que partit le groupe missionnaire, Augustin et ses frères agenouillés en bas, tandis que le Pape, debout au haut des marches, leur donna sa bénédiction d'adieu. Sans doute les jeunes Angles, avec leurs mèches dorées d'enfance mûries en tons roux, qui avaient rempli l'esprit de Grégory de tant de pensées , étaient dans le groupe, derrière les frères bénédictins en robe noire dont ils devaient être les guides et les interprètes.

C'est une association pleine d'intérêt pour tout Anglais, et qui a attiré de nombreux pèlerins de la nation dont la foi a subi tant de vicissitudes et dans laquelle l'autorité du pape a été aussi véhémentement décriée à une époque qu'elle est fortement soutenue à une autre ; mais quelles que soient nos opinions sur ce point, il ne peut y avoir ici qu'un souvenir affectueux et reconnaissant de l'homme de Dieu qui avait si longtemps chéri le projet, qu'il put ainsi enfin mener à bien avec des bénédictions paternelles et une joie de cœur. dehors. Lui-même aurait volontiers entrepris cette mission plusieurs années auparavant ; mais les soucis de toutes les Églises et les tribulations d'un monde distrait avaient rendu cela à jamais impossible, et il vieillissait maintenant, de santé faible et avec seulement quelques années de travail devant lui. Le cœur des missionnaires n'était pas aussi fort que celui de ce grand Serviteur des serviteurs de Dieu qui les renvoyait avec sa bénédiction. Les terreurs de la mer et les terreurs de la nature, le long voyage et les tribus sauvages à la fin, étaient dans leur cœur. Quand ils eurent presque terminé leur voyage et se reposèrent un peu pour recouvrer leur santé parmi les Gaulois , assez féroces certes, mais avec néanmoins des sanctuaires de paix et de saints frères parmi eux, avant de traverser le terrible canal, Augustin écrivit des lettres suppliantes, suppliant à rappeler. Mais espérons qu'au moment de la dédicace, ces terreurs ne s'étaient pas encore emparées d'eux. Et pour Gregory, l'occasion était une occasion de satisfaction et de joie sans mélange. Le pape ne portait pas à cette époque la robe blanche qui distingue aujourd'hui sa dignité. Gregory était vraisemblablement indifférent à de tels signes et signes ; car dans le portrait de lui qui existe encore dans la description qu'en a donnée Jean le Diacre, il porte un costume à peine distinct du costume ordinaire d'un laïc. Mais alors qu'il se tenait sur les marches devant l'église, séparé de tous les assistants, et levait les mains en signe de bénédiction, la scène est de celles que tout peintre pourrait convoiter et que de nombreux visiteurs de ces îles lointaines des mers apprécieront. rendent la petite Piazza di San Gregorio plus intéressante dans sa simplicité que tout autre endroit de la célèbre Rome.

Il serait trop long de citer ici ses longues et minutieuses lettres adressées aux évêques d'Occident en général, depuis la Sicile qui semble avoir toujours été l'objet de ses soins particuliers, à ceux des Gaules et à ses missionnaires en Angleterre. Il est clair qu'il a assumé sur eux une autorité incontestée, autorité qui avait plus ou moins été exercée par l'évêque de Rome pendant de nombreuses générations avant lui : et qu'il était franchement indigné par les prétentions de Jean de Constantinople à être appelé évêque universel est une preuve évidente. également certain. Ces faits ne prouvent cependant en aucune façon qu'un grand projet d'autorité papale était la chose principale dans son esprit, sous-jacente à toutes ses entreprises. Quand les historiens parlent de Grégoire comme répandant la suprématie de l'Église de Rome par ses missions, notamment par celle en Angleterre dont je viens de parler, ils oublient que le salut des âmes gisant dans les ténèbres est un motif qui a poussé les hommes à chaque époque aux plus grands sacrifices, et que nous n'avons aucune raison au monde de croire que ce n'était pas la foi du Christ plutôt que la suprématie de Rome qui était l'objet de Grégoire. On pourrait dire de la même manière que les Apôtres eux-mêmes ont étendu leur propre suprématie lorsqu'ils ont obéi à l'injonction de leur Maître de parcourir le monde entier et de prêcher l'Évangile à toute créature. L'une des souverainetés était en réalité impliquée dans l'autre – mais il faut une foi très solide dans un dogme préconçu et une très petite compréhension de la nature humaine, pour pouvoir croire que lorsque le moine méditatif s'arrêtait dans sa marche, avec compassion et intérêt , en regardant les garçons angéliques, et en les calomniant tendrement, les larmes aux yeux, sur leurs noms, leur nation et leur roi, l'idée lui vint immédiatement à l'esprit, non pas qu'Alléluia devait être chanté dans les domaines du roi Alle, mais que ce pays sauvage perdu au milieu des mers devrait être placé sous un sceptre spirituel pas encore conçu.

Grégoire pensait, comme le pensaient les Apôtres, que les jours du monde étaient comptés et que sa propre génération pourrait voir ses archives closes. C'est une idée qui n'a jamais arrêté aucun homme digne d'entreprendre pour le bien du monde – mais c'était une croyance mieux établie, et bien plus conforme à toutes les théories et dogmes de l'époque, qu'un plan de domination universelle pour le monde. Église telle qu'on lui attribue. Il accomplit son devoir avec la plus grande énergie et la plus grande ardeur dans toutes les directions, sans jamais craindre d'être censé intervenir, utilisant librement le prestige du Siège apostolique pour tous les objectifs ecclésiastiques. Et il est devenu prince à Rome, un souverain absolu par la force des circonstances et parce que toutes les autres règles et autorités avaient échoué. Il est impossible de savoir si ces nécessités pratiques se sont vaguement transformées en visions d'empire spirituel avant la fin de sa vie ; de même qu'il est également impossible de dire quels rêves de bonheur ou de grandeur peuvent entrer dans le cerveau d'un homme pauvre. Mais un projet aussi vaste et englobant le monde est rarement pleinement élaboré dans un esprit, et dans ses mots, il n'a jamais revendiqué, ni même, nié et répudié avec véhémence, une quelconque prétention de ce genre. Il est curieux de voir combien il est difficile de faire croire au monde qu'un homme placé dans une position de grande responsabilité, à la tête d'une institution, est avant tout mû par le désir de faire son travail, quels qu'en soient les résultats ultérieurs.
.

L'activité de Grégoire était sans limites, même si sa santé était faible et ses souffrances nombreuses. Les jeûnes dans sa jeunesse et la négligence à tout moment ont été signalés dès le début de sa constitution. Le dîner d'herbes que sa mère lui envoyait quotidiennement, et qu'on décrit parfois comme cru, — notamment la salade, qui entre si largement dans la nourriture des pauvres Italiens — est une espèce de mets qui ne convient pas à une digestion délicate ; mais il ne s'épargna rien pour cela, même s'il était parvenu à un tel point de faiblesse qu'il se retrouva finalement, comme il le déplore amèrement, incapable de jeûner du tout, même la veille de Pâques, alors que même les petits enfants s'abstiennent de nourriture. A côté de tous les travaux que j'ai déjà notés, il reste un détail qui a fait peut-être plus que tout le reste pour faire connaître son nom au monde commun ; et c'est la réforme musicale qu'il a accomplie parmi tous ses autres travaux . La musique religieuse est la seule branche de l'art dont nous ayons des traces authentiques qui remontent aussi loin, et le chant grégorien existe encore parmi nous, avec ce ton particulier de lamentations mêlé à ses mesures solennelles qui est caractéristique de toute musique primitive.

"Quatre gammes", dit M. Helmore dans *le Dictionnaire de la Musique* , "traditionnellement attribuées à saint Ambroise, existaient avant l'époque de saint Grégoire. Celles-ci, connues sous le nom de modes authentiques, et depuis le XIIIe siècle nommées d'après l'ancien grec Les échelles dont elles étaient censées dériver sont les suivantes : 1, dorien ; 2, phrygien ; 3, lydien ; 4, mixo-lydien. Aux quatre authentiques , saint Grégoire a ajouté quatre modes plagals, *c'est-à-dire* collatéraux ou relatifs. Chacun est un quart en dessous de son original correspondant, et est appelé du même nom avec le préfixe hypo (ὑ π ὸ , ci-dessous), comme suit : 5, Hypo- Dorium ; 6, Hypo-Phrygien ; 7, Hypo-Lydien ; 8, Hypo- Mixo -Lydien.... Le « Hanover » de Haendel parmi les airs modernes, qui va de F à F, a sa finale sur B ♭ . « Should auld connaissance be Forgotten » est également un spécimen d'un air dans un mode plagal descendant vers une quarte en dessous de sa finale, et ne s'élevant au-dessus que de six notes, se terminant sur la finale de son ton.

C'est peut-être un peu trop érudit pour le lecteur ordinaire, mais il est intéressant de voir jusqu'où pouvait aller l'influence du vieux pape très occupé, qui avait la main dans chaque gâteau. Il existe un commentaire très curieux de Jean le Diacre, le biographe ultérieur de Grégoire, sur ce nouveau système musical et son adoption dans toute l'Europe, qui constitue un bon pendant à la description scientifique. Les Italiens semblent alors avoir eu, comme aujourd'hui, une mauvaise opinion des modes de chant allemandes.

"Cette musique a été apprise facilement par les Germains et les Gaulois , mais ils n'ont pu la retenir à cause d'ajouts de leur cru, et aussi à cause de leur nature barbare. Leurs corps alpins résonnant jusqu'au plus profond des tonnerres de leurs voix, ne rendent bien la douceur de la modulation, la rudesse sauvage de leur gorge bubuleuse lorsqu'elle tente de produire une tension délicate, produisant des sons assez durs avec un fracas naturel, comme des chariots sonnant confusément sur la balance.

Ce n'est pas flatteur ; mais on peut imaginer quelque chose de très semblable venant de la bouche d'un maestro italien de nos jours. La tradition veut que Grégoire lui-même instruisît les choristes, pour lesquels il avait établi des écoles dotées chacune de ses petites propriétés, l'une dans l'enceinte de Saint-Pierre, l'autre dans celle de Saint-Jean de Latran, où se trouvait sa propre résidence. Et l'on montre encore un divan sur lequel il était allongé pendant qu'il donnait ou surveillait leurs leçons, et même le fouet avec lequel il aurait menacé les chanteurs lorsqu'ils faisaient de fausses notes. Ce dernier point est peu en accord avec le caractère du pape, et nous pouvons à peine imaginer le tintement dans l'air d'un fouet dans la main de Grégoire : mais c'est probablement aussi vrai que d'autres circonstances plus agréables de la légende. On peut difficilement croire, cependant, qu'au milieu de ses innombrables occupations, il aurait pu avoir le temps de faire autre chose qu'une visite éclair des écoles, quelles que soient celles qui pouvaient l'intéresser.

Il ne limitait pas non plus ses efforts en faveur du rituel à l'arrangement de la musique. On nous dit que le missel du pape Gélase alors utilisé dans l'Église a été révisé par lui, et qu'il a retranché beaucoup de choses, modifié certaines choses et ajouté un peu, entre autres choses une confession de foi ou Credo de sa propre écriture, *qui* est quelque chose entre les credos d'Athanase et de Nicée. L'Ordinaire de la messe demeure aujourd'hui, nous dit une autre autorité, tout comme il est sorti de ses mains. Ainsi son autorité immédiate et l'empreinte de son esprit demeurent sur les choses qui sont encore d'usage quotidien.

MONTE PINCIO, DEPUIS LA PIAZZA DEL POPOLO.

Et il ne pouvait y avoir de figure plus familière ou caractéristique à Rome que celle de ce moine-pape parcourant partout ces rues familières, dans lesquelles il y avait plus de ruines, et celles toutes fraîches et terribles dans leurs suggestions de vie détruites - qu'aujourd'hui : le doux spectateur plein de méditation, qui s'attardait parmi le groupe des esclaves, et voyait, aimait et souriait aux garçons saxons : qui passait par le Forum de Trajan que nous connaissons tous si bien, ce champ de piliers brisés, non encore grillagés et garnis en tout l'ordre d'un musée en plein air, mais sauvage dans la négligence de la nature : et il entendit l'histoire de l'Empereur, et l'aimait aussi, et déversa son âme vers Dieu pour les grands païens, de sorte que les portes de l'Hadès furent ouvertes et l'âme libérée — étrange parabole de la bonté fraternelle comme principe dominant du cœur et de la vie. Nous pouvons le suivre à travers toutes les listes de pauvres dressées dans ses Scrivii , comme les catalogues de livres enfermés dans des coffrets, dans une bibliothèque à l'ancienne mode, avec une énumération minutieuse de chaque immeuble à moitié en ruine et de chaque palais dégradé où les misérables avaient trouvé abri : ou passer parmi les foules qui recevaient leurs portions avant, non après, le Pape dans l'enceinte de la grande basilique ; ou « moduler », d'une voix brisée par l'âge et la faiblesse, les sons nouveaux de sa musique que les « gorges bibuleuses » des barbares convertis transformaient en tonnerre, et dont même ses propres choristes, si insouciants qu'ils soient, feraient discordes, jusqu'à ce que le fouet du Maître tremble dans l'air, ajoutant la piqûre d'un son plus aigu aux notes longuement tirées du ton monotone, et obligeant chaque ténor insouciant et soprano frivole à l'attention. Ce sont ses aspects les plus simples, la vie inférieure du grand bénédictin, l'image du pape alors qu'il se faisait aimer de l'imagination populaire, autour de laquelle se développpaient toutes sortes de tendres légendes. Son aspect est moins familier mais non moins vrai lorsqu'il est assis à la tête des affaires, dictant ou écrivant de sa propre main ces innombrables lettres qui traitent de tous les sujets sous le ciel, depuis la sécurité de Rome jusqu'à la croix qui doit être accrochée autour. le cou d'un enfant royal, ou la bague en améthyste au doigt d'une petite princesse ; depuis les prétentions de Jean de Constantinople, futur chef de l'Église, jusqu'à l'âne envoyé par l'intendant maladroit de Sicile. Rien n'était trop grand, rien n'était trop peu pour ses soins. Il devait gérer la menthe et le cumin sans laisser de côté les choses les plus graves.

Et le lecteur qui a du loisir peut le suivre dans le dédale de ces Dialogues dans lesquels Pierre le Diacre sert d'interrogateur, et le Pape discute doucement, pour améliorer son ignorance, de toutes les choses merveilleuses que les saints ont faites, principalement en Italie. bouleversant toutes les lois de la nature : ou suivez-le à travers les règles minutieuses et interminables de son livre de discipline, et notez les scrupules finement dessinés avec lesquels il a affaire, les étranges cas de conscience pour lesquels il pourvoit, le punctilio de pénitence extravagante, si étrangement contrastée avec les autres manières brutales de traiter les inconvertis, auxquelles il donne la sanction de sa recommandation. C'était un homme de son temps, pas du nôtre : il flattait Phocas alors que ses mains étaient encore mouillées du sang de son prédécesseur - même si on peut encore espérer qu'à une telle distance Grégoire ne savait pas tout ce qui s'était passé ni quel voyou il s'agissait. à qui il s'adressait ainsi. Il écrivait avec affection et dévotion à la reine Brunhild sans s'enquérir du caractère de cette dame, qu'il connaissait sans doute parfaitement. Lorsqu'il s'agissait du bien de Rome, soit de la ville, soit de l'Église, il ne reculait devant rien. Je n'ai aucune envie de le représenter comme irréprochable. Mais les hommes irréprochables, s'il en existe, ne laissent qu'un témoignage limité, et il n'y a guère plus à dire de la perfection que de dire qu'elle est parfaite. Grégory ne l'était pas. Il se mettait parfois en colère contre les évêques de Sicile, contre les intendants stupides, surtout contre ce Jean oriental, et parfois, ce qui est pire, il se montrait soumis et complaisant alors qu'il aurait dû se mettre en colère et dénoncer un criminel. Mais d'un autre côté , il fut le premier des grands princes ecclésiastiques qui ont illustré la Rome moderne : il fut capable, le plus grand des miracles, de mettre du cœur dans la misérable ville qui s'était laissée envahir par tous les sauvages : et il résista. entre elle et toute la création, donnant au monde entier l'assurance d'un homme et combattant pour elle avec toutes les armes qui lui tombaient sous la main. En faisant tout ce qu'il trouvait vraiment bien faire, il posa les bases de cette grande puissance qui s'étend encore sur le monde entier. Je ne crois pas qu'il ait agi selon un plan quelconque, qu'il ait eu en tête la suprématie du Pontificat, ou qu'il ait conçu la moindre idée d'un empire ecclésiastique qui devrait s'emparer de l'univers. Dire, par exemple, que la mission en Angleterre qu'il avait si longtemps chérie fut entreprise dans l'idée d'étendre l'empire de la papauté semble être une de ces folies du théoricien qui n'appelle pas de réponse. Saint Paul pourrait tout aussi bien être accusé d'avoir l'intention d'étendre un empire spirituel lorsqu'il vit dans son rêve cet homme de Macédoine, et y dirigea immédiatement ses pas, obéissant à la vision. Ce que Grégoire espérait et priait, c'était d'amener au christianisme une nouvelle nation, qu'il considérait comme une race noble et vigoureuse. Et il y est parvenu : avec des conséquences secondaires telles que les développements du temps, les lois du progrès et le cours de la Providence.

Il y a une certaine humeur dans l'indignation, dont on a parlé à plusieurs reprises, avec laquelle il s'est retourné contre le patriarche de Constantinople et ses prétentions à une suprématie qui était naturellement au dernier degré odieuse à l'évêque de Rome. Les Églises d'Orient et d'Occident s'étaient déjà largement éloignées l'une de l'autre, l'une nourrie et soumise à l'ombre d'une Cour, dans un loisir qui la laissait ouverte à tous les raffinements et à toutes les tentations, soit d'ascèse, soit d'hérésie, et toutes deux abondaient : l'autre luttant durement pour sa vie au milieu des dangers les plus rudes et les plus pratiques, obligé de travailler et de se battre comme Néhémie sur les murs de Jérusalem avec l'outil dans une main et l'épée dans l'autre. Jean le Rapide, si distingué par les privations volontaires qu'il s'est imposées, forme l'un des contrastes les plus saisissants de notre époque avec Grégoire, usé par le travail et la guerre, dont le repas simple et simple ne pouvait être omis même à la veille de Pâques. Que celui qui, assis sur le siège de Saint-Pierre, avec tous les soins de l'Église et de la patrie sur ses épaules, a obéi par la moitié du monde, sans exprimer en paroles une telle prétention, devrait être affligé presque au-delà de toute endurance par la dignité qui lui est conférée, ou assumé par l'autre évêque, dont le siège n'était pas apostolique mais la simple création d'un empereur, et la prétention avancée par lui et le Concile appelé par lui à l'obéissance universelle, est très naturelle ; Pourtant, la colère de Grégoire a en elle un sentiment de blessure farouchement humain , une individualité lésée envers laquelle nous ne pouvons nier notre sympathie. « Il n'y a aucun doute, dit-il avec dignité en écrivant à ce sujet à l'empereur, que les clefs du ciel ont été données à Pierre, le pouvoir de lier et de délier, et le soin de toute l'Église ; et pourtant il est pas appelé Apôtre universel. Cela ne porte pas non plus atteinte à l' honneur du Siège que les péchés de Grégoire soient si grands qu'il devrait souffrir, car il n'y a aucun péché de Pierre pour qu'il soit traité ainsi. L'honneur de Pierre n'est pas de être humilié à cause de nous qui le servons indignement. » "Oh tempora , oh plus!" s'exclame-t-il ; « L'Europe est prosternée sous la puissance des barbares. Ses villes sont détruites, ses forteresses renversées, ses provinces dépeuplées, le sol n'a plus d'ouvriers pour le cultiver ; et pourtant les prêtres qui devraient s'humilier en pleurant dans la poussière luttent pour vains honneurs et se glorifient avec des titres nouveaux et profanes ! » Il écrit à Jean lui-même avec plus de sévérité, lui rappelant la vantardise de Lucifer dans Isaïe : « J'élèverai mon trône au-dessus des étoiles du ciel. » Maintenant, les évêques, dit-il, sont les étoiles du ciel, elles brillent sur les hommes ; elles sont des nuages (les métaphores se mélangent) qui font pleuvoir les paroles et s'éclairent des rayons des bonnes œuvres. « Quel est donc, demande-t-il, l'acte de votre paternité, en les mépriser et les soumettre, mais suivre l'exemple de l'ancien ennemi ? Quand je vois cela, je pleure que le saint homme, le Seigneur Jean, un homme si réputé pour son abnégation, agisse ainsi. Certes, Pierre était le premier dans toute l'Église. Andrew, James et les autres n'étaient que les chefs du peuple ; pourtant, tous formaient un seul corps, et aucun n'était appelé Universel. »

LE FORUM

L'argument avec lequel Grégoire répond à une lettre d' Eulogius , évêque d'Alexandrie, qui avait souhaité qu'il prenne lui-même un titre similaire, est curieux. Le Siège Apostolique, dit-il, se compose de trois évêchés, tous détenus par saint Pierre, celui d'Antioche, celui d'Alexandrie et celui de Rome , et l' honneur du titre est partagé entre eux. " Si vous me donnez plus que ce qui m'est dû, " ajoute-t-il, " vous vous volez. Si je suis nommé pape, vous reconnaissez que vous n'êtes pas pape. Qu'il n'y ait rien de tel entre nous. Mon honneur est l'honneur de l' Universel . Église. Je suis honoré de l' honneur rendu à mes frères. Rien de plus déterminé que ce refus maintes fois répété. Pourtant, il ne manque jamais d'ajouter que c'était le droit de Pierre. Le concile de Chalcédoine, dit-il, offrit ce titre suprême à l'Église de Rome, qui le refusa. Combien plus grande alors la culpabilité de Jean, à qui il ne fut jamais offert, mais qui l'assuma, nuisant à tous les prêtres en se plaçant au-dessus d'eux, et à l'Empire lui-même par une position supérieure à lui ? Tels étaient les sentiments de Grégoire, où la colère d'un héritier naturel, ainsi supplanté par un usurpateur, donne de la ferveur à toute dénonciation. L'historien français Villemain souligne, ce qui viendra naturellement à l'esprit du lecteur, que nombre de ces arguments ont ensuite été utilisés avec succès par Luther et ses disciples contre les hypothèses de l'Église de Rome. On se souviendra également que Jérôme a exposé le cas avec plus de force encore, dénonçant la Femme écarlate avec autant de ferveur que n'importe quel orateur anti-papiste.

Mais tandis qu'il rejetait tous ces titres et ne s'appropriait que celui-là, conçu sans doute en toute humilité et sens sincère, mais ensuite porté avec un orgueil surpassant celui de n'importe quel monarque terrestre, Servus

Servorum Dei, serviteur des serviteurs de Dieu, Grégoire s'occupait, comme on l'a dit, du soin de toutes les églises en plein exercice de l'autorité et de la juridiction d'un surveillant, au moins sur la moitié occidentale de la chrétienté. Il n'aurait pas de titres vains, et nous ne pouvons douter de sa sincérité en les rejetant ; mais la réalité de la tutelle pastorale, jamais despotique, mais continuelle, était clairement son idée de ses propres droits et devoirs. On a vu quelle licence il laissait à Augustin dans la réglementation de la nouvelle Église anglaise. Il agi avec une libéralité également judicieuse à l'égard des riches et vigoureux évêques gallicans, n'exigeant jamais une obéissance trop servile, mais n'interrompant jamais sa surveillance sur tous. Mais il ne semble pas avoir fait valoir la moindre prétention à l'indépendance politique, même lorsque cela lui fut imposé par sa position isolée et indépendante, et il se vit contraint de conclure ses propres conditions avec les envahisseurs lombards. Au moment de son élection comme évêque de Rome, il fit appel à l' empereur contre la nomination populaire, et ce n'est que lorsque la décision impériale fut rendue contre lui qu'il se laissa tirer de sa solitude. Et l'une de ses accusations contre Jean de Constantinople était que son assomption portait atteinte à l'Empire lui-même dans son autorité suprême. Ainsi , nous pouvons, et je pense même que nous devons conclure que la prétendue théorie de Grégoire sur le pouvoir papal universel était aussi peu réelle que le sont la plupart des imputations élaborées de but conçues bien avant l'événement. Il n'avait pas l'intention, à l'évidence, de se faire un arbitre entre les rois et un juge des actions et des mouvements du monde. Il avait suffisamment et trop de travail personnel qu'il était déterminé à accomplir, aussi vigoureusement et avec autant d'effet que possible - travail dans lequel il était nécessaire d'influencer, de concilier, de faire appel, ainsi que de commander et persuader : conclure des accords avec les barbares, faire des remontrances avec les empereurs, ainsi que répondre aux questions les plus minutieuses des évêques et leur exposer la bonne marche à suivre. Il n'y a rien de plus facile que d'attribuer des plans profondément élaborés aux grands esprits parmi les hommes. Je ne pense pas que Gregory ait eu le temps pour des projets aussi ambitieux. Il devait vivre pour les personnes qui dépendaient de lui, qui étaient une multitude, pour les défendre, les nourrir, les guider et les instruire. Il n'avait jamais un moment d'inoccupation et il travaillait à chaque instant suffisamment pour une demi-douzaine d'hommes. Qu'il était de son devoir de surveiller et de guider tout ce qui se passait, autant que cela était sage ou réalisable, dans l'Église ainsi que dans son diocèse immédiat, était clairement sa conviction, et le lecteur aura peut-être un peu de mal à comprendre pourquoi. il aurait dû garder ce pouvoir si jalousement, tout en en rejetant le nom : mais c'est aussi loin que puisse aller toute critique raisonnable.

Ce qui semblerait être une ancienne plainte contre Grégoire apparaît dans le récit de sa vie donné par Platina, dans ses *Vies des Papes* , qui le décrit comme ayant été « censuré par quelques hommes ignorants, comme si les anciens édifices majestueux avaient été démolis sur son ordre ». , de peur que les étrangers venus par dévotion à Rome ne regardent moins les lieux consacrés et ne consacrent tous leurs regards aux arcs de triomphe et aux monuments de l'antiquité. L'auteur répond à cette curieuse accusation par des mots que je cite d'une traduction presque contemporaine très frappante dans son anglais énergique. "Aucun reproche de ce genre", dit Platina dans la version vigoureuse de Sir Paul Rycant , Chevalier, "ne peut à juste titre être adressé à ce grand évêque, surtout si l'on considère qu'il était originaire de la ville et à qui, après Dieu, son Le pays était le plus cher, même au-dessus de sa vie. Il est certain que beaucoup de ces structures en ruine ont été dévorées par le temps, et beaucoup pourraient, comme nous le voyons quotidiennement, être démolies pour construire de nouvelles maisons ; et pour le reste, il est probable que, à cause de l'airain utilisé dans la concavité des arcs et dans les conjonctions du marbre ou d'autres pierres carrées, ils pourraient être battus ou dégradés non seulement par les nations barbares, mais aussi par les Romains, si les Épirotes, les Dalmates, les Pannoniens et les autres d'autres personnes désolées qui de toutes les parties du monde sont venues ici peuvent être appelées Romains.

C'est un argument spécieux qui ne contribuerait pas beaucoup à établir l'innocence de Grégoire s'il était sérieusement accusé : mais l'accusation, comme celle d'avoir brûlé des manuscrits classiques, n'a aucune preuve. Peu d'explications sont cependant nécessaires pour rendre compte des ruines d'une ville qui a subi plusieurs sièges. On peut croire sans aucun doute que Grégoire se serait servi librement, comme tout le monde l'a fait et l'a fait de tous les temps, des matériaux qui se trouvaient si commodément à portée de main dans les palais en ruine que personne n'avait pour mission de restaurer ; car c'était un homme beaucoup trop occupé et préoccupé pour se préoccuper des questions d'art ou pour attacher un grand prix aux salles de marbre des maisons patriciennes, si intéressantes que fussent leurs associations ou si belles que leur structure. Mais il construisit peu de nouvelles églises, nous dit-on expressément, bien qu'il prenne soin chaque année d'examiner l'état de tous les bâtiments ecclésiastiques existants et de les faire réparer. Il semble probable que ce soit un Grégoire plus tardif contre lequel cette accusation a été portée. Au temps de Grégoire Ier, ces ruines étaient récentes, et il était trop probable qu'à tout moment une nouvelle horde d'iconoclastes sans scrupules puisse les envahir à nouveau.

Il arriva cependant un moment où le corps souffrant et émacié du Pape ne put plus supporter cette charge si pesante. Il était malade depuis de nombreuses années, souffrant de diverses affections et surtout d'une faiblesse digestive, et il semble s'être complètement effondré vers l' année. Agelulphe, tonnant à ses portes, avait achevé ce que les premiers jeûnes et le travail constant d'une vie laborieuse avaient commencé, et à soixante ans, Grégoire se mit au lit, d'où, comme il se plaint dans une de ses lettres, il fut à peine capable de se lever pendant trois heures. heures sur les grandes fêtes de l'Église pour célébrer la messe. Il fut également obligé de conclure brusquement ce commentaire sur Ézéchiel qui avait été si souvent interrompu, laissant inexpliquée la dernière vision du prophète, qu'il regrettait d'autant plus qu'elle était une des plus sombres et des plus difficiles, et avait grand besoin d'être exposé. "Mais comment", dit-il, "un esprit plein de problèmes peut-il éclaircir des significations aussi sombres ? Plus l'esprit est occupé avec les choses du monde, moins il est qualifié pour exposer les choses célestes." C'était d'Ézéchiel que Grégoire prêchait lorsque la peste qui emportait son prédécesseur Pélage faisait rage à Rome, et que, fermant le livre qui ne suffisait plus avec ses sombres paroles à calmer les troubles du temps, il avait appelé à le peuple, d'une voix qui était comme celle de son propre cœur, à se repentir. Toute sa vie de pape avait été marquée par l'étude de ce prophète. Il referma le livre et enfin lorsque toute Rome crut qu'une autre invasion était imminente, et son courage échoua dans cette dernière urgence. Il est curieux d'associer le nom d'un tel homme, si plein de vie naturelle et d'affection, si plein d'humour, si génial, si prêt à s'intéresser à tout ce qui passait sous ses yeux, à ces deux figures les plus tristes de toute l'histoire sacrée. , le tragique patriarche Job et le prophète exilé, appelé à souffrir toutes les peines pour être un signe pour son peuple et sa génération. Était-ce parce que le débordement de vie et de sympathie en lui poussa Grégoire à chercher un équilibre à son propre esprit enjoué dans les plaintes de ces deux voix mélancoliques ? ou est-ce les malheurs de son temps, si distrait et plein d'agitation misérable, qui l'ont dirigé au moins vers ce dernier, prophète d'une nation déchue, de désastre, d'exil et de pénitence ?

Ainsi , après ses longues activités, il souffrait cruellement et désirait ardemment la délivrance de la mort, bien qu'il n'ait pas plus de soixante-deux ans, suppose-t-on, lorsque la fin arriva. De son lit de malade, il écrivit à plusieurs de ses amis pour qu'ils prient pour lui afin que ses souffrances soient abrégées et ses péchés pardonnés. Il mourut définitivement le 12 mars, toujours consacré à son nom, de l' année . Cet événement a dû avoir lieu dans le palais du Latran, qui était alors la demeure habituelle des papes. Ici, le malade et le mourant pouvait contempler l'un des plus beaux spectacles du monde, la noble ligne des collines d'Alban s'élevant au-dessus des grandes plaines de la Campagne, avec toutes ses lignes brisées d'aqueduc et ses masses de ruines. Les caractéristiques du paysage sont les mêmes, bien que chaque accessoire soit modifié, et le palais et la basilique se sont tous deux effondrés dans la poussière des âges, pour être remplacés par d'autres et encore d'autres bâtiments, transmettant le fil de la continuité historique à travers toutes les générations. Il ne reste presque aucun vestige du palais des papes lui-même, à l'exception d'une mosaïque célèbre, copiée sur une mosaïque encore plus ancienne, dans laquelle un critique érudit récent voit déjà clairement exposée la conquête du monde par la Rome papale. Mais nous ne pouvons guère espérer qu'une quelconque pensée du premier Grégoire suivra l'esprit du lecteur jusque dans l'enceinte de la porte Saint-Jean-de-Latran. Sa mémoire demeure ailleurs, à l'endroit où se trouvait la maison de son père, où il transforma les hautes chambres du noble romain en cellules bénédictines, et où il vécut, écrivait et réfléchissait dans l'humilité d'un frère obéissant. Mais il habite encore plus sur la petite place à trois coins devant l'église de Saint-Grégoire, d'où il envoya la mission en Angleterre avec des problèmes qu'il n'aurait jamais pu deviner - car qui aurait pu dire à cette époque que le sauvage Les Angles auraient-ils envahi le monde plus loin que jamais l'étendard romain n'a été porté ? L'ombre du grand Pape est sur ces marches usées par le temps où il se tenait et bénissait ses frères, les yeux humides et la joie dans le cœur, les envoyant sur le chemin difficile et dangereux qu'il avait lui-même désiré emprunter, mais d'où leurs esprits ont reculé. Nous avons tous le droit sacré de revenir ici, de partager la bénédiction du saint, de nous souvenir de l'affection constante qu'il nous portait, de son dévouement s'il nous était permis, de sa pensée sans fin pour ses anges qui sont venus à nous. des questions si merveilleuses. Il aurait été un apôtre plus attrayant qu'Augustin s'il avait réalisé sa première intention ; mais nous trouvons toujours ici son image , paternelle, pleine de tendresse naturelle, d'intérêt et de sympathie, nous souriant au cours d'une douzaine de siècles qui ont tout changé - sauf le récit historique de la bénédiction du pape Grégoire et de son fort désir et de son espoir.

Il fut enterré à Saint-Pierre avec ses prédécesseurs, mais son tombeau, comme tant d'autres, fut détruit lors de la reconstruction de la grande église, et il ne reste aucun monument commémoratif.

LE PALATIN.

CHAPITRE II.
LE MOINE HILDEBRAND.

C'est une chose mélancolique de parcourir les profondeurs de l'histoire pour constater à quel point les progrès sont lents, même s'ils peuvent être retracés, d'une époque à l'autre, et comment, malgré les dangers et les maux auxquels ils sont sujets leur caractère change de temps en temps, leur gravité, leur caractère nuisible et leur rébellion contre tout ce qu'il y a de meilleur en matière de morale et de plus avantageux pour l'humanité, ne diminuent guère, si complètement altérées que soient les conditions. Nous pourrions presque douter que les possibilités vastes et encore indéterminées de la lutte qui a commencé de nos jours entre ce qu'on appelle le capital et le travail , les théories opposées à toute expérience et à toute raison d'un socialisme naissant, et la folie folle de l'anarchisme, qui est leur point culminant immédiat - ne sont pas aussi dangereux pour la paix des nations que ne l'étaient les tumultes d'une époque où chaque homme agissait selon la règle infaillible qui

Il devrait prendre celui qui avait le pouvoir

Et il devrait garder qui peut...

le principe est entièrement le même, même si les méthodes peuvent être différentes. Cette étrange durée de troubles, d'égale intensité quoique différente dans la forme, est particulièrement manifeste dans une histoire telle que celle que nous entreprenons d'une époque à l'autre dans un développement de vie et de gouvernement aussi remarquable que la Rome médiévale . Nous quittons la ville soulagés de quelques malheurs, apaisés de quelques ennuis, nourris de beaucoup de charité, et pleurant des larmes apparemment honnêtes sur Grégoire premier du nom, quoique ce grand homme était à peine mort qu'on fit croire à la foule qu'il s'était appauvri. la ville en les nourrissant, et n'ont guère été empêchés de brûler sa bibliothèque en guise de vengeance sage et appropriée. Pourtant , on aurait pu s'attendre à ce que Rome et son peuple aient avancé d'un pas sur le piédestal d'une vie telle que celle de Grégoire : et en fait il a laissé de nombreux maux réparés, la république plus sûre et l'Église plus pure.

Mais quand nous tournons la page et arrivons, quatre cents ans plus tard, à la vie d'un autre Grégoire, sur quel monde tumultueux ouvrons-nous les yeux : quel sang, quel feu, quels cris et quels cris de conflit : quelle cruauté et quelle honte ont régnait entre nous, et restait toujours, toujours plus fort que toute influence des hommes de bien, ou amélioration des connaissances ! Le paganisme, à l'exception de ce qui est enraciné dans le cœur de l'homme, avait disparu. Il n'y avait plus de luttes contre les reliques du passé classique : les barbares qui descendaient en hordes pour renverser la civilisation s'étaient transformés en nations sédentaires, dotées de tout l'attirail de l'État et d'une grande autorité impériale – passant effectivement d'une race à l'autre, mais toujours en respectant une norme centrale. Tout le monde connu était nominalement chrétien. Elle était pleine de moines voués au service de Dieu, de prêtres, d'administrateurs des sacrements et d'évêques aussi importants que n'importe quel noble séculier. Et pourtant, quelle scène que celle que nous contemplons à travers la fumée sans fin des batailles et des affrontements. des épées ! Rome, aux portes de laquelle Alaric et Attila tonnaient autrefois, était presque moins sûre maintenant et moins facile à visiter que lorsque les Huns et les Goths envahissaient le pays environnant. Elle était encerclée par des châteaux de nobles voleurs, qui infestaient toutes les routes, tantôt s'emparant des pèlerins à destination de Rome, avec leurs offrandes grandes et petites, tantôt s'emparant de ces offrandes de manière plus complète par l'élection d'un pape sujet pris d'un de leurs familles, et toujours prêts en toute occasion à mettre leur épée dans la balance et à écraser tout comme la liberté et la pureté, soit dans l'Église, soit dans la ville. Au début du XIe siècle, il y avait deux, voire trois papes à Rome. « Benoît IX officiait dans l'église Saint-Jean de Latran, Sylvestre III dans celle Saint-Pierre et Jean XX dans l'église Sainte-Marie », dit Villemain dans sa vie d'Hildebrand : le nom de ce dernier ne dit rien. figurent dans les listes de Platina, mais le fait de cette rivalité profane ne fait aucun doute.

Le conflit fut momentanément terminé par une transaction très curieuse. Un certain ecclésiastique digne, nommé Gratiano, cardinal-archidiacre de Saint-Jean de Latran, qui se trouvait être riche, horrifié par cette lutte, et pas assez éclairé sur la folie et le péché de faire le mal pour que le bien puisse arriver, toujours, comme toutes les chroniques semblent le permettre, avec les meilleurs motifs, il racheta les deux concurrents et se procura sa propre élection sous le titre de Grégoire VI. Mais cet acte erroné, quoique bien intentionné, n'eut qu'un bref succès. Car, à l'arrivée en 1046 de l'empereur Henri III. en Italie, lors d'un conseil convoqué par son désir, Grégoire fut convaincu de l'étrange marché qu'il avait conclu, ou selon Baronius , des moyens violents pris pour le faire respecter, et fut en conséquence déposé, avec ses deux prédécesseurs. C'est ce pape, dans son exil et ses privations, qui, le premier, fit découvrir un univers qu'il était né pour gouverner, un jeune moine de Cluny, Hildebrand, allemand de nom, mais italien de cœur et de race, qui avait déjà beaucoup ému. sur le monde avec la liberté extraordinaire et l'accès général partout que nous trouvons communs aux moines, si humbles soient-ils. Depuis sa demeure monastique de Rome , il avait traversé les Alpes plus d'une fois ; il avait été reçu et fait connaître à la cour impériale, et entretenait des relations amicales avec beaucoup de grands personnages, quoique lui-même n'étant qu'un humble frère de son couvent. Aucun jeune clerc dans notre monde moderne ne trouverait aujourd'hui un tel accès partout, bien qu'il soit encore possible qu'un jeune jésuite, par exemple, noté par ses supérieurs pour ses capacités ou son génie, puisse passer d'une autorité à une autre jusqu'à atteindre le cercle le plus élevé . . Mais il est surprenant de voir combien libres dans leurs mouvements, combien aventureux dans leur vie, les jeunes membres d'une confrérie soumise à la règle la plus austère ont alors trouvé possible de l'être.

Hildebrand était, comme tant d'autres grands hommes d'Église, un enfant du peuple. Il était le fils d'un charpentier d'un village toscan, qui possédait cependant un de ces liens avec le grand monde qu'un clergé tiré du peuple entretient avec les plus humbles, un frère ou un autre proche parent supérieur d'un monastère. à Rome. C'est là que le petit paysan toscan s'est rendu très tôt pour étudier les lettres, après avoir déjà fait preuve d'une grande intelligence qui a impressionné le village et suscité des prophéties sur les plus hauts progrès à venir. Sa première éducation nous ramène au mont sacré de l'Aventin, sur lequel nous avons déjà vu tant d'assemblées intéressantes. Le monastère de Sainte-Marie a aussi peu survécu que la maison de Marcella, bien que l'on suppose que dans l'église de S. Maria Aventina il reste encore une partie des bâtiments originaux. Mais le beau jardin du Priorato , si cher aux amateurs du pittoresque, garde pour nous, dans cette fidélité de la nature que le temps ne peut perturber, l'endroit même où ce garçon aux yeux perçants a dû jouer, s'il a jamais joué. , ou du moins a dû rêver les rêves d'un jeune visionnaire ambitieux, et peut-être, alors qu'il regardait vers l'endroit où brillaient au loin les tombeaux des apôtres de l'autre côté du Tibre, a-t-il reçu l'héritage de cette longue espérance et de cette vision qui L'espoir de faire de l'Église la maîtresse et l'arbitre des nations, le juge suprême et actif de tous les tumultes de la politique terrestre et des changements de pouvoir avait lentement grandi dans l'esprit des papes et des prêtres. Il a été nourri dès son enfance dans la maison Saint-Pierre, raconte le biographe des Acta Sanctorum. Il serait plus facile de se rendre compte de l'influence de l'Apôtre et de ses successeurs sur ce mont de vision, où jour et nuit, par le soleil et la lune, le grand temple de la chrétienté, le centre de la vie spirituelle, brillait devant ses yeux , que partout ailleurs. Cette merveilleuse souveraineté visionnaire, la grande imagination d'un pouvoir central élevé au-dessus de tous les troubles de la vie mondaine, et jugeant avec austérité le bien et le mal partout dans le monde – impartial, non affecté par des motivations mesquines, le grand tribunal d'où la justice et la miséricorde devraient parcourez la terre entière : pourrait-il y avoir un idéal plus splendide pour nourrir le cerveau d'un garçon ardent ? Il est rare qu'un tel idéal soit reconnu , ou de tels rêves auxquels on croit. Nous savons à quel point la papauté l'a peu réalisé, et comment les défauts et les faiblesses même des grands hommes en ont retiré toute possibilité pendant de nombreux siècles. Mais c'est alors que cette merveilleuse institution était encore pleinement possible, la plus dévote des imaginations, un rêve tel que jamais surpassé en splendeur et en gloire, que le jeune Hildebrand regarda la prison de Pierre sur le Janicule en face, et de là vers le tombeau de Pierre, et rêvait du trône blanc de justice de Pierre dominant les ténèbres et l'égoïsme d'un monde inquiet.

Le monastère Sainte-Marie, maison bénédictine, a dû être remarqué à son époque. Parmi les professeurs qui instruisaient ses néophytes se trouvait ce même Giovanni Gratiano dont nous venons de parler, l'archiprêtre qui consacra sa richesse au but non ignoble de se débarrasser de deux papes faux et immoraux : bien que ses motivations auraient peut-être été moins mal interprété s'il n'avait pas été élu à leur place. Et il y avait aussi une très bonne compagnie au monastère à cette époque – des évêques avec leurs suites voyageant du sud et du nord, à la recherche de la culture et de la piété de Rome après un long bannissement de la vie intellectuelle – et au moins un grand abbé, plus important qu'un évêque. , Odilon de Cluny, à la tête d'une des plus grandes communautés monastiques. Tous ces grands hommes remarqueraient sans doute le jeune neveu du supérieur, le favori du cloître, sur lequel bien des espérances commençaient déjà à se fonder, et à l'éducation duquel chacun aimait à mettre la main. On dit depuis qu'un de ces évêques lui enseigna les arts magiques, ce qui prouve au moins qu'ils participèrent à l'éducation de l'enfant du couvent. Il est impossible de savoir à quel âge il fut transféré à Cluny. Les dates n'existent pas dans l'histoire de Hildebrand jusqu'à ce qu'il devienne visible dans le trafic mondial. Il est né entre 10 h 15 et 10 h 20 – c'est la date la plus proche que nous puissions approcher de l'exactitude. Il apparaît en pleine lumière de l'histoire lors de la déposition de Gratiano (Grégoire VI) en 1045. Entre-temps, il a connu de nombreux développements. Probablement la jeunesse – avide de voir le monde, désireuse aussi de remplir sa vocation, d'entrer dans les mortifications et l'abaissement de la carrière de moine, et de « soumettre la chair » à la manière véritablement monacale, ainsi que par les fatigues de les voyages et l'acquisition du savoir - j'ai suivi Odilon et son train à travers *moi monti*, favori et familier, lorsque l'abbé revint de Rome à Cluny. Il ne pouvait être permis dans les chroniques monacales, même à un personnage comme celui de l'austère Hildebrand, tout de cerveau et d'esprit, qu'il n'ait aucune chair à soumettre. Et nous ne savons pas si c'est dans sa première demeure sur l'Aventin ou dans le grand monastère français qu'il prononça ses vœux. Le règne de Cluny était particulièrement sévère. Une pauvre demi-heure par jour était tout ce qui était permis aux frères pour se reposer et converser. Mais cela n'aurait pas grande importance, pensons-nous, pour le jeune Hildebrand, tout brûlant de travail et plein de mille pensées.

On ne sait pas comment un jeune de son âge parvint à la cour et fut entendu et loué par le grand empereur Henri III, chef de la chrétienté. Peut-être allait-il au service de son abbé, peut-être comme humble clerc de quelques frères aînés porteurs d'une plainte ou d'un appel ; la légende raconte qu'il devint le précepteur et le compagnon de jeu du petit prince, le fils d'Henri, jusqu'à ce que l' Empereur fasse un rêve dans lequel il voyait l'étranger, avec deux cornes sur la tête, avec l'une desquelles il poussait son camarade de jeu dans la boue. vision significative et alarmante qui était une cause raisonnable pour le bannissement immédiat d'Hildebrand. Cependant, les dates rendent cette histoire impossible, car le quatrième Henri n'est pas né dans la période indiquée. Quoi qu'il en soit, le jeune moine était suffisamment distingué pour être signalé à l' empereur et prêcher devant lui, bien que nous ne sachions nulle part qu'Hildebrand ait eu une quelconque réputation de prédicateur. Il était sans doute plein de sérieux et de forte conviction, et de cette chaleur de jeunesse qui attire souvent si souvent l'esprit des hommes sobres. Henri déclara qu'il n'avait entendu aucun homme prêcher la parole de Dieu avec autant de foi : et l'opinion impériale devait avoir beaucoup ajouté à son importance parmi ses contemporains. D' un autre côté, le grand monde allemand et ses conditions ont dû donner au jeune homme de nombreuses et étranges révélations. Nulle part les prélats n'étaient si grands et si puissants, nulle part il n'y avait si peu de distinction entre l'Église et le monde. Beaucoup de membres du clergé étaient mariés et laissaient, parfois leurs curés, souvent une fortune amassée grâce aux honoraires des offices spirituels, à leurs fils : et les bénéfices étaient achetés et vendus comme des maisons et des terres, avec aussi peu de déguisement. Un jeune homme élevé à Rome ne serait pas facilement étonné par l'anarchie des nobles et des princes sujets de l'empire, mais l'importance d'une autorité centrale suffisamment forte pour restreindre et influencer une si vaste sphère et tant de puissances contradictoires doit avoir été prise en compte. lui imposa avec encore plus de force l'idéal suprême d'un gouvernement spirituel plus puissant encore, qui devrait contrôler les nations comme un grand empereur contrôlait les électeurs qui n'étaient que des rois. Et nous savons que c'est alors qu'il fut pour la première fois ému de cette grande indignation, qui ne mourut jamais dans son esprit, contre la simonie et la licence cléricale, qui étaient universellement tolérées, sinon reconnues comme la règle ordinaire du siècle. Il était grand temps qu'un réformateur surgisse.

Ce ne fut cependant qu'en 1046, à l'occasion de la déposition de Grégoire VI. C'est pour Simony qu'Hildebrand est apparu pour la première fois en pleine lumière. Curieusement, la première introduction de ce grand réformateur de l'Église, ennemi juré de tout ce qui est simoniaque , fut à la suite de ce Pape déposé pour ce péché. Mais selon toute vraisemblance la simonie de Grégoire VI. C'était une erreur innocente, et résultait plutôt d'un manque de perception que d'une mauvaise intention, dont il n'y avait évidemment aucune intention dans son esprit. Il compensait envers les rivaux qui tenaient Rome en fief, les redevances, les tributs et les offrandes dont ils se préoccupaient uniquement, par le sacrifice de sa propre fortune. S'il n'en avait pas profité lui-même, si un autre avait été élu pape, aucune tache n'aurait été laissée sur son nom : et il semble avoir déposé ses dignités sans un murmure : mais son cœur était brisé par la honte et amère conviction que ce qu'il avait voulu dire pour le bien était en réalité le mal qu'il condamnait le plus. Henri poursuivit sa marche vers Rome après avoir déposé le pape, emmenant apparemment Grégoire avec lui : et là, sans aucune protestation de la part du peuple réduit au silence et terrifié, il nomma à la dignité papale son propre évêque allemand, des mains duquel il reçut lui-même ensuite la dignité papale. la Couronne impériale. Il retourna ensuite en Allemagne, entraînant avec lui les papes déchus et nouvellement élus, les premiers accompagnés en silence et dans la douleur par Hildebrand, qui ne perdit jamais confiance en lui et qui, jusqu'à la fin de sa vie, parla de lui comme de son maître.

Un voyage plus étrange n'aurait guère pu être. Les prêtres et prélats allemands triomphants entourant le nouveau chef de l'Église, et la poignée d'Italiens découragés suivant la fortune déchue de l'autre, ont dû former une conjonction étrange et peu paisible. "Hildebrand désirait montrer du respect à son seigneur", dit l'une des chroniques. Ainsi sa carrière commença dans la mortification et l'humiliation les plus profondes, dans la soumission forcée de l'Église, qu'il avait pour but et espoir suprême de voir triomphante, à la force absolue de l'empire et des puissances de ce monde.

Le pape Grégoire arriva à son lieu d'exil sur les bords du Rhin, avec sa suite mélancolique, dans une profonde humilité ; mais cet exil ne devait pas être long. Il y mourut au bout de quelques mois : et son successeur le suivit bientôt dans la tombe. Pendant une courte et désastreuse période, Rome semble avoir été complètement exclue des calculs, et l' empereur nomma un autre évêque allemand, qu'il envoya à Rome sous la direction du marquis, ou margrave, ou duc de Toscane, car il est appelé par tous ces titres. Ce pape, cependant, fut encore plus éphémère et mourut trois semaines après sa proclamation, par empoisonnement, croyait-on. Il n'est pas étonnant que les évêques d'Allemagne aient commencé à s'effrayer de cette magnifique nomination. Que ce soit le jugement de Dieu qui était le plus à craindre, ou le poison des Romains, subtils et intrigants, la perspective n'était pas encourageante. Le troisième choix d'Henri tomba sur Bruno, l'évêque de Toul, un de ses propres parents, et un saint personnage à la présence imposante et aux manières nobles. Bruno, comme il était naturel, renonça à ses fonctions, mais après des jours de prière et de jeûne, il céda et fut présenté aux ambassadeurs de Rome comme leur nouveau pape. Ainsi, le chef de l'Église fut pour la troisième fois nommé par l'empereur, et l'ancien privilège de son élection par le clergé et le peuple romains fut balayé.

Mais Henry n'allait pas maintenant rencontrer une soumission et une complaisance totales, comme il l'avait fait auparavant. Le jeune Hildebrand n'avait manifesté aucun sentiment de rébellion lorsque son maître avait été mis à l'écart : il avait dû, comme Grégoire, sentir que la décision était juste. Et après un service fidèle jusqu'à la mort de l'exilé, il s'était retiré à Cluny, dans son couvent, réfléchissant à bien des choses. On ne nous dit pas ce qui l'a ramené en Allemagne dans cette crise des affaires, s'il a été envoyé pour assister aux débats, ou dans le cadre d'une mission plus humble, ou par la simple agitation d'un jeune homme capable et assoiffé d'être employé, et l'instinct de savoir quand et où il était recherché. Il reparut cependant subitement à la cour impériale au cours de ces débats ; et il a sans aucun doute assisté avec indignation à la nomination sommaire du nouveau pape, blessé dans son patriotisme et dans son sens de l'Église, par une élection dans laquelle Rome n'avait aucune part, bien qu'il ne soit pas mécontent par ailleurs de l'évêque teutonique, qui était réputé à la fois pour sa piété et son esprit. apprentissage. Le chroniqueur s'arrête pour décrire Hildebrand dans cette soudaine réintroduction dans le grand monde. « C'était un jeune homme de caractère noble, à l'esprit clair et un saint moine », nous dit-on. C'est alors que Mgr Bruno était encore plein de perplexités et de doutes qu'apparut ce conseiller inattendu, un homme, quoique jeune, déjà connu, qui avait été formé à Rome et qui faisait autorité sur les usages et les précédents du Saint-Siège. Il avait été l'un des plus proches collaborateurs d'un pape et savait tout de cette haute fonction : il ne pouvait y avoir de meilleur conseiller. L'évêque inquiet fit venir le jeune moine, et Hildebrand l'impressionna tellement par son esprit clair et sa haute conception des devoirs pontificaux, que Bruno le supplia de l'accompagner à Rome.

Il répondit hardiment : « Je ne peux pas vous accompagner. » "Pourquoi?" » dit le prélat germanique avec étonnement. « Parce que sans institution canonique, dit l'audacieux moine, par le seul pouvoir de l'empereur, vous êtes sur le point de vous emparer de l'Église de Rome.

Bruno fut très surpris par ce discours audacieux. Il est possible que lui, dans son lointain évêché provincial, n'ait pas eu une connaissance très claire des modes canoniques de nomination d'un pape. Il y eut de nombreuses conférences entre le moine et le pape élu, le jeune homme qui n'était pas né pour hésiter mais qui voyait clairement devant lui ce qu'il fallait faire, et son aîné et supérieur, qui n'était ni si bien informé ni si doué. Bruno, cependant, s'il était moins capable et moins résolu, devait être un homme d'un esprit généreux et franc, soucieux de faire son devoir et prêt à accepter l'instruction sur la meilleure méthode pour le faire, qui était en même temps la plus noble. moyen de surmonter ses difficultés. Il comparut devant la grande diète ou conseil réuni à Worms et annonça son acceptation du pontificat, mais seulement s'il y était élu selon leurs anciens privilèges par le clergé et le peuple de Rome. Il ne semble pas qu'il y ait eu une quelconque résistance à cette condition, mais elle ne peut pas avoir été d'un caractère sérieux, car peu de temps après, après avoir fait ses adieux à son propre épiscopat et à son chapitre, il partit pour Rome.

C'est le récit de l'incident donné par Hildebrand lui-même lorsqu'il était le grand pape Grégoire, vers la fin de sa carrière. Il avait l'habitude de raconter à ses serviteurs l'histoire de sa vie dans toutes ses scènes variées, pendant les loisirs troublés de sa fin, comme les vieillards aiment si souvent le faire. "J'en ai entendu une partie moi-même, et une partie m'a été rapportée par beaucoup d'autres", explique l'un des chroniqueurs. Il existe un autre récit qui n'a pas une telle autorité absolue, mais qui n'est pas déraisonnable ni improbable, du même épisode, dans lequel on nous dit que Mgr Bruno, en route pour Rome, s'est détourné pour visiter Cluny, dont Hildebrand était le prieur, et que le moine attaqua hardiment le pape, lui reprochant d'avoir accepté une si grande charge de la part d'un laïc, et de s'être ainsi violemment immiscé dans le gouvernement de l'Église. En tout cas, Hildebrand fut l'acteur principal et l'inspirateur d'une conduite à la fois pieuse et politique de la part de Bruno. Les robes papales qu'il avait revêtues à Worms lors de sa première nomination furent ôtées, l'humble robe de pèlerin revêtue, et avec un cortège réduit et sous une apparence modeste, le pape élu se dirigea vers Rome. Son conseil épiscopal a acquiescé à ce changement d' attitude , dit un autre chroniqueur, ce qui montre à quel point l'éloquence d'Hildebrand et la ferveur de ses convictions ont dû produire une impression générale . Ce fut un lent voyage à travers les montagnes qui dura près de deux mois, avec de nombreux arrêts dans des monastères hospitaliers et des villes où le cousin de l'empereur ne pouvait qu'être un hôte bienvenu. Hildebrand, qui devait sentir la grande responsabilité de l'acte qu'il avait conseillé, envoyait lettre après lettre, chaque fois qu'ils s'arrêtaient en chemin, à Rome, décrivant, sans doute avec toute l'habileté dont il disposait, à quel point cet évêque allemand était différent. des autres, combien il était scrupuleux que son élection soit faite librement, voire pas du tout, avec quelle humilité lui, un personnage d'un si haut rang et de tant de dotations, s'approchait de Rome, et combien il était important qu'un accueil convenable lui soit réservé. devrait être donné à un candidat si bon, si érudit et si apte à tous points de vue au trône papal. Pendant ce temps, Mgr Bruno, soucieux surtout de se conduire dignement et de se préparer à sa grande charge, égarait le chemin par des prières et de pieuses méditations, non sans une certaine timidité comme cela devait paraître lors de sa réception. Mais cette timidité s'est avérée tout à fait déplacée. Son humble aspect, joint à son grand prestige de parent de l'empereur, et les lettres inquiètes d'Hildebrand avaient tout préparé pour la réception de Bruno. La population sortait de toutes parts pour saluer son passage. Certains Allemands étaient peut-être un peu indignés de cette humilité inutile, mais le fervent bénédictin imprégnait et dirigeait tout tandis que le nouveau pape, comme il convenait à la veille d'assumer une si grande responsabilité, était absorbé dans de saintes pensées et prières. Le groupe dut attendre quelques jours sur l'autre rive du Tibre, qui était en crue, un moment d'attente anxieuse pendant lequel les pèlerins regardaient avec impatience et non sans impatience les murs et les tours de la grande ville dans laquelle se trouvait leur sort. alarme. Mais dès que l'eau tomba, ce qui se fit avec une rapidité miraculeuse, toute la ville, le clergé en tête, sortit à la rencontre des nouveaux venus, et Léon IX, un des plus beaux noms des listes papales, entrant pieds nus et en toute humilité par les grandes portes de Saint-Pierre, fut aussitôt élu à l'unanimité et reçut le véritable hommage de Rome entière. On peut imaginer avec quelle grande satisfaction, pourtant les yeux toujours tournés vers l'avenir, satisfait de l'absence de réalisation actuelle, Hildebrand a dû assister au succès complet de son plan.

Cet événement a eu lieu, nous dit Villemain (les premiers chroniqueurs, comme on l'a dit, sont les plus avares de dates), en 1046, année riche en événements. Muratori dans ses annales le donne comme étant deux ans plus tard. Hildebrand ne pouvait pas encore atteindre sa trentième année dans les deux cas. Il était si en faveur auprès du nouveau pape, dont il avait été un si sage guide, qu'il fut nommé à la fois au poste d' Economico , sorte de chancelier de l'Échiquier à la cour de Rome, et en même temps Le temps fut créé cardinal-archidiacre et abbé de Saint-Paul, le grand monastère hors les murs. Platina nous dit qu'il reçut cette charge comme si le Pape « partageait avec lui le soin des clés, l'une régnant sur l'église de Saint-Pierre et l'autre sur celle de Saint-Paul ».

Cette grande église, bien qu'elle ne soit plus qu'un édifice moderne aujourd'hui, après l'incendie qui l'a détruite il y a soixante-dix ans, et située au bord de la Campagna désolée, est encore un sanctuaire universellement visité. La Campagna n'était pas désolée à l'époque d'Hildebrand, et l'église était de la plus haute distinction, non seulement parce qu'elle était construite sur le lieu du martyre de saint Paul, mais aussi pour sa splendeur et sa beauté. Il est encore imposant, bien que si moderne et avec si peu de reliques du passé. Mais le pèlerin d'aujourd'hui, qui se souvient peut-être que sur le seuil Marcella s'est traînée, déjà à moitié morte, dans cette paix de Dieu que le sanctuaire offrait au milieu du sac et des tourments de Rome, peut ajouter une autre association s'il le souhaite. pensé au grand ecclésiastique qui régna ici pendant de nombreuses années, arrivant, plein de zèle et de désir ardent de réforme universelle, au milieu d'une bande oisive de moines dépravés, qui avaient laissé leur noble église tomber dans l'état de une étable, tandis qu'eux-mêmes - description mystérieuse et horrible, mais peut-être pas aussi alarmante pour nous que pour eux - "étaient servis au réfectoire par des femmes", le premier et peut-être le seul exemple de servantes dans un monastère. Hildebrand n'a fait qu'une bouchée de ces ministres. Il fit un rêve - qui aurait sans doute beaucoup d'effet sur les moines, toujours intimidés par les interventions spirituelles, aussi matérielles soient-elles dans leur esprit ou dans leurs habitudes - dans lequel saint Paul lui apparaissait, travaillant dur pour nettoyer et purifier ses lieux profanés . église. Le jeune abbé entreprit aussitôt l'œuvre indiquée par l'Apôtre, « éliminant toute impureté », dit son chroniqueur : « et lui fournissant une nourriture tempérée en quantité suffisante, il rassembla autour de lui une multitude d'honnêtes moines fidèles à leur règle ».

Les grandes capacités commerciales d'Hildebrand, devrions-nous dire, lui permirent très vite de mettre de l'ordre dans les affaires du couvent. La position du monastère en dehors des portes et des défenses de la ville , et son état complètement désordonné, l'avaient laissé ouvert à tous les raids et attaques des nobles voisins , qui avaient trouvé les moines corrompus et indisciplinés une proie facile ; mais ils découvrirent bientôt qu'ils avaient chez le nouvel abbé un antagoniste très différent. Hildebrand passa plusieurs années dans ces occupations , établissant son monastère sur les bases les plus solides de discipline, de pureté et de foi. La réforme était ce que l'Église exigeait dans presque tous les détails de son œuvre. Au milieu de l'agitation et des perturbations constantes à l'extérieur, il n'avait pas été possible de maintenir l'ordre à l'intérieur, et un abbé qui avait acheté son poste n'était pas susceptible de le tenter : et une grande partie des abbés, des évêques et des grands fonctionnaires de l'Église avaient acheté leurs messages. Dans la génération précédente, c'était la règle. C'était devenu naturel et ne troublait apparemment la conscience de personne. Cependant, une conviction était évidemment née dans l'Église, sous l'influence d'influences que nous ne savons pas, mais s'enflammant par l'action d'Hildebrand et de son pape Léon, que cet état de choses était monstrueux et devait prendre fin. Le même réveil s'est produit à maintes reprises dans l'Église, à mesure que la nécessité s'en faisait malheureusement sentir : et cela n'a jamais été plus nécessaire que maintenant. Toutes sortes d'immoralité étaient cachées sous les plis austères de la robe du moine ; les curés, surtout en Allemagne, vivaient avec leurs femmes dans un mépris serein de toutes les lois de l'Église à cet égard. Ceci, qui nous semble le moindre de leurs offenses, ne l'était pas aux yeux de la nouvelle race des réformateurs de l'Église. Ils pensaient que c'était pire que les relations immorales ordinaires, comme contrefaire et revendiquer le titre d'une union légale ; et vers le remède à ce grand déclin du gouvernement de l'Église, et au scandale encore plus grand de la simonie, les plus grandes énergies du nouveau pape étaient maintenant dirigées.

PYRAMIDE DE CAIUS CESTIUS.

Un effort de réforme très remarquable, qui semble vraiment le terme le plus approprié qu'on puisse employer, eut lieu ainsi dans la première année du règne de Léon IX. Nous ne trouvons pas mentionné Hildebrand comme l'accompagnant dans ses voyages - probablement il était déjà trop profondément préoccupé par le nettoyage physique et moral de Saint-Paul, pour quitter Rome, dont il avait d'ailleurs la garde, dans tous ses aspects extérieurs . ainsi que des intérêts spirituels, pendant l'absence du pape : mais il fut sans aucun doute le principal inspirateur du projet et avait contribué à en organiser tous les détails. Le plan avec lequel Hildebrand, tirant ainsi la sagesse de la souffrance, envoya son pape, avait quelque chose du piège subtil dans lequel son propre patron Grégoire avait été pris. Après avoir tenu divers petits conseils en Italie, Léon traversa les montagnes jusqu'en France, où contre la volonté de l' empereur , il tint une grande assemblée à Reims. L'occasion symbolique de la visite était la consécration de cette église Saint-Rémy, alors nouvellement construite, qui est encore une des gloires d'une ville si riche en richesse architecturale. Le corps de saint Rémy fut transporté, au cours de nombreuses et merveilleuses processions, depuis le monastère où il reposait, en faisant le tour des murs de la ville médiévale et à travers ses rues avec des chants et des psaumes, avec des bannières et des croix, jusqu'à ce qu'enfin il soit déposé solennellement sur un autel du nouvel édifice, désormais si ancien et vénérable. La moitié de la France s'était rendue à Reims pour cette grande fête, et avait suivi les traces du pape et gêné sa progression, car il était toujours incapable de sortir des grandes foules qui bloquaient toutes les rues. Cependant, bien que ce fut une cérémonie splendide et qui fit évidemment beaucoup d'impression sur la multitude, ce n'était que le chapitre préliminaire. Après la consécration vint une visite tout à fait inattendue, le concile de Reims, qui ne s'occupait pas, comme la plupart des autres conciles, de questions de doctrine, mais de justice et de discipline. Le trône du pape était érigé au milieu de la nef de la cathédrale (il ne s'agit pas, il va sans dire, de la dernière mais splendide cathédrale qui existe aujourd'hui) et entouré en cercle par les sièges des évêques et des archevêques. Lorsque tous furent réunis, l'objet du concile fut exposé : l'abolition de la simonie, de l'usurpation du sacerdoce et de l'autel par les laïcs, ainsi que des diverses pratiques immorales qui s'étaient glissées dans l'ombre de l'Église et y étaient tolérées ou autorisées . . Le pape, dans son discours d'ouverture, a adjuré ses conseillers assemblés de l'aider à déraciner ces ivraies qui étouffaient le grain divin, et les a implorés , si quelqu'un d'entre eux s'était rendu coupable du péché de simonie, soit par vente, soit par achat de bénéfices, que il devrait faire une confession publique de son péché.

Terrible moment pour les évêques et autres prélats, plongés dans toutes les affaires de leur temps et pas meilleurs que les autres hommes ! Le lecteur, après tous ces siècles, ne peut guère manquer de ressentir le frisson d'alarme, de honte ou de terreur abjecte qui a dû parcourir cette horrible séance alors que les hommes se regardaient en face et pâlissaient. L'archevêque de Trèves se lève le premier et déclare ses mains propres, ainsi que l'archevêque de Lyon et de Besançon . Eh bien pour eux ! Mais celui de Reims dans sa propre cathédrale, lui qui devait être devant tout pendant ces quelques jours de fête triomphales, vacilla quand son tour vint. Il demanda que la discussion soit ajournée au lendemain et qu'on lui permette de voir le pape en privé avant de faire ses explications. Ce fut sans doute avec une sorte de bienveillance sinistre et une tolérance terrible que le délai fut accordé et que l'inquisition continua, tandis que ce grand personnage, l'un des premiers magnats de l'assemblée, restait silencieux, réfléchissant à tout ce qu'il y avait contre lui et combien peu il avait à dire pour sa défense . Le conseil devint ensuite plus animé avec des accusations et des contre-accusations. L'évêque de Langres fit déposer un abbé de son diocèse pour conduite immorale ; mais le lendemain il fut lui-même assailli de simonie, d'adultère et d'application de la torture pour extorquer de l'argent. Après un ou deux jours de discussions, ce prélat s'enfuit et fut finalement excommunié. Le pape Léon n'était pas un homme avec qui il fallait prendre à la légère. Ainsi , la longue lignée des prélats fut parcourue avec de nombreuses conséquences désastreuses au fil des jours.

Il est moins satisfaisant de le voir excommunier facilement les rebelles et les opposants de l' Empereur , dont les armes étaient trop réussies ou leur antagonisme trop important. Même les meilleurs prêtres et papes se trompent parfois — et avoir à portée de main une arme telle que l'excommunication, comme un coup de foudre, devait être très tentant. Léon excommunia en même temps les habitants de Bénévent, qui s'étaient rebellés contre l' empereur , et l'archevêque de Ravenne, qui était en rébellion contre lui-même.

Les voyages et l'activité de ce pape lors de sa tournée d'examen et de punition étaient extraordinaires. Il apparaît dans une partie de l'Italie après l'autre : dans l'extrême sud, dans les plaines du centre, tenant des conciles partout, destituant les évêques, flagellant l'Église. De nouveau, il parcourt les collines de son propre pays, rencontrant l'empereur, aussi actif que lui et presque aussi sérieux dans son désir de purifier l'Église de la simonie - se déplaçant ici et là, accomplissant toutes sortes de fonctions sacrées depuis la célébration d'un fête à l'excommunication d'une ville. Sa dernière entreprise, et qui s'avéra fatale, fut une expédition contre les Normands, qui s'étaient emparés d'une grande partie de l'Italie du Sud, et contre lesquels le pape s'avança, de manière très inappropriée, à la tête d'une armée composée des plus grands hommes. éléments hétérogènes, et qui s'est effondrée face à l'ennemi. Léon lui-même fut fait prisonnier ou se réfugia dans la ville de Bénévent, qui était récemment devenue, par un accord avec l' empereur , la propriété du Saint-Siège. Là, il fut détenu pendant près d'un an, plus ou moins volontairement, et quand enfin il partit pour Rome, avec une forte escorte de Normands et toutes les marques d'honneur, ce fut avec une santé brisée et des forces déclinantes. Il mourut peu après avoir atteint sa destination, dans sa propre grande église, après s'être fait transporter là-bas alors que son état empirait ; et rien de plus imposant que la scène de sa mort, à Saint-Pierre, toute tendue de noir et éclairée de milliers de lumières funéraires pour ce grand et solennel événement. Toute Rome fut témoin de ses dernières heures et le vit mourir. Il était l'un des grands papes, même s'il n'a pas pleinement réussi, même dans son œuvre de réforme de l'Église , et a complètement échoué lorsqu'il a malheureusement pris l'épée à la main. On ne pouvait cependant pas dire un mot contre la pureté de sa vie et de ses motivations, et celles-ci étaient universellement reconnues, en particulier parmi les Normands contre lesquels il menait sa malheureuse armée, et qui adoraient, tout en retenant probablement captif, leur téméraire envahisseur.

Durant les huit années de la papauté de Léon, Hildebrand avait été à la tête des affaires de Rome, où les prêtres et les évêques simoniaques égarés n'avaient pas été moins sévèrement punis qu'ailleurs. Il ne semble pas avoir accompagné le pape dans aucune de ses nombreuses expéditions ; mais avec l'aide d'un nouveau frère d'armes, à peine moins puissant et capable que lui, Pierre Damien, alors abbé de Fontavellona et ensuite évêque d'Ostie, fit de son mieux sous Léon pour nettoyer le monde ecclésiastique en général comme il l'avait fait. balayé sa propre église de Saint-Paul. À la mort de Léon, Hildebrand fut l'un des trois légats envoyés pour consulter l' empereur sur le choix d'un autre pape. Ce fut une affaire longue et difficile, car il fallait concilier les susceptibilités des Romains, soucieux de conserver leur propre privilège réel ou apparent d'élection, avec les prétentions d'Henri, qui n'avait aucune idée d'y céder en aucune façon, et qui avait le pouvoir de son côté. Le choix semble avoir été finalement fait par Hildebrand plutôt que par Henri, et fut celui de Gebehard , évêque d' Aichstadt , un autre riche prélat allemand, également lié à l' empereur . Pourquoi aurait-il dû consentir à accepter cette mission, lui qui avait si fortement refusé de suivre Léon comme candidat de l' empereur et avait posé comme condition de son service que le nouveau pape se rendait humblement à Rome en pèlerinage pour être élu là-bas, est inexpliqué par aucun des historiens.

C'est au printemps 1055 qu'après de longs retards et beaucoup d'attente, le conclave romain revint, emmenant avec lui son pape. Mais Victor II. fut, comme tant de ses prédécesseurs allemands, de courte durée. Son règne ne dura que deux ans, dont il semble avoir passé la moitié en Allemagne. « Ce n'était pas quelqu'un qui aimait les moines », et probablement Hildebrand se rendit compte qu'il ne ferait pas grand-chose avec quelqu'un dont le cœur semblerait être resté de l'autre côté du monde . *monti* — comme on appelle continuellement les Alpes. Aucun deuxième ambassadeur ne fut envoyé à la cour impériale pour lui succéder : car au cours de l'année fatidique 1056, l' empereur mourut également, précédant Victor de quelques mois dans la tombe. Sans prendre le temps de consulter la cour allemande, avec une hâte qui prouve leur grand souci de se réaffirmer, le clergé et le peuple romain élisent Frédéric, abbé de Mont-Cassin et frère de l'actuel prince de Toscane, Gottfried de Lorraine, le second époux de Béatrice. de Toscane et beau-père de Mathilde, l'actuel héritier de ce puissant duché. Peut-être se mêlait à ce choix un certain désir de s'accrocher à la seule puissance en Italie qui pouvait les protéger contre une cour impériale irritée : mais c'était un choix parfaitement naturel et digne. Frédéric, malheureusement, ne vécut que quelques mois, décevant bien des espérances. Il avait envoyé Hildebrand à la Cour Impériale pour expliquer et justifier son élection, mais lorsqu'il vit que sa santé commençait à se détériorer, une sorte de panique parut l'avoir saisi, et rassemblant autour de lui tous les représentants des prêtres et des gens qui pouvaient l'être. réunis, il leur fit jurer sous peine d'excommunication de n'élire aucun successeur jusqu'au retour d'Hildebrand. Il mourut à Florence peu de temps après.

Il y a quelque chose de monotone dans ces brefs enregistrements : une grande agitation allant presque jusqu'à la durée d'une convulsion pour le choix, et puis une période courte et agitée, un an ou deux, parfois seulement un mois ou deux, et tout est fini et le nouveau Le pape va rejoindre la longue lignée de ses prédécesseurs. Ce n'était pas non plus qu'il s'agissait de vieillards, comme on en a si souvent choisi plus tard, de vénérables pères de l'Église dont l'âge les rapprochait plus de la tombe que du trône : c'étaient tous des hommes dans la fleur de leur vie. âge, susceptible, selon toutes les probabilités humaines, de vivre longtemps. Il n'était pas étonnant que les évêques allemands aient eu peur de cette élévation dangereuse qui semblait entraîner un sort inébranlable.

Hildebrand se trouvait à la cour allemande lorsque cette triste nouvelle lui parvint. Il occupait la position fascinante pour la plupart des hommes — et il n'était pas supérieur aux autres à cet égard — de confident et de conseiller d'une princesse dans la position intéressante d'une jeune veuve, avec un enfant, sur la tête duquel le futur empire avait déjà jeté. son ombre. La position de l'impératrice Agnès était sans doute une des plus difficiles qu'une femme pût être appelée à occuper, entourée de princes puissants difficilement soumis à l'empereur, qui n'était guère plus que leur égal, bien que leur souverain – et totalement indisposés à accepter la suprématie d'une femme. Il n'y a rien dans le monde dans lequel les femmes ont réussi aussi bien que dans le grand art de gouverner, mais l'impératrice Agnès n'était pas de cette sorte. Elle dut s'appuyer sur le soutien du clergé au milieu du cercle grossier de potentats avec lesquels elle avait à lutter, et sur la visite d'Hildebrand avec ses vues élevées, ses grands espoirs, sa détermination impétueuse de vaincre le mal par le bien, bien que ce ne soit peut-être pas de la manière recommandée par les Apôtres, ce fut sans aucun doute un merveilleux rafraîchissement et un intérêt pour elle au milieu de toutes ses luttes. Mais ce fut comme un coup de foudre éclatant à leurs pieds d'apprendre la mort de Frédéric (parmi les papes Étienne IX) : et l'explosion qui suivit rapidement à Rome lorsque, en un instant, en l'absence de tout esprit assez fort pour contrôler Avec eux, les anciennes méthodes furent mises en œuvre, et certains nobles romains toujours prêts à profiter d'une opportunité – avec de tels partisans dans la ville que la terreur ou les pots-de-vin pouvaient leur assurer, prenant le peuple par surprise – obtinrent l'élection précipitée de un pape sans aucune qualification pour cette fonction. Rien ne pourrait être plus dramatique que l'épisode entier. Un jeune comte de Tusculum, place forte assise au milieu des ruines de la vieille ville romaine, au-dessus de Frascati, membre d'une famille qui semble avoir alors occupé la position occupée plus tard par les Orsini et les Colonna , était le chef de cette conspiration et le candidat. était un certain Mincio , évêque de Velletri, membre de la même famille. La description dans Muratori *Les annales* , bien que brèves, sont très caractéristiques.

"Gregorio, fils du comte Albanio Tusculano , de Frascati, avec quelques autres puissants Romains, ayant gagné par des pots-de-vin une bonne partie du clergé et du peuple, se précipita de nuit, avec un groupe de partisans armés, dans l'église de Saint-Pierre. et là, avec beaucoup de tumulte, fut élu pape Giovanni, évêque de Velletri, appelé ensuite Mincio (mot peut-être tiré du français *Mince* et qui était probablement l'original de l'expression maintenant utilisée *Minciono* , *Minchione*), qui prit le nom de Benoît X. C'était un homme totalement dépourvu de lettres.

Le raid soudain dans la nuit, tandis que toute Rome était silencieuse et endormie, à l'exception des rues agitées et réveillées à la hâte par lesquelles le groupe était entré de l'autre côté de la Campagne et de leur forteresse de voleurs parmi les ruines du Tusculum classique, donne un tableau des plus curieux et des plus dramatiques. Les conspirateurs comptaient parmi eux certains soi-disant représentants du peuple, quelques abbés qui sentaient que leur siège n'était pas assuré sous un pape réformateur, et quelques prêtres très désireux d'exclure toute autorité nouvelle et inquiétante. Ils se rassemblèrent en toute hâte dans l'église qui soudain brillait dans l'obscurité avec des flambeaux de torches et des cierges scintillants, tandis que l'intrus, *Mincio* , un évêque mince et fantastique, avec des affectations de pose et d'attitude comme son surnom l'indique, était précipité vers l'église. autel par ses clients et serviteurs grossiers. Il fut consacré par l'archiprêtre d'Ostie, terrifié, sur lequel le parti de Frascati avait quelque part imposé des mains violentes, et qui traversa l'office à moitié stupéfait par la peur. C'était le privilège de l'évêque d'Ostie d'être le prélat officiant à la grande solennité de la consécration d'un pape. Quand on ne pouvait pas l'avoir, les barons insouciants et profanes pensaient sans doute que son subordonné s'en sortirait très bien à sa place.

La nouvelle fut cependant accueillie, bien qu'avec horreur, mais avec une retenue digne par la cour impériale. Hildebrand partit aussitôt pour Florence pour y consulter les souverains, une famille royale d'une grande importance dans l'histoire de l'Italie, composée de la duchesse veuve Béatrice, de son second mari Gottfried de Lorraine et de sa jeune fille Mathilde, l'actuelle héritière de Florence. la principauté, tous fervents partisans de l'Église et amis d'Hildebrand. Qu'il prenne le commandement des affaires lors de cette crise soudaine semble avoir été considéré comme acquis par toutes les parties. Un concile de nombreux évêques « allemands et italiens » fut convoqué à Sienne, où il fut réuni par une députation de Rome, suppliant que des mesures appropriées puissent être prises pour faire face à l'urgence, et où un pape légitime fut élu. Le choix de ce concile tomba sur l'évêque de Florence, « qui, par sa sagesse et sa bonne vie, était digne d'une dignité si sublime » ; et le nouveau pape fut escorté à Rome par une forte bande de soldats toscans suffisamment puissants pour réprimer tout tumulte ou rébellion dans la ville. L'expédition s'arrêta à Sutri , petite ville située juste dans les limites des possessions papales, qui avait déjà été pour cette raison le théâtre du concile confus et douloureux qui détrôna Grégoire VI. détruire les places fortes des comtes de Tusculum près de cet endroit, et mettre fin à leur pouvoir. Mincio , cependant, pauvre ombre fantastique, n'eut pas le cœur d'affronter un pape dûment élu, ni l'œil vif d'Hildebrand, et abdiqua aussitôt son pouvoir mal acquis. Sa silhouette vague, si sarcastiquement indiquée, a un certain effet mi-comique, mi-attractif, apparaissant au milieu de toutes ces formes et choses plus importantes, d'abord dans l'éblouissement du bureau de minuit, et ensuite dans un crépuscule brumeux d'obscurité, s'enfuyant, pour se cacher. ne plus être vu, sauf par les fervents gens de la campagne et les citadins de son évêché éloigné qui, *burlando* - plaisantant comme on est heureux d'entendre qu'ils ont pu le faire au milieu de tous leurs tumultes et troubles - lui ont donné son surnom et l'ont ainsi envoyé à la postérité la vision fantastique du pape momentané avec ses manières hachées - pas de mauvais anti-pape bien que comme Benoît X. il n'a qu'un faible pied dans la liste papale - mais une *burla historique* , une plaisanterie médiévale , non sans son pouvoir de soulager la tombe chronique de l'époque.

L'opinion publique tumultueuse de Rome, qui ne s'en souciait pas beaucoup, sentait pourtant cette élection du Pape comme son dernier droit à l'importance, murmurait et grommelait de son mieux contre l'ingérence de la Toscane, un voisin plus insultant, lorsqu'elle prenait en charge elle-même a l'air de maîtrise, plus qu'un empereur lointain et vaguement magnifique ; et on cria contre Hildebrand, qui avait érigé « une nouvelle idole » de concert avec Béatrice et sans le consentement des Romains. Mais c'était en réalité Hildebrand lui-même qui régnait désormais sous l'ombre d'un autre pape insignifiant et éphémère. Nicolas II. et Alexandre II. ceux qui suivirent n'étaient que les détenteurs formels du pouvoir ; le véritable pouvoir est désormais entre les mains du moine toujours vigilant, cardinal-archidiacre, député et représentant du Saint-Siège. C'est l'un des rares exemples que l'on trouve dans les archives du monde de cette élévation de l'homme qui *peut* – si fortement prêché par Carlyle – à la position qui est son droit naturel. Alors qu'Hildebrand parcourait le monde, un jeune moine aventureux, passant devant *moi Monti* avec insouciance alors que le jeune aventurier traverse maintenant l'Atlantique, plus de fois qu'on ne pourrait les compter - alors qu'il était, avec tout le zèle de son premier essai pratique de réforme, nettoyant son écurie à Saint-Paul, faisant sentir sa présence dans les dépenses et les revenus de Rome — il y avait eu, comme nous l'avons vu, Pape après Pape sur le siège de l'Apôtre, la plupart d'entre eux assez dignes, un au moins, Léon IX, héroïque dans ses efforts et son dévouement — mais aucun d'eux né pour guider l'Église à travers une grande crise. L'heure et l'homme étaient maintenant venus.

Il ne fallut pas longtemps pour que la présence d'un nouveau et grand législateur devienne clairement visible. L'un des premiers actes d'Hildebrand, agissant sous Nicolas, fut de tenir un concile à Rome en 1059, au cours duquel de nombreuses choses importantes furent décidées. Le lecteur n'aura besoin d'aucun argument pour prouver qu'il y avait un besoin urgent d'une règle établie et certaine pour l'élection des papes, une nécessité constamment récurrente et donnant lieu à une lutte continuelle. Cela avait été le privilège du clergé et du peuple romains ; c'était devenu une prérogative des empereurs ; elle était exercée par tous deux ensemble, l'un se contentant d'une coopération fictive et d'un assentiment à ce que l'autre faisait, mais aucun des deux n'était satisfait, et chaque vacance était la cause d'une lutte amère et souvent honteuse. L'élection nominale par le clergé et le peuple était une règle impossible et ne signifiait que le triomphe temporaire du parti qui était le plus fort ou le plus riche pour le moment, et qui pouvait le mieux payer pour les voix les plus douces de la foule, ou le mieux intimider et intimider ses partisans . adversaires. En revanche, l'action du pouvoir laïc, la sélection ou du moins la nomination d'un pape - avec des armées derrière, si nécessaire, pour mener à bien son choix - par l'empereur à travers les Alpes, était une transaction soumise aux lois laïques ordinaires. des lois qui engagent un supérieur, dans n'importe quelle région des affaires, à choisir l'homme qui est susceptible d'être le plus utile à lui-même et à ses intérêts, intérêts qui étaient très différents de ceux qui sont les objets de l'Église. Personne n'avait vu plus que Hildebrand les dangers et les difficultés de cette autorité divisée et incohérente, et sa détermination à établir une méthode ferme et définitive pour le choix et l'élection du premier grand fonctionnaire de l'Église était à la fois sage et raisonnable. Ce n'est peut-être pas sans penser à l'opportunité de rompre avec tous les précédents et de préparer ainsi la voie à une méthode nouvelle, qu'il avait, apparemment de sa propre autorité, transféré d'une manière, ce que nous pourrions appeler le patronage du Saint Vous voyez, en Toscane. Le moment était propice à un tel changement, car il n'y avait pas d'empereur, héritier d'Henri III. étant encore un enfant et sa mère pas assez puissante pour intervenir.

TRINITE DE MONTI.

La nouvelle loi introduite par Hildebrand et votée par le conseil était à peu près la même, dans ses règlements généraux, que celle qui existe encore. Il n'y avait pas de conclave solennel et mystérieux, et les détails étaient plus simples ; mais les règles d'élection étaient pratiquement les mêmes. Les cardinaux-évêques faisaient d'abord leur choix, qu'ils soumettaient ensuite aux autres cardinaux de rang inférieur. Si les deux étaient d'accord, le nom du pape élu était soumis au jugement final du peuple, sans doute une simple formule. Nous pensons qu'il s'agit encore théoriquement de la dernière étape de la procédure. Le nom est soumis, *c'est-à-dire* annoncé à la foule enthousiaste de Saint-Pierre qui applaudit, c'est tout ce qu'on leur demande : et tout est fait. Ce décret a été adopté *salvo débito honore et révérence délicieux fili nostri Henrici*, condition savamment gardée par la promesse d'accorder le même honneur (c'est-à-dire d'avoir voix dans l'élection) à ceux de ses successeurs auxquels le Saint-Siège aura personnellement accordé le même droit. C'était donc le Saint-Siège qui honorait les empereurs en leur accordant un privilège, et non les empereurs qui avaient le droit de nommer, et encore moins d'élire, au Saint-Siège.

D'autres mesures d'une grande importance pour la purification et la discipline intérieure de l'Église furent promulguées par ce concile, qui se tint en avril 1059, année de l'avènement de Nicolas II ; mais aucun n'a une importance aussi fondamentale que celle-ci, ni n'est aussi audacieux dans sa revendication d'indépendance spirituelle. Hildebrand devait être à cette époque au plus haut de l'âge, un homme d'une quarantaine d'années, déjà mûri par beaucoup d'expérience et commençant à systématiser et à régler les rêves et les projets de sa jeunesse. Il devait déjà savoir parfaitement ce qu'il voulait et quelle était, ou du moins devrait être, sa mission dans le monde. Il est cependant très douteux, à notre avis, que cette mission lui ait semblé ce qu'elle est apparue depuis à tous les historiens : un plan profond et écrasant pour l'établissement de la papauté sur un sommet que jamais tête couronnée n'avait eu. atteint. Ses objectifs, tels qu'il les comprenait, étaient d'abord la purification de l'Église - l'élimination de toutes les saletés charnelles qui s'y étaient accumulées, comme dans sa propre noble basilique, la rendant inutile, cachant sa beauté : et deuxièmement la destruction de ce système. d'achat et de vente qui se déroulaient dans le Saint Temple - pire que le change et la vente de colombes, la vente des autels mêmes à toute personne indigne qui pouvait les payer. Tels étaient ses premiers et plus grands objectifs : rendre l'Église pure et la rendre libre, comme elle ne l'a peut-être jamais été, comme peut-être, hélas, elle ne le sera jamais entièrement : mais pourtant le but le plus élevé que tout véritable homme d'Église doit poursuivre.

ARC DE TITE.

Ces objectifs ont été élevés et élargis dans son esprit par la noble et belle pensée de préparer et de développer ainsi la seule grande puissance désintéressée du monde, sans rien à gagner, qui devrait arbitrer dans chaque querelle, ajuster les revendications contradictoires et apporter la paix sur terre. , au lieu du fracas des épées ; la véritable œuvre du successeur de Pierre, Vicaire du Christ dans le monde. Ce n'était pas le rêve d'Hildebrand seul. Trois cents ans plus tard, la grande âme de Dante rêvait encore de ce Papa Angelico, l'espoir des siècles, qui pourrait un jour se lever et remettre tout en ordre. Hildebrand n'était pas du type angélique. Il n'était pas ce grand prêtre fait de charité bienveillante et d'amour pour tous les hommes, dont rêvaient les sages du moyen âge . Mais qui dira que son rêve aussi n'était pas des plus nobles ou que son idéal n'était pas moins magnanime et moins grand ? Un tel arbitre était nécessaire — quels mots pourraient dire combien ? — dans tous ces royaumes troublés et tumultueux qui luttaient les uns contre les autres, se vaincus et se laissaient vaincre, toujours dans le désordre, accomplissant leur destin humain avec un accompagnement constant de gémissements et de plaintes humaines. souffrances et larmes - quelqu'un qui rétablirait toutes choses, qui jugerait la cause des pauvres et des sans amis, qui aurait le pouvoir de renverser un tyran et d'ériger avec bénédiction et honneur un nouveau trône de justice à sa place déshonorée . Avons-nous moins besoin d'un Papa Angelico maintenant ? Mais malheureusement, [1] nous avons perdu confiance en sa possibilité, ce qui est un sort qui s'abat sur tant d'idéaux élevés d'âge en âge.

Hildebrand, un homme fier et fort, un homme plein d'ambition, plein de la conscience de grandes puissances, avait-il envie de prendre les rênes de l'univers dans sa propre main ? conduire les chars du soleil, tout diriger, tout gouverner, être plus qu'un roi et faire trembler les empereurs devant lui ? C'est très possible : dans tout grand esprit, jusqu'à ce qu'il soit complètement désenchanté, il doit exister quelque chose de ce désir. Mais qu'il ne s'agissait pas seulement d'un plan d'ambition, mais d'un grand idéal dont la réalisation lui semblait valoir la peine d'une vie d'homme, cela ne peut, à notre avis, faire aucun doute raisonnable.

Ainsi commença-t-il son règne, en réalité, mais sans titre, à Rome. Les cloîtres ont été purifiés et l'intégrité de l'Église a été confirmée, non pas par un processus permanent, mais par un processus qui a dû être répété encore et encore à chaque chapitre de son histoire. Les papes furent élus après quelques expériences orageuses de la manière qu'il avait décrétée, et la liberté d'élection établie et protégée - même dans une certaine mesure et par moments, sa papauté, cette merveilleuse institution répondait à son idéal et promettait de réaliser son rêve. : jusqu'à ce que vienne le temps commun à tous les hommes, où l'espoir se transforma en échec, et où il dut affronter la poussière et la boue d'un objectif renversé. Mais en attendant, aucune de ces pensées ne lui venait à l'esprit tandis qu'il travaillait avec toute l'exaltation de ses capacités, avec un zèle et une peine immenses, à ses propres affaires, qui signifiaient alors pour l'archidiacre de Rome le soin de toutes les Églises. Les lettres du pape en concile qui portaient l'ajout du nom du plus humble de ses fils et serviteurs, Hildebrand, portaient les ordres d'un souverain tel qu'il rêvait d'Hildebrand, aux évêques et archevêques du monde entier. Voici une de ces épîtres.

Bien que plusieurs rapports défavorables soient parvenus au Siège Apostolique à l'égard de votre Fraternité, qui ne peuvent être rejetés sans enquête, comme, par exemple, selon lesquels vous avez favorisé nos ennemis et négligé les ordonnances pontificales, cependant, comme vous vous êtes défendu de ces accusations du témoignage d'un témoin de poids et que vous avez déclaré votre fidélité à saint Pierre, nous sommes disposés à passer sous silence ces rapports et à espérer que le témoignage en votre faveur est vrai. Prenez donc soin à l'avenir de vivre de manière à ce que vos ennemis n'aient pas besoin de nous attrister à cause de vous. Efforcez-vous de réaliser les espérances que le Siège Apostolique a formées en vous : réprimandez, suppliez et avertissez votre glorieux roi afin qu'il ne se laisse pas corrompre par les conseils des méchants, qui espèrent, sous le couvert de nos propres troubles, échapper à la condamnation apostolique. Qu'il prenne soin de résister aux canons sacrés, ou plutôt à saint Pierre lui-même, attisant ainsi notre colère contre lui, qui désire plutôt l'aimer comme la prunelle de nos yeux.

C'étaient de grandes paroles à dire à un archevêque douteux, peu assuré, occupant une place très élevée dans l'Église et puissant pour le bien ou pour le mal : mais Hildebrand ne mâchait pas ses mots, quoi qu'il dise.

Pendant ce temps, le bon pape Nicolas continuait ses œuvres de charité tandis que son cardinal archidiacre tonnait en son nom. À la fin de sa vie, il rendit visite, avec sa cour, aux Normands qui, depuis quelque temps déjà - depuis qu'ils avaient vaincu le pape Léon devant les portes de Bénévent et étaient tombés sous le charme de l'influence papale, bien qu'à l'époque la personne de leur prisonnier - devinrent les serviteurs les plus pieux et les plus généreux de la papauté : qui leur accordait en effet des titres de souveraineté sur toute principauté fortuite qu'ils pourraient récupérer - ce qui était un bon équivalent. Lorsque les troupes de Guiscard reconduisirent Sa Sainteté à Rome, elles furent assez obligeantes pour détruire un ou deux châteaux de ces nobles voleurs qui infestaient toutes les routes et volaient les pèlerins, et qui étaient, au milieu de toutes les grandes affaires, comme un nid. des guêpes venimeuses aux oreilles des hommes d'État et des législateurs romains, en particulier ceux de la famille toujours turbulente de Tusculum, les comtes de Frascati, qui surveillaient au loin les portes nord et tous les chemins de pèlerinage. Ce Pape mourut peu après en 1061 à Florence, son ancien siège épiscopal, qu'il visita et aimait souvent.

Et maintenant se présentait l'occasion pour Hildebrand d'appliquer sa propre loi audacieuse et d'élire immédiatement, par les méthodes désormais légales, un nouveau chef de l'Église. Mais ses coadjuteurs n'avaient probablement pas son propre courage : et bien qu'assez audacieux sous son inspiration pour adopter cette loi, ils hésitaient à l'exécuter. On dit aussi qu'il y avait à Rome même la forte opposition d'un parti allemand réellement attaché à l'ordre impérial, ou convaincu que sans le fort soutien de l'Empire, l'Église ne pourrait pas subsister. À contrecœur, Hildebrand consentit à envoyer un messager pour consulter la cour impériale, où de fortes remontrances et appels furent immédiatement présentés par les Allemands et les Lombards, qui étaient aussi peu désireux d'avoir un pape italien sur eux que les Romains l'étaient d'un pape teutonique. L'impératrice Agnès avait probablement été alarmée par les rumeurs circulant dans l'air concernant sa destitution de la régence. Elle avait été aliénée d'Hildebrand par les rapports de ses ennemis, et sans doute amenée à croire que les droits de son fils devaient en souffrir si une innovation était autorisée. Dans sa panique, elle oublia sa piété habituelle et ne voulut même pas recevoir le messager d'Hildebrand, qui, seul parmi toutes les nombreuses députations arrivant pour la même mission, resta cinq jours (ou sept) à attendre aux portes du palais ... Pendant sept jours, il attendit dans l'antichambre du roi", raconte Muratori , pendant que les autres étaient admis et écoutés. C'en était trop pour Hildebrand, à qui son envoyé, le cardinal Stefano, revint plein d'exaspération, comme il était naturel. Les cardinaux, avec timidité, mais soutenus par le courage et la détermination d'Hildebrand, procédèrent ensuite à l'élection, qui fut dûment confirmée par le peuple assemblé à Saint-Pierre, et donc parfaitement légale selon la dernière loi. On nous parle cependant beaucoup de l'état d'agitation de Rome pendant les élections et de l'aversion du peuple pour la horde de moines, beaucoup d'entre eux mendiants et même plus ou moins vagabonds, qui étaient lâchés dans la ville. des agents électoraux des plus violents, remplissant les rues et les églises de clameurs . Cette armée sauvage, odieuse aux citoyens, était au dévouement de Hildebrand, et préjugeait plus qu'elle ne favorisait ses opinions parmi la foule.

« Ici rendu aux Romains, dit Muratori , dont le droit de parler sur un tel sujet ne sera pas mis en doute, la liberté complète dans l'élection des papes, avec en outre le fait de ne pas même attendre le consentement des empereurs pour leur consécration ; une indépendance toujours maintenue depuis, jusqu'à nos jours. Cet acte audacieux fit une merveilleuse révolution dans la politique de Rome : ce fut la première érection de son étendard d'indépendance. L'Église n'avait ni troupes ni vassaux sur lesquels elle pouvait compter, et défier ainsi ouvertement les forces de l'Empire était un pas formidable à franchir. Et le danger ne venait pas seulement de l'Allemagne. La Lombardie et tout le nord de l'Italie étaient, à l'exception de la Toscane, en armes contre l'audacieux moine. Seuls ces sauvages chevaleresques normands, qui pourtant étaient d'aussi bons soldats que n'importe quel Germain, pouvaient être considérés comme fidèles au Saint-Siège : et Godfried de Toscane se tenait *fidelissimo* entre Rome et ses ennemis , prêt à parer n'importe quel coup.

L'élection s'est déroulée dans le calme et Alexandre II. (Anselme, évêque de Lucques) prit sa place, chaque détail de son accession à la nouvelle dignité étant soigneusement réalisé comme dans des temps de paix la plus profonde. En Allemagne cependant, la nouvelle produisit une grande sensation et un grand tumulte. Une Diète se tint à Bâle , pour le couronnement d'abord du jeune roi Henri, âgé aujourd'hui de douze ans, mais plus encore pour le règlement immédiat de cette révolte inouïe. Une fois ce cérémonial terminé, la cour procéda au choix d'un pape avec une indifférence méprisante à l'égard des débats à Rome. Cet anti-pape n'a aucun respect pour l'histoire. Une autorité dit qu'il a été choisi parce que sa mauvaise vie l'a mis à l'abri d'une telle fureur de réforme que celle qui a fait tomber de tous côtés les prélats et les prêtres insouciants sous la verge d'Hildebrand. Muratori , dont les petites phrases concises sont toujours si rafraîchissantes après la redondance des chroniques monacales, est très méprisant pour ce prétendant, dont le nom était Cadalous ou Cadulo , nom banal et mal sonnant. "L'antipape Cadaloo ou Cadalo s'est occupé tout l'hiver de cette année" (dit Muratori) "à rassembler des troupes et de l'argent, afin de se rendre à Rome pour chasser le successeur légitime de saint Pierre et s'y faire consacrer. " Certains supposent qu'il avait déjà été ordonné pape et qu'il avait pris le nom d'Honorius II, mais il n'y a aucune preuve de cela. Et s'il n'a pas changé de nom, c'est le signe qu'il n'a jamais été consacré. " D'autres autorités lui donnent hardiment le titre d'Honorius II : mais on l'appelle généralement l'anti-pape Cadalous dans l'histoire.

Un conflit éclata immédiatement entre les deux parties. Cadalous , à la tête d'une armée, se présenta devant Rome, mais seulement après qu'Hildebrand eut placé son pape, pour le moment moins fort que le pape de l'empereur, en Toscane sous la protection de Béatrice et de son mari Godfried . S'ensuivit alors une période orageuse de marches et de contre-marches autour de la ville, dans lesquelles tantôt les envahisseurs réussirent, tantôt les défenseurs. Enfin les Toscans vinrent à leur secours, avec parmi eux les deux comtesses toujours si fidèles dans leur dévouement à Hildebrand, Béatrice dans la maturité de sa beauté et de son influence, et la jeune Mathilde, la véritable souveraine des États toscans, quinze ans. ans, rayonnant d'espoir et d'enthousiasme et remuant les esprits des hommes d'armes florentins et toscans. Cadalous se retira de cette rencontre en faisant tous les termes qu'il pouvait avec Godfried , avec de nombreuses prières et de grands cadeaux, de sorte qu'il fut autorisé à s'enfuir à Parme, son évêché, *testa basse* . Pourtant, les archives ne sont pas très claires sur ces points, nous dit Muratori . Des doutes sont émis sur la loyauté du duc Godfried . On dit qu'il invita les Normands à venir au secours du pape, puis envahit leurs territoires, ce qui ne fut pas une démarche très chevaleresque : mais il n'y a aucune apparition à ce moment particulier des Normands, ni d'aucune force autre que celle de l'armée toscane avec la jeune comtesse Mathilde et sa mère apportant lumière et courage dans les rangs.

L'antipape, s'il méritait ce titre, ne dérangea pas longtemps les autorités légitimes. Il fut soudainement abandonné par les Allemands dans l'excitation d'une révolution, dont l'origine était le vol du petit Henri, le jeune monarque, que l'évêque de Cologne vola à sa mère Agnès, car cela devint longtemps après un agréable stratagème d'État à emporter. de leurs mères les jeunes James orphelins de l'histoire écossaise. De la même manière, le jeune Henri fut enfui et Agnès humiliée et rejetée par la noblesse teutonique, qui, dans le feu de ses propres affaires, oubliait une bagatelle comme celle d'un pape. Ce n'est que lorsque cette affaire fut réglée qu'un concile fut tenu à Cologne par l'archevêque qui avait été le principal agent de l'enlèvement d'Henri et qui était maintenant le premier au pouvoir. De ce conseil, il ne semble y avoir aucun document faisant autorité. Ce n'est que par la réponse à ses délibérations publiée par Peter Damian dans laquelle, comme cela est naturel, cet habile polémiste remporte une victoire facile sur l'autre camp, que l'on en sait quelque chose. On ne sait pas si Cadalous fut autrefois destitué par ce conseil ; mais il fut abandonné par les autorités de l'Empire, ce qui eut un résultat similaire.

Néanmoins, ce prétendant téméraire fit une autre vaine tentative pour s'emparer du trône papal, encouragé par divers partisans à Rome même, grâce auxquels il s'empara de Saint-Pierre, où le malheureux resta pendant une nuit troublée, faisant de tels appels à Dieu et à ses partisans, comme on peut l'imaginer, et accomplissant furtivement les différents offices du service nocturne, peut-être non sans un sentiment de profanation dans l'esprit de ceux qui s'étaient glissés dans la grande obscurité et le silence de la basilique pour le rencontrer, avec une intention politique plutôt que dévotionnelle. Le lendemain, Rome entière apprit la nouvelle, se souleva, prit ses armes et chassa hors de la ville sa poignée de défenseurs. Cadalous fut emmené par l'un de ses partisans, Cencio ou Vincencio « fils du préfet » à Saint-Ange, où il résista aux Romains pendant deux ans, souffrant de nombreuses privations ; et de là, s'échappant sous peine de mourir après d'autres aventures, disparaît dans l'obscurité pour ne plus être vu.

Ce premier conflit distinct entre Rome et l'Empire fut le début d'une lutte de longue durée qui déchira l'Italie pendant des générations - la lutte des deux partis appelés Guelfes et Gibelins, l'un pour l'Empire, l'autre pour l'Église, avec tous les ramifications de cette grande question.

L'année où Cadalous apparut pour la première fois à Rome, c'est-à-dire l'année 1062, fut également marquée par un visiteur très différent. L'impératrice Agnès privée de son fils, dépouillée de son pouvoir, n'avait plus rien à faire parmi les princes sujets qui s'étaient retournés contre elle. Elle résolut, comme les monarques détrônés ont tendance à le faire, de rejeter le monde qui l'avait rejetée, et vint à Rome, demander pardon au pape et trouver un refuge pour elle-même hors du bruit et du tumulte. Elle était déjà venue à Rome, une jeune épouse dans toute la pompe et la fierté de l'empire, conduite dans ses rues au milieu d'une splendide procession, avec son mari à couronner. Les contrastes les plus forts plaisaient à la fantaisie d'aujourd'hui. Elle entra à Rome une seconde fois comme pénitente, vêtue d'une robe noire, et monta sur le cheval le plus misérable : « ce n'était pas pour appeler un cheval, mais comme une bête de somme, un âne, pas plus gros qu'un âne ». C'est un curieux signe d'humiliation et d'élévation d'esprit qui l'accompagne, mais ce n'est pas la première fois que nous entendons parler d'un pèlerin entrant à Rome sur un misérable véhicule, comme si c'était le plus haut signe d'humilité. Elle fut accueillie avec enthousiasme, malgré ses actes d'hostilité tardifs, et bientôt les murs de nombreuses églises rayonnèrent des dépouilles de ses toilettes impériales, de brocarts d'or et d'argent incrustés de joyaux et de merveilles d'étoffes riches que même Pierre Damien avec son La plume accomplie a du mal à décrire. "Elle a tout abandonné, tout détruit, pour devenir, dans sa privation mais dans sa liberté, l'épouse du Christ." On ne nous dit pas si Agnès entra dans un couvent ou si elle vécut seulement la vie d'une religieuse dans sa propre maison ; mais elle avait la compagnie fréquente de Hildebrand et de Pierre Damien, ainsi que de l'évêque de Côme, qui semble avoir été dévoué à son service ; et peut-être, comme les autres pénitents, n'était-elle pas si mal dans son humilité, ainsi délivrée de tous les tumultes contre lesquels elle avait si vainement tenté de résister pendant des années.

LA VILLA BORGHÈSE.

Tandis que ces petites affaires – car même l'anti-pape ne semble jamais avoir été vraiment dangereux pour Rome malgré ses nombreux efforts pour troubler la paix de l'Église – le monde de la chrétienté qui entourait ce trône unique, stable mais constamment contesté, de la papauté, était en agitation partout. Il semble étrange de parler d'un seul souffle du grand et noble idéal d'Hildebrand d'un trône toujours debout pour la justice, et d'un monarque sacré suprême et au-dessus de tous les motifs mondains, dispensant la justice et la paix : et dans le suivant d'avouer son parfait acquiescement à , et en fait un encouragement à l'entreprise de Guillaume le Conquérant, un acte si manifeste de tyrannie et de vol, et une ingérence dans les droits d'une nation indépendante, une entreprise seulement différente de celles des brigands de Tusculum et d'autres châteaux de voleurs qui ont balayé le routes de Rome, par le fait de son importance bien supérieure et de son plein succès. Les papes avaient sanctionné les incursions des Normands en Italie et leur avaient confirmé par titre légal les possessions qu'ils s'étaient emparées de la main forte : avec peut-être la conviction qu'une règle forte valait mieux que l'effusion de sang perpétuelle des luttes entre les puissances existantes. races, le duc ici, le marquis là, tous cherchant la leur, et aucun ne pensant aux avantages de son voisin ou de son peuple. Mais les discordes internes de l'Angleterre étaient trop lointaines pour attirer l'attention du pape, et le simple fait de la renonciation d'Harold en faveur de Guillaume, bien que cela nous semble un prétexte si spécieux , était de loin aux yeux des prêtres le l'incident le plus important en la matière, un vœu prononcé à l'autel et que donc les serviteurs de l'autel étaient tenus de voir exécutés. Mais ces deux raisons étaient précisément de nature à montrer le désavantage de ce grand idéal papal qui brûlait dans le cerveau d'Hildebrand ; car un pape, doté d'une autorité sacrée pour établir et renverser, ne devrait jamais être trop loin pour comprendre tous les droits d'une question, même si elle se trouvait dans les parties les plus reculées de la terre : et devrait être bien au-dessus de la possibilité d'avoir son jugement. confus par un préjugé ecclésiastique perdu en faveur d'un vœu injuste.

Hildebrand cependant non seulement a donné à Guillaume, dans son grand projet d'empire, le formidable soutien de l'autorité du pape, mais il l'a également soutenu dans nombre de ses procédures les plus autoritaires et arbitraires contre les prélats saxons et les riches abbayes que le Conquérant a gâchées à son époque. plaisir. Il ne faut pas oublier, à propos de ces dernières spoliations, que la guerre interne qui faisait rage dans l'Église dans le monde entier, entre la nouvelle race des réformateurs et la masse du clergé ordinaire, qui avait commis de nombreux crimes ecclésiastiques, qui parfois ils s'étaient même mariés et se sentaient à l'aise dans la jouissance d'une tolérance paresseuse, ou avaient noué des relations qui étaient saluées par un monde méprisant et sympathique ; ou qui avaient acheté leurs bénéfices, grands et petits, par un système enchevêtré de dons, de grâces et d'indulgences, ainsi que par la simonie la plus audacieuse, rendirent possibles toutes sortes de révolutions au sein de l'Église et produisirent des dépositions et des substitutions sans fin de tous côtés. Lorsque, comme nous l'avons vu, l'évêque d'un grand siège continental au centre de la civilisation pouvait être expulsé sans pitié de son évêché s'il était convaincu de l'un de ces crimes communs et forcé d'entrer dans le cloître pour modifier ses habitudes et mettre fin à ses jours, il Il est peu probable qu'une plus grande considération soit montrée pour un prélat inconnu loin de l'autre côté des mers du Nord, bien que cela semble être davantage de l'insubordination que d'un vice ecclésiastique dont le clergé saxon était principalement accusé. Cependant, ce premier exemple du droit papal de sanctionner la révolution et de substituer un prétendant à un autre comme choix du Ciel est peut-être la preuve la plus forte que l'on puisse trouver de l'impossibilité de cet idéal et du tribunal ainsi établi sur les trônes humains. et les droits de l'homme. Le siège papal fut ainsi amené à approuver et à soutenir l'une des invasions les plus sanglantes et l'une des conquêtes les plus cruelles jamais connues - et il le fit avec une confiance et une certitude, dans une ignorance et avec un parti pris qui met fin à l'histoire . toutes ces hautes prétentions à une parfaite impartialité et à un jugement au-delà de toutes influences passionnelles qui seuls pouvaient justifier son existence.

Un grand changement s'était produit au firmament depuis l'époque où Léon IX. il purifia l'Église de Reims et tint ce merveilleux concile qui renversa tant de puissants de leurs sièges. Henri III, l'ennemi de la simonie, était mort, et le monde avait changé. Comme nous aurons souvent l'occasion de le remarquer, la règle papale de justice et de pureté fut forte et réussit – aussi longtemps que les forces des pouvoirs laïques l'approuvèrent. Mais lorsque, au fil du temps, l'Église se trouva en conflit avec ces pouvoirs laïques, une situation bien différente s'ensuivit.

L'action de Rome contre le jeune Henri IV était aussi légitime que l'avait été son accord général et son approbation avec son prédécesseur. La jeunesse de ce monarque s'était développée dans des voies très différentes de celles de son père, et sous sa longue minorité tous les maux qu'Henri III avait endurés. avait honnêtement opposé son visage, réapparut en pleine force. Qu'il s'agisse de son éloignement du gouvernement naturel et au moins pur de sa mère, ou de son caractère naturel qu'aucune autorité ni aucune formation n'avait la possibilité de réprimer dans de telles circonstances, le jeune Henri grandit dans un état dissolu et vicieux, et sa cour fut la centre d'une société sauvage et désorganisée . Marié à vingt ans, il ne tarda pas à tenter par les moyens les plus peu recommandables de se débarrasser de sa jeune femme, et n'y parvenant pas, il convoqua ou se fit convoquer par un archevêque complaisant, un concile, pour le débarrasser de sa jeune femme. d'elle. Rome ne perdit pas de temps en envoyant comme légat à ce concile Pierre Damien, dont le don de parole était si incontestable qu'il pouvait même à l'occasion faire apparaître la pire des causes comme la meilleure. Mais sa cause dans le cas présent était excellente, et son éloquence non moins, et il avait pour lui tout ce qu'il y avait de prudent aussi bien que tout ce qu'il y avait de sage et de bon en Allemagne, malgré la complaisance des prêtres. Le légat protestait, exhortait, menaçait. La chose que désirait Henri était une chose indigne d'un chrétien, c'était un exemple fatal pour le monde ; enfin aucune puissance sur terre ne pousserait le pape, dont les mains seules pouvaient conférer cette consécration, à couronner empereur romain un homme qui avait péché de manière si flagrante contre les lois de Dieu. Les grands nobles allemands ajoutèrent à leur manière des arguments pratiques non moins urgents ; et Henri, entouré de toutes parts d'avertissements, fut contraint de céder. Mais cette chute n'eut pour le moment que peu d'effet sur le comportement du jeune potentat, et ses vices étaient tels que ses vassaux immédiats dans son propre pays étaient sur le point de se révolter universellement, aucun château, aucun bien, aucune femme ou fille n'étant en sécurité. L'Église, à laquelle son père avait donné tant de soin et de peine à nettoyer et à purifier, sombra de nouveau dans la simonie la plus infâme, chaque échoppe dans une cathédrale et chaque curé dans un évêché vendant comme des marchandises. Il était temps, dans le cours naturel des choses, lorsque le jeune monarque atteignait l'âge adulte, qu'il soit promu à la dignité finale d'empereur et consacré comme tel, rite que seul le pape pouvait accomplir. avec une pleine conscience du pouvoir qui reposait ainsi sur le Saint-Siège, ainsi qu'à la suite de nombreux appels informels mais enthousiastes au Pape contre les maux toujours croissants de son influence, Hildebrand entreprit de prendre une mesure qui n'avait jamais été osée. auparavant par les hommes d'Église les plus audacieux. Il convoqua formellement Henri à comparaître devant la cour papale et à se défendre contre les accusations portées contre lui. « Pour l'hérésie de la simonie », dit la lettre papale, ceci étant le grand crime ecclésiastique qui tomba immédiatement sous la connaissance du Pape.

Cette citation adressée au plus grand monarque existant alors, et par un pouvoir à peine échappant à son autorité et qui lui devait encore une certaine allégeance, suffisait à émouvoir le monde d'un bout à l'autre. Une telle chose ne s'était jamais produite à la connaissance de l'homme. Mais avant de commencer à entendre parler de l'effet produit, le pape qui avait, nominalement au moins, lancé la convocation, le bon et saint Alexandre II, après avoir exercé la papauté pendant douze ans, est décédé le 21 avril . 1073. Son règne d'alors avait été dans une large mesure le règne d'Hildebrand, l'archidiacre toujours vigilant et toujours laborieux, qui, laissant le pape voyager à sa guise - et ses expéditions à travers l'Italie étaient nombreuses - était toujours vigilant à son poste. , toujours au centre des affaires, avec les yeux et les oreilles ouverts sur tout, et un esprit toujours attentif à son but. La grande idée d'Hildebrand sur la position et les devoirs du Saint-Siège s'était beaucoup développée au cours de ces douze années. Elle commençait à apparaître comme un fait, aux yeux surtout de ceux qui avaient besoin de son appui. Partout, les Normands y croyaient et y faisaient confiance, avec de bonnes raisons laïques pour cela, et ils étaient à l'heure actuelle une grande puissance sur la terre, notamment en Italie. Si elle n'avait pas déjà acquis dans la pensée des hommes une importance et une force plus subtile et moins facile à obtenir que la puissance extérieure, il eût été impossible aux plus audacieux de lancer une convocation au plus grand roi de la chrétienté, le futur empereur. Déjà le premier pas vers cette grande domination visionnaire, dont les poètes, les sages et les ecclésiastiques avaient si longtemps rêvé, avait été fait.

Hildebrand était pratiquement à la tête des affaires depuis l'année 1055, lorsqu'il avait fait traverser les Alpes à Victor II. choisi par lui-même, dont les actes et la politique étaient les siens. Il aurait pu accéder à la papauté de son propre chef à plus d'une occasion s'il l'avait voulu, mais il s'était constamment abstenu d'accéder au rang tout en conservant le pouvoir. Mais maintenant, l'humilité eût été de la lâcheté, et face à l'énorme lutte qu'il avait déclenchée, il ne lui était pas possible d'autre solution que d'assumer l'entière responsabilité. Avant même que les cérémonies des funérailles du Pape ne soient terminées, alors qu'Alexandre était en état, le peuple et les prêtres se précipitèrent vers l'église du Latran, où Hildebrand regardait près du cercueil, criant "Hildebrand ! Le bienheureux Saint-Pierre". . Peter a élu Hildebrand . Une scène étrange, d'enthousiasme et d'excitation mêlés, rompit le silence funèbre de la grande église solennelle, au milieu de sa forêt de colonnes toutes tendues de noir et scintillantes des ornements d'argent qui conviennent au deuil, tandis que le catafalque sur lequel reposait le pape mort était toujours debout. une rose imposante devant l'autel. Hildebrand, surpris, était sur le point de monter en chaire pour s'adresser au peuple, mais fut devancé par un évêque empressé qui se précipita devant lui pour annoncer solennellement l'événement. "L'archidiacre est l'homme qui, depuis le temps du saint pape Léon, a le plus contribué par sa sagesse et son expérience à l'exaltation de l'Église et a délivré cette ville d'un grand danger", s'est-il écrié. Les gens répondirent aux cris de « Saint Pierre a choisi Hildebrand ! » Nous savons tous combien cette manière de tester le sentiment d'un peuple est entièrement fallacieuse ; mais c'était pourtant l'ancienne voie, la méthode adoptée dans les temps anciens où chaque chrétien était un homme éprouvé, ayant lui-même traversé de nombreuses souffrances pour la foi.

Il semble qu'Hildebrand ait hésité, ce qui semble étrange chez un tel homme ; quelqu'un qui, s'il y a jamais eu d'homme, avait le courage de ses opinions et n'était pas susceptible de reculer devant la position qu'il avait lui-même créée ; et il est presque incroyable qu'il ait envoyé une sorte d'appel, comme le dit Muratori , à Henri lui-même, la personne même qu'il avait si hardiment convoquée devant le tribunal de l'Église, lui demandant de refuser son approbation pour l'élection. Muratori considère les preuves de cette étrange déclaration comme douteuses, nous sommes heureux de le constater. Quoi qu'il en soit, après une hésitation momentanée, Hildebrand céda aux instances du peuple. Le décret dans lequel son élection est constatée est absolument simple dans sa narration.

"Le jour de l'enterrement de notre seigneur, le Pape Alexandre II. (22 avril 1073), nous étions rassemblés dans la Basilique de San Pietro in Vincoli , [2] membres de la sainte Église romaine catholique et apostolique, cardinaux, évêques clercs, acolytes, sous-diacres, diacres, prêtres, en présence des vénérables évêques et abbés, du consentement des moines, et accompagnés des acclamations d'une foule nombreuse des deux sexes et de divers ordres, nous élisons comme pasteur et Souverain Pontife, homme de religion, fort de la double connaissance des choses humaines et divines, de l'amour de la justice et de l'équité, courageux dans le malheur, modéré dans la bonne fortune, et suivant les paroles de l'apôtre, homme bon, chaste, modeste, tempérant, hospitalier, gouvernant bien sa propre maison, noblement formé et instruit dès son enfance au sein de l'Église, promu par le mérite de sa vie au rang le plus élevé de l'Église, l'archidiacre Hildebrand, qui, pour l'avenir et pour toujours , nous choisissons, et nous le nommons Grégoire, Pape. L'aurez-vous ? Oui, nous l'aurons. Approuvez-vous notre acte ? Oui, nous approuvons."

Rien ne peut être plus graphique que ce document simple, et rien ne pourrait donner une vision plus claire et plus pittoresque de l'élection populaire primitive. La foule nombreuse derrière, femmes comme hommes, détail des plus remarquables, remplissait jusqu'aux portes toute la longueur de la basilique. Le petit groupe de cardinaux et leurs partisans brillaient de couleurs au milieu : la masse du clergé au centre de la grande nef, éclairée par les évêques et les abbés dans leurs costumes distinctifs et s'assombrissant dans le fond environnant d'innombrables moines : tandis que toute l'assemblée écoutait, essoufflée, cette déclaration simple mais majestueuse, peu de gens en comprenant les mots, même si tous en connaissaient le sens, les grandes phrases latines roulant au-dessus de leurs têtes : jusqu'à ce qu'il en vienne à ce nom bien connu d'Hildebrand – Ildebrando – qui se réveilla soudain . tempête de cris et d'indignations. Veux-tu avoir cet homme ? Oui, nous l'aurons ! Es-tu d'accord? *Approuvons-nous ! Approuvons-nous !* criait et hurlait la foule. Ainsi furent les élections à Venise, des années plus tard, sous les arcades obscures de Saint-Marc ; mais Venise était encore un village dispersé, bordant une lagune, lorsque se produisit cette grande scène.

OÙ SE TIT LE GHETTO.

Hildebrand était alors un homme entre cinquante et soixante ans, ayant passé les dix-huit dernières années de sa vie au contrôle et à la gestion des affaires de Rome. C'était un petit homme simple, aux habitudes les plus sobres, qui s'accordait aussi peu d'indulgences dans les salles du Latran que dans une cellule monastique. Son repas était composé de légumes, même s'il n'était pas végétarien dans notre sens moderne du terme, mais il mangeait cette nourriture pour mortifier la chair et pour aucune meilleure raison. Peu de temps auparavant, il faisait l'aveu triste et pour nous comique qu'il avait « fini par renoncer aux poireaux et aux oignons, ayant des scrupules à cause de leur saveur qui lui était agréable ». Le scrupule ne pouvait guère aller plus loin à l'égard des délices de ce monde. Nous sommes cependant heureux que celui qui était aujourd'hui le grand pape Grégoire se soit refusé cet oignon. C'était un acte digne et un sacrifice aux nécessités de sa grande position.

DE SAN GREGORIO MAGNO

CHAPITRE III.
LE PAPE GRÉGOIRE VII.

La carrière d'Hildebrand jusqu'au moment où il monta sur le trône papal ne pouvait guère être qualifiée d'autre que réussie. Il avait atteint plusieurs de ses objectifs. Il avait éveillé la meilleure partie de l'Église au sens des vices qui s'étaient développés parmi elle, purifié dans de nombreux domaines la vie de ses prêtres et élevé l'esprit et l'idéal de la chrétienté. Mais si mauvais que fussent les vices du clergé, la malédiction de la simonie était encore pire pour un homme dont le rêve et l'espoir dominants étaient ceux d'une grande puissance soutenant sur le monde entier les normes de la vérité et de la justice au milieu des injustices. et les disputes des hommes. Un pauvre prêtre allemand retenu dans son coin éloigné par l'humble épouse ou la compagne à moitié autorisée en présence de laquelle la loi et la charité clignotaient, était en effet une pensée terrible, signifiant déshonneur et sacrilège pour le moine austère ; mais les évêques et les archevêques qui étaient si peu différents des féroces barons, de leurs parents et de leurs pairs, qui avaient obtenu leurs bénéfices par les mêmes intrigues, les mêmes tributs et servitudes, la même violence par laquelle ces barons tenaient dans bien des cas leurs fiefs, comment était-il possible que de tels hommes puissent maintenir la balance de la justice et promouvoir la paix, la pureté et le règne de Dieu sur le monde ? Qu'ils contribuent d'une manière ou d'une autre à cette grande mission que le nouveau pape pensait avoir reçue du chef de l'Église était presque au-delà de tout espoir. Ils tourmentaient son âme partout où il se tournait, des hommes sans motivation, sans inspiration autre que celle de leurs semblables, prêts à comploter et à lutter pour l' agrandissement de l'Église, si vous voulez, pour l'augmentation de leur propre grandeur et puissance et de celles de l'Église. mais aussi peu conscients de cette autre et plus sainte ambition, de cet espoir et de ce rêve d'un règne de justice, que l'étaient leurs camarades et frères, les ducs et les comtes, les combattants, les princes ambitieux d'Allemagne et de Lombardie. Tant que l'ordre des chefs et des princes de l'Église n'aurait pas été purifié, Hildebrand savait, et Grégoire sentait au fond de son cœur, que rien d'efficace ne pouvait être fait.

Le cardinal archidiacre de Rome, sous des papes moins inspirés que lui, mais qui étaient sinon assez forts pour en être l'auteur, du moins consentants et prêts à adopter et sanctionner ce qu'il faisait, avait mené une guerre sainte contre la simonie partout où elle se trouvait. Il l'avait condamné au moyen de conciles répétés, il avait répandu toutes sortes d'appels aux consciences et d'exhortations au repentir, sans faire grande impression. Les plus grands offices furent encore vendus malgré lui. Ils étaient donnés à des voyous et à des débauchés tonsurés qui n'avaient d'autre droit que leur richesse pour accéder aux hauts lieux de l'Église, et qui, en bref, n'étaient que des nobles laïques avec une différence, et l'ajout fatal d'un cynisme presque au-delà de toute croyance, bien que singulièrement mêlé parfois de terreurs superstitieuses. Hildebrand avait lutté désespérément contre ces hommes et leur influence, par tous les moyens en son pouvoir : et le pape Grégoire, disposant de méthodes plus énergiques, était tenu, si possible, d'extirper le mal. Cela lui avait soulevé de toutes parts une phalange d'ennemis, partout où il y avait un dignitaire de l'Église dont le titre n'était pas clair, ou un prince qui tirait une partie de ses revenus du trafic des nominations ecclésiastiques. Le jeune roi dégénéré, pas encore empereur, qui soutenait tous ses projets de rapines et de conquêtes par l'or des prêtres ambitieux qu'il faisait prélats à son gré, était naturellement le premier de ces ennemis : Guibert de Ravenne, plus proche et plus facilement offensant. , l'un des nobles ecclésiastiques les plus puissants d'Italie, veillait à ne pas surprendre le nouveau pape en trébuchement ou à trouver une occasion de l'accuser : Robert Guiscard, le plus grand des Normands, qui avait été tant le serviteur et le partisan du Les papes tardifs, restaient maussades et à l'écart, ne prêtant aucune allégeance à cela : Rome elle-même était entourée d'une noblesse féroce et audacieuse, qui avait toujours été l'ennemi naturel du pape, à moins que lorsqu'il se trouvait être leur candidat, et plus répréhensible qu'eux. . Le monde était donc rempli de visages sombres et renfrognés. Un cercle d'hostilité à la fois à ses portes et au loin s'est mis à froncer les sourcils méchamment autour de lui, lorsque l'âge d'Hildebrand fut terminé et que celui de Grégoire commença. Tous ses grands ennuis et souffrances se sont produits dans cette dernière partie de sa vie. Rien d'échec ne lui était arrivé jusqu'à présent. Il avait rencontré un grand respect et un grand honneur , son mérite et sa puissance étaient reconnus presque dès son plus jeune âge. De grands princes et de grands hommes, Henri lui-même, père de l'actuel Henri dégénéré, noble empereur, honorant l'Église et avide de sa purification, s'étaient sentis honorés de l'amitié du moine qui n'avait ni famille ni richesse à recommander. Mais lorsque le pape Grégoire sortit de sa longue probation et prit en main le sceptre papal , toutes ces choses avaient changé. S'il était conscient, par quelque prémonition, des jours plus sombres dans lesquels il était maintenant tombé, qui peut le dire ? Il est certain que face à eux, il n'avait ni cœur ni espoir.

Il nous apparaît d'abord très prudent, très désireux de ne donner à l'adversaire aucune occasion de blasphémer. La convocation adressée au nom du défunt pape à Henri, l'obligeant à comparaître et à répondre à Rome aux accusations portées contre lui, semble avoir été abandonnée à la mort d'Alexandre : et lorsque ses messagers traversèrent les Alpes pour demander de quel droit un pape avait Ayant été consacré sans son consentement, Grégoire répondit doucement qu'il n'était pas consacré, mais qu'il attendait non la nomination mais le consentement de l' empereur , et que ce n'est qu'après l'avoir reçu qu'il accomplirait les rites définitifs. Celles-ci furent finalement exécutées avec une sorte d'acquiescement d' Henri, donné par l'intermédiaire de son sage et prudent ambassadeur, le jour de la fête de Saint-Pierre, le 29 juin 1073. Grégoire fit ce qu'il pouvait, comme il semble, pour continuer ce traitement doux envers Henri. avec tout ce qui concerne sa grande position et son pouvoir. Il tenta de réunir un conseil très intime pour discuter de l'état des choses entre le roi et lui : un conseil d'une construction singulière, qui, si ce n'est que les questions sur l'influence et la place des femmes sont des questions aussi vieilles que l'histoire, et ont été décidé par chaque époque selon aucune loi formelle mais le caractère des individus avant eux, pourrait être pris pour un exemple d'illumination avant son époque dans l'esprit de Grégoire. Il invita à Rome le duc Rodolphe de Souabe , l'un des plus grands sujets d'Henri, homme de caractère religieux et très respectueux du Saint-Siège, et, en commun avec lui, l'impératrice Agnès, les deux comtesses de Toscane, l'évêque de Côme (qui était le confesseur d'Agnès) et d'autres personnes craignant Dieu, pour réfléchir à la crise dans laquelle l'Église était arrivée, et pour entendre et donner des conseils sur les intentions et les projets du Pape. L'historien français Villemain jette le discrédit sur cette consultation projetée d'« un vassal ambitieux du roi d'Allemagne et de trois femmes, dont l'une avait été autrefois prisonnière dans le camp d'Henri III, l'autre avait été élevée dès l'enfance dans le camp d'Henri III ». haine de l'empire et amour de l'Église, et la dernière était une impératrice déchue qui était plus la pénitente de Rome que la mère d'Henri. Cette énumération semble cependant futile. Il ne pourrait sûrement pas y avoir de meilleur défenseur trouvé pour un fils accusé que sa mère, qui, nous n'avons aucune raison de supposer, ait jamais été séparée de lui personnellement, et qui peu après s'est rendue en ambassade auprès de lui et a été reçue avec tous les honneurs . Béatrice, en revanche, avait été prisonnière de son père, le grand empereur, et non du jeune Henri dont elle était la parente et l'amie, et entre qui et le pape, comme tous les bons hommes d'État ont dû le voir, il était de première importance. il est de la plus haute importance pour l'Europe que la paix règne ; tandis que tout sentiment personnel fort qui pourrait exister serait modifié par Grégoire lui-même, par Raymond de Côme et les chefs les plus sages de Rome.

Mais ce comité de conseil et de conciliation n'a jamais siégé, nous n'avons donc pas besoin de commenter ses éventuels concomitants. Cependant, dans chacun de ses actes au cours de sa première année, Grégoire montra le désir de se concilier Henry plutôt que de le défier. Le jeune roi avait les mains très occupées, et sa grande lutte avec les nobles et le peuple saxons ne tournait pas en sa faveur pour le moment . Et il avait divers défenseurs et partisans naturels autour de la cour romaine. L'abbé Hugo de Cluny, qui était l'un des plus chers amis de Grégoire, avait été le précepteur du jeune roi et lui portait une grande affection. Nous n'avons aucune raison de croire que l'influence d'Agnès n'ait pas été entièrement du côté de son fils, sinon pour soutenir ses actes, du moins pour les pallier et les excuser. Avec l'un d'entre eux dans son conseil le plus intime, et l'autre un observateur anxieux à l'extérieur, tous deux aux commandes de son oreille et de son attention, il aurait été étrange que Gregory n'ait pas voulu entendre quoi que ce soit qui soit en faveur d'Henry .

Et en fait , quelque chose de presque plus qu'une réconciliation totale semble s'être opérée entre le nouveau pape et le jeune roi, si désireux de conquérir la couronne impériale et conscient que l'aide de Grégoire était pour lui de la plus haute importance. Henri, de son côté, écrivit une lettre à son « seigneur et père très aimant », son « seigneur le plus désiré », respirant un esprit si exemplaire, tant de pénitence et de soumission, que Grégoire la décrit comme « pleine de douceur et d'obéissance » : tandis que le pape, s'il n'enlevait pas complètement l'épée qui pendait au-dessus de la tête d'Henri, du moins reçut gracieusement ses communications et lui donna tout le temps et les encouragements pour changer d'avis et devenir le lieutenant le plus fiable du Saint-Siège. Le roi fut donc laissé libre de poursuivre ses propres affaires et sa grande lutte avec les Saxons sans aucune autre question d'interférence ecclésiastique : tandis que Grégoire passa toute l'année suivante en visite en Italie, et beaucoup de correspondance et de conférences au sujet de la simonie et d'autres abus dans l'Église. De retour à Rome, il s'efforça , mais en vain, de jouer le rôle de pacificateur entre Henri et les Saxons. Et ce n'est qu'en juin 1074, lorsqu'il convoqua le premier des conciles du Latran, assemblée ensuite renouvelée chaque année, sorte de convocation potentielle, que de nouvelles mesures furent prises. C'est ainsi que fut frappée la première note de la grande guerre qui suivit. Le sérieux des lettres par lesquelles il convoquait ses membres montre suffisamment l'importance qu'on y attachait.

« Les princes et les gouverneurs de ce monde, cherchant leur propre intérêt et non celui de Jésus-Christ, foulent aux pieds toute la vénération qu'ils doivent à l'Église et l'oppressent comme une esclave. Les prêtres et ceux chargés de la conduite de l'Église sacrifice, loi de Dieu, renoncent à leurs obligations envers Dieu et leurs troupeaux, ne recherchant dans les dignités ecclésiastiques que la gloire de ce monde, et consommant avec pompe et orgueil ce qui doit servir au salut du plus grand nombre. conseillers pour les conduire dans la voie de la vertu, et qui sont instruits par l'exemple de leurs chefs dans toutes les choses pernicieuses, s'égarent dans toute mauvaise voie, et portent le nom de chrétien sans ses œuvres, sans même conserver le principe de la foi. C'est pourquoi, confiants dans la miséricorde de Dieu, nous avons résolu de réunir un Synode afin de chercher avec l'aide de nos frères un remède à ces maux, et afin que nous ne voyions pas à notre époque la ruine et la destruction irréparables. de l'église. C'est pourquoi nous vous prions en tant que frère, et vous avertissons au nom du bienheureux Pierre, prince des apôtres, de comparaître au jour fixé, convoquant par cette lettre et par la vôtre vos évêques suffragants ; car nous pouvons revendiquer la liberté de religion et l'autorité ecclésiastique avec d'autant plus de certitude et de force que nous nous trouvons entourés des conseils de votre prudence et de la présence de nos frères.

Quelques princes italiens, Gisulfo de Salerne, Azzo d'Este , Béatrice et Mathilde de Toscane, furent convoquées au conseil et y siégèrent. Les mesures adoptées étaient très explicites et claires. Ils condamnèrent le clergé simoniaque dans tous les rangs, les déposèrent de leurs fonctions et leur ordonnèrent de se retirer des ministères de l'autel. Le même jugement était porté sur ceux qui vivaient avec des femmes ou des concubines. Les deux classes furent mises hors de portée de l'Église, et il fut interdit au peuple, sous peine de partager son sort, de recevoir d'elles les sacrements ou de leur obéir. Rien de plus approfondi et de plus vaste portée ne pourrait être fait. Jusqu'ici les papes avaient procédé par des tribunaux d'instruction, par des interrogatoires d'individus, dans lesquels l'alternative du repentir et du renoncement était toujours ouverte au prélat qui était peut-être tombé par inadvertance dans ces crimes. Mais ces relations douces n'avaient été que très partiellement couronnées de succès. Çà et là, un archevêque ou un grand abbé avait été convaincu par ses pairs et fait descendre de son état élevé ; çà et là, un grand personnage s'était levé à sa place et avait fait des aveux. Certains s'étaient retirés dans le cloître, mettant de côté toutes leurs pompes et leurs gloires, et avaient bien fini. Mais comme c'est l'habitude après tout renouveau religieux, la vie avait repris son cours habituel, et les évêchés ainsi libérés avaient probablement été vendus au plus offrant ou cédés à l'assaillant le plus violent, comme si une telle réforme n'avait jamais été réalisée. .

L'affaire était désormais allée trop loin pour de tels allègements occasionnels ; et Grégoire frappa tout le corps des fiers prélats, seigneurs de grandeur séculière aussi bien qu'ecclésiastique, hommes dont la position était aussi puissante dans la politique et dans les affaires de l'empire que celle des princes et margraves qui étaient leurs parents, et qu'ils naturellement soutenus — comme les autres les avaient soutenus par l'argent et l'influence dans leur ascension au pouvoir : mais qui avaient très peu de temps pour les affaires de l'Église, et encore moins pour la préservation de la paix et la réparation des torts.

Les autres mesures votées à ce concile étaient plus approfondies encore ; elles visaient les désordres dans lesquels était tombé le clergé, et surtout ce qui était pour Grégoire et ses disciples la grande criminalité des prêtres mariés, qui abondaient dans l'Église. En cela, les ordres inférieurs du clergé étaient principalement attaqués, car les membres les plus importants de la hiérarchie ne se mariaient pas, même s'ils pouvaient autrement être vicieux. Mais les prêtres ruraux, les clercs peu instruits et peu estimés qui abondaient dans chaque ville et village, étaient très généralement affectés par le vice — si vice il en était — du mariage, à moitié légal et largement toléré : et leur détermination ne pas l'abandonner était furieux. Des réunions du clergé pour s'opposer à cette condamnation se tenaient de toutes parts, et se terminaient souvent par des émeutes, les prêtres déclarant qu'aucun des biens de l'Église ne leur revenait, mais que plutôt que de renoncer à leurs femmes, leur seule compensation, ils mourraient. Cela n'était pas de nature à rendre les démarches de Grégoire moins déterminées : mais on peut facilement imaginer quelle convulsion prodigieuse un tel édit était susceptible de provoquer dans le monde ecclésiastique.

Les historiens ultérieurs disent que l'impératrice Agnès fut utilisée, avec son évêque et son confesseur, pour porter ces décrets à la cour d'Henri : bien que cela ne semble pas être sanctionné par les autorités plus anciennes, qui confient la mission d'Agnès l'année précédente, et la considérons comme une année de paix et de conciliation. Mais Henry continuait toujours dans un état d'esprit conciliant. Ses propres affaires n'allaient pas bien et il tenait à conserver le soutien du pape au milieu de ses conflits avec ses sujets. Les grands dignitaires ne semblent pas non plus avoir fait de protestation ou de résistance publique : ce sont les pauvres prêtres, sur lesquels cet édit pesait individuellement, qui étaient soulevés presque jusqu'à l'insurrection.

Un des effets les plus curieux du décret fut l'esprit éveillé parmi les laïcs ainsi encouragés à juger et même à refuser les ministères d'un prêtre indigne. Non seulement leur conduite immédiate fut affectée par des actes d'insubordination spirituelle, mais un changement fondamental semble s'être produit dans leur conception du caractère du prêtre. Il ne fait aucun doute que la législation de Grégoire doit être à l'origine d'une opposition déterminée, bien qu'illogique, à un sacerdoce marié et d'un dégoût pour cette idée, qui a eu depuis lors une influence si singulière dans les pays catholiques, et qui, à notre avis, apporterait à l'heure actuelle un changement dans la situation. Le caractère célibataire du sacerdoce était impossible même si toutes les autres difficultés étaient surmontées. Nous ne savons pas qu'il ait existé auparavant, sous quelque forme que ce soit. La chose était presque trop courante pour être commentée : et il ne semble pas y avoir eu d'opposition farouche au principe. Il est apparu maintenant progressivement, mais avec une force incontrôlable : il y a eu de nombreux cas de laïcs baptisant eux-mêmes leurs enfants, plutôt que de les remettre entre les mains d'un prêtre pollué - jusqu'à ce qu'il y ait presque un risque d'indifférence générale à l'égard de ce sacrement en raison de la montée en puissance de ce sacrement. conviction que les mains qui l'administraient étaient indignes : et d'autres observances religieuses furent négligées de la même manière, un effet qui devait être l'inverse de tout ce que voulait le pape. Aujourd'hui encore, dans tous les pays catholiques, un dégoût inexprimable pour cette pensée se mêle même à la théorie selon laquelle la société pourrait peut-être être améliorée si le prêtre était un homme marié et jusqu'à présent contraint de se contenter des affaires de sa propre maison. Il s'agissait probablement de la forte dénonciation de Grégoire et de son exigence au peuple de ne pas révérer, de ne pas obéir à des hommes si souillés ; ainsi que la conviction longtemps cultivée par l'Église, et devenue à cette époque un dogme, que la vie ascétique était dans tous les domaines. C'est le cas le plus sacré, qui a donné naissance à ce puissant sentiment général, plus puissant pour décider du fait d'un clergé célibataire que tous les décrets ecclésiastiques du monde.

Lors du deuxième Concile du Latran tenu l'année suivante, au début du Carême, parallèlement à la réitération des lois concernant la simonie et le sacerdoce, un décret solennel contre l'investiture laïque fut adopté par l'Église. Cette loi transféra la lutte sur un terrain plus élevé. Il ne s'agissait plus désormais d'évêques et de prélats de toutes classes, ni de simples prêtres, mais des plus grands souverains, qui avaient tous naturellement donné des bénéfices ecclésiastiques comme ils donnaient des fiefs féodaux . La loi était la suivante :

"Quiconque recevra des mains d'un laïc un évêché ou une abbaye ne sera pas compté parmi les évêques et les abbés, ni partager leurs privilèges. Nous lui interdisons l'entrée dans l'Église et la grâce de saint Pierre jusqu'à ce qu'il aura renoncé à la dignité ainsi acquise par l'ambition et la désobéissance, qui sont égales à l'idolâtrie. De plus, si un empereur, duc, marquis, comte ou autre autorité séculière se présume de donner l'investiture d'un évêché ou d'une autre dignité de l'Église, que qu'il comprenne que la même peine lui sera imposée.

La situation entre le pape et l'empereur s'en trouvait ainsi fondamentalement modifiée. Le père d'Henri, un fils beaucoup plus fidèle de l'Église, avait presque sans opposition fait pape de sa propre volonté, alors qu'il était désormais interdit à son fils de nommer un seul évêque. Le mal était peut-être assez grand pour ce grand remède, et Grégoire, qui était allé si loin, n'était maintenant empêché par aucune précaution prudente d'aller aussi loin que possible. Le jour de la prudence était terminé ; il s'était engagé sur un chemin sans recul. Que cela n'ait pas été fait à la légère ou sans une réflexion profonde et douloureuse, et un profond sentiment de danger et de troubles imminents, ressort clairement de la lettre suivante dans laquelle le Pape s'ouvre au chef de son ancien couvent, le grand Hugo de Cluny, son propre ami chaleureux, et en même temps le tuteur et le défenseur constant d'Henry.

"Je suis submergé (écrit-il) par une grande tristesse et un grand trouble. Où que je regarde, au sud, au nord ou à l'ouest, je ne vois pas un seul évêque dont la promotion et la conduite soient légales et qui gouverne le peuple chrétien pour l'amour du Christ, et non par ambition temporelle. Quant aux princes séculiers, il n'en est pas un qui préfère la gloire de Dieu à la sienne, ou la justice à l'intérêt. Ceux parmi lesquels je vis, les Romains, les Lombards, les Normands, sont, comme je le dis, eux en face, pires que les juifs et les païens. Et quand je rentre en moi-même, je suis tellement accablé par le poids de la vie que je ne sens plus d'espoir en autre chose que la miséricorde du Christ.

Malgré l'importance suprême de cette question et le sentiment profond qu'avait Grégoire du caractère formidable de la lutte dans laquelle il s'était ainsi engagé, les questions de moralité publique ne furent pas par ailleurs sacrifiées à ces grandes démarches pour l'honneur de l' Église . Non seulement il a assumé lui-même, mais il a insisté auprès de toutes les autorités spirituelles placées sous lui, sur le devoir et la nécessité d'intervenir rapidement dans la cause de la justice et de l'honnêteté publique. Les lettres qui suivent ont été motivées par une violation remarquable de ces lois de l'honnêteté et de la protection due aux étrangers et aux voyageurs qui sont des règles fondamentales de la société. Il s'agissait de la spoliation de certains marchands dévalisés lors de leur passage en France, et sur lesquels le pape accuse le jeune roi Philippe Ier d'avoir pris , « comme un brigand, une somme d'argent immense ». Grégoire s'adresse aux évêques de France en avertissement et en supplication comme suit :

"Comme il n'est pas possible que de tels crimes échappent à la sentence du Juge Suprême, nous vous prions et nous vous avertissons avec une véritable charité d'être prudent et de ne pas attirer sur vous la malédiction du prophète : " Malheur à celui qui retourne son épée ". du sang », c'est-à-dire, comme vous le comprenez bien, qui n'utilise pas l'épée de la Parole pour la correction des hommes du monde ; car vous êtes en faute, mes frères, vous qui, au lieu de vous opposer de toutes parts à ces viles procédures la rigueur du sacerdoce, encouragez la méchanceté par votre silence. Il est inutile de parler de peur. Unis et armés pour défendre les justes, votre force sera telle que vous saurez assouvir les mauvaises passions dans la pénitence. Et même s'il y en avait danger, ce n'est pas une raison pour renoncer à la liberté de votre sacerdoce. Nous vous prions donc, et nous vous avertissons par l'autorité des Apôtres, de vous unir dans l'intérêt de votre pays, de votre gloire et de votre salut, dans un commun et conseil unanime : Allez vers le roi, parlez-lui de sa honte, de son danger et de celui de son royaume. Montrez-lui en face combien ses actes et ses motivations sont criminels, efforcez-vous de l'émouvoir par toutes les incitations afin qu'il puisse réparer le mal qu'il a fait.

"Mais s'il ne vous écoute pas, et si, méprisant la colère de Dieu et indifférent à sa propre dignité royale, à son propre salut et à celui de son peuple, il s'obstine dans la dureté de son cœur, qu'il entende comme de notre bouche qu'il ne peut échapper plus longtemps à l'épée du châtiment apostolique.

Ce ne sont pas les paroles que Pierre a jamais été chargé de prononcer dans les Saintes Écritures ; mais en accordant toutes les prétentions des successeurs de Pierre, comme le font tant de bons chrétiens, ce n'est pas une voix ignoble qui s'élève ainsi en avertissement, qui dénonce ainsi la vengeance de l'Église contre le malfaiteur, qu'il soit évêque, clown ou roi. . Grégoire n'avait ni armées ni grandes richesses pour soutenir son ingérence dans le cours du monde ; il n'avait que le droit et la justice, et une foi profonde en sa mission. Il risquait tout : sa vie (une si petite affaire !), sa position, et même la sécurité de l'Église elle-même, que ces potentats auraient pu écraser sous leurs chaussures de maille ; mais qu'il y ait une voix qui ne mentirait pas, un champion qui ne se détournerait pas, un témoin pour le bien, toujours et partout, contre le mal, était sûrement une prétention aussi noble que jamais élevée sous le ciel. C'était pour étendre la puissance de Rome, disent tous les historiens ; ce qu'il souhaitait sans doute faire. Mais si son premier objectif était d'étendre la puissance de Rome, ou de poursuivre la culpabilité, la cruauté et le mensonge hors des frontières mêmes du monde si un seul homme pouvait les chasser, Dieu seul peut en juger. Toutefois, lorsqu'il existe deux motifs évidents, il n'est pas toujours sage de croire que le pire est celui qu'il faut choisir.

Le contraste le plus curieux avec ces grandes et audacieuses déclarations est l'incident, tout à fait temporaire et sans réelle importance, dans sa vie, qui est arrivé au pape Grégoire au moment même où il menaçait ainsi un monde en proie à la méchanceté avec les foudres de Rome. . La ville qui avait traversé tant de convulsions et était maintenant le centre des pèlerinages du monde, était encore dans sa forme et sa construction l'ancienne Rome, et plus ou moins une ville en ruines. Les vastes espaces ouverts, forums, cirques, grandes places et amphithéâtres , qui rendaient la vieille Rome si spacieuse et si magnifique, existaient encore comme ils existent encore dans une certaine mesure. Mais aucun grand bâtisseur ne s'était encore levé parmi les papes, personne n'était assez riche ou n'avait assez de loisir pour ordonner la ville selon de nouvelles lignes, lui donner une forme moderne ou la réduire aux dimensions nécessaires à sa population limitée. C'était encore une grande carrière pour le monde, pleine de trésors pouvant être emportés, un réservoir et un entrepôt de reliques dans lesquelles chacun pouvait se servir. Le professeur Lanciani , le savant accompli et érudit à qui nous devons tant de renseignements sur la ville antique, nous a montré combien cette convoitise médiévale était liée à la disparition même des édifices antiques, pierre par pierre. Mais ce n'est pas la seule offense commise contre les monuments du passé. Les grands édifices de l'époque classique étaient souvent transformés, non sans avantage au sens pittoresque, en places fortes des nobles, parfois presque aussi isolées au milieu des grandes fentes des ruines que dans la campagne extérieure. Les seuls édifices de l'époque étaient des monastères, généralement entourés de murs solides, capables d'assurer la protection d'une communauté puissante, et dans lesquels les humbles et les pauvres pouvaient trouver refuge en cas de trouble. Ces établissements, ainsi que les forteresses et les tours médiévales construites au milieu des ruines, occupaient, avec de nombreux espaces sauvages, où l'herbe luxuriante enfouissait les piliers tombés et les fondations brisées, les déserts de désolation qui remplissaient la moitié de la superficie de la ville. La population semble s'être regroupée à l'extrémité est de la ville ; toute la vie dont on lit, à l'exception d'un tumulte occasionnel autour de Saint-Pierre et au nord de Saint-Ange, semble s'être déroulée sur les pentes ou à l'ombre des collines de l'Aventin et du Cœlien, depuis de là jusqu'à la porte latine, et le Là, le palais du pape, centre du gouvernement et de l'État, et sur la colline du Capitole, où le peuple se rassemblait encore lorsqu'il y avait un motif pour une assemblée populaire. La population ordinaire a dû se rassembler dans tout ce qu'il était possible d'atteindre dans ces quartiers de casernes à moitié en ruine de vieux palais ou de huttes sordides de nouvelle construction accrochées à leurs jupes, se regroupant pour plus de chaleur et de sécurité, tandis que le reste de la ville était dévasté. , parsemé de ruines et de sentiers désolés, avec de grandes maisons ici et là dans lesquelles les races étrangement métisses portant les noms, souvent auto-appropriés, d'anciennes familles patriciennes romaines, vivaient et volaient et faisaient de petites guerres et s'assiégeaient au sein de leurs forts. des murs.

L'une de ces maisons ou tours fortifiées, construites sur ou sur le pont Saint-Ange, dans lesquelles le noble propriétaire était assis comme une araignée, attirant les mouches vers sa toile, faisant des ravages sur tout étranger entrant dans Rome par cette voie, appartenait à un certain Cencio [3] ou Cencius de la famille de Tusculum, fils du préfet de Rome. Le préfet , contrairement à sa famille, était l'un des partisans les plus dévoués des papes ; il est en effet, dans le curieux aperçu que nous offre l'histoire, l'une des figures les plus singulières qui se présentent sur ce premier plan bondé. Noble médiéval et haut fonctionnaire, il était en même temps un prédicateur laïc, ravi d'exercer son don lorsque le sermon le plus légitime échouait pour quelque cause que ce soit, et trop fier, semble-t-il, d'entendre sa propre voix en chaire. . Il n'y avait peut-être pas lieu de s'étonner que son fils soit d'un tempérament très différent. Cencius était aussi turbulent que son père était pieux ; mais il devait être un soldat de quelque renom, car il occupait le poste de capitaine de Saint-Ange, et à ce titre avait soutenu pendant un long siège l'antipape Cadalous , ou Honorius II, dont, brigand comme il Il exigea une lourde rançon avant de permettre au malheureux et trop ambitieux prélat de s'enfuir comme un voleur dans la nuit, alors que sa chance était visiblement terminée. Cencius semble avoir perdu son poste à Saint-Ange, mais il maintenait sa tour de voleur à l'autre extrémité du pont, et était l'un des plus dangereux et des plus turbulents de ces ennemis intérieurs de Rome. Pendant un intervalle de bannissement, à la suite d'un meurtre plus que d'habitude cruel, il s'était rendu en Allemagne et avait rencontré à la cour du jeune Henri de nombreuses personnes pour lesquelles le pape Grégoire était odieux, depuis Gottfried le Bossu, le mari de la comtesse Mathilde , jusqu'au jeune roi lui-même. On ne sait cependant pas si ce qui suivit fut le résultat d'une conspiration, ou s'il s'agissait d'un élan de vengeance folle de la part de Cencius lui-même, ou de la simple impulsion calculatrice d'un flibustier pour obtenir une bonne rançon. Une conspiration, avec Godfrey à sa tête, non sans le soutien d'Henri, et au moins à la connaissance de l'archevêque de Ravenne et de Robert Guiscard, tous profondément irrités par les récentes démarches du pape, était bien sûr l'idée favorite à l' époque . Mais aucune explication claire des motivations n'a jamais été obtenue, et seuls les faits sont connus.

La veille de Noël, les papes avaient l'habitude de célébrer une messe de minuit dans la grande basilique Santa. Maria Maggiore dans ce qui était alors un quartier solitaire et dangereux , mais pas très loin de l'église et du palais du Latran. C'était habituellement l'occasion d'un grand rassemblement de tous les quartiers de la ville, attiré par la fête toujours populaire de minuit. Mais la veille de Noël de l'année 1076 (Muratori dit 1075), une grande tempête éclata sur la ville à l'approche de l'heure de la cérémonie. Des torrents de pluie, d'une violence presque tropicale, comme c'est si souvent le cas à Rome, tombèrent de l'obscurité du ciel, éteignant même les torches avec lesquelles le Pape et sa procession diminuée se dirigeaient vers la grande église, flamboyant joyeusement avec toutes ses fenêtres éclairées dans la nuit. Outre les prêtres, seul un très petit nombre de personnes suivait, et il n'y avait pas de murmure, de bruissement de sympathie et de chaleur de cœur comme ceux qu'une telle assemblée suscite généralement. Mais le grand autel était décoré pour Noël, et le pape portait ses robes, et tout brillait de lumière et d'éclat à l'intérieur, même si la tempête faisait rage à l'extérieur. La messe était presque terminée, Grégoire et les prêtres avaient communiqué, les fidèles rassemblés recevaient leur plus humble part de la fête sacrée, et dans quelques minutes l'office serait terminé, quand tout à coup l'église se remplit de bruit et de clameurs et des hommes armés. Il n'y avait personne pour défendre les prêtres à l'autel, même si cela avait été possible dans la soudaineté de l'assaut. La bande de Cencius était composée de voyous de toutes les régions, unis uniquement par leur anarchie et leur crime ; ils s'emparèrent du pape à l'autel, l'un d'eux le blessant légèrement au front. On raconte qu'il n'a ni demandé grâce, ni émis de plainte, ni même de reproche, mais s'est laissé sans un mot être traîné hors de l'église, dépouillé de ses robes, placé sur un cheval derrière un des cavaliers, et transporté. partir dans la nuit sans savoir où.

Tout cela s'est produit avant que les prêtres et les gens terrifiés, dont beaucoup étaient probablement des femmes pauvres des masures alentour , ne reprennent leur surprise. La bande sauvage, avec le Pape au milieu, galopait dans l'obscurité et la pluie, passant sous les murs des jardins et les tours des monastères silencieux, où les moines, trop habitués à de tels bruits pour y prêter attention, entendaient le bruit de la ruée. des chevaux et des voix grossières dans la nuit avec gratitude qu'aucun tonnerre aux portes du couvent ne les appelle à abriter les lances libres. Il semble que ce n'est pas à la forteresse de Cencius sur le pont, mais à la maison de l'un de ses serviteurs, que ce grand prix fut transporté. Ici, Grégoire, dans la soutane qu'il portait sous sa magnifique robe papale, mouillé et saignant de la blessure au front, fut jeté sans cérémonie dans une pièce vide. L'histoire raconte qu'un homme pieux dans la foule et une dame romaine, voyant par hasard l'arrivée de la bande, se glissèrent avec eux et trouvèrent le chemin jusqu'à l'endroit où reposait le pape, le couvrant de leurs propres fourrures et manteaux et soigner sa blessure. Et ainsi passa le matin de Noël dans la misère de ce froid cruel qui, bien que rare, n'est nulle part plus âpre qu'à Rome.

SANTA MARIA MAJEURE.

Pendant ce temps , la congrégation terrifiée de Sta. Marie Majeure avait repris ses esprits, et des messagers couraient dans toutes les directions pour retracer le chemin par lequel étaient passés les flibustiers et répandre la nouvelle de l'enlèvement du pape. La tempête était alors passée, et le peuple était facilement réveillé à la veille de la grande fête. Des torches commencèrent à briller dans toutes les rues obscures, et la population se précipita dans l'excitation d'un grand événement. Il semblerait que dans toute la ville tumultueuse et factieuse, il n'y ait qu'une seule pensée d'horreur devant le sacrilège et de détermination à sauver le Pape si cela était encore possible. Grégoire n'était pas, comme son grand prédécesseur le premier du nom, l'idole de son peuple. Il n'avait pas la richesse avec laquelle beaucoup de grands ecclésiastiques s'étaient assurés des hommages d'une foule souvent affamée ; et homme sévère, sans génie particulier de nature et avec des vues qui dépassaient si loin les intérêts locaux de Rome, il ne semble pas le genre de dirigeant à avoir obtenu la faveur populaire . Pourtant, jamais la ville n'avait été plus unanime, plus déterminée dans sa résolution. Le tocsin retentit dans tous les quartiers de Rome pendant cette nuit d'agitation ; tous les soldats furent appelés, des gardes furent placées à toutes les portes, de peur que le pape ne soit transporté hors de la ville ; et la foule agitée se dirigea en masse vers le Capitole, la seule des sept collines de Rome où l'on avait tenté une sorte de réparation et de restauration, pour consulter, riches et pauvres ensemble, peuple et nobles, sur ce qu'il fallait faire. C'est à cet endroit que arrivaient les éclaireurs envoyés à la recherche d'informations, pour rapporter leurs découvertes. Ils avaient découvert que le pape était toujours à Rome, et là où il se trouvait, prisonnier, mais encore indemne.

D'un seul coup, le peuple de Rome, formant une armée indigne mais enthousiaste, se précipita de son lieu de réunion vers le château du voleur. Nous entendons parler d'engins de guerre, de tous les accessoires encombrants d'un siège et de moyens de percer les murs, comme si ces articles avaient été tous prêts en prévision de toute situation d'urgence. Le palais, bien que fort, ne put résister à l'assaut de toute la population, et il fallut bientôt sortir le pape de sa prison et le montrer à une fenêtre pour apaiser les assaillants. Cencius fit tout ce qu'un voyou ferait naturellement dans de pareilles circonstances. Il essaya d'abord d'arracher de l'argent et des terres aux terreurs du pape, puis se jeta à genoux devant Grégoire, implorant pardon et protection. La première tentative fut inutile, car Grégoire n'avait pas peur ; la seconde fut plus réussie, car impitoyable envers les criminels dont les mauvais actes ou l'exemple blessaient l'Église, le Pape était assez miséricordieux envers les pécheurs ordinaires et n'avait jamais condamné aucun homme à mort. " Ce que vous m'avez fait, je vous le pardonne comme à un père ; mais ce que vous avez fait contre Dieu et contre l'Église doit être expié ", dit Grégoire, toujours à la merci de tout compagnon grossier de cette bande de voyous : et il ordonna son ravisseur de faire un pèlerinage à Jérusalem, pour se purifier de ce péché. Le Pape fut transporté hors de sa prison par une foule excitée et enthousiaste, criant et pleurant, moitié de joie, moitié à la vue de la cicatrice encore sanglante sur son front. Mais tout faible et épuisé qu'il était, sans nourriture, après une nuit et presque un jour d'une telle excitation, où il n'avait pas su d'une heure à l'autre ce qui pourrait arriver, impuissant entre les mains de ses ennemis, Grégoire n'avait qu'une pensée : — pour conclure sa messe qu'il n'avait pas finie lorsqu'il fut interrompu à l'autel. Il repartit en soutane, couvert par le manteau fourré de l'étranger, par le même chemin sauvage par lequel il s'était précipité dans l'obscurité ; et suivi de toute la population, qui se pressait dans tous les coins et bloquait toutes les entrées, retourna à la grande basilique, où il remonta de nouveau les marches de l'autel, termina la messe, offrit ses actions de grâces à Dieu, bénit et remercia ses libérateurs, avant de il chercha dans le crépuscule tombant rapidement du jour d'hiver le reste de sa propre maison.

Il est courant d'augmenter l'effet de cette scène des plus pittoresques en décrivant Grégoire comme un homme âgé, vieux et épuisé, au milieu de ses féroces ennemis ; mais il avait à peine soixante ans et était toujours dans la plénitude de ses forces, quoique épargné et rétréci par de nombreux jeûnes et encore d'autres inquiétudes. Il est évident qu'il n'avait rien perdu de sa vigueur , et en fait l'incident, bien que jamais oublié comme un épisode dramatique et révélateur par les historiens, n'était qu'un simple incident sans aucune importance dans sa vie.

Pendant ce temps , l'empereur Henri, qui avait été disposé à l'humilité et à la pénitence par les efforts de sa mère et par les détresses de sa propre situation au cours d'une guerre intestine douteuse et dangereuse, dans laquelle tout à ce moment semblait aller contre lui . , avait soumis les Saxons et repris le dessus : et, ainsi victorieux dans son propre pays, n'était plus disposé à plier le cou sous aucun joug spirituel. Il n'avait prêté aucune attention aux commandements de Grégoire concernant la simonie ni à l'ordonnance contre l'investiture laïque issue du concile de 1075 ; mais il avait, au contraire, rempli plusieurs évêchés à l'ancienne, continué à recevoir les nobles excommuniés et traité les décrets de Grégoire comme s'ils n'avaient jamais eu lieu. Son indignation face à l'intervention du Pape, cette indignation que tout prince séculier a toujours manifestée face à l'intervention du Saint-Siège, et qui traduit si facilement les titres augustes du successeur de saint Pierre, Vicaire du Christ, en une dénonciation farouche de le « prêtre italien » que les princes médiévaux craignaient et détestaient — n'était qu'intensifié par ses prétentions suprêmes d'empereur, et devenait de plus en plus virulent à mesure que l'audace intrépide de Grégoire et son exercice continu, dans la mesure où les anathèmes le permettaient, des armes de la discipline ecclésiale, se dressaient. régulièrement devant lui. Il est très possible que le déconfiture complète de l'attentat de Cencius contre la liberté ou la vie du pape, dont Henri est censé avoir été complice, et la honte et le ridicule de cet échec, aient irrité et exaspéré le jeune monarque, et qu'il ait désormais senti que aucun terme ne pouvait être respecté avec l'homme qu'il n'avait pas réussi à détruire.

Grégoire, au contraire, trouvant tous ses efforts infructueux pour gagner la soumission d'Henri, avait de nouveau pris la décision énergique de le convoquer devant le concile annuel tenu à Rome au début du Carême, pour y répondre de son indifférence envers ses décisions antérieures. La lettre suivante envoyée à Henry peu de temps après la tentative de Cencius , mais dans lequel il n'est pas dit un mot de cette tentative, est un exemple remarquable de l'attitude digne et inflexible de Grégoire :

"Grégoire, serviteur des serviteurs de Dieu.

"A Henri, roi, salut et bénédiction des apôtres, s'il obéit au siège apostolique, comme il convient à un roi chrétien.

« Considérant avec inquiétude, en nous-mêmes, à quel tribunal nous devons rendre compte de la dispensation du ministère qui nous a été étendu par le Prince des apôtres , nous vous envoyons avec doute notre bénédiction apostolique, puisque nous sommes assurés que vous vivez en étroite union avec des hommes excommuniés par le jugement du Siège Apostolique et la censure du synode. Si cela est vrai, vous vous apercevrez vous-même que vous ne pouvez recevoir la grâce de la bénédiction ni divine ni apostolique, tant que vous n'aurez pas renvoyé de votre société ces personnes excommuniées, ou en les forçant à exprimer leur repentir, avez-vous obtenu vous-même l'absolution par la pénitence et l'expiation. Nous conseillons à Votre Altesse, si vous êtes coupable à cet égard, de recourir sans délai à l'avis de quelque pieux évêque. qui, sous notre autorité, vous indiquera ce qu'il faut faire et vous absoudra, en nous faisant part, avec votre consentement, de votre pénitence.

Le pape poursuit en soulignant, rappelant à l'esprit d'Henri les promesses qu'il avait faites et les assurances données, combien sa conduite était différente de ses professions.

" En ce qui concerne l'Église de Milan, comment vous avez tenu les engagements pris avec votre mère et avec les évêques nos collègues, et avec quelle intention vous avez fait ces promesses, l'événement lui-même le montre. Et maintenant, pour ajouter blessure à blessure, vous avez disposé des églises de Spolète et de Fermo. Est-il possible qu'un homme ose transférer ou donner une église à des personnes qui nous sont inconnues, alors que l'imposition des mains n'est permise qu'à ceux qui sont connus et approuvés ? Votre propre dignité exige, puisque vous vous dites fils de l'Église, que vous honoriez celui qui est à sa tête, c'est-à-dire le bienheureux Pierre, prince des apôtres, à qui, si vous êtes du troupeau du Seigneur, vous avez été formellement confié par la voix et l'autorité du Seigneur, lui à qui le Christ a dit : « Pais mes brebis ». Tant que nous, pécheurs et indignes que nous sommes, occupons sa place dans son siège et dans son gouvernement apostolique, c'est lui qui reçoit tout ce que vous nous adressez soit par écrit, soit par parole ; et pendant que nous lisons vos lettres ou écoutons vos paroles , c'est lui qui voit d'un œil pénétrant de quelle sorte de cœur ils viennent.

Dans cette remontrance digne et sérieuse, il n'y a pas un mot de l'insulte personnelle et de l'injure que le Pape lui-même a subies. Il passe sous silence Cencius et sa méchanceté déjouée comme si cela n'avait jamais existé ; mais si Grégoire pouvait oublier, Henri ne le pouvait pas : et les historiens ont attribué à l'échec de cette tentative désespérée de soumettre ou d'éteindre le Pontife trop audacieux et trop inébranlable, le nouvel esprit - l'impulsion de rage et de vengeance également désespérée - qui prit possession de le monarque, constatant, après toutes ses victoires, qu'il y avait là un adversaire qu'il ne pouvait vaincre, dont la voix pouvait atteindre toute la chrétienté, et qui portait dans sa main désarmée des sanctions dont aucune tête couronnée ne pouvait se permettre de sourire. Écraser l'audacieux prêtre, sinon par le ministère ignoble des bravos romains, du moins par les mains à peine plus propres des barons allemands et des évêques excommuniés, telle était l'impulsion qui remplissait maintenant l'esprit d'Henri. Il convoqua un concile à Worms, un mois après l'échec de Rome, auquel assista un grand nombre, non seulement de la noblesse allemande, mais des grands ecclésiastiques qui n'avaient nulle part plus de pouvoir, de richesse et d'influence que dans les pays teutoniques. La moitié d'entre eux avaient été condamnés par Grégoire pour simonie ou autres vices, beaucoup d'entre eux savaient qu'ils étaient passibles de semblables peines. Le pape réformateur, qui, après les nombreuses tentatives et demi-mesures de ses prédécesseurs, était désormais suprême et ne reculerait devant rien dans sa grande mission de purification de l'Église, représentait un danger et une peur constants pour ces grands nobles médiévaux vernissés du noms d'ecclésiastiques. Un coup avait échoué : mais un autre était tout à fait possible, que le grand roi Henri, triomphant de tous ses ennemis, pourrait sûrement réaliser avec leur aide et leur sanction.

Les pairs spirituels et temporels, les princes qui dédaignaient l'intervention d'un prêtre, et les prêtres qui craignaient la perte de tous leurs honneurs et la disgrâce et l'humiliation dont le pape les menaçait, se rassemblèrent en foule pour tirer leur ennemi de son siège. trône. Rien d'aussi audacieux n'avait jamais été tenté depuis que la chrétienté était devenue le comité des nations qu'elle était aujourd'hui. Cencius avait tiré le pape des marches de l'autel dans la nuit et dans l'obscurité : Henri et sa cour se rassemblaient en plein jour, avec toutes les circonstances de pompe et de publicité, pour l'arracher de son trône spirituel. Il serait difficile de dire si la palme de la férocité et de la brutalité doit être donnée au brigand des collines de Tuscula ou au grand roi, aux princes, aux archevêques et aux évêques de l'empire teutonique. Cencius jura dans sa barbe, chose inouïe depuis des générations ; les autres, moins chanceux, ont consigné la manière dont ils prononçaient leurs paroles. C'est l'acte solennel signé par tous les membres de l'assemblée, par lequel le pape devait apprendre sa condamnation. C'est une réprimande longue et furieuse du début à la fin.

« Hildebrand, prenant le nom de Grégoire, est le premier qui, à notre insu, contre la volonté de l'empereur choisi par Dieu, contre l'habitude de nos ancêtres, contre les lois, a, par sa seule ambition, envahi le papauté. Il fait tout ce qui lui plaît, bien ou mal, bien ou mal. Moine apostat, il dégrade la théologie par de nouvelles doctrines et de fausses interprétations, altère les livres saints selon ses intérêts personnels, mélange le sacré et le profane, ouvre ses oreilles à il se fait à la fois juge, témoin, accusateur et défenseur. Il sépare les maris des femmes, préfère les femmes impudiques aux épouses chastes, et les liaisons adultères, débauchées et incestueuses aux unions légitimes ; il élève le peuple contre ses évêques. et les prêtres. Il ne reconnaît comme légalement ordonnés que ceux qui ont mendié le sacerdoce de ses mains, ou qui l'ont acheté des instruments de ses extorsions : il trompe le vulgaire par une religion feinte, fabriquée dans un sénat de femme : c'est là que il discute des mystères sacrés de la religion, ruine la papauté et attaque à la fois le saint-siège et l'empire. Il est coupable de *lèse-majesté* tant divine qu'humaine, voulant priver de la vie et du rang notre empereur consacré et gracieux souverain.

"Pour ces raisons, l'empereur, les évêques, le sénat et le peuple chrétien le déclarent destitué et ne laisseront plus les brebis du Christ à la garde de ce loup dévorant."

Parmi les papiers envoyés à Rome, cet acte insolent est répété plus longuement, accompagné de diverses adresses aux évêques et au peuple, et de deux lettres au pape lui-même, dont l'une, la moins insolente, nous citons quelques phrases.

"Henri, roi par la grâce de Dieu, à Hildebrand.

« Tandis que j'attendais de vous le traitement d'un père, et m'en remettais à vous en tout, au grand indignement de mes fidèles sujets, j'ai éprouvé de votre part le traitement que j'aurais pu attendre du plus pernicieux ennemi de ma vie et mon royaume.

« D'abord après m'avoir dépouillé par un procédé insolent de la dignité héréditaire qui était mon droit à Rome, vous êtes allé plus loin : vous avez tenté par des artifices détestables de m'aliéner le royaume d'Italie. Non content de cela, vous avez avancé votre la main sur les vénérables évêques qui me sont unis comme les membres les plus précieux de mon corps, et qui les ont épuisés par des affronts et des injustices contre toutes les lois humaines et divines. Jugeant qu'à cette insolence inouïe il faut répondre par des actes, non par des actes. En d'autres termes, j'ai convoqué une assemblée générale de tous les plus grands de mon royaume, à leur propre demande, et lorsqu'on leur eut publiquement présenté des choses cachées jusqu'alors, par crainte ou par respect, leurs déclarations ont rendu manifeste l'impossibilité de vous retenir dans le Saint-Siège. C'est pourquoi , adhérant à leur sentence, qui me paraît juste et louable devant Dieu et devant les hommes, je vous défends la juridiction de Pape que vous avez exercée, et je vous ordonne de descendre du Siège Apostolique. de Rome, dont la supériorité m'appartient par le don de Dieu, l'assentiment et le serment des Romains.

L'autre lettre se termine par l'adjuration suivante, que le roi préface en citant les paroles de saint Paul : « Si un ange du ciel vous prêche une autre doctrine que celle que nous vous avons prêchée, qu'il soit maudit » :

« Vous qui êtes frappés par cette malédiction et condamnés par le jugement des évêques et par le nôtre, descendez, quittez le siège apostolique ; qu'un autre prenne le trône de saint Pierre, non pour couvrir la violence du manteau de la religion, mais pour enseigner la doctrine du bienheureux apôtre. Moi, Henri, roi par la grâce de Dieu, et tous mes évêques, nous vous l'ordonnons, descendez, descendez !"

Ces lettres furent envoyées à Rome par le comte Eberhard, le même qui était venu s'enquérir de l'élection de Grégoire deux ans auparavant, et qui l'avait confirmée et consentie au nom de son maître. Il était lui-même un des barons excommuniés que Grégoire avait frappés pour des bénéfices simoniaques ; mais il n'eut pas le courage de porter le feu et la flamme dans la maison même du pape. Il fit cependant tout le mal qu'il put, en publiant le contenu des lettres qu'il portait dans les grandes villes italiennes, où tous les prêtres coupables se réjouissaient de penser qu'il avait ainsi échappé aux mains du terrible Grégoire. Mais lorsqu'il arriva à portée de Rome, le grand baron allemand perdit courage. Il trouva un substitut dans un curé de Parme, partisan impétueux, un de ces instruments de malice insensibles au péril d'une mèche qui brûle ou d'une explosion subite. Les conspirateurs calculèrent, avec un sens dramatique qu'on ne pouvait guère attendre de leur nationalité et qui ressemble plutôt à l'inspiration de l'Italien lui-même, qu'il arriverait à Rome à la veille du concile annuel tenu au Latran à l' début du Carême. Ce synode annuel était plus important que d'habitude ; car déjà la nouvelle de la décision de Worms était connue en Italie, et un grand nombre de membres du clergé, petits et grands, s'étaient rassemblés à Rome. On compte cent dix prélats présents, outre de nombreux autres dignitaires. Parmi eux se trouvaient, comme d'habitude en pareille occasion, Béatrice et Mathilde de Toscane, les seules protectrices laïques de Grégoire, le plus grand et le plus proche des souverains italiens. C'est leur présence qui était visée dans l'édit étrangement abusif de Worms, qui faisait du Concile un Sénat féminin : et c'était aussi le cas de Mathilde qui était évoqué dans l'accusation selon laquelle le Pape séparait les maris de leurs femmes. L'excitation de l'attente était dans l'air alors que tous les étrangers à Rome et le peuple, toujours agité comme les Athéniens par le désir d'entendre quelque chose de nouveau, se pressaient dans les couloirs et les anti-chapelles du Latran, le grand portique et la place qui étaient pour le moment le centre de Rome. De nouveau, la vaste basilique, la foule médiévale bruissante dans tout son éclat de couleurs et le caractère pittoresque de son groupe, se lève devant nous. Peu de scènes plus surprenantes et plus dramatiques se sont jamais produites, même dans ce lieu aux nombreuses histoires.

Le pape s'était assis sur la chaire de Saint-Pierre, la longue ligne en demi-cercle des grands prélats s'étendant de chaque côté de la longue basilique, les princes dans une tribune séparée avec leurs serviteurs, et la foule des prêtres remplissant chaque salle . coin et crevasse : le *Veni Creator* avait été chanté ; et les débats allaient commencer, lorsque Roland de Parme fut présenté, sans doute avec beaucoup de courtoisie et de cérémonie, comme porteur des lettres de l'empereur. Cependant, lorsque ces lettres lui furent retirées, l'envoyé, au lieu de se retirer, comme il convenait, se tint immobile au pied du fauteuil du pape, et, à la consternation, comme on peut le supposer, de l'assemblée, s'adressa à Grégoire. « Le roi, mon maître, s'écria-t-il, et tous les évêques étrangers et italiens vous ordonnent de quitter sur-le-champ l'Église de Rome et le trône de Pierre. Puis se tournant rapidement vers l'assemblée étonnée : « Mes frères, s'écria-t-il, vous êtes par la présente avertis de vous présenter à la Pentecôte en présence du roi pour recevoir de lui votre pape ; car ce n'est pas un pape mais un loup dévorant. »

L'intensité de la surprise seule peut expliquer la possibilité pour l'orateur le plus rapide de prononcer tant de mots avant que l'assemblée ne se lève sur lui pour fermer sa bouche insolente. L'évêque de Porto fut le premier à se lever pour crier : « Saisissez-le ! mais sans doute une centaine de mains étaient à sa gorge avant que la garde prétorienne , avec leurs épées nues traçant une ligne d'acier acérée à travers les ombres de la basilique bondée, maintenant pleine de cris et de tumulte, n'entrait par les portes. Le misérable se jeta aux pieds du pape qu'il avait à ce moment-là insulté, et qui semble être descendu en toute hâte pour le délivrer de la fureur de la foule : et fut difficilement mis sous la protection des soldats. Il n'est pas difficile d'imaginer l'excitation suprême qui dut remplir l'église lorsqu'ils disparurent avec leur prisonnier, et que l'assemblée agitée se tourna de nouveau vers leur chef, le pontife insulté. Gregory n'était pas homme à échouer dans une telle urgence. Il supplia l'assemblée de garder son sang-froid et son calme. « Mes enfants, dit-il, ne laissez pas vous briser la paix de l'Église. Des temps périlleux, nous dit l' Évangile lui-même, viendront : des temps où les hommes seront amoureux d'eux-mêmes, cupides, vantards, désobéissants. aux parents. Il faut bien que les offenses arrivent, et le Seigneur nous a envoyés comme des brebis au milieu des loups. Nous avons longtemps vécu en paix, mais il se peut que Dieu arrose maintenant son blé qui pousse avec le sang des martyrs. Nous voyons enfin la force du diable se déployer contre nous en rase campagne. Maintenant donc, comme il incombe aux disciples du Christ aux mains entraînées à la guerre, rencontrons-le et combattons vaillamment contre lui jusqu'à ce que la sainte foi qui, par son Les pratiques qui semblent abandonnées et méprisées dans le monde entier seront restaurées, le Seigneur combattant à travers nous.

Il semble étrange que la dignité de ce discours ne soit pas digne de ce discours, que le pape ait ensuite commenté un œuf merveilleux qui, disait-on, avait été trouvé près de l'église Saint-Pierre, avec un étrange dessin élevé à sa surface : un bouclier avec la figure d'un serpent en dessous, luttant avec la tête penchée et le corps frétillant pour se libérer. Cela avait pourtant semblé un présage merveilleux à toute Rome, et bien que ses historiens modernes blâment Grégoire pour avoir sans doute préparé le prodige et en avoir tiré un avantage méprisable, il ne semble pas non plus la moindre raison de supposer que Grégoire soit coupable de ceci, ou qu'il était si peu un homme de son temps qu'il n'en était pas lui-même aussi impressionné que n'importe qui d'autre. Les apparences de ce genre qu'une époque à l'affût de présages peut définir et faire voir aux autres, ne manquent à aucune époque. La foule répondit en criant que c'était lui, le père de l'Église, qui était suprême, et que le blasphémateur devait être retranché de l'Église et de son trône.

La sensation n'a pas diminué lorsque le texte intégral [4] Une des lettres d'Henri , dont nous avons déjà cité certaines parties, fut lue le lendemain au conseil réuni . Les paroles qui nommaient leur pape, leur chef qui avait été la providence et le guide de Rome pendant tant d'années, avec des injures méprisantes comme « le moine Hildebrand », ont dû remuer cette assemblée au plus profond. Le concile demanda d'une seule voix de Grégoire l'excommunication de l' empereur et des évêques impies, faux à tout vœu, qui avaient osé lancer un anathème contre le chef légitime de l'Église. La sentence solennelle d'excommunication fut donc prononcée contre Henri : ses sujets furent libérés de leur serment d'allégeance, et son âme retranchée de l'Église qu'il avait tenté de déchirer en deux. Les excommunications étaient devenues si courantes à cette époque que la crainte de ce cérémonial extraordinaire en était considérablement atténuée : mais il ne s'agissait pas d'une simple privation spirituelle, comme tout le monde le savait, mais de la sentence la plus terrible qui puisse être lancée contre un homme qui n'était pas encore assuré de ses victoires. sur ses propres affluents rebelles, et dont le trône dépendait de la fidélité de puissants vassaux, dont beaucoup étaient beaucoup plus impressionnés par l'attitude du pape que par celle du roi.

Ainsi, après tant de préliminaires, de traités de paix et de déclarations de guerre, commençait le grand conflit entre le pape et l'empereur, entre l'Église et l'État. La longue querelle qui s'est répandue dans tous les canaux locaux et a déchiré chaque ville médiévale avec les luttes des Guelfes et des Gibelins, est ainsi née au milieu d'événements qui ont ébranlé le monde. Le synode de Worms et le concile de Rome, avec leur point culminant soudain et extraordinaire dans la conférence de Canossa, formèrent le premier acte d'un drame joué sur une scène plus vaste et avec des accompagnements plus remarquables que presque aucun autre drame au monde.

L'effet de l'excommunication d'Henri fut extraordinaire. Le monde de la chrétienté, regardant au-delà de la sphère de l'entourage immédiat et des partisans d'Henri, sentit évidemment avec une impulsion presque unanime que l'anathème lancé par une assemblée en partie laïque et un roi laïc contre un pape régnant inattaquable en vertu, homme de pouvoir et un génie égal à sa position, était une sorte de plaisanterie sinistre dont il fallait surveiller l'issue avec beaucoup d'excitation, mais sans beaucoup de doute quant au résultat, l'horreur des blasphèmes étant le point le plus grave de l'affaire. Mais personne ne doutait du pouvoir de Grégoire, au milieu de son conseil légitime, d'excommunier et de retrancher de l'Église le roi offensant. Déjà, avant que les faits ne soient connus, de nombreux évêques et autres ecclésiastiques d'Allemagne avaient envoyé de timides protestations contre l'acte, auquel dans certains cas ils avaient été contraints d'apposer leur nom : et l'opinion publique du monde, si une telle expression peut être utilisé, était sans aucun doute du côté de Gregory. La carrière triomphale d'Henry s'arrêta. Non seulement le jugement de l'Église et l'opinion de ses pairs, mais aussi les puissances du Ciel semblaient être contre lui. L'un de ses plus grands alliés et partisans, Gottfried, surnommé Il Gobbo, fils de ce Gottfried de Lorraine qui épousa Béatrice de Toscane et qui avait imposé son fils bossu pour époux à la jeune Mathilde, fille de Béatrice, fut immédiatement assassiné. après. L'évêque d'Utrecht, qui avait été l'un des principaux conseillers et confidents du roi dans sa guerre contre Grégoire, mourut dans la misère et le désespoir, déclarant dans son dernier souffle qu'il voyait son lit entouré de démons et qu'il était inutile d'offrir des prières. pour lui. En revanche, les grands ducs de Souabe , de Bavière et de Carinthie, tous fidèles à l'Église, abandonnèrent le roi excommunié. Quelques-uns des plus grands évêques, tremblants devant la juste colère du pape qu'ils avaient barbu, prirent le même parti. La rébellion à moitié apaisée des provinces saxonnes éclata avec plus de force que jamais. Henri n'avait plus ni armes ni partisans pour assurer de nouvelles victoires, et l'air même de l'empire était plein des lettres de Grégoire, dans lesquelles toutes ses tentatives pour amener le jeune roi à de meilleures voies, et toutes les insultes que ce roi avait proférées. contre le Saint-Siège, ont été opposés. La punition, telle qu'elle apparaissait de tous côtés, était prompte comme la foudre du ciel à suivre l'offense.

Tandis qu'Henri hésitait, consterné et alarmé, ne sachant quelle mesure prendre, voyant ses amis, laïcs et clercs, l'abandonner de toutes parts, des conséquences plus décisives s'ensuivirent encore. Les grands princes se réunirent dans leur propre assemblée à Ulm sans aucune référence à Henri, qu'ils nommèrent dans leurs débats l'ex-roi, et décidèrent plus tard d'une autre réunion plus formelle pour choisir un nouveau souverain. Ces potentats sont devenus doublement religieux, doublement catholiques, dans leur soudaine répulsion. Ils entourèrent de révérence les légats de Grégoire, ils évitèrent toute communion avec les prélats simoniaques et même, poussant au plus loin l'influence nouvelle du pape, avec les prêtres mariés contre lesquels il avait longtemps fulminé en vain. Une réforme de tous les maux semblait sur le point de suivre. Ils condamnèrent formellement Henri excommunié sur tous les points moraux et politiques, et bien qu'ils hésitaient sur le grand pas de la menace d'élection d'un roi à sa place, ils lui annoncèrent qu'à moins qu'il ne puisse se lever de l'interdit avant le début du l'année suivante, lorsqu'on décide de convoquer une diète à Augsbourg pour régler la question, sa chute sera complète et sans remède. En même temps , ils invitèrent formellement et solennellement la présence du Pape à Augsbourg pour présider et confirmer leurs conclusions. Grégoire accepta immédiatement cette invitation, et Henri, sans autre alternative devant lui, consentit également à comparaître devant le tribunal de ses sujets, et à recevoir de leurs mains et de celles du pape qu'il avait tant insulté et outragé, la sentence de son destin. Son humiliation était complète.

L'assemblée qui devait prendre cette terrible décision fut convoquée pour le 2 février 1077, fête de la Purification, à Augsbourg. Grégoire avait accepté sans crainte l'invitation des potentats allemands ; mais on s'inquiétait beaucoup à Rome à la pensée d'un tel voyage, du passage à travers la Lombardie rebelle, des terribles Alpes et de leurs dangers, et à la fin de tous les féroces princes allemands, qui ne gardaient pas toujours la foi, et dont Avant cette époque, les esprits auraient pu se tourner à nouveau vers leur prince natal. Le pape partit cependant, sous la garde de Mathilde de Toscane et de son armée, à la rencontre de l'escorte qui lui était promise d'outre-Alpes. D'un autre côté, Henry était entouré de dangers de toutes parts. Il avait été contraint d'abandonner ses amis privilégiés, excommuniés comme lui ; il n'avait ni armes, ni troupes, ni argent ; le délai qui lui avait permis de faire la paix avec le pape passait vite, et le moment terrible où ce serait son destin de se tenir devant ses sujets révoltés et d'apprendre leur décision, se présentait devant lui dans toute son humiliation et son déshonneur . Déjà, divers délinquants avaient traversé les montagnes en privé pour se soumettre à Gregory. Cela semblait être la seule voie à suivre pour le roi désespéré. Enfin, après bien des hésitations, il se décida, et s'échappant comme un fugitif de la ville de Spires où il s'était retiré, il traversa, au milieu d'un hiver rigoureux et avec d'incroyables difficultés, les Alpes. avec l'aide et sous la tutelle d'Adélaïde de Suse, sa belle-mère, qui pourtant, dit-on, lui fit payer le prix fort pour son aide. Il avait prié le Pape de lui accorder une audience à Rome, mais celle-ci lui fut refusée : et, partiellement désespéré et confus, il entreprit d'accomplir sa mission détestée d'une manière ou d'une autre, il ne savait où ni par quels moyens. Une lueur de réconfort, cependant, parvint à Henry au cours de ses voyages. Il fut reçu à bras ouverts en Lombardie où les évêques révoltés l'accueillirent avec empressement comme leur libérateur de Grégoire et de ses austérités : mais l'enjeu était trop important pour une solution aussi facile du problème.

Entre- temps , Grégoire voyageait vers le nord, entouré de toutes les forces de la Toscane, accompagné de la brillante et dévouée Mathilde, fille amoureuse et âgée, élève et amie de jeunesse, sans doute la compagne préférée et aimée, d'un homme dont l' âge et la profession et le caractère semblaient avoir rendu toute autre idée impossible, même aux calomniateurs du moyen âge. Mathilde de Toscane a eu un grand sort : non seulement elle était l'idole de son propre peuple et l'admirée de son époque - une calomnie aussi impossible et aussi absurde que celle qui liait le nom d'une belle jeune femme à celui de la Grégoire austère et âgé étant apparemment le seul qui ait jamais été soufflé contre elle : — mais les grands poètes de son pays l'ont placée, l'un sous l'aspect le plus doux d'un ange ministériel du ciel, l'autre sous celui du plus héroïque des des guerrières féminines, au sommet de la renommée poétique. Mathilde sur les bords de ce fleuve sacré du Léthé où tout ce qui est malheureux est oublié, qui n'est qu'un degré moins sacré pour Dante que sa propre Béatrice au Paradis : et Clorinda, la guerrière du Tasse, ont porté l'image de cette noble princesse au cœur de nombreux âges. Le mari bossu lui imposa dans son extrême jeunesse, l'union étroite entre elle et sa mère Béatrice, la cour indépendante de ces deux dames, leur place éminente parmi tous les grands esprits de leur temps, et surtout l'amitié fidèle des deux. avec le grand Grégoire, s'associent pour faire de cette jeune princesse l'une des figures les plus intéressantes de son époque. Les réconforts habituels de la vie lui avaient été coupés au début par son mariage sans amour. Elle n'avait pas d'enfants. Elle était à cette époque de sa carrière seule au monde, sa mère étant récemment décédée, suivant de très près Il Gobbo jusqu'à la tombe. Mathilde eut désormais plus à faire sur le terrain et dans la salle du conseil qu'aux délices ordinaires de la vie.

Le Pape avait quitté Rome avec de nombreuses inquiétudes en tête, pleinement conscient des dangers du voyage qui l'attendait et ne sachant pas s'il reverrait un jour la ville bien-aimée. Pendant qu'il était en route, la nouvelle lui parvint qu'Henri, qu'il avait refusé de recevoir à Rome, était en route pour traverser les Alpes, et comme probablement les détails de ce douloureux voyage étaient inconnus, et la première idée serait que le Le roi arrivait avec une armée au complet ; des inquiétudes encore plus grandes, sinon des alarmes, devaient avoir été éveillées parmi les partisans du pape. Il était encore plus alarmant de constater que l'escorte allemande qui devait l'accueillir à Mantoue n'avait pas été envoyée, le cœur des princes leur ayant fait défaut et leurs plans étant tombés en confusion à la nouvelle de l'évasion du roi. Henri avait été reçu avec enthousiasme en Lombardie, toujours rebelle, et pouvait apparaître d'un jour à l'autre pour vaincre la chevalerie toscane et mettre en danger la vie du pape et de la princesse. Ils étaient sur la route de Mantoue lorsque cette nouvelle leur parvint, et lors du conseil de guerre inquiet qui se tint aussitôt, il fut décidé que le château fort de Canossa, censé être imprenable, serait, au moins pour le moment, l'abri du Pape. et lieu de repos. L'une des grandes places fortes de l'Italie, bâtie comme tant d'autres sur une formidable pointe de rocher, presque inaccessible par elle-même, et entourée de trois lignes de murs fortifiés, parmi lesquels se groupaient sans doute les grossières petites habitations d'une foule de serviteurs : la situation de ce lieu formidable en était un qui promettait une protection complète : et le nom du château toscan est depuis devenu l'un des noms les plus connus de l'histoire, car l'incident qui a suivi contient certaines des scènes les plus pittoresques et les plus remarquables que l'on ait enregistrées. Le château avait déjà une histoire romantique ; il avait abrité bien des fugitifs ; des princesses désespérées s'étaient réfugiées dans ses murs pour éviter la poursuite de prétendants ou d'ennemis, les uns aussi dangereux les uns que les autres. Péniblement porté dans sa litière par ces chemins escarpés et dangereux, d'une plate-forme étroite de la falaise à une autre, avec la grande étendue du paysage s'élargissant toujours à mesure qu'il atteignait un point plus élevé, et la vaste voûte céleste s'arrondissant vers un horizon plus vaste. , le Pape a conquis cet aire de sécurité, ce nid d'aigle parmi les nuages.

Nous n'entendons parler d'aucun luxe, pas même de ceux du discours intellectuel et spirituel, qui, pour beaucoup d'ascètes, ont représenté et bien représenté le bonheur de la vie, dans cette retraite de Grégoire avec sa belle hôtesse, au milieu de ses amis. A ses côtés se trouvait en effet Hugo, abbé de Cluny, l'un de ses compagnons les plus chers et les plus fidèles ; mais le pape passait ses journées de retraite en prière et en réflexion anxieuse. La grande plaine qui se trouvait à ses pieds serait-elle à nouveau inondée de sang chrétien, un frère se dresserait-il contre un frère d'armes, et l'Italie serait-elle écrasée sous le pied impitoyable que même le Teuton, plus patient, n'avait pas pu supporter ? Il y avait sans doute bien des pensées mélancoliques dans l'esprit de Grégoire, dans cette grande forteresse entourée de tous les remparts de la nature et de l'art. Il avait rêvé – avant même que le nom de Croisade ait été entendu ou pensé – d'une expédition à Jérusalem à la tête de tous ceux qui aimaient le Seigneur, lui-même, dans son âge et sa faiblesse, chef d'une armée composée de cœurs vaillants et généreux de tous les coins du monde, pour racheter le Sépulcre du Seigneur et écraser la puissance naissante des Sarrasins. C'était l' imagination favorite de son esprit, bien qu'elle ne suscitât encore que peu de sympathie de la part de son entourage, depuis quelques années. Au lieu de cette noble expédition, était-il possible que, peut-être en partie à cause de sa faute, les chrétiens soient sur le point de se jeter à la gorge et que le monde soit à nouveau déchiré par une guerre intestine ? Mais de telles pensées n'étaient pas celles du XIe siècle. Grégoire pouvait verser des larmes devant son Dieu à la pensée du sang versé : mais que sa position en présence du Très-Haut était la seule bonne, et celle de son adversaire celle du tort le plus dangereux, était sans aucun doute sa conviction assurée. Il attendait la marche des événements, sachant aussi peu que le plus humble homme d'armes ce qui allait se passer, le cœur troublé.

Néanmoins le retrait de ces premiers jours fut interrompu par de nombreuses arrivées précipitées qui étaient plus ou moins de bon augure. Tour à tour, les fiers évêques allemands spécialement désignés dans les actes d'excommunication de Grégoire, et les nobles plus hautains encore, sous le même fardeau, gravissaient les sentiers escarpés de Canossa et pénétraient de porte en porte, pèlerins pieds nus se dépouilleant de tout vestige de pouvoir. « Maudit soit celui qui détourne son épée du sang », c'est-à-dire celui qui s'arrête faiblement dans l'exécution d'une sentence divine, était une des maximes de Grégoire. Il reçut ces suppliants successifs avec plus de sévérité que de douceur. « La miséricorde, dit-il, ne peut jamais être refusée à ceux qui reconnaissent et déplorent leurs péchés ; mais une longue désobéissance, comme la rouille sur une épée, ne peut être brûlée que par le feu d'un long repentir ; et il les envoya un par un dans des chambres solitaires dans lesquelles, avec le minimum de nourriture, ils pourraient réfléchir sur leurs péchés. Cependant, après une réclusion suffisante, ils furent libérés et renvoyés, réprimandés mais bénis – du moins les laïcs parmi eux. Il restait maintenant à voir ce que ferait Henry.

ARC DE DRUSUS (1860)

Henry n'était plus au plus bas de sa fortune. Les princes d'Allemagne s'étaient arrêtés : ils n'avaient pas envoyé l'escorte promise au pape ; ils étaient indécis, ne sachant quelle démarche prendre ensuite : et toute la Lombardie s'était levée pour accueillir le roi ; il avait l'appui de chaque évêque schismatique , de chaque prêtre censuré et du peuple excité et hostile aux prétentions de Rome, ou plutôt à la pureté sévère, si intransigeante et si déterminée de Grégoire. Mais à la suite d'un échec inexplicable de son esprit élevé, Henri, pour le moment, ne fut poussé à une nouvelle rébellion ni par le soutien d'une armée lombarde derrière lui, ni par les espoirs de ses partisans renaissants dans son pays. Il était accompagné de sa femme et de sa mère, Adélaïde de Suse, et peut-être que la vénération des femmes pour l'autorité de l'Église et la crainte de ses sanctions l'affectaient, bien qu'il n'aimait pas la femme dont il avait essayé. si difficile de s'en débarrasser. Quelle que soit l'explication, il est au moins très évident que son esprit était intimidé et qu'il ne voyait devant lui que la soumission. Il se rendit probablement à Parme, avec un petit cortège non armé, laissant derrière lui ses turbulents partisans lombards. En chemin, il envoya devant lui plusieurs messagers, demandant un entretien avec Mathilde, censée pouvoir influencer le pape en sa faveur . On ne nous dit pas où la réunion a eu lieu, mais c'était probablement dans quelque village curieux au pied de la colline, où le train princier du château, la grande comtesse, le plus grand abbé encore, Hugo de Cluny, et "beaucoup d'entre eux" les principaux princes italiens, » rencontrèrent le groupe de pèlerins errants, sans signe ni preuve de royauté : Henri et sa reine, la marquise Adélaïde d'Este, son fils Amadeo et d'autres grands personnages dans le même déguisement d'humilité . Les dames des deux côtés étaient apparentées les unes aux autres, et toutes appartenaient à ce cercle étroit de la classe régnante, où chacun appelle son voisin frère ou cousin. Hugo de Cluny était le parrain du roi et l'aimait, et Adélaïde, bien que du côté de son gendre, et maintenant son ardent défenseur, était une fille fidèle et fidèle de l'Église. Henri déclara de l'autre côté à ses amis inquiets que les accusations des Allemands n'étaient pas vraies, qu'il n'était pas tel qu'ils l'avaient peint : et implora leur intercession auprès du Pape, non pour un avantage temporel, mais uniquement pour être délivré de l'anathème qui pesait sur son âme. Et Mathilde et les autres n'étaient que trop désireux de faire la paix et de croire à tout ce qu'il disait.

Il est très probable que Grégoire ne crut à aucune de ces protestations, mais maintenant ou jamais, il était certainement tenu d'accomplir sa propre maxime et de ne pas retirer son épée du sang. Tous les arguments des amis d'Henri ne pouvaient l'inciter à accorder une absolution facile au premier mot du roi. Finalement il consentit à le recevoir comme pénitent, mais sous aucun autre caractère. C'est probablement pendant que les prières et les supplications de Mathilde et de l'abbé Hugo se poursuivaient encore dans le château qu'Henri venait jour après jour, pieds nus, dans une humble tunique de drap de laine, et attendait aux portes pour connaître le résultat. C'était « un hiver atroce », comme on n'en avait jamais vu auparavant, avec des tempêtes de neige continuelles, et les sentiers accidentés et les escaliers menant à la falaise, jamais faciles, étaient recouverts de givre. Par deux fois, le roi monta pieds nus jusqu'au deuxième cercle des murs, mais seulement pour se détourner. Il semble que ce soit un miracle qu'un tel homme, dans de telles circonstances, ait persévéré avec autant de persévérance. Le troisième jour, les plaidoiries intérieures eurent gain de cause, et Henry fut admis, sur la généreuse garantie de Mathilde, qui prit sur elle de répondre à sa place que son repentir était authentique. Enfin , le coupable fut conduit en présence du pape. On lui fit faire diverses promesses d'amendement, qui furent acceptées, non sur son serment, humiliation dernière et suprême, mais sur l'engagement de plusieurs de ses amis qui juraient, imprudemment, on ne peut s'empêcher de penser, sur les reliques des saints qui le roi tiendrait ses promesses. C'est le document sur lequel ces généreux amis ont apposé leur sceau.

"Moi, Henri, Roi, en ce qui concerne les plaintes des archevêques, évêques, ducs, comtes et autres princes du royaume teutonique, et de tous ceux qui les suivent, dans le délai fixé par le Seigneur Pape, je rendrai justice selon sa sentence, ou faire la paix selon ses conseils, si aucun obstacle inévitable ne survient, et dans ce cas, dès que l'obstacle sera levé, je serai prêt à remplir ma promesse. En outre, si le Seigneur Pape Grégoire désire traverser les Alpes , ou aller dans d'autres pays, il sera tenu à l'abri de ma part et de la part de ceux que je commande, de tout danger de mort, de mutilation ou de captivité, lui-même et ceux qui forment son escorte, tant pendant le voyage , tant qu'il restera et à son retour, je ne ferai rien de contraire à sa dignité, et si quelque chose est fait par d'autres, je lui prêterai mon aide de bonne foi selon ma puissance.

Cela ne semble pas être une obligation très importante.

Le lendemain, le 25 janvier 1077, Henri revint dans le même costume pénitentiel, mais cette fois selon un rendez-vous formel. Il entra dans la chambre où l'attendait le Pape, suivi de tous les princes excommuniés à sa suite, pieds nus et à moitié gelés par la pénible ascension des sentiers rocailleux ; et se jetant à terre devant Grégoire, lui demanda pardon, ce que Grégoire accorda, versant beaucoup de larmes sur les pénitents. Ils furent ensuite reçus dans l'Église avec tous les cérémoniaux dus, le pape dans ses vêtements, les pénitents nus jusqu'à la taille, dépouillés de tous ornements et dignités. Dans l'église du château, dont il ne reste plus que les fondations, Grégoire absout solennellement les misérables et leur offre la communion. A cet acte, une scène très étrange se produisit. Le Pape, le grand assaillant de la Simonie, en avait lui-même été accusé, aussi ridicule que fût l'accusation dans un cas comme le sien, dont toutes les circonstances étaient si parfaitement connues, et formellement par Henri lui-même dans l'ordre insolent déjà cité d'abandonner le siège papal. Au moment de la communion, dans la partie la plus solennelle du service, le Pape se tourna vers Henri, debout devant l'autel, l'hostie dans les mains. Il fit appel à Dieu de la manière la plus impressionnante selon l'usage de l'époque.

entre mes mains le corps du Sauveur , que je vais prendre. témoin de mon innocence : que Dieu lui-même tout-puissant m'absout aujourd'hui du crime qui m'est imputé si je suis innocent, ou me frappe de mort subite si je suis coupable. Puis, après une pause solennelle, il ajouta : « Mon fils, fais comme moi : si tu es certain de ton innocence, si ta réputation est faussement attaquée par les mensonges de tes rivaux, délivre l'Église de Dieu d'un scandale et toi-même d'un scandale. soupçon; prenez le corps de Notre-Seigneur, afin que votre innocence ait Dieu pour témoin, que la bouche de vos ennemis soit fermée, et que moi, désormais votre avocat et le plus fidèle défenseur de votre cause, vous réconciliez avec votre nobles, rendez-vous votre royaume, et que la tempête de guerre civile qui a si longtemps affligé l'État soit désormais apaisée.

Un roi coupable, en ces jours incrédules, se risquerait-il à un tel serment ? Henry, du moins, en était incapable. Il n'osa pas prendre Dieu à témoin contre la vérité, et refusa, tremblant, murmurant des excuses confuses pour se soumettre à cette épreuve suprême. La messe s'accomplissait sans la communion du roi ; mais il n'en fut pas moins absous et l'anathème retiré de sa tête.

Dans une lettre écrite immédiatement après, Grégoire informa les princes allemands de ce qu'il avait fait, ajoutant qu'il désirait toujours traverser les Alpes et les aider à résoudre la grande question restante, Henri ayant été ouvertement reçu par lui comme pénitent, mais pas en aucune façon en tant que roi restauré.

Ce grand événement historique, qui a fait l'objet de tant de commentaires et de discussions, et qu'on a supposé marquer un si grand pas dans le pouvoir et les prétentions des papes, fut en fait sans effet immédiat dans l'histoire. Henri sortit courroucé et courroucé, humilié mais non humilié, et ne pensant à rien d'autre qu'à rendre à Grégoire la honte qu'il avait lui-même subie. Et Grégoire restait dans sa forteresse aussi peu convaincu de l' avantage obtenu qu'il l'avait été du repentir d'Henri. Il aurait répondu aux envoyés saxons qui lui reprochaient sa mansuétude, par une sombre assurance presque cynique. "Il revient pire qu'il n'est venu", a déclaré le Pape. Il était en effet impossible que l'œil d'un homme aussi familier avec les hommes que Grégoire n'ait pas perçu à quel point l'action de son pénitent était diplomatique et assumée dans un but précis, et quelle farce solennelle jouait Henri, pieds nus dans la neige, pour obtenir l'absolution qui était sa seule chance pour l'Allemagne. Il est tout à fait permis de croire que non seulement la détermination de ne pas « retirer son épée du sang » ou de ne pas exiger chaque point de pénitence, mais aussi un élan naturel de mépris pour l'exposition histrionique faite au profit du grand public à travers les Alpes, incita le pape à maintenir le roi suspendu à ces portes glacées. Qu'il y ait eu dans l'esprit de Grégoire, parallèlement à cette conviction, un relâchement momentané de l'espoir que le cœur du pénitent puisse réellement être touché, était tout aussi naturel, et que ce fut l'une de ces impulsions soudaines qui le poussa à l'appel saisissant et solennel à Dieu sur l'hostie sacramentelle qui a constitué un incident si remarquable dans le cérémonial peut être tenu pour acquis. À cette époque, les miracles étaient plus que courants, ils étaient recherchés et attendus ; et de tous temps, le miracle que nous appelons conversion, le mouvement soudain et inexplicable d'un cœur touché et transformé en un instant du mal au bien, a été connu et prouvé. Qu'un prêtre à l'autel puisse espérer qu'il pourrait, par quelque parole ou acte brûlant, transmettre ce contact inexprimable était un espoir très humain et naturel : et pourtant Grégoire savait bien, dans son examen ultérieur de ce qui s'était passé, que le faux le pénitent s'en est allé plus mal qu'il n'était venu. Il écrivit cependant un récit de l'affaire aux princes allemands, qui attendaient en tremblant les conséquences et accusaient probablement le pape d'une action qui pourrait détruire toutes leurs combinaisons - dans lequel il leur décrivait la pénitence et la promesse d'Henri, sans impliquant un doute sur la sincérité de l'un ou l'autre, mais avec une déclaration complète du fait que l'absolution accordée à l'homme ne faisait aucune différence par rapport au roi.

« Les choses étant ainsi disposées [écrit le Pape] pour assurer, avec l'aide de Dieu, la paix de l'Église et l'union du Royaume, que nous désirons depuis si longtemps, nous avons hâte de poursuivre notre voyage dans vos pays. la première fois possible, car nous désirons que vous sachiez, comme vous pouvez le constater par les engagements écrits, que tout est encore en suspens, de sorte que notre arrivée parmi vous et l'unanimité de votre conseil sont absolument nécessaires pour régler les affaires . très attentif à continuer comme vous avez commencé dans la foi et l'amour de la justice, et comprenez que nous n'avons rien fait pour le roi, sauf lui dire qu'il pouvait nous confier pour l'aider dans les choses qui peuvent toucher son salut et son honneur , avec justice et miséricorde, sans mettre notre âme et la sienne en péril. »

Entre- temps , Henri avait assez à faire pour reconquérir à ses côtés les Lombards rebelles, qui considéraient sa soumission au pape, si artificielle soit-elle, comme une désertion de leur cause, et lui fermèrent les portes de leurs villes qui, avant sa visite, à Canossa avait été grande ouverte. Il les avait apparemment perdus, ne serait-ce que pour un instant, sans avoir regagné les sympathies de l'Allemagne. Il n'y avait rien d'autre à faire qu'une nouvelle apostasie, un renversement de ses promesses et une reprise de la direction du parti schismatique, ce qui fit que la position de Grégoire, entouré par cette mer furieuse de la rébellion lombarde qui frappait la base de sa forteresse rocheuse. , un très dangereux. Pendant tout le printemps 1077, le pape fut plus ou moins confiné au château de Canossa ou à d'autres forteresses similaires, sous la garde vigilante de Mathilde ; et c'est de ces places fortes qu'il écrivit une succession de lettres remarquables aux nobles d'Allemagne, qui, fortement attachés à la Diète dans laquelle les affaires du royaume devaient être placées sur un pied permanent, commençaient à mener à bien leurs activités. intention sans attendre ni la présence de Grégoire qu'ils avaient invité, ni celle d'Henri dont les intérêts étaient en jeu. Grégoire fit tout ce qui était possible pour retarder la Diète jusqu'à ce qu'il puisse y assister. Il était également désireux de retarder tout grand pas en réflexion jusqu'à ce que l'esprit du pays soit un peu moins anxieux et troublé : et il désirait être présent, non seulement dans la position d'arbitre, mais aussi pour modérer par ses conseils le exciter les esprits, et prévenir si possible toute grande catastrophe.

Nous pouvons admettre, comme c'est une des conventions de l'histoire, que l'intention de Grégoire était d'établir en de telles matières la juridiction des papes et de faire apparaître au monde que les trônes et les principautés étaient à la disposition de l'Église. Mais en même temps, Grégoire était, comme tous les hommes, principalement ému par la question immédiate qui se posait à lui, et c'était un homme sincèrement préoccupé de ce qui était le mieux pour l'Église et l'État, craignant l'imprudence d'une assemblée en colère et excitée, et se souvenant sa promesse de faire ce qu'il pourrait pour son pénitent le plus indigne ; et nous ne voyons aucune raison de croire que ses objectifs n'étaient pas, selon sa perception de son devoir, honnêtes et nobles. Il gardait l'espoir de se rendre en Allemagne aussi longtemps que cela était possible, demandant sans cesse le guide et l'escorte promis, demandant même à Henri un sauf-conduit à travers le territoire qu'il détenait désormais. Même après l'élection à Forchheim de Rodolphe de Souabe comme roi à la place d'Henri, il continua à faire valoir auprès des légats qu'il avait envoyés à cette assemblée la nécessité de sa présence. Et il l'a sans aucun doute fait sur la base la plus élevée possible, en faisant valoir son droit de juger la question dans les termes les plus clairs. Il ordonne à ses messagers au nom de Saint-Pierre de convoquer les chefs des deux partis, Henri et Rudolf, pour rendre son voyage possible.

« Avec l'avis du clergé et des laïcs craignant Dieu, nous désirons juger entre les deux rois, par la grâce de Dieu, et indiquer lequel des deux partis doit le plus justement se voir confier le gouvernement de l'État. conscient qu'il est de notre devoir, et qu'il appartient à la sagesse providentielle du Siège Apostolique, de juger les gouvernements des grands royaumes chrétiens et de les régler sous l'inspiration de la justice. La question entre ces deux princes est si grave, et les conséquences peuvent être si dangereuses, que si nous le négligeions pour quelque raison que ce soit, cela attirerait non seulement sur nous et sur eux, mais sur l'Église entière, un malheur grand et lamentable. Par conséquent, si l'un ou l'autre de ces rois refuse céder à notre décision et se conformer à nos conseils, et si, allumant le flambeau de l'orgueil et de la convoitise humaine contre l'honneur de Dieu, il aspire dans sa fureur à la désolation de l'Empire romain, résistez-lui par tous les moyens, par tous les moyens. , à mort s'il le faut, en notre nom et par l'autorité du bienheureux Pierre."

Le Pape, dans une autre lettre, lance son appel non plus à la classe dirigeante mais au peuple tout entier. Il informe « tous les fidèles du Christ dans l'empire teutonique » qu'il a envoyé ses légats auprès des deux rois pour exiger d'eux tous deux « soit en leur propre personne, soit par des messagers suffisants » d'ouvrir la voie à son voyage en Allemagne afin de l'aide de Dieu pour juger la question entre eux.

"Notre cœur est plein de tristesse et de chagrin à l'idée que, pour l'orgueil d'un seul homme, tant de milliers de chrétiens puissent être livrés à la mort à la fois temporelle et éternelle, que la religion chrétienne soit ébranlée dans ses fondements et que l'Empire romain soit précipité dans la ruine. Ces deux rois demandent notre aide, ou plutôt le Siège Apostolique que nous occupons, quoique indignes ; et nous, confiants dans la miséricorde de Dieu Tout-Puissant et dans l'aide du bienheureux Pierre, avec l'aide de vos conseils, vous qui craignent Dieu et aiment l'Église, sont prêts à examiner avec soin le droit des deux côtés et à aider celui que la justice appelle notoirement à l'administration du royaume.

« Vous savez, chers frères, que depuis notre départ de Rome nous vivons au milieu des dangers parmi les ennemis de la foi ; mais ni par crainte ni par amour nous n'avons promis aucune aide, mais la justice à l'un ou l'autre de ces rois. ... Nous préférons mourir, s'il le faut, plutôt que de consentir de notre propre volonté que l'Église de Dieu soit déplacée de sa place, car nous savons que nous avons été ordonnés et placés sur la chaire apostolique pour chercher dans notre vie non pas nos propres intérêts mais ceux du Christ, et suivre mille travaux sur les traces des pères vers le repos futur et éternel, par la miséricorde de Dieu.

Le lecteur doit se rappeler que Grégoire avait de très bonnes raisons pour tout ce qu'il disait, et que quelles que soient les prétentions de l'Église, un arbitre sage et impartial, dans un tel moment, aurait pu être de la dernière importance pour l'Allemagne ; aussi que ses services avaient été sollicités à ce titre, et que par conséquent il avait le droit d'insister pour être entendu. Le poste qu'il revendiquait lui avait été offert ; et il était en droit de demander qu'une question aussi importante ne soit pas réglée en son absence.

Les remontrances que le pape continuait de faire par sa propre voix et par celle de ses légats aussi longtemps que toute remontrance était possible, ne furent cependant considérées par aucun des deux partis. Ni l'autorité de

Rome ni la sagesse visible de régler une question qui doit bouleverser le monde et déchirer l'Allemagne, de manière pacifique et sur la base de la justice si cela était possible, comme le préconisait Grégoire, n'ont pu prévaloir, et n'ont jamais prévalu sur aucun pays. occasion similaire contre les passions et les ambitions des hommes. C'était une imagination dévote, faisant appel çà et là à certains esprits par les motifs les plus élevés, et naturellement par des motifs très différents à toutes les âmes intéressées susceptibles d'en être avantagées, qui forment toujours le revers de la médaille ; mais des hommes armés à la main et entourés de toutes les excitations des factions et des partis, des pertes et des gains impériaux, n'étaient guère disposés à attendre un jugement sévère et impartial. Les évêques allemands firent à leur tour une curieuse remontrance contre la réception par Grégoire d'Henri des professions de pénitence, et de chaque côté il y avait une bande d'ecclésiastiques, sans doute pas tous bons ni tous mauvais, rendant perplexe chaque jugement.

Nous n'avons heureusement rien à voir avec les luttes sanglantes de Rudolf et Henry. Lorsque celui-ci retraversa les Alpes pour défendre ses droits, emportant avec lui la couronne de fer que le refus de Grégoire l'avait empêché de prendre, il l'emporta cependant, sans oser la mettre, un curieux mélange de timidité et d'audace furtive - le Pape, jusqu'alors pratiquement enfermé dans le cercle des forteresses montagneuses de la Toscane, retourna à Rome : où il continua d'être assailli par des supplications constantes et répétées pour prendre l'un ou l'autre côté, son propre concile du Latran inclinant vers Henri. Mais rien ne l'a éloigné de sa détermination à ce que cette question soit tranchée par une Diète sous sa propre présidence , et par elle seule. Cette question traverse toute l'histoire de la période d'année en année. Aucun concile — et outre l'habituel concile annuel tenu toujours au début du Carême, au Latran, il semble y en avoir eu plusieurs autres entre-temps, rendus obligatoires par l'agitation du temps — ne pouvait avoir lieu sans l'arrivée du deux bandes d'ambassadeurs allemands, l'une d'Henri et l'autre de Rudolf, pour plaider la cause de leurs maîtres respectifs, tous deux professant toute obéissance et invitant à une décision en leur faveur par tous les arguments : mais ni ne faisant un seul pas pour amener le une chose que le pape exigeait : une assemblée légale pour régler la question.

Il n'y a aucune prétention que Grégoire les ait traités avec autre chose que la plus sévère impartialité, ou qu'il se soit à tout moment écarté de la condition qu'il avait proposée dès le début - la seule préférence donnée à l'un plutôt qu'à l'autre étant qu'il aurait envoyé son bénédiction apostolique à Rodolphe, prince vertueux et son ami, et non à Henri l'apostat et faux pénitent, ce qui n'est guère merveilleux. Mais il est facile de comprendre l'agitation dans laquelle l'arrivée constante de ces ambassadeurs a dû maintenir Rome, une ville si sujette à l'agitation et avec tant de partis dans ses propres murs, des nobles séditieux et des prêtres indisciplinés, et des gens toujours agités. population toujours factieuse, luttant continuellement pour quelque chose de nouveau. Les envoyés d'Henri semblent avoir eu plus ou moins la faveur populaire : ils formaient probablement un groupe plus voyant que les Saxons plus lourds : et le nom d'Henri et le prestige de son grand père , et tous ces spectacles royaux dont on devait encore se souvenir. dans la ville, le couronnement de l'ancien Henri à Saint-Pierre, et toutes les cérémonies et dépenses qui l'accompagnèrent, durent attacher un certain intérêt à son nom. Agnès aussi, l'impératrice, qui était morte si récemment en odeur de sainteté parmi eux, avait dû laisser derrière elle, qu'elle l'aimât ou non, une certaine prétention en faveur de son fils. Et la foule prenait parti sans doute, et, en écrasant et en se pressant pour apercevoir les étrangers, sur la grande place du Latran ou aux portes de leur logement, se formait en groupes attirés par un regard ou un sourire, transformés en ennemis par un discours précipité. parole, et se préparant aux plus grands troubles et conflits qui allaient survenir.

Au milieu de ces arrivées et départs continuels et tandis que les trompettes du parti saxon ou allemand tintaient encore dans l'air, et que les velours et les bijoux des ambassadeurs avaient à peine cessé de briller parmi les robes sombres du clergé, vint d'autres matières d'une nature plus convenable aux cours sacrées et aux intérêts de l'Église. Bérengaire de Tours, penseur doux et spéculatif, aussi souvent se convainquant qu'il avait tort que donnant raison, comparut devant le concile de 1079 pour répondre de certaines hérésies sur l'Eucharistie, dont il avait déjà souvent été question. Ses opinions étaient celles de Luther, dont on l' appelle constamment le précurseur : mais il y avait peu de la force de Luther dans ce doux hérétique, qui s'était déjà rétracté publiquement, puis reprit ses enseignements particuliers, avec une simplicité qui désarma pour un temps la critique. . Grégoire avait toujours été son ami et son protecteur, tolérant sinon partageant ses opinions, qui n'étaient pas de nature à émouvoir ou à intéresser profondément l'Église à l'heure actuelle : car l'époque n'était pas hérétique, et l'exemple d'un délinquant aussi candide, qui ne le faisait pas sa tentative de résister aux arguments avancés contre lui était plutôt édifiante que contraire. Au moins, à l'époque de Grégoire, il n'y avait pas d'arguments théologiques à feu et à sang, ni de support ni d'enjeu pour l'hérétique. La pression du jugement théologique devint cependant trop forte pour que le pape puisse résister, préoccupé comme il l'était par d'autres questions, et Bérenger fut une fois de plus contraint de se rétracter, ce qu'il fit cordialement, avec le même résultat qu'auparavant.

C'était une occupation plus agréable pour le chef vigilant de l'Église de veiller à l'extension de la foi que de promouvoir la discipline interne du giron du Christ par des poursuites pour hérésie. Son regard pénétra les brumes du

Grand Nord, et nous voyons Grégoire devancer (comme d'ailleurs son grand prédécesseur, le premier Grégoire, l'avait fait avant lui) les missionnaires de notre époque dans l'expédient de former de jeunes indigènes pour prêcher la foi parmi leurs compatriotes, ce dont il y eut beaucoup de joie moderne lorsqu'il fut adopté pour la première fois ces derniers jours, comme une chose entièrement nouvelle et tout à fait sage. Grégoire le Grand l'avait déjà pratiqué avec ses garçons anglo-saxons : et Grégoire VII. le recommanda à Olaf, roi de Norvège, à qui il écrivit qu'il aurait volontiers envoyé un nombre suffisant de prêtres dans son lointain pays : « Mais comme cela est très difficile à cause de la grande distance et de la différence de langue, nous vous prions, comme nous avons aussi demandé au roi de Danemark, d'envoyer à notre cour apostolique quelques jeunes nobles de votre pays afin qu'étant nourris avec soin dans la connaissance divine sous les ailes de saint Pierre et saint Paul, ils puissent rapporter à vous les conseils du Siège Apostolique, arrivant parmi vous, non comme des hommes inconnus, mais comme des frères, et vous prêchant les devoirs du christianisme, non comme des étrangers et des ignorants, mais comme des hommes dont la langue est la vôtre, et qui sont pourtant instruits et puissant en connaissance et en morale. Ainsi, tandis que les travaux s'accumulaient autour de ses pieds chez lui et que le centre le plus ancien du christianisme était prêt à le chasser comme un fugitif, le grand pape étendait les liens invisibles de la fidélité chrétienne jusqu'aux extrémités de la terre.

C'est en 1080, trois ans après les événements de Canossa, que Grégoire franchit une nouvelle étape. Durant tout ce long intervalle, il n'avait jamais cessé d'insister sur le seul moyen légitime de régler la querelle, *c'est-à-dire* la réunion en Allemagne de toutes les personnes les plus intéressées, pour examiner solennellement l'ensemble et parvenir à une conclusion permanente sur des bases plus solides. solide que l'appel aux armes qui ravagea l'empire et qui, toujours fluctuant, donna la victoire temporaire tantôt à un camp, tantôt à l'autre. L'époque était loin d'être mûre pour un expédient tel que l'arbitrage, et l'épreuve des armes était sa méthode la plus naturelle : pourtant la proposition émanait en premier lieu des princes teutoniques eux-mêmes, et elle était entièrement conforme aux lois et aux lois allemandes. procédure primitive. Et à l'exception du Pape ou de quelque autre grand homme d'Église, il n'y avait aucun président possible d'une telle Diète, ni personne qui aurait pu avoir ne serait-ce qu'une prétention d'impartialité. Il était le seul homme capable de maintenir l'équilibre et de faire en sorte que justice soit rendue, même en théorie : car la crainte de sa présence et de ses pouvoirs spirituels aurait pu retenir ces féroces princes et barons et rendre possible une sorte de discussion raisonnable. Pour toutes ces raisons, et sans doute aussi pour affirmer pratiquement la prétention qu'il avait faite pour lui-même et ses successeurs d'être les juges de la terre et de régler tous les différends de ce genre en tant que représentants de Dieu, il était très peu disposé à abandonner le projet. Il était cependant devenu évident, au printemps 1080, lorsque commençait le Carême et que le Concile habituel du Latran se réunissait, qu'Henri ne consentirait jamais à cette Diète, dont la raison même était la discussion de revendications qu'il considérait comme divines. et infaillible. Rodolphe, son rival, était, ou prétendait être, aussi inquiet que le pape, bien qu'il n'ait jamais pris aucune mesure pour rendre possible le voyage de Grégoire à travers les Alpes. Mais il semblerait qu'en fin de compte toutes les parties aient renoncé à l'idée d'un tel moyen de faire la paix. La situation en Allemagne devenait chaque jour plus grave, et lorsque les envoyés de Rodolphe, après de nombreuses visites infructueuses à Rome, apparurent enfin avec une sorte d'ultimatum, exigeant qu'une mesure décisive soit prise pour mettre fin au suspense. , il n'y avait plus aucune possibilité de retard supplémentaire. Henri envoya également des ambassadeurs à la même occasion : mais ils arrivèrent tard et ne furent pas reçus. Le Concile du Latran s'est réuni, sans aucun doute avec beaucoup d'interrogations de cœur et une grande excitation envahissant l'assemblée où des questions d'une telle importance étaient sur le point d'être réglées, et une décision telle qu'elle n'avait jamais été demandée à aucun Pape auparavant, était sur le point d'être prise. donné depuis la chaire de Saint Pierre à un monde mi-croyant, mi-rebelle. Si quelqu'un croyait vraiment qu'une question de succession à l'empire pouvait être résolue de cette manière, il est impossible de le savoir : mais les envoyés de Rodolphe, dont les armes avaient été pour le moment victorieuses et qui venait de chasser Henri en fuite. avant lui, ont lancé leur appel au Pape avec une véhémence presque tragique, comme à celui dont le pouvoir et la responsabilité en la matière ne faisaient aucun doute. L'exposé de leur cause devant le Conseil était le suivant :

"Nous, délégués de notre seigneur le roi Rodolphe et des princes, nous nous plaignons devant Dieu et devant saint Pierre auprès de vous, notre père et de ce saint concile, qu'Henri, écarté du royaume par votre autorité apostolique, a malgré tout votre prohibition a envahi ledit royaume et a tout dévasté alentour par l'épée, le feu et le pillage ; il a avec une cruauté impie, chassé les évêques et les archevêques de leurs sièges, et a distribué leurs dignités de fiefs entre ses partisans. Werner de sainte mémoire, l'archevêque de Magdebourg, a péri par sa tyrannie ; Aldebert , évêque de Worms, est toujours détenu en prison contrairement à l'ordre apostolique ; plusieurs milliers d'hommes ont été massacrés par sa faction, de nombreuses églises pillées, incendiées et détruites. Les assauts d'Henri sur nos princes parce qu'ils lui ont retiré leur obéissance selon l'ordre du Siège Apostolique, sont innombrables. Et l'assemblée que vous avez désiré convoquer, Saint-Père, pour l'établissement de la vérité et de la paix, n'a pas eu lieu. , uniquement par la faute d'Henri et de ses partisans. Pour ces raisons, nous implorons votre clémence en notre propre nom et en celui de la Sainte Église de Dieu pour rendre justice au transgresseur sacrilège de l'Église.

On remarquera que tout le blâme de la lutte est ici rejeté sur l' Église : —
comme dans les remontrances des évêques saxons, qui ne disent pas un mot
de leurs griefs nationaux contre Henri, qui étaient néanmoins nombreux et
grands, et les véritables fondement de la guerre, mais l'attribuent entièrement
à l'action de Grégoire en les excommuniant et en les autorisant à retirer leurs
hommages au roi. Personne, pensons-nous, ne peut lire l'histoire chaotique
et déroutante de l'époque sans se rendre compte combien cela n'était qu'un
prétexte et combien en réalité les griefs de l'Église avaient peu à voir avec la
lutte intestine. Ce qui est curieux cependant, c'est que Grégoire, soit par
politique, soit par illusion, accepte l'entière responsabilité et est prêt à être
considéré comme la cause et l'auteur de ces guerres meurtrières, comme si la
lutte avait été une lutte entre l'Église et le roi seul. . Un sentiment de
responsabilité était évidemment fort dans son esprit lorsqu'il se leva de son
fauteuil de président en cette grande occasion, dans le silence haletant qui
suivit la plainte et l'appel des émissaires de Rodolphe. Pas une voix pour
défendre Henri ne s'était élevée au Conseil, ce qui, comme de nombreuses
voix s'étaient élevées en sa faveur dans les assemblées précédentes, montre
que le conclave avait conscience qu'une autre phase, plus désespérée, de la
querelle était atteinte.

Gregory lui-même était resté silencieux un moment, submergé par la crainte
de la grande crise. Lorsqu'il se releva , ce fut d'une voix brisée et les larmes
aux yeux : et la forme de la délivrance était aussi remarquable que sa teneur.
Grégoire s'adressait non pas au Concile, mais, avec un extraordinaire élan
d'émotion, à l'Apôtre au nom duquel il prononçait son jugement et dans le
fauteuil duquel il s'asseyait. Rien n'aurait pu être plus impressionnant que ce
changement soudain et évidemment spontané, du discours attendu de lui par
l'assemblée impressionnée et excitée, à la déclaration personnelle et à
l'explication donnée avec des accents tremblants mais avec la tête levée et les
yeux levés vers l'invisible, vers l'invisible. grand potentat dans les lieux
célestes dont il croyait être le représentant. Aussi vague que puisse être
l'image de l'apôtre à d'autres yeux, pour Grégoire Saint-Pierre, il était son
capitaine vivant, l'officier supérieur de l'Église, à qui son commandant en
second devait rendre compte de sa démarche face à l'ennemi. L'étonnement
de cette grande assemblée, la crainte soudaine imposée même au grand corps
des prêtres, trop familiers peut-être avec les choses saintes pour être
facilement impressionnés - bien plus encore aux laïcs surpris, aux envoyés de
Rodolphe et à leurs serviteurs, par ce discours abstrait, se levant
soudainement sorti du milieu de l'assemblée ravie pour un auditeur invisible,
a dû être extraordinaire. Cela marqua, comme rien d'autre n'aurait pu le faire,
la prise de conscience dans l'esprit de Grégoire d'une situation d'une
importance extraordinaire, d'une urgence telle que, depuis la création de

l'Église, elle ne s'était rarement ou jamais produite dans son histoire auparavant. Il se tenait devant le monde tremblant, lui-même un homme solitaire profondément ébranlé, appelant son grand prédécesseur à se rappeler que ce n'était pas de sa propre volonté qu'il était monté sur ce trône ou qu'il avait accepté cette responsabilité - que c'était Pierre, ou plutôt le deux grands chefs de l'Église réunis, Pierre le prince des Apôtres, Paul le Docteur et instructeur des nations, qui l'avaient choisi, et non celui qui s'était imposé à leur place. A ces auditeurs augustes, il racontait tout, toute l'histoire de la lutte, les péchés d'Henri, sa soumission et son absolution, sa rébellion renouvelée, toujours contre l'Église, contre les Apôtres, contre l'autorité ecclésiastique : tandis que l'assemblée essoufflée autour, partait présent à ce colloque solennel, assis avec impatience, buvant chaque mot, submergé par l'émerveillement de la situation, l'étrange attitude de la silhouette brillante au milieu, qui ne priait même pas, mais rapportait, expliquant chaque détail à son général invisible au-dessus. . Henri avait été un mauvais roi, un oppresseur cruel , un envahisseur de tous les droits : et la meilleure politique de l'Église aurait été de présenter ces arguments efficaces pour son renversement. Mais il n'y a pas un mot à ce sujet. Il était un rebelle contre l'Église et, par la main de l'Église, il était juste et juste qu'il tombe.

On ne peut que sentir une descente de ce terrain élevé et visionnaire dans la diction de la phrase qui a suivi, une phrase que l'on n'entend pas maintenant pour la première fois, et que peut-être personne n'a ressenti, aussi formidable que soit sa prononciation, comme le dernier mot. dans cette grande querelle.

« C'est pourquoi, me confiant au jugement et à la miséricorde de Dieu et de la Sainte Mère de Dieu, et armé de votre autorité, je mets sous excommunication et je lie par les chaînes de l'anathème Henri appelé Roi, ainsi que tous ses compagnons pécheurs ; et de la part de Dieu Tout-Puissant et de Toi, l'excluant désormais des royaumes d'Allemagne et d'Italie, je lui retire tout pouvoir et dignité royale ; j'interdis à tout chrétien de lui obéir en tant que roi ; et je l'absous de leur fait des promesses jurées à tous ceux qui lui ont prêté ou pourraient lui prêter serment d'allégeance. Que cet Henri et ses compagnons pécheurs n'aient aucune force dans le combat et n'obtiennent aucune victoire dans la vie !

Après avoir accordé avec la même solennité à Rodolphe le royaume d'Allemagne (l'Italie n'est pas nommée) avec tous les droits royaux, le Pape conclut ainsi son discours aux chefs spirituels dans le ciel de l'Église sur terre :

"Saints Pères et Seigneurs ! que le monde entier sache et comprenne maintenant que, de même que vous pouvez lier et délier dans le ciel, vous pouvez aussi sur terre donner et reprendre à chacun selon ses mérites, empires, royaumes, principautés, duchés, marquisats, comtés et toutes les possessions. Vous avez déjà souvent enlevé aux pervers et aux indignes sièges patriarcaux, primaties, archevêchés et évêchés, pour les accorder à des hommes religieux. Si vous jugez ainsi dans les choses spirituelles, avec combien plus de pouvoir ne devriez-vous pas le faire dans les choses profanes ! Et si vous jugez les anges qui sont les maîtres des princes les plus fiers, que ne pourrez-vous pas faire avec les princes, leurs esclaves ! Faites-le savoir aujourd'hui aux rois et aux grands de la terre. combien tu es grand et quelle est ta puissance ; qu'ils craignent de négliger les ordonnances de l'Église ! Accomplis vite ton jugement sur Henri, afin qu'il soit apparent aux yeux de tous qu'il ne tombe pas sur lui par hasard mais par ta volonté. puissance. Mais que sa confusion se transforme en repentance, afin que son âme soit sauvée au jour du Seigneur.

Si l'extase de son propre ravissement et de sa communion abstraite avec l'invisible, cette inspiration subtile d'un Invisible trop clairement conçu pour que la faiblesse humaine puisse la soutenir, était montée à la tête de Grégoire et l'avait entraîné dans une expression plus complète de cette affirmation et de cette affirmation extraordinaires au-delà de toute raison : ou si la théorie longtemps déterminée de sa vie a ainsi trouvé un développement complet, il est difficile de le dire. Ces hypothèses étaient, en effet, le résultat simple et pratique de revendications déjà formulées et de responsabilités assumées : revendications qui avaient déjà été faiblement mises en œuvre par d'autres papes auparavant. Mais jamais auparavant ils n'avaient été exprimés avec des mots aussi vivants et aussi solennels. Grégoire lui-même n'avait jusqu'alors revendiqué que le droit de juger, d'arbitrer à la tête d'une Diète nationale. Il n'avait pas lui-même, autant que nous pouvons le constater, assumé jusqu'à présent les prétendus droits de Pierre, seul et sans contrôle. Il avait donné l'Angleterre à Guillaume, mais seulement sur le mandat d'Harold solennellement juré devant l'autel. Il avait légitimé les prétentions déjà établies par la conquête de Robert Guiscard et d'autres conquérants normands. Mais la norme établie lors du concile du Latran de 1080 était d'un type bien plus impératif et affirmait finalement à travers Pierre et Paul, ses saints pères et seigneurs, une autorité absolue et intransigeante à faire tourner le cerveau. Ce discours extraordinaire a dû renvoyer une multitude, dont beaucoup étaient sans aucun doute des hommes ordinaires sans idéal élevé comme le sien, vers leurs évêchés et leurs charges, gonflés d'un sentiment de grandeur spirituelle et de puissance qu'aucune promotion ne pouvait donner, une inspiration qui si cela provoquait ici et là un grand frisson pour les nécessités d'une grande position, il était au moins aussi probable qu'il fasse de petits tyrans et des oppresseurs d'hommes plus méchants. La seule clause de sauvegarde dans une accusation si pleine d'éléments de méfait, c'est que,

pour la majorité des esprits ordinaires, elle n'aurait que très peu de
signification personnelle.

ÎLE SUR LE TIBRE.

Dès lors, rien n'était plus possible qu'une guerre à mort entre Grégoire et
Henri, le roi déchu, qui était aussi peu disposé à accepter sa déposition qu'un
anathème était capable de l'imposer. Nous l'avons déjà remarqué à plusieurs
reprises, et c'est une descente terrible du haut d'une scène si frappante et de
tant de grands mots, que d'être obligé de la répéter : cependant il est bien
évident que, malgré les terribles images que nous avons eues Malgré la force
de ces anathèmes, ils ne firent que très peu de différence dans la vie du
monde. Il y eut toujours assez de prêtres schismatiques ou rebelles pour
accomplir, au mépris du pape, ces cérémonies visibles et ces offices religieux
indispensables à l'ordre commun de la vie. Il y avait sans doute de grandes
souffrances individuelles parmi les fidèles, mais les habitudes de la vie
ordinaire n'auraient pu être perturbées que si chaque évêque et chaque prêtre
avait été fidèle au Pape, ce qui était loin d'être le cas.

C'est à l'issue de ce concile que Grégoire aurait envoyé à Rodolphe la fameuse
couronne impériale portant l'inscription

Petra dédit Petro, Petrus diadema Rodolpho ,

dont Villemain fait cette remarque mesquine : « Après avoir tenu la balance
comme incertaine et nié la part qu'il avait dans l'élection de Rodolphe,

maintenant qu'elle était confirmée par le succès, Grégoire VII la revendiquait pour lui et pour l'Église. » une conclusion qui n'est ni en accord avec les faits ni avec le caractère de l'homme.

Il était évidemment impossible qu'Henry reçoive cette décision avec douceur. Une fois de plus, il tenta d'exercer des représailles lors d'une assemblée tenue à Brixen en juin suivant, lorsque, grâce au petit nombre de trente évêques, principalement des personnes excommuniées et, bien entendu, en tout cas sans aucun droit de juger leur supérieur, Grégoire lui-même fut de nouveau déposé, excommunié et retranché de la communion de ces ecclésiastiques et de leurs suivants. Dans la sentence prononcée par cette misérable compagnie, Grégoire est accusé d'avoir suivi l'hérésie de Bérenger , dont la rétractation avait été reçue l'année précédente au Latran : et aussi d'être nécromancien et magicien, et possédé d'un mauvais esprit. Ces raisons exquises sont la principale des allégations portées contre lui et le principal motif sur lequel sa déposition était justifiée. Guibert de Ravenne, longtemps son ennemi et l'un des excommuniés, fut élu par le même tribunal incompétent comme pape à sa place, naturellement sans aucune des exigences canoniques pour une telle élection ; cependant on nous dit qu'Henri porta la main violemment sur l'évêque d'Ostie, qui avait le privilège d'officier à la consécration des papes, et qui se trouvait alors à l'étranger comme légat, afin de donner quelque apparence de légalité à l'élection. Guibert cependant, moins scrupuleux que l'ancien intrus Cadalous , prit aussitôt le titre de Clément III. Le grand avantage d'une telle mesure, outre la douceur de la vengeance, était sans doute qu'elle annulait pratiquement l'interdit papal en ce qui concerne la connaissance du vulgaire : tant qu'il y aurait des prêtres pour officier, un évêque pour présider, et un pape pour bénir et maudire, comment les gens non instruits pourraient-ils savoir que leur pays était soumis à une interdiction fatale ? Pour rendre possible une telle excommunication universelle, tout le sacerdoce doit avoir été soumis et fidèle à la seule autorité de l'Église.

Malheureusement pour le prestige de Grégoire, Henri eut beaucoup plus de succès l'année suivante dans toutes ses entreprises, et ce fut Rodolphe, l'ami et élu du pape, et non son adversaire, qui mourut après une bataille qui ne fut pas autrement décisive. Cet événement a dû être un grand coup dur et une grande déception ainsi qu'un danger immédiat et imminent. Pendant quelque temps, cependant, le cours ordinaire de la vie continua à Rome, et Grégoire, au moyen de diverses négociations, et aussi sans doute en raison de sa propre conscience du besoin pressant d'un champion et d'un partisan, se lia de nouveau d'amitié avec Robert. Guiscard, s'efforçant de régler les querelles entre lui et ses voisins , et de le gagner ainsi par ses bons offices du côté papal. Pour compléter ce renouveau d'amitié, Grégoire, quoique malade, et au milieu de tous ces tumultes commençant à sentir le poids des années, fit un voyage à Bénévent, qui appartenait au Saint-Siège, et y rencontra son ancien pénitent et adversaire, le courageux et rusé. Normand. L'entretien entre eux eut lieu en présence d'une grande foule de leurs partisans et d'habitants de toute la région, rassemblés dans un mélange de curiosité et de respect, pour voir une si grande scène. Le Normand, relevé des excommunications sous lesquelles il avait été soumis pour des offenses passées, et doté de l'approbation et de la bénédiction du Pape, jura fidélité et obéissance à Grégoire, promettant d'être désormais le champion de la Sainte Église, protégeant ses biens et ses serviteurs, gardant ses conseils et reconnaissant son autorité.

"A partir de cette heure et pour l'avenir, je serai fidèle à la Sainte Église romaine, au Siège apostolique et à vous, monseigneur Grégoire, Pape universel. Je serai votre défenseur et celui de l'Église romaine, en aidant vous selon mon pouvoir d'entretenir, d'occuper et de défendre les domaines de Saint-Pierre et ses possessions, contre tout venant, en vous réservant seulement la marche de Fermo, de Salerne et d'Amalfi, au sujet desquelles aucun arrangement définitif n'a encore été fait."

Ces derniers, et surtout la ville de Salerne, une des villes *la plus belle et la plus délicieuse* d'Italie, dit le vieux Muratori , avaient été récemment prises par Guiscard à leur prince Gisolfo , *protégé* et ami du Pape, qui les excepte en la même manière prudente dès la sanction donnée aux autres conquêtes de Robert . L'acte d'investiture de Grégoire est dans l'ensemble un document très prudent :

Moi Grégoire, Pape, je vous investis, duc Robert, de toutes les terres que vous ont données mes prédécesseurs de sainte mémoire, Nicolas et Alexandre. Quant aux terres de Salerne, d'Amalfi et d'une partie de la Marche de Fermo, que vous détenez injustement, je les supporte patiemment pour le moment, ayant confiance en Dieu et en votre honnêteté, et que vous vous comporterez à l'avenir pour l' honneur de Dieu et de saint Pierre de la manière qui vous convient et que je peux tolérer, sans risquer votre âme ni la mienne.

Il est peu probable que Grégoire espérait tant de la probité de Guiscard que de renoncer à ce *citta. deliziosa* , gagné par son arc et sa lance. Il ne savait pas non plus comment son propre nom et toutes ses associations resteraient à Salerne, sa principale distinction à travers tous les âges à venir.

La vie de Gregory n'a jamais été une vie de paix ou de tranquillité . Il avait été un combattant tous ses jours, mais pendant une grande partie de ceux-ci, il avait réussi : les années qui lui restaient cependant étaient une longue suite d'agitations, de troubles et de révolutions. En 1081, Henri, à peine vainqueur par les armes, mais confiant dans le grand découragement du parti rival par la mort de Rodolphe, traversa de nouveau les Alpes et, après avoir vaincu Mathilde, ravageant son duché et la conduisant à l'abri de Canossa, marcha sur Rome. . Guibert de Ravenne, l'antipape, l'accompagnait avec de nombreux évêques et prêtres de son parti. Lors de sa première apparition devant Rome, l'énergie de Grégoire et son attente d'un tel événement avaient pour une fois inspiré la ville à la résistance, de sorte que l'armée royale ne s'avança pas plus loin que les « champs de Néron », hors des murs de l'Empire. Ville léonine au nord de Saint-Pierre, par où ils s'étaient approchés de Rome. Henri se fit couronner empereur par son antipape dans sa tente, un acte accompli sur les conseils de ses évêques schismatiques, et au grand étonnement, excitation et intérêt du peuple environnant, intimidé par ce grand titre qu'il n'avait pas autant. encore osé supposer. Ce futile couronnement était en effet un acte avec lequel il s'amusait périodiquement au cours des années suivantes de temps en temps. Mais les chaleurs de l'été et la fièvre de Rome repoussèrent bientôt les envahisseurs. En 1082, Henri revint à l'attaque, mais toujours en vain. En 1083, il eut plus de succès et s'empara de cette partie de Rome appelée la ville léonine, qui comprenait Saint-Pierre et les tombeaux des Apôtres, le grand sanctuaire qui donnait la sainteté à l'ensemble. Le pape, jusqu'alors libre, quoique continuellement menacé par ses ennemis, et continuant à diriger de son mieux les affaires universelles de l'Église, fut contraint de se retirer à Saint-Ange. Il se trouvait à ce moment sans défenseur ni champion d'aucun côté. La courageuse Mathilde, toujours fidèle, fut enfermée dans l'inexpugnable Canossa. Guiscard, après avoir obtenu de Grégoire tout ce qu'il voulait, était parti pour ses propres affaires et luttait maintenant pour prendre pied en Grèce, indifférent au danger du pape. Les Romains, après le bref intervalle d'inspiration qui leur donna le courage de prendre position pour le pape et l'intégrité de leur ville, étaient retombés dans leur faiblesse habituelle, éblouis par le titre d'empereur d'Henri et intimidés par la présence de ses Allemands. à leurs portes. Ils n'avaient jamais eu aucun esprit de résistance, et on ne pouvait guère s'attendre d'une population corrompue et inconstante, habituée depuis des siècles à être les jouets des circonstances, qu'elle commence maintenant une carrière plus noble. Et le pape restait là, enfermé dans cette forteresse solitaire, dominant les rues bruyantes et animées qui regorgeaient de soldats étrangers et le bruit des armes, tandis que dans l'église Saint-Pierre toute proche, Guibert le faux pape réunissait un faux concile pour absoudre le nouvel empereur de tous les anathèmes qui s'étaient succédé sur sa tête.

Il y eut beaucoup de discussions et de débats dans cette étrange assemblée, où un homme sur deux au moins devait avoir dans son cœur secret un sentiment de sacrilège, à ce sujet. Ils ne niaient apparemment pas la portée juridique de ces anathèmes , qu'ils reconnaissaient comme la racine et l'origine de tous les malheurs qui avaient suivi ; mais ils soutenaient faiblement que les démarches de Grégoire avaient été irrégulières, étant donné qu'Henri n'avait jamais eu l'occasion de se défendre. Une autre des prétentions attribuées à l'Église romaine par ses ennemis, et cette fois avec vérité, puisqu'elle est effectivement devenue partie de son code, fut, comme il semble, établie à cette occasion pour la première fois et par les schismatiques. Grégoire avait interdit au peuple d'accepter les sacrements des mains de prêtres vicieux ou simoniaques . Guibert, appelé Clément III, et son conseil fictif déclaraient par de savantes citations que les sacrements en eux-mêmes étaient tout en tout, et les administrateurs rien ; et que bien que donnés par un ivrogne, un adultère ou un meurtrier, les rites de l'Église étaient également efficaces. Il était cependant plus étrange encore que dans cette assemblée, composée de schismatiques, dont beaucoup étaient coupables de ces mêmes pratiques, une timide remontrance ait été faite contre les péchés mêmes qui les avaient séparés du reste de l'Église et que Grégoire avait commis. a passé sa vie à combattre. Le pape n'avait réussi ni à abolir la simonie, ni à maintenir le célibat et la continence parmi le clergé, mais il avait suscité une opinion publique universelle, un sentiment plus fort que lui, qui trouvait place même dans l'esprit de son antagoniste et rival d'armes. .

Ainsi, l'usurpateur attaquait timidement avec des arguments insignifiants ou moralement dangereux les actes du pape, tout en faisant timidement écho à sa doctrine : avec l'air partout d'un prétendant alarmé par le simple voisinage d'un monarque malheureux mais légitime. Guibert avait été assez audacieux auparavant ; il avait maintenant l'air d'un intrus furtif tremblant de peur qu'à chaque bruit fortuit il n'entende le pas du véritable maître retournant à sa maison profanée.

Le prochain événement de cette curieuse lutte est encore plus extraordinaire. Henri lui-même, il est évident, a dû être frappé du caractère faible de cette assemblée non autorisée , bien que le nouveau pape fût de sa propre initiative et que le concile se tienne sous ses auspices ; ou peut-être espérait-il gagner quelque chose en faisant semblant de franchise et d'impartialité, même si c'était si tard dans la journée. En tout cas, il proposa, immédiatement après la clôture du concile fictif, aux citoyens et aux fonctionnaires qui détenaient encore les autres parties de la ville, au nom de Grégoire, de retirer ses troupes, de laisser libres toutes les routes menant à Rome, et soumettre sa cause à un autre concile présidé par Grégoire et auquel, comme dans les cas ordinaires, seraient invités tous les rangs supérieurs du clergé. Il est impossible de concevoir une contradiction plus extraordinaire par rapport à tout ce qui s'est passé auparavant. Cependant, aussi étrange que cela puisse paraître, la proposition a été acceptée et mise à exécution. En novembre 1083, cette assemblée fut convoquée. Henri se retira avec son armée vers la Lombardie, les routes paisibles furent toutes rouvertes, et les évêques et les abbés de toutes les parties de la chrétienté se hâtèrent, sans doute tremblants, mais excités, vers Rome. Henri, malgré sa libéralité de bonnes offres, exerçait une surveillance considérable sur ces voyageurs , car on apprend qu'il arrêta les députés que les princes allemands avaient envoyés pour les représenter, ainsi que de nombreux prélats distingués, dont deux avaient été spécialement attachés à son mère Agnès, accompagnée d'un des légats du Pape. La tentative de rassembler ainsi l'assemblée, ou du moins de la débarrasser ainsi de ses membres les plus remarquables, ne réussit pas, et un grand nombre d'ecclésiastiques furent rassemblés malgré tous les périls du voyage.

La réunion fut mélancolique, éclipsée par le désespoir d'une situation dans laquelle toute la droite était d'un côté et tout le pouvoir de l'autre. Après trois jours de délibérations, qui n'aboutirent à rien, le pape s'adressa — c'était pour la dernière fois à Rome — à ses fidèles conseillers. "Il parlait avec la langue d'un ange plutôt que celle d' un homme ", leur ordonnant d'être fermes et patients, de s'accrocher fermement à la foi et de s'abandonner comme des hommes, aussi sombres que fussent les jours dans lesquels ils étaient tombés. L'ensemble de la convocation a fondu en larmes alors que le vieil homme concluait.

Mais Grégoire ne se montrerait indulgent envers son persécuteur. Il céda jusqu'à ne pas répéter son anathème contre lui, excommuniant seulement ceux qui, par force ou par stratagème, avaient fait demi-tour et retenu ceux qui se rendaient au Concile. Mais il ne consentit pas à couronner Henri comme empereur, ce qui, malgré son précédent couronnement dans sa tente par Guibert, et un autre encore plus tôt, dit-on, à Brixen immédiatement après la nomination de l'antipape, était cc que le monarque rebelle avait fait. toujours désiré; il ne céderait pas non plus à l'apparente contrainte des circonstances et ferait la paix, sans le repentir de la part d'Henri. Aucune circonstance ne pourrait contraindre un tel homme. Le concile infructueux ne dura que trois jours, et se sépara sans rien changer à la situation. Les Romains, réveillés peut-être par le bref instant de liberté qu'ils avaient ainsi semblé avoir, se soulevèrent contre la garnison d'Henri et reprirent possession de la ville léonine qu'il avait occupée : et ainsi chaque détail de la lutte fut commencé et répété.

Cette tentative extraordinaire, après tout ce qui s'était passé, après le concile au cours duquel Henri avait destitué Grégoire, le concile de Saint-Pierre même, tenu par l'antipape, et tous les injures qu'il avait proférées contre « le moine Hildebrand », comme il avait maintes et maintes fois qualifié de pape — en permettant une assemblée dans laquelle le pontife insulté serait rendu à toute son autorité et à tous ses honneurs , pousser Grégoire à l'accepter et à le couronner, c'est une des choses les plus merveilleuses de l'histoire. Mais cette tentative fut la dernière qu'il fit, car la plus futile. Après le seul éclair d'énergie avec lequel Rome renouvela la lutte, et une autre période d' attaques et de retraits renouvelés , Henri devint maître de la ville, mais jamais du château de Saint-Ange où Grégoire était assis indomptable, ne relâchant pas une once de sa détermination. et plus fort que jamais dans son refus de retirer, à moins qu'après un repentir complet, sa malédiction d'Henri. Divers châteaux et places fortes continuèrent à être détenus au nom du pape, tant à l'intérieur qu'à l'extérieur des murs de la ville : ce fait jette une curieuse lumière sur son aspect actuel : mais ces vestiges de défense avaient peu de pouvoir pour retenir le conquérant et sa grande armée.

Et puis Rome vit de nouveau un de ces spectacles qui, d'âge en âge, lui étaient devenus familiers, le triomphe des armes et de la force écrasante sous les yeux mêmes du souverain emprisonné de la ville. Le palais du Latran, si longtemps déserté, se réveilla pour recevoir un invité royal. Les sobres cours de la maison papale flamboyaient de costumes splendides et résonnaient de tout le tumulte de la réjouissance et du triomphe. La première des grandes cérémonies fut le couronnement de l'archevêque Guibert sous le nom de Clément III, qui eut lieu lors de la Semaine de la Passion en 1084. Quatre mois avant que Grégoire ne descende de sa forteresse pour tenir le concile au cours duquel Henri avait encore espéré persuader ou bien le contraindre à la complaisance, en repoussant Guibert avec légèreté ; mais les espoirs du roi avaient échoué et Guibert était de nouveau le symbole temporaire de cette puissance spirituelle sans laquelle il ne pouvait se maintenir. Le dimanche de Pâques suivant, trois grandes processions défilèrent de nouveau sur le pont Saint-Ange sous les yeux, peut-être, de Grégoire haut sur les créneaux de sa forteresse, ou du moins pénétrant dans sa retraite avec les cris et les acclamations qui marquaient leur progrès, le cortège du faux pape, celui du roi, celui de Berthe, la femme du roi, qu'il avait fallu tous les efforts de Grégoire et de ses fidèles évêques pour préserver d'un cruel divorce : celle qui avait mis ses servantes à coups de bâton et personnel pour battre à moitié la vie de ce faux conjoint et chevalier caitiff dans sa tentative de la trahir. Le monde avait triomphé de l'Église, les puissances des ténèbres de celles de la lumière, un despote faux et perfide, dont même ses propres disciples tenaient pour rien, le prêtre inébranlable, pur et noble qui, quoi qu'on puisse dire, pensez à ses motivations - et aucun jugement sur Grégoire ne pourra jamais être unanime - avait consacré sa vie à un objectif élevé et s'y était tenu à travers le triomphe et l'humiliation, inébranlable et inébranlable. Grégoire était tout aussi certain de sa grande position désormais, le Vicaire du Christ chargé de lier et de délier, de juger avec impartialité et justice toutes les réclamations des hommes, de maintenir la balance du bien et du mal partout dans le monde, alors qu'il regardait les processions gaies. passer, et j'entendis les hérauts sonner leurs trompettes et l'antipape, la créature de la volonté d'Henri, passer par là pour donner à son maître (pour la troisième fois) la couronne impériale tant attendue, comme lorsqu'il était lui-même maître au sein du créneaux de Canossa et éleva ce roi suppliant aux possibilités de l'empire de ses pieds.

C'est un détail curieux qui ajoute une touche à l'ironie qui se mêle à tant de triomphes et de chutes humaines, que la couronne impériale actuelle semble au moins à une époque avoir été entre les mains de Grégoire. Au cours du concile avorté, pour lequel, depuis trois jours, il était revenu au Latran, il proposa, bien qu'il refusât de le mettre sur sa tête, de le remettre entre les mains d'Henri, en le laissant tomber avec une corde depuis une fenêtre de Saint-Pierre. ...Angelo. Cette offre, qui ne pouvait être qu'ironique, semble avoir été refusée ; mais si Grégoire l'a conservé à Saint-Ange, ou s'il l'a laissé au trésor du Latran par le roi de retour, il n'y a aucune information. Si c'était une couronne fictive placée sur la tête d'Henri par le pape fictif, la curieuse parodie serait complète. Et l'histoire ne dit même pas pourquoi la cérémonie célébrée auparavant par les mêmes mains sur les rives du Tibre aurait disparu des mémoires comme une chose qui n'avait pas eu lieu.

Pendant tout ce temps, on n'avait pas entendu parler de Robert Guiscard qui avait si solennellement pris la charge de champion du Saint-Siège et de chevalier de Saint-Pierre. Il s'était occupé de ses propres affaires, poursuivant ses conquêtes, désireux de se tailler de nouveaux royaumes pour lui et ses fils : mais finalement les appels du Pape devinrent trop forts pour qu'on puisse y résister. Henri, dont les armées ne s'étaient sans doute pas améliorées en force pendant la guerre décousue qui a dû affecter plus ou moins la conscience de beaucoup, et les étés chauds, malsains pour les habitants du Nord, n'a pas attendu l'arrivée de ce nouvel et redoutable ennemi. Les Toscans de Mathilde furent plus facilement vaincus que les vétérans de race nordique de Guiscard. Il fit appel à ses hommes de tous les petits sièges qui les épuisaient, et de ce mur qu'il avait forcé les Romains de leurs propres mains pitoyables à construire comme base d'attaques contre Saint-Ange, et se retira en toute hâte, laissant le des citoyens terrifiés qu'il avait gagnés à son parti, aussi peu portés aux armes que leurs ancêtres, et au milieu d'une ville à moitié en ruine, dont les positions fortes étaient encore occupées par les amis du pape, de faire ce qu'ils pouvaient contre les troupes les plus redoutées de la chrétienté. La catastrophe était certaine avant qu'elle ne se produise. La résistance des Romains à Robert Guiscard n'était guère plus que nominale, juste assez pour enflammer les Normands et donner à leurs hordes armées la terrible liberté des assiégeants. Ils délivrèrent le Pontife, mais mirent à sac la ville qui gisait impuissante dans ses ruines à leurs pieds ; même les églises n'ont pas été épargnées, ni leur droit de sanctuaire reconnu six cents ans avant qu'Attila ne l'ait reconnu. Et toute la faute du Pape, car qui pourrait se demander si les malades pleuraient ? C'était lui qui avait amené ces sauvages sur eux, comme c'était lui qui les avait exposés auparavant à l'hostilité d'Henri. À peine Grégoire était-il sorti de sa citadelle et rentré dans son palais, que Rome fut remplie de scènes de sang et de carnage, telles qu'elles rappelaient les invasions des Huns et des Vandales. Les flammes de la ville en feu illuminaient le ciel alors qu'il sortait triste, délivré de son esclavage, mais homme triste et chargé. Les chroniqueurs racontent qu'il se jeta aux pieds de Guiscard pour le supplier d'épargner la ville, criant qu'il était pape pour l'édification et non pour la ruine. Et bien que sa prière ait été dans une certaine mesure exaucée, il ne fait aucun doute qu'ici, le cœur de Grégoire et son courage ont été brisés, et que, bien que sa résolution n'ait jamais été ébranlée, sa force ne pouvait guère supporter davantage. Ce fut le malheur le plus grand, comme le plus injustifié, de sa vie.

Il tint un étrange concile dans la Rome désolée dans les quelques jours qui suivirent, au cours duquel il répéta son anathème contre Henri, Guibert et tout le clergé qui vivait dans la rébellion ou dans le péché. Mais il semblerait que même à un tel moment, le conseil n'était pas unanime et que l'esprit de ses partisans était brisé et intimidé, et que peu d'entre eux pouvaient le suivre dans la fermeté de son propre esprit immuable. Et quand fut terminée cette assemblée tremblante et troublée, tenue dans des circonstances si extraordinaires, de féroces Normands, de sauvages Sarrasins formant la garde du Pontife, le feu et la ruine, et les cris des victimes troublant encore l'air autrefois paisible, Grégoire, le cœur malade, tourna le dos à la ville bien-aimée dont il avait tant travaillé pour rendre à nouveau la maîtresse du monde. Peut-être ne savait-il pas qu'il quittait Rome pour toujours ; mais les conditions de cette dernière restauration lui avaient brisé le cœur. C'est à lui d'apporter le sang et les rapines ! lui qui était Pape pour édifier et non pour détruire ! C'était plus que ce que l'homme qui avait supporté tout le reste pouvait supporter. C'était sans doute un triomphe suprême pour Guiscard d'emmener avec lui le Pontife sauvé et de se présenter devant tout le monde comme le libérateur de Grégoire. Le voyage lui-même ne fut cependant pas sans périls. La campagne et tout le pays plus sauvage au-delà, autour des marais pontins, étaient pleins de bandes de flibustiers, partisans d'Henri, ou se faisant appeler ainsi, qui harcelaient la marche avec des attaques de guérilla. Au cours d'un de ces combats aériens, un moine de la suite de Grégoire fut tué, et le pape dut chevaucher comme les hommes d'armes, tantôt commençant à l'aube, tantôt voyageant jusque tard dans la nuit. A Monte Cassino, dans le grand couvent où régnait son ami Desiderius, qui devait lui succéder, il fit une pause bienvenue, et il eut le temps de se rafraîchir parmi ses anciens amis, véritables frères et compagnons de son âme. Les légendes des moines - ou était-ce la pitié des siècles qui commençaient déjà à s'éveiller et s'élevaient à un grand sommet de componction humaine au moment où les premiers historiens commençaient à écrire son histoire ? - lui accordent ici cette compensation de reconnaissance divine qui le cœur reconnaît comme la seule guérison de telles blessures. Quelqu'un parmi les moines du Mont-Cassin vit une colombe planer au-dessus de sa tête pendant qu'il disait la messe. Peut-être s'agissait-il simplement d'une confusion avec la légende de Grégoire le Grand, son prédécesseur, à qui appartient cet attribut ; peut-être qu'un gentil frère dont le cœur souffrait de sympathie pour le pape souffrant avait du glamour dans les yeux et voyait.

Grégoire continue sa route, traîné dans l'armée de Robert Guiscard comme dans un char, qui commence à être, à mesure qu'il atteint les côtes méridionales de l'Italie, un char de triomphe. Toutes les villes et villages sur le chemin se sont rassemblés pour saluer le Pape, lui demander sa bénédiction. L'évêque de Salerne, accompagné de son clergé, vint à sa rencontre en procession solennelle, vêtus de robes brillantes et d'étendards sacrés. Ni le pape ni le prince n'auraient pu trouver une retraite plus exquise pour échapper aux troubles d'un monde mauvais. La belle petite ville, à moitié sarrasine, dans toute la splendeur de sa cathédrale encore neuve et blanche et épanouie de couleurs comme une fleur, était assise au bord de cette plus belle côte, la mer comme un saphir surgissant en de nombreuses lignes d'écume, les vagues applaudissant comme dans les Psaumes, et au-dessus, les collines aux manteaux d'oliviers s'élevant doucement vers le ciel le plus bleu, avec partout un village blanc, un petit clocher d'église, les murs du couvent brillant au soleil. C'est encore une région aussi proche du Paradis que l'imagination humaine peut l'imaginer, plus belle que n'importe quelle scène que nous connaissons. On se demande si le cœur du Pape avait encore assez de ressort pour prendre un léger plaisir dans cette merveilleuse conjonction de la terre, de la mer et du ciel. Mais de tels délices n'étaient pas beaucoup envisagés à son époque, et il est très possible qu'il ait ressenti comme un péché de permettre à son cœur de se livrer à un tel plaisir charnel.

Mais au moins un peu de son ancienne énergie lui revint une fois installé dans ce merveilleux lieu d'exil. Il envoya ses légats dans le monde, chargés de lettres aux fidèles du monde entier, pour expliquer la situation et affirmer, comme maintenant avec son dernier souffle, que c'était à cause de sa détermination à purifier l'Église que toutes ces conspirations s'était élevé contre lui, ce qui était en effet, malgré tous les développements pris par la question, la vérité absolue. Car Grégoire avait la résolution fermement conçue et fidèlement tenue de purifier l'Église de la simonie, de faire choisir ses ministres et ses officiers pour leur valeur et leur vertu, et leur pouvoir de guider et d'influencer leurs troupeaux pour le bien, et non parce qu'ils avaient des richesses à payer. leur dignité et à la maintenir, ce qui fut le début du conflit. Henri, qui refusa l'obéissance et fit un trafic des offices les plus sacrés, et ces prêtres dégénérés et rebelles qui continuèrent à s'acheter de riches évêchés et abbayes au mépris de toute loi et sanction ecclésiastiques, furent les premiers coupables, et devaient au moins, avant la postérité, supporter le poids.

Il est peut-être indiscret de parler en ces termes d'un événement qui a largement affecté la vie moderne, mais il y a une ressemblance fantaisiste qui est susceptible de faire sourire entre l'action d'une grande partie de l'Église d'Écosse il y a cinquante ans et la vie lutte de Grégoire. Dans le premier cas, il s'agissait de l'attribution de ministres aux bénéfices ecclésiastiques par une autorité laïque, même voilée par un prétendu consentement populaire, ce qui était considéré comme une violation des droits divins de l'Église et de la direction du Christ par un religieux. corps peut-être plus méprisant et condamnateur que tout autre de tout ce qui touche à un pape. En Écosse, on ne supposait pas que les humbles candidats à une vie modeste en Ecosse achetaient leur avancement ; mais le principe était le même.

Dans le cas de Grégoire, les positions ainsi achetées et vendues étaient d'une très grande importance laïque, apportant avec elles beaucoup de richesse, de pouvoir et d'importance extérieure, ce qui n'était pas le cas dans l'autre cas ; mais dans aucun des cas, les candidats n'ont été choisis canoniquement ou pour leur aptitude à la charge, mais pour des motifs étrangers et malgré les décisions de l'Église. C'était détruire la direction de Pierre, l'autorité de son représentant, les droits de l'épouse sacrée du Christ. Les deux affirmations étaient parfaitement honnêtes et vraies. Mais Grégoire, en opposition à un grief bien plus grand et qui s'étendait à toute la chrétienté, était de loin le confesseur le plus distingué, car il était le plus grand martyr de la Sainte Cause.

Car ce fut sans doute la première cause de toutes les souffrances du Pontife, des insultes dont il fut victime, des torts qu'il dut supporter, de l'exil dans lequel il mourut. La question est réglée contre lui, croyons-nous, dans tous les pays, même les plus profondément chrétiens. L'Écosse a effectivement réussi à suivre sa propre voie, mais c'est parce qu'elle ne bénéficie pas d'avantages importants, impliquant un rang et des privilèges laïques. Aucune voix en Angleterre ne s'est jamais élevée pour défendre la simonie, mais le *congé d'élire* aurait été une offense aussi grave pour le pape Grégoire et un péché aussi grave pour le Dr Chalmers que l'achat d'un archevêché dans un cas. , ou le placement d'un prédicateur impopulaire dans un autre. La revendication d'autorité du Pape sur l'Église et sur le monde, bien qu'elle soit fondée à l'origine et fondamentalement sur ses droits en tant que successeur de Pierre, s'est développée à partir de là comme le fruit de la fleur. Au point de vue religieux, et si nous pouvions faire en sorte que tous les papes, candidats aux charges ecclésiastiques et électeurs de celles-ci, soient des hommes sages et bons, la position serait inattaquable ; mais comme il n'en est rien, la question ne vaut guère la peine de risquer la vie d'un homme, et encore moins sa vie. Mais peut-être aucun homme depuis, si ce n'était ses successeurs dans la papauté, n'a eu de raisons aussi ardues de consacrer sa vie à cela que Grégoire, car aucun n'a jamais eu une lutte plus acharnée.

Cette question plus petite, bien que fondamentale, a été presque oubliée dans la lutte entre le Pape et l'Empereur – les pouvoirs sacré et séculier – qui en a découlé. La prétention de décider non seulement qui devait être archevêque mais aussi qui devait être roi, a pris une importance qui éclipsait toutes les autres. Ce n'est pas Grégoire qui en est l'auteur, mais c'est grâce à lui qu'elle est devenue la grande question de l'époque et a déchiré le monde en deux. Les deux grandes institutions de la Papauté et de l'Empire avaient été ou semblaient être une méthode idéale pour gouverner le monde, l'une à la tête de toutes les préoccupations spirituelles, l'autre commandant tous les pouvoirs séculiers et tous les progrès de la chrétienté. En effet, les circonstances, ainsi que la croissance de l'indépendance et du pouvoir dans d'autres nations, avaient circonscrit la sphère de l'Empire, tandis que l'influence de la papauté avait augmenté par les mêmes moyens. Mais l'Empire n'en était pas moins le chef du monde chrétien des nations, comme le Pape était le chef de ces principautés spirituelles qui avaient acquis une telle importance. Lorsque les intérêts étaient si curieusement mêlés, il était certain qu'un choc devait survenir un jour ou l'autre. Il y avait eu de fréquentes secousses, à une époque où la puissance de l'Empire était trop grande pour autre chose qu'une résistance momentanée de la part du pape. Mais lorsque le moment décisif est arrivé et que la lutte est devenue inévitable, Grégoire, un homme pleinement à la hauteur de l'occasion, était là pour y faire face. Son succès, tel qu'il fut, était destiné aux générations futures. Pour lui-même personnellement, cela n'a apporté que le couronnement de la tragédie, sans même avoir acquis aucune conscience de victoire.

Le pape n'a pas vécu un an à Salerne. Il est mort dans ce monde de délices, dans la douceur du mois de mai, où tout est doublement doux près de ces collines fleuries et le long de ce rivage radieux. Parmi ses dernières paroles furent celles-ci : « Mes frères, je ne fais aucun compte de mes bonnes œuvres : ma seule confiance est que j'ai toujours aimé la justice et haï l'iniquité : — et pour cela je meurs en exil », ajouta-t-il avant de finir. . Dans le silence et l'obscurité croissante, un de ses serviteurs s'écria : « Comment peux-tu dire en exil, mon seigneur, toi qui, Vicaire du Christ et des apôtres, as reçu toutes les nations pour ton héritage et le monde pour ton héritage ? ton domaine?" C'est avec ces paroles à l'oreille que le Pape s'en alla vers ce pays qui est l'espérance de chaque âme, où l'iniquité n'est pas là et où règne la justice.

Il mourut le 25 mai 1085, n'ayant pas encore soixante-dix ans. Il n'était pape que depuis douze ans, et pendant ce temps il avait vécu dans un danger continu, luttant toujours pour l'Église contre le monde. Homme souffrant et mélancolique, sa vie n'a eu aucune de ces consolations qu'on donne aux plus ordinaires et aux plus pauvres. Ses amis les plus chers étaient loin de lui : l'espoir de sa vie était perdu : il pensait sans doute que son étendard tombait avec lui, et que les travaux de sa vie étaient perdus aussi et n'avaient abouti à rien. Mais il n'en était pas ainsi ; Grégoire VII. est encore après ces siècles l'un des plus grands papes de Rome : et bien que le temps ait fait des ravages dans ce grand idéal de l'arbitre et du juge universel qui n'aurait jamais pu devenir une réalité pratique, si le monde et l'Église n'avaient pas été assurés d'une succession des hommes les plus sages et les plus saints - il a pourtant assuré pendant un temps quelque chose comme cette position formidable pour un certain nombre de ses successeurs, et a créé une opinion et un sentiment dans toute la chrétienté selon lesquels les réformes sur lesquelles il a insisté devaient être, ce qui est presque le c'est le chemin le plus proche vers lequel l'humanité puisse parvenir à une réforme universelle. L'Église qu'il quitta parut brisée en cent fragments, et il mourut exilé et impuissant ; mais pourtant il a ouvert la plus grande époque de son existence à ce qui a toujours été l'une des institutions les plus sages et reste encore l'une des plus fortes du monde, contre laquelle, malgré de nombreuses erreurs et de nombreuses tribulations, il n'a jamais été dans le puissance des portes de l'enfer pour prévaloir.

DANS LA VILLA BORGHÈSE.

LA FONTAINE DE LA TORTUE

CHAPITRE IV.
INNOCENT III.

Notre objectif, le lecteur le sait, n'est pas de donner ici une histoire de Rome, ou de ses pontifes, ou du monde tumultueux du Moyen Âge dans lequel quelques figures de papes et de princes se détachent sur la foule toujours nombreuse, arrière-plan toujours changeant, nous aidant à entendre dans la confusion sauvage des épées retentissantes et des lances brisées, des cris de guerre et des cris de rage et de triomphe - et à voir au milieu de la brume et de la fumée, du feu et des flammes, de la poussière des murs brisés et des maisons qui tombent. Notre intention est uniquement d'indiquer ceux, parmi les chefs de l'Église, qui sont les plus importants pour la grande ville, qui, toujours en rébellion contre eux, poursuivant toujours une ligne d'opposition et de résistance à peine brisée, était encore passive entre leurs mains. en ce qui concerne la postérité , entraînée dans la lumière ou laissée dans les ténèbres, selon que l'étaient ses dirigeants. Il est habituel de dire que la grande époque de l'Église, l'âge de son plus grand ascendant, se situe entre Grégoire VII et Grégoire VII. et Innocent III, dont le premier a fait valoir sa prétention en tant qu'arbitre et juge universel comme personne ne l'avait jamais fait auparavant, tandis que le second a porté cette prétention à son apogée dans son règne remarquable - un règne qui influence tout, presque tout-puissant. , quelque chose qui ressemble plus à une suprématie universelle et à une domination sur la terre entière que ce qui a jamais été connu auparavant ou depuis. Le lecteur a vu quel a été l'effet du grand Hildebrand sur son monde : comment il a travaillé , comment il a proclamé sa grande mission, avec quelle foi écrasante il y croyait et, il faut l'ajouter, avec quel peu de succès il a été autorisé à le faire. pour le réaliser. Ce grand pape, affirmant son droit en tant que successeur de Pierre à quelque chose qui ressemblait beaucoup à une domination universelle et au pouvoir d'établir et d'élever toutes sortes de trônes, de principautés et de pouvoirs, a vécu en luttant pour le terrain même sur lequel il se tenait, dans un lutte incessante non seulement avec l'empire, mais avec tous les petits tribunaux illettrés et ignobles de son quartier , avec les barons voleurs des collines environnantes, avec les citoyens dans ses rues, avec les villageois sur ses terres - et, après avoir eu plus de Une fois son royaume indépendant limité aux solides murs de Saint-Ange, il dut finalement abandonner sa ville pour des raisons de sécurité et mourir en exil loin de la Rome qu'il aimait.

Il nous reste maintenant à retracer la vie de l'autre, autant qu'il est possible d'en garder le fil, au milieu des désordres terribles, des guerres désastreuses et des commotions de son temps, dans lesquelles son nom est si mêlé que pour le distinguer Dans son histoire, l'étudiant doit être prêt à se battre à travers ce qui est réellement l'histoire du monde, il n'existe pratiquement aucun coin de ce monde - du moins aucun dont l'histoire était alors au courant - qui n'ait été imprégné par Innocent, bien que nous y réfléchissions peu . dont son influence avait le pouvoir qu'on croit généralement.

Ce pape n'était pas, comme Hildebrand, un homme du peuple. Il avait un nom de famille et déjà un nom distingué. Lothario Conti, fils de Trasimondo , seigneur de Ferentino , de la famille des ducs de Spolète, est né en 1161 dans la petite ville d' Anagni , où résidait sa famille, lieu qui lui a toujours été cher, et auquel dans le aux jours de sa grandeur, il aimait se retirer, se réfugier contre les chaleurs estivales de Rome ou d'autres dangers plus tangibles. Il faisait donc partie de la noblesse même avec laquelle il eut ensuite tant de problèmes, des voisins indisciplinés qui rendaient dangereuses toutes les routes menant à Rome, et la suzeraineté du pape dans de nombreux cas n'était qu'une simple fiction. Le jeune Lothario avait trois oncles haut placés dans l'Église, tous plus tard cardinaux, et était destiné dès sa naissance à la profession ecclésiastique, dans laquelle il était si sûr de progresser ; il fit ses études en partie à Rome, à l'école Saint-Jean de Latran, spécialement destinée à la formation du clergé, et passa donc son enfance à l'ombre du palais qui devait devenir sa demeure plus tard. De Rome, il alla à l'Université de Paris, l'une des plus grandes écoles existantes, et étudia le droit canonique afin de devenir une autorité sur ce sujet, alors l'une des branches de savoir les plus captivantes et les plus importantes. Il aimait les « tâches bénéfiques », et peut-être aussi la liberté et la fraîcheur de la vie universitaire, où les liens de la condition cléricale se faisaient probablement moins sentir qu'ailleurs, bien qu'Innocent ne semble jamais avoir exigé d'indulgence à cet égard. Outre ses lectures de droit canonique, il étudiait avec une grande dévotion les Écritures et leur interprétation, à la manière élaborée et très artificielle de l'époque, divisant chaque texte en une myriade de têtes et construisant l'argumentation la plus obscure sur une seule phrase. avec des significations spirituelles, temporelles, scolaires et imaginaires. Là, il se fit plusieurs amis chaleureux, entre autres Robert Curzon, un Anglais qui le servit ensuite dans diverses hautes fonctions, non tant à l'honneur de leur honneur plus tard qu'à la fidélité de leur amitié.

Le jeune Conti se rendit ensuite à Bologne, où il acquit alors une grande réputation en tant que centre d'enseignement. Il eut, en bref, la meilleure éducation que son âge connaissait, et retourna dans sa maison ecclésiastique de Rome et sous la protection de ses oncles cardinaux, un jeune homme parfaitement bien formé et capable, instruit dans tout le savoir de son époque. , connaissant plus ou moins le monde, et prêt à tout service que l'Église à laquelle il était entièrement dévoué pourrait exiger de lui. C'était un jeune homme assuré de toute façon d'une promotion. A peine eut-il pris les premiers ordres qu'il fut nommé chanoine de Saint-Pierre, position importante en soi, et son nom apparaît très vite comme agissant dans diverses causes portées en appel à Rome : réclamations des couvents, plaintes entre autres de les moines de Cantorbéry dans quelque question oubliée, où il était le champion des plaignants qui devaient ensuite lui causer tant d'ennuis. Ces appels se produisaient constamment et occupaient une grande partie du temps et des pensées de cette cour savante et occupée de Rome, le Consistoire, qui devint plus tard, sous Innocent lui-même, la seule grande cour d'appel du monde.

Environ cent ans s'étaient écoulés entre la mort du grand pape Grégoire, le moine Hildebrand, et l'entrée de Lothario Conti dans la vie publique ; mais lorsque le lecteur examine l'état de cette mer déferlante de société - le monde peuplé, en lutte, en combat et inquiétant , qui donne l'impression d'être plus peuplé, plus regorgeant de vie et de force sauvages, avec un mouvement et une agitation constants, que dans notre des jours plus calmes, même si les faits sont sans doute tout le contraire : il ne trouvera que peu de changement apparent dans cette scène formidable. De même que Grégoire a laissé les nations dans une guerre et des combats sans fin, ainsi son grand successeur les a trouvées : roi en guerre contre roi, prince contre prince, compte contre comte, ville contre ville, bien plus, village contre village, avec une large marge de lutte personnelle, et une guerre générale avec l'Église entretenue par tous. Un panorama des royaumes du monde et de leur gloire, aurait-il pu être fourni à n'importe quel spectateur, aurait montré ses plus petites lignes de division par des illuminations de feu et de flammes dévastateurs, par le bruit des armées en collision, par des flibustiers sauvages . dans des bandes errantes et de petites guerres féodales dans chaque district : chaque homme à la recherche de quelque chose qui était la propriété de son prochain , peut-être seulement sa vie, une petite affaire - peut-être sa femme, peut-être ses terres, peut-être la simple satisfaction d'une querelle qui était toujours à portée de main pour combler les crevasses de combats plus importants.

Avec une hostilité plus désespérée encore, les villes deux à deux s'opposaient les unes aux autres, toutes des villes florissantes et animées, pleines d'industrie, pleines d'invention, mais plus pleines encore de rage contre le frère voisin, de même langue et de même race, Milan contre Parme. , Pise contre Gênes, Florence contre tous. Des guerres plus importantes ont dévasté d'autres régions, en particulier l'Allemagne dans toutes ses nombreuses subdivisions, où il semble impossible de croire qu'il puisse jamais y avoir une miche de pain ou une coupe de vin de culture indigène, tant chaque duché était perpétuellement ravagé et chaque principauté amenée à la ruine. . Deux empereurs revendiquant l'allégeance de ce vaste et impossible saint Empire qui s'étendait de la mer du Nord jusqu'aux douces côtes siciliennes, deux papes se faisant appeler chefs de l'Église, étaient l'affaire de tous les jours. Les empereurs avaient généralement chacun une démonstration de droit ; mais les anti-papes, bien qu'ils eussent chacun un parti, étaient de faux fonctionnaires sans aucun semblant de loi en leur faveur , généralement de simples créatures de l'empire, bien que souvent triomphants pour un moment. Au temps de Grégoire Henri IV. et Rodolphe étaient les empereurs en lice. Dans ceux d'Innocent, il s'agissait de Philippe et d'Othon. Il s'agissait sans aucun doute de principes différents, mais l'effet était le même ; dans les deux cas, les papes étaient profondément préoccupés, chacun affirmant une prérogative, un droit de choisir entre les candidats en lice et de mettre fin au conflit. Cette prérogative avait été hardiment revendiquée et affirmée par Gregory ; au cours du siècle qui suivit, tous les papes l'avaient réaffirmé et tenté de toutes leurs forces de le faire respecter ; mais bien qu'Innocent soit universellement présenté comme le plus grand et le plus puissant de tous ceux qui ont fait cela, et comme étant en partie responsable de presque tous les maux qui en ont résulté, je ne vois pas moi-même que son interférence était bien plus potentielle que celle de Grégoire, de ce qui est aussi tellement dit, mais qui a été si constamment repoussé, contrecarré et contredit à son époque. En ce qui concerne l'Empire, les papes possédaient certainement un droit et un privilège qui donnaient un certain poids à leurs revendications, car jusqu'à ce qu'ils soient couronnés par le Pontife au pouvoir, aucun empereur n'avait la pleine possession de sa couronne : mais cela n'affectait pas les autres royaumes chrétiens. qu'Innocent revendiquait et tentait d'exercer la même prérogative. Cependant, pour le spectateur, l'état des choses est à peu près le même d'un siècle à l'autre. L'ère des tempêtes et des tensions pour le monde de la chrétienté s'est étendue de l'un à l'autre ; sans aucun doute, des progrès étaient réalisés, des fondations posées et des possibilités se manifestaient lentement, dont les débuts peuvent être détectés même au milieu de tout le bruit et de la poussière des guerres ; mais extérieurement, l'état de l'Europe était à peu près le même sous Innocent que sous Grégoire : ils avaient les mêmes difficultés à rencontrer et les mêmes épreuves à traverser.

Plusieurs papes éphémères se succédèrent sur le trône papal après qu'Innocent eut commencé à gravir les marches de la dignité ecclésiastique, si faciles pour le neveu de trois cardinaux. Il est devenu chanoine de Saint-Pierre alors qu'il avait à peine plus de vingt et un ans. Pape Lucius III. l'employa à sa cour, le pape Grégoire VIII. en fit un sous-diacre de Rome. Pape Clément III. était son oncle Octave, et le fit cardinal de « Saint- Serge et Saint-Bacchus », combinaison curieuse et qui aurait mieux valu devenir un prêtre plus jovial. Puis il y eut un léger et momentané refroidissement quant aux perspectives d'avenir du jeune ecclésiastique le plus prometteur et le plus prospère de Rome. Son oncle fut remplacé dans le fauteuil papal par un certain cardinal, vieux et pieux mais peu connu de l'histoire, membre de la famille Orsini et hostile aux Conti, de sorte que notre jeune cardinal retomba un peu dans l'ombre froide. C'est probablement à cette époque qu'il tourna ses pensées vers la littérature et écrivit son premier livre, singulier pour son âge et sa position - et pourtant peut-être pas si différent de l'expression d'une jeunesse triomphante sous son premier échec qu'on pourrait le supposer. — *De mépris du monde, sive de miseriis humain conditionis* , est son titre. C'était en effet la vision du monde que tout esprit supérieur était censé adopter à son époque, et elle est redevenue la dernière mode juvénile de notre époque ; mais le jeune cardinal Conti avait une plus grande justification que nos jeunes prophètes du mal. Son œuvre est pleine, comme elle continue toujours à l'être dans ses années de maturité, des constructions artificielles enseignées par Paris et Bologne, et qui caractérisent l'époque des scolastiques : et il ne faut pas supposer qu'il ait eu grand-chose de nouveau à apprendre. dire de ce sujet éternel, aussi galvaudé au XIIe siècle qu'au XIXe. Après avoir expliqué que « chaque enfant mâle à sa naissance crie A et chaque femelle E ; et quand vous dites A avec E cela fait Eva, et qu'est-ce qu'Eva sinon heu ! ha ! — hélas ! » — il ajoute une description de les ennuis de la vie qui ne sont pas si fantaisistes.

« On entre dans la vie au milieu de douleurs et de cris, sans aspect agréable, inférieur même aux plantes et aux légumes, qui dégagent au moins une odeur agréable . La durée de la vie devient chaque jour plus courte ; peu d'hommes atteignent la quarantième année, un très petit nombre atteindre le soixantième... Et comme la vie est douloureuse ! La mort nous menace sans cesse, les rêves nous effraient , les apparitions nous troublent, nous tremblons pour nos amis, pour nos relations ; avant que nous y soyons préparés le malheur est arrivé : la maladie nous surprend, la mort coupe le fil de notre vie. Tous les siècles n'ont pas suffi à enseigner même à la science médicale les différentes sortes de souffrances auxquelles l'expose la fragilité de l'homme. La nature humaine se corrompt de jour en jour ; le monde et nos corps vieillir. Souvent, le coupable est acquitté et l'innocent est puni... Chaque pensée, chaque acte, tous les arts et tous les procédés ne sont employés dans aucun autre but que d'assurer la gloire et la faveur des hommes. Pour gagner l'honneur , il utilise la flatterie. , il prie, il promet, il essaie par tous les moyens souterrains s'il ne peut obtenir ce qu'il veut par des mesures directes ; ou bien il le prend de force s'il peut compter sur l'appui d'amis ou de parents. Et quel fardeau ces hautes dignités ! Lorsque l'ambitieux est parvenu au sommet de ses désirs, son orgueil ne connaît plus de limites, son arrogance est sans retenue ; il se croit d'autant meilleur homme qu'il est plus élevé dans sa position ; il dédaigne ses amis, ne reconnaît personne, méprise ses plus anciennes relations, marche fièrement la tête haute, insolent dans les paroles, ennemi de ses supérieurs et tyran de ses dépendants.

Le jeune cardinal ne ménage aucune classe dans ses animadversions, mais les riches sont présentés comme des avertissements plutôt que les pauvres, et la vaine gloire des misérables fils d'Adam est ce qui le dégoûte le plus. Voici un passage qui nous transporte dans la vie intérieure de cette Rome dévastée, souvent ruinée, qui pourtant, dans ses moments les plus distraits, n'a jamais été tout à fait dépourvue des splendeurs et du luxe qu'elle aimait.

" Le prophète n'a-t-il pas déclaré son anathème contre le luxe vestimentaire ? Pourtant le visage est coloré de couleurs artificielles comme si l'art de l'homme pouvait améliorer l'œuvre de Dieu. Quoi de plus vain que de friser les cheveux, de peindre les joues, " Et quel besoin y a-t-il d'une table ornée d'un riche couvert, et garnie de couteaux montés en ivoire, et de vases d'or et d'argent ? Quoi de plus vain encore que de peindre les chambres , de couvrir les portes de fines peintures. des sculptures, poser des tapis dans les antichambres, se reposer sur un lit de duvet recouvert d'étoffes de soie et entouré de rideaux ?

Certains commentateurs historiques s'opposent à cette image comme étant imaginaire et trop luxueuse pour l'époque ; mais après tout un homme de l'époque devait connaître mieux que Muratori même notre précieux guide : et l'on retrouve encore et encore dans les descriptions des butins pris dans les guerres, des récits du mobilier des tentes des vaincus, des vases d'argent et d'or. et des ornements de table coûteux qui, s'ils étaient emportés pour embellir la vie errante et brève d'une campagne, seraient sûrement encore plus susceptibles de figurer parmi les richesses d'une habitation sédentaire. Le cardinal Lothario ne s'est cependant pas limité aux choses dont il avait une connaissance intime, car l'une de ses illustrations est celle d'une épouse mécontente, personnage dont il ne pouvait avoir aucune expérience personnelle : l'image est fantaisistement correcte par rapport aux précédents conventionnels ; c'est la pièce établie que nous connaissons si bien à toutes les époques.

" Elle désire de beaux bijoux, de belles robes et de beaux meubles, sans égard aux moyens de son mari ; si elle ne les obtient pas , elle se plaint, elle pleure, elle grogne et murmure toute la nuit. Puis elle dit : " Untel est beaucoup plus chère que moi, et tout le monde la respecte ; tandis que moi, parce que je suis pauvre, ils me regardent avec dédain par-dessus leurs épaules. Personne ne doit être loué ou aimé à part elle-même ; si quelqu'un d'autre est aimé, elle se croit détestée ; si quelqu'un est loué , elle se croit blessée. Elle insiste sur le fait que tout le monde devrait aimer ce qu'elle aime et haïr ce qu'elle déteste ; elle ne se soumettra à rien. mais domine tout : tout doit lui être permis et rien d'interdit. Et après tout (ajoute le futur pape) quoi qu'elle soit, laide, malade, folle, impérieuse, de mauvaise humeur, quels que soient ses défauts, il faut qu'elle être gardée si elle n'est pas impudique ; et même alors , même si l'homme se sépare d'elle, il ne peut en prendre une autre.

Il semblerait que le jeune cardinal aurait été moins sévère sur la question du divorce que ses successeurs cléricaux. Le livre est cependant assez conventionnel et nous donne peu d'informations sur la manière dont il était un homme. Néanmoins, il y a quelques pensées réelles dans l'argument éternel et souvent répété, comme lorsqu'il maintient la sombre doctrine du châtiment éternel avec ces mots : « La délivrance ne sera pas possible en enfer, car le péché restera comme une inclination même s'il ne peut être porté. dehors." Il a également écrit un livre sur la messe dans le calme de ces premiers jours ; et il était diligent dans l'accomplissement de ses devoirs et dans la visite des pauvres, envers lesquels il était toujours plein de charité.

Cependant, à la mort du vieux pape, il ne semble y avoir eu aucun doute quant à savoir qui devait lui succéder. Le cardinal Lothario n'avait que trente-sept ans, ses capacités et son savoir étaient certes connus, mais n'avaient pas encore produit de grands résultats : sa famille était distinguée, mais pas assez puissante pour intimider le conclave, et rien que l'impression produite sur l'esprit des ses contemporains, par son caractère et ses connaissances, pourraient expliquer ses premiers avancements. Le pape Célestin mourant avait recommandé avec beaucoup d'insistance le cardinal Jean Colonna comme son successeur ; mais cela semble à peine avoir été pris en considération par les électeurs, qui maintenant, selon l'institution de Hildebrand, quelque peu modifiée par les papes successifs, exerçaient leur charge sans aucune prétention de consulter ni les prêtres ni le peuple, et encore moins avec aucune référence à l' empereur . . L'élection a eu lieu, non pas à l'endroit habituel, mais dans une église désormais introuvable, « Ad Septa Solis », située quelque part près du Colisée. Le but des cardinaux en y faisant l'élection était la sécurité, les troupes allemandes de l' empereur étant alors en possession de tout le pays environnant jusqu'aux portes mêmes de Rome, et tout à fait capables de faire un raid sur le Latran pour y pénétrer. arrêter toute démarche qui pourrait être désagréable à leur maître ; car les autorités impériales, de leur côté, n'avaient jamais cessé de faire valoir leur droit d'être consultées lors de l'élection d'un pape. Lothario a fait la résistance orthodoxe sans laquelle peut-être aucun des premiers papes n'est jamais monté sur le trône papal, protestant de sa propre incapacité à occuper une si grande fonction ; mais les cardinaux insistèrent, ne lui accordant même pas un jour de délai pour y réfléchir. Le premier des cardinaux-diacres, Gratiano, un vieillard, l'investit du pluvial et le salua comme Innocent, ne lui laissant apparemment pas le choix même quant à son nom. Ainsi le grave jeune homme, si savant et si austère, monta dans la plénitude de sa virilité sur la chaire de Saint-Pierre. Il n'est pas nécessaire de supposer qu'il y ait eu une quelconque hypocrisie dans sa résistance momentanée ; la couronne papale était très loin d' être une couronne de roses, et un jeune homme, même s'il avait attendu avec impatience cette position et se savait qualifié pour l'obtenir, pourrait bien hésiter un instant lorsqu'il était sur le point de la mettre sur sa tête.

LE CAPITOLE.

Lorsque l'annonce de l'élection fut faite à la foule du dehors, elle fut reçue avec des cris de joie : et la foule entière, composée sans doute en grande partie du clergé, mêlée aux masses toujours abondantes du peuple, — accompagné les cardinaux et le pape élu au Latran, bien que cette église, on pourrait supposer, devait encore être occupée par le vieux pape sur son cercueil, et accrochée avec les emblèmes de deuil : car c'était le jour même de la mort de Célestin. mort que l'élection a eu lieu. Muratori suggère une erreur de dates. "Soit le pape Célestin est mort un jour plus tôt, soit Innocent a été élu un jour plus tard", dit-il. Après le récit plus complet que d'habitude des cérémonies d'élection, le brillant cortège et la foule en liesse s'en vont dans le silence, et on n'en entend plus parler pendant six semaines, pendant lesquelles Lothaire attendit la Rogation. jours, le moment approprié pour les ordinations; car, bien qu'il s'était déjà élevé si haut dans l'Église, il n'était pas encore prêtre, mais seulement dans les ordres de diacre, ce qui semble avoir été le cas dans de nombreux cas. Les deux ordinations eurent lieu deux jours successifs, les 22 et 23 février 1198.

Lorsqu'il eut reçu la consécration finale et fut investi de tous les symboles de sa haute fonction, la plus élevée au monde selon sa profonde conscience et selon la croyance de tous ceux qui l'entouraient, le pape Innocent III. se leva du fauteuil papal, dont il venait de prendre possession, et s'adressa à l'immense assemblée. Nous ne savons pas si cela était devenu une habitude. Innocent, autant qu'on peut le déduire de ses écrits, n'était pas un prédicateur né du ciel, mais il semblerait avoir été très prêt à exercer son don, tel qu'il était ; il semble qu'il ait eu l'habitude de s'expliquer dans toutes les étapes les plus importantes de la vie, et il ne pourrait y avoir de plus grande occasion que celle-ci. Il se tenait sur les marches de son trône, dans toute la gloire de ses robes brillantes, au-dessus de la foule sombre et enthousiaste, et leur adressait là un discours dans lequel les plus hautes prétentions, mais la plus humble foi, sont conjointes, et qui montre très clairement avec quelles intentions et quelles idées il prit sur lui la charge de la chrétienté et l'autorité suprême non seulement dans l'Église mais dans le monde. Il avait été profondément agité lors des cérémonies de sa consécration, versant de nombreuses larmes ; mais maintenant il avait retrouvé son sang-froid et son calme.

Il existe quatre sermons parmi ses œuvres qui portent le titre *In consécratione Romani Pontificis* . On ne sait pas s'ils ont tous été écrits à cette occasion, dans des essais répétés avant qu'il ne se satisfasse de ce qu'il avait à dire. Peut-être que certains d'entre eux ont été utilisés à l'occasion de la consécration d'autres grands dignitaires de l'Église ; mais ce n'est qu'une conjecture. Nous avons en tout cas sous sa main les pensées qui surgirent dans l'esprit d'un tel homme au moment d'une telle élévation : la conception de sa nouvelle et grande dignité qu'il avait formée et maintenue avec la foi d'une conviction absolue : et les objectifs avec lesquels il a commencé son travail. Son texte, si un texte était nécessaire pour un discours aussi personnel, était les paroles de notre Seigneur : « Quel est donc cet intendant fidèle et sage que son seigneur établira chef sur sa maison, pour leur donner leur part de viande au temps convenable ? " Nous citons bien entendu notre propre version autorisée : les propos de la Vulgate, utilisés par Innocent, ne mettent pas cette phrase sous forme de question. Son examen de la signification du mot « maison » constitue la première partie de l'argumentation.

« Il a constitué dans la plénitude de sa puissance la prééminence du Saint-Siège pour que personne n'ait l'audace de résister à l'ordre qu'il a établi, comme il l'a dit lui-même : « Tu es Pierre, et sur cette pierre Je bâtirai mon Église, et les portes de l'enfer ne prévaudront pas contre elle. Car comme c'est Lui qui a posé les fondements de l'Église, et qu'il est lui-même ce fondement, les portes de l'enfer ne pourraient en rien prévaloir contre elle, et ce fondement est inébranlable : comme dit l'Apôtre, personne ne peut en poser un autre. qui est posé, qui est Jésus-Christ.... C'est l'édifice posé sur un roc dont la vérité éternelle a dit : « La pluie tomba et le vent souffla et frappa cette maison ; mais elle tint bon, car elle était bâtie ». sur un rocher », c'est-à-dire sur le rocher dont l'Apôtre dit : « Et ce rocher était Christ ». Il est évident que le Saint-Siège, loin d'être affaibli par l'adversité, est fortifié par la promesse divine, disant avec le prophète : « Tu m'as conduit sur le chemin de l'affliction ». Elle s'appuie avec confiance sur cette promesse que le Seigneur a faite aux Apôtres : « Voici, je suis avec vous tous les jours, jusqu'à la fin du monde. Oui, Dieu est avec nous, qui donc peut être contre nous ? car cette maison n'est pas celle de l'homme mais celle de Dieu, et plus encore de Dieu fait homme : l'hérétique et le dissident, le loup méchant s'efforcent en vain de gaspiller le vigne, pour déchirer la robe, pour étouffer la lampe, pour éteindre la lumière. Mais comme l'a dit Gamaliel : « Si l'œuvre est de l'homme, elle sera vainc ; si elle est de Dieu, vous ne pouvez pas la renverser ; tu devrais découvrir que tu te bats contre Dieu. Le Seigneur est ma confiance. Je ne crains rien de ce que les hommes peuvent me faire. Je suis le serviteur que Dieu a placé sur sa maison ; puissé-je être prudent et fidèle pour donner la viande au temps convenable !"

Il continue ensuite en décrivant la position de l'intendant fidèle.

" Je suis placé à la tête de cette maison. Dieu veuille que j'étais aussi éminent par mon mérite que par ma position. Mais c'est d'autant plus à l' honneur du Seigneur puissant qu'il accomplit sa volonté par un faible serviteur ; car alors tout est à sa gloire, non par la force humaine, mais par la force divine. Qui suis-je, et quelle est la maison de mon père, pour que je sois placé sur les rois, pour que j'occupe le siège d'honneur ? car c'est de moi que le prophète a a dit : « Je t'ai établi sur les peuples et les royaumes, pour déchirer et détruire, pour bâtir et planter. » C'est de moi que l'Apôtre a dit : « Je t'ai donné les clés du royaume des cieux ; tout ce que tu lies sur la terre est lié dans les cieux ». Et encore une fois , cela m'est adressé (bien que le Seigneur ait dit en commun à tous les apôtres) : « Les péchés que vous remettrez sur la terre seront remis, et ceux que vous retiendrez seront retenus. » Mais s'adressant à Pierre seul, il dit : « Ce que tu lieras sur la terre sera lié au ciel. » Pierre peut lier les autres, mais il ne peut pas être lui-même lié.

" Vous voyez maintenant qui est le serviteur placé sur la maison ; ce n'est autre que le Vicaire de Jésus-Christ, le Successeur de Pierre. Il est l'intermédiaire entre Dieu et les hommes, au-dessous de Dieu, mais au-dessus des hommes, bien inférieur à Dieu mais plus que les hommes ; il juge tout mais n'est jugé par personne comme le dit l'Apôtre : « C'est Dieu qui est mon juge ». Mais celui qui est élevé au plus haut degré de considération est abaissé par les fonctions de serviteur afin que les humbles soient relevés et que la grandeur soit humiliée, car Dieu résiste aux orgueilleux mais fait grâce aux humbles. conseils - plus vous êtes grand, plus profondément vous devez vous humilier devant eux tous ! Vous êtes là comme une lumière sur un chandelier que tous dans la maison peuvent voir ; quand cette lumière devient sombre, quelle est alors l'épaisseur de l'obscurité ? Vous êtes le Sel de la terre : quand ce sel deviendra insipide , avec quoi serez-vous assaisonné ? Il ne sert à rien sinon à être jeté dehors et foulé aux pieds des hommes. C'est pourquoi on exige beaucoup de celui à qui on donne beaucoup. "

C'est ainsi qu'Innocent commença sa carrière, solennellement conscient de la grandeur de sa position. Mais le lecteur comprendra que rien de plus évangélique que sa doctrine. Exaltant comme il le fait les hautes prétentions de Pierre, il ne tombe jamais dans l'erreur de supposer qu'il est le Rocher sur lequel sont posés les fondements de l'Église. D'un autre côté , son idée du Pape comme étant inférieur à Dieu mais supérieur aux hommes, inférieur à Dieu mais supérieur aux hommes, est surprenante. L'ange qui arrêta saint Jean dans son acte d'adoration en se proclamant l'un des frères des apôtres, les prophètes, n'avait pas une telle prétention. Mais Innocent était fort de la conscience que lui-même, l'arbitre sur terre de toutes les récompenses et de tous les châtiments, était le juge des anges aussi bien que des hommes, et qu'il occupait une position plus élevée que n'importe lequel d'entre eux dans la hiérarchie céleste.

Le premier acte de la papauté d'Innocent fut la tentative très légitime d'établir sa propre autorité et son indépendance dans son pays. La longue persistance de l'idée selon laquelle seul un pape-roi possédant suffisamment d'ascendant temporel pour le maintenir libre au moins de l'influence des autres souverains pourrait être en sécurité dans l'exercice de ses fonctions spirituelles — est curieuse quand on pense à la situation toujours actuelle. position douteuse des papes, qui jusqu'alors et même longtemps après gardèrent l'assise la plus instable dans leur propre métropole, la ville qui tirait d'eux toute son importance. Les citoyens romains ont mis de nombreux siècles à apprendre — si jamais on leur enseignait — que le siège d'une grande institution comme l'Église, la cour d'un monarque qui revendiquait son autorité dans toutes les parties du monde, était une chose bien plus importante qu'un simple siège. Ville italienne, cependant distinguée par les souvenirs et les reliques du passé. Nous doutons beaucoup que le grand Innocent, le plus puissant des papes, ait eu un contrôle plus réel sur le foyer et le centre de ses prétendus domaines au début de sa carrière que le pape Léon XIII, dépossédé et auto-emprisonné, n'en a aujourd'hui, ou aurait pu le faire s'il l'avait choisi. Personne ne peut douter qu'Innocent ait choisi - et cela avec toute la force et la volonté d'un caractère inhabituellement puissant - d'être maître dans sa propre maison : et il a réussi par moments dans cet effort ; mais, comme d'autres papes, il ne connut à aucun moment un succès autre que temporaire. Deux fois ou plus souvent, il fut chassé de la ville par la nécessité des circonstances, sinon par la violence réelle : et bien qu'il ne perde jamais complètement son emprise sur elle, comme l'avaient fait plusieurs de ses prédécesseurs, ce fut au prix de beaucoup d'ennuis . et par l'effort, et à la pointe de l'épée, qu'il garda sa place à Rome.

Il était pourtant, dans les premiers instants de sa puissance, presque triomphant. Il réussit à changer la constitution fluctuante de la république romaine, qui avait été jusqu'alors présidée par un préfet , responsable devant l' empereur et lié à son service, accompagné d'un vague corps de sénateurs, tantôt plus nombreux, tantôt plus petits, et influencés. par chaque manifestation populaire ou émeute – le meilleur mécanisme possible pour la série de petites révolutions et de changements de politique dont Rome se réjouissait. C'était à tous égards la meilleure chose pour les intérêts de la ville qu'elle apprenne à accepter la distinction, toutes les autres ayant péri, d'être le siège de l'Église. Car Rome était à cette époque, comme on peut le dire, la cour d'appel générale de l'Europe ; toutes sortes de causes étaient repassées devant le Consistoire ou ses délégués ; et une foule d'appelants, des personnes de toutes classes et de tous pays, se trouvaient toujours à Rome, beaucoup d'entre eux ne connaissant absolument pas cet endroit et ne dépendant que de l'aide et des conseils que l'argent pouvait procurer, argent qui a toujours été le grand objet de toutes les attentions. désir pour la plupart des communautés, le moyen de grandeur et de grandeur, même s'il est également d'une grande dégradation. Il ne faut cependant pas supposer que le pape ait profité d'un motif aussi mesquin pour lier la ville à lui-même. Il se prémunissait en effet contre les dangers d'une telle situation en s'efforçant avec acharnement de débarrasser sa cour, son palais, ses environs, de tout ce qui était superflu en matière de luxe, de tout ce qui n'était qu'ostentatoire en termes de préposés et de services, et de tout ce qui était inutile. c'était un mercenaire parmi les fonctionnaires. Lorsqu'il réussit à transférer l'allégeance du préfet de l'empereur à lui-même, il édicta en même temps les lois les plus strictes contre la réception de tout cadeau ou honoraire par ce préfet et ses officiers subordonnés, assurant ainsi, autant que possible, , l'intégrité de la ville et de ses dirigeants ainsi que leur obéissance. Et soit dans la surprise de la communauté d'être si sommairement traitée, soit dans sa satisfaction du montant du présent qu'Innocent, comme tous les autres papes, accorda à la ville lors de sa consécration, il réussit à réaliser ces changements. sans opposition, et s'assura ainsi, avant d'aller plus loin, d'un certain abri et d'une certaine sécurité à l'intérieur des murs de Rome.

Il tourna ensuite son regard vers les États de l'Église, le fameux patrimoine de saint Pierre, qu'à cette époque de l'histoire saint Pierre était bien loin de posséder. Certains aventuriers allemands, à qui l' Empereur avait accordé les fiefs qu'Innocent prétendait appartenir au Saint-Siège, furent d'abord sommés de rendre hommage au Pape comme leur suzerain, puis menacés d'excommunication, puis mis sous anathème : et enfin... Markwald et les autres, peu convaincus et insoumis, furent chassés de leurs terres mal acquises par la force des armes, ce qui s'avéra le moyen le plus efficace. L'existence de ces seigneurs allemands était l' argument le plus fort en faveur de la domination papale et était efficace partout. Les villes petites et grandes, dispersées sur la marche d'Ancône, le duché de Spolète et le riche district de l'Ombrie, reçurent le pape et ses envoyés comme leurs libérateurs. Les Tedeschi étaient aussi farouchement détestés en Italie au XIIe siècle qu'à l'époque récente ; et à plus forte raison, car leur cruauté et leurs exactions étaient indescriptibles. Et l'esprit civique qui, en l'absence de tout patriotisme plus large, maintenait la race italienne dans une vie énergique et produisait dans chaque petit centre d'existence un désir au moins de liberté et d'indépendance municipales, salua par des acclamations l'avènement du chef de l'Église. un suzerain au moins plus honorable et plus splendide que les grossiers nobles germaniques qui méprisaient la race sur laquelle ils régnaient.

Cet esprit était déjà très élevé dans les villes les plus importantes du nord de l'Italie. La ligue lombarde existait déjà depuis plusieurs années, et une ligue similaire était maintenant formée par les villes toscanes dont Innocent revendiquait également, en droit de l'héritage fait à l'Église plus de cent ans auparavant par la grande comtesse Mathilde. , l'ami d'Hildebrand, mais qui n'avait encore jamais été obtenu auprès du Saint-Siège. Les Toscans n'avaient pas été des vassaux très obéissants à Mathilde elle-même à son époque ; et ils n'auraient peut-être pas apporté beaucoup de soutien aux papes si l'Église avait jamais joui pleinement du splendide héritage de Mathilde. Mais dans l'esprit commun de haine contre les Tedeschi, les chefs allemands cruels et féroces à qui l' empereur avait librement disposé des grands domaines, des châteaux et des riches villes de ce merveilleux pays, la suprématie de l'Église fut pour le moment acceptée avec joie. et toutes sortes de serments prêtés et de promesses faites de fidélité et de soutien au nouveau pape. Quand Innocent apparut, comme dans le duché de Spolète, à Pérouse et dans d'autres grandes villes, il fut reçu avec joie comme le sauveur du peuple. On ne sait pas s'il visita Assise, où à cette époque François de cette ville attirait à ses côtés des foules de fidèles, et où l'idée d'un grand ordre monastique surgissait de la petite église, la Portioncule, au pied de la rivière. colline : mais partout où il allait, il était reçu avec joie. A Pérouse, alors que le cortège papal franchissait les portes bondées et atteignait le vieux palais approprié pour son logement, surgit soudain un puits qui avait fait grand besoin dans le lieu, une source d'eau douce désormais et à jamais connue sous le nom de Fontaine de Papa. Ces villes rejoignirent toutes la ligue toscane contre les Allemands, à l'exception de Pise, toujours arrogante et volontaire, qui défendit ces mêmes Allemands, peut-être parce que leurs rivaux de tous côtés étaient contre eux. C'est à cette époque, disent certains, et parmi eux l'excellente autorité Muratori , que les titres de Guelfe et de Gibelin furent pour la première fois d'usage courant, le parti du Pape étant Guelfe, et celui de l'empire Gibelin, celui dérivé du maison d'Este, qui descendait de l'ancienne race teutonique des Guelfes du côté féminin, l'autre, Waiblingen , de celle de Hohenstaufen, descendait également du côté féminin d'un héros traditionnel allemand. Il est curieux que ces lointains ancêtres aient été choisis pour parrains d'une lutte dans laquelle ils n'avaient rien à voir et qui s'est produite si longtemps après leur époque.

PORTE MAJEURE.

Innocent, cependant, n'était pas un aussi bon Guelfe que son parti, car le pape était le gardien et le principal défenseur, pendant son enfance royale troublée, de Frédéric de Sicile, plus tard empereur Frédéric II, mais au début du règne du pape Innocent. un bébé prince très impuissant, sans père, et bientôt aussi sans mère, et entouré d'Allemands rapaces, chacun luttant pour son propre plan, par lequel transférer la couronne incertaine à sa propre tête, ou du moins la voler. à la fois le pouvoir et les revenus. Le pape se tint aux côtés de sa pupille impuissante avec beaucoup de fermeté pendant les très brèves années de sa minorité – car Frédéric semble avoir été un homme marié et un autocrate ambitieux à un âge où les garçons ordinaires ne font que commencer leurs études – et il joua finalement une grande part dans son élévation au trône impérial : malgré son appartenance à la grande maison qui s'était constamment opposée aux prétentions de la papauté depuis des générations. Il faut ajouter cependant que les grandes entreprises des premières années d'Innocent n'auraient pas pu être entreprises, ou du moins n'auraient pas pu être menées à une conclusion aussi simple et aussi sommaire : des pays entiers se sont rétablis, les candidats de l'Empereur chassés , les villes liguées contre leurs envahisseurs et oppresseurs constants - s'il y avait eu un empereur féroce à travers *moi Monti* prêts à descendre sur l'Italie toujours en lutte, mais continuellement conquise. Henri VI, fils de Barberousse, était mort l'année précédente, 1198, dans la fleur de son âge, ne laissant derrière lui que l'enfant Frédéric, héritier du royaume de Sicile aux droits de sa mère, pour succéder à son vaste possessions. Mais la couronne d'Allemagne était, du moins nominalement, élective et non héréditaire ; et bien que l' empereur eût obtenu de ses princes un serment trompeur d'allégeance à son enfant, c'était une chose que, à cette époque, personne ne songeait même à tenir. L'inactivité des forces de l'Empire était ainsi expliquée ; les détenteurs de fiefs impériaux en Italie durent livrer leurs propres batailles, et ainsi le pape avec des forces très modérées, et les villes de Toscane et d'Ombrie, chacune pour sa propre main, purent s'affirmer et chasser les oppresseurs. Et il y a eu une période d'espoir et de paix relative.

Mais Innocent, qui avait les affaires du monde entre ses mains et ne pouvait se limiter longtemps à celles du patrimoine de Saint-Pierre, fut bientôt plongé au milieu de ces luttes toujours renaissantes en Allemagne, trop importantes à tous égards pour ne pas être pour appeler sa plus grande attention. La situation était à peu près la même que celle dans laquelle Grégoire VII. s'était trouvé impliqué, avec cette grande différence cependant que les deux concurrents pour la couronne allemande étaient des hommes nouveaux et n'avaient ni charge de crime contre l'Église ni excommunication antérieure sur la tête. Philippe de Souabe , frère d'Henri VI, s'était vu confier par lui — avec cette curieuse confiance dans la possibilité du dévouement des autres de la part d'autrui, que les mourants, bien qu'ils n'en soient jamais capables eux-mêmes, montrent si souvent — de le soin et la tutelle de son enfant et de ses intérêts, et la tâche impossible d'établir Frédéric, encore à peine capable de parler, sur un trône si important et si difficile. Philippe fit, dit-on, de son mieux pour remplir sa confiance et se précipita de la Sicile au cœur de l'Allemagne dès la mort de son frère, dans ce but ; mais les princes de son parti craignaient un monarque naissant, et il fut lui-même élu en 1199 au siège vacant. Il ne semble pas y avoir de criminalité dans les circonstances, car le petit Frédéric était de toute façon impossible ; mais Philippe avait hérité d'une haine qu'il n'avait personnellement rien fait pour mériter. « Les Italiens étaient si exaspérés contre les Allemands par le gouvernement barbare de Frédéric Ier et d'Henri VI son fils, que partout où Philippe passait, que ce soit en Toscane ou dans tout autre district, il était maltraité et en danger de mort, et beaucoup de ses compagnons ont été tués", raconte Muratori . Il avait donc un fort sentiment contre lui en Italie, indépendamment de tout démérite de sa part.

Il est un peu difficile, cependant, de comprendre pourquoi le pape Innocent, si soucieux des intérêts du petit roi de Sicile, se soit opposé avec tant de force et de persistance à son oncle. Philippe avait obtenu la possession du duché de Toscane, que le pape revendiquait comme sien, et une certaine offense à ce sujet, ainsi que l'ombre d'un anathème lancé contre lui pour la même raison par l'un des prédécesseurs d'Innocent, auraient pu le prédisposer. le Pape contre lui ; mais il n'est guère possible d'accepter cela comme une raison suffisante pour justifier son opposition résolue.

L'empereur rival Othon, élu par le parti Guelfe, était le fils d'Henri le Lion, le neveu de Richard Plantagenêt d'Angleterre le Cœur de Lion de notre histoire nationale, et d'une famille toujours dévouée à l'Église. Les deux hommes étaient tous deux jeunes et pleins de promesses, également nobles et de grande descendance, liés l'un à l'autre à un degré éloigné, formés de la même manière, chacun d'eux tout à fait propre à la place qu'il était appelé à occuper. Il semble désormais au spectateur qu'il n'y a pratiquement plus d'épingle pour choisir entre eux. Ce n'est pas non plus un conflit d'ambition personnelle qui les oppose. Ils étaient le choix de leurs partis respectifs, et la question était aussi clairement celle d'une faction contre une autre que dans une lutte de village irlandais.

C'étaient des circonstances, entre toutes, dans lesquelles l'arbitrage d'un juge aussi impartial qu'un pape aurait pu être du plus grand avantage pour le monde. Il n'y a peut-être jamais eu d'occasion aussi idéale pour tester l'avantage et la possibilité du pouvoir revendiqué par la papauté. Othon était un jeune galant à la cour de Richard qui n'attendait rien de tel, ouvert à toutes sortes d'autres promotions, comte de Yorkshire, comte de Poitou - le premier n'a pas réussi parce qu'il n'a pas pu se concilier les Yorkshiremen, peut-être difficile de cette manière à l'époque comme aujourd'hui. : mais sans, autant qu'il semble, aucune pensée de l'empire dans son esprit. Et Philippe avait le droit de possession, et était le choix de la majorité, et n'avait fait aucun mal en acceptant son élection, même s'il n'y avait aucun droit. Le cas était tout à fait différent de celui de la lutte similaire dans laquelle Grégoire VII. pris part. Autrefois, le monde entier, qui n'était pas écrasé sous son pied de fer, s'était soulevé contre Henri IV. Son mensonge, sa cruauté, ses vices avaient aliéné tout le monde, et personne ne croyait à sa parole ni n'accordait la moindre foi, même à ses vœux les plus solennels. La lutte entre un tel empereur et le chef de l'Église était naturellement une lutte à mort. On pourrait presque dire qu'ils étaient des imitations du bien et du mal, même si le bien pouvait souvent être mélangé et que le mal montrait peut-être parfois des lueurs d'une meilleure signification. Mais le cas de Philippe et d'Othon était complètement différent. Ni l'un ni l'autre n'étaient de mauvais hommes et ne donnaient aucun augure du mal. L'un, peut-être par formation et par inclination, était un peu meilleur ecclésiastique que l'autre au début de sa carrière ; mais, d'un autre côté, Philippe avait sur Othon divers avantages pratiques qui ne pouvaient être niés.

Si le pape Innocent avait été l'homme tout à fait sage et le juge inspiré qu'il prétendait, en vertu de sa fonction, être, sans préjugés ni parti pris, noblement impartial, tenant la balance d'une main ferme, n'était-ce pas le cas même pour tester ses pouvoirs ? S'il avait contribué à l'établissement de Philippe dans l'empire et désapprouvé l'introduction d'un rival, beaucoup d'effusions de sang auraient pu être évitées et un résultat satisfaisant, sans aucune injustice, sinon une sélection idéale, aurait pu être obtenu. Tout cela était problématique et dépendait de son pouvoir de se faire obéir, qu'il ne possédait pas en fin de compte. Mais de cette façon, selon toute vraisemblance humaine, il aurait pu promouvoir la paix et obtenir une décision pacifique ; car l'élection de Philippe était un *fait accompli* , tandis qu'Othon n'était encore qu'un candidat. Les hommes étaient si égaux par ailleurs, et il y avait si peu de droits exclusifs d'un côté ou de l'autre, que de tels faits auraient naturellement été pris en considération avec la plus grande attention par le grand esprit impartial et impartial qui seul aurait pu justifier l'intervention du Pape, ou l'a qualifié pour assumer le rôle d'arbitre dans une telle querelle. Il ne tenta cependant pas de le faire, mais prit sa place dans sa propre faction, comme s'il n'avait pas été un arbitre envoyé du ciel, mais un homme comme les autres. Il a lui-même exposé les motifs et les raisons de son intervention, avec la plénitude d'explications qu'il aimait. La bulle dans laquelle il commence par écarter les prétentions de son propre pupille infantile, Frédéric, à qui son père Henri avait fait jurer fidélité aux princes allemands, comme étant irrecevables, lesdits princes étant libérés de leur serment par la mort de l'empereur . , curieuse conclusion, est en grande partie un réquisitoire contre Philippe, formulé dans les termes les plus forts et les plus énergiques. Dans ce document, il est dit en premier lieu que Philippe avait été excommunié par le pape précédent, comme ayant occupé par violence le patrimoine de saint Pierre, excommunication enlevée par le légat, mais sans effet ; encore une fois, il fut impliqué dans l'excommunication de Markwald et des autres envahisseurs de la Sicile qu'il avait soutenus ; puis il avait trompé le petit Frédéric, dont il avait juré de défendre le droit, et s'était ainsi parjuré, bien que les princes qui avaient juré allégeance à l'enfant ne l'étaient pas. Suit ensuite une formidable description de la famille de Philippe et de ses prédécesseurs, de leurs actes effroyables contre les papes et l'Église, des querelles de Barberousse avec le Saint-Siège, des insultes et des injures dont tous avaient été également coupables. Persécuteur lui-même et fils de persécuteurs, comment le Pape pouvait-il soutenir la cause de Philippe ? L'argument est plein de force et renforcé par de nombreuses illustrations, mais il prouve avant tout qu'Innocent n'était pas un juge impartial, mais un homme qui se tenait presque avec passion à son côté.

Les arguments en faveur d'Othon sont bien plus faibles. Il est vrai, admet le Pape, qu'il avait été élu par une minorité, mais alors le nombre d'électeurs notables et importants était aussi grand de son côté que du côté de Philippe : sa maison avait un bilan plus pur que celui de Philippe : et finalement il était plus faible que Philippe et avait davantage besoin de soutien ; c'est pourquoi le Saint-Siège jeta toute son influence de son côté. Rien de plus faible que cette conclusion après la force des jugements hostiles. Nous craignons qu'il doive admettre qu'Innocent, étant simplement un homme (ce qui est le seul argument insurmontable contre l'infaillibilité papale), a suivi la voie que ses prétentions et ses inclinations - et aussi, nous n'en doutons pas, sa conviction de ce qui était le mieux - l'ont conduit, et Il n'était pas plus sûr d'avoir raison que n'importe quel autre homme.

Parvenu à cette conclusion, Innocent prit position avec toute la puissance et l'influence qu'il possédait aux côtés d'Othon – un soutien qui maintenait probablement ce prince à flot et rendait possible la longue lutte, mais qui était tout à fait insuffisant pour le placer efficacement sur le trône, ou blesser son rival de manière grave. Dans cette guerre partisane, l'excommunication était l'arme la plus efficace ; mais les excommunications, comme nous l'avons déjà dit, furent très inefficaces dans la plupart des cas ; car l'Allemagne surtout était pleine de grands prélats aussi grands que les princes, dans la plupart des cas d'aussi haute race et d'autant de puissance territoriale, et ils n'étaient pas toujours d'accord avec le pape, et ne prétendaient pas lui obéir ; et comment le peuple découvrirait-il qu'il était sous le coup de l'anathème lorsqu'il verrait les offices de l'Église se dérouler avec toute la splendeur du plus haut rituel, ses services ininterrompus, malgré le tonnerre du Pape ? Certains de ces prélats, comme Léopold de Mayence, nommé par l' empereur , à qui Innocent refusa sa sanction, élisant de son côté un autre archevêque, Siegfried, à sa place, qui ne fut même pas autorisé pendant de nombreuses années à entrer dans le diocèse de dont il était le chef titulaire, entretenait avec Rome une lutte aussi obstinée que n'importe quel prince séculier. Ils étaient aussi puissants que les princes parmi lesquels ils siégeaient, régnaient et élisaient des empereurs. La plupart des évêques allemands, nous dit-on, étaient du côté de Philippe malgré la décision du pape contre lui. Dans de telles circonstances, l'anathème n'était guère plus qu'une farce. L'archevêque de Mayence fut excommunié autant que l'empereur, mais étant tout de même en pleine possession de son siège et de ses privilèges, il fit naturellement comme si de rien n'était et trouva pour le soutenir un clergé nombreux qui continua les services de l'Église comme d'habitude et administra les sacrements à Philippe comme s'il avait été en plein soleil de la faveur papale .

Une telle possibilité n'avait sûrement jamais été prévue lorsque l'on a pensé pour la première fois à l'excommunication, car elle tend à transformer toute prétention d'autorité en folie - les menaces qui ne peuvent être mises à exécution étant par nature les choses les plus désobligeantes possibles pour la personne. à qui ils procèdent. Les grands prélats d'Allemagne étaient à leur manière aussi importants que le Pape, leur position était plus puissante que la sienne, ils avaient des vassaux et des armées pour les défendre, et un siège fort et stable, d'où il était aussi difficile, voire même dangereux, les déplacer comme renverser un trône. Et que pouvait faire le Pontife quand ils lui désobéissaient et le défiaient ? Rien d'autre qu'excommunier, excommunier, dont ils ne se souciaient pas du tout, ou déposer, ce qui était également sans importance, lorsque, comme cela s'est produit dans le cas de Mayence, les bourgeois de la ville cathédrale jurèrent que l'évêque remplacé ne franchirait jamais leurs portes.

Ainsi, dix années de lutte n'ont produit pour Innocent qu'une humiliation. Le pape ne relâcha pas son opposition déterminée et ne cessa pas de menacer de sanctions qu'il ne pourrait infliger que vers la fin de la lutte ; et puis, lorsque la logique des événements commença, semble-t-il, à exercer un petit effet sur son esprit, et qu'il tendit à contrecœur une sorte de faible rameau d'olivier vers Philippe tout victorieux, un sort plus grand entra et changea tout. avec la plénitude d'un pouvoir irrésistible. Il n'est dit nulle part, à notre connaissance, que les ouvertures d'Innocent portèrent malheur à l'empereur ; mais cela aurait certainement été dit si un tel accident s'était produit sous Pio Nono , par exemple, qui, comme on le sait, avait le mauvais œil. Car à peine Innocent avait-il franchi cette étape que la vie de Philippe connut une fin désastreuse. Le comte palatin de Wittelsbach, grand potentat d'Allemagne, qui avait quelque grief personnel à venger, demanda une audience privée et l'assassina dans sa demeure provisoire, au moment de sa plus grande prospérité. Ainsi , en un clin d'œil, tout fut changé. La maison de Hohenstaufen s'est effondrée en un instant sans qu'on ait tenté de la soutenir. Et Othon, qui était là, déjà roi couronné et ne demandant plus d'ennuis, prit aussitôt la place vacante. Cela s'est produit en 1208, dix ans après le début de la lutte. Mais dans cette transformation extraordinaire et soudaine des affaires, Innocent ne comptait pour rien ; il ne l'avait pas fait ni même contribué à le faire : bien qu'il ait gardé l'air tonitruant d'anathèmes et les routes poussiéreuses du va-et-vient de ses légats pendant toutes ces années malheureuses.

Othon, cependant, n'oublia pas d'abord le dévouement que le pape lui avait témoigné dans ses mauvais jours, quand un triomphe si inattendu et si accidentel (à ce qu'il semblait) lui vint. Après avoir pris pleinement possession de la position qu'il n'y avait plus personne pour lui contester, il fit un progrès triomphal à travers les Alpes et fut couronné empereur à Rome, dignité dernière et suprême que Philippe n'avait jamais pu atteindre : où il se comporta avec beaucoup d'affection et d'humilité envers Innocent, dont il tenait l'étrier comme le fils le plus dévoué de l'Église comme il prétendait l'être. Il y avait beaucoup de serments en même temps. Othon jura de conserver tous les droits de l'Église et, avec réserves, de restituer les fiefs toscans de Mathilde et tous les présents dont de temps à autre les anciens empereurs avaient doté le Saint-Siège, dans la possession tranquille du pape. Rome était une scène du plus grand spectacle et de la plus grande splendeur lors de cette visite impériale . Othon était venu à la tête de son armée et campait au pied du Monte Mario, là où maintenant le petit groupe de pins se dresse sur le ciel à l'ouest, sombre sur le soleil couchant. C'était en octobre, lorsque toute la lueur et la chaleur de l'été étaient adoucies par les airs automnaux, et que les tentes blanches brillaient devant les portes de la ville avec toutes sortes de splendides connaissances des princes et des maisons nobles, et de la magnificence du luxe médiéval . L'ancienne basilique Saint-Pierre, près du camp, était alors plantée, nous dit-on, au milieu d'un grand nombre de couvents, d'églises et de chapelles, « comme une mère majestueuse entourée de belles filles » — bien qu'il n'y ait pas de Vatican comme mais la ligne des murs de l'autre côté du fleuve et la splendeur antique de Rome, plus carrée et plus massive dans son classicisme persistant que les villes médiévales auxquelles les forces allemandes étaient plus habituées, brillaient dans le soleil de midi : tandis que vers la gauche la grande ronde de Saint-Ange dominait le pont et la rivière, et toutes les foules qui se précipitaient vers la grande église et le sanctuaire des Apôtres. Il y avait cependant une ombre dans ce tableau brillant, c'était le fait que Rome, à l'intérieur de ses portes, n'était pas très différente d'un lion couché, à moitié terrifié, à moitié excité par l'armée extérieure, et pas sûr que l'abhorré Tedeschi ne puisse pas le faire. à chaque instant, marchez sur elle, et montrez sous ces splendides gants de velours, tout lourds de broderies d'or, les griffes de ce loup du nord que l'Italie avait si souvent senti dans son cœur. C'est un signe curieux de cet état d'agitation qu'Othon ait publié à Rome, avant son couronnement, un engagement solennel en son propre nom et en celui de son armée, selon lequel aucun mal ne devrait être fait à la ville, au pape et aux cardinaux, ni aux les gens et leurs biens, pendant qu'il y restait. Il avait de fortes gardes d' honneur à toutes les portes adjacentes par mesure de précaution pendant que se déroulaient les grandes cérémonies de sa consécration.

Ce n'est pas l'actuel Saint-Pierre, il va sans dire, qui, tendu de splendides tapisseries et éclairé d'innombrables bougies, luisant de marbres précieux et de dorures, et décoré de toute la splendeur de l'église en argent et en or, reçut cet honneur . grand potentat allemand pour cet acte final qui devait sacraliser son autorité et l'établir sans aucun doute empereur du Saint-Empire romain germanique, dignité que seul le pape pouvait compléter, qui n'était rien, n'apportant aucune domination supplémentaire, mais de la plus haute importance dans l'estime du monde. Il se peut qu'un sentiment d'exaltation, peut-être mêlé de doutes, mais certainement sanctionné par de nombreux sentiments nobles - la conviction que Dieu avait favorisé son camp à long terme et qu'un âge meilleur était sur le point de commencer - ait dû être présent. L'esprit d'Innocent alors qu'il suivait les différentes cérémonies de l'imposant rituel, recevait les vœux du monarque et plaçait la couronne impériale sur sa tête. On ne nous dit cependant pas s'il y avait une quelconque alarme dans l'air alors que les deux magnifiques processions se réunissaient, sortant des portes de Saint-Pierre, traversant le pont et par toutes les rues bondées, jusqu'à l'autre côté de la ville. , au palais du Latran, où eut lieu le grand banquet. Othon, la couronne sur la tête, tenait l'étrier du pape sur les grandes marches de Saint-Pierre pendant qu'Innocent montait ; et les deux plus grands potentats de la terre, le chef du profane et le chef du spirituel, partageant entre eux, avec l'élasticité la plus confuse des frontières, la domination du monde, chevauchèrent seuls ensemble, suivis de tout ce qu'il y avait de plus magnifique dans l'univers. L'Allemagne et l'Italie, les grands princes, les grands prélats rivalisent de faste et de splendeur . L'air était plein du tintement des cloches et des chants des prêtres ; et tandis qu'ils traversaient les masses sombres du peuple de tous côtés, les officiers d'Othon répandaient des largesses dans toutes les rues bondées, et tout n'était que fête et joie générale.

Mais lorsque le grand peuple disparut dans le palais papal et que le banquet fut organisé, les hommes d'armes allemands commencèrent à se pavaner dans les rues comme s'ils étaient les maîtres de tout ce qu'ils surveillaient. Il n'y a aucune divergence d'opinion quant à la brutalité et à l'insolence des soldats allemands à cette époque, et les Romains étaient excités et pas d' humeur à accepter une quelconque insulte à un tel moment. On n'a jamais découvert comment ils en sont finalement arrivés aux mains, mais une fois le grand spectacle terminé, très probablement lorsque la nuit tombait et que l'excitation de la journée s'était transformée en irritabilité et en passion immédiate, une bagarre a éclaté dans les rues sans que personne ne le sache. comment. Ce sont les étrangers qui ont été les plus touchés, dit Muratori . « Beaucoup de Teutons furent tués, dit une des chroniques les plus anciennes, ainsi que onze cents chevaux ; ce qui semblerait impliquer que la lie de la procession s'était vaporisée dans Rome sous leur responsabilité, faisant descendre les habitants. Il ne s'agissait pas seulement d'hommes d'armes : car un certain nombre des partisans les plus distingués d'Othon furent tués dans les rues. Nous ne savons pas combien de temps il s'est écoulé avant que l' empereur en parvienne aux oreilles , ni si le banquet a été interrompu. Probablement Othon était retourné à sa tente (Muratori dit qu'il l'a fait immédiatement, laissant de côté toute mention d'un banquet) avant la " calda " baruffa " éclata : mais en tout cas ce fut un changement de décor saisissant. L'empereur leva ses tentes le lendemain matin et quitta les environs de Rome avec une grande rage et indignation : — et ceci, en ce qui concerne le pape Innocent, fut le dernier bien qu'on ait jamais entendu parler d'Othon. Il rompit un à un tous ses vœux, reprit les États toscans, s'empara du duché de Spolète et de toutes les villes qu'il traversait sur son passage, et défia le pape, à qui il avait été confié. si servile, ayant maintenant obtenu de lui tout ce qu'Innocent pouvait donner.

Le plaidoyer par lequel Othon se défendait pour sa conquête des États de Toscane était digne de cette époque scolastique. Il avait juré, disait-il, il est vrai, de conserver le patrimoine de Saint-Pierre et toutes les possessions ecclésiastiques : mais il avait juré en même temps de conserver et de recouvrer tous les droits et possessions impériaux, et c'était en exécution de cette obligation. qu'il a volé le pape. Ainsi prit fin le long et fidèle soutien d'Innocent à Othon ; il avait promis la foi du ciel pour son succès, qui n'était assuré que par accident et par crime ; mais à peine ce succès fut-il assuré, que l' empereur déserta et trahit le pape qui s'était tenu si fermement à ses côtés. On dit qu'Innocent redoubla dès ce moment de ses soins envers le jeune Frédéric, roi de Sicile, chef de la maison et du parti des Hohenstaufen, et le prépara à venger les serments rompus d'Othon par une chute aussi complète que son élévation avait été ; mais c'est une hypothèse qui n'a pas plus de preuves que tout autre jugement peu charitable sur des motifs non révélés. En tout cas, il est très évident que dans ce long conflit, qui occupa une si grande partie de sa vie, le pape n'a joué aucun rôle puissant ou triomphant.

En France, l'action d'Innocent eut plus de succès. L'histoire de Philippe Auguste et de ses épouses, pleine d'incidents romantiques, est mieux connue du grand public que la tragédie des empereurs . Philippe Auguste avait épousé une princesse danoise qui ne lui plaisait pas. Son histoire, au moins dans son premier chapitre, ressemble à celle d'Anne de Clèves, l'heureuse princesse qui eut la chance de ne pas plaire à Henri VIII. (ou peut-être ressemble-t-il encore plus complètement à une catastrophe relativement récente dans notre propre maison royale, les relations de George IV et de sa malheureuse épouse). Mais le roi de France n'a pas traité Ingelburga avec la même politesse dont Henry Tudor a fait preuve, et elle n'a pas non plus eu la discrétion de se taire comme la dame de Flandre. Les plaintes de la reine blessée remplirent le monde, et elle fit un appel direct au pape, qui ne tarda pas à répondre. Lorsque Philippe obtint le divorce de sa femme auprès des évêques complaisants de son propre royaume sur une de ces allégations absurdes de parenté trop étroite (il pouvait s'agir de cousine au troisième ou au quatrième degré), qui étaient si utiles aux maris mécontents d'un rang suffisant. et épousa la belle Agnès de Merano , dont il était amoureux, Innocent intervint aussitôt. Il commença par des ordres, par des supplications, par des tentatives pour régler la question par des mesures légales, chargeant ses légats de faire une enquête solennelle sur l'affaire, examinant les plaintes d'Ingelburga et mettant tout en œuvre pour ramener le roi au sens de son devoir. . Il n'y avait aucun doute de quel côté était la justice, et les légats n'étaient pas, comme dans le cas d'Henri et de Catherine, du côté du monarque. C'était la reine rejetée qui bénéficiait de la protection du pape et non son puissant mari.

Mais Philippe Auguste fut sommé en vain d'obéir. Les procès et les appels durent longtemps, et plusieurs années s'écoulèrent avant qu'Innocent, après beaucoup de préparation et de nombreux avertissements, ne se décide non seulement, comme autrefois, à excommunier le coupable, mais à prononcer un interdit sur le royaume. Peut-être Innocent avait-il retenu la leçon qui lui avait été enseignée sur une si grande échelle, que l'excommunication n'était pas une arme heureuse et que seule la parfaite subordination du haut clergé pouvait la faire réussir. L'interdit était une chose bien plus grande et bien plus terrible ; cela ne dépendait pas de l'obéissance d'un grand prélat, mais de chaque prêtre qui avait prononcé les vœux sacrés. S'il avait excommunié le roi comme autrefois, il y aurait sans doute toujours eu en France quelque évêque anarchique qui aurait permis à son souverain de se moquer du pape et de sa sentence. Mais un interdit ne pouvait ainsi être éludé, la masse du clergé étant obéissant au Pape quelles que soient les exceptions individuelles importantes. L'interdit fut proclamé en conséquence avec tous les accessoires d'une solennité rituelle. Après un concile qui dura sept jours, et auquel assista un grand nombre de membres du clergé, les cloches de la cathédrale — c'était celle de Dijon — commencèrent à sonner comme pour un mourant : et tous les grands évêques avec leurs cortèges , et le légat à leur tête, sortirent solennellement de leur salle du conseil pour se rendre à l'église. Il était minuit, et la longue procession parcourait les rues et pénétrait dans la grande cathédrale à la lueur vacillante et sombre des torches. Pour la dernière fois, le service divin fut célébré, et les chanoines chantèrent le *Kyrie Eleison* au milieu du silence, légèrement interrompu par des sanglots et des pleurs, des foules immenses qui les avaient suivis. Les images du Christ et des saints étaient recouvertes de crêpes, les reliques des saints, vénérées à cette époque avec une dévotion si étrange, étaient solennellement retirées des sanctuaires et consacrées aux lieux voûtés et cryptes souterrains où elles étaient déposées jusqu'à des temps meilleurs. ; les restes du pain consacré qui avait soutenu le miracle de la transsubstantiation étaient brûlés sur l'autel. Tous ces détails de l'acte effroyable de couper la France de la communauté des fidèles furent racontés devant une foule tremblante et consternée, qui regardait avec un sentiment de gravité qui était accablant.

" Alors le légat, vêtu d'une étole violette, comme au jour de la passion de Notre-Seigneur, s'avança vers les marches de l'autel, et au nom de Jésus-Christ prononça l'interdit sur tout le royaume de France. Des sanglots et des gémissements résonnèrent à travers les grandes nefs de la cathédrale ; c'était comme si le jour du jugement était venu."

Une fois de plus, après cette scène formidable, il y eut un répit, un lieu de repentance laissé au royal pécheur, puis dans toutes les églises de France le cérémonial de minuit se répéta. La voix de la prière fut réduite au silence dans le pays, on ne chanta plus de psaume ni de messe ; quelques couvents furent autorisés par une grâce spéciale, la nuit, avec portes closes et voix chuchotées, à célébrer les saints mystères. Car tout autre que le culte public de Dieu et toutes les consolations de la religion furent supprimés. Nous avons vu avec quelle légèreté l'excommunication personnelle était traitée en Allemagne ; mais devant un châtiment aussi terrible que celui-ci, aucun roi ne pouvait résister. Il ne s'agissait pas non plus d'une cause de désobéissance au Saint-Siège, ni d'usurpation des terres de l'Église, ni de toute autre offense à la suprématie ecclésiastique : c'était une cause dans laquelle tout paysan, tout clown pouvait entrer et qui révoltait le sens moral de la nation. Les infidélités matrimoniales de toutes sortes ont toujours été un clin d'œil chez un monarque, mais la mesure énergique consistant à renvoyer une reine innocente et à en mettre une autre à sa place est une autre affaire. La nation était du côté de l'Église : le clergé, sauf de très rares cas, était unanime : et pour une fois Innocent, dans sa sévérité et sa suprématie, réussit. Après sept mois de ce terrible *régime* , le roi céda. Ce fut une époque de rébellion menaçante, de querelles et de dissensions de toutes sortes, de revenus diminués et de prospérité chancelante. Philippe Auguste ne pouvait résister à ces conséquences. Il renvoya l'épouse fictive qu'il aimait – et qui mourut, comme le monde et même l'histoire dans sa plus grande rigueur, aime à le croire, d'un cœur brisé, la seule victime que personne ne pouvait sauver, peu de temps après – et le l'interdit a été levé. On est presque heureux d'apprendre que même alors, le roi ne voulait pas d' Ingelburga , la femme qui avait rempli le monde de ses cris et de ses plaintes et qui avait jeté sur la France ce formidable anathème. Elle a continué à pleurer et à faire appel au Pape pour que sa captivité soit inchangée ou même rendue plus difficile que jamais, mais Innocent était trop sage pour risquer son grand expédient une seconde fois. Il lui conseilla pieusement de recourir à la prière et d'avoir confiance en Dieu, et lui promit de ne pas l'abandonner. Mais la pauvre dame ne gagnait pas grand-chose à toute la misère qui lui avait été infligée pour réparer ses torts. Bien des années après, alors que personne ne pensait plus à

Ingelburga , le roi la sortit soudainement de sa prison et lui restitua sa part, telle qu'elle était, du trône, pour quelle raison personne ne peut dire.

Ce fut cependant le seul grand succès d'Innocent dans l'exercice de son pouvoir papal. C'était un emploi honorable et juste de ce pouvoir, très différent de la prétention de décider entre des empereurs rivaux ou de nommer à la couronne impériale ; mais ce fut en réalité, comme nous le pensons, la seule réalisation triomphale du pape, dans laquelle auraient culminé tout le pouvoir et toutes les prétentions de la papauté. Il avait la main dans toutes les affaires et intervenait dans tout ce qui se passait dans tous les domaines. L'espace nous manque pour raconter ses négociations sans fin, ses censures, ses recommandations et ses ordres, envoyés par des légats continuellement en mouvement ou par des lettres d'une fréquence et d'une force infinies, dans des régions où le christianisme lui-même était encore à peine établi. Chaque petit royaume, depuis les limites extrêmes du nord jusqu'à l'est, était sous cette surveillance et cette ingérence constantes : et il y avait sans aucun doute des cas, surtout parmi les convertis les plus récents de l'Église, et en ce qui concerne les questions ecclésiastiques, dans lesquels il était hautement important; mais en ce qui concerne la teneur générale de l'histoire du monde, on ne peut jamais dire qu'elle ait eu un résultat important.

En Angleterre, Innocent a eu la mauvaise fortune d'avoir affaire au pire des rois Plantagenêt, le faux et lâche Jean, qui s'est fait une réputation un peu misérable pendant un certain temps en raison de sa détermination temporaire à ce qu'« aucun prêtre italien ne devrait la dîme ou le péage dans nos domaines", et qui lutta farouchement contre Innocent sur la question de l'archevêché de Cantorbéry et d'autres grandes charges ecclésiastiques, ainsi que sur des questions plus personnelles, telles que le douaire de Bérengère, la veuve de Cœur de Lion, que le Pape lui avait demandé de payer. Jean chassa la plus grande partie du clergé d'Angleterre dans sa fureur contre l'interdit prononcé par Innocent, et prit possession, heureux d'avoir l'occasion d'acquérir tant de richesses, des domaines et propriétés de l'Église dans tout le royaume. Mais l'interdit qui avait été si efficace en France échoua complètement en Angleterre. Il était trop tôt pour un sentiment protestant, et il est extraordinaire qu'un peuple non sans piété ait montré une indifférence si singulière au jugement de l'Église. Peut-être que le fait qu'un si grand nombre de membres du clergé supérieur appartenaient à la race normande conquérante et, par conséquent, résistaient toujours d'un air maussade à l'obstination passive des Saxons humiliés, y était pour quelque chose : tandis qu'en même temps le bannissement de nombreux prélats cela laisserait probablement une grande partie des prêtres les plus humbles dans une ignorance relative du décret du Pape.

Mais quelles qu'en soient les causes, il est clair que, tandis qu'en France l'effet de l'interdit fut terrible, en Angleterre, il ne produisit pratiquement aucun résultat. Les évêques et archevêques bannis, et à leur tête Stephen Langton, l'Anglais patriotique que le pape avait choisi judicieusement pour l'archevêché de Cantorbéry, se tenaient sur la rive opposée avec consternation et observaient le mépris de leurs troupeaux pour ce plus grand exercice de la puissance de Rome ; et il remarqua avec un plus grand étonnement encore le succès qui suivit le roi dans ses entreprises, et l'obéissance du peuple, auprès duquel il n'avait jamais été aussi populaire auparavant.

On ne nous dit pas ce qu'Innocent ressentit à la vue de cet échec inattendu. Il commença à frapper le roi Jean d'une excommunication spéciale, allant de la plus grande malédiction à la plus petite, dans un renversement de la méthode habituelle ; mais cette mesure étant encore inefficace, Innocent se tourna vers des mesures pratiques. Il entreprit de libérer les sujets du roi Jean de leur serment d'allégeance et de déposer le monarque rebelle ; et non seulement ainsi, car ces ordonnances auraient probablement été aussi peu considérées que les autres, mais il donna la permission et l'autorité au roi de France, l'ennemi toujours vigilant des Plantagenêts, d'envahir l'Angleterre et de placer son fils Louis sur le trône vacant. De grands préparatifs furent faits en France pour cette sympathique croisade, car c'est en leur qualité de croisés que le pape autorisa l'invasion. C'est alors et seulement à ce moment-là que John a fait une pause dans sa carrière. Il avait ri des dangers spirituels, mais il ne riait plus lorsque le roi de France rassembla ses forces à Boulogne et que les évêques bannis et volés se préparèrent à revenir, non repentants et humiliés, mais entourés de lances françaises.

Alors enfin le roi terrifié se soumit à l'autorité du pape ; il reçut les légats d'Innocent dans un esprit changé, avec une servilité de lâche. Il jura, de la main sur les Évangiles, de réparer tous les torts ecclésiastiques, de restaurer les évêques et de se soumettre en toutes choses au jugement de l'Église. Alors, dans sa lâche terreur, sans, dit-on, aucune exigence de ce genre de la part des ambassadeurs ecclésiastiques, Jean fit un pas sans précédent dans les annales des nations.

« Afin d'obtenir la miséricorde de Dieu pour les péchés que nous avons commis contre sa sainte Église, et n'ayant rien de plus précieux à offrir que notre personne et notre royaume, et afin de nous humilier devant Celui qui s'est humilié pour nous jusqu'à la mort : par une inspiration du Saint-Esprit, ni formée par la violence ni par la peur, mais en vertu de notre bon et libre arbitre, nous donnons, avec le consentement de nos barons, à Dieu, à ses saints apôtres Pierre et Paul, notre mère la Sainte Église Romaine, à notre Seigneur le Pape Innocent et à ses successeurs catholiques, en expiation de nos péchés et de ceux de notre famille, vivants et morts, nos royaumes d'Angleterre et d'Irlande avec tous leurs accompagnements et leurs droits, afin que nous pouvons les recevoir de nouveau en qualité de vassal de Dieu et de la Sainte Église : en foi de quoi nous prêtons le serment de vassal, en présence de Pandulphe , nous mettant à la disposition du Pape et de ses successeurs, comme si nous étions effectivement en présence du Pape ; et nos héritiers et successeurs seront tenus de prêter le même serment. »

DANS LA CAMPAGNE (1860)

Ainsi Jean jura, mais non à cause des tonnerres et des malédictions d'Innocent, mais à cause de Philippe Auguste de France qui hâtait ses préparatifs de l'autre côté de la Manche, tandis que des barons en colère et un peuple épuisé par des exactions constantes lui promettaient de médiocres résultats . soutien à domicile. Le pape devient désormais le seul espoir du monarque humilié. Il avait bafoué les jugements et dédaigné les malédictions du Saint-Siège ; mais s'il existait une puissance au monde capable de restaurer la fidélité de ses vassaux et d'arrêter l'envahisseur sur son chemin, c'était bien Innocent : du moins dans cette dernière urgence, il était possible de l'espérer.

Innocent, de son côté, ne dédaignait pas ce marché indigne. Malgré son intellect puissant et son esprit juste, et la perception qu'il devait avoir des misérables motivations sous-jacentes, il n'hésita pas. Il reçut le serment, même s'il devait bien savoir que ce serait un gaspillage de papier si John avait un jour le pouvoir de s'en débarrasser. De tous les hommes, Innocent devait être le plus clairement conscient de la valeur des serments des rois. Il l'accepta cependant, apparemment avec une foi dans la possibilité d'établir la suzeraineté ainsi conférée, ce qui est aussi curieux que n'importe quel autre fait de l'affaire, qu'il soit flatté par cet apparent triomphe après son long échec, ou croyant contre toutes les preuves — car les hommes, même les papes, peuvent toujours croire ce qu'ils veulent — qu'une capitulation si honteuse était authentique et qu'il y avait enfin une juste reconnaissance des droits du Saint-Siège. Désormais, le pape se met du côté de Jean. Il risqua l'aliénation du roi de France en interdisant l'entreprise entreprise sous ses ordres : il rejeta l'appel des barons, désapprouva la Magna Charta, transféra l'excommunication à ses auteurs avec une facilité qui dut sûrement aider ces improbables pénitents à mépriser à la fois l'anathème et sa source. Il est impossible ni d'expliquer ni d'excuser cette conduite étrange. La solution la plus simple est qu'il ne comprenait parfaitement ni les faits ni le caractère de ceux avec qui il avait affaire : mais comment alors pourrait-il être considéré comme apte à juger et à arbitrer entre eux ?

La mort de Jean a libéré le pape de ce qui aurait pu être une violation délibérée de ses recommandations de la part de la France. Et dans l'ensemble, dans cette partie de sa conduite, le succès imaginaire d'Innocent était pire qu'une défaite. C'était un échec de la haute dignité qu'il revendiquait, plus frappant encore que cet échec en Allemagne qui avait déjà prouvé l'inefficacité des armes spirituelles pour affecter les affaires du monde : car non seulement tous ses efforts avaient échoué, jusqu'à ce que le grossier La logique d'une menace d'invasion est venue convaincre l'esprit de Jean, mais le Pape lui-même a été conduit à des actes indignes par un marché qui était en tous points ignoble et indigne. Si l'Église devait être l'arbitre haut et généreux, le juge impartial de toutes les affaires impériales qu'elle prétendait être – et qui peut dire que si des puissances mortelles avaient pu l'exécuter, ce n'était pas un idéal noble et splendide ? ce n'était sûrement pas en devenant le dernier recours contre une juste punition d'un traître et d'un caillot, dont le serment prononcé un jour était aussi facilement révoqué le lendemain, que de mettre ou d'ôter un gant. Il est presque inconcevable qu'un homme comme Innocent ait reçu avec joie et avec un semblant de foi une telle soumission de la part d'un homme comme Jean. Mais il est évident qu'il l'a fait, et que probablement la cour et la communauté romaines ont considéré cela comme un grand événement et une preuve éclatante du progrès de l'autorité de l'Église.

Mais peut-être qu'un Italien et un homme d'Église de nos jours était la dernière personne au monde à se faire une juste idée de ce que nous appelons le patriotisme, ou à comprendre le principe d'indépendance qui faisait qu'une nation, même divisée en elle-même, s'unissait dans une farouche opposition. aux interférences de l'extérieur. L'Italie n'était pas un pays, mais un certain nombre d'États et de villes constamment en guerre, et pour Innocent, l'Église était la seule institution au monde qualifiée et habilitée à légiférer pour les autres. Il accepta le cadeau de l'Angleterre presque avec allégresse, malgré tout ce qu'il avait appris de ce pays lointain et étrange qui ne se souciait pas d'un interdit, et si en aucune circonstance il avait pu aimer son indigne roi, il l'aurait fait en raison de sa résistance . au Pape. Et il semblerait que le Pontife croyait à quelque chose de sérieux découlant de cette suzeraineté, malgré toutes les traditions et preuves du contraire. Ainsi, le rôle d'Innocent dans le drame sanglant et terrible qui se jouait alors en Angleterre n'était ni noble ni digne, mais un rôle pauvre, indigne de son caractère et de son génie. Son intervention n'a compté pour rien jusqu'à ce que la France intervienne dans des armées pratiques avec lesquelles il fallait compter - lorsque la main qui avait lancé tant de foudres inefficaces fut saisie par un expédient de lâche désespoir qui, en réalité, ne signifiait et ne produisait rien. Les deux camps furent à leur tour excommuniés, livrés à toutes les peines religieuses ; mais les indifférents combattirent l'affaire à leur manière et la réglèrent ainsi, unanimes seulement pour résister à la juridiction de Rome. Les lettres véhémentes du Pape, à mesure que la lutte devenait de plus en plus amère, résonnaient dans le bruit des armes comme les réprimandes impuissantes d'une femme :

"Laissons les femmes... faire la guerre aux mots,

Avec des prêtres qui maudissent, mais des hommes avec des épées. »

Laissez le pape ou le prélat faire ce qu'ils peuvent, l'acier froid l'a emporté.

temps d'Innocent n'a pas été moins complète dans son échec, bien qu'elle contenait une promesse flatteuse de prospérité et d'avantages, celle qu'on appelle la croisade vénitienne, l'immense expédition qui semblait susceptible de produire des résultats si splendides mais qui s'est terminée si désastreusement. et n'a jamais mis les pieds en Terre Sainte qui était son objet. Les Croisades étaient, entre toutes, l'objet le plus cher au cœur des papes, petits et grands. La première conception en était née, comme le lecteur s'en souvient, dans l'esprit de Grégoire VII, qui aurait voulu se mettre à la tête du premier, pour reprendre des mains des infidèles le sol sacré qui contenait tant de souvenirs. L'idée avait été poursuivie par tous les papes dignes de ce nom, depuis Hildebrand jusqu'à Innocent, avec des fluctuations de succès et d'échecs, d'abord dans un triomphe noble et pieux, mais plus tard avec toutes les dissensions, jalousies et luttes internes que les armées, composées de nombreux peuples différents, avaient connues. et des nationalités antagonistes, pourraient difficilement l'éviter. Avant l'accession d'Innocent à la papauté, il y avait eu un revers grand et terrible, qui était censé avoir brisé le cœur du vieux pape sous lequel il s'était produit, et qui remplissait la chrétienté d'horreur, de malheur et de honte. Le territoire sacré pour lequel tant de sang avait été versé retomba entièrement aux mains des Sarrasins. En conséquence, l'un des premiers actes d'Innocent fut d'envoyer des lettres dans le monde entier, appelant à une nouvelle croisade, exhortant les princes et les prêtres à utiliser tous les moyens pour lever une expédition suffisante, et promettant toute sorte de avantage spirituel, indulgence et rémission pour ceux qui ont pris la croix.

Le premier résultat de ces appels passionnés fut d'enflammer l'esprit de certains prêtres de France pour qu'ils prêchent la Croisade, avec tout l'enthousiasme ardent qui avait d'abord éveillé la chrétienté : et une très grande expédition fut organisée, principalement de France, dont les négociations préliminaires avec le doge et le gouvernement de Venise pour les transporter en Palestine fournissent une des scènes les plus pittoresques de l'histoire de cette grande et astucieuse république. C'est au début du XIIIe siècle, au début de l'année 1201, que le marché, très dur, fut conclu : et au mois de juillet suivant, l'expédition devait mettre à la voile. Mais lorsque les pèlerins se rassemblèrent à Venise, on s'aperçut qu'avec tous leurs efforts , ils n'avaient pas plus de la moitié de la somme convenue comme argent de passage. Peut-être les Vénitiens avaient-ils prévu cela et pris leurs mesures en conséquence. Quoi qu'il en soit, après bien des disputes et de nombreux retards, ils acceptèrent de convoyer les croisés à la seule condition d'obtenir leur aide pour prendre la ville de Zara, sur la côte dalmate, qui avait été autrefois sous la domination vénitienne, mais qui appartenait désormais au roi. de Hongrie, et était un nid de pirates qui entravaient le commerce de Venise et tenaient ses marchands et ses marins dans une perpétuelle agitation. On ne nous dit pas si Innocent avait supposé qu'une telle conception était possible, mais sinon, ses instructions aux croisés étaient étrangement prophétiques. Il ne les suppliait en aucun cas d'entrer en guerre contre un peuple chrétien. Si quelqu'un s'opposait à leur passage, ils étaient autorisés à franchir cet obstacle comme tout autre obstacle, mais même dans ce cas, ils ne devaient agir qu'avec la sanction du légat qui les accompagnait. Le Pape ajouta un mot de commentaire douloureux sur les « buts très différents » qui se mêlaient si souvent dans l'esprit des croisés à ce grand et unique, la délivrance de la Terre Sainte, qui était le véritable objet de leur expédition ; et il se plaignit tristement que si les chefs de l'Église chrétienne avaient possédé autant de pouvoir que de bonne volonté, le pouvoir de Mahomet aurait été brisé depuis longtemps et beaucoup de sang chrétien n'aurait pas été versé.

Il n'aurait pas pu parler avec plus de vérité s'il avait été prophétiquement conscient des enjeux auxquels cette expédition allait aboutir. Les croisés partirent en 1202, couvrant la mer de leurs voiles, éblouissant tous les bateaux de pêche et tous les marchands curieux avec les reflets de leurs boucliers et de leurs boucliers brillants, et rencontrèrent un parcours d'aventure comme jamais auparavant n'était arrivé à aucun pèlerin de la Croix. L'histoire est racontée dans les pages les plus pittoresques et dramatiques de Gibbon ; et bien d'autres historiens ont répété cette histoire. Ils prirent Zara et se mêlèrent, comme le pape l'avait craint, aux Hongrois, eux-mêmes nation chevaleresque et pleine d'enthousiasme pour la Croix, mais peu disposée à se laisser envahir impunément ; puis, professant pour la cause du jeune Alexis, l'enfant-roi de l'Empire grec, se rendit à Constantinople, qu'ils prirent après un siège merveilleux, et où ils trouvèrent un butin tel qu'il fit tourner la tête des grands seigneurs sans le sou qui avaient ils hypothéquèrent chaque acre et dépensèrent chaque pièce d'argent pour louer les navires vénitiens et les soldats grossiers qui les suivirent, qui n'avaient probablement jamais possédé une pièce d'or de leur vie, et y trouvèrent une richesse inimaginable à acquérir. Il n'est pas nécessaire d'entrer dans ce chapitre extraordinaire de l'histoire de l'Empire grec, dont ces hordes d'envahisseurs du Nord, tous chrétiens comme ils étaient, et dans un but si différent au départ, se sont emparés – avec non moins de cruauté et d'une rapacité aussi grande que celle dont ont fait preuve les barbares d'un âge plus avancé dans le sac et la destruction de Rome.

Cependant le pape ne cessa de protester contre ce détournement de l'expédition de son objet légitime. Le légat avait interdit l'assaut de Zara, mais en vain ; le pape interdit également en vain l'attaque de Constantinople, et insista en vain, par tous les arguments, sur la nécessité de se rendre sans délai en Terre Sainte. Innocent, il est vrai, ne refusa pas sa part des étoffes et des ornements splendides qui tombèrent entre leurs mains, pour des usages ecclésiastiques : et il fut réduit au silence par la soumission fictive de l'Église grecque et la prétendue guérison du schisme qui l'avait déchiré. l'Est et l'Ouest l'un de l'autre. Il suivait néanmoins avec inquiétude la marche des affaires de Constantinople. Mais que pouvait faire le pape dans son siège éloigné, armé de ces seuls pouvoirs spirituels que, même chez eux, ces féroces guerriers tenaient si légèrement, contre la rage de l'acquisition, l'excitation de la conquête, et même contre le cours et le cours des affaires, qui emportaient l'avantage ? les chefs des armées de l'Est sont-ils tellement plus loin et dans une direction si différente de celle qu'eux-mêmes désiraient ? Il suppliait, il ordonnait, il menaçait : mais en fin de compte, il n'était que le pape, lointain et impuissant, qui pouvait certes excommunier, mais ne faisait rien de plus. La seule chose possible pour Innocent était de regarder, parfois avec une lueur de grand espoir, comme lorsque l'Église grecque s'approchait de lui, comme cela semblait être, pour être de nouveau reçue dans la pleine communion avec le reste de la chrétienté : parfois avec un plaisir à moitié involontaire. comme lorsque les cadeaux de Baudouin arrivèrent, des draps d'or et de merveilleuses broderies pour décorer les grands arcs de Saint-Pierre et du Latran ; et encore avec une confiance plus substantielle lorsque Constantinople elle-même fut devenue un empire latin sous le même Baudouin, qu'il pourrait désormais devenir une base d'opérations dans la guerre sainte contre les Sarrasins et promouvoir les objectifs de la croisade plus efficacement qu'on ne pourrait le faire à distance. Au milieu de toutes ses déceptions et du sentiment impatient de futilité et d'impuissance qui a dû envahir son âme à maintes reprises, il est réconfortant de savoir qu'Innocent est mort dans cette dernière croyance, et n'a jamais découvert à quel point elle était également futile.

Il y a cependant eu une autre grande entreprise de son époque dans laquelle il semblerait que le Pontife ait eu une influence plus directe, même si, pour tout lecteur qui respecte le caractère et l'idéal d'Innocent, il est navrant de se rendre compte de ce que cela signifie . était. C'est cette autre croisade, si misérable et si sanglante, contre les Albigeois, qui fut la seule entreprise réussie qui, avec quelque apparence de justice, pût être imputée au compte de l'Église. Personne ne semble encore savoir très bien quelles étaient les hérésies contre lesquelles, lorsque d'autres projets échouaient, les armes des défenseurs de la religion étaient dirigées. Ils étaient, comme l'est généralement la dissidence, multiples, alors que l'Église les considérait comme un seul. Parmi eux se trouvaient d'humbles petites sectes qui désiraient seulement mener une vie plus pure et plus vraie que les grossiers religieux parmi lesquels elles vivaient ; tandis qu'il y en avait aussi d'autres qui tenaient dans diverses formules étranges toutes sortes de doctrines sauvages : mais entre les pauvres hommes de Lyon, les lecteurs de l'Écriture dont le but était de servir Dieu dans l'humilité, en dehors de toutes les pompes de la religion et de la splendeur des hiérarchies - et les étranges sectes manichéennes avec leur doctrine philosophique élaborée et confuse : le XIIIe siècle n'a connu aucune différence. Il les classait tous sous le même nom d'hérétiques, et leur attribuait à tous les erreurs de la pire et de la plus petite section. Même au XVIIIe siècle, Muratori , un érudit sans préjugés, affirme sans aucun doute qu'ils étaient manichéens. Il va sans dire que, quels qu'ils fussent, le feu et l'épée n'étaient pas le moyen de les réparer de leurs erreurs ; car c'était aussi une idée totalement au-delà de la compréhension de l'époque.

Lorsqu'Innocent accéda pour la première fois à la papauté, sa perception aiguë des nombreux vices de l'Église fut renforcée par la conviction que l'erreur de doctrine accompagnait dans certaines parties de la chrétienté la corruption générale de la vie. Dans certaines de ses lettres, il commente sévèrement, toujours en faisant référence aux maux particuliers contre lesquels il luttait, sur les causes et la propagation croissante de l'hérésie. « Si le berger est un mercenaire, dit-il, et ne pense pas au troupeau, mais uniquement à lui-même : s'il ne se soucie que de la laine et du lait, sans les défendre des loups qui les attaquent, ni se faire un serviteur. mur de défense contre leurs ennemis : et s'il prend la fuite au premier bruit du danger : la ruine et la perte doivent lui être imputées. Le gardien des brebis ne doit pas être comme un chien muet qui ne peut pas aboyer. qu'ils ne savent pas séparer les choses saintes des choses communes, ils ressemblent à ces vils marchands de vin qui mélangent de l'eau à leur vin. Le nom de Dieu est blasphémé à cause de ceux qui aiment l'argent, qui recherchent des cadeaux, qui justifient les méchants en permettant eux-mêmes d'être corrompus par eux. La vigilance des ministres de la religion peut faire beaucoup pour arrêter les progrès du mal. La ligue des hérétiques doit être dissoute par une instruction fidèle : car le Seigneur ne désire pas la mort d'un pécheur, mais plutôt qu'il il faut se convertir et vivre."

Il peut être curieux aussi de citer ici la déclaration prudente d'Innocent sur la prétention des sectaires les plus pieux de tout fonder sur l'Écriture et de faire de l'étude de la Bible leur principale distinction. Les mêmes arguments sont encore utilisés dans l'Église catholique, parfois même dans les mêmes termes.

"Le désir de connaître les Saintes Écritures et de profiter de leur enseignement est louable, mais ce désir ne doit pas être satisfait en secret, ni dégénérer en désir de prêcher, ou de mépriser les ministres du culte. Ce n'est pas la volonté de Dieu que sa parole soit proclamée dans des lieux secrets, comme le font ces hérétiques, mais publiquement dans l'Église. Les mystères de la foi ne peuvent être expliqués par tout le monde, car toute intelligence n'est pas capable de les comprendre. Les Saintes Écritures sont si profonds que non seulement les hommes simples et ignorants, mais même les hommes intelligents et instruits ne sont pas qualifiés pour les interpréter. »

Mais à aucun moment, bien qu'il parlât avec autant de douceur et de franchise, reconnaissant que le meilleur moyen de vaincre les hérétiques était de les convertir et de les convaincre, Innocent ne dissimula pas son intention et son désir de pousser les poursuites contre eux jusqu'aux conclusions les plus sévères. S'il était possible par quelques efforts de les ramener au sein de l'Église, il chargea toutes les autorités ecclésiastiques, tous les prédicateurs, prêtres et établissements monastiques de faire tout ce qui était possible pour accomplir cette grande œuvre ; mais à défaut, il appela tous les princes, seigneurs et dirigeants civils à prendre des mesures strictes et à les couper de la terre - recommandations qui aboutirent à l'expédient formidable et épouvantable d'une nouvelle croisade, une croisade sans double motif, sans objectif. de restauration et de délivrance combinée à celle de destruction, mais liée au seul agent du pur massacre, de l'effusion de sang et de la ruine, une guerre intestine de la sorte la plus horrible.

Il faut ajouter cependant que les prédicateurs qui, sur l'ordre d'Innocent , se mirent plus ou moins en état, de hauts fonctionnaires, des ecclésiastiques de nom et de rang, pour convaincre les hérétiques, par leur prédication et leur enseignement, prirent la première part dans le conflit. . Selon ses idées, il n'a ménagé aucun effort pour donner aux sectes condamnées la possibilité de se convertir, mais avec très peu de succès. Parmi ses envoyés se trouvaient deux Espagnols, l'un évêque, l'autre ce grand Dominique, fondateur de l'ordre dominicain, qui joua un si grand rôle dans l'histoire de son temps. Au milieu des légats inefficaces, ces deux-là étaient nés missionnaires : ils représentaient aux autres prédicateurs que les manifestations contre l'hérésie dans les cathédrales n'étaient pas un moyen d'atteindre le peuple, mais que les vrais évangélistes devaient sortir dans le pays, humbles et pauvres comme l'étaient les adversaires. qu'ils ont dû vaincre. Eux-mêmes partaient en mission pieds nus, sans sac ni bourse, à la manière des Apôtres. Il est étrange de penser que c'est en Provence, pays des Troubadours, pays du chant, où la poésie et l'amour étaient suprêmes selon toutes les traditions de l'histoire, que les hérésies les plus sinistres abondaient et que ce couple sévère poursuivait sa mission. ! mais c'était ainsi. Toulouse, où siégeaient chaque année les Cours d'Amour et où les trouvères tenaient leurs tournois de chant, fut le centre de la tragédie. Mais même ces prédicateurs dévoués, ni la foule de prêtres et de moines enthousiastes qui suivirent leurs traces, ne réussirent pas dans leur mission. Le sacerdoce et la religion qu'il enseignait étaient tombés très bas en Provence, et personne ne prêtait attention aux nouveaux missionnaires, ni aux hérétiques ni à la population insouciante des environs.

Sans aucun doute, le Pape, l'homme de tant de déceptions, avait mis à cœur cette chose comme une chose dans laquelle, pour une fois, il ne devait pas échouer, et a vu avec un cœur douloureux et courroucé l'insuccès de tous ces efforts légitimes. Mais ce n'est que lorsque l'un des légats, un homme de confiance et d'honneur, Pierre de Castelnau, fut traîtreusement tué au milieu de sa mission, qu'Innocent fut pleinement réveillé. Jusqu'alors il avait fait pleuvoir les excommunications sur le monde entier, et ses malédictions lui étaient revenues en vain. Mais cette fois-ci au moins, il avait en main une arme sûre. Le pape proclame une croisade contre les hérétiques. Il proclama dans toute l'Europe que quiconque entreprend cette sainte entreprise, cela lui sera compté comme s'il avait combattu pour Jérusalem : toutes les indulgences, bénédictions, espérances pour le ciel et exemptions pour la terre, qui avaient été promises à ceux qui devaient délivrer la Sainte Sépulcre, étaient également accordés à ceux qui n'allaient pas plus loin que le midi de la France, l'une des régions les plus riches de la chrétienté, où l'on pouvait posséder de belles terres et de nobles châteaux pour la conquête sans risquer un voyage orageux ni un climat dangereux. Les biens des hérétiques impénitents étaient confisqués, et chacun était libre de se servir comme s'il avait été Turcs et infidèles. Dans aucune de ses entreprises, le pape n'a été aussi sincère. Il y a quelque chose de l'agressivité d'un homme qui s'est trouvé impuissant dans de nombreuses entreprises dans la passion qu'Innocent y met. "Lève-toi, soldat du Christ !" il crie au roi de France ; " Debout, prince très chrétien ! Les gémissements de l'Église montent à vos oreilles, le sang des justes crie : levez-vous donc et jugez ma cause : ceignez votre épée ; pensez à l'unité de la croix et de l'autel, cette unité nous a été enseignée par Moïse, par Pierre, par tous les pères. Que la barque de l'Église ne fasse pas naufrage. Debout, à son aide ! Frappez fortement contre les hérétiques, qui sont plus dangereux que les Sarrasins !

L'appel est parvenu à de nombreuses oreilles enthousiastes. De nombreux hommes bons et vrais se trouvaient sans aucun doute parmi l'armée qui se rassembla sur la douce colline d' Hyères au milieu de l'été flamboyant de l'année 1209, la croix sur la poitrine et l'épée à la main, jurèrent d'exterminer l'hérésie et de ramener le pays sous la domination de l'Empire. la vraie religion; mais un nombre écrasant en outre, avides de butin quel qu'en soit le butin, et désireux de progresser pour eux-mêmes, remplissait les rangs . De tels motifs n'étaient pas absents même dans le sein de Simon de Montfort, leur général, d'ailleurs homme bon et vrai. La souveraineté de Toulouse brillait devant lui sur des mers de sang, qui n'était pas meilleur que le sang des Sarrasins, quoiqu'il coulât dans les veines des Français ; mais les Provençaux ne pouvaient guère être appelés Français à cette époque. Ils n'étaient pas plus aimés de leurs voisins du nord que les Anglais ne l'étaient des Écossais, et l'expédition contre eux était autant justifiée par les distinctions de race que l'était le conflit de Bannockburn.

Le chapitre de l'histoire qui a suivi, nous souhaiterions de tous côtés l'effacer, si nous le pouvions, des archives de l'humanité, et nous ne doutons pas que le catholique le plus strict autant que le protestant le plus indigné partageraient ce souhait ; mais cela, hélas, n'est pas possible. Et aucun sentiment de ce genre n'existait à l'époque. Pendant des siècles, on ne crut pas que le remède était trop terrible pour le mal : et les âmes les plus chrétiennes se réjouissaient des victoires de la croisade, des villes détruites, des nids d'hérétiques détruits. Les hérétiques eux-mêmes, qui souffraient farouchement et exerçaient des représailles quand ils le pouvaient, n'avaient aucune doctrine de tolérance entre eux et auraient extirpé une méchante hiérarchie et réprimé la masse d'une main haute, comme quatre cents ans plus tard leurs successeurs les plus éclairés. l'ont fait, lorsque le pouvoir leur est venu. Nombreux sont les spectateurs frémissants qui tentent maintenant de se représenter qu'Innocent, jusqu'à présent, n'était qu'à moitié ou pas du tout au courant des atrocités commises en son nom ; que ses légats outrepassèrent leur autorité, comme cela arrivait fréquemment, et furent emportés par l'excitation du carnage et le terrible élan de destruction commun aux bêtes sauvages et aux hommes quand cette passion fatale est éveillée ; et que ses généraux transformèrent bientôt leur croisade, comme les croisades se convertissaient plus ou moins partout, en un raid d'acquisition féroce, une guerre de butin et d'enrichissement personnel. Et tout cela est vrai dans la mesure où cela vaut pour réduire la culpabilité d'Innocent ; mais ce n'est pas grand-chose, car c'était un homme qui connaissait très bien la nature humaine et savait que de telles choses devaient arriver.

Quant à Simon de Montfort et à ses nobles compagnons, ils n'étaient pas, et encore moins les hommes d'armes sous leurs ordres, supérieurs à toute cette noble chevalerie de France qui était partie de Venise dans un si beau dessein, mais avait été appelée de côté pour écraser et piller Constantinople sur leur passage, sept ans seulement auparavant. Baudouin de Flandre devint empereur de la grande ville orientale en 1204. Simon de Montfort se nomma comte de Toulouse en 1215. Tous deux avaient été envoyés avec la bénédiction du pape pour une mission tout à fait différente, tous deux avaient succombé à la tentation de leur propre agrandissement . Mais des deux, à la fin, Simon fut le plus fidèle. S'il a commis ou laissé commettre les cruautés les plus abominables, il a néanmoins éradiqué l'hérésie. La Provence a retrouvé sa gaieté, ses cours d'amour, son don de chant. Innocent, pour une fois dans sa vie, avec tous les terribles inconvénients qui l'accompagnaient, réussit dans l'objectif pour lequel il s'était efforcé.

C'est une chose terrible à dire du plus puissant des papes, à l'époque duquel la papauté, nous dit-on, atteignit son plus haut sommet de puissance dans les affaires des hommes : il réussit une fois : en dévaster un pays et en le massacrant par des milliers de ses habitants au nom de Dieu et de l'Église. Toutes ses tentatives pour redresser les affaires du monde ont échoué. Il n'a ni nommé un empereur, ni sauvé de la ruine un roi servile, ni porté un coup généreux pour cet objet de l'enthousiasme de son époque, la délivrance de Jérusalem. Il a tenté tout cela avec la plus grande tension et tous les efforts possibles, et bien d'autres encore, mais il a échoué. Impossible de dire que ce n'est pas la vérité et la justice qu'il a toujours mises devant lui ; c'était un honnête homme et il n'aimait pas l'effusion de sang ; il avait une grande intelligence, et rien ne prouve que son cœur était froid ou ses sympathies ternes. Mais sa carrière, si souvent citée comme un exemple de la suprématie de la papauté, nous semble la plus grande et la plus parfaite démonstration de l'impossibilité d'une telle suprématie. Si cela avait pu être fait, Innocent l'aurait fait ; mais cela n'a pas pu se faire et, dans la plénitude de son pouvoir, il a échoué à maintes reprises. Le crédit qu'il aurait pu avoir dans la promotion d'Othon à l'empire s'efface lorsque l'on découvre que c'est l'accident de la mort de Philippe et non le soutien du pape qui l'a fait. En Angleterre, sa prétendue suzeraineté était une farce, et tous ses efforts inefficaces pour faire bouger d'une manière ou d'une autre les destinées de la nation. A Constantinople, ses prières, ses ordres et ses supplications avaient à peu près autant de pouvoir que les cris d'une femme contre ses propres envoyés spéciaux et ses soldats. En France, il eut en effet un bref triomphe et brisa le cœur d'une pauvre femme, chose qui s'accomplit chaque jour par des méthodes bien plus faciles ; bien que son action fut alors le seul triomphe moral de son règne, étant au moins dans la cause du faible contre le fort. Et il remplit la Provence de sang et de misère, et s'il écrasa l'hérésie, il écrasa avec elle ce noble et beau pays, sa maison royale et ses libertés. A-t-il jamais ressenti le contraste entre ses tentatives et ses succès ? Était-il irrité par le long et terrible échec de ses efforts ? ou a-t-il été réconforté par les petites consolations qui lui sont parvenues, la justification finale d' Ingelburga , la soumission fictive de l'Église grecque, l'extinction meurtrière de l'hérésie ? Cela valait -il la peine pour un grand homme d'avoir enduré et lutté, d'avoir vécu sans sommeil, sans repos, toujours vigilant, surveillant tous les coins de la terre, entretenant mille espionnages et renseignements secrets, tout cela pour cela, et rien de plus ?

Il fut le plus grand des papes et atteignit l'apogée du pouvoir papal. Il appliqua les principes qu'Hildebrand avait établis et affirma dans toute leur ampleur toutes les affirmations de ce grand Pontife, lui aussi profondément déçu. Grégoire et Innocent sont les deux noms les plus éminents sur les listes de la papauté ; ce sont les plus grands généraux de cette armée qui, à sa manière, est une armée invincible, contre laquelle les portes de l'enfer ne peuvent prévaloir. Espérons que les illusions miséricordieuses qui entretiennent la nature humaine les ont empêchés de voir à quel point toutes leurs grandes prétentions étaient vaines. Grégoire en effet, mourant triste et en exil, le sentit plus ou moins, mais put l'attribuer à la méchanceté du monde où la vérité et la justice ne régnaient pas. Et il y a une profonde tristesse dans le dernier discours d'Innocent ; mais peut-être n'étaient-ils pas conscients, ni l'un ni l'autre, de la profonde marque d'échec, visible aux yeux du monde entier, qui pèse sur leurs grandes entreprises qui n'étaient pas pour l'Église mais pour le monde. Dieu n'en avait pas fait des juges et des diviseurs parmi les hommes, même s'ils le croyaient au fond de leur cœur.

Il est peut-être excessif de la part d'un écrivain sans autorité d'exprimer une opinion individuelle face à des jugements bien plus puissants. Mais ce livre ne prétend rien d'autre que, dans la mesure où il est possible de le former, un coup d'œil sur l'opinion et l'impression individuelles sur des questions qui par ailleurs sont trop grandes pour quiconque, sauf pour l'historien le plus savant et le plus sérieux. La déclaration du doyen Milman selon laquelle « Il (Innocent) a réussi à imposer un empereur à l'Allemagne » nous semble tout à fait incompatible avec les faits de la cause. Mais nous ne prétendrons pas un seul instant que Milman ne sait pas cent fois mieux que l'auteur de cet article, dont le regard rapide sur les aspects extérieurs de l'histoire vaut naturellement ce qu'il vaut et rien de plus. Cependant, pour celui qui le regarde passer depuis une fenêtre, l'aspect d'un spectacle est parfois une variété divertissante par rapport à sa description la plus complète et faisant autorité.

On comprendra que nous n'avons aucune idée de représenter le règne de ces grands papes comme dépourvu de pouvoir dans bien d'autres domaines. Ils renforcèrent considérablement l'autorité et le contrôle exercés par le Saint-Siège sur son empire spécial et légitime, l'Église. Ils attirèrent à la cour de

Rome tant d'appels et de références à des cas contestés en droit et en morale qu'ils exercèrent une influence accrue sur le monde comme une irrigation invisible qui gonfle à travers toutes les racines et les veines de la chrétienté. Ils donnèrent même tellement plus de prestige et d'importance aux dignitaires de l'Église qu'ils augmentèrent le pouvoir que les grands prélats exerçaient souvent contre eux-mêmes. Mais les plus hautes prétentions des successeurs de Pierre, les Vicaires de Dieu, d'être juges et arbitres du monde, installateurs et renverseurs de trônes, ne se sont pas réalisées. Les papes étaient flattés par les appels, par les soumissions simulées du côté le plus faible, et même par les pétitions pour l' intervention toujours prête qu'ils semblent avoir tenté de bonne foi, croyant toujours en leur propre autorité. Mais en fin de compte, leurs décisions et décrets sur les questions impériales ont été balayés comme la balle par le vent fort du pouvoir et de la politique laïque, et l'histoire ne peut pas faire état d'une révolution importante [5] dans les affaires du monde ou d'un quelconque royaume séparé réalisé par leur pouvoir sans aide.

Le dernier grand acte de la vie d'Innocent fut le concile tenu en 1215 à Rome, connu sous le nom de quatrième concile du Latran. Ce fut peut-être le plus grand concile qui s'y soit jamais tenu, non seulement en raison du grand nombre d'ecclésiastiques présents, mais aussi parce que pour la première fois l'Orient et l'Occident siégeaient ensemble, le patriarche de Constantinople (ou plutôt deux patriarches, car l'élection était contestés) y prennent place, en subordination au Pape, comme si le grand schisme n'avait jamais eu lieu. De tous les coins du monde venaient les évêques et les archevêques, les abbés non moins importants, les prélats nobles aussi bien que les prêtres, comptant parmi eux les plus grands seigneurs de leurs districts respectifs ainsi que les plus grands ecclésiastiques. Innocent lui-même était un homme de cinquante-cinq ans, d'une vie très tempérée, vigoureux d'esprit et de corps, susceptible de survivre pendant des années et de faire mieux qu'il n'avait jamais fait - et il était si triomphant pour le moment que tous les les rois de la chrétienté avaient des envoyés à ce concile, et tout était réuni pour le rendre magnifique et important. Pourquoi aurait-il dû prendre pour texte les mots inquiétants qu'il a choisis en s'adressant à cette grande et splendide assemblée dans sa propre église et son temple spéciaux, entourés de tous les emblèmes du pouvoir et de la suprématie, il est impossible de le dire ; et on peut imaginer le frisson d'étrange crainte et d'étonnement qui a dû parcourir ce vaste synode, lorsque le pape s'est levé et, de son siège royal, a prononcé ces paroles, prononcées pour la première fois au plus profond de la passion et de l'angoisse mystérieuses du plus grand souffrant de ce monde. Terre. "Avec désir j'ai désiré manger cette Pâque avec toi avant de souffrir." Qu'est-ce qu'Innocent anticipait ou craignait ? Il n'y avait devant lui aucune souffrance que quiconque connaissait, aucun problème qui pouvait atteindre le chef de la chrétienté, au cœur lourd et déprimé, au milieu de tous ses gardes, spirituels et temporels, comme il pouvait l'être. Que pouvaient-ils penser, tous ces grands prélats se regardant, sans doute, souvent de travers, frères dans l'Église, mais ennemis chez eux ? Les premiers mots de son discours ne furent pas non plus moins solennels.

" Quant à moi, vivre est le Christ et mourir est un gain, je ne refuserais pas de boire la coupe de la souffrance, si elle me était présentée, pour la défense de l'Église catholique, pour la délivrance de la Terre Sainte, ou pour la liberté de l'Église, même si mon désir avait été de vivre dans la chair jusqu'à ce que l'œuvre commencée soit accomplie. Nonobstant ma volonté, mais la volonté de Dieu soit faite ! C'est pourquoi je dis : " Avec désir J'ai désiré manger cette Pâque avec toi avant de souffrir.'"

Ces paroles résonnent à nos oreilles comme si le prédicateur qui les a prononcées était au bord, sinon du martyre, du moins de la mort et de la fin prématurée de son œuvre. Et il l'était ainsi : bien qu'il n'y ait encore aucun signe dans le ciel ou sur la terre, ni dans la mesure où cela apparaît dans sa propre conscience, que cette fin soit proche.

Le discours qui suivit fut remarquable à sa manière, celui des scolastiques et des dialecticiens quant à la forme. Il commença par expliquer le mot Pâque, qui en hébreu signifiait passage – dans quel sens du mot il déclarait désirer célébrer une triple Pâque, corporelle, spirituelle et éternelle, avec l'Église autour de lui.

« Une Pâque corporelle, le passage d'un lieu à un autre pour délivrer Jérusalem opprimée : une Pâque spirituelle, un passage d'une situation à une autre pour la sanctification de l'Église universelle ; une Pâque éternelle, un passage d'une vie à une autre, à la vie éternelle. gloire." Pour le premier, la délivrance de la Terre Sainte et du Saint- Sépulcre , après une description solennelle des misères de Jérusalem asservie, il déclare se remettre entre les mains des frères.

"Il ne fait aucun doute que cela doit être le premier objet de l'Église. Que devons-nous faire maintenant , chers frères ? Je me remets entre vos mains. Je vous ouvre tout mon cœur, j'attends vos conseils. Je suis prêt, si cela vous semble bon, à partir en mission personnelle auprès de tous les rois, princes et peuples, ou même en Terre Sainte - et si je peux les réveiller tous d'une voix forte afin qu'ils se lèvent pour menons la bataille du Seigneur, pour venger l'insulte faite à Jésus-Christ, qui a été chassé, à cause de nos péchés, du pays et de la demeure qu'il a achetés avec son sang, et dans lesquels il a accompli tout ce qui était nécessaire à notre salut. , les prêtres du Seigneur, devraient attacher une importance particulière à la rédemption de la Terre Sainte par notre sang et nos richesses ; personne ne devrait reculer devant une si grande œuvre. Autrefois, le Seigneur voyant une semblable humiliation d'Israël sauvé au moyen des prêtres ; car il délivra Jérusalem et le Temple des infidèles par Matthias, fils du prêtre Maccabée .

ST. PIERRE ET LE CHÂTEAU DE ST. ANGELO.

Il poursuit en décrivant le passage spirituel par l'emblème singulier que l'on retrouve dans les prophéties d'Ézéchiel, de l' homme vêtu de lin blanc qui inscrivait un *Tau* sur le front de tous ceux qui pleuraient les iniquités commises autour d'eux, les profanations de le temple et le culte universel des idoles, tandis que les exécuteurs de la volonté de Dieu le poursuivaient pour tuer les autres. Il ne peut y avoir aucun doute sur l'application de cette image. On l'avait déjà vu en plein accomplissement dans les rues de Béziers, de Carcassonne et de Toulouse, et beaucoup de ceux qui étaient présents avaient pris part au carnage. Il est vrai que le bruit courait que les hommes marqués d'une marque n'avaient même pas été recherchés, et qu'une de ces paroles merveilleuses qui semblent jaillir tant bien que mal dans l'air, dans les grands moments, avait été engendrée par un légat : *Tuez les tous . Dieu reconnaîtra les siens* — une phrase qui, comme le « Debout, gardes, et à eux ! de Waterloo, n'aurait aucun fondement historique. Innocent était cependant clair, non seulement que tout bon catholique devait être marqué du *Tau* , mais que les hommes armés qu'il identifie aux prêtres, sa propre grande armée, assis là autour de lui, des hommes qui avaient déjà vu le sang couler et les flammes surgissent, doivent frapper et ne pas épargner.

" Il vous est donc ordonné de parcourir la ville ; d'obéir à celui qui est votre suprême Pontife, comme votre guide et votre maître — et de frapper par interdit, par suspension, par excommunication, par privation, selon le poids de la faute. Mais faites aucun mal à ceux qui portent la marque, car le Seigneur dit : « Ne faites pas de mal à la terre, ni à la mer, ni aux arbres jusqu'à ce que nous ayons scellé sur leurs fronts les serviteurs de Dieu. Il est dit ailleurs : « Que votre œil n'épargne personne, et qu'il n'y ait aucune acceptation de personne parmi vous », et dans un autre passage : « Frappez pour guérir, tuez pour donner la vie. »

Tels étaient les sentiments du pape, et c'étaient ceux de son époque ; combien de siècles il a fallu pour les modifier, nous le savons tous ; quatre cents ans au moins, pour modérer l' ardeur pratique de la persécution, car la théorie ne meurt jamais. Mais il y a en même temps quelque chose de sauvage dans la ferveur d'un tel discours à tous ces hommes de paix. Il y a peut-être une légère modification dans le fait que, comme Ézéchiel, ce sont les prêtres eux-mêmes, les habitants du Temple, qui le remplissent de faux dieux et d'abominations, qu'il menace particulièrement. Il y avait pourtant, à ce qu'il semble, peu de prêtres parmi les citadins massacrés de ces malheureuses villes de Provence.

Le Concile répondit aux directives intransigeantes de son chef en plaçant parmi les lois de l'Église de nombreuses ordonnances strictes contre les hérétiques ; leurs biens devaient être confisqués, ils devaient être expulsés de leurs maisons et de leurs biens ; tout prince qui refusait d'agir contre eux devait être excommunié, son peuple libéré de son vœu d'allégeance. Si quelqu'un s'aventurait à prêcher sans la permission du pape, il était également sujet à l'excommunication. Un grand nombre de lois pour une meilleure réglementation de l'Église elle-même suivirent, car Innocent avait toujours reconnu le fait que la mondanité de l'Église et l'échec du clergé à maintenir un idéal élevé de vie chrétienne étaient la grande cause de l'hérésie. Le Concile était également très distinct en refusant l'autorité temporelle aux prêtres. Le clergé avait sa sphère et les laïcs la leur ; ces sphères étaient séparées, elles étaient inviolables les unes par les autres. Il est vrai que ce principe a été établi principalement dans le but d'affranchir le clergé de la nécessité de répondre devant les tribunaux civils ; mais logiquement, cela va dans les deux sens. Les Juifs, envers qui Innocent avait été juste et même miséricordieux, furent également traités et soumis à de nouveaux et sévères handicaps, principalement à cause, semble-t-il, des extorsions qu'ils pratiquaient envers les croisés nécessiteux, désireux à tout prix de procurer des avances à leurs habitants. équipement. Divers points doctrinaux furent également tranchés, ainsi que de nombreuses questions de rang et de préséance dans la hiérarchie, et l'établissement des deux nouveaux ordres monastiques de Saint-François et de Saint-Dominique. Il est inutile d'ajouter une liste de ceux qui ont été excommuniés et de ceux qui ont été censurés dans le monde entier. Parmi les premiers se trouvaient les barons de la Grande Charte et Louis de France, fils de Philippe Auguste, partis en Angleterre à leur appel et à leur secours, mouvement lancé par Innocent lui-même avant la soumission du roi Jean. Comme d'habitude, aucun d'eux ne prêta attention à l'anathème, bien que d'autres combinaisons surgirent bientôt qui rompirent leur alliance.

Le grand événement du Concile fut cependant l'appel des seigneurs confisqués de Provence contre les dirigeants de la dernière croisade. Raymond de Toulouse, accompagné des comtes de Foix et de Comminges , comparut devant le Pontife et le tribunal de grande instance de l'Église pour porter plainte contre Simon de Montfort, qui les avait privés tous trois de leurs terres et souverainetés. Une grande récrimination s'éleva entre les deux camps, tous deux si fortement représentés. Les princes détrônés accusaient leurs vainqueurs avec toute la véhémence des hommes lésés et dépouillés ; et un prélat aussi ensanglanté que l'évêque Fulk de Toulouse fut présenté comme l'avocat de l'autre côté. « Vous êtes la cause de la mort d'une multitude de soldats catholiques, s'écria l'évêque, dont six mille ont été tués rien qu'à Montjoye . "Non," répondit le comte de Foix, "c'est par votre faute si Toulouse a été saccagée et 10 000 habitants tués." De tels arguments sont étranges dans n'importe quel tribunal ; ils étaient tout à fait nouveaux dans un concile de l'Église. Les princes eux-mêmes, qui dénonçaient ainsi leurs torts devant le pape, ne se révélèrent pas hérétiques, et s'ils avaient jamais hésité dans la foi, ils étaient maintenant tout à fait prêts à obéir ; et Innocent lui-même fut forcé d'admettre que : « Puisque les comtes et leurs compagnons ont promis de toujours se soumettre à l'Église, ils ne peuvent sans injustice être dépossédés de leurs principautés. Mais la parole, on le comprend bien, était faible et étouffée par l'impossibilité de dénoncer Simon de Montfort, le chef d'une croisade lancée par l'Église, le capitaine de l'armée chrétienne. Il se peut qu'il ait outrepassé sa mission, que les légats aient mal compris leurs instructions et que tous les dirigeants, tant séculiers que spirituels, aient été emportés par l'horrible excitation et la passion du sang versé : mais il était pourtant impossible de renier le Capitaine qui avait entrepris cette entreprise en véritable fils de l'Église, même s'il avait fini dans l'esprit (ce qui n'est pas inhabituel parmi les fils de l'Église) d'un pillard et d'un conquérant insatiable. L'amour du gain avait faussé les nobles objectifs même de la première croisade : il n'est pas étonnant qu'il soit devenu une soif ardente chez les envahisseurs de terres aussi riches et tentantes que celles de la Provence fertile et ensoleillée. Et le pape ne pouvait pas se prononcer contre son propre champion. Il aurait voulu conserver aussi Raymond de Toulouse et Simon de Montfort, mais c'était impossible. Et le Conseil décréta à une grande majorité que Raymond avait été justement privé de ses terres, et que Simon, le nouveau comte, en était le propriétaire légitime. Le défenseur d'Innocent peut seulement dire que le pape a cédé et sanctionné ce jugement afin que les évêques de France ne soient pas aliénés et rendus indifférents à la grande croisade dans laquelle il avait à cœur, et qu'il aurait volontiers menée lui-même si la Providence l'avait fait. permis qu'il en soit ainsi.

Il y a un post-scriptum des plus curieux à cette histoire sanglante et terrible. Le jeune Raymond de Toulouse, dont le sort parut triste même aux membres du Conseil qui finirent par confirmer sa privation, attirait l'attention particulière - on ne sait pas comment, probablement par quelque grâce juvénile de simplicité ou d'air galant - d'Innocent, qui lui dit de prendre courage et lui promit de lui donner certaines terres afin qu'il puisse encore vivre en prince. « Si un autre concile devait avoir lieu, dit le pape avec une curieuse casuistique, les plaidoyers contre Montfort pourront être écoutés. « Saint-Père, dit le jeune homme, ne m'en voulez pas si je puis reconquérir mes principautés au comte de Montfort ou à ceux qui les détiennent. « Quoi que vous fassiez, dit pieusement le pape, que Dieu vous fasse la grâce de bien commencer et de mieux finir. Innocent n'est guère homme à tolérer un sourire. On n'ose même pas imaginer une touche d' humour dans ce visage austère ; mais le pieux espoir que ce beau jeune homme puisse peut-être vaincre son vainqueur, qui était le champion et le capitaine même de l'armée du Seigneur dirigée par le pape, est en effet remarquable.

Le grand événement du Concile était passé, le bruit de la nouvelle croisade que le pape voulait diriger lui-même et pour laquelle il remuait ciel et terre, commençait à agiter l'Europe. Si, peut-être, il n'avait pas accompli jusqu'ici tout ce qu'il avait espéré, il restait là une grande chose qu'Innocent pouvait encore accomplir. Il entreprit une tournée à travers les grandes villes italiennes pour éveiller leur enthousiasme et, si possible, les inciter, en premier lieu, à sacrifier leurs animosités mutuelles, puis à fournir les navires nécessaires et à aider avec l'argent nécessaire pour la grande entreprise. Le premier chèque fut reçu de Pise, qui ferait tout ce que le pape voudrait, sauf renoncer à sa haine contre Gênes ou renoncer à sa vengeance. Innocent était à Pérouse, en route vers le nord, lorsque cette nouvelle arriva pour le contrarier : mais elle n'était pas inattendue, et il n'y avait rien non plus qui puisse accabler son esprit. C'était en juillet, et il était plus en sécurité et en meilleure santé sur ce flanc de colline qu'il ne l'aurait été dans sa maison du Latran dans les chaleurs de l'été : et une crise de fièvre à cette époque est une affaire simple, que le Romain ordinaire anticipe sans aucun doute. alarme particulière. Il avait, nous dit-on, un grand amour pour les oranges et continuait à en manger, malgré sa maladie, bien qu'il soit difficile d'imaginer le mal que pouvaient faire les oranges. Cependant, l'heure était venue qu'Innocent avait peut-être vaguement prévu lorsqu'il se leva parmi tous ses évêques et ses princes dans la grande église du Latran et, ne sachant rien, prononça de sa haute présidence les dernières paroles de notre Seigneur : «

Avec désir J'ai désiré manger cette Pâque avec toi avant de souffrir. » On se demande si son texte lui est revenu, s'il s'est demandé en son for intérieur pourquoi ses lèvres avaient prononcé sans le savoir ces paroles fatidiques, et si l'amertume de ce retrait, pourtant plein de force et de vie, de tous les espoirs et de tous les projets auquel il avait mis la main, lui pesait-il ? Il les avait proclamées dans le silence silencieux et haletant de cette foule splendide, aux jours rouges de la fin de l'automne, lors de la fête de Saint-Martin à Rome : et l'année n'était pas encore terminée lorsque, dans le temps d'été de Pérouse, il « souffrait » "- comme il l'avait fait - mais ne l'avait pas encore prévu, peut-être.

Ainsi se termina une vie de grands efforts et de puissance, une vie de déception et d'échec, pleine de labeur, pleine d'ambition, de buts les plus élevés et de buts les plus cohérents, mais qui ne se termina en rien, ne réalisant aucun but élevé et, sauf dans le horrible épisode de sang versé et de destruction dont son nom ne peut jamais être dissocié, n'apportant aucun changement dans le monde qu'il avait tenté, de toutes parts, de transformer ou de renouveler. Jamais on n'a fait autant de tentatives avec si peu de résultats. Il revendiquait le pouvoir de lier et de dénouer, d'établir et de démolir, de trancher toutes les causes controversées et de régler toutes les controverses. Mais il ne réussit qu'à faire une seule bonne action, qui fut d'obliger le roi de France à conserver une épouse mal-aimée et une malade, à imprimer avec le sang le nom de la Sainte Église sur une province en ruine, au profit de nombreux partisans sanglants. , mais jamais à la sienne, ni à aucune cause qui pourrait être considérée comme celle de la justice ou de la vérité. C'était, disent les gens, l'époque de l'histoire où la puissance de l'Église était la plus élevée et où Innocent était son dirigeant le plus puissant ; mais c'est tout ce qu'il fut capable de réaliser, avec ses grandes puissances, son caractère inflexible et toutes les forces dont il disposait. C'était à sa manière un grand homme, et son dessein n'était jamais ignoble ; mais c'était tout : et l'histoire ne contient pas de page plus triste que celle qui raconte l'un des plus grands de tous les pontificats et le pape le plus fort que l'histoire ait connu.

Durant toute la période papale d'Innocent , il avait été plus ou moins en guerre contre ses citoyens, malgré ses premiers succès. Rome murmurait autour de lui, jamais contente, éclatant parfois dans des accès de rage qui, sinon une révolte absolue, étaient si proches qu'ils suggéraient le retrait du pape dans sa ville natale Anagni, ou dans quelque autre résidence tranquille, jusqu'à ce que le tumulte se calme. vers le bas. Le plus grand de ces troubles s'est produit lors de l'acquisition de certaines propriétés à Rome, par la méthode impopulaire de saisie sur hypothèque, par le frère du pape Richard, contre qui sans doute une histoire d'usure ou d'oppression a été racontée, réelle ou inventée, pour réveiller l'émotion populaire : et dans ce cas, le retrait d'Innocent avait bien le caractère d'une évasion. Le Papa-Ré n'était certainement pas une institution populaire au XIIIe siècle. Ce même frère Richard reçut de nombreux dons, au grand mécontentement et à la suspicion du peuple, et ce fut lui qui construisit, avec l'argent qui lui était donné, dit-on, du « trésor de l'Église », la grande Torre dei Conti . , qui pendant de nombreuses générations se tenait forte et maussade près des thermes de Titus et à proximité du Latran, « pour la défense de la famille », défense pour laquelle elle n'était pas toujours adéquate. Innocent accorda ensuite à son frère un fief précieux en Romagne, et il était généralement loin d'ignorer ses parents. Tout ce que ses plus fervents défenseurs peuvent dire à cet égard, c'est qu'il compensait son dévouement aux intérêts des Conti par une grande libéralité envers Rome. Lors d'une occasion de détresse et de famine, il nourrissait quotidiennement huit mille personnes, et à tout moment les pauvres avaient droit aux restes laissés par sa propre table, ce qui n'était peut-être pas une grande chose, car sa vie était des plus simples.

Ce qui était encore plus important, il construisit ou peut-être plutôt reconstruisit et agrandit le grand hôpital, encore l'une des plus grandes institutions caritatives du monde, du Santo Spirito, qui avait été fondé plusieurs siècles auparavant par le roi anglais Ina pour le pèlerins de son pays. L'Ecclesia in Saxia , probablement abandonnée à l'époque où l'Angleterre était devenue normande, forma le germe du grand édifice, agrandi ensuite par divers papes successifs. On dit qu'elle dispose aujourd'hui de 1 600 lits et qu'elle est capable, en cas d'urgence, d'héberger presque le double de ce nombre de patients, et est, ou était, une sorte de providence pour la pauvre population de Rome. Ce fut également Innocent qui commença la construction, ou plutôt la reconstruction, car dans ce cas aussi il s'agissait d'un ancien bâtiment du Vatican, aujourd'hui siège et titre de la cour papale, pensant qu'il était opportun qu'il y ait une maison capable de recevoir. les papes près de l'église Saint-Pierre et Saint-Paul, le tombeau et le sanctuaire des Apôtres. On ne suppose pas que le bâtiment actuel conserve quoi que ce soit des travaux de cette époque primitive, mais Innocent doit avoir supervisé ces deux grands édifices, et de cette manière, ainsi que par de nombreuses églises qu'il a construites ou reconstruites, et certaines qu'il a décorées. peintures et ornements architecturaux, il a contribué à la reconstruction et à l'embellissement de cette Rome médiévale qui, après une longue décadence et beaucoup de négligence, et le pillage en masse des pierres mêmes de la ville plus ancienne, commençait déjà à relever la tête hors du cendres de l'Antiquité.

TOUT CE QUI RESTE DU GHETTO.

Ainsi , s'il a pris d'une main, non malhonnêtement, dans l'intérêt de sa famille, s'appropriant des fiefs et des faveurs qui n'auraient probablement pas pu être mieux accordées, pour la sécurité au moins du pape régnant, il a donné généreusement et intelligemment de l'autre. consulter les besoins des gens et étudier leurs meilleurs intérêts. Pourtant, il semble qu'il n'ait jamais été populaire. Son esprit manquait probablement de la bonhomie qui concilie la foule : bien qu'on nous dise qu'il aimait les célébrations publiques et qu'il ne désapprouvait pas la gaieté privée. Son cœur, évidemment, fut touché pour le jeune Raymond de Toulouse, qu'il contribua à dépouiller de ses terres, mais qu'il bénit dans ses efforts pour dépouiller à son tour le juste et orthodoxe spoiler. Il n'était ni méchant, ni avare, ni luxueux. "La gloire de ses actions remplit la grande ville et le monde entier", dit son épitaphe. Il avait au moins le mérite d'être le plus grand de tous les papes et celui sous lequel, comme il est universellement admis, le pouvoir papal atteignit son apogée. Il appartient au lecteur de juger dans quelle mesure cet apogée du pouvoir justifiait ce qui vient d'être dit.

LIVRE III.
LO POPOLO : ET LA TRIBUNE DU PEUPLE.

SUR LE TIBRE.

CHAPITRE PREMIER.
ROME AU XIVE SIÈCLE.

Lorsque le siège papal fut transféré à Avignon, et que Rome fut livrée à elle-même et à ce gouvernement populaire fluctuant qui ne signifiait rien d'autre qu'un équilibre des pouvoirs vacillant entre deux grandes familles, l'état de l'ancienne ville impériale devint plus désordonné, tumultueux et anarchique. que celle de presque toutes les autres villes d'Italie, ce qui en dit long. Tous les autres avaient au moins les traditions d'un gouvernement établi ou d'une tyrannie robuste : Rome seule n'avait jamais été en paix et savait à peine se ressaisir sous aucune influence. Elle avait combattu ses papes, parfois désespérément, parfois seulement captivement, avec la rébellion à moitié maîtrisée de la mauvaise humeur, presque dès le début de leur pouvoir ; et ses fils étaient depuis longtemps divisés en une multiplicité de partis, chacun dirigé par l'un des nobles qui construisaient leurs forteresses parmi les ruines classiques et défiaient le monde depuis l'intérieur des restes indestructibles des murs construits par les Césars . Les grandes familles se sont retranchées les unes après les autres dans ces monuments des temps anciens. Le Colisée fut autrefois le fief de la grande Colonna : Stefano, le chef de ce nom, habita à une autre époque le grand édifice connu sous le nom de Théâtre de Marcellus, et remplit avec ses serviteurs un quartier entier. Le château de Saint-Ange, avec diverses tours flanquantes, était la demeure des Orsini ; et ces deux maisons se partageaient plus ou moins le pouvoir entre elles, les autres nobles adhérant à l'un ou à l'autre parti. Même au milieu des tumultes de Florence, il y avait toujours l'ombre d'un principe, d'une cause supposée ou réelle, au nom de laquelle un parti chassait un autre *fuori* de la ville. Mais à Rome même la grande querelle des Guelfes et des Gibelins prit un caractère presque entièrement personnel pour accroître le tumulte perpétuel. Les vassaux du Pape n'étaient ni du côté du Pape ni contre lui,

non furon rebelle

Nè fur fedeli a Dio , mà per sé foro .

La communauté était distraite par de simples querelles personnelles, par les querelles des grandes maisons qui étaient leurs seigneurs mais qui ne faisaient que les déchirer, et ne protégeaient ni ne favorisaient la prospérité de cette plus grande des villes italiennes qui, dans sa misérable incompétence et son tumulte, fut longtemps temps le moins d'entre eux.

L'historien anonyme qui nous a laissé l'histoire de Cola di Rienzi nous offre le tableau le plus vivant de la ville où, dans son récit concis et vivant, on entend le bruit perpétuel d'une foule précipitée, à moitié armée, de coups qui semblent tomber au hasard, et les trompettes qui sonnent, et les cloches qui sonnent, appelant le peuple — un mot si mal utilisé — à une centaine d'occasions insignifiantes, avec peu d'effusion de sang, on n'imaginerait qu'un va-et-vient continuel et un désordre de tous. les habitudes ordinaires de la vie. Nous n'avons pas besoin d'entrer dans une discussion sur l'identité de cet écrivain anonyme. Il est le seul historien contemporain de Rienzi, et son récit a toutes les apparences de la vérité. Il raconte les choses qu'il a vues avec une franchise et une simplicité très convaincantes. « Je commencerai, dit-il, par l'époque où ces deux barons (les chefs des maisons Colonna et Orsini) furent faits chevaliers par le peuple de Rome. Mais, ajoute-t-il après coup, je commencerai par Je ne commencerai pas par raconter cela, car j'étais alors trop jeune pour en avoir une connaissance claire. Ainsi notre historien n'est rien d'autre qu'un témoin oculaire, très conscient de chaque incident, et observant les événements et les flots de personnes qui défilent, avec l'intérêt constant d'un véritable chroniqueur. Nous pouvons citer l'incident par lequel il commence comme exemple de sa méthode : sa langue est l'italien de Rome, une version locale, mais qui ne peut guère être qualifiée de patois : *elle* présente peu de difficultés après le premier instant au lecteur moyennement instruit. , qui cependant, j'espère, comprendra gentiment que les excentricités sont le fait du chroniqueur et non des erreurs de la presse.

" Par quoi de nouveau dois-je commencer ? Je commencerai par le temps de Jacopo di Saviello . Ayant été nommé sénateur uniquement par l'autorité du roi Robert, il fut chassé du Capitole par les syndics, qui étaient Stefano de la Colonna, seigneur de Palestrina, et Poncello , et Messer Orso , seigneur du château de Saint-Ange. Ces deux-là allèrent à l' Aracœli , et sonnant la cloche rassemblèrent le peuple, moitié de cavalerie et moitié à pied. Toute Rome était sous les armes. Je m'en souviens. ainsi que dans un rêve. J'étais à Santa Maria del Popolo (di lo Piubbico). Et je vis passer la ligne de cavaliers se dirigeant vers le Capitole : ils allaient avec force et fièrement. La moitié d'entre eux étaient bien montés, l'autre moitié était en marche. Le dernier d'entre eux (si je me souviens bien) portait une tunique de soie rouge et un bonnet de soie jaune sur la tête, et portait un trousseau de clés à la main. Ils passèrent le long de la route près du puits où habitent les Ferrari, au coin de la maison de Paolo Jovenale . La file d'attente était longue, la cloche sonnait et les gens s'armaient. J'étais à Santa Maria di lo Piubbico . À ces choses, j'ai mis mon sceau (comme témoin). Jacopo di Saviello , sénateur, était au Capitole. Il était entouré de toutes parts de fortifications : mais cela ne lui servait à rien de se retrancher, car Stefano, son oncle, monta avec Poncello , le syndic de Rome, et le prirent doucement par la main et le mirent sur son cheval pour qu'il soit là. pourrait ne présenter aucun risque pour sa personne. Il y en a un qui a réfléchi et a dit : « Stefano, comment peux-tu faire ainsi honte à ton neveu ? La fière réponse de Stefano fut : « Pour deux deniers de cire, je le libérerai , mais les deux deniers n'étaient pas disponibles. »

Jacopo di Saviello , ainsi décrit comme un candidat du roi de Naples, est un personnage sans grande importance, touchant l'individualité de qui il faudrait trop de place pour s'enquérir. Il apparaît ensuite comme le bras droit de son cousin Sciarra Colonna, et l'incident a sans doute quelque rapport avec l'histoire qui suit : mais nous le citons simplement comme une illustration de l'état de Rome au début du XIVe siècle. Au mois de septembre de l'année 1327 se produisit un épisode de l'histoire de la ville qui offre de nombreuses scènes remarquables. La ville de Rome avait, dans un de ses caprices, pris le parti de Louis de Bavière, élu empereur au grand dam de Jean XXII, pape régnant alors à Avignon. Selon le chroniqueur, bien que le fait ne soit pas mentionné dans d'autres histoires, le Pape envoya son légat à Rome, accompagné du "Principe de la Morée" et d'une armée considérable, afin d'empêcher l'accueil de Il Bávaro tel qu'il est . appelé, qui traversait alors l'Italie avec beaucoup de succès et de triomphe. A cette époque, il semblerait qu'il y ait eu une révolution complète dans les opinions de Rome, et le jour où il était impossible d'obtenir deux deniers de cire pour la rançon de Saviello était oublié sous le règne temporaire de Sciarra Colonna, le seul de tous. sa famille qui était gibeline, et qui tenait fermement à Louis de Bavière, rejetant toutes les traditions de sa maison. Notre chroniqueur, qui est très impartial et ne nous donne aucune idée de ses propres opinions, ne méprisait nullement le parti du pape. Là arrivèrent devant Rome, nous dit-il, « sept cents cavaliers et fantassins sans fin. Tous les barons de la maison d'Orsini », et bien d'autres personnages notables : et toute l'armée était *molto bella e bene acconcia* , bien équipée et belle. à voir. Cette force s'empara de la ville léonine, entrant non par les portes gardées, mais par le mur en ruine : et occupa l'espace entre ce point et Saint-Pierre, faisant la granne festa *et remplissant* l'air du son de leurs trompettes. et toutes sortes de musique.

"Mais quand Sciarra, l'audacieux capitaine (*franco Capitano*), en entendit parler, cela ne le troubla pas du tout. Immédiatement, il s'arma et fit sonner la cloche. Il était minuit et les hommes étaient dans leur premier sommeil. Un messager avec une trompette fut envoyé à travers la ville, proclamant que chacun devait s'armer, que l'ennemi avait franchi les portes (*à Puortica*) et que tous devaient se rassembler au Capitole. Les gens qui dormaient, se réveillèrent vite, chacun prit les armes . " Le nom du crieur. La cloche sonnait violemment (*terribilmente*). Le peuple se rendit au Capitole, les barons et la population : et le bon Capitano s'adressa à eux et leur dit que l'ennemi était venu outrager les femmes de Rome. Le Les gens étaient très excités. Ils furent ensuite divisés en groupes, dont l'un était lui-même capitaine. Jacopo Saviello était à la tête de l'autre qui fut envoyé à la porte de San Giovanni, alors appelée Puorta Maggiore. Et cela parce que ils savaient que l'ennemi était divisé en deux partis. Mais il n'en fut rien. Lorsque Jacopo atteignit la porte, il ne trouva personne. D'un autre côté Sciarra chevauchait avec ses barons. La compagnie des cavaliers était grande. Sept Rioni avaient pris les armes et le peuple était innombrable. Ils atteignirent la porte de San Pietro. Je me souviens que cette nuit-là, un chevalier romain qui s'était rendu au pont entendit la trompette de l'ennemi et, désireux de fuir, sauta de son cheval et partit à pied . Je sais que la peur ne manquait pas (*non habe carestia di paura*). Quand les gens arrivèrent au pont , il faisait déjà jour, l'aube était venue. Alors Sciarra ordonna d'ouvrir la porte. La foule était grande, et les ennemis étaient très troublés de voir sur le pont le nombre de fanions, car ils savaient que avec chaque fanion il y avait vingt-cinq hommes. Puis la porte s'est ouverte. Le Rione de Li Monti passa le premier : le peuple remplit la place du Château : ils étaient tous rangés en ordre, soldats et gens.

"On voyait maintenant les chevaux se précipiter, les uns sur les autres. L'un donnait, l'autre prenait (*che dao , che tolle*), grand était le bruit, grande était la rencontre. Les trompettes sonnaient d'un côté et de l'autre. L'un a donné et l'autre a pris. Sciarra et Messer Andrea di Campo di Fiore se sont affrontés et se sont injuriés bruyamment. Alors ils brisèrent leurs lances les uns sur les autres, puis frappèrent avec leurs épées : ni l'un ni l'autre n'eut moins que la vie de l'autre. Bientôt ils se séparèrent et revinrent chacun vers son peuple. Il y eut de grands coups d'épées et de lances et certains tombèrent. On pouvait voir que c'était un combat cruel. Le peuple de Rome vacillait comme les vagues de la mer. Mais c'est l'ennemi qui céda, le peuple gagna le milieu de la place. Alors se produisit une chose étrange. Celui dont le nom était Giovanni Manno , de la Colonna, portait la bannière du peuple de Rome. Lorsqu'il arriva au grand puits qui se trouve sur cette place, en face de l'incarcération, où se trouvait le mur brisé, il prit la bannière et la jeta dans le puits. Et il l'a fait pour décourager le peuple de Rome. Le traître méritait bien de perdre la vie. Les Romains ne perdirent cependant pas courage et déjà le prince de Morée commença à céder. Il devait soit fuir, soit être tué. Alors Sciarra de la Colonna, comme une bonne mère avec son fils, consolait les gens et faisait que tout se passe bien, tant il faisait preuve de bon sens. Une autre nouveauté a également été réalisée. Un grand homme de Rome (Cola de Madonna Martorni de li Anniballi était son nom) était une personne très audacieuse et jeune. Il fut pris du désir de faire prisonnier le prince lui-même. Il éperonna son cheval, et brisant la bande d'hommes forts qui entouraient le prince , il tendit la main pour le prendre. C'est du moins ce qu'il avait espéré faire, mais il n'y parvint pas, car le prince, avec une massue de fer, blessa son cheval. La force du coursier du Prince fut telle que Cola fut repoussé : mais le cheval de Cola n'avait pas assez d'espace pour se déplacer, et ses pattes postérieures glissant, il tomba dans le fossé qui se trouve devant la porte de l'Hôpital de Santo Spirito. , pour défendre le jardin. Dans le fossé, son cheval et lui, voulant s'échapper, tombèrent, pressés par les soldats du prince : et là il fut tué. Grand fut le deuil que Rome fit pour un baron si distingué, et tout le peuple fut enflammé d'indignation.

"Le prince se retira alors, ses troupes cédèrent. Elles commencèrent à fuir. La fuite fut grande. Le massacre fut plus grand. Ils furent tués comme des moutons. Il y eut beaucoup de résistance, beaucoup de gens furent tués et les Romains gagnèrent beaucoup de proies. Parmi eux Bertollo , chef des Orsini, capitaine de l'armée de l'Église et du parti Guelfe, fut pris ; et si Sciarra ne l'avait pas rattrapé sur la croupe de son cheval, il eût été assassiné par le peuple. "

Suit ensuite un horrible récit du nombre de morts qui gisaient mutilés et nus sur tous les bords des routes, et même parmi les vignes : et l'histoire se termine avec le retour de Sciarra au Capitole en grand triomphe, et d'un beau pallium qui fut envoyé à l'Église. de Saint-Ange à Pescheria , accompagné d'un calice, "en l'honneur de cette victoire romaine".

APPROCHE DU CAPITOLE (1860).
APPROCHE DU CAPITOLE (1860).

Curieusement, notre chroniqueur ne prête aucune attention à l'épisode dont cette attaque et cette repoussée font évidemment partie, la réception d'Il Bavaro à Rome, qui est l'un des incidents uniques de l'histoire romaine. Cela a eu lieu en mai de l'année suivante et a offert une scène très frappante aux citadins enthousiastes, jamais tout à fait sûrs de pouvoir tolérer les Tedeschi, bien que satisfaits d'eux pour une nouveauté et suffisamment disposés à combattre leur seigneur légitime, le Pape, en leur nom. des étrangers. C'est en janvier 1328 que Louis de Bavière fit son entrée à Rome, Sciarra Colonna, cité ci-dessus, étant toujours sénateur, chef du parti gibelin et ami du nouvel empereur. Après avoir été accueilli à Viterbe par les fonctionnaires romains et interrogé sur ses intentions, Louis marcha avec ses hommes dans la ville léonine et s'établit pendant quelques jours dans ce qu'on appelle le palais de Saint-Pierre, le début du Vatican, où, quoiqu'il y eût encore un parti peu disposé à le recevoir, il fut acclamé par les acclamations du peuple, toujours avide d'un événement nouveau, et n'oubliant pas les largesses libérales qu'un empereur lors de sa promotion, et surtout lorsqu'il s'apprêtait à recevoir le couronnement très convoité à Saint-Pierre, dispersé autour de lui. Louis proposa de redonner à la ville son ancienne grandeur et de promouvoir ses intérêts par tous les moyens, et flatta le peuple en recevant son vote d'approbation au Capitole. "En montant au Capitole", dit Muratori , "il fit prononcer un discours au peuple romain avec de nombreuses expressions de gratitude et de louanges, et avec la promesse que Rome serait élevée jusqu'aux étoiles." Ces paroles mielleuses plurent si bien au peuple qu'il fut déclaré sénateur et capitaine de Rome, et en quelques jours couronné empereur avec toute l'apparence de solennité et de grandeur.

Cela semble être la première résurgence pratique de l'étrange principe selon lequel Rome, en tant que ville, non par son empereur ni par son pape, mais de son propre droit, était la fontaine de l'honneur, l'arbitre du monde - tout en bref. ce qu'était son gouvernement à l'époque classique, et au Moyen Âge, la papauté souhaitait être. Il est curieux de rendre compte d'un tel article de croyance ; car la population de Rome n'avait jamais possédé dans les temps modernes aucune des caractéristiques d'un grand peuple, et était une race métisse et avilie selon toutes les autorités. Cette théorie, cependant, allait maintenant, pour un temps, affecter toute l'histoire de la ville et mettre une vie spasmodique dans ses veines usées. C'était la seule chose qui aurait pu rendre possible une histoire comme celle de Rienzi, et elle a été fermement soutenue par Pétrarque et d'autres observateurs passionnés et philosophiques. Le Bavarois Louis fut cependant le premier à demander franchement au peuple romain la confirmation de son élection. On ne peut cependant que trouver dans cette cérémonie solennelle certains traits de farce.

Les processions du couronnement qui parcouraient les rues de Sta. Maria Maggiore, selon Sismondi, à Saint-Pierre, étaient splendides, les barons et conseillers, ou *buon-homini* de Rome menant le *cortège* , et vêtus de draps d'or. « Derrière le monarque marchaient quatre mille hommes qu'il avait amenés avec lui ; toutes les rues qu'il traversait étaient tendues de riches tapisseries. » Il était accompagné d'un avocat éminent dans sa profession, pour veiller à la parfaite légalité de chaque point du cérémonial. Le célèbre Castruccio Castracani , qui l'avait suivi à Rome, fut nommé par l' empereur pour être son adjoint en tant que sénateur et pour veiller sur la ville ; et à ce titre, il prit place dans la procession dans une tunique de soie cramoisie, brodée de ces mots en or sur la poitrine : « Il est ce que Dieu veut » ; au dos, "Il sera ce que Dieu voudra". Il n'y avait pas de pape, il va sans dire, pour consacrer le nouvel empereur. Le pape était à Avignon et son ennemi acharné. Il n'y avait même pas d'évêque d'Ostie pour présenter le grand monarque devant saint Pierre et les puissances du ciel. L'Église n'est cependant pas en reste, même si elle est placée dans une position secondaire. Il y eut une sorte de cérémonie entre l'évêque de Venise, ou plutôt de Castello, ancien nom de ce diocèse agité, et l'évêque d'Alecia, tous deux destitués et actuellement sous excommunication : mais ce fut Sciarra Colonna qui mit la couronne sur la tête de Louis. L'ensemble du cérémonial était laïque, presque païen dans son sens, voire plus loin qu'un simple jet de poussière aux yeux du monde. Mais il y a une gravité fictive dans la procédure qui semble presque induire un sens de la prodigieuse folie de l'hypothèse selon laquelle ces personnes tout à fait incompétentes étaient qualifiées pour conférer, sans aucune garantie pour leur acte, le plus grand honneur de la chrétienté au Bavarois . Jean XXII. n'était pas un pape très noble, mais sa sanction était très différente de celle de Sciarra Colonna. Sans aucun doute, cependant, le peuple de Rome, Lo Popolo , la foule aveugle si entraînée par ses chefs et amenée à adopter une attitude ridicule après l'autre à sa guise, était flattée à l'idée qu'elle venait d'elle-même, en tant que ville impériale, que l' Empereur prit la confirmation de son élection et de sa couronne.

Immédiatement après, un acte encore plus injustifiable fut commis par l' empereur ainsi installé dans son siège impérial. Aidé de ses évêques excommuniés et de ses laïcs rebelles, Louis tint, nous dit Muratori , sur la place Saint-Pierre un *gran parlamento* , invoquant quiconque prendrait sur lui la défense de Jacques de Cahors, se faisant appeler pape Jean XXII. , pour comparaître et répondre aux accusations portées contre lui.

" Personne ne répondit : et alors se leva le syndic de cette partie du clergé romain qui aimait mieux l'or que la religion, et pria Louis de poursuivre ledit Jacques de Cahors. Divers articles furent alors publiés accusant le pape d'hérésie et trahison, et d'avoir élevé la croix (*c'est-à* -dire envoyé une croisade, probablement l'expédition du prince de Morée dans la chronique) contre les Romains. Pour ces raisons, les Bavarois ont déclaré le pape Jean déposé du pontificat et coupable de hérésie et trahison, avec diverses peines que je laisse sans mention. Le 23 avril, avec le consentement du peuple romain, fut publiée une loi selon laquelle tout pape devra désormais tenir sa cour à Rome et ne pas s'absenter. plus de trois mois dans l'année sous peine d'être déposé de la papauté. Enfin, le douzième jour de mai, sur la place Saint-Pierre, Louis, la couronne sur la tête, proposa à la multitude d'élire un nouveau pape. On proposa Pietro de Corvara, originaire des Abruzzes, de l'ordre des frères mineurs, grand hypocrite : et le peuple, dont la plupart haïssait le pape Jean parce qu'il était en permanence de l'autre côté des Alpes (*de la dai monti*), a accepté la nomination. Il prit le nom de Nicolas V. Avant sa consécration, il y eut une promotion de sept faux cardinaux : et le 22 mai il fut consacré évêque par l'un d'eux, et reçut ensuite la couronne papale des mains dudit Louis, qui se fit couronner une fois de plus empereur par son idole.

« La brutalité de Louis le Bavarois en s'arrogeant (ajoute Muratori) le pouvoir de destituer un Pape légitimement élu, qui n'était jamais tombé dans l'hérésie comme on le prétendait : et d'en élire un autre, contrairement aux rites et canons de l'Église catholique, rendait malade tous ceux qui avaient une conscience ou une certaine lumière de raison, et ne plaisait qu'aux hérétiques et aux schismatiques, tant religieux que laïcs, qui remplissaient la cour du Bavarois et par les conseils desquels il était gouverné. La monstruosité et l'impiété ne pouvaient être mieux déclarées et détestées. ... Et ce fut l'étape qui acheva de ruiner ses intérêts en Italie.

L'apparition de cette cour allemande à Rome, avec ses curieux cérémoniaux qui se succèdent : le couronnement à Saint-Pierre, si tôt annulé par sa répétition aux mains du pape fantoche que Louis avait lui-même créé, dans le vain espoir qu'une couronne décernée par des mains nominalement consacrées serait plus réelle que celle donnée par celles de Sciarra Colonna - constitue l'épisode le plus merveilleux de cette histoire turbulente. De la même manière Henri IV. fut couronné encore et encore, d'abord dans sa tente, ensuite par son faux pape à Saint-Pierre, tandis que Grégoire VII. regardait d'un air sombre Saint-Ange, un réfugié assiégé et impuissant, mais dans la conscience secrète de tous les partis - les partisans de l'empereur comme le sien - la seule véritable fontaine d' honneur , le seul homme vivant de qui cette couronne pouvait être reçue. avec la pleine sanction de la loi et du droit. Peut-être , en fin de compte, et que nous avons pleinement reconnu l'échec de toutes les plus grandes prétentions de la papauté, lisons-nous son importance dans ces scènes plus que dans les prétentions les plus élevées de Grégoire ou d'Innocent. Il Bávaro sentait au plus profond de son cœur qu'il n'était pas un empereur sans le contact de ces mains consacrées. Une belle bravade de citoyens triomphants, ravis d'imaginer que Rome pouvait encore conférer tous les honneurs en tant que ville mère du monde, suffisait à la population, même si, même pour elle, il fallait faire appel aux évêques excommuniés pour donner une apparence d'authenticité à les procédures injustifiables ; mais le Teuton lui-même, inquiet, ne pouvait même pas s'en contenter, et on peut supposer qu'il pensait que même un anti-pape valait mieux que rien. Il est tentant de demander ce qu'a ressenti Sciarra Colonna lorsque la couronne qu'il avait coiffée avec tant de fierté et de triomphe fut remise par le moine napolitain, faux pape parmi les faux cardinaux, *articles d'occasion* , comme disent les Français, sur la tête du Bavarois. On ne peut que sentir que ce sommet de vaine gloire et de pouvoir temporaire a dû être une humiliation pour Colonna et pour la ville.

La suite de l'histoire de Sciarra et de son empereur est rapidement racontée, en ce qui concerne Rome. Louis de Bavière quitte la ville en août de la même année. Il était entré à Rome en janvier au milieu des acclamations du peuple : il en sortit sept mois plus tard au milieu des sifflements et des cris injurieux du même peuple, emportant avec lui son antipape et probablement Sciarra, qui de toute façon prit la fuite, son époque . étant terminé et il mourut peu de temps après. Le lendemain, Stefano della Colonna, le véritable chef de la maison, arriva à Rome avec Bartoldo Orsini et en prit possession au nom du pape Jean, sans doute avec les mêmes applaudissements de la foule qui, peu de temps auparavant, avait assisté à sa déposition, essoufflée. et accepta le faux Nicolas à sa place. Tel était le gouvernement populaire à cette époque. Le légat si vaillamment vaincu par Sciarra , et chassé des portes selon la chronique , revint en grande pompe avec huit cents chevaliers à son dos.

Nous n'essayons pas de suivre l'histoire plus loin que dans ces scènes qui montrent comment Rome a vécu, lutté, a suivi l'impulsion de ses maîtres et a été projetée d'un côté à l'autre à leur gré, pendant cette période de son histoire. L'épisode merveilleux de cette histoire qui allait s'ouvrir se comprend mieux à la lumière des événements qui, tantôt, provoquèrent Lo Popolo dans une émotion folle, et le plongeèrent ensuite dans le dégoût et le découragement.

La scène suivante n'a pourtant rien à voir avec des tumultes d'armes. Il s'agit d'une simple vignette de l' histoire très illustrée de la ville. Il raconte la visite à Rome de ce que nous devrions maintenant appeler un revivaliste, un frère missionnaire, un de ces prédicateurs surprenants qui abondaient au Moyen Âge et soulevaient, comme presque toujours dans l'histoire de la nature humaine, des tempêtes de pénitence de courte durée. et la réforme, avec peu d'effet général, même sur l'histoire religieuse de l'époque. Fra Venturino était un moine dominicain de Bergame, qui avait déjà à son arrivée à Rome la renommée d'un grand prédicateur, et était accompagné d'une multitude de ses pénitents, vêtus de blanc avec le monogramme sacré IHS sur les casquettes ou cagoules rouges et blanches. qu'ils portaient sur la tête, et une colombe avec un rameau d'olivier sur la poitrine. Ils venaient principalement du nord de l'Italie et étaient, selon la chronique, des personnes honnêtes et pieuses, aux manières bonnes et douces. Ils furent bien reçus à Florence, où de nombreuses grandes familles les accueillirent, leur donnèrent de la bonne nourriture, de bons lits, leur lavèrent les pieds et leur témoignèrent beaucoup de charité. Puis, suivi d'un contingent encore plus important de Florentins, le prédicateur se rendit à Rome.

"On disait à Rome qu'il venait convertir les Romains. Lorsqu'il arriva , il fut reçu à San Sisto . Là, il prêcha à son propre peuple, qui était nombreux, ordonnés et bons. Le soir, ils chantèrent des Laudes. Ils avait un étendard de soie qui fut ensuite donné à La Minerva (Sta. Maria sopra Minerva). Aujourd'hui, on peut encore le voir là dans la chapelle de Messer Latino. Il était en soie verte, longue et large. Sur lui était " Il peignit la figure de Sainte Marie, avec des anges de chaque côté, jouant de la viole, et saint Dominique et saint Pierre martyr et d'autres prophètes. Ensuite il prêcha au Capitole, et toute Rome alla l'entendre. Les Romains étaient très attentif à l'entendre, silencieux et suivant attentivement s'il se trompait dans son mauvais latin. Puis il prêcha et dit qu'ils devaient se déchausser, car le lieu sur lequel ils se tenaient était une terre sainte. Et il dit que Rome était un lieu de grande sainteté à cause des corps des saints qui y gisaient, mais que les Romains étaient des gens méchants : ce dont les Romains se moquaient. Puis il demanda une faveur et un cadeau aux Romains. Fra Venturino dit : « Messieurs, vous allez passer une de vos vacances qui coûte beaucoup d'argent. Ce n'est ni pour Dieu ni pour les saints : c'est pourquoi vous célébrez cette idolâtrie au service du Démon. Donnez-moi l'argent. Je le dépenserai pour Dieu auprès des hommes dans le besoin, qui ne peuvent subvenir à leurs besoins. Alors les Romains commencèrent à se moquer de lui et à dire qu'il était fou : ils disaient ainsi et qu'ils ne resteraient pas plus longtemps ; et se levant, ils s'en allèrent le laissant seul. Ensuite, il prêcha à San Giovanni, mais les Romains ne voulurent pas l'entendre et l'auraient chassé. Il s'est alors mis en colère et les a maudits, et a déclaré qu'il n'avait jamais vu des gens aussi pervers. Il ne parut plus, mais partit secrètement et se rendit à Avignon, où le Pape lui défendit de prêcher. »

Nous pouvons conclure ces bribes d'informations contemporaines familières par un tableau complémentaire qui ne donne pas une vision rassurante de l'état de l'Église à Rome. C'est l'histoire d'un prêtre élu à une grande place et dignité qui cherchait la confirmation de son élection auprès du Pape à Avignon.

"Un moine de Saint-Paul à Rome, nommé Fra Monozello, qui, à la mort de l'abbé, avait été élu pour remplir sa place, comparut devant le pape Benoît. Ce moine était un homme qui aimait le monde, courant partout , voyant l'aube arrivait, jouant du luth, un grand musicien et chanteur. Il a passé sa vie dans le tourbillon, à la cour, à tous les mariages et fêtes dans les vignes. C'est du moins ce que disaient les Romains. Comme cela a dû être triste Il n'a pas fallu que le pape Benoît entende dire qu'un de ses moines ne faisait que chanter et danser. Lorsque cet homme fut choisi comme abbé, il se présenta devant la sainteté du pape et dit : "Saint-Père, j'ai été élu à Saint-Paul à Rome". .' Le Pape, qui connaissait la condition de tous ceux qui venaient à lui, dit : « Pouvez-vous chanter ? L'abbé élu répondit : « Je sais chanter ». Le Pape, 'Je veux dire des chants' (*la cantilena*). L'Abbé élu répondit : 'Je connais des chants concertés' (*il canzone sacro*). Le Pape demanda encore : 'Pouvez-vous jouer des instruments' (*sonare*) ? Il répondit : ' Je peux.' Le Pape : « Je demande, pouvez-vous jouer (*tonare*) de l'orgue et du luth ? L'autre répondit : « Trop bien ». Alors le Pape changea de ton et dit : " Pensez-vous qu'il soit convenable que l'abbé du vénérable monastère de Saint-Paul soit un bouffon ? Vaquez à vos affaires. "

Il semblerait donc que, si insouciants qu'ils fussent et pleins d'autres pensées, les papes d'Avignon gardaient toujours un œil vigilant sur l'Église de Rome. Ce ne sont là que des anecdotes avec lesquelles l'historien de Rienzi prépare son récit tragique. Ils jettent une petite lumière familière, la lanterne d'un passant, sur la ville, si grande et si petite, toujours accrochée aux prétentions d'une grandeur qu'elle ne pouvait oublier, mais totalement indigne de cette place dans le monde où ses lointains pères de l'Antiquité avait gagné, et incapable, même lorsqu'un pouvoir momentané tombait entre ses mains, de s'en servir, ou de percevoir, au milieu de sa course avide vers un avantage temporaire, quels étaient ses véritables intérêts - insoumis, téméraires, irréfléchis, prêts à se précipiter aux armes. quand la grosse cloche sonna du Capitole *un stuormo* , sans s'arrêter pour demander de quel côté ils étaient, avec les Guelfes un jour et les Gibelins le lendemain, criant pour l'Empereur, et pourtant effrayés au nom du Pape, obéissant avec hargneux, leurs maîtres les barons, mais aussi prêts qu'une poignée d'étoupe à s'enflammer, et toujours rebelles quelle que soit l'occasion. C'est ainsi que le Popolo romain du XIVe siècle apparaît aux yeux des spectateurs de ses manières étranges. Féroces à combattre, mais complètement sans objet autre que local pour leurs combats, prêts à se rebeller mais toujours dégoûtés lorsqu'on leur fait obéir, entretenant une merveilleuse idée de leurs propres revendications du fait de leur ascendance classique et de leur lien avec les grands noms de l'antiquité, tandis que, d'un autre côté, ils laissèrent les plus nobles reliques de cette époque s'effondrer dans une ruine irrémédiable.

L'autre Rome, le côté patricien, avec tout son éclat et sa splendeur pittoresque, est en apparence un tableau bien plus beau. Le romantisme de l'époque résidait entièrement dans les maisons nobles qui s'étaient développées dans la Rome médiévale , s'emparant parfois d'un titre douteux d'un ancien potentat romain, mais le plus souvent issues de quelque forteresse dans la campagne ou les montagnes voisines, races qui s'étaient développées et grandi sur le vol de grand chemin et l'oppression de ceux qui sont plus faibles qu'eux, mais toujours avec une apparence de chevalerie qui a trompé le monde. La famille qui fut la plus grande et la plus forte est heureusement celle que nous connaissons le mieux. La maison Colonna a eu la chance de découvrir dans sa jeunesse et d'étendre une amitié chaleureuse, quoique condescendante, au poète Pétrarque, qui était de son côté le poète le plus chanceux qui ait vécu parmi les hommes des temps modernes. Il était au milieu de tout ce qui se passait, pour reprendre notre phraséologie familière, à son époque : il était l'ami et le correspondant de tous les personnages notables depuis le Pape jusqu'à l'Empereur : seulement un pauvre ecclésiastique, mais le plus connu et le plus homme célèbre de son temps. Le premier de tous ses contemporains à apprécier et à deviner ce qu'il y avait en lui fut Giacomo Colonna, un des fils du vieux Stefano, que nous avons déjà vu à Rome. Il était évêque de Lombez en Gascogne et son frère aîné Giovanni était cardinal. Ils étaient sur le chemin de tous les avancements et avantages, comme il convenait aux fils d'une maison si puissante, mais aucune promotion qu'ils ont obtenue n'a autant fait pour eux pour la postérité que leur amitié avec ce jeune prêtre au visage lisse du Vaucluse, à qui ils étaient les clients les plus aimables et les amis les plus fidèles.

Pétrarque n'avait que vingt-deux ans, étudiant à Bologne lorsque le jeune Colonna, lui-même un garçon, prit, comme on dit, une passion pour lui, « ne sachant pas qui j'étais ni d'où je venais, et seulement par ma tenue, percevant que ce qu'il étais-je aussi, un érudit. C'est dans sa vieillesse que Pétrarque donna à un autre ami la description de ce premier mécène, apparemment plus jeune que lui, qui lui ouvrait les portes de cette vie sociale supérieure qui n'étaient pas toujours ouvertes à un poète, même à l'époque où le le patronage des grands était tout. "Je pense qu'il n'y a jamais eu au monde un homme plus grand que lui, ni plus gracieux, plus gentil, plus capable, plus sage , plus bon, plus modéré en bonne fortune, plus constant et plus fort face à l'adversité", écrit-il dans le calme de son âge, une quarantaine d'années après le début de cette amitié et bien après la mort de Giacomo Colonna. Lorsque le jeune évêque se rendit pour la première fois dans son diocèse, Pétrarque l'accompagnait. " Oh le temps qui vole, oh la vie qui presse !" il pleure. "Quarante-quatre années se sont écoulées depuis, mais jamais je n'ai passé un été aussi heureux." Au retour de cette visite, l'évêque fit connaître à son ami son frère Giovanni, le cardinal, un homme « bon et innocent plus que ne le sont habituellement les cardinaux ». "Et on peut en dire autant", ajoute Pétrarque, "des autres frères et du magnanime Stefano, leur père, dont, comme Crispus le dit de Carthage, il vaut mieux se taire que peu dire." C'est une description peut-être trop belle pour être vraie pour toute une famille, notamment celle des nobles et des ecclésiastiques romains du milieu du XIVe siècle, entre la ville désordonnée et opprimée de Rome et la cour corrompue d'Avignon : mais au moins il montre l'autre point de vue, l'aspect différent que le même homme porte à des yeux différents : bien que l'enthousiasme de Pétrarque pour ses amis incomparables soit peut-être aussi exalté que les dénonciations de la population et de l'orateur populaire sont excessives de l'autre côté.

C'est sous ce patronage distingué que Pétrarque reçut le grand honneur de sa vie, la couronne de laurier de l'Altissimo Poeta , et fournit une autre scène splendide aux nombreuses scènes qui s'étaient déroulées à Rome au milieu de tous ses troubles et de ses distractions. L'offre de cet honneur lui vint à la fois de Paris et de Rome, et ce fut au cardinal Giovanni qu'il renvoya la question qu'il devait accepter : et il fut entouré des Colonna lorsqu'il se présenta au Capitole pour recevoir sa couronne. . Le sénateur de l'année était Orso , comte d'Anquillara , qui était le gendre du vieux Stefano Colonna, époux de sa fille Agnès. La cérémonie eut lieu le dimanche de Pâques de l'année 1341, dernier jour de la fonction d'Anquillara , et fut ainsi fixée par celui-ci afin qu'il ait lui-même le privilège de placer le laurier sur la tête du poète. Pétrarque rend compte de la cérémonie à son autre patron, le roi Robert de Naples, attribuant cet honneur à l'approbation et à l'amitié de ce monarque, ce qui est peut-être une chose nécessaire lorsqu'un personnage aussi grand qu'un roi s'intéresse à la gloire d'un poète. . « Rome et le palais désert du Capitole étaient ornés d'un délice inhabituel », dit-il : « une petite chose en soi pourrait-on dire, mais remarquable par sa nouveauté, et par les applaudissements et le plaisir du peuple romain, la coutume d'accorder le laurier ayant non seulement été mis de côté pendant de nombreux siècles, mais même oublié, tandis que la république tournait ses pensées vers des choses très différentes, jusqu'à présent, sous tes auspices, il s'est renouvelé en ma personne. « Au Capitole de Rome, écrivait le poète à un autre correspondant, avec un grand concours de peuple et une immense joie, ce que le roi de Naples avait décrété pour moi fut exécuté. Orso, comte d'Anquillara, sénateur , personnage de la plus haute intelligence, m'a décoré du laurier : tout s'est passé mieux qu'on n'aurait pu le croire ou l'espérer », ajoute-t-il, malgré l'absence du roi et de divers grands personnages nommés, quoique parmi eux Pétrarque, avec une politique et une connaissance du monde qui ne lui a jamais fait défaut, ne nomme pas à ses amis napolitains le cardinal Giovanni et l'évêque Giacomo, le plus cher de ses compagnons et ses premiers et plus fidèles patrons, dont aucun d'eux n'a pu être présent. Mais c'est évidemment leur famille qui a pris les devants en cette grande occasion. Leur frère Stefano prononça un discours en l'honneur du lauréat: il fut couronné par leur beau-frère: et la grande célébration se termina par un banquet au palais Colonna, présidé sans aucun doute par le père de tous, avec Colonnas . jeunes et vieux remplissant chaque coin. Car ils formaient une famille très abondante : fils et petits-fils, Stefanos et Jannis sans fin, les jeunes de toutes les familles unies, assez nombreux pour remplir eux-mêmes et leurs serviteurs presque tout un quartier de Rome. "Leurs maisons s'étendaient de la place San Marcello jusqu'aux Santi Apostoli", dit Papencordt , le biographe moderne de Rienzi. L'ancien mausolée d'Auguste, qui a été utilisé à tant d'usages, qui était naguère un théâtre et qui est aujourd'hui, croyons-nous, un musée, était autrefois le siège et la place forte de la maison.

Cette cérémonie du couronnement du poète s'est déroulée avec une immense joie du peuple, des applaudissements sans fin, un grand concours et toute la splendeur possible. Il en a été de même pour la réception d'Il Bavaro quelques années auparavant ; les autres scènes étranges étaient également sur le point de se produire. La population était toujours prête à former un grand rassemblement, à crier et à applaudir, malgré sa condition souvent misérable, exposée à tous les outrages et ne trouvant justice nulle part. Mais le revers de la médaille n'était pas si attrayant. Pétrarque lui-même, quittant Rome avec encore les applaudissements enivrants de la ville résonnant à ses oreilles, était à peine hors des murs que lui et son groupe tombèrent entre les mains de voleurs armés. Il serait trop long de dire, dit-il, comment il s'est libéré ; mais il fut reconduit à Rome, d'où il repartit le lendemain, « entouré d'une bonne escorte d'hommes armés ». Les *ladroni Les armati* qui ont arrêté le chemin pourraient, pour autant que l'on sache, porter l'insigne des Colonna quelque part sous leur armure , ou du moins trouver refuge dans certaines de leurs places fortes. Telles étaient les mœurs du temps, et telle était spécialement la situation de Rome. Elle donna la couronne de renommée au poète, mais ne put lui assurer un passage sûr à un mile de ses portes. Elle prétendait encore , comme dans ce cas, ainsi dans des cas plus importants, exercer une autorité sur toutes les nations, par quel droit elle avait plu à la ville de donner à Louis de Bavière la couronne impériale ; mais aucun citoyen n'était en sécurité s'il ne pouvait se protéger avec son épée, et la justice et la réparation des torts étaient des choses inconnues.

SUR LE PINCIO.

CHAPITRE II.
LE LIVRAISON.

C'est à cette époque de désordre et d'anarchie que naquit, au bord du Tibre, dans un faubourg reculé, un enfant de la plus humble filiation, destiné à devenir le héros de l'un des plus étranges épisodes de l'histoire moderne. Son père tenait une petite taverne à laquelle les bourgeois romains, poussant leur promenade un peu au-delà des murs, avaient naturellement recours ; sa mère, blanchisseuse et porteuse d'eau, une de ces femmes qui, avec un port de princesse classique, tiennent en équilibre sur leur tête, avec une assurance et une assurance parfaites, les grands vases de cuivre qui servent encore à cet usage. On disait à l'époque que Maddalena, la femme de Lorenzo, n'avait pas été sans aventures dans sa jeunesse. Pas moins une personne qu'Henri VII. avait trouvé refuge, disait-on, dans son petit cabaret lorsque son mari était absent. Il était vêtu d'un costume de pèlerin, mais avait sans doute l'air d'un vaillant gentleman et éblouissait les yeux de la jeune hôtesse, qui n'avait personne pour la protéger. Quand son fils était un homme , il lui plaisait de supposer que de cette rencontre résultait l'étrange mélange d'enthousiasme démocratique et d'amour du faste et du pouvoir qui était dans sa nature. Il n'y avait pas de quoi être fier, et pourtant il en était fier. Il était pour tout le monde le fils d'un pauvre aubergiste, mais il sentait en lui le sang d'un empereur dans ses veines. Maddalena est morte jeune et, lorsque son fils a commencé à tisser les visions qui ont contribué à façonner sa vie, elle n'était plus là pour redorer son blason ou pour le confirmer dans son rêve.

Ces pauvres gens n'avaient pas même un nom de famille pour les distinguer. Le garçon Niccola était Cola di Rienzo , Nicolas, fils de Laurence, comme on l'appelle dans les chroniques latines, selon la plus simple de toutes les règles de nomenclature qui a donné naissance à tant de noms modernes. « Il fut nourri dès sa jeunesse au lait de l'éloquence ; bon grammairien, meilleur rhéteur, bon écrivain », dit son biographe. "Dieu, quel lecteur rapide il était ! Il faisait un grand usage de Tite-Live, Sénèque, Tully et Valerius Maximus, et se plaisait beaucoup à raconter la magnificence de Jules César . Toute la journée, il étudiait les marbres sculptés qui se trouvent autour de Rome. Il n'y avait personne comme lui pour lire les inscriptions anciennes. Il mettait tous les écrits anciens dans un italien de choix, il interprétait les marbres. Combien de fois s'écria-t-il : "Où sont ces bons Romains ? où est leur haute justice ? pourrais-je mais sont nés à leur époque ? C'était un bel homme et il a adopté la profession de notaire.

On ne nous dit pas comment ni où Cola a acquis cette connaissance. Son père était un vassal de la Colonna, et il est possible que certains des barons qui allaient et venaient aient été frappés par le visage brillant et enthousiaste du fils de l'aubergiste et l'aient aidé à acquérir la somme d'études non extravagante ainsi enregistrée. Son propre caractère, ainsi que l'énergie et l'ambition si étrangement mêlées à l'imagination et au tempérament visionnaire d'un poète, semblent l'avoir immédiatement séparé du monde humble dans lequel il est né. Certains disent que sa jeunesse s'est passée hors de Rome et qu'il n'y est revenu que vers vingt ans, à la mort de son père - légende qui donnerait une certaine preuve à la suggestion de sa naissance douteuse : mais son biographe il n'en dit rien. On dit aussi que ce fut la mort de son frère, tué dans une bagarre entre les partis toujours en lice de Colonna et d'Orsini, qui donna à son esprit le premier élan vers la révolution qu'il accomplit d'une manière si remarquable. « Il réfléchit longtemps, dit son biographe, à la possibilité de venger le sang de son frère ; et il réfléchit longtemps à la ville mal gouvernée de Rome et à la manière de la redresser. » Mais il n'existe aucune trace précise de sa jeunesse jusqu'à ce qu'elle éclate soudainement en lumière dans le service public de la ville et à une occasion de la plus haute importance aussi bien pour lui que pour Rome.

Ce premier emploi public qui nous le révèle aussitôt était une mission des treize *Buoni homini*, parfois appelés *Caporoni*, chefs des différents quartiers de la ville, au pape Clément VI. à Avignon, à l'occasion d'un de ces renversements temporaires de gouvernement qui se produisaient de temps en temps, toujours de la plus courte durée, mais perpétuant d'âge en âge les traditions du pouvoir populaire. Il était apparemment ce que nous devrions appeler le porte-parole de la députation envoyée pour expliquer l'affaire au pape et pour obtenir, si possible, une certaine attention de la part de la Curie sur l'état de la ville abandonnée.

" Son éloquence était si grande que le pape Clément était très attiré vers lui : le pape admirait beaucoup le beau style de Cola et désirait le voir tous les jours. Sur quoi Cola parla très librement et dit que les barons de Rome étaient des voleurs de grand chemin, qu'ils consentaient au meurtre, au vol, à l'adultère et à tous les maux. Il dit que la ville était désolée et que le pape commençait à avoir une très mauvaise opinion des barons.

"Mais, ajoute le chroniqueur, grâce à messer Giovanni de la Colonna, cardinal, il lui arriva de grands malheurs, et il fut réduit à une telle pauvreté et à une telle maladie qu'on aurait tout aussi bien pu l'envoyer à l'hôpital. Il gisait comme un serpent au soleil. Mais celui qui l'avait renversé, c'est lui-même qui le releva. Messer Giovanni le conduisit de nouveau devant le Pape et le fit rétablir dans la grâce. Et ayant ainsi été rendu à la grâce, il fut fait notaire de la Cammora à Rome, de sorte qu'il revint avec une grande joie dans la ville.

Ce récit succinct sera peut-être un peu plus clair s'il est légèrement développé : le but principal de l'envoyé romain était de révéler les crimes des « barons », dont Cola décrivait ainsi le véritable caractère au pape, de la part des dirigeants d'un révolte soudaine, sorte d'anticipation prophétique qui lui était propre, qui avait ravi le pouvoir des mains des deux sénateurs et le conféra à treize *Buoni . homini* , chefs du peuple, qui assumaient la charge au nom du pape et professaient, comme c'était l'habitude en son absence, un dévouement presque extravagant à l'autorité papale. L'ambassade était spécialement chargée des prières et des supplications du peuple pour que le Pape revienne et reprenne le gouvernement de la ville : et aussi qu'il proclame un autre jubilé, la grande fête, accompagnée de toutes sortes d'indulgence et de pieuses promesses au les pèlerins, attirés par elle de toutes les extrémités de la terre à Rome — qui avait été instituée pour la première fois par le pape Boniface VIII. en 1300 avec l'intention d'être répété une fois par siècle seulement. Mais un siècle, c'est long ; et le jubilé fut des plus profitables, rapportant beaucoup d'argent et de nombreux dons tant à l'État qu'à l'Église. Les citoyens étaient donc très soucieux d'en assurer la répétition en 1350, et sa célébration future tous les cinquante ans. Le Pape a gracieusement accordé le jubilé aux prières des Romains et a accepté leur hommage et leur désir de son retour, promettant vaguement qu'il le ferait au cours de l'année du jubilé, sinon avant. De sorte que quoi qu'il arrive ensuite au secrétaire ou au porte-parole, le but de la mission était atteint.

Enthousiasmé par cet accomplissement de leurs vœux, et évidemment au moment de sa plus haute faveur auprès du Pape, Cola envoya une lettre annonçant ce succès aux autorités de Rome, et c'est le premier mot que nous entendons de sa propre bouche. Elle est datée d'Avignon, en l'an 1343. Il avait alors une trentaine d'années, en pleine ardeur de jeune virilité, plein d'espoirs visionnaires et de projets pour la restauration des gloires de Rome. Le style de la lettre, qui était tant admiré à cette époque, est trop fleuri et orné pour le goût d'une époque plus sévère, bien que sa composition ait reçu les applaudissements de Pétrarque et ait été très admirée par tous ses contemporains. Il commence par se décrire comme le « consul des orphelins, des veuves et des pauvres, et l'humble messager du peuple ».

"Que vos montagnes tremblent de bonheur, que vos collines se revêtent de joie, et que la paix et la joie remplissent les vallées. Que la ville se lève de son long cours de malheurs, qu'elle remonte sur le trône de son ancienne magnificence, qu'elle jette écartez les mauvaises herbes du veuvage et revêtez-vous des vêtements d'épouse. Car les cieux nous ont été ouverts et de la gloire du Père céleste a jailli la lumière de Jésus-Christ, d'où resplendit celle du Saint-Esprit. que le Seigneur a fait ce miracle, frères bien-aimés, veillez à ôter de votre ville les épines et les racines du vice, pour recevoir au parfum de vertu nouvelle l'Époux qui vient. Nous vous exhortons avec des larmes brûlantes, avec des larmes . de joie, de mettre de côté l'épée, d'éteindre les flammes du combat, de recevoir ces dons divins avec un cœur plein de pureté et de gratitude, de glorifier par des chants et des actions de grâces le nom de notre Seigneur Jésus-Christ, et aussi de rendre d'humbles remerciements à son Vicaire, et d'élever à ce Pontife suprême, au Capitole ou dans l' amphithéâtre , une statue ornée de pourpre et d'or pour que le souvenir joyeux et glorieux dure à jamais . Qui en effet a orné sa patrie d'une telle gloire parmi les Cicéron , les Césars , Metulle ou Fabius, qui sont célébrés comme des libérateurs dans nos vieilles annales et dont nous ornons les statues de pierres précieuses à cause de leurs vertus ? Ces hommes ont obtenu des triomphes passagers par la guerre, par les calamités du monde, par l'effusion du sang : mais lui, par nos prières et pour la vie, le salut et la joie de tous, a gagné à nos yeux et à ceux de à la postérité un triomphe immortel. »

THÉÂTRE DE MARCELLUS.

Il semble assez que ces phrases extravagantes exprimaient une exultation suffisamment authentique et sincère, car pendant son absence, la ville de Rome désirait et désirait son pape, bien que, lorsqu'elle était présente, elle pouvait faire tout ce qui était en son pouvoir pour secouer son joug. Et l'ambassadeur Cola, dans l'esprit duquel son grand projet n'avait pas encore pris forme, pourrait bien croire que le gracieux pape qui le flattait de tant d'attentions, qui l'admettait si librement à son auguste présence et pour qui il était comme un qui joue très doucement d'un instrument, était l'homme de tous les hommes pour ramener de l'anarchie et du tumulte la ville impériale. Il avait même abandonné, semble-t-il, son enthousiasme pour les héros classiques dans ce moment d'espoir d'une source d'aide plus vivante et plus présente.

Cette exaltation ne dura cependant pas. Le cardinal Giovanni Colonna, fils du vieux Stefano, chef de cette grande maison, dont Pétrarque parle avec tant d'enthousiasme de la magnifique vieillesse, homme aux multiples talents, érudit et mécène des arts - et pour couronner le tout, comme On l'a dit, le cher ami et patron du poète, était un des membres les plus importants de la cour d'Avignon, lorsque la députation de Rome, avec ce jeune plébéien éloquent pour interprète, parut devant le pape. On peut imaginer que son premier grand succès et le plaisir que le pape prit à la conversation de Cola durent se produire pendant quelque absence momentanée du cardinal, dont l'intérêt pour les affaires de sa ville natale était incontestable. Et il était naturel qu'il soit un peu méprisant à l'égard des ambassadeurs du peuple et de l'orateur qui était le fils de Rienzo du marchand de vin, et très indigné du récit de l'avocat de lo Popolo , du les barons et leur comportement . Les Colonna étaient en effet les moins tyranniques des tyrans ; ils étaient les plus nobles de toutes les maisons romaines, et sans aucun doute le sentiment public contre les nobles en général pouvait parfois faire du tort à une famille plus éclairée . Certes , il est difficile de concilier les tableaux de cette maison donnés par Pétrarque avec la tyrannie cruelle dont tous les nobles étaient accusés. Ce fut sans doute la raison pour laquelle, après le triomphe de cette lettre, le consentement du pape à la prière des citoyens et son intérêt pour le récit et les descriptions de Cola, le jeune orateur tomba sous l'ombre du mécontentement courtois, et après cela l'ivresse de la victoire éprouvait toutes ces douleurs d'abandon qui terminent si souvent le triomphe momentané d'un succès à la cour. L'histoire est toute vague, et nous n'avons aucune explication pour laquelle il aurait dû s'attarder à Avignon, sauf peut-être avec des espoirs d'avancement fondés sur cette faveur évanescente , ou peut-être à cause de sa maladie. Il y a une touche désespérée dans la description du chroniqueur selon laquelle « il gisait comme un serpent au soleil », qui est pleine de suggestions. Le lecteur semble le voir traîner dans l'enceinte de la cour, sous les murs majestueux du vaste palais papal, qui se dresse maintenant dans une grandeur sombre, absorbant toute la lumière du paysage. C'était alors nouveau et glorieux comme un palais céleste ; et malade et triste, déçu et découragé, le jeune envoyé, naguère si ébloui par le soleil de la faveur , hanterait sans doute la grande porte, cherchant un endroit ensoleillé pour se réchauffer et attendant la Providence. Il est probable que le cardinal, balayant son état, apercevrait le jeune Romain tombé de son triomphe momentané, et serait touché de pitié pour l'orateur qui, après tout, n'avait fait aucun mal par sa plaidoirie ; car Stefano Colonna n'était-il pas encore, malgré tout, sénateur de Rome ? Espérons que le compagnon à ses côtés, le poète qui faisait partie de sa maison, et qui probablement avait entendu aussi et admiré, comme le pape Clément, la parole ornée *de* l'orateur, qui, quoique assez stupide pour l'attaquer avec sa langue éloquente, les nobles du pays, n'ont finalement pas besoin de périr pour cette raison - est-ce que celui qui montra à son patron le pauvre garçon dans son manteau, grelottant dans le mistral, ce vent froid inconnu dans les entrailles du pays ? Italie. Il est certain que Pétrarque fit ici la connaissance de Cola, et que le cardinal Colonna, plein de remords de voir le malheur qu'il avait causé, se donna la peine de faire rétablir la faveur de son jeune compatriote et lui fit nommer notaire de la ville, avec lequel Cola revint. à Rome... " *fra je dentiste minacciava* ", dit son biographe en jurant entre ses dents.

C'est en 1344 qu'eut lieu sa promotion, et pendant quelques années après Cola exerça les fonctions de sa charge avec *cortesemente* , avec courtoisie, le plus grand éloge qu'un Italien de son temps puisse donner. Dans cette occupation, il eut d'innombrables occasions d'étudier de plus près le système de gouvernement qui avait repris toute sa vigueur sous la vieille succession familière de sénateurs, généralement un Colonna et un Orsini. « Il a vu et connu, dit le chroniqueur, de plus en plus véhément dans l'excitation du sujet, le vol de ces chiens du Capitole, la cruauté et l'injustice du pouvoir. Dans toute la commune, il n'a pas trouvé un bon citoyen qui apporterait son aide. Il semblerait, bien qu'il y ait ici peu d'aide de dates, qu'il n'a pas agi précipitamment, mais, probablement dans l'espoir de pouvoir faire lui-même quelque chose pour remédier aux choses, il a gardé le silence pendant que son cœur brûlait, aussi longtemps que le silence était possible. . Mais le moment est venu où il ne pouvait plus le faire, et la petite scène de la réunion de la Cammora , le conseil municipal, se détache aussi clairement devant nous que s'il s'agissait d'une assemblée municipale d'aujourd'hui. On ne nous dit pas quelle question spéciale était posée lors de la réunion et qui fut la goutte d'eau qui fit déborder le fardeau d'indignation et d'impatience que Cola, à sa table, écrivant avec la plume d'argent qu'il jugeait plus digne qu'une plume d'oie pour la dignité de sa charge, a dû supporter. (On se demande s'il a été l'inventeur, sans le savoir, de ce petit instrument, la plume artificielle en métal avec laquelle on fabrique principalement la littérature de nos jours ? Mais l'argent est trop mou et trop ductile pour avoir jamais été populaire, et bien que très propre à prononcer ces phrases mélodieuses dans lesquelles le jeune porte-parole des Romains écrivait d'Avignon à ses chefs, ne répondrait guère aux desseins plus sévères du concile d'inscrire des châtiments ou de calculer en même temps des amendes.) Un jour cependant, assis dans son Alors qu'il rédigeait les arrêtés de ces amendes et pénalités, une colère soudaine s'empara du jeune scribe qui s'était déjà fait appeler consul des veuves, des orphelins et des pauvres.

" Un jour, au cours d'une discussion au sujet des impôts de Rome, il se leva parmi tous les conseillers et dit : " Vous n'êtes pas de bons citoyens, vous qui sucez le sang des pauvres et ne leur apportez aucune aide. ' Puis il avertit les fonctionnaires et les recteurs qu'ils devraient plutôt pourvoir au bon gouvernement, *lo buono stato* , de leur ville de Rome. Lorsque fut terminé le discours impétueux de Cola di Rienzi, un des Colonna, qui s'appelait Andreozzo di Normanno , le Camarlengo , se leva et lui frappa un coup retentissant sur la joue : et un autre qui était secrétaire du Sénat, Tomma de Rienzi . Fortifiocca , se moqua de lui avec un signe insultant. C'était la fin de leur conversation."

Nous n'entendons plus de remontrances au conseil. On dit que Cola n'était pas un homme courageux, mais nous avons ensuite tant de preuves de courage qu'il est difficile de croire qu'il ait manqué sur ce point. Quoi qu'il en soit, il sortit de cette assemblée égoïste et moqueuse, la joue picotée par le coup et le cœur brûlant de plus en plus, pour réfléchir à d'autres moyens de déplacer la communauté et d'aider Rome.

L'incident suivant nous ouvre un curieux monde de conjectures et suggère à l'imagination beaucoup de choses inconnues dans les régions inférieures de l'art, une foule d'interprètes secondaires dans cette arène, des peintres inconnus, des moitié-ouvriers, à moitié- artistes, qui forment un arrière-plan partout où il existe une école d'art. Cola a peut-être eu des relations avec certains de ces artistes à moitié développés, pas assez avancés pour peindre un retable, des érudits ou des frères mineurs de quelque pays local. *bottega* . Il y avait peu d'art indigène à Rome. L'œuvre ancienne et mal connue des Cosimati , la seule école romaine, se perd dans les brumes et fut terminée au XIVe siècle. Mais il doit y avoir eu une humble survie d'ouvriers qualifiés, capables au moins de décorations murales, sinon plus. En réfléchissant longuement à la manière d'atteindre le public, Cola semble avoir pensé à cet humble instrument d'art. Comme nous n'avons jamais entendu parler auparavant d'une telle méthode pour instruire le peuple, nous pouvons être autorisés à supposer que c'était son invention ainsi que la plume d'argent. Son cerveau actif bourdonnait de nouvelles choses de toutes les manières, grandes et petites, et ce fut le premier appareil qu'il rencontra. Même l'art le plus pauvre aurait dû être utile en l'absence de livres pour illustrer des histoires sacrées et instruire les ignorants, et c'était ce genre d'effet instantané que visait Cola. Il avait la certitude du visionnaire qu'il suffisait de connaître la mauvaise situation pour produire une réforme immédiate. Le grief sur lequel son biographe insistait à maintes reprises, et qui était le poids de son éclat au conseil, était que « personne ne l'aiderait » - *non si trouver un bon bon Cittatino , che lo volese adjutare* . Savaient-ils, les gens ordinaires, à quel point ils étaient opprimés, et les nobles quels oppresseurs ils étaient, il était sûrement certain que tout le monde aiderait, et que tout irait bien, et le *bon l'État* doit être rétabli une fois de plus.

Voici l'étrange façon dont Cola, pour la première fois, « exhortait publiquement les recteurs et le peuple à bien faire, par une similitude ».

"Une similitude", dit son biographe, "qu'il fit peindre sur le palais du Capitole, en face du marché, sur le mur au-dessus de la Cammora (Salle du Conseil). Ici fut peinte une allégorie sous la forme suivante, à savoir , une grande mer avec des vagues horribles et très agitées. Au milieu de cette mer se trouvait un navire presque naufragé, sans barre ni voiles. Dans ce navire, en grand péril, se trouvait une femme, une veuve, vêtue de noir, liée avec une ceinture de tristesse, son visage défiguré, ses cheveux flottant sauvagement, comme si elle aurait pleuré. Elle était agenouillée , les mains croisées, se frappant la poitrine et prête à périr. L'inscription sur elle était *Ceci est Rome* . Autour de ce navire Quatre autres navires faisaient naufrage : leurs voiles arrachées, leurs rames brisées, leurs gouvernails perdus. Dans chacun d'eux se trouvait une femme étouffée et morte. La première s'appelait Babylone, la seconde Carthage, la troisième Troie, la quatrième Jérusalem. : *Ces villes par injustice ont péri et n'ont abouti à rien.* Une étiquette provenant des femmes mortes portait les lignes :

"Une fois , nous avons été élevés au-dessus des seigneurs et des dirigeants,

Et maintenant nous attendons, ô Rome, de te voir tomber.

« À gauche se trouvaient deux îles : sur l'une d'elles se trouvait une femme assise, honteuse, avec une inscription sur elle : *« C'est l'Italie »* . Et elle parla et dit :

"Une fois tu as eu le pouvoir sur chaque pays,

C'est seulement maintenant, ta sœur, que je te tiens la main.

« Sur l'autre île se trouvaient quatre femmes, les mains sur la gorge, agenouillées, très tristes, et parlant ainsi :

'Par de nombreuses vertus autrefois accompagnées

Tu es sur la mer , tu vas maintenant abandonné .'

"C'étaient les quatre vertus cardinales, Tempérance, Justice, Prudence et Force. De l'autre côté se trouvait une autre petite île, et sur cette île se trouvait une femme agenouillée, les mains tendues vers le ciel comme si elle priait. Elle était vêtue de blanc . et son nom était Christian Faith : et voici ce que dit son verset :

' Oh mon très noble Père, mon seigneur et chef,

Où serai-je si Rome sombre et décline ?

"En haut à droite de l'image se trouvaient quatre sortes de créatures ailées qui respiraient et soufflaient sur la mer, créant une tempête et poussant le navire en perdition afin qu'il puisse périr. Le premier ordre était constitué de lions, de loups et d'ours, et étaient ainsi étiquetés. : *Ce sont les puissants barons et les méchants fonctionnaires* . Le deuxième ordre était les chiens, les cochons et les chèvres, et sur eux était écrit : *Ce sont les mauvais conseillers, les disciples des nobles* . Le troisième ordre était les moutons, les chèvres et les renards. , et l'étiquette : *Ce sont les faux fonctionnaires, les juges et les notaires* . Le quatrième ordre était les lièvres, les chats et les singes, et leur étiquette : *Ce sont les gens, les voleurs, les meurtriers, les adultères et les pilleurs d'hommes* . Au-dessus était le ciel. " Au milieu de la Majesté divine comme si elle venait en jugement, deux épées sortant de sa bouche. D'un côté se tenaient saint Pierre et de l'autre saint Paul en prière. Quand le peuple vit cette similitude avec ces figures, tout le monde fut étonné . " "

Qui a peint cette étrange allégorie, et comment l'œuvre a pu être réalisée en secret, dans un lieu aussi public, de manière à être soudainement révélée par surprise à la foule étonnée, nous n'avons aucun moyen de le savoir. Ce serait, sans aucun doute, de l' art le plus grossier, probablement un rouleau qui pourrait être imprimé en une centaine d'exemplaires et collé sur les murs par nos méthodes plus simples, à peine au-dessus des dessins originaux de nos trottoirs. On imagine la simplicité du symbolisme, la mer agitée en lignes courbes, les galères sortant du tableau, les personnages symboliques avec leurs devises. Le tableau a dû être exécuté à la lumière de l'aube matinale, ou sous le couvert d'une licence à laquelle Cola lui-même, en tant que fonctionnaire, avait droit, peut-être derrière le voile d'un échafaudage - sous quelque prétexte de réparations nécessaires : et tout à coup un flamboyant sur le peuple dans la clarté du matin, lorsque la vie primitive de Rome recommençait et que les prétendants et les plaideurs commençaient à se rassembler sur les grandes marches, chacun avec son grief privé, son procès ou sa plainte. Quelle sensation cela a dû provoquer lorsque les spectateurs ont aperçu la veille les couleurs fraîches qui brillaient sur ce qui était un mur blanc ! Les inscriptions étranges dans leurs lignes doggerel, assez mystiques pour piquer toutes les intelligences, assez simples pour être compréhensibles par la foule, seraient lues par les uns et les autres pour montrer leur savoir par-dessus la tête de la multitude. Quelle chose étrange, qui attire tous les regards ! Il ne fait aucun doute que le plan de ce projet, un appel si inhabituel à la compréhension populaire, était celui de Cola ; mais qui pourrait être l'artiste qui a peint cette « similitude » ? Pas quelqu'un, devrions-nous supposer, qui a vécu pour se faire un nom – car d'ailleurs, autant que nous le sachions, il n'y en avait pas à Rome.

Cette instruction picturale était destinée aux pauvres : elle leur plaçait Rome, leur ville, pour l'amour de laquelle ils étaient toujours capables de s'enthousiasmer au moins momentanément, en difficulté et malheureuse, trompée par ceux en qui elle avait le plus confiance, ravagée par les petits et les grands. grand, en danger de naufrage définitif et désespéré. Dans toute son ancienne grandeur, pair et sœur des splendides villes du monde antique, et comme celles-ci tombant dans une ruine qui, dans son cas, pouvait encore être évitée, la suggestion en était une qui était admirablement propre à remuer et à émouvoir les spectateurs. tous fiers du nom de Roman et profondément conscients du mauvais gouvernement et de la souffrance. Mais ce n'était qu'un aspect du travail qu'il s'était fixé. Peu de temps après, alors que son tableau était devenu le sujet de toutes les langues à Rome, le notaire Cola invita les nobles et notables de la ville à se réunir dans l'église Saint-Jean-de-Latran pour l'entendre y exposer une certaine inscription qui jusqu'alors (nous dit-on) a dérouté tous les interprètes. Il faut supposer qu'il jouissait de la faveur de l'Église et de Raymond, évêque d'Orvieto, représentant du pape, sinon il n'aurait guère été autorisé à utiliser la grande basilique à de telles fins.

Cependant, comme nous le savons par diverses sources, l'église du Latran était presque en ruine, presque sans toit et, par conséquent, probablement ouverte à de telles invasions. Cola devait déjà avoir retenu l'attention de Rome dans tous les milieux, malgré le coup à l'oreille avec lequel Andreozzo de la Colonna avait tenté de le faire taire. Certains le prenaient pour un *burlatore* , un homme qui était un grand plaisantin et dont on pouvait tirer beaucoup d'amusement ; et c'était sous cet aspect qu'il apparaissait à une partie de la société, aux jeunes barons et à la jeunesse dorée de Rome, illusion à laquelle il semblait s'être prêté momentanément, pour diffuser sa doctrine ; tandis que la partie la plus sérieuse de l'aristocratie semble être devenue curieuse d'entendre au moins ce qu'il avait à dire, et prémonitoire des significations en lui qu'il serait bon de maintenir en ordre par de meilleurs moyens que la simple méthode d' Andreozzo . Il est moins facile de retracer le fonctionnement de l'esprit de Cola. Son tableau avait été une allégorie telle que l'époque aimait, assez large et assez simple à la fois pour atteindre le niveau commun de compréhension. Lorsqu'il s'adressait à la classe supérieure, c'était avec un sentiment instinctif de la différence, mais sans peut-être une perception très claire de ce qu'était cette différence, ni de la manière de se comporter devant ce nouveau public. Peut-être avait-il raison de croire qu'un spectacle saisissant était la meilleure chose pour attirer l'attention des aristocrates ; peut-être a-t-il cru bon de profiter de l'idée que Cola de Rienzo était plus ou moins un bouffon et qu'un de ses discours était susceptible d'être amusant quoi qu'il en soit. Le costume que son biographe décrit minutieusement, et qui avait évidemment été préparé avec beaucoup de soin, semble favoriser cette idée.

« Peu de temps s'écoula (après l'exposition du tableau) avant qu'il ne réprimande le peuple par un beau sermon en langue vulgaire, qu'il fit à Saint-Jean de Latran. Sur le mur derrière le chœur, il avait fixé un grand et magnifique plaque de métal inscrite de lettres anciennes, que nul ne pouvait lire ou interpréter que lui seul. Autour de cette tablette, il avait fait peindre plusieurs figures qui représentaient le Sénat de Rome concédant l'autorité sur la ville à l'empereur Vespasien . l'église fut érigée sur une estrade (*un parlatorio*) sur laquelle étaient des sièges recouverts de tapis et de rideaux, et sur laquelle étaient rassemblés de nombreux grands personnages, parmi lesquels Stefano Colonna et Giovanni Colonna son fils, qui étaient les plus grands et les plus magnifiques de l'histoire. la ville. Il y avait aussi beaucoup de sages et d'érudits, des juges et des décrétalistes , et de nombreuses personnes d'autorité. Cola di Rienzo entra sur scène parmi ces grands personnages. Il était vêtu d'une tunique et d'une cape à la mode allemande, avec une capuche. il portait jusqu'au cou un fin drap blanc et un petit bonnet blanc sur la tête. Sur le tour de sa casquette se trouvaient des couronnes d'or, celle du devant étant divisée par une épée en argent dont la pointe était enfoncée à travers la couronne. Il sortit très hardiment, et quand le silence fut obtenu, il fit un beau sermon avec beaucoup de belles paroles, et dit que Rome était battue et gisait par terre, et ne pouvait pas voir où elle gisait, car ses yeux étaient arrachés d'elle. tête. Ses yeux étaient le pape et l'empereur, que Rome avait tous deux perdus à cause de la méchanceté de ses citoyens. Puis il dit (montrant les personnages représentés) : « Voyez, quelle était la magnificence du Sénat lorsqu'il a donné le pouvoir à l' empereur . Il lut ensuite un papier dans lequel était écrite l'interprétation de l'inscription, qui était l'acte par lequel le pouvoir impérial fut donné par le peuple de Rome à Vespasien. Premièrement , que Vespasien aurait le pouvoir de faire de bonnes lois et de conclure des alliances avec qui bon lui semble, et qu'il aurait le droit d'augmenter ou de diminuer le *jardin de Rome* , c'est-à-dire l'Italie ; et qu'il rendrait des comptes plus ou plus. comme il le ferait. Il pouvait également élever des hommes pour en faire des ducs et des rois, les élever ou les démolir, détruire ou reconstruire des villes, détourner des rivières de leur lit pour les faire couler dans un autre canal, imposer des impôts ou les abolir à son gré. Les Romains donnèrent toutes ces choses à Vespasien, conformément à leur charte à laquelle consentit Tibère César . Il mit ensuite ce papier de côté et dit : « Messieurs, telle était la majesté du peuple de Rome que ce sont eux qui ont conféré cette autorité à l' empereur . Maintenant, ils l'ont complètement perdu. Puis il approfondit la question et dit : « Romains, vous ne vivez pas en paix : vos terres ne sont pas cultivées. Le Jubilé approche et vous n'avez ni provisions de blé ni de nourriture pour les gens qui viendront, qui se retrouveront sans provisions et qui, furieux de leur faim, prendront des pierres ; mais les pierres ne suffiront pas non plus pour un tel multitude.' Puis concluant, il ajouta : « Je vous prie de maintenir la paix. » Puis il dit cette parabole : « Messieurs, je sais que beaucoup de gens se moquent de moi à cause de ce que je fais et dis . Et pourquoi? Par envie. Mais je remercie Dieu, il y a trois choses qui consument les calomniateurs. Le premier luxe, la deuxième jalousie, la troisième envie. Lorsqu'il eut terminé le sermon et redescendu, il fut très loué par le peuple. »

L'inscription ainsi placée devant le peuple était la table de bronze, appelée Lex Regia. Pourquoi personne n'avait été capable de l'interpréter jusqu'à ce moment-là, on ne nous le dit pas. L'apprentissage était au plus bas et l'importance de documents aussi importants, qu'ils soient en métal ou en parchemin, était encore peu reconnue . C'était évidemment l'un des résultats des études de Cola sur les inscriptions anciennes dont on nous parle dans le premier chapitre de sa carrière. Il faisait partie d'un autel de l'église du Latran, où il avait été placé comme un objet pratique, dans l'ignorance apparente d'un meilleur usage, par le pape Boniface VIII. quand il a restauré l'église. Il ne fait aucun doute que certaines des faibles réparations en cours avaient attiré l'attention de Cola sur la célèbre pierre, et il avait suffisamment d'intérêt pour la faire retirer d'un endroit aussi inapproprié. Il est désormais encastré dans le mur de la salle du Faune du Capitole.

Nous avons ici un exemple non seulement de l'exaltation de l'esprit et des pensées de Cola, imaginatives et ardentes, et de sa possession par l'unique idée de la grandeur romaine, mais aussi de ses privilèges et de sa puissance à ce moment, avant qu'il n'ait encore frappé un grand coup. ou fait un pas vers son futur poste. Qu'il aurait dû être autorisé à déplacer la tablette de l'autel (ce qui peut toutefois avoir été fait au cours des réparations) pour la placer dans cette position bien en vue et à utiliser l'église, lui, laïc et plébéien, pour ses propres objets, témoigne d'un soutien et d'un privilège très forts. L'influence du pape devait être derrière lui et les ressources de l'Église lui étaient ouvertes. Ni son discours audacieux, ni sa dénonciation constante des barons et des fonctionnaires ne semblent avoir été accompagnés des risques auxquels nous aurions dû nous attendre. Soit les autorités devaient être très magnanimes, soit il était bien protégé par un pouvoir qu'elles n'avaient pas choisi de rencontrer. Certains doutes quant à sa santé mentale ou à son sérieux semblent avoir existé parmi eux. Giovanni Colonna, familièrement Janni , petit-fils du vieux Stefano, un jeune galant brillant susceptible de devenir un bon soldat, l'espoir de la maison, l'invitait constamment aux divertissements où toute la jeunesse dorée de Rome se réunissait comme à une pièce de théâtre pour l'entendre parler. . Lorsqu'il dit : « Je serai un grand seigneur, peut-être même un empereur », les jeunes éclatèrent de rire. "Tous les barons en étaient pleins, les uns l'encourageaient, les autres étaient disposés à lui couper la tête. Mais rien ne lui fut fait. Que de choses il a prophétisé sur l'état de la ville et sur le gouvernement généreux qu'elle exigeait !" Rome écoutait et s'excitait ou s'amusait selon son humeur, mais rien ne fut fait ni pour conformer cette règle à ses exigences ni pour arrêter l'audacieux réformateur.

A cette époque , c'était devenu la passion de sa vie et l'occupation de tous ses loisirs. Il ne pensait qu'à convaincre les gens, à leur faire comprendre leur situation. Une fois de plus ses amis peintres, les compagnons de la *bottega* , quels qu'ils fussent, vinrent à son secours et lui peignons à nouveau un tableau, cette fois sur le mur de Saint-Ange à Pescheria , que l'on peut supposer être l'église paroissiale de Cola, comme cela apparaît continuellement dans le récit – où une fois de plus ils exposent dans un symbolisme toujours plus audacieux la condition de Rome. De nouveau, elle était représentée comme une femme âgée, cette fois au milieu d'un grand incendie, à moitié consumée, mais surveillée par un ange dans toutes les splendeurs de sa tenue blanche et de son épée flamboyante, prêt à la sauver des flammes, sous la surveillance. de saint Pierre et saint Paul qui regardaient du haut d'une tour, appelant l'ange à « secourir celle qui nous a hébergés » ; tandis qu'une colombe blanche descendait du ciel avec une couronne de myrte pour être placée sur la tête de la femme, et la légende portait "Je vois le temps de la grande justice - et toi, attends-le." Une fois de plus, la foule s'est rassemblée, l'image a été discutée et sa signification interrogée et exposée. Il y en avait qui secouaient la tête et disaient qu'il fallait plus que des images pour modifier l'état des choses ; mais on peut facilement supposer qu'à mesure que ces allégories successives leur étaient représentées, dans une langue que chacun pouvait comprendre, le sentiment grandissait, et qu'on ne parlerait guère d'autre chose à Rome que de ces étranges écrits sur les murs et de ce que leur les significations étaient. Le tableau donné par Lord Lytton dans son roman de *Rienzi* , de ce moment agité de l'histoire, est très fidèle aux faits, et donne une description des scènes des plus animées ; bien que dans la dernière partie de son histoire, il préfère la romance à l'histoire.

Tous ces incidents ouvrent cependant à nos yeux des aperçus latéraux de l'autre Rome sous la surface, occupée par des nobles rivaux et de magnifiques maisons, et tous les petits événements et épisodes pittoresques avec lesquels une aristocratie prédominante amusait le monde. Si M. Browning avait exposé Rome une fois de plus sur un sujet plus grave, comme il l'a fait une fois dans *L'Anneau et le Livre* , quels groupes il aurait pu mettre devant nous ! Les peintres qui n'avaient encore produit aucun personnage connu, mais qui, toujours impressionnables, seraient agités dans toutes les profondeurs de leurs ateliers par le souffle de la révolution, l'espoir d'une belle chose à venir, auraient pris une part du au premier plan : car avec le retrait du pape et de la cour, l'occupation d'un corps d'ouvriers artistes, bons à peine plus qu'à la décoration, ecclésiastique ou domestique, a dû beaucoup souffrir : et aucun ne peut être plus facilement touché par l'agitation de une pensée nouvelle et ambitieuse que des hommes dont le métier même exige une certaine touche d'inspiration, un stimulant de l'imagination. Il y avait sans doute dans les ateliers beaucoup de jeunes gens qui avaient grandi avec Cola, qui s'étaient accrochés à ses discours passionnés avant qu'ils soient connus du monde, et avaient entendu ses projets vagues et exaltés pour Rome, pour la rénovation de toutes ses anciennes gloires. , sans oublier de nouvelles magnificences de sculpture et de peinture dignes de la ville rénovée, maîtresse du monde. Leurs conversations et discussions passionnées, leur connaissance de ses mœurs et de ses pensées, les anciennes inscriptions qu'il leur avait montrées, les nouveaux espoirs qu'il avait décrits dans son langage enflammé, ont dû remplir d'excitation toutes ces *bottegas* , perchées parmi les ruines, ces ateliers construit à partir de palais abandonnés, le repaire de la jeunesse romaine qui n'était pas des gentlemen mais des ouvriers, et pour qui Janni Colonna et ses rieurs compagnons, qui considéraient Cola comme une si grande plaisanterie dans son génie fou, étaient de magnifiques jeunes clients à moitié admirés, à moitié abhorrés. . Quelle fierté cela a dû être d'être mis dans la confiance de Cola, de réduire aux lois de la représentation possible ses « similitudes », la mer orageuse avec ses galères et ses îlots, la flambée de l'incendie fatal : et de se dépêcher à l'aube, toute une bande d'entre eux, dans tous les délices de la conspiration, pour étaler la conception commune sur le mur et l'aider à lire sa leçon au peuple !

Et Browning aurait trouvé une autre Rome encore à illustrer dans les prêtres, le clergé plus humble, le curé de Saint-Ange au marché aux poissons , et bien d'autres encore, du peuple encore sur le peuple, les humbles hommes d'église avec leur peu de savoir, juste assez pour comprendre un nom ou une allusion classique, dont certains ont dû aider Cola lui-même à comprendre son latin, se pencher avec lui sur ses inscriptions et s'enflammer de son enthousiasme d'esprit à moitié entraîné, sans les limitations qui viennent avec une connaissance plus complète, est susceptible de le faire : sentir que tout est possible et ignorer les difficultés et les désastres inévitables de la révolution. Le grand idéal de l'Église toujours en suspens devant le prêtre visionnaire, et la raison évidente et simple pour laquelle il a échoué dans ce cas, à cause de l'absence du Pape et du veuvage de la ville, ont dû tellement tempérer le symbolisme classique de l'Église. le leader de manière à faire paraître ses rêves possibles à des hommes connaissant si peu la réalité des choses et si confiants qu'avec la force de leur dévouement et la pureté de leurs objectifs, tout pourrait être accompli. Pour de tels esprits, le possible et l'impossible n'existent pas, le monde lui-même est une chose dont les rêves sont faits, et la réforme complète de toutes choses, les cieux et la terre dans lesquels habitera la justice, sont toujours réalisables et proches. , si seulement l'effort pour les atteindre était assez fort et si l'esprit des opprimés était correctement éclairé. Personne n'a suffisamment exposé, bien que beaucoup aient essayé de le faire, cette hauteur de futilité humaine, cette foi sauvage de l'inexpérience et de l'ignorance partielle, qui en effet parfois, au moins un instant, emporte tout devant elle dans la frénésie de l'enthousiasme et de la foi. .

De l'autre côté se trouvaient Janni Colonna et ses camarades, le jeune Savelli, Gaetani, toute la vaillante troupe, insouciante de toutes choses, sûre de sa noblesse, de cette facile confiance de rang et de naissance qui est peut-être la plus pittoresque de toutes les circonstances, et l'un des plus exaltants, donnant à son propriétaire la certitude, avant toute logique, que pour lui le soleil brille et le monde tourne. Il y en avait de toutes les variétés parmi ces jeunes nobles comme parmi les autres classes d' hommes ; certains étaient *de bons princes* , insouciants mais non inconscients d'une manière cruelle envers les autres, si seulement on pouvait leur faire comprendre que leur carrière triomphale était de toute façon nuisible aux autres - une chose difficile à réaliser toujours . Les Colonna , en dehors de leurs querelles et conflits, étaient généralement *de bons princes* . Ils n'étaient pas une race d'oppresseurs ; ils aimaient les arts et caressaient leur poète spécial, qui se trouvait à ce moment-là être le grand poète d'Italie, et admiraient sans aucun doute l'éloquent Cola et étaient enchantés de ses discours et de ses saillies, même s'ils pouvaient y trouver une touche de ridicule. comme lorsqu'il disait qu'il devait être un grand seigneur ou même un empereur. C'était sa plaisanterie, ne pouvait-on voir l'étincelle dans ses yeux ? Et probablement le vieux Stefano, le noble grand-père, sourirait aussi en entendant les rires des garçons et penserait sans méchanceté au notaire fou avec ses enthousiasmes qui, sans doute, s'éteindraient bientôt, comme ce fut le cas pour la plupart des hommes, lorsque l'expérience est venue avec des années, ont pu corriger ces folies non négligeables de la jeunesse. Les grands ecclésiastiques semblent avoir été encore plus tolérants à l'égard de Cola, heureux de trouver cet auxiliaire inattendu qui a contribué à maintenir la balance en faveur du pape et à contenir la noblesse.

Entre- temps , Cola procédait à ses avertissements et peu à peu à une préparation plus acharnée. Nous arrivons heureusement à une date où nous lisons une soudaine déclaration de mots puissants qui sont apparus comme l'écriture sur le mur un matin, le 15 février 1347. "Dans peu de temps, les Romains reviendront à leur ancien bon gouvernement." *En bref tempo* - les mots sonores réels qui sonnent grands et nobles comme une flûte et une trompette à notre oreille valent la peine d'être cités pour le son, sinon plus : *En bref tempo I Romani tornaraco a lo loro antico buono état* . Quel frisson d'excitation de tourner brusquement un virage et de trouver face à vous sur le mur de l'église, des mots qui n'étaient pas là hier ! *Lo antico buono état !* le mot d'ordre le plus habile , qui devint désormais le symbole spécial de la nouvelle réforme. C'est après cela que nous entendons parler du rassemblement d'une petite assemblée secrète dans un endroit tranquille de l' Aventin, « un lieu secret » - où, lors d'une occasion privée, venaient des hommes sérieux de toutes les parties de la ville, « de nombreux Romains de importance et *bon homini* », qui était le titre, comme nous l'avons vu, donné aux chefs populaires. « Et parmi eux se trouvaient quelques nobles (cavalerotti) et de riches marchands » — pour réfléchir à ce qui pourrait être fait pour restaurer le bon gouvernement (*lo buono stato*) de la ville de Rome.

"Parmi lesquels Cola se leva et raconta, en pleurant, la misère, la servitude et le péril dans lesquels se trouvait la ville. Et aussi ce qui fut autrefois l'état grand et seigneurial dont les Romains avaient l'habitude de jouir. Il parla également de la perte de tout le pays environnant qui avait été autrefois soumis à Rome. Et tout cela il raconta en larmes, toute l'assemblée pleurant avec lui. Puis il conclut et dit qu'il leur fallait servir la cause de la paix et de la justice, et les consola . ajoutant : « N'ayez pas peur en ce qui concerne l'argent, car la Cammora romaine a des rendements nombreux et inestimables. En premier lieu les incendies : chacun fume payant quatre soldi, depuis Cepranno jusqu'à la Porta della Paglia. Cela fait cent mille florins. De la gabelle cent mille florins. Puis viennent les portes de Rome et les châteaux, et les les cotisations s'élèvent là à cent mille florins qui sont envoyés à Sa Sainteté le Pape, et que son Vicaire sait. Puis il dit : « Messieurs, ne croyez pas que ce soit par le consentement ou la volonté du Pape qu'un si grand nombre de citoyens mettre la main violemment sur les biens de l'Église. Par ces paraboles, les âmes de l'assemblée furent enflammées. Et il dit bien d'autres choses en pleurant. Ensuite, ils délibérèrent sur la manière de restaurer le Buono . État . Et chacun l'a juré sur les saints Évangiles — (en italien « dans la lettre », par un acte enregistré). »

Il paraît très probable, d'après l'allusion au Vicaire du Pape, qu'il était présent à cette assemblée secrète. En tout cas, il fut informé de tout ce qui se faisait et prit part au premier acte manifeste de la révolution. Pour donner une plus grande justification à ces plans secrets et à ces conspirations, l'état de la ville ne cessait de s'aggraver de jour en jour. Les deux partis, celui de Colonna et celui d'Orsini, s'équilibrent tellement, l'un profitant de tout incident susceptible de discréditer et de désavantager l'autre, que la justice et le droit sont paralysés, tout criminel trouvant un protecteur d'un côté ou de l'autre, et toutes sortes de rapines et de violences restent impunies. "La ville était en grande difficulté", dit notre chroniqueur, "elle n'avait pas de seigneur, les meurtres et les vols se produisaient de toutes parts . Les femmes n'étaient en sécurité ni dans les couvents ni dans leurs propres maisons. L' ouvrier fut volé à son retour de son travail, et même les enfants étaient outragés ; et tout cela à l'intérieur des portes de Rome. Les pèlerins qui se dirigeaient vers les sanctuaires des Apôtres étaient volés et souvent assassinés. Les prêtres eux-mêmes étaient prêts à tout mal. Chaque méchanceté fleurissait : il y avait pas de justice, pas de retenue : et il n'y avait pas non plus de remède à cet état de choses. Seul avait raison celui qui pouvait le prouver par l'épée. Tout ce que pouvaient faire les malheureux, c'était de s'unir et de se battre, chacun pour sa cause.

Au mois d'avril de l'année 1347, cet état d'anarchie était à son comble. Stefano Colonna s'était rendu à Corneto pour se ravitailler, emmenant avec lui toute la *milice* , la Garde Nationale ou police municipale de Rome. Privés même de ce faible soutien et sans aucun moyen de maintenir l'ordre, les sénateurs Agapito Colonna et Robert Orsini restèrent aussi impuissants à maîtriser tout soulèvement qu'à régler les affaires intérieures de la ville. Les conspirateurs profitèrent naturellement de cette opportunité. Ils envoyèrent un crieur public au son de la trompette pour appeler tous les hommes à se préparer à venir sans armes au Capitole, au Buono. Stato au son de la grosse cloche. Pendant la nuit, Cola semble avoir veillé — c'était la veille de la Pentecôte — dans l'église Saint-Ange de Pescheria , entendant « trente messes du Saint-Esprit », dit le chroniqueur, passant la nuit en dévotion comme on devrait dire. . A l'heure de tierce, au petit matin, il sortit de l'église, après avoir ainsi invoqué avec la plus grande solennité le secours de Dieu. C'était le 20 mai, une fête d'été, où toute Rome est glorieuse de soleil et où les fleurs d'oranger et les roses de chaque jardin remplissent l'air de douceur. Il était entièrement armé sauf sa tête qui était nue. Une multitude de jeunes l'entourèrent de cris et d'acclamations soudains, brisant le calme matinal et surprenant les fidèles se précipitant vers une messe matinale, qui durent rester bouche bée pour voir une bannière après l'autre se dérouler entre eux et le ciel, sortant de l'église. des portes. La première était rouge avec des lettres d'or, peinte d'une figure de Rome assise sur deux lions, portant un orbe et une palme dans ses mains : « un Mundo e una Palma », signes de sa souveraineté universelle. "C'était le Gonfalon de la Liberté" - et il était porté par Cola Guallato distingué sous le nom de "Lo buon dicitore "-un autre orateur comme Rienzi lui-même. Le deuxième était blanc avec une image de saint Paul, le troisième était saint Pierre et ses clés. Ce dernier était porté par un vieux chevalier qui, parce qu'il était un vétéran, était transporté " Alors Cola di Rienzo prit tout son courage, non sans crainte, et partit seul avec le Vicaire du Pape et monta au Palais du Capitole." Là, il s'adressa à la foule en faisant un *bellissima diceria* sur la misère et l'anarchie de Rome, disant qu'il a risqué sa vie pour l'amour du Pape et le salut du peuple. Le lecteur peut presque entendre le frémissement d'excitation réprimé « non sans crainte » dans sa voix. Et puis les règles du Buono Stato a été lu. Ils étaient très simples mais très complets. La première était que quiconque assassinait un homme devait en mourir, sans aucune exception. La seconde que toute affaire entendue devant les juges soit conclue dans un délai de quinze jours ; la troisième qu'aucune maison ne doit être détruite pour quelque raison que ce soit, sauf sur ordre des autorités. Le quatrième, que chaque *rione* ou district de la ville ait sa force de défenseurs, vingt-quatre cavaliers et cent à pied, payés par et sous les ordres de l'État. De plus, qu'un navire soit gardé pour la protection spéciale des marchands de la côte ; que les impôts étaient nécessaires et devaient être dépensés par les officiers du Buono État ; que les ponts, châteaux, portes et forteresses ne devraient être détenus par personne autre que le recteur du peuple, et ne devraient jamais passer entre les mains d'un baron ; que les barons devraient être chargés d'assurer la sécurité des routes vers Rome et ne protégerait pas les voleurs, sous peine de mille marcs d'argent : — que la Commune donnerait une aide en argent aux couvents ; que chaque *rione* ait son grenier et y fasse une réserve pour les mauvais temps ; que les parents de tous les hommes tués au combat pour la cause de la Commune recevraient une récompense selon leur degré ; que les anciens États soumis à Rome seraient restaurés ; et que quiconque porterait contre un homme une accusation qui ne pourrait être prouvée subirait la peine appartenant à l'infraction si elle avait été prouvée. Ce règlement et divers autres règlements qui plurent beaucoup au peuple furent lus et adoptés à l'unanimité à main levée et dans une grande joie. "Et il fut également ordonné que Cola y resterait en tant que seigneur, mais en conjonction avec le Vicaire du Pape. Et il lui fut donné le pouvoir de punir, de tuer, de pardonner, de faire des lois et des alliances, de déterminer des frontières ; et plein et libre *l'imperia*, le pouvoir absolu, lui fut donné dans tout ce qui concernait le peuple de Rome. »

Ainsi fut la vantardise de Cola, qui amusait tant les jeunes seigneurs à se réaliser sur toutes leurs têtes avant que plusieurs semaines ne se soient écoulées. Il avait dit qu'il serait un grand seigneur, aussi puissant qu'un empereur. Et c'est ce qu'il était.

LA LUNGARA

CHAPITRE III.
LE BUONO STATO.

Le premier incident de ce nouveau règne, si brusquement inauguré, fut saisissant. Stefano Colonna était le père de toute la bande, lui dont Pétrarque parle avec tant d'enthousiasme : " *Dio immortelle !* quelle majesté dans son aspect, quelle voix, quel regard, quelle noblesse dans son air, quelle vigueur d'âme et de corps à son âge ! J'avais l'impression de me tenir devant Jules César ou l'Africain, même s'il était plus âgé que l'un ou l'autre. C'est merveilleux à dire, cet homme ne vieillit jamais, alors que Rome vieillit chaque jour davantage. » Il était absent de Rome, comme on l'a dit, à l'occasion du merveilleux renversement de tout régime précédent et de l'établissement du Buono État ; mais dès qu'il apprit ce qui s'était passé, il revint en toute hâte, avec peu de partisans, ne doutant jamais qu'il mettrait bientôt fin à cette révolution des saltimbanques. Le lendemain matin, de bonne heure, il reçut de Cola une copie de l'édit du Capitole et l'ordre de quitter Rome sur-le-champ. Stefano prit le papier et le déchira en mille morceaux. « Si cet imbécile me met en colère, dit-il, je le jetterai par les fenêtres du Capitole. Lorsque cela fut rapporté à Cola, il fit sonner la cloche du Capitole avec *stuormo* , et le peuple se précipita de toutes parts à l'appel. Tout s'est passé très vite à ce moment du destin, et même le courageux Colonna semble avoir changé d'avis en un clin d'œil. L'aspect des affaires était si menaçant que Stefano prit la plus grande partie de son courage et partit aussitôt avec un seul serviteur, ne s'arrêtant qu'à San Lorenzo pour manger, et poussant jusqu'à Palestrina, qui était son principal siège et sa possession. Cola profita immédiatement de cet événement : avec l'approbation du peuple excité, il envoya un ordre similaire à celui que Stefano avait reçu, à tous les autres barons, leur ordonnant de quitter la ville. Il est étrange de constater que l'ordre du leader populaire fut aussitôt obéi. Peut-être que personne n'osait se lever après la fuite du chef de la chevalerie romaine. Ces vaillants cavaliers cédèrent devant le *Pazzo* , le fou, avec lequel le chef des Colonna comptait faire si peu de travail, sans porter un coup, dans une panique soudaine et complète. Le lendemain, tous les ponts furent abandonnés et des fonctionnaires du peuple furent installés sur eux. "L'un était servi d'une manière, l'autre d'une autre ; ceux-ci étaient bannis et ceux-là avaient la tête coupée sans pitié. Les méchants étaient tous jugés cruellement." Ensuite, un autre *Parlement* eut lieu au Capitole, et tout ce qui avait été fait fut approuvé et confirmé, et le peuple déclara d'une seule voix Cola, et avec lui le Vicaire du Pape, qui avait part à toutes ces merveilleuses démarches, Tribunes du Peuple et Libérateurs.

Il semblerait qu'après cette dispersion alarmée des nobles il y ait eu une tentative de leur part pour reprendre le dessus, mais qui échoua faute de pouvoir s'entendre entre eux : sur quoi ils reçurent un autre appel de Cola pour se présenter au Capitole et jurer de défendre le Buono État . Un à un, les nobles alarmés entrèrent. Le premier était Stefanello Colonna, le fils du vieillard, le premier de ses enfants après les deux ecclésiastiques, et héritier de son influence et de ses terres. Puis vint Ranello degli Orsini, puis Janni Colonna, lui qui avait invité Cola à dîner et riait haut et fort avec ses camarades de la bouffonnerie de l'orateur. Ce que Cola disait n'était plus une joyeuse plaisanterie. Puis vinrent Giordano du même nom, puis Messer Stefano lui-même, le brave vieillard, le magnanime, déconcerté par sa propre soumission inattendue et peut-être touché par un certain sens de la justice qu'il y avait en elle, jurant aux évangélistes d'être fidèles au Commune, et s'occuper de sa propre part du travail : comment dégager les routes, et repousser les voleurs, pour protéger les orphelins et les pauvres. Les nobles regardaient autour d'eux la foule rassemblée ; ils furent intimidés par tout ce qu'ils voyaient et, un par un, ils prêtèrent serment. L'un des derniers était Francesco Savelli, qui était le véritable seigneur de Cola di Rienzo , son maître, mais qui lui prêta serment d'allégeance, son propre serviteur. C'était une merveille comme on n'en avait jamais vu. Mais tout était merveilleux : la détermination du peuple, le Vicaire du Pape aux côtés de ce Tribune fou, l'autorité dans les yeux de Cola et dans sa voix éloquente.

Il devait cependant y avoir un fort sens du théâtre chez cet homme. Comme il avait d'abord attiré le peuple par des allégories visibles, par des images et des similitudes, il entretenait maintenant son intérêt par des spectacles continus. Il étudiait sa toilette, comme nous l'avons déjà vu, en toutes occasions, visant toujours ce qui devait frapper le regard. Sa robe de fonction était « d'une couleur ardente comme si elle avait été écarlate ». "Son visage et son aspect étaient terribles." Il n'a fait preuve de pitié envers aucun criminel, mais a exercé librement son privilège de vie et de mort sans respect des personnes. Un moine de San Anastasio , qui était un personnage d'une conduite infâme, fut décapité comme tout autre délinquant ; et un plus grand encore, Martino di Porto, chef d'une des grandes maisons, connut le même sort. Parfois, selon ses biographes, Cola était cruel. Il semblerait qu'il ait été un homme au courage nerveux, « non sans crainte » ; très conscient du risque qu'il courait et non incapable, comme cela s'est avéré par la suite, d'une panique soudaine, aussi rapidement réveillée que son éclair de bravoure excessive . D'une part, la passion de l'absolu le poussait à des démarches irréfléchies, à des vengeances soudaines, qui convenaient assez bien aux instincts de ses disciples ; dans un autre, son courage était susceptible de s'effondrer et son sang-froid de faillir au premier froncement de sourcils de la fortune. Le début de sa carrière est comme celui d'un homme inspiré : ce qu'il a décidé s'est réalisé comme par magie. Il semblait qu'il n'avait qu'à ordonner et cela fut accompli. En très peu de temps, les tribunaux, les marchés, la vie publique romaine furent tous transformés. Les barons, malgré leur réticence, durent accomplir le travail qui leur était assigné, car les routes devinrent tout d'un coup sûres et les processus désaffectés de la vie légale reprirent. "Les bois se réjouissaient, car il n'y avait plus de voleurs dedans. Les bœufs se mirent à labourer. Les pèlerins recommencèrent à faire leurs circuits vers les Sanctuaires, les marchands à aller et venir, à vaquer à leurs affaires. La peur et la terreur tombèrent sur les les tyrans et toutes les bonnes personnes, libérées de la servitude, étaient pleines de joie. » Les bravos, les bandits, tous les malfaiteurs qui avaient terrorisé la ville et ses environs s'enfuirent à leur tour, ne trouvant aucun protecteur, ni aucun abri qui pût les sauver du glaive prompt et prompt de la justice. Même les raffinements théoriques de la bienveillance étaient au cœur des tribunaux de Cola. Il y avait des artisans de paix pour entendre les supplications des hommes blessés par leurs voisins . et mettez- les, si possible, en accord. Voici une scène très curieuse : la loi des compensations, par laquelle un préjudice causé doit être remboursé en nature, étant pleinement en vigueur.

« Il arriva qu'un homme avait aveuglé l'œil d'un autre ; les procureurs sont venus et leur cause a été jugée sur les marches du Capitole. Le coupable était là, agenouillé, pleurant et priant Dieu de lui pardonner lorsque la personne blessée s'est présentée. Le malfaiteur leva alors la face pour que son œil soit aveuglé, si cela était ordonné. Mais l'autre fut ému de pitié et ne voulut pas toucher son œil, mais lui pardonna la blessure.

Sans aucun doute, l'ancienne doctrine œil pour œil a de tout temps été ainsi tempérée par la miséricorde.

Il semblerait que Cola vivait désormais dans le Capitole qui était son palais ; et peu à peu il commença à s'entourer de tous les insignes du rang. Cela faisait partie de son plan dès le début, car, comme on l'a dit, il ne perdait aucune occasion de se faire remarquer, ni par inclination naturelle à le faire, ni par une sage appréciation des goûts de la foule, qu'il avait tant. parfaite connaissance avec. Mais les résultats immédiats de son nouveau règne n'avaient rien d'histrionique. Qu'il se soit intitulé dans tous ses documents publics, lettres et lois, « Nicolas, sévère et clément, tribun de la paix, de la liberté et de la justice, illustre libérateur de la sainte République romaine », aurait peut-être trop ressemblé à la fanfaronnade qui est si déplaisant à nos tempéraments les plus froids ; mais Cola n'était pas Anglais, ni du XIXe siècle : et il y avait quelque chose de grand et d'harmonieux, un balancement de mots comme l'Italien aime, une combinaison du Brutus et du Chrétien, dans la conjonction de ces qualités qui se recommande. à l'oreille imaginative. Mais quelles que soient les objections que l'on puisse opposer à ses robes écarlates et à sa description exagérée de lui-même, rien ne pouvait gâcher la grandeur de la révolution morale qu'il a opérée dans une ville restaurée à la paix et à toutes les habitudes innocentes de la vie, et un pays apaisé et sécurisé , où les hommes allaient et venaient sans être inquiétés. Six ans auparavant, comme nous l'avons noté, Pétrarque, le héros du moment, avait été arrêté par des voleurs juste à l'extérieur des murs de Rome et avait dû rentrer en avion vers la ville pour obtenir une escorte armée avant de pouvoir poursuivre son chemin. « Le berger armé, dit-il, surveille ses brebis, craignant plus les voleurs que les loups ; le laboureur porte une cotte de mailles et aiguillonne ses bœufs avec une lance. Il n'y a ni sécurité, ni paix, ni humanité parmi les habitants. , mais seulement la guerre, la haine et l'œuvre des démons.

Telle était la situation lorsque Cola arriva au pouvoir. Un mois ou deux après ce renversement soudain, ses messagers, désarmés, vêtus, disent certains, de blanc avec la scarcella à leur ceinture brodée des armes de Rome, et portant pour toute défense une baguette blanche, voyageaient librement par tous les chemins depuis Rome, intacte, fut reçue partout avec joie. « J'ai porté cette baguette, dit l'un d'eux, à travers tout le pays et à travers les forêts. Des milliers de personnes se sont agenouillées devant elle et l'ont embrassée avec des larmes de joie pour la sécurité des chemins et le bannissement des voleurs. L'effet est encore aussi pittoresque que l'œil de l'artiste pourrait le désirer ; les silhouettes blanches avec leurs baguettes de paix parcourant partout ces longs niveaux de la Campagna, où chaque nœud de broussailles, toutes les couvertures de la *macchia* et chaque fortification en passant, avaient pullulé de bandes de voleurs, indemnes, sans peur, comme des anges de sécurité. dans le pays perturbé. Mais ce n'en était pas moins réel, une révolution immense et extraordinaire. Le Bono Le Stato fut proclamé le jour de la Pentecôte, dimanche de Pentecôte, le 20 mai 1347 : et au mois de juin suivant, Cola put informer le monde, c'est-à-dire toute l'Italie, le Pape et l'Empereur, que les routes étaient en sécurité et tout se passait bien. Clément VI. reçut ce rapport à Avignon et y répondit, donnant sa sanction à ce qui avait été fait, « voyant que la nouvelle constitution avait été établie sans violence ni effusion de sang », et confirmant l'autorité de Cola et de son évêque et co-tribun, en lettres du 27 juin.

Le changement au sein de la ville n'a pas non plus été moindre. Les droits levés par leurs anciens titulaires sur chaque pont, sur toutes les marchandises et sur chaque passant, furent soit transformés en une modeste octroi, soit complètement abolis ; les biens de chacun étaient en sécurité dans sa maison ; les femmes étaient libres de vaquer à leurs diverses occupations, la femme en sécurité dans la solitude de son foyer, pendant l'absence de son mari au travail, les filles à leur couture — en soi une révolution incalculable. Rome recommença à respirer et réalisa que ses mauvais temps étaient terminés et que le Buono Stato signifiait confort autant que justice. La nouvelle Tribune offrait également des spectacles glorieux à tous les passants en ces jours de juin. Il se rendait à l'église, par exemple, en grande pompe lors de la fête de

Santo Janni di Jugnio , de la Saint-Jean-Baptiste, la grande *fête de la Saint-Jean* , un spectacle splendide à voir.

« Le premier à venir était une milice d'hommes armés à cheval, bien habillés et parés, pour se frayer un passage devant le préfet . Viennent ensuite les fonctionnaires, juges, notaires, pacificateurs, syndics et autres ; suivis des quatre maréchaux avec leurs cavaliers. escorte. Puis vint Janni d'Allo portant la coupe d'argent doré dans laquelle était l'offrande, à la manière des sénateurs : qui était suivi d'autres soldats à cheval et des trompettes, sonnant leurs trompettes d'argent, les bouches d'argent faisant un son honnête et magnifique. Puis vinrent les cris publics. Tout cela se passa en silence. Vint ensuite un homme seul, portant une épée nue en signe de justice. Baccio , le fils de Jubileo , était-il. Puis suivit un homme dispersant de l'argent de chaque côté tout au long du chemin, selon la coutume des Empereurs : Liello Il s'appelait Magliari : il était accompagné de deux personnes portant un sac d'argent. Ensuite vint la Tribune, seule. Il montait un grand destrier, vêtu de soie, c'est-à-dire de velours, moitié vert et moitié jaune, fourré de minever. Dans sa main droite, il portait une baguette d'acier polie et brillante, surmontée d'une pomme en vermeil, et au-dessus de la pomme une croix d'or dans laquelle se trouvait un fragment de la Sainte Croix. D'un côté se trouvaient les lettres en émail « Deus » et de l'autre « Spiritus Sanctus ». Immédiatement après lui venait Cecco di Alasso , portant une bannière à la manière des rois. L'étendard était blanc avec un soleil d'or entouré d'étoiles d'argent sur fond bleu : et il était surmonté d'une colombe blanche, portant dans son bec une couronne d'olivier. A droite et à gauche se trouvaient cinquante vassaux de Vetorchiano à pied, des bâtons à la main, comme des ours vêtus et armés. Puis vint une foule de gens désarmés, des riches et des puissants, des conseillers et beaucoup d'honnêtes gens. Avec tant de triomphe et de gloire, il arriva au pont de San Pietro, où tout le monde saluait, les portes étaient grandes ouvertes et la route laissée spacieuse et libre. Lorsqu'il fut arrivé aux marches de San Pietro, tout le clergé sortit à sa rencontre avec ses vêtements et ses ornements. Avec des robes blanches, des croix et avec un grand ordre, ils sont venus en chantant *Veni Creator Spiritus* et l'ont ainsi reçu avec beaucoup de joie.

C'est ainsi que Cola chevauchait du Capitole à Saint-Pierre, traversant presque toute la ville existante : son offrande portée devant lui à la manière des sénateurs : l'argent dispersé parmi le peuple à la manière des empereurs : sa bannière portée comme devant les rois : réunissait tous les grands rangs en un seul. *Panem et circenses* étaient tout ce dont la vieille population romaine s'était souciée. Il leur a donné la paix et la sécurité et de belles processions et allégories à leur guise. Il ne manquait pas de signes à ceux qui les devinèrent plus tard, qu'avec tout ce triomphe et cette gloire, la Tribune commençait à perdre un peu sa retenue. Il commença à faire des fêtes et de grands divertissements au Capitole. Les palais des nobles confisqués furent vidés de leurs belles tapisseries, de leurs tentures et de leurs meubles, pour rendre splendides les pièces longtemps désaffectées ; et les nobles furent condamnés chacun à une amende de cent florins pour les réparations apportées à cette demeure mi-royale, mi-ruine, la rendant ainsi glorieuse.

Mais entre- temps , tout s'est bien passé. L'un des Colonna , Pietro d' Agapito [6] — qui aurait dû être sénateur pendant un an — fut arrêté et envoyé en prison, soit pour ce délit seulement, soit pour un autre, on ne nous le dit pas ; tandis que le reste de la maison, avec le vieux Stefano à leur tête, gardait à Palestrina un silence orageux, sans encore rien dire. Les réponses aux lettres de Cola arrivaient de tous les États voisins, en guise de félicitations et d'amitié, le Pape lui-même, comme nous l'avons vu, en tête de tous. « Toute l'Italie était en éveil », dit Pétrarque. "La terreur du nom romain s'étendait même dans des pays lointains . J'étais alors en France et je sais ce qui s'exprimait dans les paroles et sur les visages des personnages les plus importants de là-bas. Maintenant que l'aiguille a cessé de piquer, ils peuvent mais alors tout le monde était alarmé, tant le nom de Rome était grand encore. Personne ne pouvait dire dans combien de temps un mouvement si remarquable, se produisant dans la première ville du monde, pourrait pénétrer ailleurs. Le soldat de Babylone lui-même, ce grand potentat, apprenant qu'un homme d'une grande justice s'était levé à Rome, appela à haute voix Mahomet et saint Elimason (quel qu'il soit) pour aider Jérusalem, c'est-à-dire Saracinia , nous dit notre chroniqueur. Ainsi la sensation produite par la révolution de Cola parcourut le monde : et si au bout d'un moment son esprit perdit quelque peu de son équilibre, il n'y a guère lieu de s'étonner quand on lit les longues et flatteuses lettres, dont certaines ont été conservées, que Pétrarque parle de lui écrire « chaque jour » : et dans lequel il est proclamé plus grand que Romulus, dont la ville était petite et entourée de pieux seulement, tandis que celle de Cola était grande et défendue par des murs invincibles : et que Brutus qui ne résista qu'à un seul tyran . , tandis que Cola en renversait beaucoup : et que Camille, qui réparait les ruines encore fumantes et récentes, tandis que Cola restaurait celles qui étaient anciennes et invétérées presque au-delà de toute espérance. Pendant un moment merveilleux, amis et ennemis semblent avoir cru que Rome avait d'un seul coup récupéré l'empire du monde.

Cola avait ainsi triomphé partout par des méthodes pacifiques, mais il lui restait encore à prouver ce qu'il pouvait faire par les armes ; et l'occasion s'est bientôt présentée. Le seul des nobles qui n'avait pas cédé au moins une feinte de soumission était Giovanni di Vico , de la famille des Gaetani, qui avait occupé la charge de préfet de Rome et était seigneur de Viterbe . Contre lui, la Tribune envoya une expédition sous les ordres d'un des Orsini, qui battit et écrasa le rebelle, qui, en apprenant que Cola lui-même venait rejoindre ses forces, se rendit et fut amené à Rome pour faire sa soumission : de sorte qu'en de cette façon aussi le triomphe du leader populaire était complet. Tous les châteaux environnants tombèrent entre ses mains, Civita Vecchia d'un côté et Viterbe de l'autre ; et il employa le capitaine d'une famille contre les rebelles d'une autre avec une telle habileté et une telle force qu'ils étaient tous sous contrôle.

Jusqu'à la fin de juillet, cet état de choses se maintint sans interruption ; un succès de tous côtés, et apparemment un nouvel espoir pour l'Italie, peut-être une délivrance pour le monde. La Tribune semblait en sécurité comme n'importe quel monarque sur son siège, et se comportait toujours avec quelque chose de la simplicité et de la fermeté de ses débuts. Mais cela a commencé à changer progressivement. Surtout après sa facile victoire sur Giovanni di Vico , il semble avoir traité les nobles qu'il avait écrasés sous ses talons avec une incivilité méprisante, ce qui est d'autant moins étonnant quand on voit comment Pétrarque, si courtois qu'il était, parle de la même classe, reconnaissant même son bien-aimé Colonnas comme indigne du nom romain. Le Tribune était assis sur son fauteuil d'État, tandis que les barons devaient se tenir debout en sa présence, les bras croisés sur la poitrine et la tête découverte. Sa femme, belle et jeune, était escortée partout où elle allait par une garde d' honneur et accompagnée des plus nobles dames de Rome. Le vieux palais du Capitole était gai de fêtes ; ses murs délabrés étaient ornés de riches tentures provenant des maisons confisquées des *potenti* . Et puis les pauvres parents de la Tribune commencèrent à être séparés de la foule, à monter sur de beaux chevaux et à habiter de belles maisons. Et les spectacles offerts aux gens, ainsi que les mesures prises par Cola lui-même pour rehausser sa dignité et occuper l'attention de tout le monde, commencèrent à prendre un caractère fantastique. Une vaine gloire inquiète, un désir d'accomplir toujours quelque exploit ou de développer une nouvelle prétention, une tension agitée après que l'histrionique et le dramatique aient commencé à se manifester en lui - comme s'il sentait que son mandat exigeait d'une manière ou d'une autre un approvisionnement continu de tels divertissements pour le les gens, qui se précipitaient pour regarder et admirer tout ce qu'il faisait, et remplissaient l'air de *vivas* : pourtant ils commençaient secrètement dans leur cœur, comme le fait toujours Lo Popolo , à commenter l'extravagance de la Tribune et l'élévation au-dessus de leurs têtes de Janni le le barbier, par exemple, qui se promenait maintenant si grandiosement avec une suite de serviteurs, comme si, au lieu d'être un *popolo* comme eux, il était l'un des *potenti* que son neveu Cola avait renversé de leurs sièges.

L'un des premiers grands actes qui dénotent ce tremblement de saine raison dans l'âme du tribun fut la cérémonie fantastique par laquelle il se fit chevalier, à l'étonnement de Rome entière. Ce n'était pas, nous disent tous les historiens, une chose étrange ou inouïe que la Ville crée ses propres *cavalieri* . Florence l'avait fait, et Rome aussi l'avait fait — dans le cas de Stefano Colonna et de quelques autres très peu de temps auparavant — mais avec au moins la prétention d'un honneur conféré par le peuple à des citoyens choisis par ses concitoyens. Rien de pareil n'était possible avec Cola di Rienzi, et aucune illusion n'était tentée à ce sujet. Il était suprême en toutes choses, et il lui plaisait de prendre cette dignité pour lui. Il y avait sans doute un dessein ambitieux caché sous cette cérémonie extérieure, qui, du dehors, ressemblait tellement à un intermède dramatique destiné à amuser le peuple, et à une satisfaction de vanité de sa part. Ces deux choses avaient sans doute leur part, mais elles n'étaient pas toutes. Il fit des préparatifs extraordinaires pour le succès et *l'éclat* de ce qui était en réalité un *coup d'État* des plus extraordinaires. Tout d'abord, il se fortifia du verdict de tous les savants juristes de Rome, auxquels il soumit la question de savoir si le peuple romain avait le droit de reprendre entre ses mains et d'exercer l'autorité dont les tyrans avaient usé dans l'époque. nom de la ville, question à laquelle il ne pouvait y avoir qu'une seule réponse, par acclamation. Ces droits avaient toujours été revendiqués comme absolus et suprêmes par les dirigeants que le peuple de Rome avait laissé parler en son nom, ou, plus exactement, qu'il avait suivis comme des moutons. Vingt ans auparavant, comme nous l'avons vu, c'était par manière de conférer la couronne de l'Empire à Louis de Bavière. C'était une prétention habituellement écrasée à sa naissance, comme le fit même Il Bavaro en recevant une seconde fois la même couronne de son anti-pape ; mais c'était une idée qui avait été obstinément défendue, surtout dans les rangs désordonnés de Lo Popolo et par des visionnaires de toutes sortes. Les papes avaient retiré ce contrôle des mains de Rome et l'avaient revendiqué pour l'Église avec un tel succès que nous avons tenté de le retracer ; mais le fait que, sous une forme ou une autre, la cité régnante du monde avait toujours droit à cette suprématie était partagé par tous. Dans les deux cas, il s'agissait dans une large mesure d'une revendication visionnaire et irréelle, jamais pratiquement acceptée par le monde, et la cause d'interminables luttes futiles pour vaincre la force avec le droit (hypothétique).

Cependant, comme nous l'avons vu, Cola avait une conception aussi élevée de ces prétentions de Rome que Grégoire ou Innocent. Il croyait qu'à part entière, la vieille race impériale – qui était aussi peu impériale à cette époque, aussi peu assurée dans sa descendance et aussi dépourvue de toutes qualités royales qu'une tribu de barbares – conservait toujours l'emprise sur le monde qui avait été imposée. par les légions impériales dirigées par les plus grands généraux du monde. Les enthousiastes de cette théorie ont été capables de fermer les yeux sur toutes les lois de la nature et du gouvernement et, avec la plus étrange superstition, se sont accrochés au fantôme de ce qui n'était réel que par la pression d'une puissance et d'une force supérieures, lorsque toute force avait disparu. des mains qui n'étaient que des ombres peintes du passé.

Il est étrange de concevoir par quel raisonnement possible une armée contradictoire de barons médiévaux du sang le plus mêlé, celui-ci du Rhin, celui du sud de l'Italie, comme Pétrarque le décrit à plus d'une occasion, sans véritable souche patricienne : et le les restes d'un peuple constamment soumis et asservi, jamais de quelque importance que dans les moments de révolution, pourraient être amenés à occuper dans le monde la place qu'avait occupée la Rome impériale, l'unique conquérant, l'unique autocrate du monde. Les papes avaient une autre revendication, plus réalisable. Ils étaient les chefs d'un empire spirituel, se tenant de droit de leur fonction entre Dieu et le monde, avec un droit (comme ils le croyaient) d'arbitrer et d'ordonner, en tant que représentants du ciel ; un droit parfaitement légitime, s'il est autorisé par ceux qui y sont soumis, ou prouvé par des preuves suffisantes. Cola, avec une curieuse touche d'intelligence et de sens, a tenté de combiner les deux affirmations. Il était le messager du Saint-Esprit ainsi que le Tribune de la Ville. Ce n'est que par l'action immédiate de Dieu, comme il le prétendait, qu'une révolution aussi soudaine et complète que celle qui avait mis le pouvoir entre ses mains aurait pu être accomplie : c'est pourquoi il a été nommé par Dieu . Mais il était aussi le représentant du peuple, auquel Rome confiait tous les pouvoirs. Les sphères de ces deux influences sublimes se confondaient. Parfois, il se comportait comme inspiré par l'un, parfois s'affirmait comme l'incarnation de l'autre. Chevalier du Saint-Esprit, il était investi des robes blanches d'une pureté et d'une droiture surnaturelles. Tribun de Rome, il détenait le mandat du peuple et exerçait le pouvoir qui lui était droit de naissance. C'était la position et la suprématie éblouissantes et déconcertantes qu'il allait maintenant revendiquer devant le monde.

Il avait invité tous les États italiens à envoyer des députations de leurs citoyens à Rome, et l'invitation avait été largement acceptée. De Florence, de Sienne, de Pérouse et de bien d'autres petites villes, les représentants du peuple venaient grossir sa suite. Les rois de France et d'Angleterre répondirent par lettres sur des tons d'amitié ; d'Allemagne Louis de Bavière salue amicalement la Tribune, sollicitant son intercession auprès du Pape. Les Vénitiens et "Messer Luchino il granne Le tyranno de Milan envoya aussi des lettres ; et des ambassadeurs vinrent de Sicile et de Hongrie, tous deux réclamant le secours de Rome. Tout était joie et triomphe dans la ville. C'était le 1er août, grande fête, jour des Feriae *Augusti* . — Feragosto , selon le *patois* romain — parmi la population qui ne savait plus ce que cela signifiait ; mais Cola, mieux instruit, l'avait choisi à cause de sa signification. Il se rendit au Latran dans l'après-midi en grande splendeur . dans le calendrier de l'Église, la veillée de San Pietro in Vincoli , anniversaire des chaînes de l'Apôtre, que l'impératrice Eudoxie avait apporté avec une grande solennité à Rome. « Toute Rome, dit le chroniqueur, des hommes et des femmes se précipitèrent vers Saint-Pierre. Jean de Latran, prenant place sous le portique pour voir la *fête* , et remplissant les rues pour voir ce triomphe.

"Puis vinrent beaucoup de cavaliers de toutes nations, barons et peuples, et *Foresi* avec des cuirasses de cloches, vêtus de samite et avec des bannières ; ils firent de grandes festivités, et il y eut des jeux et des réjouissances, des jongleurs et des bouffons sans fin. Là sonnèrent les trompettes. , ici on tirait la cornemuse et le canon. Puis, accompagnée de musique, arrivait à pied la femme de Cola avec sa mère, et accompagnée de nombreuses dames. Derrière les dames venaient des jeunes hommes finement habillés, portant la bride d'un cheval doré . et ornée. Il y avait des trompettes d'argent innombrables, et on pouvait voir sonner les trompettes . Ensuite vinrent une multitude de cavaliers, dont les premiers étaient de Pérouse et de Corneto . Par deux fois, ils jetèrent leurs robes d'argent. [7] Puis vint la Tribune. avec le Vicaire du Pape à ses côtés. Avant que la Tribune ne soit vue, celui qui portait une épée nue, un autre portait une bannière au-dessus de sa tête. Dans sa propre main, il portait une baguette en acier. De nombreux nobles étaient avec lui. Il était vêtu de une longue robe blanche, travaillée avec du fil d'or. De jour comme de nuit , il sortait dans la chapelle du pape Benoît jusqu'à la *loggia* et s'adressait aux gens en disant : « Vous savez que cette nuit, je dois être fait chevalier. Quand tu reviendras, tu entendras des choses qui plairont à Dieu dans le ciel et aux hommes sur la terre. Il parlait de telle manière que dans une si grande multitude il n'y avait que joie, ni horreur ni armes. Deux hommes se disputèrent et tirèrent leurs épées, mais furent bientôt persuadés de les remettre dans leur fourreau... Quand tout le monde fut parti, le clergé célébra un service solennel, et le Tribune entra dans le Baptistère et se baigna dans la coquille · de l'empereur Constantin qui était en porphyre précieux. C'est merveilleux de dire cela ; et on en parlait beaucoup parmi le peuple. Puis il dormit sur un lit vénérable, couché en cet endroit appelé San Giovanni in Fonte, à l'intérieur du circuit des colonnes. Il y passa la nuit, ce qui était une grande merveille. Le lit et la literie étaient neufs, et lorsque la Tribune s'en relevait, une partie tombait à terre dans le silence de la nuit. Le matin, il s'habillait d'écarlate ; l'épée lui était ceinte par Messer Vico degli Scotti et les éperons d'or d'un chevalier. Toute Rome, et tous les chevaliers d'entre eux, étaient revenus à San Giovanni, ainsi que tous les barons et les étrangers, pour voir Messer Cola di Rienzi comme un chevalier.

La chronique continue en nous racontant ensuite comment Cola sortit sur la *loggia* de la chapelle du pape Benoît, pendant qu'on célébrait une messe solennelle, et s'adressa au peuple.

"Et d'une grande voix, il cita d'abord 'Messer Papa Chimente ' pour revenir à son siège à Rome, et ensuite il cita le Collège des Cardinaux. Puis il cita les Bavarois. Puis il cita les électeurs de l'Empire en Allemagne en disant "Je voudrais voir quel droit ils ont d'élire", car il était écrit qu'après un certain temps l'élection revenait aux Romains. Lorsque cette citation fut faite, aussitôt apparurent des lettres et des courriers pour les transporter, qui furent envoyés immédiatement en route. Puis il prit l'épée, la tira de son fourreau et l'agita vers les trois quarts du monde en disant : " Ceci est à moi ; et ceci est à moi ; et ceci est à moi. " Était présent le Vicaire du Pape, qui se tenait comme un muet et un idiot stupéfait par cette chose nouvelle. Il avait avec lui son notaire, qui protesta et dit que ces choses n'étaient pas faites de son consentement, et qu'il n'avait aucun droit. connaissance d'eux, ni sanction du Pape. Et il pria le notaire d'exprimer publiquement sa protestation. Pendant que le notaire faisait cette protestation en criant à haute voix, Messer Cola ordonna aux trompettes et à tous les autres instruments de jouer, que le La voix du notaire pourrait ne pas être entendue, le plus grand bruit engloutissant le moindre.

C'étaient les nouvelles que Cola avait promis de faire connaître à la foule à son retour, des nouvelles agréables à Dieu et aux hommes. Mais il y avait sans doute beaucoup d'interrogations dans le cœur de la grande foule qui remplissait la place du Latran, s'efforçant d'entendre sa voix, alors qu'il revendiquait la domination du monde et appelait le pape et l'empereur à comparaître devant lui. Il n'est pas étonnant que le Vicaire du Pape ait été « stupéfait » et n'ait pas voulu prendre part à ces étranges procédures. C'est probablement le notaire de la Commune et non Cola lui-même qui a publié les citations et leur autorité, longuement exposées, qui avaient de quoi blanchir les joues de n'importe quel vicaire du pape.

« Dans le sanctuaire, c'est-à-dire le baptistère, du saint prince Constantin de glorieuse mémoire, nous avons reçu le bain de chevalerie ; sous la conduite du Saint-Esprit, dont nous sommes indignes serviteurs et soldats, et pour la gloire du Saint-Esprit. Église notre mère et notre seigneur le Pape, et aussi pour le bonheur et le bien de la sainte ville de Rome, de la sainte Italie et de toute la chrétienté, nous, chevalier du Saint-Esprit, et comme tel vêtu de blanc, Nicolas, sévère et Clément, libérateur de la ville, défenseur de l'Italie, ami de l'humanité et auguste Tribun, nous qui souhaitons et désirons que le don du Saint-Esprit soit reçu et augmente dans toute l'Italie, et entendons, comme Dieu nous le permet, imitons la générosité et la générosité des anciens princes, nous faisons savoir que lorsque nous avons accepté la dignité de tribun, le peuple romain, selon l'opinion de tous les juges, avocats et autorités savantes, a reconnu qu'il possédait toujours la même autorité, le même pouvoir . et juridiction sur toute la terre qui leur appartenait dans les temps primitifs et à l'époque de leur plus grande splendeur : et ils ont révoqué formellement tous les privilèges accordés à d'autres contre cette même autorité, pouvoir et juridiction. C'est pourquoi, conformément à ces anciens droits et au pouvoir illimité qui nous ont été conférés par le peuple dans une assemblée générale, et aussi par Notre-Seigneur le Pape, comme le prouvent ses bulles apostoliques : et afin que nous ne soyons pas ingrats envers le grâce et don du Saint-Esprit, ou avares de cette même grâce et don à l'égard du peuple romain et des peuples d'Italie mentionnés ci-dessus : afin également que les droits et la juridiction du peuple romain ne soient pas perdus : nous décidons et annonçons, en vertu de la puissance et de la grâce du Saint-Esprit, et sous la forme la plus réalisable et la plus juste, que la ville sainte de Rome est la tête du monde et le fondement de la foi chrétienne : et nous déclarons que toutes les villes de L'Italie est libre, et nous accordons et avons accordé à ces villes une liberté entière, et nous les constituons désormais citoyens romains, déclarant, annonçant et ordonnant qu'elles jouiraient désormais des privilèges de la liberté romaine.

"En outre, et en vertu de la même puissance et grâce de Dieu, du Saint-Esprit et du peuple romain, nous affirmons, reconnaissons et déclarons que le choix de l'empereur romain, la juridiction et la domination sur tout le saint empire , appartient à la Ville Sainte elle-même et à la sainte Italie par plusieurs causes et raisons ; et nous faisons connaître par ce décret à tous les prélats, empereurs élus et électeurs, aux rois, ducs, princes, comtes et margraves, aux rois, ducs, princes, comtes et margraves, aux gens, aux corporations et à tous ceux qui contredisent cela et exercent un prétendu droit sur le choix de l'empire, qu'ils soient appelés à comparaître pour expliquer leurs prétentions dans l'Église du Latran, devant nous et devant les autres commissaires. de notre seigneur le Pape entre ceci et la Pentecôte de l'année prochaine, et qu'après ce temps nous procéderons selon nos droits et l'inspiration du Saint-Esprit.

L'instrument est très long et enchevêtré dans ses phrases, mais la revendication qui y est exposée est très claire et arrogante comme celle de n'importe quelle fausse décrétale ou bulle papale. Son ton rend toute prétention des papes humble et toute affirmation de leur pouvoir raisonnable. Mais il n'y a aucune raison de douter qu'elle soit parfaitement sincère. Rome était un mot qui allait à la tête de tous ceux qui étaient liés à cette merveilleuse ville. Rien n'était trop grand pour elle ; aucune exaltation trop élevée. Transférer l'élection de l' empereur des grands princes allemands à la population de Rome, inconstante et ignorante, dirigée par celui qui arrivait au pouvoir, était une imagination fantastique, qu'il est presque impossible de croire qu'un homme sensé puisse nourrir. Pourtant Cola pensait que c'était juste et vrai, la seule chose à faire pour transformer la terre en une sorte de paradis ; et Pétrarque, un homme plus prudent, pensait la même chose. Pour le poète Cola, l'entreprise était l'espoir de l'Italie et du monde : et c'est à ce moment, alors que la Tribune était en plein triomphe, que Pétrarque lui adressa, outre la promesse d'un poème censé s'accomplir dans le *Spirito Gentil*, une longue lettre *Esortatoria*, dans laquelle il l'exhorte à poursuivre « l'heureux succès » de sa « plus glorieuse entreprise », par la sobriété et la modestie il est vrai, mais aussi par la joie et le triomphe, afin que le La ville « choisie par le monde entier comme siège de l'empire » ne doit pas retomber dans l'esclavage. « Rome, reine des villes, dame du monde, chef de l'empire, siège du grand Pontife », sa prétention à la domination n'était pas mise en doute par ces étranges enthousiastes. Elle était une abstraction, une sagesse idéale et un pouvoir personnifiés – pas même dans une course, pas dans un ou plusieurs grands hommes, mais dans la ville, et dans cette voix tumultueuse et toujours vacillante de la population, soufflée ici et là par tous les vents. Et Cola croyait détenir entre ses mains la fortune et les intérêts de la chrétienté tout entière, la domination du monde entier. Aucun enthousiasme, aucune illusion ne pourrait être plus extraordinaire.

Les cérémonies du mois d'août ne s'arrêtèrent pas là. Un autre cérémonial prodigieux était célébré le jour de l'Assomption de la Vierge, le quinzième de ce mois, également grande fête romaine. Ce jour-là, il y eut encore une grande cérémonie dans l'église du Latran. Le Vicaire du Pape refusa de présider, attendant entre-temps les ordres du siège. Mais cela n'arrêta pas ces curieux procédés. Cette fois, c'était du sacre de la Tribune qu'il s'agissait. Il s'était fait chevalier et s'était même inventé un ordre, l'ordre de ceux « vêtus de blanc », les Chevaliers du Saint-Esprit. Il fallait maintenant qu'il soit couronné selon sa mode. Le chroniqueur de la vie de Cola ne prête cependant aucune attention à cette cérémonie. Elle fut commencée par le prieur de Saint-Jean de Latran, qui s'avança à la Tribune et lui remit une couronne de feuilles de chêne, avec ces mots : « Prends cette couronne de chêne, car tu as délivré les citoyens de la mort ». Après lui venait le prieur de Saint-Pierre avec une couronne de lierre, disant : « Prends ce lierre parce que tu as aimé la religion. Le doyen de Saint-Paul est venu ensuite avec une couronne de myrte, "Parce que tu as fait ton devoir et préservé la justice, et que tu as haï les pots-de-vin." Le Prieur de Saint-Laurent apporta une couronne de laurier, celui de Sta. Marie Majeure d'Olive, avec l'adresse peu appropriée : « Prends ceci, homme d'esprit humble, car en toi l'humilité a vaincu l'orgueil. » Enfin, le Prieur de l'hôpital Santo Spirito a remis à Cola une couronne d'argent et un sceptre en disant : « Illustre Tribune, recevez cette couronne et ce sceptre , les dons du Saint-Esprit, ainsi que la couronne spirituelle ». Ceci, on pourrait supposer, devait être une interpolation ; pour Goffredo degli Scotti, qui avait ceinturé son épée comme chevalier, était présent avec une autre couronne d'argent , donnée par le peuple de Rome, qui était surmontée d'une croix, et qui fut présentée à Cola avec les mots : « Illustre Tribun, recevez ceci. : exercez la justice et donnez-nous la liberté et la paix.

Le lecteur sera tenté d'imaginer que Cola a dû être alourdi par cette pyramide de couronnes, comme un écolier français dans son moment de triomphe. Mais au milieu de tout ce décor glorieux, son imagination dramatique avait conçu un moyen révélateur de s'en débarrasser. A ses côtés se tenait un homme très pauvrement vêtu et portant une épée, avec laquelle il enlevait successivement chaque couronne au fur et à mesure qu'elle était posée sur la tête du tribun, « en signe d'humilité et parce que les empereurs romains devaient endurer toutes les incivilités qui leur étaient adressées. au jour de leur triomphe. » On retrouve cependant le mendiant avec toutes les couronnes crachées sur son épée, figure plutôt ridicule qu'expressive. La dernière de toutes, la couronne d'argent, restait au front de la Tribune, l'archevêque de Naples ayant l'inspiration courtoise de s'interposer au moment où le serviteur en haillons aurait voulu la prendre. Toutes les différentes couronnes avaient des significations classiques ou bibliques. Ils étaient fabriqués à partir des plantes qui poussaient à l'état sauvage autour de l'Arc de Constantin ; tout était symbolique, mystique : les sept dons de l'Esprit ; et le tout imprégné de ce mélange fantastique d'ancien et de nouveau dont le monde était alors plein.

Après cette dernière affirmation de sa grandeur, Cola fit un discours au peuple confirmant les affirmations et les hautes prétentions de sa précédente proclamation, et interdisant à tout empereur, roi ou prince quel qu'il soit, de toucher le sol sacré de l'Italie sans le consentement du Le pape et le peuple romain. Il semble avoir conclu en interdisant l'usage des noms de Guelfe et de Gibelin : règle admirable aurait-elle pu être appliquée.

Pendant que Rome tout entière se pressait ainsi dans les rues, remplissant chaque centimètre carré d'espace disponible sous les portiques et sur la place pour voir ce grand spectacle, un certain saint moine, très estimé du peuple, fut trouvé en train de pleurer et de prier dans l'un des temples. chapelles de Sta. Maria Maggiore, tandis que la Tribune dans tout son état recevait des couronnes et des hommages. Un des prêtres domestiques de Cola, qui officiait dans la chapelle privée du Capitole, demanda à Fra Guglielmo pourquoi, au milieu de tant de réjouissances, lui seul était triste. "Ton maître," dit le moine, "est tombé du ciel aujourd'hui ! Oh qu'un tel orgueil soit entré dans son âme ! Avec l'aide du Saint- Esprit , il a chassé les tyrans de Rome sans coup férir, il a été élevé à la dignité de tribun, et toutes les villes et tous les seigneurs de l'Italie lui ont fait honneur . Pourquoi est-il si fier et si ingrat envers le Très-Haut , et pourquoi ose-t-il dans un discours insolent se comparer à son Créateur ? Dis à ton maître que rien n'expiera un tel crime que les larmes de pénitence. Ainsi, on verra que le flot d'enthousiasme et de foi avec lequel la Tribune avait été reçue fut freiné, très vite apparent.

En attendant, il restait, en dehors de tous ces triomphes, de ces réjouissances et de l'immense affirmation de soi de l'homme qui, au nom de Rome, revendiquait une sorte de domination universelle, une forte bande de nobles toujours en possession de leurs châteaux et de leurs places fortes autour de la ville, observant d'un air sombre la marche des affaires, et attendant sans doute le moment où le parvenu, qui s'était ainsi trompé dans tous les atours et les folies de la royauté, ferait ce pas de trop qui est toujours attendu et qui décidera de son sort. Sans aucun doute, pour le vieux Stefano Colonna, avec toute sa connaissance des hommes, cette fin semblerait très sûrement proche lorsqu'il entendrait parler, ou peut-être serait témoin, du mélodrame de la chevalerie, de la farce du couronnement. Cola avait été contraint de profiter des services de ces barons, même s'il les détestait. Il avait mis un Orsini à la tête de ses troupes contre le préfet Giovanni di Vico . Il nomma Janni Colonna, son ancien patron, qui s'était si moqué de lui, pour diriger l'expédition contre les Gaetani. Nulle part, semble-t-il, parmi les hommes qui étaient *popolari* , du peuple, on ne trouvait le fantôme d'un général. Les nobles avaient été d'abord bannis de Rome ; mais leur bonne conduite dans cette grande affaire de la sécurité des routes, ou bien la difficulté d'agir contre eux individuellement, et les conseils de Pétrarque et d'autres qui conseillaient une grande prudence, avaient sans doute tacitement brisé cette sentence et permis leur retour. Beaucoup d'entre eux étaient certainement à Rome, allant et venant, mais aucun n'occupait de fonction ; et on nous dit que le vieux Stefano était présent au grand dîner après que Cola se soit fait chevalier. Peut-être des commentaires furent-ils faits sur ces cérémonies qui parvinrent aux oreilles de la Tribune ; peut-être y avait-il des murmures d'impatience croissante chez l'autre partie, ou des allusions à des complots entre eux. Ou peut-être Cola, ayant épuisé tous les autres moyens de donner à lui-même et à Rome une sensation nouvelle, pensa-t-il à ces ennemis de la République, toujours désireux sans doute d'agir contre elle, qu'ils le fassent ouvertement ou non. Ses démarches étaient maintenant devenues si histrioniques qu'il est permis de supposer un motif qui autrement aurait été indigne d'un homme de son génie et de sa puissancc naturelle ; et devant la curieuse tragi-comédie qui suivit, il est difficile de ne pas soupçonner quelque chose de pareil. Un jour de septembre, la Tribune invita plusieurs nobles à un grand dîner. La liste donnée dans la *Vita* comprend les noms les plus nobles de Rome. Stefano Colonna avec trois de ses fils : Agapito et "le jeune prospère" Janni (petit-fils) et Stefanello , l'aîné laïc de la famille, ainsi qu'un certain nombre d'Orsini, Luca de Savelli, le Conte di Vertolle et plusieurs autres. La fête semble avoir commencé avec une cordialité apparente et cette politesse et cette vigilance tendues de la part des invités, qui ont distingué de nombreux banquets fatals dans lesquels chacun se méfiait de son prochain . Cola n'avait encore rien fait qui puisse justifier un quelconque soupçon de trahison, mais les barons avaient très probablement mauvaise conscience, et on aurait pu observer que la courtoisie du Tribune était également mise à rude épreuve.

« Vers le soir, les *popolari* qui étaient parmi les invités commencèrent à parler des défauts des nobles et de la bonté de la Tribune. Alors messer Stefano l'aîné commença une question, ce qui convenait mieux à un chef du peuple, d'être prodigue ou Une grande discussion s'éleva à ce sujet, et à la fin messer Stefano prit un coin de la robe de Cola et dit : « Pour toi, Tribune, il serait plus convenable de porter un honnête costume de drap que cet habit pompeux. " Et en disant cela, il montra le coin de la robe. Quand Cola entendit cela , il fut troublé. Il appela le garde et les fit tous arrêter. Messer Stefano le vétéran fut placé dans une salle voisine, où il resta toute la nuit sans lit. ", faisant les cent pas dans la chambre, et frappant à la porte, pria les gardes de le libérer ; mais les gardes ne voulurent pas l'écouter. Alors le jour parut. La Tribune délibéra s'il ne devait pas leur couper la tête, afin de libérer complètement le peuple. Il ordonna que le *Parlatorio* soit recouvert de drap rouge et blanc, ce qui serait le signal de l'exécution. Puis la grande cloche sonna et le peuple se rassembla au Capitole. Il envoya à chacun des prisonniers un confesseur, un des frères mineurs, afin qu'ils se lèvent à la repentance et reçoivent le corps du Christ. Lorsque les barons prirent conscience de tous ces préparatifs et entendirent sonner la grosse cloche, ils furent tellement glacés de peur qu'ils ne purent parler. La plupart d'entre eux se sont humiliés et ont fait leur pénitence et ont reçu la communion. Monsieur Rainallo degli Orsini et quelques autres, parce qu'ils avaient mangé le matin des figues fraîches, ne purent recevoir, et messer Stefano Colonna ne voulut pas avouer ni communiquer, disant qu'il n'était pas prêt et qu'il n'avait pas mis de l'ordre dans ses affaires.

"Entre-temps, plusieurs citoyens, considérant le jugement qui allait être rendu, usèrent de nombreux arguments pour l'empêcher en paroles apaisantes et paisibles. Enfin la Tribune se leva du conseil et interrompit le débat. C'était maintenant le heure de Tierce. Les barons, comme condamnés, descendirent tristement dans le *Parlatorio* . Les trompettes sonnèrent comme pour leur exécution, et ils furent rangés face au peuple. Alors le Tribune changea de but, monta sur l'estrade et fit une belle sermon. Il répéta le Pater Noster , cette partie qui dit : « Pardonnez-nous nos dettes ». Puis il pardonna aux barons et dit qu'il souhaitait qu'ils soient au service du peuple, et fit la paix entre eux et le peuple. Un à un, ils inclinèrent la tête devant le peuple. Après cela, leurs fonctions leur furent restituées, et chacun reçut une belle robe garnie de vair ; et un nouveau Gonfalon fut fait avec des épis de blé en or. Puis il les fit dîner avec lui et ensuite traversa la ville à cheval, les conduisant avec lui, puis les laissa aller librement leur chemin. . Ce qui a été fait a beaucoup déplu à toutes les personnes avisées qui disaient : 'Il a allumé un feu et une flamme qu'il ne pourra pas éteindre.'"

« Et moi, ajoute le chroniqueur, j'ai dit ce proverbe », qui n'était pas du tout convenable : il signifiait qu'il était inutile de faire sentir la poudre et de ne tirer sur personne.

Les instincts dramatiques de la Tribune étaient allés trop loin. Il avait en effet produit une sensation palpitante, un moment d'appréhension tragique extrême et terrible ; mais il oubliait qu'il jouait avec des hommes, non avec des marionnettes, et que la miséricorde ainsi accordée après qu'ils eurent traversé l'amertume de la mort n'était pas susceptible d'être reçue comme une faveur généreuse par ces patriciens honteux et indignés, qui étaient aussi autant insultés par sa miséricorde que blessés par sa condamnation fictive. Ils ont dû le suivre dans cette promenade à travers Rome avec le cœur brûlant en eux, les manteaux de fourrure qui étaient ses cadeaux comme des insignes de honte sur leurs épaules : et chacun se dirigea, dès qu'il fut libre, hors des portes de son propre pays. châteaux, avec la fureur dans le cœur. Ces hommes n'étaient pas de ceux à qui l'on pouvait faire une plaisanterie aussi tragique. Le vieux Stefano et ses fils, ayant subi l'indignité supplémentaire d'être créés par cette multitude coquine de patriciens et de consuls, s'en allèrent vers leur imprenable Palestrina, et les Orsini vers Marino, une place également forte. Désormais, il n'y avait plus de paix possible entre la Tribune et les nobles de Rome. "Il a reculé devant l'accomplissement de sa trahison", dit son biographe moderne Papencordt . A-t-il jamais eu l'intention de faire plus que ce qui a été fait ? Cela nous paraît très douteux. C'était un homme de sensations et il aimait les scènes palpitantes qu'il a certainement obtenues. Il humilia ses ennemis jusqu'à la poussière et créa une situation dans laquelle toute Rome retenait son souffle : le tribunal drapé comme pour une condamnation à mort, le confesseur à chaque coude, la population solennellement assemblée pour voir mourir les tyrans, tandis que tous Pendant ce temps, les robes avec leur bordure en minerai royal étaient prêtes, et les bannières ornées d'épis de blé. Il y a une touche presque de saltimbanque dans ces derniers détails. Pétrarque, il est curieux de noter, désapprouvait, non pas le piège tendu aux nobles, ni les circonstances du drame, mais l'échec de Cola à profiter d'une telle opportunité, "une occasion telle que la fortune n'en a jamais donnée à un homme". Empereur », alors qu'il aurait pu couper d'un seul coup les ennemis de la liberté. Peut-être le poète avait-il raison : mais Cola, dans sa folie, aurait été un homme pire s'il avait été plus sage. Comme c'était le cas, son instinct dramatique était sa ruine.

Les barons sont *partis dentiste minacciavano* , jurant entre leurs dents, et peu de temps après les Orsini, qui avaient été, jusqu'à ce tragique banquet, ses amis et ses partisans, se retranchèrent à Marino et furent en pleine rébellion, reprenant toutes les anciennes coutumes de leur race, et ravageant la Campagne jusqu'aux portes mêmes de Rome. C'était l'époque des vendanges, qui, pour une fois, semblaient probables qu'elles se feraient en paix dès la première année de la république, voire jamais auparavant. Mais déjà le charme de la paix de courte durée était rompu, et une fois de plus les pillards étaient à l'étranger, semant la terreur et la perte dans tout le pays environnant. "La folie de la Tribune fut si grande", reprend son primitif biographe, perdant patience, qu'au lieu de suivre aussitôt les rebelles jusqu'à leur antre, il leur laissa le temps de fortifier Marin et de tout mettre en ordre pour la défense, de sorte qu'il s'avéra que une tâche difficile quand enfin il se remit en mouvement et partit contre la forteresse avec une armée d'une force inhabituelle, levée principalement parmi les Romains irrités eux-mêmes, avec laquelle il pilla tout le pays environnant, s'empara d'une plus petite forteresse appartenant aux Orsini, et ainsi alarmé. ils leur ont proposé de se rendre à condition que leur sécurité soit assurée. Cola ne posa aucune condition, mais il ne réussit pas à prendre Marino, étant rappelé d'urgence à Rome pour rencontrer le légat du pape, envoyé pour le traiter avec les menaces et les réprimandes les plus sévères. La Tribune revint alors dans la ville, levant le siège de Marino ; et aussitôt à son arrivée il donna l'ordre de détruire le palais des Orsini, près du château de Saint-Ange. Il se rendit ensuite à Saint-Pierre, où, avec son amour habituel du costume, et dans l'étrange vanité qui s'emparait de plus en plus de lui, il prit dans le trésor du chef des Apôtres la dalmatique que portaient habituellement les empereurs au cours des siècles . les cérémonies de leur couronnement, un vêtement de grand prix, « tout brodé, dit le chroniqueur, de petites perles ». Il le mit par-dessus son armure , et ainsi équipé, et avec la couronne d'argent sur la tête qui était sa distinction en tant que tribun, et le sceptre d'acier scintillant à la main, se rendit au palais papal, où l'attendait le légat. « Son apparence était terrible et fantastique », dit son biographe ; et il n'était pas d'humeur à recevoir le légat comme l'attendait un si haut fonctionnaire. — Vous êtes venu nous voir, quel plaisir vous fait-il ? il a dit. Le Légat répondit : « J'ai beaucoup à vous dire de la part du Pape. » Lorsque le Tribun entendit ces paroles, il dit à haute voix : « Qu'avez-vous à dire ? mais lorsque le légat entendit cette réponse effrénée, il resta étonné et se tut ; alors la Tribune lui tourna le dos.

Rampagnosa, en effet, avait l'air et les manières touchés de cette folie que les dieux envoient à ceux qu'ils veulent détruire ; et *fantastique* l'apparence du chef, peu habitué aux armes, avec le splendide manteau de l'empereur sur la poussière de la route, et la simplicité paisible de la petite couronne civique sur son bonnet d'acier. Il est probable que le majestueux Cardinal-Légat, habitué aux princes et aux hommes d'État, pensait la Tribune folle ; il devait l'être au moins en partie, dans l'excitation de sa première campagne, dans la montée de sa confiance en lui, dans la précipitation et le tumulte du destin.

Cependant, entre-temps, Marino n'était pas pris, et un autre feu de rébellion avait éclaté parmi les Colonna , dont on savait maintenant qu'ils faisaient de grands préparatifs pour une descente sur Rome. Le légat s'était retiré à Monte Fiascone , d'où il ouvrit une correspondance avec les deux divisions de ces nobles rebelles ; et un parti redoutable s'organisa ainsi , d'un point à un autre, contre Rome : tandis que la ville elle-même commençait à envoyer de tous côtés des messagers secrets, la population changeant d'avis comme d'habitude, tandis que les citoyens riches s'alarmaient de leur isolement, ou offensés par l'arrogance de leur chef. Cola aussi, à ce moment-là, commençait, semble-t-il, à ressentir dans sa personne sensible la réaction de tant d'excitation et d'exaltation, et fut pendant un court moment malade et misérable, ressentant l'horreur de la tempête qui commençait à se lever. autour de lui de tous côtés. Mais il fut revigoré par divers succès à Rome même et par l'encouragement encore plus grand donné par l'arrivée du premier rebelle, le seigneur de Viterbe , Giovanni di Vico , venu sous couvert d'amitié et avec des offres d'aide, mais au en même temps avec des airs d'importance et de prétention que Cola n'approuvait pas. Il fut rapidement capturé par la méthode habituelle mais trop facile d'une invitation à un banquet, un piège dans lequel les nobles romains semblent être tombés avec beaucoup de facilité, et fut emprisonné. Alors Cola, entièrement rétabli, se prépara à affronter ses ennemis. C'était l'hiver, un mois de novembre sombre et froid, quand le bruit courut que les Colonna approchaient de Rome. Cola rassembla son armée, qui avait été augmentée de quelques bandes d'alliés des villes voisines , et avait à sa tête plusieurs Orsini d'une autre branche de la maison. Il avait déjà encouragé le peuple par des discours publics, dans lesquels il lui racontait l'apparition d'abord de saint Martin, qui lui disait de n'avoir aucune crainte, et ensuite de saint Boniface, qui se déclarait l'ennemi de la Colonna, qui lui avait fait du tort. l'Église de Dieu. De telles visions montrent quelque chose de l'état perturbé de l'esprit du Tribune essayant en vain de se renforcer dans une confiance qu'il ne ressentait pas. Le 20 novembre, dans la grisaille du matin, la grande cloche sonna et les trompettes sonnèrent pour annoncer l'approche de l'ennemi : et avec ses forces divisées en trois bandes, l'une sous son propre commandement, les autres dirigées par Cola et Giordano Orsini, il partit à la rencontre des rebelles qui, par la porte de Saint-Laurent, s'approchaient de Rome.

L'ennemi n'avait pas beaucoup d'esprit pour la bataille. Ils avaient marché toute la nuit sous une pluie battante et dans le froid. Le vieux Stefano avait été pris de fièvre et tremblait comme une feuille. Agapito , son neveu, avait fait un mauvais rêve dans lequel il voyait sa femme veuve, pleurant et s'arrachant les cheveux. Ils arrivèrent devant la porte avec un cœur indifférent et avec des conseils partagés, bien qu'on leur ait fait savoir qu'il y avait une conspiration à l'intérieur et que la porte leur serait ouverte sans aucune lutte. Stefano Colonna le jeune, qui était général de l'armée, arriva alors seul et demanda l'entrée. "Je suis citoyen de Rome. Je souhaite rentrer chez moi. Je viens au nom du Buono Stato ", dit-il. Le capitaine de la porte répondit avec une grande simplicité. Il est évident que Stefano avait appelé quelqu'un par son nom, espérant qu'il serait admis. "Les gardes que vous appelez ne sont pas ici. La garde a été changée. Je viens d'arriver avec mes hommes. Vous ne pouvez en aucun cas entrer. Le portail est verrouillé. Ne sais-tu pas dans quelle colère le peuple est contre toi pour avoir dérangé le Buono État ? N'entendez-vous pas la grosse cloche ? Je vous en prie, pour l'amour de Dieu, partez. Je ne te souhaite aucun mal. Pour vous montrer que vous ne pouvez pas entrer ici, je jette la clé." La clé, qui était inutile du côté extérieur de la porte, tomba dans une mare faite par la pluie : mais le bruit de sa chute fit sursauter les nerfs déjà troublés. des dirigeants, et ils se sont hâtés de délibérer sur ce qu'il fallait faire. "Ils ont délibéré s'ils pouvaient se retirer avec honneur

, dit le chroniqueur. Il est très curieux d'entendre ces pourparlers et le murmure de l'armée, inquiète au dehors, ne sachant plus quel pas faire, dans la misérable aube de novembre, après sa marche nocturne. " Ils résolurent de se retirer avec *honneur* ", dit Papencordt : et dans ce but , troupe par troupe s'avança vers la porte, puis se tourna pour se retirer : peut-être par obéissance à quelque punctilio de la guerre antique. Le troisième bataillon contenait à sa tête la fierté de l'armée (*li pruodi , e le bene a cavallo, e tutta la fortezza*), le jeune Janni Colonna. Une partie de l'armée de Cola avait à ce moment atteint le même Ils se trouvèrent à l'intérieur et désiraient une sortie, mais ne purent ouvrir la porte de la manière habituelle, la clé étant perdue, ils en ouvrirent donc une partie avec beaucoup de clameur et de bruit. Le côté droit s'ouvrit, le côté gauche resta fermé.

" Janni Colonna s'approcha du portail, entendant le bruit à l'intérieur, et considérant qu'il n'y avait pas eu d'ordre pour l'ouvrir, il pensa que ses amis avaient dû faire ce bruit, et qu'ils avaient enfoncé le portail de force. Considérant ainsi, Janni Colonna franchit rapidement le seuil avec sa lance au repos, éperonnant son coursier, chevauchant hardiment sans précaution. Il entra dans la porte de la ville. Eh ! comme le *peuple* était terrifié ! Devant lui toute la cavalerie de Rome se tourna pour fuir. De même le Popolo se retira volant, pendant l'espace d'un demi-tour. Mais ce n'est pas pour cela que ses amis suivirent Janni , de sorte qu'il resta là seul, comme s'il avait été appelé en jugement. Alors les Romains reprirent courage, s'apercevant qu'il était seul : le plus grand fut son malheur. Son cheval prit le pied dans une cave ouverte (*grotta*) qui était du côté gauche de la porte, et le jeta en le piétinant. Janni , s'apercevant de son malheur, appela le peuple à quartier, les adjurant de se retirer. Pour l'amour de Dieu, ne le dépouillez pas de son armure . Comment peut-on le dire ? Il a été déshabillé et frappé de trois coups et est mort. Fonneruglio de Trejo fut le premier à frapper. Il (Janni) était un jeune homme de bonne disposition. Sa renommée s'est répandue dans tous les pays. Il gisait là, nu, blessé et mort, en tas contre le mur de la ville, à l'intérieur de la porte, les cheveux recouverts de boue, à peine reconnaissable . Alors on vit une grande merveille. Le temps pestilentiel et perturbé commença à s'éclaircir, le soleil brillait, le ciel de sombre et nuageux devint serein et gai. »

Mais ce n'était là que le premier chapitre de cette terrible tragédie. Et une misère encore plus grande allait venir.

"Stefano della Colonna, parmi la foule dehors devant le portail, demanda avec anxiété où était son fils Janni , et on lui répondit : 'Nous ne savons pas ce qu'il a fait ni où il est allé.' Alors Stefano commença à soupçonner qu'il était entré par la porte, il éperonna donc son cheval et partit seul, et vit son fils allongé par terre entouré de nombreuses personnes, entre la cave et la mare d'eau. Voyant cela, Stefano craignant pour lui-même, il se retourna ; il sortit par la porte et son bon sens l'abandonna. Il fut confus ; la perte de son fils l'accable. Il ne dit pas un mot, mais se retourna et entra de nouveau par la porte, si par quelque signifie qu'il pourrait sauver son fils. Lorsqu'il s'approcha, il vit que son fils était mort. La question maintenant était de sauver sa propre vie, et il se retourna tristement. Alors qu'il sortait de la porte et passait sous la tour , un gros morceau de pierre le frappa à l'épaule et son cheval à la croupe. Puis suivirent des lances lancées de toutes parts. Le cheval blessé jeta ses talons, et le cavalier, incapable de tenir son siège, tomba à terre, lorsque le Popolo se précipita sur lui devant la porte, à l'endroit où se trouve l'image, au milieu de la route. Là, il gisait nu, à la vue du peuple et de tous les passants. Il avait perdu un pied et était blessé en plusieurs endroits, un coup terrible l'ayant frappé entre le nez et les yeux. Janni n'a été blessé qu'à la poitrine et à un pied. Alors le peuple se précipita furieusement hors de la porte, sans ordre ni chef, cherchant simplement qui tuer. Ils rencontrèrent les jeunes cavaliers, au premier rang desquels Pietro d' Agapito di Colonna, qui avait été préfet de Marseille, et prêtre. Jusqu'à ce jour, il n'avait jamais utilisé d'armes. Il tomba de cheval et ne put se relever, le sol étant si glissant, mais il s'enfuit dans une vigne voisine. Il était chauve et vieux, priant pour l'amour de Dieu d'être pardonné. Mais vaine était sa prière. On lui a d'abord pris son argent, puis ses armes, puis sa vie. Il gisait dans cette vigne, nu, mort, chauve, gras – pas comme un homme de guerre. Près de lui se trouvait un autre baron, Pandolfo des seigneurs du Belvédère. Dans un petit espace, il y en avait douze ; ils se prosternent. Tout le reste de l'armée, cavaliers aussi bien que fantassins, jetait les armes çà et là, et sans ordre, avec une grande terreur, tournait le dos : et il n'y en avait pas un qui frappât un coup.

Ainsi se termina la première attaque contre la Tribune, horriblement, ignoble, avec panique des deux côtés, et rage des bêtes sauvages parmi le peuple victorieux, pas un des deux côtés, sauf ces deux Colonnas assassinés , se comportant comme un homme. Le récit de la lutte, si intense dans sa brièveté, si brutal et si terrible, avec son fond de ciel plombé et de pluie qui tombe, et la terre boueuse sur laquelle chevaux et hommes ont glissé et sont tombés, est placé devant nous comme une image : et le changement soudain du temps, le soleil éclatant tout à coup sur ces figures blanches et prosternées, blanches et rouges, avec d'horribles blessures. Il ne pouvait y avoir de scène plus épouvantable – parmi tous les récits de guerres intestines, l'une des plus sordides, non rachetée même par aucun fait d'armes ; car le pauvre jeune Janni entra dans le piège inconscient, et une chance aveugle, horrible et non préméditée, semblait régner sur tout le monde, sauf le père, le cœur brisé, se retirant instinctivement à la première découverte du danger, puis se retournant pour sauver, si c'était possible, son garçon mourant, qui avait été si brutalement abattu et coupé en morceaux. Le vieux père de tous, le grand Stefano, trop vieux pour la guerre et tremblant de fièvre, fut emporté dans la foule des fuyards pour cacher sa tête endeuillée dans sa vieille forteresse et pleurer sévèrement la perte de ses enfants.

Cola, dit la chronique, partagea la consternation du peuple lorsque la noble figure du jeune Janni apparut dans l'ouverture de la porte. La bannière de la Tribune fut renversée dans le recul du peuple devant cet envahisseur solitaire ; et lui-même, levant les yeux au ciel, ne s'écria que ceci : « Ah ! mon Dieu, m'as-tu trahi ? Mais une fois passée cette soudaine ruée vers le meurtre et la poursuite, il retrouva tous ses instincts dramatiques ainsi que son courage. Les trompettes d'argent sonnèrent, une couronne d'olivier fut placée sur sa tête au-dessus de la couronne d'argent, il agita sa baguette d'acier sous le soleil désormais brillant et marcha vers Rome, triomphant - comme il avait en effet de bonnes raisons de l'être - vers l'Église. de l'Ara Cœli , où il déposa la couronne d'olivier et la baguette d'acier devant l'autel de la Vierge. « Après cela, dit le chroniqueur indigné, il ne porta plus jamais de sceptre , ni de couronne, ni de bannière sur sa tête. Une fois de plus, il s'adressa au peuple du *Parlatorio* , avec l'intonation de la victoire dans chaque mot. Tirant son épée, il l'essuya avec sa robe et dit : « J'ai coupé avec cela une tête que ni le pape ni l' empereur ne pouvaient toucher.

Entre-temps, les trois Colonna morts avaient été transportés à Rome dans la chapelle de leur maison de l'Ara Cœli . "La Contesse (les parents, épouses et sœurs) est venue, accompagnée de nombreuses femmes s'arrachant les cheveux, pour pleurer (*ululare*) sur les morts", mais Cola les a fait chasser et a interdit tout honneur funéraire . « S'ils m'inquiètent encore à propos de ces maudits cadavres, dit-il, je les ferai jeter dans un fossé. C'étaient des parjures, ils n'étaient pas dignes d'être enterrés. Les trois chevaliers morts furent transportés secrètement de nuit à l'église de San Silvestro et enterrés par les moines *senza ululato* , sans qu'aucune lamentation ne soit faite sur eux. Ainsi finissent le noble Colonna, les espérances de la maison, et avec elles, sans qu'il le sache, les espérances extravagantes et la chance miraculeuse de Cola di Rienzi, qui commença à décliner à partir de ce jour.

Nous avons insisté sur les détails de cette histoire, parce qu'il n'y en a guère d'autre qui donne une vision aussi claire des rues et des palais, de la ruée du Popolo, des conseils incertains des nobles , de la témérité et de la panique mêlées qui régnaient parmi tous. sur les deux côtés. La confusion est extraordinaire ; la foule ignorante avec son chef enthousiaste, à peine moins ignorant des hommes et du juste cours des affaires humaines, qui défia d'un cœur léger les plus grandes puissances de la chrétienté et se retira devant la vision terrifiante d'un jeune guerrier à la porte : les nobles avec leurs armée, qui ne cherchait qu'à s'en sortir sans honte lorsqu'elle se trouvait devant une porte défendue, et s'enfuyait devant une sortie de canaille, d'hommes aussi effrayés qu'eux, et courageux seulement lorsqu'ils poursuivaient une autre troupe démoralisée . Que l'on regarde d'un côté ou de l'autre, l'effet est tout aussi saisissant. La révélation, d'abord si romantique et splendide, bien que toujours fantastique et théâtrale, tombe maintenant dans une horreur sordide et une vantardise folle, et une lâcheté et une fureur, dans lesquelles le spectacle du Tribune, essuyant l'épée innocente de sang sur son manteau , atteint peut-être le point culminant du ridicule tragique : tandis que toute la chevalerie de Rome galopant le long des routes boueuses vers leurs forteresses, fuyant devant une foule civique, est le point le plus bas de la misère humiliante. Il semble presque impossible de croire que les meilleurs sangs et les plus grands noms de l'Italie, ainsi que, d'un autre côté, ses aspirations les plus visionnaires, puissent aboutir à une confusion et une chute aussi dégradantes.

PORTA DEL POPOLO (PORTE FLAMINIENNE).

THÉÂTRE DE MARCELLUS.

CHAPITRE IV.
DÉCLIN ET CHUTE.

Après une victoire si étrange et si complète sur un parti, si le Tribun avait poussé son avantage et s'était opposé à l'autre avec tout le prestige de son triomphe, il aurait probablement mis fin à la résistance des nobles. Mais il ne l'a pas fait. Il n'avait plus envie de se battre. On suppose, sans raison suffisante, pensons-nous, qu'il était personnellement un lâche. Ce qui est plus probable, c'est qu'un homme aussi sensible et nerveux (pour employer le jargon de notre époque) a dû souffrir, comme l'aurait fait n'importe quel beau tempérament, de cette scène à la porte de San Lorenzo, et du pauvre jeune Janni Colonna couché . dans son sang; et que lorsqu'il déclara « qu'il ne tirerait plus son épée », il le fit avec un dégoût sincère pour toutes ces méthodes brutales. Ses propres moyens de convaincre les gens étaient par l'argumentation et l'élocution, et par des images sur les murs qui, si elles ne convainquaient pas, ne faisaient de mal à personne. Cependant, la scène suivante qu'il a préparée pour son public ne ressemble pas beaucoup à l'horreur que nous lui avons attribuée. Il avait informé ses partisans, avant de partir contre les nobles, qu'il emmenait son fils avec lui, sur le ton avec lequel la présence d'un prince impérial peut être proclamée à une armée ; et l'on retrouve maintenant le jeune Lorenzo placé encore plus au premier plan. Le lendemain de cette terrible victoire, Cola réunit la milice de la ville par l'argument le plus touchant. "Viens avec moi," dit-il, "et après tu auras ta paye." Ils vinrent donc l'accompagner, se demandant, mais ne sachant pas ce qu'il avait en tête.

"Les trompettes sonnaient à l'endroit où avait eu lieu le combat (*sconfitto*). Personne ne savait ce qu'il fallait y faire. Il se rendit avec son fils à l'endroit même où était mort Stefano Colonna. Il y avait encore là une petite mare d'eau. Cola fit descendre son fils, jeta sur lui l'eau encore teintée du sang de Stefano et lui dit : « Sois un chevalier de la victoire. Tout le monde autour était étonné et stupéfait. Puis il ordonna à tous les commandants de frapper son fils sur l'épaule avec leurs épées. Ceci fait, il retourna au Capitole et dit : " Allez votre chemin. Nous avons fait une œuvre commune. Tous nos pères étaient Romains, le pays s'attend à ce que nous combattions pour elle. Quand cela fut dit, l'esprit du peuple fut très exercé, et certains ne porteraient plus jamais les armes. Alors la Tribune commença à être grandement haïe, et les gens commencèrent à parler entre eux de son arrogance qui n'était pas petite.

Cette cérémonie grotesque et horrible semble avoir fait à Cola plus de mal que toutes les autres. Le leader d'une révolution ne devrait pas avoir de fils. L'excellent instinct de subvenir aux besoins de sa famille après lui et de se faire un tremplin pour ses enfants, bien que procédant de « ce qu'il y a de mieux dans l'âme », a gâché bien des histoires. Cola di Rienzi était un homme des plus remarquables et aurait pu être un grand homme ; mais Rienzo di Cola, qui aurait été le nom naturel de son fils, n'était personne, et on n'en entend jamais parler après ce terrible baptême de sang, si odieux à tout homme naturel et humain. élan généreux. Les passants dans les rues ont-ils vu les taches rouges sur la robe du jeune Lorenzo tandis qu'il traversait la ville depuis la porte Tiburtine et traversait le Forum jusqu'au Capitole, où tout le train était si sommairement renvoyé ? Alors que les Cavallerotti , la plus grande partie de l'assemblée, faisaient demi-tour et s'éloignaient offensés, la nouvelle courait sans aucun doute trimestre après trimestre chez eux. Le sang de Stefanello , l'héritier du grand Colonna ! Et les pensées du vieil homme désolé et du jeune Janni si courageux et gai venaient à l'esprit de beaucoup. C'étaient peut-être des tyrans, mais c'étaient des visages romains familiers, connus de tous, et avec quelque raison d'être fiers, s'ils l'étaient ; pas comme ce parvenu, qui appelait les honnêtes gens loin de leurs propres soucis pour faire honneur à son fils de basse naissance, et les envoyait ensuite vaquer à leurs occupations sans même un dîner pour célébrer le nouveau chevalier !

Tout cela se passait les 20 et 21 novembre : et c'était le 20 mai que Cola avait été élu au Capitole et proclamé maître des destinées de l'univers, par déduction, comme maître de Rome. Six mois, pas plus, remplis de magnifiques concours et d'événements passionnants. Alors, malgré le caractère extraordinaire de sa révolution, tout le monde avait cru et encouragé tout le monde. Il avait reçu la sanction du pape, les félicitations amicales des grandes villes italiennes, et surtout les applaudissements enthousiastes et débordants de Pétrarque, le plus grand des poètes vivants. Peu à peu, toutes ces sympathies et tous ces applaudissements lui étaient tombés. Florence et les autres grandes villes avaient retiré leur amitié, le Pape avait annulé sa commission, le Vicaire du Pape avait quitté la Tribune. Plus sa vanité et son admiration pour lui-même grandissaient, plus ses amis s'éloignaient de lui. Le jour même, le lendemain de la défaite de la Colonna, avant que la nouvelle ait pu parvenir à quelqu'un de loin, Pétrarque, en route pour l'Italie, ramené en partie par l'inquiétude au sujet de son ami, reçut d'un autre ami une copie d'un des lettres arrogantes et extraordinaires que Cola envoyait à travers le monde, je les lisais et les relisais et j'en restais stupéfait. "Quelle réponse peut-on y apporter ? Je ne sais pas", s'écrie-t-il. "Je vois que le destin poursuit le pays, et de quelque côté que je me tourne, je trouve des sujets de chagrin et de trouble. Si Rome est ruinée, quel espoir reste-t-il pour l'Italie ? et si l'Italie est dégradée, que deviendrai-je ? Que puis-je offrir sinon larmes?" Quelques jours plus tard, arrivé à Gênes, le poète écrivit à Rienzi lui-même avec reproche et tristesse :

AQUA FÉLICÉ

« Souvent, je l'avoue, j'ai eu occasion à cause de toi de répéter avec une immense joie ce que Cicéron met dans la bouche de Scipion l' Africain : « Quel est ce son grand et délicieux qui me vient à l'oreille ? Et certainement rien ne pourrait être mieux appliqué à la splendeur de ton nom et au récit fréquent et joyeux de tes actions : et il était en effet bon à mon cœur de te parler dans cette exhortation, pleine de tes louanges et d'encouragements à continuer, que je t'ai envoyé. *Eh !* ne fais rien, je t'en conjure, pour me faire demander maintenant d'où vient cette grande et fatale rumeur qui frappe si douloureusement mon oreille ? Garde-toi, je t'en supplie, de salir ta propre renommée. Personne au monde, sauf toi, ne peut ébranler les fondations de l'édifice que tu as bâti, mais tu peux détruire ce que tu as fondé, car nul homme n'est plus capable que l'architecte de détruire son propre ouvrage. Vous connaissez le chemin par lequel tu es monté vers la gloire : si tu fais demi- tour , tu te retrouveras bientôt au plus bas endroit, et la descente est naturellement plus rapide... Je me précipitais vers toi et de tout mon cœur : mais je me détourne sur le chemin. que ce que tu étais, je ne te verrais pas. Adieu, Rome, à toi aussi adieu, si cela est vrai ce que j'ai entendu. Plutôt que de venir vers toi, j'irais aux Indes, au bout du monde... Oh ! comme le début s'accorde mal avec la fin ! Ô misérables oreilles qui, habituées au bruit de la gloire, ne savent pas supporter de telles annonces de honte ! Mais ne s'agit-il pas là de mensonges et mes paroles ne sont-elles pas fausses ? Oh , ça pourrait être le cas ! Comme je serais heureux d'avouer mon erreur !... Si tu te soucies si peu de ta renommée, pense au moins à la mienne. Vous savez bien par quelle terrible tempête je suis menacé, combien est nombreuse la foule des fauteurs prêts à me perdre. Pendant qu'il est encore temps, réfléchissez-y, soyez vigilants, regardez bien ce que vous faites, guidez-vous continuellement par de bons conseils, réfléchissez avec vous-même, sans vous tromper, ce que vous êtes, ce que vous étiez, d'où vous venez, et jusqu'à quel point, sans nuire au bien public, vous pouvez atteindre : comment vous habiller, quel nom prendre, quels espoirs éveiller, et de quelle doctrine faire une confession ouverte ; comprenant toujours que non Seigneur, mais uniquement Ministre, tu es de la République.

La part que Pétrarque s'attribue ainsi dans la fortune de Cola peut paraître exagérée ; mais il ne faut pas oublier que les Colonna étaient ses principaux mécènes et amis, que c'est sous leur ombre protectrice qu'il était devenu célèbre et que sa chaleureuse amitié pour Rienzi avait déjà profondément affecté les termes de ses relations avec eux. Cette relation était arrivée à une rupture positive en ce qui concerne son plus puissant protecteur, le cardinal Giovanni, une rupture de sentiment d'un côté aussi bien que de protection de l'autre. Sa lettre au cardinal après cette catastrophe, dans laquelle elle lui présente ses condoléances pour la mort de ses frères, est l'une des compositions les plus froides, très différente de l'affection chaleureuse et empressée d'autrefois, et composée principalement d'excuses élaborées pour ne pas avoir écrit. Le poète s'était entièrement engagé à l'égard de la Tribune ; il avait salué son avènement dans les termes les plus enthousiastes, il l'avait proclamé l'espoir de l'Italie, il avait misé sa propre réputation sur le désintéressement et le patriotisme de son ami ; c'est pourquoi cette chute, avec toutes ses circonstances humiliantes, les vanités et l'ivresse qui l'avaient provoquée, étaient intolérables à Pétrarque : son propre crédit ainsi que celui de Cola étaient concernés. Il avait été assez téméraire pour répondre de tous côtés de la Tribune, pour engager son propre jugement, sa capacité à comprendre les hommes, presque son honneur , au nom de Cola ; et se voir prouver si mal, si peu capable d'estimer avec justesse celui qu'il croyait si bien connaître, était pour lui une amertume indicible.

L'intérêt de sa déception et de son chagrin tragiques est en même temps accru par le fait que l'autre partie à cette terrible querelle avait été l'objet constant des éloges et de l'enthousiasme du poète. C'est à Pétrarque que nous devons l'essentiel de notre connaissance de la famille Colonna à cette période remarquable d'une longue histoire remplie d'incidents souvent répétés d'une lutte sans fin pour le pouvoir, soit avec les Romains rebelles eux-mêmes, soit avec les autres petite moins grande famille des Orsini qui, malheureusement pour eux, n'avaient pas de Pétrarque pour les mettre pleinement au jour. Les nombreuses allusions dans les lettres de Pétrarque, ses réminiscences de la maison ample et gracieuse, tous si amicaux et si caressants, tous d'un même esprit quant à ses propres qualités poétiques et désireux de lui combler d'honneurs, éclairent pour nous le visage du une histoire très compliquée et donne de l'intérêt à de nombreuses recherches poétiques ou philosophiques élaborées. Surtout la figure du père, le vieux Stefano avec ses sept fils et l'innombrable tribu de neveux et cousins, pour ne pas dire petits-fils, encore plus chéris, qui l'entouraient, surgit clairement, magnanime, du paysage troublé et orageux. Ses brèves apparitions dans la chronique que nous avons citée, avec un discours bref et vif ici et là, impératif, aux accents forts de bon sens comme de puissance, ajoutent une touche de vie énergique aux nombreuses anecdotes et descriptions d'un monde plus élaboré. gentil. Et le poète semble n'avoir jamais failli à son admiration pour le vieux Magnanimo . Auparavant, il avait décrit dans plusieurs lettres au fils Giovanni, le cardinal, la réception qui lui était faite à Rome et des conversations, quelques-unes très remarquables. Une scène surtout, que Pétrarque rappelle à Stefano lui-même dans son deuil, nous donne une image des plus touchantes du noble vieillard.

« Un jour, au coucher du soleil, vous et moi marchions seuls par ce chemin spacieux qui mène de votre maison au Capitole, lorsque nous nous arrêtâmes à l'endroit où il est traversé par l'autre chemin par lequel d'un côté vous montez à l'Arc de Camille. , et de l'autre descendre au Tibre : nous nous y arrêtâmes sans interruption de personne et causâmes ensemble de l'état de votre maison et de votre famille, qui, souvent assaillies par l'inimitié des étrangers, étaient alors émues par de graves troubles intérieurs : -quand le discours tomba sur un de vos fils contre lequel, plus par l'œuvre de scandales que par ressentiment paternel, vous étiez irrité, et par votre bonté il m'a été donné, ce que beaucoup d'autres n'avaient pas pu obtenir, pour vous persuader de le recevoir de nouveau à votre bonne grâce. Après m'avoir déploré ses défauts, changeant tout d'un coup d'aspect vous avez dit (je me souviens non seulement du fond de votre discours mais des paroles mêmes) : « Mon fils est à moi. , ton ami, que grâce à toi je vais maintenant recevoir de nouveau avec une affection paternelle, a vomi des paroles sur ma vieillesse, dont il vaut mieux se taire ; mais puisque je ne puis vous refuser, mettons un terme au passé et accordons une amnistie totale, comme on dit. De mes lèvres, je te le promets, plus aucun mot ne sera entendu.

"'Je vais vous dire une chose, afin que vous puissiez vous en souvenir perpétuellement. On reproche à ma vieillesse que je sois mêlé à des factions guerrières plus qu'il ne convient et plus qu'il n'y a aucune occasion, et que ainsi je laisserai à mes fils un héritage de péril et de haine. Mais comme Dieu est vrai, je désire que vous croyiez que, par amour seul de la paix, je me laisse entraîner dans la guerre. Que ce soit l'effet de mon extrême vieillesse. qui glace et affaiblit l'esprit dans ce sein déjà pierreux, ou qu'elle provienne de ma longue observation des choses humaines, il est certain que plus que d'autres je suis avide de repos et de paix. Mais fixe et inébranlable comme l'est ma résolution de ne jamais reculer. Bien que je préfère une vie tranquille et tranquille, je trouve préférable, puisque le destin m'y oblige, de descendre en combattant au sépulcre , que de me soumettre, vieux comme je suis, à la servitude. Et pour ce que vous dites de mes héritiers Je n'ai qu'une chose à répondre : écoutez bien et fixez mes paroles dans votre esprit : Dieu veuille que je laisse mon héritage à mes fils. Mais tout ce qui s'oppose à mes désirs sont les décrets du destin (les mots ont été prononcés avec des larmes) : contrairement à l'ordre de la nature, c'est moi qui serai l'héritier de tous mes fils. Et en disant cela, les yeux gonflés de larmes, tu t'es détourné.

Au coin où le Corso est traversé par la rue qui borde le Forum de Trajan, que quiconque veuille s'arrêter au milieu du tumulte de la circulation moderne et penser un instant à ces deux personnages debout ensemble, parlant, « sans interruption de personne », dans au milieu de cet espace ouvert, tandis que les longs rayons uniformes du coucher de soleil ruisselaient sur eux au-delà de la porte Flaminien. Y a-t-il eu quelque grande réunion populaire au Capitole qui aurait dégagé les rues, le bourdonnement des voix montant sur les hauteurs, mais tout calme ici à cette heure dangereuse et glorieuse, où la fièvre est dehors et où les femmes et les enfants sont tous à l'intérieur ? « Je l'ai pris à la légère, je l'avoue », dit Pétrarque, tout en reconnaissant avoir raconté cet affreux pressentiment au cardinal, qui, en soupirant, s'écria : « Plût à Dieu que la prédiction de mon père ne se réalise pas ! Mais le vieux Stefano, avec son poids d'années sur lui et son front de Jupiter, se détourna en soupirant, caressant sa vénérable barbe, insensible aux assurances du poète, avec cette terrible conviction dans le cœur. Ils étaient tous jeunes et lui vieux : des jeunes hommes audacieux et insouciants, se moquant de ce même Cola du petit *hôtel* , le fils du marchand de vin, qui disait qu'il serait empereur. Mais l'ombre sur le cœur de l'aïeul était une de celles que les événements projetaient devant eux. Le jeune Janni devait figurer parmi les premiers, le brave garçon qui aurait dû être l'héritier de tous. Pour lui aussi, son grand-père, le grand Stefano, le chef de la maison pleine, devait être l'héritier.

Le terrible événement de la Porta di San Lorenzo apparaît sous des couleurs encore plus sombres lorsqu'on y regarde de plus près. Stefano, le fils de Stefano, et Janni, son fils, sont les deux noms les plus marquants : mais il y en avait plus. Camillo, *fille naturel , mort le 20 novembre 1347, à l'assaut de la Porta San Lorenzo* ; Pietro, *figlio naturel , rimase occiso à la Porta San Lorenzo* . Giovanni d' Agapito , Pietro d' Agapito , neveux du vieux Stefano, *morti dans l'accès à la Porta San Lorenzo* . Sept en tout étaient les descendants de Colonna qui ont fini leur vie cet horrible matin de novembre dans la boue et la pluie ; ou plus terrible encore sous le soleil du matin qui éclatait si soudainement, montrant ces formes blanches et terribles toutes dépouillées et abandonnées, sur le chemin fatal. Il n'était pas étonnant qu'entre la maison Colonna et le nouveau venu Cola, aucune paix ne soit jamais possible après une bataille perdue, si fatale et si humiliante pour la race.

Peut-être qu'après le premier moment de joie et de soulagement terrible de se retrouver indemne et ses ennemis si profondément punis, le remords s'empara de l'esprit sensible de Cola : ou peut-être fut-il alarmé par le mécontentement du Pape, son abandon par tous ses amis , et l'adjuration solennelle de Pétrarque. Il est certain qu'après cela il abandonna beaucoup de ses prétentions, maîtrisa l'arrogance fantastique de ses titres et de sa suscription, renonça à sa prétention d'élire des empereurs et de présider aux fortunes du monde, et commença à se consacrer avec humilité au gouvernement du monde. la ville qui était tombée dans un peu de son ancien désordre à l'intérieur des murs ; tandis qu'à l'extérieur, comme autrefois, il n'y avait aucune sécurité du tout. Les barons rebelles avaient repris leur empire turbulent, les voleurs reparaissaient dans toutes leurs anciennes cachettes ; et une fois de plus, chaque route vers Rome était aussi dangereuse que celle sur laquelle le voyageur d'autrefois tombait parmi les voleurs. Cola, chevalier et lieutenant de Notre-Seigneur le Pape, dirigeait désormais ses proclamations, à la place de Nicolas, sévère et clément. Sa couronne d'argent et son sceptre d'acier, emblèmes fantastiques, furent accrochés devant le sanctuaire de Notre-Dame de l'Ara Cœli , et tout en lui fut atténué dans la gravité. Il entretint ainsi un semblant de paix et remplaça le Buono Stato dans son sanctuaire visionnaire. Mais Cola était allé trop loin et avait trop complètement perdu la confiance du peuple pour se relever. Son humilité même serait sans doute contre lui, montrant la faiblesse qu'un homme sans soutien d'aucun côté aurait peut-être dû être assez audacieux pour défier, la hardiesse étant désormais sa seule chance face à tant d'assaillants. Le pape Clément tonnait contre lui depuis Avignon ; les nobles se trouvaient à Palestrina et à Marino, et dans de nombreuses autres forteresses plus petites, inconciliables, guettant chaque occasion de l'assaillir. Le pays était une fois de plus dévasté tout autour de Rome, les provisions manquaient, le maïs était cher, et les fonds manquaient ainsi que l'autorité et le respect. Et le cœur de Cola lui avait fait défaut, tout comme sa prospérité. Il faisait de mauvais rêves ; il raconte lui-même l'histoire de cette chute morale avec une tentative désespérée de montrer que ce n'étaient pas, après tout, ses ennemis visibles, ni la puissance des hommes, qui l'avaient abattu.

"Après mon triomphe sur la Colonna", écrit-il, "juste au moment où ma domination semblait la plus forte, ma robustesse de cœur m'a été enlevée et j'ai été saisi de terreurs visionnaires. Nuit après nuit, réveillé par des visions et des rêves, je m'écriais : " Le Capitole tombe », ou « L'ennemi arrive ! » Pendant quelque temps , un hibou se posait chaque nuit au sommet du Capitole, et bien que chassé par mes serviteurs, il revenait toujours. Pendant douze nuits, cela m'a enlevé le sommeil et toute la tranquillité d'esprit. C'est ainsi que les rêves et les oiseaux nocturnes me tourmentaient. quelqu'un qui n'avait pas eu peur de la fureur des nobles romains, ni terrifié par les armées d'hommes armés.

Cette vantardise était désespérée, mais c'était tout ce dont le Tribune déchu était désormais capable. Cola reçut avec joie et humilité le Vicaire du Pape, qui probablement n'était pas sans quelque affection pour son vieux collègue triomphant, et fit asseoir hors de lui ce représentant de l'autorité ecclésiastique dans son fauteuil de jugement, devant lequel il ne convoquait plus les princes. et les grands de la terre. La fin s'est produite d'une manière inattendue, dont l'auteur de la *Vita* donne le récit populaire : elle est un peu différente de celle de l'histoire plus grave, mais seulement dans les détails. Un certain Pepino, comte palatin d'Altamura, fugitif de Naples, dont le but à Rome était d'enrôler des soldats au service de Louis de Hongrie, alors désireux de venger le meurtre de son frère André, époux de la reine Jeanne de Naples, avait s'établit dans la ville. Il était de mèche avec plusieurs nobles et prêt à prêter main-forte par tous les moyens possibles contre la Tribune. Craignant d'être traduit devant le tribunal de Cola et d'être obligé d'expliquer le but de sa résidence à Rome, il s'enferma dans son palais et s'efforça de soulever la ville contre sa tête.

"Messer le Conte Paladino a alors jeté un bar (barricade) de l'autre côté de la rue, sous l'Arc du Salvator (pour défendre ses quartiers apparemment). Une nuit et un jour les cloches de Saint-Ange à Pescheria ont sonné un *stuormo* , mais non on tenta de briser le bar. La Tribune envoya un groupe de cavaliers contre le bar, et un officier nommé Scarpetta , blessé d'un coup de lance, tomba mort dans l'escarmouche. Lorsque la Tribune apprit que Scarpetta était mort et que les gens n'étaient pas touché par le son du tocsin, bien que la cloche de Saint- Ange continuât de sonner, il soupira profondément : glacé d'alarme, il pleura : il ne savait que faire. Son cœur était abattu et abattu. Il n'en avait pas le courage. Il croyait qu'on lui tendait des embuscades dans la ville, ce qui n'était pas vrai, car il n'y avait pas encore de rébellion ouverte : personne ne s'était encore levé contre la Tribune. Mais leur zèle était devenu froid : et il croyait qu'il allait être tué. Que dire de plus ? Il savait qu'il n'avait pas le courage de mourir au service du peuple comme il l'avait promis. Pleurant et soupirant, il s'adressa à tous ceux qui étaient là, disant qu'il avait bien fait, mais que par envie les gens n'étaient pas contents de lui. «Maintenant, au septième mois, je suis chassé de ma domination.» Après avoir dit ces paroles en pleurant, il monta à cheval et sonna des trompettes d'argent, et portant les insignes impériaux, accompagné d'hommes armés, il descendit comme en triomphe, se rendit au château de Saint-Ange et s'y enferma. Sa femme, déguisée en moine, venait du Palais de Lalli . Quand le Tribun descendit de sa grandeur, les autres pleurèrent aussi qui étaient avec lui, et le peuple misérable pleura. On trouva sa chambre pleine de beaucoup de belles choses, et on y trouva tant de lettres qu'on ne pourrait le croire. Les barons apprirent cette chute, mais trois jours s'écoulèrent avant qu'ils ne retournent à Rome à cause de leur peur. Même à leur retour, la peur était dans leur cœur. Ils firent une image de la Tribune sur le mur du Capitole, comme s'il chevauchait, mais la tête baissée et les pieds en haut. Ils ont également peint Cecco Manneo , qui était son notaire et chancelier, et Conte, son neveu, qui tenait le château de Civita . Vecchia . Alors le Cardinal Légat entra à Rome, poursuivit contre lui, distribua la plus grande partie de ses biens et le proclama hérétique. »

Ainsi soudain Cola tomba, comme il s'était relevé. Son cœur lui avait fait défaut sans raison ni nécessité, car la ville n'avait montré aucun signe manifeste de rébellion, et il ne semble y avoir eu aucune raison pour qu'il ait fui vers Saint-Ange. Le peuple, sans répondre à son appel aux armes, ne prêta plus attention au tocsin de son adversaire ni à son cri de mort à la Tribune. Rome restait silencieuse, réfléchissant à beaucoup de choses, sans se soucier de la façon dont le vent tournait, peut-être, avec l'instinct de Lo Popolo partout, pensant qu'un changement pourrait être une bonne chose : mais ce n'était pas un acte manifeste de la part de la population qui conduisait son idole. loin. Cet acte était entièrement le sien : son cœur lui avait fait défaut. Ces jours-ci, on devrait dire que ses nerfs étaient à bout. La phraséologie est différente, mais les choses sont les mêmes. Sa chute, cependant, n'a peut-être pas été aussi soudaine en réalité qu'elle le paraît dans la chronique. Il semblerait qu'il ait tenté de s'enfuir à Civita Vecchia , où son neveu était gouverneur, mais n'y fut pas reçu et dut revenir à Rome et se cacher de nouveau pour une courte période à Saint-Ange. Mais il est certain qu'avant la fin janvier 1438, il avait définitivement disparu, honteux et anonyme, ses titres abolis, ses biens partagés entre ses ennemis. Jamais chute ne fut plus soudaine ni plus complète.

Stefano Colonna et ses amis rentrèrent à Rome avec peu d'apparence de triomphe. Le souvenir de la Porta San Lorenzo était trop récent pour se réjouir, et il faut mettre au crédit du vieux chef, endeuillé et triste, qu'aucune représailles n'ait été exercée, qu'une amnistie générale ait été proclamée et que la paix de la ville ait été préservée. . La famille de Cola, du moins pour le moment, resta paisiblement à Rome et ne rencontra aucun mal. On ne sait rien du malheureux jeune chevalier de la Victoire qui avait été aspergé du sang des Colonna . La Tribune tomba comme une pierre, et pour le moment, de celui qui avait rempli les bouches et les esprits de tant de nouvelles étranges, il n'y avait plus rien à dire.

L'absence de Cola à Rome dura sept ans ; dont il n'est fait aucune mention dans la *Vita* , qui s'occupe exclusivement des choses qui se sont passées à Rome ; mais ses pas peuvent être très clairement tracés. Nous ne retrouverons plus jamais notre enthousiaste, celui qui le premier monta au

Capitole dans une passion de zèle désintéressé et de patriotisme, approuvé par tout visionnaire honnête et par tout citoyen souffrant, un homme choisi par Dieu pour délivrer la ville. Que ses motivations aient toujours été mauvaises, ou qu'il ait commencé à rechercher uniquement sa propre prospérité, cela serait difficile à dire : mais il nous apparaît désormais sous un aspect changé comme le conspirateur avide, le comploteur et l'intrigant banal, avide de gloire et pillage, et utilisant tous les moyens, par tous les moyens , pour récupérer ce qu'il a perdu, qui est une figure bien plus familière que le réformateur idéal, le révolutionnaire désintéressé. Nous rencontrons cent fois ce héros vulgaire dans l'histoire orageuse de la politique italienne, un homme sans scrupules, qui ne recule devant rien. Mais Rienzi était d'une autre nature : il était à la fois un pécheur de moins en plus grand. Il serait injustifiable de dire qu'il ait jamais renoncé à l'idée du Buono Stato , ou cessa de désirer le bien-être de Rome. Mais pendant le long intervalle de sa disparition de la scène, non seulement il complota comme l'autre, mais il utilisa ce motif plus élevé, les éléments mystiques qui étaient dans l'air, et sa tendance vers tout ce qui était occulte et beaucoup de ce qui était noble. dans les aspirations des visionnaires de son temps, pour promouvoir un seul objectif, son retour au pouvoir, au Capitole et à la domination de Rome. Le conspirateur est le lieu commun de l'histoire italienne, à chaque époque : et le prétendant, saisissant chaque goutte pour regagner son trône instable, assiégeant tous les potentats qui peuvent l'aider, invoquant toutes les incitations du plus haut au plus bas : l'intérêt personnel. , la philanthropie, le service de Dieu, les sentiments les plus généreux et les plus mesquins, est aussi une figure très connue ; mais il est rare de trouver un homme véritablement affecté par les enseignements les plus mystiques de la religion, tout en les mettant également à son service et en utilisant ce qu'il conçoit comme étant les impulsions du Saint-Esprit pour la poursuite de ses objectifs privés, sans , néanmoins, pour autant qu'on puisse l'affirmer, devenant hypocrite ou peu sincère dans la foi qu'il professe.

C'est là l'étrange évolution à laquelle arriva la Tribune. Après quelques vaines tentatives pour réveiller sur le territoire romain des amis qui pourraient l'aider, le cœur brisé par l'inconstance et l'abandon du Popolo en qui il avait eu confiance, il se réfugia dans le pays sauvage et montagneux des Apennins, où existait un rude peuple. et étrange parti religieux, visant au milieu de la dévotion la plus austère un bouleversement total de la société et ce retour à un âge primitif d'innocence et de félicité qui séduit si bien l'esprit mystique. Dans les grottes et les repaires de la terre, dans les villages de montagne et dans les petits couvents, vivait une sévère secte de franciscains, des hommes dont l'amour de la pauvreté, épouse et choix de leur fondateur, était presque plus fort que leur amour pour ce fondateur lui-même. Les Fraticelli n'étaient hérétiques qu'à force de tenir leur Règle plus strictement que les autres religieux de leur ordre, et en se livrant à des visions extatiques d'un État rénové et d'un peuple purifié, visions moins personnelles mais non moins sincères ou pieuses que celles qui leur infligeaient des hérésies. sur François lui-même l'apparence des blessures du Rédempteur, dans cette passion de pitié et d'amour qui possédait son cœur. L'exilé parmi eux, qui avait lui-même été tiré de l'obscurité de la vie ordinaire par un rêve correspondant, se trouva à nouveau stimulé et inspiré par l'enseignement de ces visionnaires. L'un d'eux, dit-on, le trouva dans le refuge où il se croyait absolument inconnu, et, s'adressant à lui par son nom, lui dit qu'il avait encore une grande carrière devant lui, et qu'il lui appartiendrait de le ramener à Rome. le double règne de domination universelle, pour établir le pape et l'empire dans la ville impériale, et réconcilier pour toujours ces deux dirigeants conjoints désignés par Dieu.

Il est curieux de constater que ce qui est dans une certaine mesure l'état de choses existant – la jonction en un seul endroit des deux monarques de la terre – aurait dû être le rêve et l'espoir des visionnaires religieux au milieu du XIVe siècle. L' empereur n'était pour eux qu'un roi d'Italie glorifié, avec derrière lui un monde vague et inconnu ; et ils croyaient que le millénaire viendrait, lorsque ce souverain suprême au Capitole et le Saint-Père depuis le siège de Saint-Pierre influenceraient le monde à leur guise. La même classe, dans le même ordre maintenant – dans la mesure où confiscation après confiscation permet à cet ordre d'exister – lutterait jusqu'à son dernier souffle contre la conjonction forcée, que ses pères avant elle considéraient ainsi comme la chose pour laquelle il fallait le plus prier. et planifié, dans le monde entier.

Lorsque d'autres, à côté des Fraticelli, découvrirent la cachette de Rienzi, et qu'il se trouva, ou s'imagina, en danger, il se rendit à Prague pour chercher refuge auprès de l'empereur Charles IV. Et une correspondance remarquable eut lieu entre ce potentat d'un côté. et l'archevêque de Prague, son conseiller, et Rienzi d'autre part, dans lequel l'exil promettait beaucoup de splendeurs au monarque, et s'offrait pour son guide à Rome, et pour lui y prêter le poids de son influence auprès du peuple sur lequel Rienzi croyait qu'il présiderait lui-même avec plus de pouvoir que jamais. Le fait que Charles lui-même réponde à ces lettres et raisonne avec ce vagabond désespéré montre par lui-même quelle puissance il y avait dans ses paroles et dans la ferveur de son dessein. Mais il est malvenu de parler entre un grand monarque et un exilé sans le sou, et Charles semble n'avoir éprouvé aucun scrupule à le livrer, après avoir pleinement exposé ses vues, à l'archevêque comme hérétique. Ce prélat le transféra au Pape, pour qu'il le traite comme un homme déjà excommunié sous l'interdiction de l'Église, et qui promulgue maintenant une fois de plus d'étranges doctrines, devrait l'être ; et ainsi sa liberté, son errance et la sécurité relative de sa vie prirent fin, et une deuxième étape d'étrange développement commença.

La fortune de Rienzi était au plus bas lorsqu'il arriva à Avignon et tomba entre les mains de ses ennemis, de ceux qu'il avait assaillis et de ceux qu'il avait déçus, dans cette cour où il n'y avait personne pour dire un bon mot. lui, et où tout ce qu'il y avait de meilleur en lui était encore plus contre lui que ce qu'il y avait de pire en lui. Dans les cachots d'Avignon, dans le fief du Pape qui avait tant à regretter d'avoir jadis sanctionné et patronné la Tribune, sa cause avait toutes les apparences d'être perdue à jamais . Il était heureux pour lui qu'il n'y ait plus de cardinal Colonna à cette cour ; mais il n'y avait, en même temps, aucun champion pour défendre sa cause. Les choses allèrent si mal avec lui, qu'il fut effectivement condamné à mort comme hérétique, reconnaissant lui-même qu'il était coupable et digne de mort dans un moment de profonde dépression, ou peut-être dans l'espoir de toucher le cœur de ses persécuteurs par l'humilité. aussi grandes que l'avaient été les prétentions de son règne bref et passionnant. Car le pauvre Cola, après tout, si l'on laisse de côté l'affaire de Porta San Lorenzo — et ce n'est pas sa faute — n'a rien fait qui mérite la mort. Il avait été emporté par la passion et la folie d'un succès presque impossible ; mais il n'avait presque jamais été rebelle à l'Église, et ses caprices de doctrine étaient plutôt dus au mélange du classique et du religieux, et à l'inflation de certaines idées pas autrement peu orthodoxes, qu'à une véritable rébellion ; mais il portait en tout son sentiment et son caractère dominants, étant inférieur à quiconque dans les profondeurs de sa chute, tout comme il avait été plus élevé que quiconque dans les hauteurs de son orgueil visionnaire et de son triomphe éphémère.

Il a été sauvé de cette phrase d'une manière aussi fantastique que lui. On peut croire qu'elle n'a jamais été destinée à être exécutée, et que, surtout après qu'il ait reconnu la justice de sa sentence, on aurait trouvé le moyen de le préserver de son exécution ; très probablement, en effet, les curieux moyens qui furent trouvés provenaient de quelque murmure charitable selon lequel une prétention plausible d'une raison pour le laisser partir ne serait pas désagréable au Pape. Il a été sauvé par l'idée qu'il était poète ! Nous tenons l'histoire en détail de Pétrarque lui-même, qui n'est pas sans en percevoir l'absurdité, et commence sa lettre par une description indignée du zèle insensé et feint pour la poésie dont c'était un exemple si étrange. « La poésie, dit-il, don divin et accordé par le ciel à si peu de gens, je la vois, ami, sinon prostituée, du moins transformée en chose vulgaire.

« Je sens mon cœur se soulever contre cela, et vous, si je vous connais bien, ne tolérerez pas un pareil abus pour quelque considération que ce soit. Ni à Athènes, ni à Rome, même du vivant d'Horace, on ne parlait tant de poètes. et la poésie comme aujourd'hui sur les bords du Rhône, bien qu'il n'y ait jamais eu ni époque ni lieu où les hommes l'aient moins compris. Mais maintenant je vais arrêter votre bile montante par le rire et montrer comment une plaisanterie peut surgir au milieu de mélancolie.

« Récemment est venu à cette cour, ou plutôt n'est pas venu mais a été amené, un prisonnier, Niccola di Lorenzo, autrefois le redoutable tribun de Rome, aujourd'hui de tous les hommes les plus malheureux, et qui plus est, peut-être pas digne. de la compassion que suscite la misère de son état actuel. Il aurait pu finir glorieusement ses jours au Capitole, mais il s'est abaissé, à la grande honte de la République et du nom romain, dans la condition de prisonnier, d'abord en Bohême et maintenant ici. Malheureusement, les louanges et les encouragements que je lui ai moi-même écrits sont bien plus nombreux que je n'aime à penser. Amoureux de la vertu comme je suis, je ne peux faire moins qu'exalter et admirer l'entreprise généreuse de l'homme fort : et reconnaissant pour l'Italie, espérant voir renaître l'empire de Rome et assurer la paix du monde entier, mon cœur fut inondé d'une telle joie, à cause de tant de beaux événements, que pour me contenir était impossible ; et il me semblait que je participais presque à sa gloire en donnant des encouragements et du réconfort à son entreprise : par quoi, comme le prouvaient ses messagers et ses lettres, il fut lui-même incendié – et toujours de plus en plus volontiers je je me mis à augmenter ce stimulus avec tous les arguments auxquels je pouvais penser, et à alimenter la flamme de cet esprit ardent, sachant bien que tout cœur généreux s'allume au feu de la louange et de la gloire. C'est pourquoi , par des applaudissements qui semblaient à certains extravagants mais à moi très justes, j'ai exalté chacun de ses actes, l'encourageant à achever la magnanime tâche qu'il avait commencée. Les lettres que j'écrivis alors passèrent entre plusieurs mains : et comme je ne suis pas prophète et encore moins qu'il fut jamais prophète, je n'ai pas honte de ce que j'ai écrit : car certainement ce qu'il a fait en ces jours-là et a promis de le faire, pas dans mon l'opinion seule, mais à l'éloge et à l'admiration du monde entier, étaient très dignes, et je n'abolirais pas le souvenir de mes lettres de ma mémoire uniquement parce qu'il préfère une vie ignoble à une mort glorieuse. Mais il est inutile de discuter d'une chose qui est impossible ; et quel que soit mon désir de les détruire, je ne pourrais pas le faire. Dès qu'ils arrivent entre les mains du public, l'écrivain n'a plus de pouvoir sur eux. Revenons à notre histoire.

"Cet homme donc, qui avait rempli les méchants de terreur, les bons d'attente et d'espérance joyeuse l'univers, s'est présenté devant cette Cour humilié et abject ; et celui que le peuple de Rome et de toutes les villes d'Italie ont exalté, a été on le voyait passer dans nos rues entre deux soldats, offrant un spectacle misérable à la populace avide de voir face à face celui dont on avait entendu sonner si haut le nom. Il venait du roi de Rome (titre de l' empereur) au roi romain. Pontife, ô merveilleux commerce ! Dès son arrivée, le pape confia à trois princes de l'Église la charge d'examiner sa cause et de juger de quel châtiment était coupable celui qui avait tenté de libérer l'État.

La lettre est trop longue pour être citée dans son intégralité, et Pétrarque, tout en soutenant la cause de son ancien ami, est peut-être trop soucieux de faire comprendre que, si Rienzi avait prêté attention à ses propres lettres, ce grand revers ne lui serait jamais arrivé. ; pourtant, c'est dans l'ensemble un noble plaidoyer pour la Tribune. « En cet homme, déclare le poète, j'avais placé le dernier espoir de la liberté italienne, et, l'ayant connu et aimé depuis longtemps depuis le moment où il a mis la main à cette grande œuvre, il m'a semblé digne de toute vénération. et l'honneur ... Quelle que soit la fin de l'ouvrage, je ne peux cesser de tenir pour magnifique son début : " et il regrette avec une grande indignation que ce soit ce début qui lui ait été principalement reproché, et que sa description de lui-même comme Nicolas, sévère et clément, avait plus de poids auprès de ses juges que son bon gouvernement ou que l'heureux changement survenu à Rome sous son règne. Il faut cependant se hâter vers l'ironie de la délivrance de la Tribune.

« Dans cet état misérable (après tant de chagrin, voici enfin de quoi rire), j'apprends par les lettres de mes amis qu'il y a encore un espoir de le sauver, et cela à cause d'une idée qui a été répandu parmi le vulgaire, qu'il est un poète célèbre... Que pouvons-nous penser de cela ? En vérité, plus que je ne peux le dire avec des mots, je me réconforte et me réjouis à l'idée que les Muses sont si honorées - et Ce qu'il y a de plus merveilleux encore, chez ceux qui n'en savaient rien, c'est de sauver d'une sentence fatale un homme que leur nom protège. Quel plus grand signe de respect pourrait être donné que que le nom de Poésie sauve ainsi de la mort. un homme qui, à tort ou à raison, est abhorré par ses juges, qui a été reconnu coupable du crime qui lui était reproché et qui l'a avoué, et qui, par la sentence unanime du tribunal, a été jugé digne de mort ? Je me réjouis, je le répète, je Je le félicite, ainsi que les Muses avec lui, qu'il ait de tels patrons, et qu'ils aient un honneur si inattendu - et je ne voudrais pas non plus, envers un homme si malheureux, réduit à une telle extrême de danger et de doute, en vouloir au nom protecteur de poète. . Mais si vous savez ce que je pense, je dirai que Niccola di Lorenzo est un homme de la plus grande éloquence, le plus persuasif et le plus prompt à parler, un écrivain lucide et harmonieux et d'un style élégant. Je ne me souviens d'aucun poète qu'il n'ait lu ; mais cela ne fait pas plus de lui un poète qu'un homme ne serait un tisserand qui se vêtirait de vêtements tissés par une autre main. Pour mériter le nom de poète, il ne suffit pas d'avoir fait des vers. Mais à ma connaissance, cet homme n'a jamais écrit une seule ligne. »

Il n'y a pas un mot de tout cela dans la *Vita* . Pour le chroniqueur, Rienzi, à partir du moment où il se tourna de nouveau vers Rome, ne fut jamais en danger. Comme il venait d'Allemagne à Avignon, tous les gens des villages étaient sortis pour le saluer et l'auraient secouru sans son explication continuelle selon laquelle il s'était rendu chez le Pape de sa propre volonté ; son biographe ne semble pas non plus se rendre compte que la Tribune a couru le moindre risque pour sa vie. Il s'en sortit cependant d'un cheveu seulement, et comme Pétrarque savait parfaitement ce qui se passait, sans doute de la manière même décrite par le poète. Mais il ne fut libéré de prison que lorsque le cardinal Albornoz partit pour Rome avec l'ordre du pape de pacifier et de calmer la ville turbulente. Ses ennuis furent nombreux et grands au cours de ces sept années. Elle était retombée entre les mains des anciens : une Orsini et une Colonna, une Colonna et une Orsini. Il y avait eu une accalmie temporaire l'année du Jubilé (1350), lorsque tout le monde affluait à Rome pour obtenir l'indulgence et voir ses péchés lavés par le plein courant du pardon papal. On dit que Rienzi lui-même revint furtivement pour participer à cette indulgence, mais sans se faire connaître : et l'intérêt des citoyens était tellement impliqué dans la paix, et il était si essentiel de maintenir une certaine règle d'ordre et de soi. - la retenue, à cause des nombreux invités qui apportaient de l'argent à la ville, pour qu'il y ait une accalmie temporaire de ses troubles. La ville n'était qu'une grande auberge de Pâques à Noël, et la richesse, qui a toujours une influence apaisante et apaisante, se déversait dans les poches des citoyens, pleinement occupés qu'ils étaient par le soin de leurs hôtes et par le service continu. cérémoniaux et fonctions sacrées de ces journées bien remplies. Le Jubilé a amené non seulement des masses de pèlerins pieux de toutes les parties du monde, mais aussi d'innombrables procès - cas de conscience et de conflits laïques - qui devaient être réglés par le cardinal très occupé qui siégeait à la place du pape, entendant quotidiennement ce que chaque candidat pouvait avoir à dire. dire. On avait construit un nouveau pont temporaire pour faire face à la pression de la foule et éviter ce bloc du vieux pont de Saint-Ange que Dante décrit dans l'Enfer, *lorsque* la masse des pèlerins qui allaient et venaient brisa l'un des les arches. D'autres travaux de préparation importants, bien que précipités, étaient également en cours. Il fallait réparer le Capitole, remettre en état les vieilles églises et utiliser chaque morceau de draperie et de tapisserie pour embellir la ville. De sorte que depuis un an au moins, on n'avait eu d'autre pensée que de donner aux choses le meilleur visage possible, d'apaiser pour le moment les désordres intérieurs et de faire toutes sortes d'aménagements temporaires de confort et de logement, comme cela se fait souvent dans une famille quand les visiteurs importants imposent à tous un renoncement salutaire ; de sorte qu'il y avait cent incitations à préserver une façade de bonne conduite et de bienséance devant le monde.

LA ROCHE TARPEIENNE.

Mais après le Jubilé, les choses retombèrent dans l'ancienne confusion : une fois de plus, il y eut des vols et des violences sur toutes les routes menant à Rome ; une fois de plus, un Orsini et un Colonna s'équilibrèrent et luttèrent l'un contre l'autre en tant que sénateurs, sans avoir le temps de s'occuper d'autre chose que leurs intérêts personnels et sans se soucier du bien-être du peuple. Cependant, en 1352, les choses en étaient arrivées à un point tel qu'il fallut tenter à nouveau un remède violent, et les Romains reprirent les choses en main et élirent leur propre fonctionnaire, un certain Cerroni , à la place du sénateurs indignes. Il n'occupa cependant ce poste que très peu de temps, et étant à son tour abandonné par le peuple, il renonça à cette tâche ingrate. Cette année-là, il y a eu une émeute au cours de laquelle le sénateur Orsini a été lapidé au pied de l'escalier qui mène au Capitole, tandis que son collègue Colonna, un autre Stefano, s'est enfui par l'autre côté. Puis une fois de plus, on tenta une élection populaire et on élut un certain Francesco Baroncelli qui se faisait appeler le deuxième Tribune du peuple. Le Pape avait également tenté de faire ce qu'il pouvait, une fois par un comité de quatre cardinaux, constamment par des légats envoyés pour guider et protéger la ville toujours en difficulté. Le caractère désespéré de ces efforts répétés s'est révélé à maintes reprises. L'historien Villani écrit avec consternation que « les changements qui se sont produits chez l'ancienne mère et maîtresse de l'univers ne méritaient pas d'être enregistrés en raison de leur frivolité et de leur bassesse ». Baroncelli elle aussi tomba peu de temps après, et il semblait qu'aucun gouvernement ni aucune réforme ne pourraient durer.

Pendant ce temps , le pape Clément VI. mort à Avignon, et Innocent VI. régnait à sa place. Au début de ce nouveau règne, une nouvelle tentative fut faite pour pacifier Rome et y rétablir l'ordre et la paix. Comme le sentiment général était qu'un étranger était le dirigeant le plus sûr au milieu du réseau d'intérêts privés et familiaux dans lequel la ville était liée, le nouveau pape, désireux sincèrement d'améliorer la situation, envoya le cardinal espagnol Albornoz à la rescousse . de Rome. Tout cela se passait en 1353, lorsque Rienzi, libéré de sa peine de mort à cause de l'illusion qu'il était poète, était en prison à Avignon. Son histoire était bien connue : et il était bien connu aussi que le peuple de Rome, après l'avoir abandonné, était impatient de le récupérer, et devait apparemment se repentir très amèrement de sa conduite à son égard . Le pape adopta l'expédient fort et audacieux de sortir le vieux démagogue de sa prison et de lui donner une place dans le conseil du légat. Il n'était pas question de le remplacer dans son ancien poste , mais il était désireux d'accepter la place secondaire et de faire bénéficier le légat de ses conseils et de ses orientations. Toute apparence de son ancienne ambition semblait en effet avoir disparu en lui. Il se rendit simplement par le train d' Albornoz à Montefiascone, qui fut longtemps le quartier général du représentant pontifical, et d'où le légat mena une campagne contre les villes du « Patrimoine », dont chacune, comme la ville mère , obtenait parfois une lueur d'indépendance incertaine, ou bien - ce qui était le plus souvent le cas - tombait entre les griffes de quelqu'un de la bande de nobles qui avait si longtemps tenu Rome en fief. Il est très probable que Rienzi n'avait aucun motif ambitieux et ne pensait pas non plus à une nouvelle révolution lorsqu'il partit. Il participa, comme le reste de la suite du cardinal, à plusieurs

expéditions, notamment contre son vieil ennemi Giovanni di Vico , toujours
aussi magistral et dangereux, mais ne tenta rien de plus.

LES JARDINS BORGHÈSE

CHAPITRE V.
LE SOLDAT DE FORTUNE.

Le court épisode qui suit introduit un élément entièrement nouveau dans la vie de Rienzi. Sa nature n'était pas celle d'un conspirateur au sens ordinaire du mot ; et bien qu'il ait projeté et lutté beaucoup pour retourner à Rome, cela avait été dernièrement sous le bouclier du pape ou de l'empereur, et jamais dans un but évident d' autoglorification . Mais les guerres qui faisaient continuellement rage en Italie, et dans lesquelles chacun luttait contre son voisin , avaient suscité dans ce domaine très disputé un nouvel agent , grâce auquel, plus que par celui du pape ou de l'empereur, les principautés se soulevèrent et se développèrent. est tombé et de grandes fortunes ont été créées et perdues. C'était la singulière institution du Soldat de Fortune, le Free Lance, dont les bandes, sans patrie, sans autre but que le salaire et une version vulgaire de la renommée, sans croyance ni nationalité ni scrupules d'aucune sorte, parcouraient l'Europe, prêtes à adopter n'importe quel ils donnaient ou mettaient leur poids dans un camp quelconque, et fournissaient le matériel même nécessaire pour mener ces luttes perpétuelles qui maintenaient l'Italie en particulier, et la plupart des autres pays plus ou moins, dans une agitation constante. Ces hommes prirent service avec la plus grande impartialité du côté qui était susceptible de leur donner le salaire le plus élevé ou la meilleure opportunité d'acquérir dc la richesse - leurs chefs s'emparant parfois de la seigneurie d'un territoire riche, les capitaines inférieurs tombant dans des fiefs et des aubaines moindres. de toutes sortes, le plus simple homme d'armes propre à s'enrichir, soit par la terreur qu'il inspirait, soit par la protection qu'il pouvait apporter. C'est en effet leur existence, pourrait-on presque dire, qui a fait de ces guerres interminables, si généralement sans motif, des démonstrations de vanité d'une ville contre une autre, ou des tentatives de la part de l'une de détruire les libertés et le commerce de l'autre. qui, s'ils avaient été menés par les citoyens eux-mêmes, auraient dû, à la longue, amener toutes les affaires humaines dans une impasse et devenir impossibles : mais qui, lorsqu'ils étaient menés par l'intermédiaire des mercenaires, n'étaient guère plus qu'un jeu passionnant. , plus excitant que n'importe quel *Kriegsspiel* inventé depuis. Les hommes étaient eux-mêmes des châteaux en mouvement, presque imprenables, plus susceptibles d'être étouffés dans leurs armures que tués dans un combat honnête, et en fait leurs campagnes furent singulièrement exsangues ; mais ils étaient comme les sauterelles, le fléau du pays, ne laissant derrière eux que destruction et rapines partout où ils se déplaçaient. La terrible armée connue sous le nom de La Grande Compagnia , dont Fra Moreale (le chevalier de Monreal , mais portant toujours ce nom en Italie) était à la tête, envahissait alors l'Italie, partout redoutée, partout recherchée, le chef cruel et terrible étant à la fois un personnage romantique et de haute naissance, un chevalier hospitalier, l'égal des grands seigneurs qu'il servait, et prêt à être lui-même un jour un grand seigneur aussi, le chef de la première principauté qu'il serait assez fort pour s'emparer, comme les Sforza, de Milan. Les services d'un tel homme constituaient bien sûr une ressource et une tentation inépuisables pour tout aventurier ou prétendant qui pouvait se permettre de se procurer l'argent nécessaire pour les payer.

Il n'y a aucune preuve que Rienzi ait eu le moindre projet d'assurer la domination de Rome par de tels moyens ; en effet, sa pratique, comme on le verra, conduit à la conclusion contraire ; mais la transaction à laquelle il devint partie alors qu'il était à Pérouse - sous les ordres du cardinal Albornoz - montre qu'il était, pour le moment du moins, attiré par les étranges possibilités mises à sa portée : comme elle démontre aussi l'étrangeté des affaires -caractère et aspect commercial d'une agence si guerrière et romantique. A Pérouse et dans les autres villes qu'il traversa, le Tribun fut reconnu et partout suivi par les Romains, qui se trouvaient dans tout le patrimoine, et qui n'avaient qu'une seule supplication à lui faire. Le chroniqueur retrouve toute son énergie habituelle lorsqu'il reprend son récit, laissant avec délice les ennuyeux conflits des nobles romains entre eux et avec le légat tentant en vain de les pacifier et de négocier entre eux - pour la figure vivante du chef revenu et du une population enthousiaste qui l'acclamait à nouveau comme son libérateur, comme si c'étaient d'autres et non eux-mêmes qui l'avaient chassé ! Même à Montefiascone, raconte notre biographe, les Romains recouraient tellement à lui que c'était *stupéfiant* , stupéfiant, de les voir.

"Tous les Romains se tournaient vers lui et des multitudes le visitaient. Une grande queue de la population le suivait partout où il allait. Tout le monde était étonné , y compris le légat, de voir comment il était suivi. Après la destruction de Viterbe , lorsque l'armée revint, beaucoup Les Romains qui s'y trouvaient, dont certains étaient des hommes importants, vinrent à Rienzi. Ils dirent : " Retourne dans ta Rome, guéris-la de sa maladie. Sois son seigneur. Nous te donnerons aide, faveur et force. N'aie aucun doute . " ... Jamais vous n'avez été autant désiré ni autant aimé qu'à présent. Ces flatteries, les Romains lui donnèrent, mais ils ne lui donnèrent pas un sou: leurs paroles émurent cependant Cola di Rienzi, et aussi la gloire de celle-ci, dont il avait toujours soif par nature, et il commença à réfléchir à ce qu'il pourrait faire. pour faire une fondation, et où il trouverait des gens et de l'argent pour aller à Rome. Il en parla avec le Légat, mais il ne lui fournit pas non plus d'argent. Il avait été convenu que les habitants de Pérouse feraient des provisions pour lui, lui donnant de quoi vivre honorablement ; mais cela ne suffisait pas pour lever une armée. Et c'est pour cette raison qu'il se rendit à Pérouse et y rencontra les conseillers. Il parla bien et promit mieux, et les conseillers étaient très désireux d'entendre le douceur de ses paroles, auxquelles ils prêtaient une oreille attentive, qu'ils léchaient comme du miel, mais ils étaient responsables des biens de la commune, et pas un sou (Cortonese) ne pouvait en obtenir .

" A cette époque il y avait à Pérouse deux jeunes gentilshommes de Provence, Messer Arimbaldo , docteur en droit, et Messer Bettrom , chevalier de Narba (Narbonne), en Provence, frères ; qui étaient aussi les frères du célèbre Fra Moreale , qui était à la tête de La Grande Compagnia .... Il avait acquis beaucoup de richesses par le vol et le butin, et contraint la commune de Pérouse à subvenir aux besoins de ses frères qui s'y trouvaient. Lorsque Cola di Rienzi apprit que Messer Arimbaldo de Narba , un jeune homme qui aimait les lettres, était à Pérouse, il l'invita à lui rendre visite et lui fit dîner dans son hôtel où il se trouvait. Pendant qu'ils étaient à table, Cola di Rienzi commença à parler de la grandeur des Romains. Il mêla des histoires de Titus Livius avec des choses de la Bible. Il a ouvert la fontaine de sa connaissance. Eh bien , comme il parlait, il mettait toute sa force dans son raisonnement, et il parlait avec tant de justesse que tout le monde était submergé par une conversation si merveilleuse ; chacun se leva, porta la main à son oreille et écouta en silence. Messer Arimbaldo fut étonné de ces beaux discours. Il admirait la grandeur des Romains. La chaleur du vin élève son esprit vers les sommets. Le fantastique comprend le fantastique. Messer Arimbaldo ne pouvait supporter d'être absent de Cola di Rienzi. Il vivait avec lui, il marchait avec lui ; un repas qu'ils ont partagé et ont dormi dans un lit. Il rêvait de faire de grandes choses, de relever Rome, de restaurer son ancien état. Il fallait pour cela de l'argent, au moins trois mille florins. Il s'engagea à se procurer les trois mille florins, et on lui promit qu'il serait fait citoyen de Rome et capitaine, et qu'il serait très honoré , ce qui fut arrangé au grand dépit de son frère Messer Bettrom . Arimbaldo prit donc aux marchands de Pérouse quatre mille florins pour les donner à Cola di Rienzi. Mais avant que Messer Arimbaldo puisse donner cet argent à Cola, il dut demander congé à son frère aîné, Fra Moreale , ce qu'il fit, en lui envoyant une lettre dans ces termes : « Honoré frère, j'ai gagné en un jour plus que tu n'as fait dans toute ta vie. J'ai acquis la seigneurie de Rome, qui m'est promise par Messer Cola di Rienzi, chevalier, tribun, très visité des Romains et appelé par le peuple. Je crois qu'un tel plan ne peut pas échouer. Avec l'aide de votre génie, rien ne pourrait nuire à un si grand État ; mais il faut d'abord de l'argent. S'il plaît à votre bonté fraternelle, je prends quatre mille florins à la banque, et avec un armement puissant, je pars pour Rome. Fra Moreale a lu cette lettre et y a répondu comme suit :

"'J'ai beaucoup réfléchi à ce travail que vous avez l'intention de faire. Ce que vous assumez est un fardeau grand et lourd. Je ne comprends pas votre intention; mon esprit ne l'accepte pas, ma raison est contre . Néanmoins Continuez et faites-le bien. D'abord, veillez bien à ce que les quatre mille florins ne soient pas perdus. S'il vous arrive quelque malheur, écrivez-moi. Je viendrai à votre secours avec mille ou deux mille hommes. et faites la chose magnifiquement. Ne craignez donc pas. Veillez à ce que vous et votre frère vous aimiez, vous honoriez mutuellement et n'ayez aucune querelle entre vous.

"Messer Arimbaldo reçut cette lettre avec beaucoup de joie et s'arrangea avec la Tribune pour partir pour Rome."

Fra Moreale était un bon frère et un chef clairvoyant. Il voyait que la Signoria de Rome, si elle pouvait être atteinte, serait un bon investissement pour ses quatre mille florins, et probablement que Cola di Rienzi était un instrument qu'on pouvait facilement jeter une fois qu'il avait rempli son but, de sorte qu'il Cela valait la peine de laisser faire le jeune Arimbaldo . Aucune prévision du drame à venir ne troublait l'esprit du grand brigand. Il aurait sans doute ri à l'idée que le démagogue éloquent de son jeune frère, le bel dicitore , personnage toujours dédaigné des combattants, pourrait lui faire, avec tous ses partisans martiaux derrière lui et son argent en banque, n'importe quel mal. .

La première chose que Rienzi fit, nous dit-on, fut de s'habiller glorieusement d'écarlate, fourré de minever et brodé d'or, dans lequel il se présenta devant le légat qui ne l'avait jusqu'alors connu que dans un costume sobre de tissu ordinaire, accompagné de les deux frères de Moreale et un cortège de serviteurs. On avait signalé plus de désordre que d'habitude à Rome, état de choses auquel un sénateur récemment nommé, nommé comme étranger pour maintenir l'ordre dans les factions, était tout à fait incapable de faire face : et il y avait donc une certaine raison à ce que demande, lorsque le tribun dans tous ses nouveaux atours se présenta en présence du légat, bien qu'il ne demandât rien de moins que d'être nommé sénateur, s'engageant, en même temps, à assurer la paix de la ville turbulente. Le biographe donne une image vivante de Rienzi dans sa soudaine renaissance. "Splendidement, il se montrait avec son capuchon écarlate sur les épaules et son manteau écarlate orné de diverses fourrures. Il bougeait la tête d'avant en arrière, se dressant sur la pointe des pieds, comme qui dirait 'Qui suis-je ? — Moi, qui puis - je être ?' » Le Légat, comme à son habitude, fut « stupéfait » par cette splendide apparition, mais prêta une oreille sérieuse à sa demande, connaissant sans doute la réalité de ses prétentions à l'égard du peuple romain. Il accepta finalement de faire ce qu'on attendait de lui, sans doute comme Fra Moreale , confiant que l'instrument, surtout pour un homme aussi vaniteux et léger que celui-ci, pourrait facilement se débarrasser quand il aurait servi son tour.

Aussi, avec toutes les forces qu'il put rassembler, une troupe de 250 francs-lances, Allemands et Bourguignons, le même nombre d' infanterie de Toscane, avec cinquante jeunes gens de bonne famille à Pérouse, une armée

très supportable pour l'époque, et les deux De jeunes Provençaux ,
accompagné d'autres jeunes à qui il avait promis diverses charges, le nouveau
sénateur partit pour Rome. Il était désormais un fonctionnaire légal, avec
toute la force du Pape et une autorité constituée derrière lui ; pas un sou
d'argent, il est vrai, du légat, et seulement ces quatre mille florins dans son
trésor : mais avec tous les impôts et offrandes de Rome devant lui, et la plus
haute promesse de succès. C'était un début très différent de celui d'il y a sept
ans, lorsque jeune, sans le sou, désintéressé, sans grandeur à soutenir et sans
soldats à payer, il avait été porté par la population criarde au Capitole vers un
empire illimité et impossible. . C'était maintenant un homme sobre,
expérimenté dans le monde, quarante ans, et formé par les relations des
cours, à d'autres voies que celles de sa jeunesse. On lui avait maintenant
appris à planifier et à comploter, à cajoler et à flatter, à monter un parti contre
un autre et à modifier ses plans en fonction de sa situation. Pour autant que
nous le sachions, il n'avait aucun motif que l'on puisse qualifier de mauvais,
si ce n'est celui d'atteindre la splendeur qu'il aimait et de s'entourer de l'attirail
de la grandeur. Le diable n'a sûrement jamais utilisé un si petit pot-de-vin
pour corrompre une nature pleine de tant de belles choses. Il avait l'intention
de créer le Buono Stato , probablement aussi sincèrement qu'autrefois. Il
avait appris qu'il ne pouvait pas faire valoir les mêmes prétentions illimitées.
Il fallait renoncer à la création d'empereurs et à la domination du monde ;
mais rien ne prouve qu'il n'avait pas l'intention de réaliser, au cours de son
nouveau règne, les grands desseins pour sa ville et pour la paix et la prospérité
du pays environnant, ce qu'il avait si triomphalement réussi à faire pour ce
moment heureux et triomphant. dans sa jeunesse.

TOMBE DE CECILIA METELLA

CHAPITRE VI.
LA FIN DE LA TRAGÉDIE.

C'est au début du mois d'août 1354 que Rienzi rentre à Rome. De grands préparatifs avaient été faits pour sa réception. Les gardes municipaux, avec toute la cavalerie qui se trouvait à Rome, allèrent à sa rencontre jusqu'à Monte Mario, des branches d'olivier à la main, « en signe de victoire et de paix. Le peuple était aussi joyeux que s'il avait été Scipion l'Africain", dit notre biographe. Il entra par la porte du Castello, près de Saint-Ange, et se rendit de là directement au centre de la ville, par des rues ornées d'arcs de triomphe, tendus de tapisseries, retentissant d'acclamations.

"Grande était la joie et la ferveur du peuple. Avec tous ces honneurs , ils le conduisirent au Palais du Capitole. Là, il leur fit un beau et éloquent discours, dans lequel il dit que depuis sept ans il avait été absent de sa maison. , comme Nabuchodonosor ; mais par la puissance de Dieu , il était revenu à son siège et était sénateur par nomination du pape. Il ajouta qu'il entendait tout rectifier et relever la condition de Rome. La joie des Romains était aussi grande comme ce fut le cas des Juifs lorsque Jésus-Christ entra à Jérusalem monté sur un âne. Ils l' honorèrent tous , suspendant des draperies et des branches d'olivier, et chantant : « Béni soit celui qui vient ! Quand tout fut fini , ils rentrèrent chez eux et le laissèrent seul avec ses partisans sur la Piazza. Personne ne lui offrit même un pauvre repas. Le lendemain, Cola di Rienzi reçut plusieurs ambassadeurs du pays environnant . " Il répondit. Il donna des réponses et des promesses de toutes parts. Les barons restèrent aux aguets, ne prenant aucune part. Le tumulte du triomphe fut grand. Jamais il n'y eut autant de pompe. L'infanterie bordait les rues. Il semblait qu'il voulait dire pour gouverner à la manière des tyrans. La plupart des biens qu'il avait confisqués lui furent restitués. Il envoya des lettres à tous les États pour déclarer son heureux retour, et il désira que chacun se prépare au Buono . État . Cet homme avait beaucoup changé par rapport à ses anciennes habitudes. Il avait l'habitude d'être sobre, sobre et abstinent. Il devint alors un buveur excessif et consommait beaucoup de vin. Et il devint grand et grossier dans sa personne. Il avait une panse de tonneau, triomphale, comme un abbé Asinico . Il était plein de chair, rouge, avec une longue barbe. Son visage était changé, ses yeux étaient comme enflammés, parfois rouges comme du sang. »

Cette image sans compromis d'un homme que l'adversité n'a pas amélioré mais détérioré, est très large et grossière chez les personnalités que la foule aime. Son biographe ne semble pourtant pas avoir été hostile à Rienzi. Il continue en décrivant comment le nouveau sénateur, le quatrième jour après son arrivée, a convoqué tous les barons pour qu'ils se présentent devant lui, et entre autres il a convoqué Stefanello Colonna qui était un enfant au moment de la terrible déroute de San Lorenzo, mais il était maintenant le chef de la maison, son noble vieux grand-père au cœur brisé étant à cette époque heureusement mort. Il était peu probable que le troisième Stefano reçoive cette convocation en toute amitié. Il saisit les deux messagers et les jeta en prison, puis après un certain temps fit arracher les dents de l'un, injure infligée, et envoya l'autre à Rome pour exiger une rançon pour eux ; suivi d'un grand raid dans le pays environnant. , au cours duquel ses forces légères et volantes « soulevèrent » le bétail des Romains comme auraient pu le faire les émissaires d'un chef des Highlands. Rienzi semble s'être précipité aux armes, rassemblant un grand attroupement divers, « les uns armés, les autres sans armes, selon le temps permis » pour récupérer le bétail. Mais ils furent trompés par un artifice des plus transparents et arrivèrent jusqu'à Tivoli sans trouver d'adversaire. Ici, il fut arrêté par les mercenaires qui réclamaient leur solde, qu'il obtint adroitement des deux jeunes commandants, Arimbaldo et Betrom , en leur représentant que lorsqu'une telle difficulté surgissait dans les temps classiques, elle était résolue par les principaux citoyens qui souscrivaient immédiatement à ce que était nécessaire. Les jeunes gens en apparence simples d'esprit (Bettom ou Bertram ayant apparemment surmonté son humeur) lui donnèrent chacun 500 florins, et ainsi les ennuis furent momentanément réglés et la marche vers Palestrina reprit. Mais l'expédition fut tout à fait vaine, ni Rienzi ni les jeunes gens qu'il avait placés à la tête des affaires ne connaissaient grand-chose à la science de la guerre. Il y avait des dissensions dans le camp, les hommes de Velletri étant en conflit avec ceux de Tivoli ; et l'image que nous donne le biographe des chefs regardant, voyant un train de bétail et de wagons de provisions entrer dans la ville qu'ils étaient en train d'assiéger, et demandant innocemment de quoi il s'agissait, donne l'impression la plus vive de l'ignorance et de l'impuissance. qui régnait dans le parti attaquant : tandis que Stefanello Colonna, à la manière née, entouré de vieux guerriers et luttant pour sa vie, défendait ses vieilles tours avec habileté autant que désespoir.

Pendant que les Romains perdaient ainsi leurs chances de victoire et s'occupaient de cette destruction du pays environnant, qui était alors le premier mot de guerre - les paysans et les villages souffraient toujours, quiconque pouvait échapper -, des nouvelles arrivaient au camp de Rienzi. de l'arrivée à Rome du terrible Fra Moreale lui-même, arrivé en toute confiance, avec un petit groupe à sa suite, dans la ville pour laquelle ses frères combattaient et où son argent constituait le seul trésor de guerre. C'était un homme audacieux et habitué au danger ; mais il ne semblait pas qu'aucune idée de danger lui soit venue à l'esprit. Il y avait eu des rumeurs parmi les mercenaires que le grand capitaine n'avait aucun sentiment aimable envers le sénateur qui avait entraîné ses jeunes frères dans cette guerre douteuse : et ce bruit semble être parvenu aux oreilles de Rienzi : mais que Fra Moreale courait un danger quelconque Rienzi ne semble être venu à l'esprit d'aucun spectateur.

On s'arrête ici en se demandant quelles étaient ses motivations lors de cette crise de sa vie. Étaient-ils simplement ceux du scélérat ordinaire et vulgaire : « Tuons-le pour que l'héritage soit à nous » ? — était-il terrifié par la perspective des questions que l'homme de guerre expérimenté ferait certainement sur la manière dont son les frères avaient-ils été traités par le chef qui avait acquis un pouvoir si absolu sur eux ? ou est-il possible que le patriotisme, l'enthousiasme pour l'Italie, la haute estime pour le bien commun qui existaient autrefois dans le sein de Cola di Rienzi aient éclaté maintenant dans son esprit, dans une dernière et formidable flamme de juste colère ? Il n'existait peut-être personne d'aussi dangereux pour la liberté permanente et le bien-être de l'Italie que ce Provençal avec sa grande armée, qui n'avait d'allégeance à aucun chef autre que lui-même - sans patrie, sans croyance ni scrupule - qu'il conduisait à son gré, jetant maintenant dans l'une, maintenant dans l'autre échelle. La Grande Compagnia était la terreur de tout le continent. Sauf qu'il était certain d'apporter un désastre partout où il allait, ses mouvements ne pouvaient jamais être calculés. Quelles que soient les fluctuations d'un État ou d'une ville, cette armée errante était toujours du côté du mal ; il ne vivait que de combats et de désastres ; et le chasser du pays, du monde si possible, eût été l'acte de délivrance le plus véritable et le plus noble qui eût pu être accompli. Était-ce le but qui brillait dans les yeux de Rienzi lorsqu'il apprit que le chef de cette terreur, le grand chef et capitaine des brigands, s'était confié dans les murs de Rome ? Avec la philosophie du compromis qui règne parmi nous et qui nous interdit de permettre à un homme de développer des motivations simples, nous osons à peine dire ou même supposer qu'il en est ainsi ; mais nous pouvons laisser une certaine place aux motifs mélangés qui sont la théorie favorite de notre époque, et pourtant croire que quelque chose de cette impulsion peut-être plus noble était dans l'esprit du sénateur romain, qui, malgré sa décadence et sa chute, était toujours le le même homme qui, par son enthousiasme et sa colère généreuse, sans coup férir, avait jadis chassé ses petits tyrans de la ville. Quel que soit le jugement du lecteur à cet égard, il est clair que Rienzi a abandonné le siège de Palestrina lorsqu'il a appris l' arrivée de Fra Moreale , comme un chien laisse tomber un os ou un enfant ses jouets, et s'est précipité vers Rome ; tandis que son armée se dissolvait, comme c'était l'habitude dans de telles guerres, chaque bande vers son propre pays. Huit jours s'étaient écoulés avant Palestrina, et le pays était complètement dévasté : mais aucun avantage efficace n'avait été obtenu lors de ce changement soudain de but.

Dès que Rienzi arriva à Rome , il fit arrêter Fra Moreale et le plaça avec ses frères dans la prison du Capitole, au grand étonnement de tous ; mais surtout à la surprise du grand capitaine, qui y crut d'abord un simple expédient pour extorquer de l'argent, et réconforta par cette explication les malheureux frères pour lesquels il s'était pris au piège. « Ne vous inquiétez pas, dit -il , laissez-moi gérer cette affaire. Il aura dix mille vingt mille florins, de l'argent et des gens autant qu'il voudra. Alors les frères répondirent : « Eh bien ! faites-le, au nom de Dieu. Ils connaissaient peut-être leur Rienzi à cette époque, aussi jeunes qu'ils étaient et aussi stupides qu'ils aient été, mieux que leur aîné et leur supérieur. Et sans doute Rienzi aurait pu conclure d'excellentes conditions pour lui-même, peut-être même pour Rome ; mais il ne semble pas avoir eu un instant une telle idée. Lorsque la tribune franchit les portes de la ville, le sort du condottiere fut scellé. Le biographe nous livre un tableau des plus curieux de l'agitation et de la surprise de cet homme devant son sort. Lorsqu'il fut amené au supplice (*menato a lo tormento*), il poussa un cri dans une consternation sauvage et des conclusions tirées d'avance. "Je vous ai dit quel était votre méchant rustique", s'écria-t-il, comme s'il poursuivait cette discussion avec les jeunes frères insensés. "Il va me tourmenter ! Ne sait-il pas que je suis chevalier ? Y a-t-il déjà eu un tel clown ?" Ainsi, furieux, étonné, incrédule face à une telle possibilité, mais désireux de dire qu'il l'avait prévu, le capitaine consterné était *alzato* , tiré vraisemblablement par les mains comme c'était une manière de torture, murmurant et pleurant tout le temps dans sa barbe : à moitié fou et incohérent dans la catastrophe inattendue. « Je suis capitaine de la Grande Compagnie », s'écria-t-il ; " et étant chevalier , je dois être honoré . J'ai rançonné les villes de Toscane. Je leur ai imposé des impôts. J'ai renversé des principautés et emmené le peuple captif. " Tandis qu'il babillait ainsi dans sa première agonie d'étonnement, l'ombre de la mort se referma sur Moreale et le caractère de ses paroles changea. Il commença à comprendre que tout cela était réel et que Rienzi était désormais allé trop loin pour être gagné par l'argent ou par des promesses. Lorsqu'il fut ramené à la prison que partageaient ses frères , il leur dit avec plus de dignité qu'il savait qu'il allait mourir. "Doux frères, n'ayez pas peur", dit-il. "Tu es jeune, tu n'as pas connu le malheur. Tu ne mourras pas, mais moi je mourrai. Ma vie a toujours été pleine d'ennuis." (C'était un homme de sentiment et un poète à sa manière, ainsi qu'un soldat de fortune.) "C'était pour moi une peine de vivre, de la mort je n'ai pas peur. Je suis heureux de mourir là où est mort le bienheureux. Saint Pierre et Saint Paul. Cette mésaventure est de ta faute, Arimbaldo ; c'est toi qui m'as conduit dans ce labyrinthe ; mais ne te blâme pas et ne pleure pas pour moi, car je meurs volontairement. Je suis un homme : j'ai été trahi comme les autres hommes. Par le ciel, j'ai été trompé ! Mais Dieu aura pitié de moi, je n'en doute pas, car je suis venu ici avec une bonne intention. Ces paroles pitoyables, pleines jusqu'au dernier étonnement, forment une sorte de monologue qui se prolonge, brisé, jusqu'au pied même du Lion, dans le grand escalier où il fut conduit à la mort, au milieu du tintement orageux de la grosse cloche et le peuple se précipitait, moitié exultant et moitié terrifié, qui venait de toutes parts pour voir ce grand et terrible acte de cette justice à laquelle la ville dans sa première ferveur s'était engagée. "Oh, Romans, consentez-vous à ma mort ?" il pleure. "Je ne vous ai jamais fait de mal ; mais à cause de votre pauvreté et de ma richesse, je dois mourir." Le chroniqueur continue de rapporter les derniers mots avec fascination, comme s'il ne pouvait s'empêcher de le faire. Il y a en eux une nature sauvage, d'émerveillement et d'étonnement, jusqu'au dernier moment. "Je ne suis pas bien placé", murmura-t-il, *non sto bene*, voulant évidemment dire que je ne suis pas bien placé pour le coup : car il semble avoir changé plusieurs fois de position, s'agenouillant et se relevant. Il embrassa ensuite le couteau et dit : « Que Dieu te garde, sainte justice », puis il s'agenouilla de nouveau. Le récit est plein de vie et de pitié ; le grand soldat tout ahuri, le cerveau défaillant, accablé d'une douloureuse surprise, cherchant le bon endroit pour mourir. " Cet excellent homme (*honestis probique viris*, dans la version latine), Fra Moreale, dont la renommée est dans toute l'Italie pour sa force et sa gloire, fut enterré dans l'église de l'Ara Cœli, dit notre chroniqueur. Son exécution eut lieu à l'endroit où se dresse encore le Lion. la main gauche du grand escalier. Là, Fra Moreale errait dans sa distraction pour trouver un endroit confortable pour le dernier coup. L'association est assez sombre, et d'autres encore plus épouvantables devaient bientôt s'y rassembler.

Ce fut peut-être la seule étape de sa vie dans laquelle Rienzi eut l'approbation de tous. Le pape manifesta son approbation de la manière la plus pratique en confisquant toutes les richesses de Fra Moreale, dont 60 000 florins d'or furent distribués à ceux qui avaient souffert de lui. Les fonds qu'il possédait dans diverses villes furent également saisis, bien qu'on nous dit que parmi ceux de Rome, Rienzi n'en avait qu'une petite partie, un certain notaire ayant réussi, par quels moyens on ne nous le dit pas, à obtenir la plus grande somme. Par l'intervention du légat, l'insensé Arimbaldo, que les belles paroles de Rienzi avaient si amèrement trompé, fut libéré de sa prison et autorisé à quitter Rome, mais le jeune frère Bettrom, ou Bertram, qui, autant que nous le voyons, n'a jamais été un partisan de Rienzi, resta en arrière ; et bien que sa présence soit remarquée à un autre moment tragique, nous ne savons pas ce qu'il est finalement devenu. Avec l'argent qu'il reçut, Rienzi se hâta de payer ses soldats et de reprendre la guerre. Il eut la chance de s'assurer les services d'un noble et vaillant capitaine, dont les francs-lances déclaraient n'avoir jamais servi sous les ordres d'un homme aussi courageux : et dont le nom est enregistré sous le nom de Riccardo Imprennante. degli Annibaldi — Richard l'entreprenant, peut-être — et la guerre se poursuivit avec vigueur sous lui. À Rome, les choses ne se passèrent pas aussi bien. Rienzi a dû expliquer sa conduite à l'égard de Fra Moreale à ses propres conseillers . « Messieurs, dit-il, ne soyez pas troublés par la mort de cet homme ; c'était le pire homme du monde. Il a pillé des églises et des villes ; il a assassiné des hommes et des femmes ; deux mille femmes dépravées l'ont suivi partout. " Il est venu pour perturber notre État, non pour l'aider, mais pour s'en faire le seigneur. Et c'est pourquoi nous avons condamné ce faux homme. Son argent, ses chevaux et ses armes, nous les prendrons pour nos soldats. " On voit à peine l'éloquence pour laquelle Rienzi était célèbre dans ces phrases succinctes et saccadées dans lesquelles son biographe le rapporte ; mais c'était le style même de notre chroniqueur, et ils sont au moins vigoureux et précis.

« Grâce à ces paroles, les Romains furent en partie apaisés », nous dit-on, et le cours de l'histoire continua. Le siège de Palestrina s'est bien déroulé et des garnisons ont été placées dans plusieurs villes environnantes, tandis que Rienzi avait le contrôle de tout entre ses mains. Certaines de ses troupes se retirèrent de son service, probablement à cause de Fra Moreale ; mais d'autres vinrent, des archers en grand nombre et trois cents cavaliers.

" Il maintenait sa place au Capitole afin de pourvoir à tout. Les soucis étaient nombreux. Il devait se procurer de l'argent pour payer les soldats. Il se limitait dans toutes les dépenses ; chaque sou était pour l'armée. On n'a jamais vu un tel homme. ; seul il supportait les soucis de tous les Romains. Il se tenait au Capitole pour organiser ce que les chefs à leur place exécutaient ensuite. Il donnait les ordres et réglait tout, et cela fut fait : la fermeture des routes, les temps de attaque, prise d'hommes et d'espions. C'était sans fin. Ses officiers n'étaient ni lents ni froids, mais personne n'a fait grand-chose sauf le héros Riccardo, qui nuit et jour a affaibli les Colonnais, Stefanello et ses Colonnas et Palestrina ont dévoré . La guerre touchait à une bonne fin. »

Mais pour faire tout cela, l'argent de Moreale ne suffisait pas. Rienzi dut imposer une taxe sur le vin et augmenter celle sur le sel, ce qui déplaît aux citoyens. Tout était pour les soldats. Ses propres dépenses étaient très limitées et il semblait s'attendre à ce que les citoyens suivent son exemple. L'un d'eux, un certain Pandolfuccio di Guido, Rienzi fut saisi et décapité sans aucune raison apparente. Il aurait voulu se faire seigneur du peuple, dit le chroniqueur. Cette mesure arbitraire semble avoir suscité une vive inquiétude. "Les Romains étaient comme des moutons et ils avaient peur de la Tribune comme d'un démon."

ROME ANCIENNE, MÉDIÉVALE ET MODERNE.

A ce moment-là, Rienzi commença de nouveau à montrer des signes de cette confusion d'esprit que nous appelons perdre la tête - une confusion d'irritation et de changement, la résolution d'aujourd'hui faisant place à un autre demain - et le vertige de la chute prochaine s'empara de lui. sur chaque faculté. Comme la première fois, ce vertige de malheur le prenait quand tout allait bien. Il déplaça sans raison apparente son capitaine, qui assiégeait Palestrina avec tant de vigueur et de succès, et nomma d'autres chefs dont même le biographe ne juge pas utile de donner les noms. La garde nationale, si on peut les appeler ainsi, cinquante pour chaque Rione , qui étaient les seules gardiennes de Rome, était gardée sans solde, tandis que tout l'argent qu'on pouvait arracher au peuple était envoyé à l'armée. Ces événements élèvent chacun un nouvel ennemi à la tribune, le sénateur, autrefois si aimé, qui, pour la seconde fois et plus complètement qu'auparavant, s'est montré incapable de la tâche qu'il s'était confiée. C'était le 1er août 1354 qu'il était entré dans Rome avec une joyeuse escorte de toute sa cavalerie et de ses principaux habitants, avec des drapeaux agités et des branches d'olivier, et une foule qui remplissait toutes les rues, le Popolo lui-même criant et acclamant : et avait été conduit sur la place de l'Ara Cœli , au pied du grand escalier du Capitole. Le dernier jour de ce mois, une assemblée sinistre et tragique, rassemblée au son de la grosse cloche, se pressait encore une fois au pied de cet escalier, pour voir exécuté le grand soldat, le chevalier voleur, la terreur de l'Italie. . Et ce n'était encore qu'en septembre, dit la *Vita* – bien que d'autres récits évoquent la catastrophe un mois plus tard – que le dernier jour de Rienzi lui-même arriva. Nous ne savons rien des causes immédiates du soulèvement, ni qui en étaient les dirigeants. Mais Rome était dans un état si préoccupant, bouillonnant de tant d'éléments volcaniques, qu'il devait être impossible de prévoir du matin au matin ce qui pourrait arriver. Ce qui s'est produit ressemble à une explosion soudaine, spontanée et non préméditée ; mais sans aucun doute, par diverses circonstances qui suivirent, les Colonna y furent pour quelque chose, qui depuis l'époque de San Lorenzo avaient été les ennemis les plus acharnés de Cola. Voici comment son biographe raconte l'histoire :

"C'était le mois de septembre, le huitième jour. Le matin, Cola di Rienzi était allongé dans son lit, après s'être lavé le visage avec du vin grec (sans doute une référence à ses prétendues habitudes). Soudain, des voix se firent entendre criant Viva *lo Popolo ! Viva lo Popolo !* À ce bruit, les gens dans les rues se mirent à courir çà et là. Le bruit augmenta, la foule grandit. À la croix du marché , ils furent rejoints par des hommes armés venus de Saint-Ange et de la Ripa , et du quartier de Colonna et de Trevi . Au fur et à mesure qu'ils se rejoignaient, leur cri se changea en celui-ci : Mort au traître, Cola di Rienzi, mort ! Parmi eux figuraient les jeunes gens qui avaient été mis sur ses listes pour la conscription. Ils se précipitèrent vers le Palais du Capitole avec une foule innombrable d'hommes, de femmes et d'enfants, jetant des pierres, poussant une grande clameur , encerclant le palais de tous côtés devant et derrière, et criant : " Mort au traître qui a infligé les impôts ! Mort à lui ". .!' Leur fureur était terrible. La Tribune ne fit aucune défense contre eux. Il ne sonna pas le tocsin. Il se dit : "Ils crient *Viva lo Popolo* , et nous aussi. Nous sommes ici pour exalter le peuple. J'ai écrit à mes soldats. Ma lettre de confirmation vient du pape. Il ne s'agit que de la publier au Concile. Mais quand il vit enfin que les choses tournaient mal , il commença à s'alarmer, d'autant plus qu'il se sentait abandonné de toutes les âmes vivantes de ceux qui occupaient habituellement le Capitole. Juges, notaires, gardes, tous s'étaient enfuis pour sauver le Capitole. leur propre peau. Seules trois personnes sont restées avec lui, dont Locciolo . Pelliciaro , son parent."

Ce fut le terrible réveil du condamné, sans préparation, sans le son d'une cloche, sans aucun des avertissements habituels, réveillé de sa rêverie de vaines pensées, de son vin grec, des indulgences auxquelles il s'était habitué, dans sa vaine confiance en lui. Il n'avait pas de demeure sur les hauteurs de ce Capitole où il était revenu avec tant de triomphe. Si son fils Lorenzo était mort ou vivant , nous ne le savons pas. Sa femme était entrée dans un des couvents des Clarisses , alors qu'il errait dans les Apennins, et se trouvait loin de lui. Il n'y a pas un mot de quelqu'un qui l'aimait, à moins que ce ne soit par hasard le parent pauvre qui se tenait à ses côtés, Locciolo , le fourreur, qui le gardait peut-être pour entretenir ses robes de minever, la fourrure royale. Le cri qui déferlait maintenant autour du palais mal sécurisé et à moitié en ruine lui aurait semblé indiscernable, même lorsque le rugissement rauque s'approchait si près, comme le fracas d'une vague horrible autour des murs : Viva *lo Popolo !* c'était une chose. Avec sa *belle parole*, il aurait pu facilement tourner cela à son avantage, en le criant aussi. Pourquoi était-il là sinon pour glorifier le peuple ? Mais le terrible tonnerre prit une autre tonalité, un cri plus long, exigeant une respiration plus profonde : *Mort au traître* : ce ne sont pas des mots qu'un homme peut longtemps méprendre. Il fallait faire quelque chose – il ne savait pas quoi. Dans cette égalité de misère qui fait qu'un homme connaît de si étranges compagnons de lit, le sénateur se tourna vers les trois humbles serviteurs qui tremblaient autour de lui et leur demanda leur avis. "Par ma foi, les choses ne peuvent pas se passer ainsi", a-t-il déclaré. Il semblerait qu'on lui ait conseillé de faire face à la foule : car il s'habilla de son costume de chevalier, prit à la main l'étendard du peuple et sortit sur le balcon :

« Il tendit la main, faisant signe que tous devaient se taire et qu'il allait parler. Sans doute, s'ils l'avaient écouté, il aurait brisé leur volonté et changé d'avis. Mais les Romains n'ont pas voulu écouter ; ils étaient comme des porcs ; ils lui jetaient des pierres et lui pointaient des flèches, et certains couraient avec du feu pour allumer la porte. Les flèches étaient si nombreuses qu'il ne pouvait pas rester sur le balcon. Alors il prit le Gonfalone et étendit il désigna l'étendard et, de ses deux mains, montra les lettres d'or, les armes des citoyens de Rome, presque comme s'il disait : « Vous ne me laisserez pas parler ; mais je suis un citoyen et un homme du peuple comme vous ». ... Je vous aime, et si vous me tuez, vous vous tuerez vous-mêmes, vous qui êtes Romains. Mais il ne pouvait pas continuer dans cette position, car le peuple, sans intelligence, allait de pire en pire. « Mort au traître », criaient-ils.

Une grande confusion régnait dans l'esprit du malheureux Tribune. Il ne pouvait plus tenir sa place au balcon, et les émeutiers avaient incendié la grande porte en contrebas, qui commençait à brûler. S'il s'était échappé dans la chambre du dessus, c'était la prison de Bertram de Narbonne, le frère de Moreale , qui l' aurait tué. Dans cette terrible situation, Rienzi s'est fait descendre par des draps noués ensemble dans la cour derrière, entourée des murs de la prison. Même ici, la trahison le poursuivit, car Locciolo , son parent, courut au balcon et, par des signes et des cris, annonça à la foule qu'il était parti derrière et qu'il s'enfuyait par l'autre côté. C'est lui, dit le chroniqueur, qui a tué Rienzi ; car il l'a d'abord aidé dans sa descente, puis il l'a trahi. Pendant un moment désespéré d'indécision, le Tribune déchu eut une dernière discussion avec lui-même dans la cour de la prison. Doit-il encore sortir en habit de chevalier, armé et l'épée à la main, et y mourir dignement, « comme un personnage magnifique », aux yeux de tous les hommes ? Mais la vie était toujours aussi douce. Il se débarrassa de son surcot, se coupa la barbe et se salit le visage ; puis, entrant dans la loge du portier, il trouva un habit de paysan qu'il enfila, et, saisissant une couverture du lit, la jeta sur lui, comme si le pillage du Palazzo avait commencé et était parti. Il luttait contre l'incendie du mieux qu'il pouvait et s'en sortit sans être touché par le feu, parlant comme un compatriote et criant "Debout ! Debout ! *a glui , traditore !* Alors qu'il passait la dernière porte, un membre de la foule l'aborda brutalement, et repoussa l'objet sur sa tête, qui semblait avoir été une *couette* , ou une lourde couette : sur quoi la splendeur du bracelet qu'il portait au poignet devint visible, et il fut reconnu . Il fut immédiatement saisi, non d'aucun violence d'abord, et il descendit le grand escalier jusqu'au pied du Lion, où l'on lisait habituellement les phrases. Lorsqu'il atteignit cet endroit, "un silence se fit" (*pour fatto uno silenceio*). « Aucun homme, dit le chroniqueur, ne manifesta le moindre désir de le toucher. Il resta là pendant environ une heure, la barbe coupée, le visage noir comme un fourneau, dans une tunique de soie verte et des bas jaunes comme un homme de fourneau. baron." Dans le silence, alors qu'il se tenait là, pendant cette heure horrible, il tournait la tête d'un côté à l'autre, « regardant ici et là ». Il ne semble pas avoir tenté de parler, mais, abasourdi par l'effondrement de son être, il contemplait pitoyablement cette foule horrible, le regardant fixement, aucun homme n'osant porter le premier coup. Finalement , un de ses partisans, l'un des chefs de la foule, frappa avec son épée, et immédiatement une douzaine d'autres le suivirent. Il est mort du premier coup, nous dit son biographe, et n'a ressenti aucune douleur. Toute la scène effroyable se passa dans le silence : « pas un mot ne fut dit », la tête pitoyable et impatiente, regardant çà et là, tomba, et tout fut fini. Et le rugissement de la foule effroyable éclata de nouveau.

Il n'est pas nécessaire de donner ici les détails encore plus horribles qui suivent. Les malheureux avaient grossi dans le luxe de ces derniers jours. *Grasso était horriblement . Bianco come latte ensanguinato* , dit le chroniqueur : et il place encore devant nous, comme à San Lorenzo sept ans auparavant, la silhouette blanche allongée sur le pavé, rouge du sang. On le traîna dans les rues jusqu'au quartier Colonna ; on l'accrochait à un balcon ; finalement le corps sans tête, après tous ces déshonneurs , fut transporté en plein air devant le mausolée d'Auguste et brûlé par les Juifs. Pourquoi les Juifs ont pris cette part du carnaval du sang, on ne nous le dit pas. On n'avait jamais dit que Rienzi était dur avec eux ; mais sans aucun doute, à une époque si démunie, ils devaient avoir reçu leur pleine part des impôts et des paiements exigés de tous.

Il n'y a même pas de morale dans cette histoire, si ce n'est la morale bien connue de l'inconstance de la population qui acclame un chef un instant et le tue l'instant d'après ; mais c'est un lieu commun et usé. S'il y avait jamais beaucoup d'hommes susceptibles de pécher de cette manière, cela pourrait être une leçon pour l'enthousiaste qui plonge une main inexpérimentée dans la toile du destin, de confondre les fils avec lesquels est tissée la destinée d'un pays, sans en connaître ni le modèle. ou le sens du tissage. Il a commencé par ce que nous avons toutes les raisons de croire comme étant une impulsion noble et généreuse pour sauver son peuple. Mais son âme n'était pas capable d'une telle entreprise. Il connut le succès le plus grand et le plus immédiat jamais accordé à un leader populaire. Le pouvoir de changer, de réparer, de refaire, de justifier et de réaliser son idéal lui a été donné dans toute la mesure. Pendant un temps , il semblait qu'il n'y avait rien au monde que Cola di Rienzi, le fils du marchand de vin, l'enfant du peuple, ne puisse faire. Mais ensuite il est tombé ; la promesse s'est effondrée en cendres mortes, l'impulsion qui était l'inspiration s'est expirée et s'est éteinte. L'inspiration était tout ce qu'il possédait, ni la connaissance, ni le noble sens et la compréhension qui auraient pu la remplacer ; et quand le feu ténu s'enflammait comme le crépitement des épines sous une marmite, il s'enflammait de nouveau et ne laissait rien derrière lui. S'il avait péri à la fin de son premier règne, s'il avait été égorgé au pied du Capitole, comme l'aurait voulu Pétrarque, son histoire eût été une tragédie parfaite, et il nous aurait été permis d'en faire un héros. jeune patriote, seul, à une époque où le patriotisme était inconnu. Mais le post-scriptum de son deuxième effort détruit l'épopée. C'est une histoire d'égoïsme misérable, tout sordide, l'histoire de n'importe quel mendiant à cheval, de n'importe quel vulgaire aventurier. Pourtant, l'heure silencieuse où il se tenait au pied du grand escalier, l'horrible foule silencieuse devant lui, bridée par ce désespoir muet et terrible, incapable de porter le coup final, est l'un des moments les plus intenses de la tragédie humaine. Un grand homme envahi par la végétation, au visage noirci et aux restes rugueux de barbe, à moitié habillé, sans voix, la tête tournée ici et là... Et pourtant personne n'osa faire ce pas, pousser cette épée avide, pendant près d'une heure. Peut-être que ce n'était qu'une minute, ce qui serait moins inexplicable, semblant être une heure pour tous les spectateurs qui étaient là et qui se tenaient là.

Personne dans tout le cours de l'histoire romaine moderne n'a autant illustré les rues et les rues de Rome, ni mis en évidence ses foules excitées, ni fait sonner la grande cloche à nos oreilles, un *stuormo* , et révélé le bruit de la populace et de la foule. la domination des nobles et les parures des galants, avec un effet si réel et si tangible. L'épisode est court. Les deux périodes du pouvoir de Rienzi cumulées s'élèvent à peine à huit mois ; mais il y a peu de chapitres dans cette histoire toujours aussi mouvementée et pourtant dépourvue de tant de charme d'histoire personnelle et d'aventure, si pittoresque et si complète.

ÉCRIVAIN DE LETTRE.

LIVRE IV.
LES PAPES QUI FONT LA VILLE.

PIAZZA DU POPOLO.

CHAPITRE PREMIER.
MARTIN V.—EUGÈNE IV. —NICOLAS V.

Il est étrange de laisser l'histoire de Rome au point culminant auquel l'avaient amenée le plus capable et le plus fort de ses maîtres modernes, alors qu'elle était la patrie de la plus haute ambition et des plus hautes revendications du monde, le chef reconnu de l'un des les deux puissances qui partageaient ce monde entre elles, et revendiquant également une autorité visionnaire suprême sur l'autre ; et de reprendre cette histoire (après un épisode aussi romantique que celui que nous venons de raconter) lorsque ses dirigeants n'étaient devenus que les premiers parmi les principautés combattantes d'Italie, des hommes aux cent ambitions, dont aucune n'était spirituelle, poursuivant leur visionnaire en tant que chefs de l'Église comme une simple question de routine, mais réservant toute leur vie et leur énergie réelles à la guerre intestine perpétuelle qui durait depuis des générations et à la sécurité de leurs biens personnels. D'Innocent III. à un homme comme Eugène IV, combattant encore et toujours, mêlé à toutes les luttes du continent, engageant des Condottieri, rassemblant des troupes, de toute son âme dans la guerre, si continue, si mesquine, si exsangue même jusqu'à présent. il s'agissait des armées elles-mêmes, ce qui ne cessa jamais un instant en Italie : c'est un changement incalculable. Jugons le grand Grégoire et le grand Innocent comme nous pouvons, leur but et le but de leur vie étaient parmi les plus grands qui aient jamais été conçus par l'homme, peut-être l'idéal le plus élevé jamais formé, bien que, comme tous les idéaux élevés, impossible, aussi longtemps tels que les hommes sont tels que nous les connaissons, et ceux qui les choisissent sont aussi impuissants en matière de sélection et d'obtention des meilleurs que l'étaient leurs ancêtres. Mais établir ce tribunal sur terre – cette ombre et représentation du grand Trône Blanc qui sera désormais établi dans les cieux – afin de juger le juste jugement, de réparer les torts, de neutraliser l'emprise de la force sur le bien – qu'il échoue toujours . si complètement, c'est au moins une grande conception, le plan le plus noble auquel des mains humaines puissent travailler. Nous avons essayé de montrer combien cela n'a pas réussi, même entre les mains les plus fortes ; mais l'échec était une chose plus grande que n'importe quel moindre succès - certainement une chose bien plus grande que le désir d'être le premier dans cette foule criante de principautés et de républiques italiennes, d'opposer Piccinino et Carmagnole, de mettre votre honneur sur le bûcher d'une bande de soldats enchaînés se déployant sur un terrain inoffensif, dans des guerres qui n'auraient pas été beaucoup plus importantes que des tournois ; s'il n'y avait pas eu la ruine, le meurtre et la dévastation des paysans impuissants et du pays frappé de part et d'autre.

Mais le rôle le plus insignifiant était un rôle dont les hommes étaient fatigués, autant que de cette tension perpétuelle du plus grand qui exigeait une quantité de force et de concentration d'esprit que beaucoup ne pouvaient pas donner (et c'était le grand défaut de l'esprit). le plan) soit assuré pour une lignée de papes pas plus que pour toute autre lignée d'hommes. Les papes qui auraient gouverné le monde ont échoué et ont abandonné cet espoir désespéré ; ils se heurtèrent à l'opposition de toutes les puissances de la terre, ils furent épuisés par les fictions des anti-papes et par des souffrances personnelles réelles et continuelles pour leur idéal : — et ils ne s'assurèrent même à aucun moment la sympathie du monde. Mais quand parmi la vaine lignée de Pontifes qui, non pas pour l'infamie ni pour la gloire, mais *en soi* vivaient et voltigeaient, une file vacillante de personnages sans signification, à travers la surface du monde, surgit ici et là un Pape, formant une courte succession à mesure que le but grandissait, qui assumèrent consciemment le but de faire de Rome - non pas Rome impériale ni encore Rome papale, qui étaient chacune une puissance naturelle sur la terre et le chef des nations, mais Rome la Ville - la maison de l'art, le sanctuaire des lettres, d'une autre manière et avec une signification plus petite, mais qui signifie toujours quelque chose, le centre du monde - leur travail et leur position ont toujours attiré beaucoup de sympathie et ont immédiatement gagné l'admiration de tous les hommes. La littérature anglaise n'a pas rendu beaucoup de justice aux grands papes. La vie de M. Bowden de Grégoire VII. est le seul ouvrage de quelque importance spécialement consacré à ce grand souverain. Grégoire le Grand, à qui l'Angleterre doit tant, et Innocent III, qui était aussi, quoique d'une manière peu favorable , mêlé à ses affaires, n'ont tenté aucun historien anglais aux travaux d'une biographie. Mais Léon X a connu un sort bien différent : et même les Borgia, la pire des maisons papales, ont leur propre littérature complète. La différence est curieuse. C'est peut-être par cette survivance des plus inaptes , si générale en littérature, que la méfiance et les préjugés anglais se sont si cristallisés , et que pour le lecteur le plus humble, le mot Pape reste synonyme de prêtre fier et despotique, tantôt Inquisiteur et tantôt Indulgent. souvent corrompu, luxueux ou tyrannique — un dirigeant dont le gouvernement est inévitablement faible mais cruel. La raison de cette étrange préférence doit être que l'amour de l'art est plus général et plus fort que l'amour de l'histoire ; ou plutôt qu'un objet extérieur décoratif et tangible, quelque chose à voir et à admirer, est plus que toutes les théories de gouvernement ou de morale. La période de la Renaissance est pleine d'horreur et d'impureté, peut-être la moins souhaitable de toutes les époques sur laquelle s'attarder. Mais l'art lui a donné une importance à laquelle il n'a pas d'autre droit.

Il est curieux aussi de constater que de toutes les villes d'Italie, Rome a le moins de droit indigène à être considérée dans l'histoire de l'art. Aucun grand peintre ou sculpteur, architecte ou même décorateur n'est apparu parmi le peuple romain. La Rome antique a emprunté son art à la Grèce. La Rome moderne a cherché la sienne dans toute l'Italie, depuis Florence, depuis les collines et les vallées de l'Ombrie, partout sauf dans son propre sein. Elle a couronné des poètes, mais, depuis Virgile et Horace, dont aucun n'est né Romain, quoique plus sienne que tous ceux depuis, elle n'en a produit aucun. Toutes ses gloires ont été importées. Bien sûr, c'est aussi souvent le cas de ses papes. Le pape Martin V, à qui l'on peut attribuer le premier mérite de la politique de reconstruction de la ville, était un Romain né dans le pays ; mais le pape Eugène IV, qui prit encore plus au sérieux son embellissement, était un Vénitien, apportant avec lui du bord de la mer l'amour des couleurs éclatantes et ce « travail d'un siècle à empiler des pierres » si cher à ceux qui bâtirent leurs palais sur les eaux. Nicolas était pisan, le pape Léon, qui fit tant avancer l'œuvre, était florentin. Mais leur ambition commune était de faire de Rome une merveille et une gloire que tous les hommes pourraient visiter en masse. Les tombeaux des Apôtres les intéressaient peut-être moins que la plupart de leurs prédécesseurs : mais ils étaient aussi fortement déterminés que quiconque à attirer des pèlerins des extrémités de la terre pour voir ce que l'art pouvait faire pour rendre ces tombeaux magnifiques : et construisirent les leurs pour qu'ils soient des gloires aussi, admirées de tout le monde. Ces hommes ont reçu une récompense plus complète que leurs grands prédécesseurs. Dans la mesure où le but était plus petit, il était plus parfaitement réalisé ; car, bien que ce soit un grand ouvrage que d'accrocher dans les airs un dôme comme celui de Saint-Pierre, c'est plus facile que de tenir le cœur des rois dans sa main et de décider de la destinée des nations. Les papes qui ont fait la ville ont eu plus de chance à tous égards que ceux qui ont fait la papauté. Ni l'un ni l'autre n'ont obtenu ni la gratitude ni même le consentement de Rome elle-même à ce qui avait été fait pour elle. Mais néanmoins, presque tout ce qui a entretenu sa renommée dans le monde pendant, disons, les quatre cents dernières années, c'est leur œuvre.

Cette période de l'histoire de la grande ville commença lorsque le pape Martin V conclut ce qu'on a appelé le schisme d'Occident et ramena le siège de la papauté d'Avignon, où elle avait été exilée, à Rome. Nous avons vu un peu l'état moral et économique de la ville pendant cet interrègne. Son état physique était encore plus désolé et terrible. La ville elle-même n'était guère plus qu'un amas de ruines. Le petit groupe de la ville habitée était comme un nid de vie au centre d'un vaste ensemble de bâtiments anciens, tous tombés dans la confusion et la décadence. Personne ne se souciait des vieux Forums, des palais ravagés par maintes invasions, incendiés, démolis et exploités par des générations d'hommes pour qui la signification et le souvenir de leurs fondateurs n'étaient que rien, et eux-mêmes n'étaient que des lieux vagues. , ou autant de matériel disponible pour les usages du jour vulgaire. Certains suggèrent que l'Église primitive prenait plaisir à montrer combien l'ancienne charpente était entièrement brisée et combien peu les anciens dieux avaient pu faire pour la conservation de leurs temples ; et avec cette intention, ils les livrèrent à la désolation et aux mains négligentes du spoiler. Nous pensons que les hommes sont beaucoup plus souvent influencés par des nécessités immédiates que par des motifs élaborés de ce genre. Les ruines étaient extrêmement pratiques : chaque nation à son tour a découvert de telles ruines. Obtenir le matériau de votre mur, sans rien payer, déjà à votre disposition, taillé et préparé comme personne ne pouvait le faire alors, quelle merveilleuse simplification du travail ! Tout le monde en a profité, petits et grands. Alors, quand on voulait construire une tour forte ou une forteresse pour intimider ses voisins , quelle admirable fondation étaient ces vieilles constructions, fondées comme sur le noyau même et le rocher central de la terre ! Pendant de nombreux siècles, personne n'a tenté de combler ces grandes lacunes à l'intérieur des murs de la ville, dans lesquelles les vignes prospéraient et les jardins poussaient, sans que cela soit pire pour les pierres sous-jacentes qui se couvraient abondamment de mauvaises herbes et de fleurs avec l'aide somptueuse de la nature. Des édifices de diverses sortes, adaptés aux nécessités du moment, poussaient naturellement dans toutes sortes de lieux, une église parfois placée dans le giron même d'un temple antique. En effet , les églises étaient partout, certaines assez humbles, beaucoup d'une grande dignité et beauté antiques, presque toutes conservant la forme de la basilique, lieu de réunion où tout était ouvert et clair pour la tenue des assemblées et la délivrance des adresses, non sombre et mystérieux quant aux sacrifices de la foi.

ROME MODERNE : LE TOMBE DE SHELLEY.

Cet état de choses fut si entièrement accepté, qu'il est plus question de réparer que de construire dans les chroniques ; à toutes les époques de l'Église, chaque pape pieux entreprit des travaux de ce genre, réparant une chapelle délabrée ou reconstruisant un mur brisé ; mais nous entendons parler de peu de bâtiments de quelque importance, même au début de l'ère des bâtisseurs. Des travaux de réparation ont dû être nécessaires dans une certaine mesure après chaque incendie ou combat. Les bagarres dans les rues n'ont probablement pas fait de mal, mais lorsqu'une inondation aussi terrible a eu lieu que celle des Normands, et pire encore des Sarrasins, qui suivirent Robert Guiscard au temps de Grégoire VII, ce fut sans doute l'œuvre d'un génération à réparer les vestiges de l'endroit afin de le rendre à nouveau habitable de la manière la plus grossière. Ce fut sans doute dans l'une de ces grandes situations d'urgence que les anciens palais, les plus durables de tous les édifices, furent saisis par le peuple et transformés chacun en une espèce de garenne à lapins, immonde et grouillante. Il ne semble cependant pas qu'un quelconque projet visant à redonner à la ville sa grandeur originelle, ni même à une quelconque reconstruction satisfaisante, ait été imaginé pendant des siècles. Dans l'extrême agitation des affaires et la longue lutte des papes avec les empereurs, il n'y avait ni loisir ni moyens pour un grand projet de ce genre, ni beaucoup de réflexion sur la structure matérielle de la ville, tandis que tous les esprits étaient résolus à établir sa position morale et sa position élevée parmi les nations. On ferait tout ce qui était indispensable ; mais de nos jours, les besoins des gens en matière de logement étaient peu nombreux : comme ils le sont encore dans une mesure extraordinaire en Italie, où la vie se déroule tant à l'extérieur.

Il est évident, cependant, que Rome, la ville, n'était encore jamais devenue l'objet de la vie ou de l'ambition d'aucun homme, ni qu'une pensée allant au-delà de ce qui était nécessaire à son usage réel, à son abri ou à sa défense, était entrée dans les pensées de ses maîtres . au retour de la cour papale d'Avignon. Les églises seules étaient entretenues de temps en temps, et décorées autant que possible de riches tentures, de marbres et de colonnes antiques généralement tirées d'édifices classiques, quelquefois même d'églises plus anciennes ; mais même à l'époque de Pétrarque, un édifice aussi important que Saint-Jean de Latran, l'église papale *par excellence* , était sans toit et à moitié ruiné, dans un tel état qu'il était impossible d'y célébrer la messe. Le poète décrit Rome elle-même, lorsque, après une longue promenade au milieu de tous les vestiges des âges classiques, son ami et lui s'assirent pour se reposer sur les arches en ruine des thermes de Dioclétien et contemplèrent la ville à leurs pieds : « la spectacle de ces grandes ruines. "Si elle commençait à reconnaître par elle-même la condition inférieure dans laquelle elle se trouve, Rome ferait sa propre résurrection", dit-il avec une confiance mal méritée par la ville factieuse et agitée. Mais Rome, déchirée par les querelles de Colonna et d'Orsini, saisissant chaque occasion d'engager une bataille avec son pape, qui ne lui était fidèle qu'en son absence, dont elle se plaignait au ciel et à la terre, était peu susceptible de s'efforcer d'atteindre un tel but. .

Telle était la malheureuse situation dans laquelle se trouvait Rome lorsque Martin V., un Romain de la maison de Colonna, revint en 1421, avec tous les trésors d'art acquis par les papes pendant leur séjour en France, au sanctuaire de la Apôtres. L'historien Platina, dont les archives sont si pleines de vie lorsqu'elles se rapprochent de l'époque dont il a eu la connaissance d'un contemporain, en donne une merveilleuse description. « Il trouva Rome, dit le biographe des papes, dans une telle ruine qu'elle n'avait plus l'aspect d'une ville mais plutôt d'un désert. Tout était en voie d'être complètement détruit.

Les églises étaient en ruines, le pays abandonnée, les rues en mauvais état, et une extrême pénurie régnait partout. En fait , elle n'avait aucune apparence de ville ni aucun signe de civilisation . et embellissant la ville, et réformant les voies corrompues dans lesquelles elle était tombée, qui en peu de temps furent si améliorées par ses soins que non seulement le Souverain Pontife, mais le père de sa patrie, fut appelé par tous. Il reconstruisit le portique de Saint-Pierre. Pierre qui tombait en ruines, et acheva les travaux de mosaïque du pavement du Latran qu'il recouvrit de beaux ouvrages, et commença ce beau tableau qui fut fait par Gentile, l'excellent peintre. Il répara également le palais des douze Apôtres, afin qu'il devienne habitable. Les cardinaux, à son imitation, exécutèrent des travaux similaires dans les églises dont chacun tirait son titre, et par ce moyen la ville commença à retrouver au moins la décence et le confort possible, même si encore peu de son ancienne splendeur .

"Dès l'arrivée du pape Martin à Rome", dit la chronique *Diarium Romanum* , de l'Infessura , "il commença à administrer la justice, car Rome était très corrompue et pleine de voleurs. Il pensa à tout, et spécialement à ces voleurs qui se trouvaient hors des murs, et qui volaient les pauvres pèlerins qui venaient demander le pardon". de leurs péchés à Rome. Le peintre mentionné ci-dessus, et qui nous suggère le nom d'un plus grand que lui, semble avoir été Gentile da Fabriano , qui semble avoir été employé par le pape avec un salaire annuel régulier. Ces bonnes actions du pape Martin sont un peu neutralisées par le fait qu'il a donné une autorisation formelle à certains autres de ses ouvriers de prendre tous les marbres et pierres qui pourraient être nécessaires pour le pavement du Latran, pratiquement partout où ils les trouvaient, mais en particulier des églises en ruine à l'intérieur et à l'extérieur de la ville.

Eugène IV, qui succéda au pape Martin en 1431, était un homme qui aimait par-dessus tout « guerrare e murare », c'est-à-dire faire la guerre et construire, un vénitien splendide et noble, dont la belle et imposante personne remplit l'une de ses fonctions. biographes, un certain libraire et collectionneur florentin, nommé Vespasiano , avec un ravissement d'admiration qui devient presque lyrique, au milieu de son récit simple et bavard.

"Il était grand en personne, beau de visage, mince et sérieux, et si vénérable à voir que personne, en raison de la grande autorité qui était en lui, ne pouvait le regarder en face. Il arriva un soir que un personnage important alla lui parler, qui se tenait la tête baissée, sans jamais lever les yeux, de telle manière que le Pape s'en aperçut et lui demanda pourquoi il baissait ainsi la tête. Il répondit rapidement que le Pape avait un tel aspect. par nature que personne n'osait croiser son regard. Je me souviens moi-même d'avoir souvent vu le pape avec ses cardinaux sur un balcon près de la porte du cloître de Santa ^Maria^ Novella (à Florence), lorsque la place de Santa ^Maria^ Novella était pleine de gens. et non seulement la place, mais toutes les rues qui y conduisaient. Et telle était la dévotion du peuple qu'il se tenait en transe (*stupefatti*) pour le voir, n'entendant personne qui parlait, mais se tournant tout le monde vers le Pontife. : et quand il commença, selon la coutume du Pape, à dire l' *Adjutorium nostrum in nomine Domini* , la place était pleine de pleurs et de cris, appelant à la miséricorde de Dieu pour la grande dévotion qu'ils portaient à sa Sainteté. Il apparaissait en effet que ce peuple voyait en lui non seulement le vicaire du Christ sur terre, mais le reflet de sa véritable Divinité. Sa Sainteté montra un si grand dévouement, ainsi que tous ses cardinaux autour d'elle, qui étaient tous des hommes de grande autorité, qu'il apparut véritablement à ce moment-là comme ce qu'il représentait.

Il y a beaucoup de rafraîchissement pour l'âme dans les biographies de Vespasien , qui n'était qu'un libraire florentin, comme nous l'avons dit, grandement employé à collectionner les manuscrits anciens, ce qui était le goût particulier de l'époque, et qui participait à la formation de tous. les bibliothèques étant alors établies, et par suite une connaissance considérable de grands personnages, ceux du moins qui mécènes des arts et qui ont un tour littéraire. Le pape Eugène n'est pas dans l'histoire ordinaire un personnage très attrayant, et les archives générales de la papauté ne sont pas de nature à séduire l'esprit comme la découverte facile d'amis inconnus. Mais les deux papes dont le vieux bookman fait la chronique se lèvent devant nous dans les couleurs les plus fraîches , le premier dans une sérénité majestueuse et une austérité de mine, éblouissant dans son *aspetto di natura* , comme Moïse lorsqu'il sortit de la présence de Dieu - émouvant tous les cœurs quand il éleva la voix dans les prières de l'Église, chaque auditeur retenant son souffle, la foule le regardant accablée comme si elle se tournait vers Celui que le Pape représentait, même si aucun homme n'osait affronter ses yeux pénétrants. C'est une grande chose pour le plus magnifique potentat d'avoir un biographe tel que notre libraire. Eugène était aussi gentil que splendide, selon Vespasien . Un jour, un pauvre monsieur réduit dans le besoin se rendit chez le Pape pour lui demander la charité « étant en exil, pauvre et *fuori* » . *della patria* », mots plus touchants que leurs synonymes anglais, hors de son pays, banni de tous ses biens : un mal qui allait au cœur même de ceux qui étaient eux-mêmes à tout moment soumis à ce sort, et à qui *la patria* signifiait une ville natale ingrate et féroce, jamais sûre de son caractère d'un moment à l'autre. Le pape envoya chercher une bourse pleine de florins et ordonna à l'exilé d'en prendre autant qu'il voulait. timidement, lorsque le Pape se tourna vers lui en riant et lui dit : « Mettez-le librement dans votre main, je vous le donne volontiers. » Étant donné son caractère, il n'est pas étonnant que Vespasien ajoute : « Il n'a jamais eu beaucoup d' argent . dans la maison; selon ce qu'il avait, il le dépensa rapidement." En se souvenant de ce qui nous attend dans l'histoire (mais pas dans ce record brisé d'hommes), qui sera bientôt rempli de Borgias et autres, le lecteur ferait bien d'adoucir ses pensées sur aux confins des horreurs de la Renaissance, avec les contes bienveillants et humains de Vespasien. Platina reprend l'histoire sur un ton différent.

"Entre autres choses, Eugène, pour qu'il ne semble pas qu'il ne pensait qu'à se battre (ses guerres étaient perpétuelles, *guerrare* l'emportant sur *murare* ; il bâtissait comme Néhémie avec l'épée dans l'autre main), canonisa S. Nicola di Tolentino de l'ordre de S. Augustin, qui fit de nombreux miracles. Il construisit le portique qui mène de l'église du Latran à la Sancta Sanctorum, refit et agrandit le cloître habité par les prêtres et compléta le tableau de l'église. commencé sous Martin par Gentile. Il n'était pas facilement ému par la colère ou l'offense personnelle, et ne disait jamais du mal d'aucun homme, ni de bouche ni par écrit. Il était gracieux envers toutes les écoles, spécialement envers celles de Rome. où il désirait voir fleurir toutes sortes de littérature et de doctrine. Lui-même avait peu de littérature, mais beaucoup de connaissances, surtout d'histoire. Il avait un grand amour pour les moines, et était très généreux envers eux, et était aussi un grand amateur de guerre. , chose qui semble merveilleuse chez un pape. Il était très fidèle aux engagements qu'il prenait, sauf lorsqu'il voyait qu'il était plus opportun de révoquer une promesse que de la tenir.

Martin et Eugène étaient tous deux des hommes occupés et guerriers. Ils furent impliqués dans tous les innombrables conflits internes de l'Italie ; ils furent confrontés à de nombreux troubles dans l'Église, au Concile de Bâle argumentatif et persistant , et à un ou deux anti-papes pour accroître leurs soucis. Le règne d'Eugène commença par une fuite de Rome avec un accompagnateur, de la foule qui menaçait sa vie. C'est pourtant dans ces jours agités que la première pensée de Rome reconstruite, glorieuse comme une épouse, plus belle que dans son apogée de splendeur classique , commença à entrer dans les pensées des hommes.

FONTAINE DE TREVI.

Le règne de leur successeur immédiat, le savant et magnifique Nicolas V, créé pape en 1447, fut cependant l'époque même de cette nouvelle conception. Il n'est pas nécessaire, nous sommes reconnaissants de le penser, d'entrer ici dans une description de la Renaissance, cette époque si splendide dans l'art, si horrible dans l'histoire, où tous les vices semblaient se déchaîner sur la terre, et pourtant les démons maléfiques se drapaient si fort. dans tout ce qui est beau, qu'ils atteignaient souvent leur aspect le plus dangereux et le plus terrible, celui des anges de lumière. La Renaissance a eu plus que sa part dans l'histoire ; il a inondé le monde de scandales de toutes sortes et d'exemples de dépravation qu'on ne trouve guère à aucune autre époque ; ou peut-être est-ce qu'aucune autre époque n'a commandé les mêmes contrastes et les mêmes incongruités, les mêmes accessoires pittoresques, la splendeur et la grâce extérieure, le balancement de la force et de la franchise insouciantes, sans retenue et sans honte. Pour beaucoup d'esprits, ces choses elles-mêmes suffisent à attirer et à éblouir, et elles ont captivé de nombreux écrivains pour qui la société brillante, les triomphes de l'art, le panorama toujours changeant et toujours scintillant avec sa succession saisissante de scènes, de spectacles, de splendeurs et Les tragédies ont rendu sombres les récits de la vie les plus sérieux et les plus dignes , et ses motifs les plus nobles ennuyeux en comparaison. Lorsque Thomas de Sarzana naquit à Pise, dans une humble maison de paysans qui n'avaient ni nom ni autre distinction, mais qui parvinrent à lui assurer une éducation assez facile à cette époque pour les garçons destinés au sacerdoce, l'âge du La Renaissance était en pleine floraison. La littérature et le savoir, la recherche des manuscrits anciens, le culte de la Grèce et l'influence écrasante de sa langue et de ses chefs-d'œuvre, furent l'inspiration de l'époque, en ce qui concerne les questions intellectuelles. Lire, rassembler et copier était l'occupation particulière de la classe littéraire. S'ils tentaient une œuvre originale, c'était un commentaire : et un distique latin, une épigramme, était le plus grand effort d'imagination qu'ils se permettaient. L'époque de Dante et de Pétrarque était révolue. Personne ne se souciait d'être *volgarizzato* – présenté en italien simple à la connaissance des hommes ordinaires. La langue de leur trafic littéraire était le latin, l'objet de leur adoration le grec. Lire, et lire encore, et continuer à lire, était l'occupation de tout homme qui désirait se faire connaître dans les cercles étroits de la littérature ; et un petit monde de scribes était entretenu dans chaque foyer érudit et accompagnait le chemin de chaque érudit. Le monde, dans la mesure où ses livres remontaient à une époque où les dieux et les hommes étaient également différents de ceux de la génération existante ; et l'âge vivant, dégoûté de ses propres conditions insatisfaisantes, a tenté de gagner en dignité et en beauté en se faisant des farces dans les robes mal adaptées d'une vie totalement différente de la sienne.

Entre l'époque classique et l'époque chrétienne, il doit toujours y avoir un grand abîme fixé par cette différence complète de sentiment et d'atmosphère. Et l'étonnante contradiction était plus marquée que d'habitude à Rome d'un monde voué au dehors aux rites et cérémonies de la religion, tout en résidant dans sa sphère intellectuelle à l'air d'une région où le christianisme était inconnu. La routine de la dévotion ne se relâche jamais – planifiée pour chaque heure de chaque jour, exigeant une attention constante, une performance constante, ne s'adressant ouvertement pas aux érudits ou aux sages, se limitant ouvertement à toutes ces jouissances de la vie qui étaient la première et la plus grande des des objets dans l'ordre des âges antiques - pourtant portés par les adeptes des Muses, pour qui Jupiter et Apollon étaient plus attrayants que n'importe quel idéal chrétien - ont dû créer un conflit incessant et déroutant dans l'esprit des hommes. Sans aucun doute, ce conflit et la certitude évidente que l'un ou l'autre devait avoir tort, ainsi que le fort mouvement de la mode à laquelle il est si difficile de résister, vers la croyance la moins exigeante, ont beaucoup à voir avec la fièvre de la religion. le temps. Pourtant, le curieux contact égalisateur de la vie commune, l'ordre établi quel qu'il soit, contre lequel un seul ici et là réussit à se rebeller, a rendu possible cette étrange conjonction ; et le conflit final a tenu son temps. Un homme comme Nicolas V pouvait en effet remplir son palais d'érudits et de scribes, et mettre sa plus grande fierté dans ses manuscrits : mais les affaires de la vie autour étaient trop urgentes pour affecter sa propre constitution de pape, de prêtre et d'homme de son temps. Il échangeait des épigrammes avec ses savants convives dans ses moments de loisir : mais il avait lui-même trop de choses à faire pour tomber dans le paganisme dilettante. Peut-être les manuscrits eux-mêmes, la gloire de les posséder, les scribes occupés travaillant tous pour ce but élevé d' instruire le monde : tandis que les courtisans ne tardaient jamais à prendre le ton qui leur plaisait, célébraient leur souverain comme le chef des études humaines et libérales ainsi que de l'Église - a peut-être été plus pour Nicolas que tous ses MSS. contenu. Il est resté très sincère dans sa messe, assez simple dans sa vie, malgré l'influx de l'élément païen : et très probablement n'a pas pris note, dans sa carrière très occupée , de la grande distance qui les séparait.

Nicolas V. fut le premier de ces Pontifes qui font la fierté de la Rome moderne, ces hommes qui, par une disposition étrange, ou comme cela semble presque négliger la Providence, apparaissent aux premières places de l'Église préoccupés de questions secondaires, alors qu'ils auraient dû préparer cette grande Révolution qui, on l' espérait autrefois tendrement, devait mettre en ruines la Rome spirituelle, au moment même où la Rome matérielle renaîtrait le plus glorieusement de ses cendres. Mais, même s'il était encore troublé par ce long concile de Bâle , il ne semble pas qu'une telle ombre ait existé dans l'esprit de Nicolas. Il se tenait calme dans l'inconscience humaine, entre le paganisme derrière lui et la Réforme devant lui, vaquant à son travail quotidien sans penser à rien, comme le font si constamment la majorité des hommes, même à la veille de la plus grande des révolutions. Nicolas était, comme tant de grands papes, un fils de pauvre, sans nom de famille, Thomas de Sarzana tirant son nom du village où il fut élevé. Il eut la chance, si possible à cette époque à un érudit, recommandé à l'origine par son seul savoir, de s'élever de poste en poste dans la maison de l'évêque et du cardinal jusqu'à arriver à celle du pape, où un homme de la valeur réelle était hautement estimée, et où il était par-dessus tout important d'avoir un envoyé inébranlable et fidèle, à qui l'on pouvait confier les négociations souvent délicates du Saint-Siège, et qui ne se laisserait ni intimider ni égarer par les caresses ou les caresses impériales. les froncements de sourcils du pouvoir.

"Il était très instruit, *dottissimo* , en philosophie, et maître de tous les arts. Il y avait peu d'écrivains grecs ou latins de quelque sorte qu'il n'eût lu leurs ouvrages, et il avait toute la Bible en mémoire, et en a cité continuellement. Cette connaissance intime des Saintes Écritures a donné le plus grand honneur à son pontificat et aux réponses qu'il était appelé à donner. Il y avait alors de grands espoirs de réunion de l'Église grecque avec l'Église latine, un objectif très présent à l'esprit de tous les grands papes : pour promouvoir cette heureuse possibilité, le pape Eugène convoqua un concile à Ferrare en 1438, qui avait également pour but de confondre le concile rebelle et hérétique de Bâle , ainsi que réaliser, si possible, l'union souhaitée. L'empereur d'Orient était là en personne , accompagné du patriarche et d'une nombreuse suite ; et c'est dans cette assemblée que Thomas de Sarzana , alors secrétaire et conseiller du cardinal de Santa Croce, qui avait accompagné son cardinal *pendant Monti* , en mission auprès du roi de France dont il venait de rentrer, se fit connaître de la chrétienté comme un fin débatteur et un étudiant accompli. La question principalement discutée au concile de Ferrare fut celle qu'on appelle formellement la Procession du Saint-Esprit, doctrine qui a toujours existé entre les deux Églises et qui a empêché toute entente mutuelle.

« Dans ce concile devant le Pape, les Cardinaux et toute la cour de Rome, les Latins disputaient quotidiennement avec les Grecs leur erreur, qui est que le Saint-Esprit procède seulement du Père et non du Fils : les Latins, selon la vraie doctrine de la foi, soutenant qu'il procède du Père et du Fils. Chaque matin et chaque soir, les hommes les plus savants d'Italie prenaient part à cette discussion, ainsi que beaucoup d'Italie, que le pape Eugène avait convoqués. en particulier de Negroponte, dont le nom était Niccolo Secondino : c'était merveilleux d'entendre ce que faisait ledit Niccolo ; car lorsque les Grecs parlaient et rassemblaient des arguments pour prouver leur opinion, Niccolo Secondino expliquait tout en latin *de verbo ad verbum* , de sorte que c'était une chose admirable à entendre : et quand les Latins parlaient , il expliquait en grec tout ce qu'ils répondaient aux arguments des Grecs. Dans toutes ces disputes, Messer Tommaso tenait le parti des Latins, et était admiré surtout pour sa connaissance universelle des Saintes Écritures, ainsi que des docteurs anciens et modernes, tant grecs que latins.

SUR LE PINCIO.

Messer Tommaso s'est tellement distingué dans cette controverse qu'il fut chargé par le pape de conférer avec certains ambassadeurs de l'inconnu, des Ethiopiens, des Indiens et des « Jacobiti » : étaient-ce les envoyés du prêtre Jean, ce mystérieux potentat ? ou étaient-ils des Nestoriens comme certains le suggèrent ? En tout cas, c'étaient des chrétiens et des personnes à la vie singulièrement austère. La conférence se poursuivait grâce à un interprète, « un certain Vénitien qui connaissait vingt langues ». Ces trois nations furent si convaincues par Tommaso, qu'elles se placèrent sous l'autorité de l'Église, incident qui n'apparaît pas dans une histoire plus digne. Cependant, même pendant que ces questions importantes d'affaires ecclésiastiques se déroulaient, cet homme d'Église montant gardait les yeux ouverts sur toutes les chances d'un nouveau, c'est-à-dire d'un vieux livre, et se détournait à plusieurs reprises de ses visiteurs les plus distingués pour parler à part . avec

Messer Vespasiano , qui est encore une fois notre meilleur guide, sur leurs recherches mutuelles et bonne chance pour trouver des exemplaires rares ou faire de belles copies. "Il n'est jamais sorti d'Italie avec son cardinal pour une mission sans rapporter avec lui quelque travail nouveau qu'on ne trouve pas en Italie." En effet , les connaissances de Messer Tommaso étaient si bien comprises qu'il n'y avait pas de bibliothèque constituée sur laquelle son avis ne fût demandé, et spécialement par Cosme . dei Médicis, qui lui demanda son aide pour savoir ce qu'il fallait faire pour la création de la Bibliothèque de Saint-Marc à Florence, ce à quoi Tommaso répondit en envoyant des instructions comme jamais auparavant, sur la manière de construire une bibliothèque et de gardez-le au plus haut niveau, les règlements étant tous écrits de sa propre main. « Tout ce qu'il avait, dit Vespasien dans l' ardeur de son admiration, il le dépensait en livres. Il disait que s'il l'avait en son pouvoir, les deux choses pour lesquelles il aimerait dépenser de l'argent seraient d'acheter des livres. livres et dans la construction (*murare*); quelles choses il a faites dans son pontificat, tant l'un que l'autre. Hélas! Messer Tommaso n'avait pas toujours de l'argent, ce qui est une condition commune aux collectionneurs ; auquel cas Vespasien nous dit (qui approuvait cette manière de procéder en tant que libraire, même si c'était peut-être un mauvais exemple à donner par le chef de l'Église) qu'il devait « acheter des livres à crédit et emprunter de l'argent pour pouvoir payez les scribes et les miniaturistes. Les livres, le lecteur s'en apercevra, étaient de curieux manuscrits, illustrés en peu par ces écoles de peintres, dont les pigments éternels, frais comme lorsqu'ils étaient posés sur le vélin, sourient presque aussi délicieusement aujourd'hui sur la page ancienne qu'au temps de Messer Tommaso.

Il y a un enthousiasme du vendeur pour l'acheteur dans la description que fait Vespasien du digne chasseur de livres, qui est très caractéristique, mais en même temps si naturel qu'il place devant nous l'homme même, tel qu'il a vécu, un homme plein d' humour . *facetissimo* , disant des choses agréables à tout le monde, et faisant de chacun à qui il parlait son partisan.

"C'était un homme ouvert, grand et libéral, ne sachant ni feindre ni dissimuler, et l'ennemi de tous ceux qui feignaient. Il était également hostile aux cérémonies et à l'adulation, traitant tout le monde avec la plus grande amitié. Aussi grand qu'il fût en tant qu'évêque , en tant qu'ambassadeur, il honorait tous ceux qui venaient le voir, et désirait que quiconque voulait lui parler le fasse assis à ses côtés et la tête couverte ; et quand on ne voulait pas le faire (par modestie), il le ferait prenez-en un par le bras et faites-le asseoir, que cela vous plaise ou non. »

Un souvenir délicieux de cette contrainte flatteuse, du contact du grand homme sur son bras, du siège à ses côtés, sur lequel Vespasien pourrait à peine s'asseoir pour le plaisir, est dans le ton du libraire ; et il a une autre histoire agréable à raconter sur Giannozzo Manetti , qui est allé voir leur patron commun lorsqu'il était cardinal et ambassadeur en France, et s'est efforcé, dans son sentiment de trop d' honneur qui lui était fait, d'empêcher le grand homme de l'accompagner , non seulement jusqu'à la porte de la salle de réception. , mais en bas des escaliers. "Il s'est tenu fermement dans l'escalier pour l'empêcher de descendre plus bas : mais Giannozzo était obligé d'être patient, étant à l'Osteria del Lione , car non seulement Messer Tommaso l'accompagnait dans l'escalier, mais jusqu'à la porte même de l'hôtel, ambassadeur du pape Eugène comme il l'était."

Il ne faut cependant pas se laisser entraîner dans la prolixité par le vieux libraire, dont le récit de son patron est si plein de gratitude et d'émotion. En tant qu'érudit et amateur d'art, Nicolas V. était un homme de paix. Immédiatement après son élévation à la papauté, il déclara ses sentiments à Vespasien dans la plus jolie scène, qui brille comme une des miniatures qu'ils aimaient, hors de la page sobre.

"Peu de temps après qu'il fut nommé pape, je suis allé le voir le vendredi soir, lorsqu'il donnait audience publiquement, comme il le faisait une fois par semaine. Lorsque j'entrai dans la salle où il donnait audience, il était environ une heure de la nuit . (sept heures du soir) ; il me vit aussitôt et m'appela pour me dire que j'étais le bienvenu et que si je voulais un peu de patience, il me parlerait seul. Peu de temps après, on me dit d'aller à Sa Sainteté. J'y suis allé et, selon l'usage, je lui ai baisé les pieds ; ensuite il m'a dit de me lever, et se levant lui-même de son siège, il a congédié la cour en disant que l'audience était terminée. Il s'est ensuite rendu dans une salle particulière où brûlaient vingt bougies. , près d'une porte qui donnait sur un verger. Il fit signe qu'il fallait les emmener, et quand nous fûmes seuls, il se mit à rire et à dire : « Les Florentins croient-ils, Vespasien , que c'est pour la confusion des fiers ? , qu'un prêtre seulement apte à sonner la cloche aurait dû être nommé Souverain Pontife ? Je répondis que les Florentins croyaient que Sa Sainteté avait atteint cette dignité grâce à sa valeur, et qu'ils se réjouissaient beaucoup, croyant qu'il donnerait la paix à l'Italie. A cela, il répondit et dit : "Je prie Dieu qu'il me donne la grâce d'accomplir ce que je désire faire, et ne recourir à aucune arme dans mon pontificat, sauf celle que Dieu m'a donnée pour ma défense , qui est sa croix, et que j'emploierai aussi longtemps que durera mon jour.

L'obscurité fraîche de la petite chambre, près de la porte du verger, les bougies allumées toutes éloignées, la fraîcheur reconnaissante de la nuit romaine, se présentent à nous comme un tableau, avec les splendides robes du Pape scintillant de blanc et les costumes sobres. citoyen peu visible dans le crépuscule qui tombe rapidement. Cela devait être au printemps ou au début de l'été, la période la plus douce de Rome. Le pape Eugène était mort au mois de février, et ce fut le 16 mars 1447 que Nicolas fut élu au Saint-Siège.

Quelques années plus tard eut lieu le jubilé, en 1450, comme c'était désormais devenu une habitude, et l'afflux de pèlerins fut très grand. Ce fut une époque très profitable non seulement aux Romains qui transformèrent la ville en une vaste auberge pour recevoir les visiteurs, mais aussi au Pape. « Les gens étaient comme des fourmis sur les routes qui menaient de Florence à Rome », nous dit-on. La foule était si immense qui traversait le pont Saint-Ange, qu'il y eut de terribles accidents, et jusqu'à deux cents personnes furent tuées alors qu'elles se dirigeaient vers le sanctuaire des Apôtres. "Il n'y avait pas un grand seigneur dans toute la chrétienté qui ne soit venu à ce jubilé." « Beaucoup d'argent arriva au Siège apostolique, continue le biographe, et le Pape commença à construire en de nombreux endroits et à envoyer partout chercher des livres grecs et latins partout où il pouvait les trouver, sans égard au prix.

« Il avait aussi de nombreux scribes de tous côtés auxquels il donnait un emploi constant ; aussi de nombreux savants à la fois pour composer de nouveaux ouvrages et pour traduire ceux qui n'avaient pas été traduits, en faisant de grandes provisions pour eux, tant ordinaires qu'extraordinaires ; et à ceux qui traduisait des livres, quand on les lui apportait, il leur donnait beaucoup d'argent pour qu'ils puissent continuer volontiers ce qu'ils avaient à faire. Il rassembla un très grand nombre de livres sur tous les sujets, tant en grec qu'en latin, au nombre de cinq mille volumes. Ceux-ci, à la fin de sa vie, se trouvèrent dans le catalogue qui ne comprenait pas la moitié des exemplaires de livres qu'il possédait sur tous les sujets ; car s'il y avait un livre qu'on ne pouvait trouver, ou qu'il ne pourrait n'ayant pu le faire autrement, il le fit copier. L'intention du pape Nicolas était de faire une bibliothèque à Saint-Pierre pour l'usage de la cour de Rome, ce qui eût été une chose merveilleuse si elle avait été réalisée ; mais elle a été interrompu par la mort.

Vespasien ajoute de son côté une liste de ces livres, qui occupe une colonne entière dans une des pages gigantesques de Muratori .

Il faut ajouter encore une anecdote pour montrer les manières bizarres de notre pape avec sa petite cour de lettrés.

"Le pape Nicolas était la lumière et l'ornement de la littérature et des hommes de lettres. S'il était survenu après lui un autre Pontife qui aurait suivi son œuvre, l'état des lettres aurait été dignement élevé. Mais après lui les choses allaient de mal en pis, et il n'y avait pas de prix pour la vertu. La libéralité du pape Nicolas était telle que beaucoup se tournaient vers lui qui ne l'auraient pas fait autrement. Partout où il pouvait faire honneur aux hommes de lettres, il le faisait . Ainsi, et il n'a laissé personne de côté. Lorsque Messer Francesco Filelfo passait par Rome pour se rendre à Naples sans lui rendre visite, le Pape, en apprenant cela, l'envoya chercher. Ceux qui allaient l'appeler lui dirent : " Messer Francesco, nous sommes étonnés que vous ayez traversé

Rome sans aller le voir. Messer Francesco répondit qu'il portait quelques-uns de ses livres au roi Alphonse, mais qu'il avait l'intention de voir le pape à son retour. Le pape avait à ses côtés une scarelle dans laquelle se trouvaient cinq cents florins qu'il vida en lui disant : " Prends cet argent pour tes dépenses en route. C'est ce qu'on appelle libéral ! Il avait toujours à ses côtés une scarsella (pochette) où se trouvaient plusieurs centaines de florins et les distribuait pour l'amour de Dieu et à des personnes dignes. Il les sortait de la scarsella par poignées et leur donnait ... La libéralité est naturelle aux hommes et ne vient pas de la noblesse ni de la noblesse : car dans chaque génération , nous voyons des gens très libéraux et d'autres également avares.

Mais l'aspect littéraire du personnage du pape Nicolas, si délicieux soit-il, n'est pas celui qui nous intéresse principalement. Il fut le premier pape à concevoir un plan systématique pour la reconstruction et la restauration permanente de Rome, un plan qu'il va sans dire que sa vie n'a pas été assez longue pour le réaliser, mais qui a néanmoins constitué la base de tous les plans ultérieurs, et a finalement été plus ou moins accompli par des mains différentes.

C'est vers le centre de la Rome ecclésiastique, le sanctuaire des Apôtres, l'église principale de la chrétienté et ses bâtiments adjacents que furent d'abord dirigés les soins du pape bâtisseur. La ville léonine, ou Borgo comme on l'appelle plus familièrement, est la partie de Rome qui s'étend sur la rive gauche du Tibre et qui s'étend depuis le château de Saint-Ange jusqu'à la limite des jardins du Vatican, enfermant l'église de Saint-Ange. Saint-Pierre, le palais du Vatican avec toutes ses richesses et le grand hôpital du Saint-Esprit, entourés et coupés de nombreuses petites rues, et reliés aux autres parties de la ville par le pont Saint-Ange. Derrière la masse de galeries de tableaux, de musées et de collections de toutes sortes, qui remplissent désormais les salles et couloirs interminables du palais pontifical, se cache un ensemble de jardins nobles pleins d'ombre et à l'abri du soleil romain, un tel lieu de villégiature pour les

" loisirs appris

Qui dans les jardins soignés prend son plaisir"

car il serait difficile de le surpasser. Dans cette belle étendue de bois et de verdure, la villa ou casino du pape, aujourd'hui le seul palais d'été que le pontife actuel choisit de se permettre, se dresse comme dans un domaine petit mais parfait. Presque tout à l'intérieur de ces murs a été construit ou complètement transformé depuis l'époque de Nicolas. Mais à l'époque comme aujourd'hui, c'était ici le cœur et le centre de la chrétienté, le sanctuaire suprême de la foi catholique, la demeure du dirigeant spirituel dont l'influence s'étendait sur la terre entière. Lorsque Nicolas commença son règne, la vieille église Saint-Pierre était, alors comme aujourd'hui, l'église du monde occidental, de forme classique, une basilique majestueuse sans le pittoresque et la variété romantique, et aussi, comme nous le pensons, sans la majesté et grandeur d'une cathédrale gothique, mais plus pittoresque quoique moins prodigieuse en taille et en construction que le grand édifice actuel, si majestueux dans sa manière grave et splendide, avec laquelle, à travers toutes les agitations des derniers siècles, le nom de Saint-Pierre a été conservé. été identifié. L'Église antérieure était pleine de richesses et de grandes associations, auxquelles la merveilleuse Saint-Pierre que nous connaissons tous ne peut prétendre que comme son successeur et son supplanteur. Avec son escalier à larges marches, son portique et sa façade à colonnades couronnée d'une grande tour, il dominait la place, ouverte et rayonnante au soleil, sans l'abri des grandes colonnades existantes ni le scintillement des fontaines. Derrière se trouvait le petit palais commencé par Innocent III. pour offrir un refuge aux papes dans les temps dangereux, ou à l'occasion pour recevoir les invités étrangers dont le but était de visiter le sanctuaire des Apôtres. Presque tous les bâtiments alors existants ont été remplacés par des bâtiments plus grands, mais la position est la même, le sanctuaire inchangé, bien que tout le reste existant alors ait disparu, à l'exception d'une partie de l'ancien mur qui enfermait ce lieu sacré dans une sainteté et une sécurité particulières. , ce qui n'a cependant pas toujours été respecté. Le Borgo était la partie la plus sainte de toute la ville sacrée. C'est là que le sang des martyrs avait été versé et que, depuis les premiers âges du christianisme, leur mémoire et leur tradition avaient été préservées. Il n'est pas nécessaire pour nous d'aborder la question de savoir si saint Pierre a jamais été à Rome, ce que de nombreux écrivains ont laborieusement contesté. En ce qui concerne le récit des Actes des Apôtres, il n'y a aucune preuve pour ou contre, mais la tradition est entièrement du côté de ceux qui l'affirment. La position prise par M. Lanciani sur ce point nous paraît très sensée. "J'écris sur les monuments de la Rome antique", dit-il, "d'un point de vue strictement archéologique , en évitant les questions qui relèvent, ou sont censées relever, de la controverse religieuse."

"Pour l' archéologue , la présence et l'exécution des saints Pierre et Paul à Rome sont des faits établis sans l'ombre d'un doute par des preuves purement monumentales. Il fut un temps où des personnes appartenant à des croyances différentes se faisaient presque un cas de conscience d'affirmer ou de nier *a priori* ces faits, selon leur acceptation ou leur rejet de la tradition d'une Église particulière. Cet état de sentiment appartient au passé, au moins pour ceux qui ont suivi les progrès des découvertes récentes et de la littérature critique. de l'époque impériale et de la Rome impériale, attestée par tant de constructions nobles, qui toutes conduisent à la même conclusion : la présence et l'exécution des Apôtres dans la capitale de l'empire. Lorsque

Constantin élevait les basiliques monumentales sur leurs tombeaux, la Via Cornelia et la Via Ostiensis : quand Eudoxie construisit l'Église ad Vincula : quand Damase plaça une plaque commémorative dans la Platonia ad Catacombos : quand les maisons de Pudens , Aquila et Prisca furent transformées en oratoires : quand le nom de Nymphæ Sancti Petri fut donnée aux sources des catacombes de la Via Nomentana : lorsque le 29 juin fut accepté comme anniversaire de l'exécution de saint Pierre : lorsque sculpteurs, peintres, médailleurs , orfèvres, ouvriers du verre et de l'émail, graveurs de pierres précieuses, tout commença de reproduire à Rome l'image de l'apôtre au début du IIe siècle, et de le faire jusqu'à la chute de l'Empire : faut-il les considérer comme travaillant dans une illusion, ou conspirant à la commission d'une gigantesque fraude ? Pourquoi de telles démarches ont-elles été acceptées sans protester de la part de n'importe quelle ville, quelle que soit la communauté – s'il y en avait une autre – qui prétendait posséder les véritables tombes des SS ? Pierre et Paul ? Ces arguments gagnent en valeur du fait que les preuves de l'autre côté sont purement négatives. »

C'est un de ces arguments pratiques qui sont toujours plus intéressants que ceux qui dépendent des théories et des opinions. Il existe cependant de nombreux ouvrages sur les deux côtés de la question qui peuvent être consultés. Nous nous contentons de suivre Signor Lanciani . Le caractère sacré et l'importance particulière d'Il Borgo proviennent de cette croyance. Le sanctuaire de l'Apôtre en était le centre et la gloire. C'est ce qui attirait les pèlerins des quatre coins du monde avant qu'il n'y ait aucun chef-d'œuvre d'art à visiter, ni aucune de ces collections inestimables qui font aujourd'hui la gloire du Vatican. Le lieu de l'exécution de l'Apôtre était indiqué « par une tradition immémoriale » entre les deux buts (*inter duas metas*) du cirque de Néron, dont le signor Lanciani nous dit qu'il s'agit exactement de l'emplacement de l'obélisque qui se dresse aujourd'hui sur la place Saint-Pierre. Une petite chapelle, appelée chapelle de la Crucifixion, s'y trouvait dans les premiers âges, avant qu'une grande basilique ou un sanctuaire splendide ne soit possible.

Ce lieu sacré et l'église bâtie pour le commémorer étaient naturellement le centre de toutes ces traditions religieuses qui séparent Rome de toutes les autres villes. C'est pour les préserver des assauts, « afin qu'il soit moins facile à l'ennemi de faire des déprédations et d'incendier l'église Saint-Pierre, comme ils l'ont fait jusqu'ici », que Léon IV, le premier pape, que nous se trouve engagé dans un véritable travail de construction, construit un mur autour du mont du Vatican, le "Colle Vaticano " - petite colline, pas aussi haute que les sept collines de Rome - où, contre le fort mur du cirque de Néron, Constantin avait construit son grand Basilique. A cette époque, au milieu du IXe siècle, il n'y avait que l'église et le sanctuaire, pas de palais ni d'hôpital. Les maisons existantes furent données aux Corsi , famille qui avait été chassée de son île, selon Platina, par les Sarrasins, qui peu auparavant avaient fait une incursion jusqu'aux murs de Rome, où se trouvaient les peuples de la côte (*luoghi maritimi del Mar Terreno*) de Naples vers le nord avait apparemment poursuivi les corsaires et aidé les Romains à les repousser. Un autre humble bâtiment, "appelé Burgus Saxonum , Vicus Saxonum , Schola Saxonum , et simplement Saxia ou Sassia ," il est intéressant de savoir, existait à proximité du centre sacré du lieu, un logement construit pour lui-même par Ina, roi de Wessex, en 727. Nous avons ainsi un association nationale avec le sanctuaire central du christianisme. «Il y avait aussi une Schola Francorum dans le Borgo.» Les pèlerins devaient avoir construit leurs cabanes et installé une sorte de petit oratoire - privilégié, comme c'était le cas même dans l'église du pape Nicolas . jour, par l'excellente carrière du cirque à proximité, aussi près que possible du grand sanctuaire et de la basilique dans lesquels ils étaient venus si loin pour dire leurs prières, et attirés aussi, sans aucun doute, par la liberté de la banlieue solitaire entre la colline verdoyante et le fleuve qui coule. Léon IV construisit sa muraille autour de cette petite ville et la fortifia par des tours. "Dans chaque partie il plaça des sculptures de marbre et écrivit une prière", dit Platina. L'une de ces portes menait à Saint-Pierre. Une autre, Pellegrino, était voisine du château Saint-Ange et était « la porte par laquelle on sort en rase campagne. » La troisième conduisait à l'École des Saxons ; et sur chacun d'eux était inscrite une prière. Ces trois prières avaient toutes le même effet : « que Dieu défende cette nouvelle ville que le Pape avait entourée de murs et appelée de son propre nom, la Ville Léonine, de tous les assauts de l'ennemi, soit par fraude, soit par force. "

DANS LE CORSO : PORTES DE L'ÉGLISE.

Ce fut alors dès l'origine la citadelle et le sanctuaire le plus intime de Rome. Ce n'est que bien plus tard, sous le règne d'Innocent III, que naquit l' idée de construire une maison pour le pape dans cette enceinte. Le même grand pape fonda le vaste hôpital du Santo Spirito, sur le site d'un ancien hospice pour les pauvres, à l'intérieur ou à proximité de ses murs. C'est ainsi qu'il devint le logement du Souverain Pontife et des malades et des souffrants à peine moins sacrés, ainsi que le plus saint et le plus important de tous les sanctuaires chrétiens. Si nous étions très minutieux, il serait facile de prouver que presque tous les papes ont contribué pour quelque chose à l'existence et à la décoration de la cité léonine, l' *imperium in imperio* ; et spécialement, comme c'était naturel, à la grande basilique.

Le petit palais de Saint-Pierre étant proche de Saint-Ange, place forte et lieu de villégiature le plus sûr en danger, fut occupé par la cour à son retour d'Avignon, et devint probablement alors la résidence officielle des papes ; même si, depuis un certain temps, il semble y avoir eu une latitude considérable à cet égard. Le pape Martin fut ensuite transféré au Palais des Apôtres. Un autre pape préféra à tous les autres le grand Palais de Venise qu'il avait fait construire : mais le nom de Vatican fut désormais reçu comme le titre de la cour papale. L'agrandissement et l'embellissement de ce palais devinrent ainsi naturellement le grand objet des papes, et rien n'y fut épargné. Il figure en premier dans chaque relevé de réalisations, même lorsqu'il y a d'autres travaux importants à décrire. "Nicolas", dit Platina, " a bâti magnifiquement au Vatican et dans la ville. Il a reconstruit les églises de San Stefano Rotondo et de San Teodoro", l'église la plus intéressante étant construite sur les fondations d'un édifice rond. des temps classiques, supposé, nous dit M. Hare, avoir appartenu à l'ancien Fleshmarket , comme nous devrions dire, au Macellum Magnum. S. Teodoro est aussi un *rotondo* . Il semblerait qu'il y ait eu des opinions différentes sur le succès de ces restaurations au XVe siècle, comme c'est le cas entre nous à propos de presque tous les ouvrages du même genre. Un certain « célèbre architecte », Francesco di Giorgio di Martino, de Sienne, était alors un homme de monde, un homme qui disait ce qu'il pensait. " *Hédifitio ruinato* », dit-il de saint Stefano, avec un égal mépris pour l'orthographe et les manières. « Reconstruit », ajoute-t-il, « par le pape Nicolas ; mais beaucoup plus gâté : " ce qui est une chose comme nous entendons maintenant dire des restaurations autrefois tant vantées de Sir Gilbert Scott. Notre Pape a également " fait un toit de plomb pour Sta. Maria Rotonda au milieu de la ville, construite par M. Agrippa comme temple pour tous les dieux et appelée Panthéon. " Il devait être friand de cette forme inhabituelle ; mais s'il s'agissait d'un simple caprice de goût personnel, ou si "Il y avait un sens à la construction de ces temples ronds, nous n'en avons aucune information. Peut-être Nicolas avait-il une admiration particulière pour le beau et solennel Panthéon, dans lequel nous sympathisons complètement. La question est trop insignifiante pour être étudiée. Elle est pourtant curieuse . à sa manière.

Celles-ci n'étaient cependant, bien que spécialement distinguées par Platina, qu'une goutte d'eau dans l'océan par rapport aux innombrables entreprises du pape Nicolas dans toute la ville ; et tout cela encore était d'une importance inférieure aux grands travaux de Saint-Pierre et du Vatican, auxquels ses prédécesseurs avaient chacun mis la main aussi longtemps que durait leur temps. « Au Vatican, dit Platine, il construisit ces appartements du Pontife, qu'on voit encore aujourd'hui ; et il commença la muraille du Vatican, grande et haute, avec ses fondations incroyablement profondes et ses hautes tours. , pour tenir l'ennemi à distance, afin que ni l'église Saint-Pierre (comme cela s'était déjà produit à plusieurs reprises) ni le palais du Pape ne soient jamais pillés. Il commença également la tribune de l'église Saint-Pierre, afin que l'église puisse contenir plus de monde et soit plus magnifique. Il reconstruisit également le Ponte Molle et érigea près des thermes de Viterbe un grand palais. Avec l'aide de beaucoup d'argent, il construisit de nombreuses parties de la ville et nettoya tout les rues." Grands aussi à d'autres égards furent ses dons à son église et à sa ville bien-aimées : « des vases d'or et d'argent, des croix ornées de pierres précieuses, de riches vêtements et de précieuses tapisseries tissées d'or et d'argent, et la mitre du pontificat, qui démontrait sa libéralité » . ". Ce fut lui qui, le premier, plaça une seconde couronne sur la mitre , qui jusqu'alors ne portait qu'un seul cercle. La tiare complète avec les trois couronnes fut adoptée sous un règne ultérieur.

Les deux papes précédents, ses prédécesseurs, avaient également été magnifiques dans leurs acquisitions pour l'Église dans ce genre ; tous deux étant curieux de l'orfèvrerie, puis entrant dans son plus splendide développement, et de leurs collections de pierres précieuses. Le précieux ouvrage de M. Muntz , *Les Arts à la cour des papes* , regorge de détails sur ces splendides joyaux. En effet, ses relevés sobres du travail quotidien et de sa rémunération semblent nous transporter d'une scène animée à une autre comme par le coup de baguette d'un magicien, comme si Rome, la turbulente et oisive, pleine de va-et-vient populaires sans but, était soudainement devenue une ruche pleine d'ouvriers énergiques et le bruit d' un travail joyeux, tant à l'extérieur, au soleil, où les maçons travaillaient bruyamment, que dans de nombreux ateliers, où s'exerçaient les arts les plus délicats et les plus ingénieux. Des artistes romains commencèrent enfin à apparaître parmi la multitude des Florentins et le monde entier semble s'être transformé en une grande *boîte* pleine de tout ce qui est riche et rare.

centre même de son grand projet, était la bibliothèque du Vatican, qu'il commença à construire et à laquelle il légua toutes les collections de sa vie. Vespasien nous donne la liste des principales, parmi ces 5 000 volumes, des choses qu'il tenait le plus et que le pape a léguées à l'Église et à Rome. Ces précieux rouleaux de parchemin, dont beaucoup étaient des traductions réalisées sous ses propres yeux, étaient enfermés dans des reliures élaborées ornées d'or et d'argent. On ne sait cependant pas si l'un des grands trésors de la bibliothèque vaticane est sorti de ses mains, le bon Vespasien s'intéressant plus au travail de ses scribes qu'aux Codex . Il nous parle de 500 écus donnés à Lorenzo Valle avec un joli discours selon lequel le prix était au-dessous de ses mérites, mais qu'il devrait éventuellement avoir un salaire plus libéral ; de 1 500 écus donnés à Guerroni pour une traduction de l'Iliade, etc. C'est comme un libraire d'aujourd'hui vantant ses nouvelles éditions à un collectionneur à la recherche des plus anciennes connues. Mais le pape Nicolas, comme la plupart des autres mécènes de son temps, ne connaissait pas le grec et ne s'attendait probablement pas à ce que cela devienne un sujet d'étude habituel, de sorte que ses traductions lui étaient précieuses, le principal moyen de rendre ses trésors utiles. .

SANTA MARIA DEL POPOLO.

La plupart, hélas ! de toute cette splendeur est passée. D'une gloire pure et parfaite, la petite chapelle de San Lorenzo, peinte par la main tendre de Fra Angelico, est restée indemne, la seule œuvre de ce grand peintre qu'on puisse trouver à Rome. Si l'on avait pu choisir un monument pour le bon Pape, mécène et ami de l'art sous toutes ses formes, il n'aurait pas pu y avoir de meilleur que celui-ci. Fra Angelico semble avoir été amené à Rome par le pape Eugène, mais c'est sous Nicolas, en deux ou trois ans de doux labeur , que l'ouvrage fut réalisé. Il est cependant impossible d'énumérer toutes les entreprises du pape Nicolas. Il fit quelque chose pour restaurer ou décorer presque toutes les grandes basiliques. On craint — mais ici nos historiens ultérieurs parlent avec haleine, n'aimant pas à porter une telle accusation contre le bon pape, qui aimait les hommes de lettres — que la destruction de Saint-Pierre, ensuite impitoyablement exécutée par les papes successifs, était de son ressort. plan : sous le prétexte, si constamment employé, et peut-être cru, de l'instabilité de l'édifice antique. Mais il n'existe aucune preuve absolue et, en tout cas, il aurait pu se repentir, car il n'a certainement pas commis cet acte. Il commença cependant la tribune dans l'ancienne église, qui pouvait être une préparation à la rénovation entière de l'édifice ; et il fit beaucoup pour la décoration d'une autre église ronde, celle de la Madonna delle Febbre , nom de mauvais augure, attaché au Vatican. Il construisit également le Belvédère dans les jardins, et entoura le tout de forts murs et de tours (rondes), dont une, selon Nibby, subsistait encore il y a cinquante ans ; ce que très peu de bâtiments de Nicolas ont fait. Son grand péché était un péché qu'il partageait avec tous ses frères papes, à savoir qu'il traitait hardiment les ruines antiques de la ville comme des carrières pour ses nouveaux bâtiments, non sans protestations et remontrances de la part de beaucoup, mais avec le calme d'un esprit préoccupé et voyant rien d'aussi grand et important que l'œuvre sur laquelle son propre cœur était attaché.

Cet excellent pape mourut en 1455, peu après avoir reçu la nouvelle de la chute de Constantinople, qui, dit-on, lui brisa le cœur. Il souffrait de nombreux maux et était toujours un homme petit et modeste, avec peu de force de constitution ; mais « rien ne le transperça autant que d'apprendre que les Turcs avaient pris Constantinople et tué les Européens, avec plusieurs milliers de chrétiens », parmi lesquels ce même « Imperadore de Gostantinopli » qu'il avait vu assis en cérémonie au concile de Ferrare. , écoutant ses propres arguments et d'autres, quelques années auparavant seulement, ainsi que la plupart, sans aucun doute, de ses propres opposants religieux. Alors qu'il mourait, « n'en étant pas moins fort d'esprit », il appela les cardinaux autour de son lit, et de nombreux prélats avec eux, et leur fit une dernière adresse. Son pontificat avait duré un peu plus de huit ans, et avoir réalisé si peu de son grand projet devait lui peser le cœur ; mais ses dernières paroles sont celles de quelqu'un à qui la sainteté et l'unité de l'Église sont venues avant tout. Sans doute la crainte que les Turcs victorieux ne sèment la ruine dans toute la chrétienté était la première dans son esprit à cette heure solennelle.

"'Sachant, mes très chers frères, que j'approche l'heure de ma mort, je voudrais, pour la plus grande dignité et autorité du Siège Apostolique, faire devant vous un testament sérieux et important, non confié à la mémoire des lettres, non écrit, ni sur une tablette ni sur un parchemin, mais donné par ma voix vivante pour qu'il ait plus d'autorité. Écoute, je t'en prie, tandis que ton petit pape Nicolas (papa Niccolajo) à l'instant même de mourir fait devant toi ses dernières volontés . " En premier lieu, je rends grâce au Dieu Très-Haut pour les bienfaits incommensurables que, depuis le jour de ma naissance jusqu'à nos jours, j'ai reçu de sa miséricorde infinie. Et maintenant je vous recommande cette belle épouse du Christ, que, autant que j'ai pu, j'ai exalté et magnifié, comme chacun de vous le sait bien, sachant que cela est à l'honneur de Dieu, à cause de la grande dignité qui est en elle et des grands privilèges qu'elle possède, et si digne, et formé par un auteur si digne, qui est le Créateur de l'Univers. Étant sain d'esprit et d'intelligence, et ayant fait ce que tout chrétien est appelé à faire, et spécialement le pasteur de l'Église, j'ai reçu le corps très sacré du Christ avec pénitence, le prenant de sa table avec mes deux mains et priant le Dieu Tout-Puissant pour qu'il pardonne mes péchés. Ayant eu ces sacrements, j'ai aussi reçu l'extrême-onction qui est le dernier sacrement pour le rachat de mon âme. Encore une fois, je vous recommande, autant que je le peux, l'Église romaine, bien que je l'aie déjà fait ; car c'est le devoir le plus important que vous ayez à remplir devant Dieu et devant les hommes. C'est cette véritable Épouse du Christ qu'Il a rachetée avec son sang. C'est cette robe sans couture, que les Juifs impies auraient déchirée mais n'ont pas pu. C'est ce navire de saint Pierre, prince des Apôtres, agité et ballotté par les fortunes variées des vents, mais soutenu par le Dieu Tout-Puissant, de sorte qu'il ne peut jamais être submergé ni faire naufrage. De toutes les forces de votre âme, soutenez-la et gouvernez-la : elle a besoin de vos bonnes œuvres, et vous devez lui montrer le bon exemple par votre vie. Si vous prenez soin d'elle et l'aimez de toutes vos forces, Dieu vous récompensera, tant dans cette vie présente que dans l'avenir, par la vie éternelle ; et pour le faire avec toutes nos forces, nous vous en prions : faites-le avec diligence, très chers frères.

" Ayant dit cela, il leva les mains au ciel et dit : " Dieu Tout-Puissant, accorde à la Sainte Église et à ces pères un pasteur qui la conservera et l'augmentera ; donne-leur un bon pasteur qui dirigera et gouvernera ton troupeau le plus mûrement possible pour gouverner et gouverner. Et je prie pour vous et vous réconforte autant que je sais et peux. Priez pour moi Dieu dans vos prières.' Après avoir fini ces paroles, il leva le bras droit et, d'une âme généreuse, donna la bénédiction : Benoît vos Deus, Pater et Filius et Spiritus Sanctus — parlant d'une voix élevée et solennelle, *in modo Pontificale* .

Ces paroles tremblantes, brisées et confuses par la faiblesse de ses dernières heures, furent notées par le scribe favori , Giannozzo . Manetti , dans la chambre du pape mourant : avec bien d'autres choses des plus graves pour l'Église et pour Rome. Son désir empressé d'apaiser toutes les controverses possibles et de produire dans les esprits du conclave autour de son lit, si plein d'ambition et de force de vie, le cœur adouci qui les disposerait à une élection paisible et consciencieuse de son successeur, est très touchant. , sortant des brouillards et des brumes de la mort imminente.

À l'époque même qui a produit les Borgia, et lui-même à la tête de cette bande d'érudits et de connaisseurs élégants, tout sauf chrétiens, à qui Rome doit tant de sa beauté extérieure et de sa splendeur, il est pathétique de se tenir aux côtés de cet esprit bon et doux . alors qu'il s'arrête au seuil d'une vie supérieure, soumettant les hommes d'Église astucieux et mondains qui l'entourent avec le tendre appel du père mourant, leur Papa Niccolajo , familier et persuasif - les suppliant d'être d'accord sans même le dire , mettant à profit sa propre faiblesse pour toucher leurs cœurs, pour l' honneur de l'Église et le bien-être du troupeau.

DÉGRADATION MODERNE D'UN PALAIS.

CHAPITRE II.
CALIXTUS III.— PIE II.—PAUL II.—SIXTUS IV.

Il n'est pas rare, même dans les monarchies héréditaires les plus strictes, de trouver la politique d'un dirigeant entièrement contredite et bouleversée par son successeur ; et il est encore plus naturel qu'une telle chose se produise dans une succession d'hommes, dissemblables et sans lien les uns avec les autres comme l'étaient les papes ; mais la différence était plus que d'habitude grande entre Nicolas et Calixte III, le prochain occupant du Saint-Siège, élu en 1455, mort en 1458, qui était un vieil homme et un Espagnol, et n'aimait ni les livres ni les images, ni aucun des nouveaux écrits. des arts qui avaient ensorcelé (comme beaucoup le croyaient) le pape Nicolas et l'avaient incité à dilapider le trésor de la papauté dans des bâtiments inutiles et des décorations encore plus inutiles. Calixte était un Borgia, le premier à introduire l'horreur de ce nom : mais il n'était pas en lui-même un personnage nuisible. "Il dépensa peu en construction", dit Platina, "car il vécut peu de temps et économisa tout son argent pour l'entreprise contre les Turcs", entreprise devenue très réelle et nécessaire, maintenant que Constantinople était tombée. ; mais qui n'avait plus pour inspirer le romantisme et le sentiment des Croisades, quoique les Pontifes successifs firent de leur mieux pour éveiller la chrétienté à ce sujet. Le vieux cardinal espagnol s'y jeta avec toute la ferveur de sa nature, qui connaissait mieux que beaucoup le courage du Maure. Son court mandat au pouvoir fut entièrement consacré à cela. Un petit bâtiment continua, ce qui ne pouvait être évité : il fallait toujours veiller aux murs ; mais l'armée des scribes du pape Nicolas fut sommairement éteinte ; les ateliers étaient fermés, les artistes se détournaient de leurs affaires ; tous les grands travaux y mettent un terme. Pire encore – car Calixte n'était qu'une interruption de courte durée et n'aurait peut-être arrêté la progression des événements que pendant environ trois ans – le grand plan du pape Nicolas, si complet, disparut de la vue et se perdit dans les limbes des bonnes intentions. Ses ouvriers furent dispersés et la mode à laquelle il avait habitué le monde changea. Elle ne fut reprise avec sérieux qu'après plusieurs générations, et jamais tout à fait selon les grandes lignes qu'il avait tracées. Le nouveau pape n'a pas non plus obtenu sa croisade, ce qui aurait pu être une meilleure chose. Pourtant Calixte était une personne *assai generoso* , nous dit Platina ; en tout cas, il n'occupa son grand poste que très peu de temps.

Son successeur, Pie II, 1458, en revanche, était un homme qui aurait très bien pu hériter du dessein le plus élevé. Il est presque mieux connu sous le nom d' Eneas Silvius, un voyageur et écrivain célèbre - non pas le moine paysan habituel sans nom de famille comme tant d'autres l'étaient, mais l'un des Piccolomini de Sienne, une grande maison, bien que ruinée ou partiellement ruinée à son époque. C'était un homme qui avait beaucoup voyagé et qui était connu de toutes les cours ; autrefois jeune, hérétique, aventureux et prêt à renverser toutes les autorités, la vie et l'âme de ce fameux concile de Bâle qui se chargea de destituer le pape Eugène ; mais peu de temps après cette explosion de jeunesse indépendante et d'énergie, nous le trouvons occupant les plus hautes fonctions, légat d'Eugène et cardinal très prometteur mais toujours très opposé. C'est lui qui s'est rendu dans un petit pays éloigné et obscur appelé Ecosse, au nom du pape, pour y arranger les choses ; et j'ai trouvé les gens très sauvages, creusant des pierres dans la terre pour en faire des feux : mais ayant beaucoup de poisson et de chair, et étonnamment confortables dans l'ensemble. Il était l'un des hommes les plus capables qui aient jamais siégé sur le trône papal, mais trop raisonnable, trop modéré, trop naturel pour cette position. Il aimait la littérature, ou du moins il aimait les livres, ce qui n'est pas toujours la même chose, et il écrivit lui-même beaucoup sur des sujets variés ; et il eut la chance d'avoir pour bibliothécaire l'historienne des papes Platina, notre guide, dont nous aurions souhaité qu'elle vive éternellement , et qui valait tous les tombeaux de marbre du monde et toutes les épitaphes à un homme. qu'il aimait, et pire que n'importe quel conquérant païen envers l'homme qui était méchant avec lui.

Platina nous livre un beau personnage du pape Pie. Il est très indulgent envers les défauts de sa jeunesse, comme d'ailleurs la plupart des historiens le sont à l'égard des personnages plus tard grands, trouvant dans leurs peccadilles, présumons-nous, un soulagement bienvenu et pittoresque aux perfections qui conviennent à un pape. Pourtant Pie II. n'a jamais été trop parfait. C'était un homme qui n'aimait pas l'étroitesse d'une cour, qui aimait le grand air, donner audience dans son jardin et prendre son modeste repas au tintement d'une fontaine ou à l'ombre des arbres. Il aimait l'esprit et la plaisanterie, et prêtait même l'oreille aux choses ridicules et aux excellentes mimiques d'un certain Florentin, qui « enlevait » les courtisans et autres personnages absurdes et faisait rire Sa Sainteté. Et il était d'un caractère emporté, mais ne portait aucune méchanceté et ne prêtait aucune attention aux mauvaises nouvelles faites à son sujet. "Il n'a jamais puni ceux qui parlaient de lui en mal, disant que dans une ville libre comme Rome, chacun devait exprimer librement ce qu'il pensait." Il détestait le mensonge et les conteurs d'histoires, et ne faisait jamais la guerre à moins d'y être contraint. Chaque fois qu'il était libéré des épreuves des affaires , il prenait plaisir à lire ou à écrire. « Les livres lui étaient plus chers que les saphirs ou les émeraudes », dit Platina, avec une pointe astucieuse au passage envers son successeur, Paul, comme nous le verrons plus tard, « et il avait l'habitude de dire que ses chrysolites et autres bijoux étaient tous enfermé en eux. Il ne prenait jamais de repas seul s'il pouvait s'en empêcher, mais aimait un compagnon vif, et faire ses petites fêtes dans son jardin comme nous l'avons dit, choquant beaucoup les courtisans scandalisés , qui déclaraient qu'aucun autre pape n'avait jamais fait une telle chose. ; dont le pape Pie ne se souciait pas du tout. Il écrivait sur toutes sortes de sujets ; depuis une grammaire qu'il a faite pour le petit roi de Hongrie, jusqu'aux histoires de divers royaumes et aux dissertations philosophiques. En fait, la liste de ses sujets ressemble à celle d'une série de conférences populaires de nos jours. "Il a écrit de nombreux livres en dialogue - sur le pouvoir du Concile de Bâle , sur les sources du Nil, sur la chasse, sur le destin, sur la présence de Dieu." S'il avait été professeur de vulgarisation universitaire, il n'aurait guère pu être plus polyvalent. Et il écrivit beaucoup sur la paix, pas moins de trente-deux discours « sur la paix des rois, la concorde des princes, la tranquillité des nations, la défense de la religion et la tranquillité du monde ». Il n'y avait ni paix entre les rois, ni concorde entre les princes, ni tranquillité entre les nations lorsque le pape Pie prononçait et recueillait ses discours. Ils auraient dû avoir un effet d'autant plus grand ; mais nous craignons qu'il n'ait été un homme trop sage pour accorder beaucoup de confiance à un résultat immédiat. Son œuvre la plus importante, cependant, fut ses *Commentaires* , une étude philosophique élargie de son époque, qu'il ne vécut pas assez longtemps pour la terminer.

Ce Pontife poursuivit plus ou moins l'œuvre de son prédécesseur, mais sans y consacrer un grand zèle. « Il collectionnait des manuscrits, mais avec discrétion ; il construisait, mais avec modération », explique Mgr Creighton. Platina, avec plus de chaleur, nous dit qu'« il prenait un grand plaisir à bâtir », mais il semble s'être confiné dans son environnement immédiat, travaillant à l'amélioration de Saint-Pierre, construisant une chapelle, élevant une statue, restaurant le grand escalier qui menait alors comme aujourd'hui au portique que les papes précédents avaient orné ; et en ajoutant un peu aux défenses et à la décoration du Vatican. On le soupçonne d'avoir eu un penchant coupable pour le style gothique en architecture qui choqua beaucoup les *dilettanti romains* ; et a certainement exprimé avec enthousiasme son admiration pour certaines des grandes églises d'Allemagne. Il a réalisé une grande œuvre architecturale, mais ce n'était pas à Rome. C'était au siège de sa famille à Sienne, et spécialement dans la petite ville voisine de Corsignano , où il naquit, un de ces petits villages fortifiés qui ajoutent tant à la beauté de l'Italie. Il rendit ce petit endroit glorieux de beaux édifices, oubliant sa sagesse et sa discrétion natives dans la folie de ce patriotisme étroit mais intense qui attachait l'Italien à sa ville natale et en faisait à ses yeux la joie de la terre entière. Cela donne d'autant plus de charme à son caractère intéressant qu'il ait été capable d'une pareille folie ; mais peut-être n'aurait-il pas dû changer son nom en Pienza , reflet de son propre nom pontifical.

Cependant, nous n'avons rien à voir avec le grand Piccolomini , bien qu'il soit l'un des personnages les plus intéressants et les plus sympathiques qui aient jamais siégé sur le trône papal. Sa mort fut une conclusion étrange et douloureuse à une vie pleine de travail, pleine de sens et d'intelligence admirables, sans exagération ni prétention . Il suivit la politique de ses prédécesseurs en désirant instituer une croisade, une croisade plus vivement réclamée peut-être que toutes celles qui l'avaient précédée, puisque Constantinople était maintenant tombée aux mains des Turcs et que la chrétienté était considérée comme en danger. Il est à peine possible d'imaginer que sa vie bien remplie et active ait été beaucoup occupée par cette entreprise ; nous ne pouvons pas non plus penser que ce grand spectateur et observateur des affaires humaines ait été rongé par l'inquiétude à l'égard d'un danger devant lequel le monde civilisé était si inquiet. insouciant : mais à la fin de sa vie , il semble l'avoir abordé avec un sérieux tragique, peut-être par scrupule pour une indifférence antérieure. L'impulsion qui poussa autrefois des nations entières à prendre la croix s'était éteinte ; et même la vue de la belle métropole du christianisme oriental tombée aux mains des infidèles, et d'un temple chrétien aussi splendide que Sainte-Sophie transformée en mosquée n'avait pas le pouvoir de réveiller l'Europe. Le roi de Hongrie était le seul monarque qui montrait une réelle énergie dans cette affaire, sentant sa propre sécurité en péril , et Venise, pour la même raison, était la seule grande ville ; et sauf dans ces quartiers, les remontrances et les supplications de Pie n'eurent aucun succès. Dans ces circonstances, le pape appela sa cour à son sujet et leur annonça le plan qu'il avait formé, un plan très improbable pour un tel homme, mais néanmoins assez possible s'il y avait eu un sentiment de remords d'insouciance dans le passé. Le duc de Bourgogne avait promis de s'y rendre si un autre prince le rejoignait. Le pape a décidé qu'en l'absence de tout autre, il serait lui-même ce prince. Aussi vieux qu'il était, et malade, et non guerrier, et peut-être avec peu du zèle qui rend possible un tel dévouement, il irait lui-même pour repousser les infidèles. "Nous n'allons pas nous battre", a-t-il déclaré d'une voix hésitante. "Nous imiterons ceux qui, lorsqu'Israël combattait Amalek, priaient sur la montagne. Nous nous placerons sur la proue de notre navire ou sur une colline, et avec la sainte Eucharistie devant les yeux, nous demanderons à notre Seigneur la victoire pour notre soldats." Après une pause d'alarme et d'étonnement, les cardinaux consentirent et tous les préparatifs possibles furent faits. On publia dans toute la chrétienté que le pape devait partir d'Ancône à une certaine date, et que tous ceux qui pourraient subvenir aux frais du voyage l'y rencontreraient. Il invita le vieux doge de Venise à se joindre à lui et au duc de Bourgogne, également vieillard. "Nous serons trois vieillards", dit-il, "et notre trinité sera aidée par la Trinité du Ciel." Il y avait dans cette suggestion une sorte de sublime, une sublimité qui frémit presque aux confins du ridicule ; car l'entreprise n'était plus conforme à l'esprit du temps, et tout n'était qu'hésitations et difficultés. Une foule diverse se pressait à Ancône, où le pape, très souffrant, était transporté dans sa civière, tout à fait inapte à un long voyage ; mais la plupart d'entre eux n'avaient pas d'argent et durent être renvoyés ; et les galères vénitiennes chargées de transporter ceux qui restaient n'arrivèrent que lorsque les pèlerins eurent longtemps attendu, et furent épuisés par le retard et la confusion. Ils arrivèrent enfin un jour ou deux avant la mort du pape Pie, alors qu'il n'était plus capable de bouger - et avec sa mort, la malheureuse croisade tomba en morceaux et on n'en entendit plus parler. C'était la fin la plus curieuse, dans un enthousiasme fondé sur un calcul anxieux, d'un homme qui n'a jamais été enthousiaste, dont les yeux étaient toujours trop clairvoyants pour se laisser entraîner par le sentiment, un homme de lettres et de pensée, plutôt que d' entreprises romantiques et solennelles ou du zèle d'un martyr. Qu'il ait été une sorte de martyr de la forte conviction d'un danger qui menaçait la chrétienté et de l'espoir désespéré de le repousser, cela ne fait aucun doute.

Pie II. Paul II lui succéda en 1464, également à sa manière un homme d'une capacité et d'une notoriété plus que d'habitude. C'était un Vénitien, neveu du dernier pape vénitien, Eugène ; et ce fut lui qui bâtit, pour commencer, ce beau palais encore appelé Palazzo Venezia, que tous les visiteurs de Rome connaissent si bien. Elle fut construite pour sa propre résidence pendant son cardinalat et resta sa demeure préférée , une habitation encore bien plus au centre de tout, comme on dit, que le Vatican lointain et majestueux. Le lecteur se rappellera facilement l'aspect imposant de ce bel édifice, placé au bout de la rue droite, la principale de Rome, où se couraient les nombreuses courses qui faisaient partie des festivités du carnaval, institution récente du temps du pape Paul. C'est pour cette raison que la rue s'appelait Corso ; et il n'y a pas longtemps que la dernière de ces courses, celle des chevaux sans cavaliers, fut abolie. Le Palazzo Venezia dominait de ses fenêtres la longue rue droite et toutes les humeurs et les merveilles de la ville, auxquelles le pape prenait plaisir. C'était le destin de Paul de se faire un ennemi implacable dans une classe d'écrivains souvent méprisée, mais - en ce qui concerne la place dans l'histoire du pape ou du roi - très importante, qu'il aurait dû paraître ridicule pour un Souverain Pontife de garder avec, en raison de tout pouvoir entre leurs mains. Mais c'était une conclusion à courte vue, indigne de la sagesse d'un pape. Et le résultat des mauvais traitements infligés par le Pontife à l'historien Platina, à qui nous devons tant, en particulier pour la vie des papes qui étaient ses contemporains, a été une stigmatisation durable sur son caractère, que les recherches des critiques impartiaux d'époques plus récentes se sont révélées en partie sans fondement, mais qui, jusqu'à tout récemment, étaient acceptées par tout le monde. L'écrivain dispose ainsi d'un pouvoir presque absolu. Nous en avons vu de nos jours un exemple frappant dans le traitement par M. Froude de la vie de Thomas Carlyle. De nombreux amis de Carlyle protestèrent immédiatement contre l'opinion de son biographe ; mais ils l'ont fait par des méthodes éphémères – dans la littérature périodique, dont la nature est de mourir après avoir fait son temps – tandis qu'un livre demeure. Très probablement, de nombreux amis du pape Paul ont protesté contre le récit froidement féroce de sa vie donné par l'auteur lésé et vengeur ; mais ce n'est que récemment, dans le calme d'une grande distance, que les gens en sont venus à penser – charitablement à l'égard du pape Paul II – que peut-être les critiques de Platina pourraient ne pas être vraies.

Platina, cependant, a eu une grande provocation. Il était l'un des disciples de la célèbre école des Humanistes, alors nouvelle école de science, de littérature et de critique, née sous la papauté et le patronage du pape Nicolas V., et qui avait continué d'exister, quoique avec moins d'encouragements. sous ses successeurs. Pie II. Il n'avait pas été leur patron comme Nicolas, mais il ne leur avait pas été hostile, et ses goûts étaient tous d'une nature adaptée à leur travail. Mais Paul regardait froidement le groupe d'érudits méprisants qui s'étaient constitués en académie et s'épanchait beaucoup sur les exemples classiques et la supériorité des temps anciens. Il n'avait aucune querelle avec la littérature, mais il se persuada de croire que l'académie qui parlait et se déguisait sous des noms classiques et jouait avec de dangereuses théories de la liberté et des critiques des procédures publiques, était un nid de conspirateurs et d'hérétiques complotant contre lui-même. Il n'y avait aucun fondement à ses craintes, mais cela importait peu en ces jours arbitraires. Voici le propre récit de Platina à ce sujet :

"Quand Pie fut mort et Paul créé à sa place, il n'eut pas plus tôt saisi les clés de Pierre, qu'il entreprit - soit en conséquence d'une promesse de le faire, soit parce que les décrets et les procédures de Pie lui étaient odieux - de ils renvoyèrent tous les fonctionnaires élus par Pie, sous prétexte qu'ils étaient inutiles et ignorants (comme il le disait) ; l'érudition et la doctrine avaient été rassemblées de toutes les extrémités du monde et attirées à la cour de Rome par la promesse d'une grande récompense. Le Collège était plein d'hommes de lettres et de personnes vertueuses instruites dans la loi divine et humaine. C'étaient des poètes et des orateurs qui ne donnaient pas moins d'ornements à la cour qu'ils n'en recevaient. Paul les renvoya tous comme incapables et comme étrangers, et les priva de tout, quoique ceux qui avaient acheté leurs charges furent autorisés à les conserver. ceux qui souffraient le plus essayèrent de le dissuader de cette intention, et moi, qui étais l'un d'eux, je priai instamment que notre cause fût confiée au juge de la Rote. Puis il a fixé sur moi ses yeux furieux. « Alors, dit-il, tu ferais appel à d'autres juges contre la décision que nous avons prise ! Ne savez-vous pas que toute justice et toute loi sont dans le cercueil de notre sein ? Ainsi je le veux. Partez, vous tous ! car, tout ce que vous voudrez, je suis pape, et selon mon plaisir, je peux le faire et le défaire.'"

Après avoir entendu cette affirmation résolue de leur droit, les savants déplacés se retirèrent, mais continuèrent à plaider leur cause par des lettres urgentes, qui se terminèrent finalement par une menace imprudente visant à faire comprendre aux princes continentaux comment ils étaient traités et à attirer les oreilles du Pape. Conseil, auquel il serait obligé de rendre compte.

Le mot Concile était pour un pape ce qu'un drapeau rouge est pour un taureau et, dans un transport de colère, Paul II. jeta Platina en prison. Il n'a jamais fait une chose plus stupide de sa vie. L'historien fut détenu pendant deux ans et passa un long hiver sans feu, soumis à toutes les épreuves ; mais finalement il fut libéré par l'intercession du cardinal Gonzague et resta, sur ordre du pape, sous observation à Rome, où, surveillant d'un œil vigilant tout ce qui se passait, il déposa ses matériaux pour cette brève mais cinglante biographie de Paul. II. ce qui forme un des effets les plus vifs de son œuvre, et dont la mémoire du pape ne s'est jamais remise. Il est dangereux de provoquer un homme de lettres qui a la langue fine et le don du souvenir, surtout à une époque où ces hommes n'étaient pas aussi nombreux qu'aujourd'hui.

Néanmoins Platina rendit une certaine justice à son persécuteur. "Il a construit magnifiquement", dit-il, "splendidement à Saint-Marc et au Vatican". L'église Saint-Marc est proche du palais de Venise où Paul a vécu principalement ; il avait pris son titre de Cardinal de son saint natal. Tant à Saint-Pierre qu'au Vatican, il poursuivit les travaux commencés par ses prédécesseurs, et bien qu'il se montrait méchant envers les savants, il ne l'était pas dans tous les cas. "Il dépensa son argent assez généreusement", dit Platina, "donnant généreusement aux pauvres cardinaux et évêques, aux princes et aux personnes de maisons nobles lorsqu'ils furent chassés de leurs maisons, et spécialement aux pauvres femmes et aux veuves, et aux malades qui n'avaient pas d'argent. " Il n'y avait personne d'autre pour penser à eux. Et il prit également beaucoup de peine pour que le maïs et les autres choses nécessaires à la vie soient fournis en abondance et à des prix plus bas que jamais auparavant. " C'étaient là de bonnes et nobles qualités que son ennemi ne cherchait pas à dissimuler.

Le service spécial rendu par le pape Paul à la ville semble cependant avoir été la restauration de certains de ces monuments antiques qui appartenaient à la Rome impériale, dont aucun de ses prédécesseurs n'avait fait grand cas. S'il s'abreuvait encore librement, comme eux, du grand réservoir du Colisée, il accordait une attention et un soin dont ils n'avaient pas rêvé à quelques-unes des grandes œuvres de l'art classique, aux arcs de Titus et de Septime Sévère . en particulier, et la célèbre statue de Marc Aurèle. M. Muntz commente avec beaucoup d'esprit la raison pour laquelle les œuvres de restauration de ce pape ont été si peu célébrées. Son goût était plutôt pour la sculpture que pour la peinture. « Aux yeux du monde, dit l'historien des arts, la moindre fresque compte plus que les plus beaux monuments d'architecture ou de sculpture. Nicolas V a mieux fait sa renommée en engageant Fra Angelico qu'en entreprenant " La reconstruction de Saint-Pierre. Pie II doit une sorte de célébrité posthume aux peintures de la bibliothèque de la cathédrale de Sienne. "

Les mêmes goûts classiques dont il rendait ainsi témoignage faisaient du pape Paul un grand collectionneur de bronzes, camées, médailles, intailles, petits objets précieux de l'art antique ; l'amour dont il fut le premier à rapporter comme une étude et une poursuite spéciales . Sa collection était merveilleuse pour son époque et idéale à tout moment. Tous les autres ornements de l'art antique lui étaient chers, et son palais, qui, après tout, est son mémorial le plus complet à Rome, était orné comme une épouse de toutes sortes de gloire en œuvres sculptées et marquetées, en vases d'or et d'or. argenterie, broderies et tapisseries. Il avait la caractéristique encore plus personnelle et individuelle d'un amour pour les beaux vêtements, auxquels les magnifiques costumes de la papauté lui permettaient de se livrer dans une large mesure : et les bijoux, qu'il non seulement portait comme un prince oriental, mais qu'il gardait sur lui. il n'est pas rangé dans les tiroirs et les armoires pour son plus grand plaisir, jouant avec eux, comme nous le raconte Platina, pendant les heures silencieuses de la nuit. Une partie au moins de ces goûts magnifiques provenait sans doute du fait qu'il était lui-même un magnifique spécimen de virilité, si distingué par son apparence personnelle qu'il eut la naïve vanité de suggérer le nom de Formose pour lui-même lorsqu'il fut élu pape, bien qu'il cède. le point aux remontrances scandalisées des cardinaux. Cette simplicité de l'admiration de soi, si incontestable qu'elle est presque une qualité morale, donnait sans doute un sens aux glorieuses mitres et à la tiare incrustée des plus riches joyaux, qu'elle lui faisait tant de plaisir à porter, et qui prennent rang au rang des autres. de grands embellissements de Rome, même si leur objet était plus personnel qu'officiel. Les habitudes de sa vie étaient étranges, car il dormait le jour et accomplissait les devoirs de la vie la nuit, la raison invoquée étant qu'il était tourmenté par une toux qui l'empêchait de dormir aux heures habituelles. "C'était difficile d'en parler", dit Platina, pour cette raison. "Et quand, après une longue attente, il ouvrait la porte, vous étiez obligé d'écouter plutôt que de parler, car il parlait très copieusement et longuement. En tout, il désirait passer pour un astucieux, et c'est pourquoi sa conversation était très complexe. et un langage ambigu. Il aimait sur sa table toutes sortes de viandes, toutes du pire goût, et prenait beaucoup de plaisir à manger des melons, des écrevisses, des pâtisseries, du poisson et du porc salé, d'où, je crois, est née l'apoplexie dont il mourut. ". Ainsi les préjugés de son ennemi pénétrèrent jusque dans les détails les plus intimes de la vie du pape. Le venin de la haine se détruit lui-même et devient ridicule lorsqu'on le pousse aussi loin.

Sa belle collection fut saisie par son successeur et détruite, comme c'est le cas pour de tels trésors ; et ses œuvres à Saint-Pierre, comme nous le verrons, eurent à peu près le même sort, ainsi que les grands travaux de son prédécesseur pour l'embellissement du même édifice, qui périrent tous ou furent mis de côté dans la fièvre de reconstruction qui s'ensuivit. . Mais il y a encore assez de souvenir de lui dans la sombre magnificence de son palais vénitien, pour nous rappeler l'image d'un vrai pape de la Renaissance, mêlant les goûts les plus exquis aux plus grossiers, la perfection de la vanité personnelle, car il aimait à voir lui-même en procession, la tête et les épaules au-dessus de tout le peuple, avec des gueules de gondolier. Ainsi le voyons-nous dans les archives de ses contemporains, regardant de ses fenêtres les sports étranges dans la longue rue nouvellement nommée Corso, les courses d'hommes et de chevaux, les cortèges de carnaval accompagnés de toute l'humour encombrant et grossier de l' époque ; ou un spectacle encore plus étrange, assis la nuit dans son cabinet, feuilletant sa richesse de pierres étincelantes, appréciant l'éclat de la lumière et le scintillement de nombreuses couleurs , tandis que les grandes bougies flambaient, ou qu'une lumière plus douce brillait des becs des pierres d'argent. les lampes. Malgré ses humeurs , ses goûts et ses vanités étranges, il reste dans tous ces documents une figure frappante et remarquable, non intellectualiste, mais un homme efficace et remarquable.

PIAZZA COLONNA,

Ce n'est pas du tout l'intention de ces chapitres d'entrer dans la vie politique des papes de cette période. Ils étaient toujours une puissance dans la chrétienté, peut-être pas moins que la papauté avait cessé d'entretenir ces grandes prétentions d' être l' arbitre final de tous les conflits entre les nations. Mais les négociations papales, comme toujours, n'ont abouti que très peu si elles ne sont pas aidées par des événements qui ne sont entre les mains d'aucun homme. Matthias de Hongrie, bien que soutenu par toute l'influence et les conseils du pape Paul, ne fit guère de tête contre l'hérétique George Podiebrad de Bohême, jusqu'à ce que la mort s'empare soudainement de ce prince et laisse un royaume troublé sans chef, à la merci des envahisseurs. un événement tel qu'il se produit constamment pour renverser toutes les combinaisons et former les crises de l'histoire sous une providence plus grande que celle de l'effort humain. Et Paul, pas plus que Pie, ne pouvait soulever la chrétienté contre le Turc, ou reconstruire, lorsque tous ses éléments s'étaient effondrés et que l'inspiration de l'enthousiasme avait entièrement disparu, une nouvelle croisade. Cependant, en ce qui concerne notre propos, le palais vénitien, l'église Saint-Marc qui y est attachée et certaines parties du Vatican représentent mieux la vie de ce pape, à qui les circonstances pittoresques de sa vie et la rancœur de un homme de lettres déçu a donné une place à part dans la longue file, à n'importe quel résumé que nous pourrions donner de la mer agitée de la politique continentale. L'histoire de Rome atteignait ce point culminant odieux, éblouissant et terrible auquel l'âge de la Renaissance, avec tout son luxe, sa splendeur et son vice, conduisit la grande ville et même l'Église si irrévocablement liées. à cela. Nicolas, Pie et Paul au début de cette période, pourtant peu touchés par ses pires traits, nous accordent une pause de satisfaction avant d'aller plus loin. C'étaient des hommes très différents. le pape Nicolas, avec sa foule de copistes formant après lui un régiment en haillons, et le bruit de tous les ateliers à ses oreilles ; et Paul, seul dans sa chambre, versant d'une main à l'autre le flot de joyaux brillants et étincelants qui jetaient un éclat comme les cours d'eau de sa propre Venise sous la lumière, offrent des images aussi dissemblables qu'il est possible de concevoir ; tandis que le sage et réfléchi Pie, avec ces yeux « qui avaient veillé sur la mortalité de l'homme », se tient au-dessus de tous deux, le spectateur et commentateur éternel du monde. Ils étaient tous d'accord pour glorifier Rome, pour en faire une merveille sur toute la terre, comme Jérusalem l'avait été, sinon pour paver ses rues d'or, du moins pour les border de nobles édifices plus coûteux que l'or, et pour construire et ornent la première des églises chrétiennes, le sanctuaire auquel chaque chrétien venait. Hélas! à cette époque, il commençait à se rendre compte que tous les chrétiens ne continueraient plus longtemps à venir au sanctuaire unique, que l'ère picturale des symboles et des représentations était en train de mourir et que Rome n'avait pas du tout appris comment faire face à cette grande révolution. Il était peu probable qu'elle soit satisfaite par la restauration la plus splendide de la ville destinée, pas plus que les besoins du peuple ne devaient être satisfaits par ces autres résurrections d'institutions mortes et disparues, tentées par Rienzi et son copiste encore moins réussi. Porcaro; mais comment ces hommes pouvaient-ils le savoir ? Ils ont fait de leur mieux, du pire, non sans quelque noblesse de sens, du moins au début de leurs diverses carrières ; mais ils sont tous réduits à leur place, bien moins importante qu'ils ne le croyaient, par le vaste cours de l'histoire et la direction d'une main supérieure.

Paul II. mourut en août 1471. Un autre ordre d'hommes succéda maintenant à ces personnages remarquables, le premier de la lignée des princes purement laïcs, hommes du monde, splendides, sans scrupules et plus ou moins vicieux, bien qu'il s'agisse ici encore d'un paysan. , sans même un nom de famille, Sixte IV., qui prend sa place dans la scène, et qui a laissé son nom plus visiblement qu'aucun de ses prédécesseurs dans les archives ultérieures de Rome. Pour le lecteur, l'inscription à la fin de la vie du pape Paul est plus mélancolique que tout ce qui concerne ce pape. "Fin qui, scrisse il Platina", dit la légende. Nous manquons dans les archives ultérieures sa touche individuelle, la main du contemporain, dans laquelle la franchise du chroniqueur est modifiée par l'expérience et la connaissance d'un esprit instruit. L'œuvre de Panvinio , *scribe del Senato e popolo Romano* , qui complète le disque, est sans le même charme.

Nous avons dit que le pape Sixte IV. était un homme sans nom de famille, Francesco de Savone, son pays natal fournissant son seul patronyme : mais on lui trouva bientôt — probablement pour la satisfaction des neveux qui prirent une si grande place dans sa vie — un nom qui lui fit honneur. , celle d'une famille de noblesse dans laquelle on dit que le jeune moine avait exercé les fonctions de précepteur au début de sa carrière. Par quel pedigree imaginaire cela a été provoqué, on ne nous le dit pas ; mais il est peu probable que le vrai della Roveres rejetterait l'intégration d'un grand pape dans sa souche, et ce nom devint bientôt un nom à évoquer dans toute l'Italie. Bien qu'il fît aussi vaguement des propositions concernant une croisade et qu'il désirât langoureusement repousser les Turcs, il était un homme beaucoup plus intéressé par les querelles internes de l'Italie et par ses projets de dotation et d'établissement de ses neveux que par tout autre projet plus vaste. Mais c'était aussi un homme d'une énergie et d'une puissance illimitées, enfermé pendant la plus grande partie de sa vie, mais qui éclatait maintenant comme le fort courant d'une rivière. Que ce soit par inclination naturelle vers la beauté et la splendeur , ou parce qu'il y voyait le meilleur moyen de se distinguer et de rendre glorieux son propre nom ainsi que celui de sa ville, peu importe au résultat. Il fut, dans le sens le plus large du terme, l'un des principaux papes qui ont rendu la ville moderne de Rome encore existante et glorieuse aux yeux du monde entier.

centre trop serré. de vie où les hommes se rassemblaient pour se protéger et se réchauffer, selon la coutume de l' époque médiévale , lorsque Sixte commença à régner ; et c'est ce qui impressionna particulièrement le roi Ferdinand de Naples lorsqu'il rendit visite au pape en 1475 et dut être conduit par des cardinaux et d'autres hauts fonctionnaires, parfois, semble-t-il, par Sa Sainteté elle-même, pour voir les sites touristiques. Les remarques qu'il fit sur la ville furent très utiles, sinon tout à fait polies, pour le siège de l'influence et de l'autorité romaines. Infessura raconte ce petit incident de manière vivante, de sorte que nous voyons presque les rues avec leurs escaliers extérieurs remplis de passants, leurs balcons chargés de tapisseries lumineuses et de femmes blondes, et chaque porte à pignons et à piliers en saillie s'ouvrant sur le trottoir à sa propre volonté. Le déroulement des visites touristiques suivies par le roi, dirigé par le pape et les cardinaux, est entièrement exposé dans ces pages pittoresques. Le roi Ferrante est venu faire ses *dévotions perdono* , probablement le Jubilé de 1475, et offrit à chacune des trois églises Saint-Pierre, Saint-Jean de Latran et Saint-Paul, un pallium d'or pour chacune, en plus de nombreux autres cadeaux.

"Il parcourut toute Rome pour voir les grands édifices, et Santa Maria Rotonda , et les colonnes d'Antoine et de Trajan; et chacun lui fit un grand honneur . Et après avoir vu toutes ces choses, il retourna au palais, et parlant au Pape Sixte dit qu'il (le Pape) ne pourrait jamais être le seigneur des lieux, ni jamais y régner véritablement, à cause des portiques et des balcons qui étaient dans les rues ; et que s'il était jamais nécessaire de mettre des hommes en armes, en possession de Rome, les femmes aux balcons, avec de petites bombes, pouvaient les faire voler ; et que rien ne pouvait être plus facile que de faire des barricades dans les rues étroites ; et il lui conseilla de dégager les balcons et les portiques et " D'élargir les rues, sous prétexte d'améliorer et d'embellir la ville. Le Pape suivit ce conseil, et aussitôt que possible abattit tous ces portiques et balcons, et élargit les rues sous prétexte de les améliorer. Et ledit Roi y resta trois jours, puis s'en alla.

Cette histoire et l'esprit dans lequel la suggestion a été faite rappellent la sinistre bouffée de mitraille de Napoléon et la politique qui a fait du Paris actuel une ville de lignes droites qu'une batterie d' artillerie pourrait franchir en un instant, au lieu de tous les coudes et coins. des vieilles rues pittoresques. Le pape Sixte apprécia cette suggestion, sachant à quel point il avait affaire à une ville indisciplinée et combien il serait bon de remplir ces nids de frelons, avec toutes leurs capacités offensives. Probablement un grand nombre d'habitations pittoresques ont péri dans la destruction de ces foyers de rébellion, qui nous rappellent si vivement les scènes dans lesquelles le tribun Rienzi voletait pendant sa petite journée, et qui étaient continuellement remplies du bruissement et du tumulte d'une population abondante. Nous ne pouvons pas être aussi reconnaissants envers le roi Ferdinand, ni aussi pleins d'éloges pour cette partie de l'œuvre du pape Sixte , comme l'étaient ses contemporains, bien qu'elle nous ait sans doute donné presque toutes les voies principales que nous connaissons. Il était réservé à son parent-pape de frapper Rome du coup le plus sévère possible et de commettre le pire des iconoclasmes ; mais nous ne doutons pas que la destruction des porches, des escaliers et des balcons ait considérablement diminué l'attrait du vieux monde d'une ville, dans laquelle, cependant, c'était le Moyen Âge avec toutes ses irrégularités qui était l'intrus, tandis que quoi était nouveau entre les mains de Sixte et ses architectes se lièrent en sympathie avec le plus ancien, l'initiateur et le survivant de tous.

C'est dans le même but et dans les mêmes intentions que le pape construisit à la place du Ponte Rotto , longtemps resté en ruines, un pont sur le Tibre, qu'il appela de son propre nom, et qui existe encore aujourd'hui, offrant un deuxième moyen de transport. J'atteignis le Borgo et les Sanctuaires, en guise de soulagement au pont Saint-Ange, sur lequel de graves accidents pouvaient arriver à cause de la foule. Les chroniqueurs Infessura et Panvinio , continuateur de Platina, décrivent le pont comme étant une reconstruction de l'actuel Ponte Rotto lui-même. "Il avait l'intention de réparer ce pont", affirme l'ancienne autorité, et il profite de l'occasion pour souligner la tentative présomptueuse et fière de Sixte d'y conserver son nom et sa mémoire, faute déjà commise par plusieurs de ses prédécesseurs ; " Il descendit en conséquence jusqu'au fleuve et plaça dans les fondations près dudit pont une pierre carrée sur laquelle était écrit : *Sixtus Quartus Pontifex Maximus fecit fieri sous Anno Domini 1473* . Derrière cette pierre, le Pape plaça quelques médailles d'or portant sa tête, et construisit ensuite ce pont, qui ne s'appela plus *Ponte Rotto* , mais *Ponte Sisto* , comme il est écrit dessus. " C'est un point de vue merveilleux, aussi imposant que elle fait les deux côtés du fleuve, Saint-Pierre d'un côté et le Palatin de l'autre, avec toute la masse d'édifices qui sont Rome. La Scritte *du* Pont Sisto implore les prières du passant pour son fondateur, qui Il en avait certainement besoin pour ses réalisations dans la vie et dans l'architecture, mais il existe encore un Ponte Rotto plus en amont.

Outre les travaux d'élargissement des rues, qui nécessitaient de nombreux démolitions et reconstructions de maisons, et des rencontres fréquentes avec les habitants, qui naturellement s'opposaient à des procédures aussi sommaires, et la suppression des excroissances, balcons et portiques, « qui occupaient, obscurcissaient et les rendaient laides (*bruttes*) et désordonnées : " Le pape Sixte reconstruisit le grand hôpital du Santo Spirito, tombé en ruine, fournissant entre-temps un abri aux malades qui devaient en être éloignés, et préparant l'avenir dans le manière la plus grand-père. Cette grande infirmerie est aussi un hôpital pour les enfants trouvés, et il y avait un grand nombre d'enfants à entretenir. "Voyant que de nombreux enfants, hommes et femmes, ainsi que leurs nourrices étaient jetés dans le monde, il leur assigna un endroit où ils pourraient vivre et ordonna que les filles en âge de se marier soient partagées et honnêtement mariées, et que les autres qui ne le feraient pas Les épouses devraient devenir les infirmières des malades. Il a également fait en sorte qu'il y ait (dans le nouvel hôpital) des chambres plus honorables et mieux meublées pour les malades, afin qu'ils puissent être séparés des gens du commun : un arrangement qui C'est une des choses (comme tant d'anciens expédients) dont nous nous targuons aujourd'hui comme une invention de notre époque, bien que les pauvres gens du pape Sisto n'aient apparemment pas été obligés de payer pour leurs privilèges. Cet hôpital, dans certains de ses détails, est considéré comme l'œuvre architecturale la plus méritoire du Pape.

Sixte IV. C'était un homme d'un tempérament des plus violents, ce qui le conduisit à des scènes curieuses devenues historiques. Lorsqu'un des malheureux propriétaires d'une maison qui faisait obstacle à ses travaux résista aux ouvriers, Sixte le fit jeter en prison sur-le-champ, et attendit sauvagement que la maison soit démolie avant qu'il ne quitte les lieux. Il se réjouit, disent les chroniqueurs, des ruines qu'il fit. Un exemple plus tragique de sa rage fut l'assassinat judiciaire du protonotaire Colonna, qui paya de sa vie le fait d'avoir transgressé la volonté du pape. Mais cette volonté magistrale et ce tempérament impétueux lui assurèrent une incroyable rapidité dans l'exécution de son œuvre.

La prudente suggestion de Ferdinand aboutit au dégagement des rues droites qui partaient de la porte Flaminia, aujourd'hui appelée Porta del Popolo , que Sixte construisit ou restaura, ainsi que de l'église de Sta. Maria del Popolo , qui se trouve à proximité de toutes les principales places de la ville ; le Corso étant le chemin vers le Capitole, la Ripetta vers Saint-Ange et le Borgo. Il répara une fois de plus l'église et l'ancien palais du Latran, qui avaient été si longtemps la demeure des papes, et qui étaient encore formellement leur église diocésaine où ils se rendaient solennellement après leur élection. Il est cependant inutile de donner ici une liste des nombreuses églises qu'il a réparées ou reconstruites. Son œuvre était Rome elle-même et imprégnait chaque partie, de Saint-Pierre et du Vatican jusqu'aux coins les plus éloignés de la ville . Ces derniers étaient surtout les principaux objets de ses soins, et il semble avoir repris avec une ardeur encore plus chaleureuse , quoique peut-être avec une intelligence moins cultivée, le projet de Nicolas V, à l'égard du palais du moins. Comme lui, il rassemblait autour de lui une foule de peintres, pour la plupart étrangers, de sorte qu'il n'y a guère de grand nom de son temps qui ne figure dans ses listes ; mais il dirigeait personnellement ces grands artisans comme un esclavagiste, les poussant à une rapidité d'exécution haletant, de sorte que les ouvrages réalisés pour lui sont plus mémorables par leur étendue que par leur perfection.

La renommée d'un réformateur sanitaire avant l'heure semble peu probable pour le pape Sixte , mais il semble n'y avoir eu aucun droit négligeable. *Nettare* et *purgare* sont deux mots constamment utilisés dans le récit de sa vie. Il a rétabli l'ordre efficace de la Cloaca Maxima. Il a apporté un plus beau bureau, l' Acqua Vergine , un nom à lui seul pour glorifier n'importe quel maître d'œuvre, « refaisant, dit le chroniqueur, « les aqueducs qui étaient en ruines, depuis le Mont Pincio jusqu'à la fontaine de Trevi ». Voici peut-être une meilleure raison de bénir le pape Sixte que même son pont, car ces eaux splendides et abondantes qui apportent fraîcheur et son agréable au cœur même de Rome ont été apportées ici par sa main, un cadeau qui peut être reçu sans critique. , car ce n'est pas à son nom que réside la culpabilité de la construction prodigieuse, une création du XVIIIe siècle, à travers laquelle ils coulent maintenant. Le voyageur du bout du monde qui boit une gorgée de cette merveilleuse fontaine intarissable, se réjouissant du scintillement et du courant de l'eau si cristalline et froide même en plein été, et espérant ainsi assurer son retour. à Rome, pourrait bien verser une libation au pape Sisto , qui, à moitié païen comme ils l'étaient tous à cette époque, aurait probablement autant aimé cette forme de recueillement que les prières qu'il invoque selon les exigences formelles de la piété et de la coutume de l'église. Cependant, ils ont trouvé assez facile de combiner les deux à cette époque étrange. Cependant, l'élément principal qui perpétue le nom de Sixte est la célèbre chapelle Sixtine, bien que son attrait principal ne dérive d'aucune ordonnance de sa part. Certains des plus grands noms de l'art ont été impliqués dans ses décorations antérieures : Pérugin, Botticelli, Ghirlandajo et bien d'autres. Michel-Ange n'était pas encore là, et Raphaël n'était pas non plus sorti de la *bottega ombrienne* avec son charme de grâce et de jeunesse. Mais le pape rassembla les plus grands qu'il put trouver et les fit travailler sur ses murs nouvellement construits avec une magnificence et une libéralité qui méritaient une issue plus durable. Le lecteur frissonnera, et rira presque de consternation et d'émerveillement, en apprenant que plusieurs grandes peintures du Pérugin ont été détruites sur ces murs sur ordre d'un autre pape afin de faire place à Michel-Ange. Il ne pourrait y avoir de témoignage plus caractéristique du cours des événements dans la succession papale, et du gaspillage et de la destruction gratuits par l'une des œuvres les plus chères d'une autre.

Sixte n'en était pas moins un prince guerrier, luttant dans un conflit perpétuel avec les princes des autres États, peut-être avec une ambition encore plus féroce, luttant pour la richesse et la position dont il pourrait doter les jeunes hommes qui étaient comme ses fils - comme les mondains. dans ses objectifs comme n'importe quel Malatesta ou Sforza, aussi peu scrupuleux quant aux moyens de les réaliser, versant le sang ou du moins permettant qu'il soit versé en son nom, extorquant de l'argent, vendant des charges, piétinant les droits d'autrui. Pourtant, au milieu de toutes ces distractions, il poursuivit son noble travail, non sans désir pour le bien de son peuple ainsi que pour ses propres fins, rendant sa ville plus habitable, fournissant une habitation seigneuriale aux malades, déversant des flots d'eau vivifiante. dans l'endroit chaud et assoiffé. La gloire de la construction peut contenir de nombreux éléments de vanité ainsi que la formation de galeries d'art et l'emploi de tous les plus grands artisans de leur temps. Mais nous avons l'avantage à ces derniers égards, de sorte que nous pouvons bien juger charitablement un homme qui, en concevant de grands travaux pour son propre honneur et son plaisir, a en même temps doté nous, et particulièrement son pays et son peuple, d'un avenir durable. héritage. Peut-être, même en concurrence avec ceux-ci, est-il le plus à son honneur d'avoir rempli des fonctions qui ne recommandaient pas tellement à sa génération, et de nettoyer, de nettoyer et de laisser entrer l'air et la lumière comme n'importe quel réformateur sanitaire moderne. L' Aqua Vergine et l'hôpital Santo Spirito sont de belles choses même comme un Botticelli pour la renommée d'un grand prince. On lui pardonnera même la destruction des balcons et toutes les irrégularités pittoresques qui font le charme des rues anciennes, en considération de l'égout et du curage. Les tableaux, les bibliothèques et toutes les plus belles choses de la vie, dont nous, les pays et les siècles lointains, avons notre part de bénéfice, sont de bonnes actions qui ne sont pas susceptibles d'être oubliées.

Ce sont pourtant naturellement les belles choses auxquelles il est le plus agréable de penser. Les chroniqueurs, que nous aimons suivre, curieusement, n'ont rien à dire sur les tableaux, peut-être parce que ce n'était pas un art favorisé par les Romains, ou qu'ils pratiquaient eux-mêmes, sauf dans ses branches inférieures. Infessura mentionne un certain Antonazzo Pintore , auteur d'une Madone, a peint sur le mur près de l'église de Sta. Maria, au-dessous du Capitole, au pied de la colline, qui, le 26 juin de l'an 1470, commença à faire des miracles, et fut ensuite consacrée dans une église dédiée à Notre-Dame des Consolations. Antonazzo était un humble artiste romain, dont le nom se retrouve parmi les ouvriers au service du pape Paul II, peu porté sur les tableaux. Peut-être est-il mentionné parce qu'il était romain, plus probablement parce qu'il a eu la chance de produire une Madone miraculeuse. Le même auteur mentionne en passant I Fiorentini , sous lequel nom générique toutes les *bottegas* étaient regroupées.

"Il renouvela le Palais du Vatican, le dessinant sous de grandes colonnades", dit pittoresquement le chroniqueur Panvinio , travaillant probablement d'après les notes de Platina, "et faisant sous sa chapelle une bibliothèque" : ce qui était la plus belle de toutes, car il y réintégra Platine, qui avait été si profondément dans l'ombre au temps de Paul II, et rappela les savants que son prédécesseur avait découragés, envoyant de loin en Europe toute l'Europe chercher des livres, et agrandissant ainsi la bibliothèque commencée. du pape Nicolas, qui est l'un des plus célèbres que possède le monde, et auquel il a assuré un revenu, « assez pour permettre à ceux qui en avaient la garde de vivre, et même d'acheter davantage de livres ». Cette disposition existe toujours, même si elle n'est plus suffisante au regard de l'objectif pour lequel elle a été dédiée. Les cardinaux imitèrent le pape tant au palais qu'à l'église, chacun faisant de son mieux pour laisser derrière lui un édifice digne de son nom. Les ornements abondaient partout ; parfois plutôt voyante que raffinée. Il y a une histoire dans Vasari de la façon dont l'un des peintres employés sur la Sixtine, en compétition pour un prix que le Pape avait offert, a empilé ses couleurs au-delà de toutes les lois du goût ou de l'harmonie, et a été ridiculisé par ses camarades ; mais il prouva la justesse de son jugement en remportant le prix, après avoir mieux évalué les connaissances et le goût de Sixte que les autres dont l'effort avait été de faire de leur mieux, ce qui lui échappait entièrement.

Tous ces édifices furent cependant fatals aux vestiges encore existants de la Rome antique. Le Colisée et les autres grandes reliques de l'Antiquité étaient encore les carrières à partir desquelles les nouvelles constructions étaient construites. Le Pont Sixtine a été fondé sur d'énormes blocs de travertin provenant directement des ruines du Colisée. Les bâtiments des architectes impériaux ont ainsi fondu, comme on nous le dit maintenant , tout dans le monde, y compris nos propres corps, en de nouvelles combinaisons, selon une loi qui, si juste et universelle par nature, n'est pas volontairement adoptée dans l'art. Ce qui est étonnant, c'est comment ils ont pu approvisionner tant de générations successives, tout en restant dans la mesure où ils le font encore. Chaque édifice de Rome doit quelque chose au Colisée : ses pierres étaient vendues librement autrefois et emportées jusqu'aux extrémités de la terre ; mais il est resté comme la cruche de la veuve, inépuisable : ce qui est presque plus merveilleux que le fait de son usage constant.

Il y a dans la galerie du Vatican un tableau qui, bien que n'étant pas d'une grande valeur , est très intéressant au point de vue historique. Nous citons la description de Mgr Creighton.

"Il représente Sixte IV fondant la bibliothèque du Vatican. Le Pape, au visage caractérisé par une force et une grossièreté mêlées, les mains agrippées aux accoudoirs de son fauteuil, est assis et regarde Platine, agenouillée devant lui, un homme dont le visage est celui d'un érudit, avec la mâchoire carrée, les lèvres fines, la bouche finement découpée et l'œil vif. Le cardinal Giuliano se tient comme un fonctionnaire qui s'apprête à donner un message au pape, à côté duquel se trouve Pietro Riario au nez aquilin et au menton sensuel , rouge- impertinent et hautain. Derrière Platina se trouve le comte Girolamo avec une touffe de cheveux noirs tombant sur de grands yeux noirs, son regard méprisant et son air impérieux.

Ce sont ces trois hommes pour lesquels le Pontife s'est battu et s'est battu, s'est souillé les mains de sang et a vendu sa faveur au plus offrant. Giuliano della Rovere et Pietro Riario étaient cardinaux : le comte Girolamo ou Jeronimo était pire : il était du type le plus grossier du baron prédateur, faisant fortune avec l'épée, le dernier homme au monde à être l'homme de main d'un pape. Ils n'étaient qu'à un pas de la race paysanne, sans distinction ni mérite qui leur avait donné naissance, et tous trois bâtirent sur cette souche grossière le caractère dissolu et l'avidité avide d'argent, acquis par toute injustice et dépensé en toutes folies, qui étaient si courant à leur époque. Ils étaient tous jeunes, enivrés de leur merveilleux succès et de toutes les extravagances à prévoir. Ils ont fait briller et briller Rome avec des spectacles, toujours si adaptés au goût du peuple, saisissant chaque occasion d'étalage et de magnificence. Infessura raconte l'histoire d'un de ces merveilleux spectacles, avec un mélange d' admiration et d'horreur. Le cardinal de San Sisto , nous dit-il, qui était Pietro Riario , couvrait toute la place des Saints-Apôtres et la suspendait avec du tissu d'arras, et au-dessus du portique de l'église érigeait une belle *loggia* avec des panneaux peints par le Florentins pour la fête de San... (la bonne Infessura oublie le nom avec un certain mépris qu'on ne peut qu'éprouver pour les peintres étrangers et leurs œuvres), et firent devant deux fontaines qui jetaient de l'eau très haut, jusqu'au toit. de l'église. Ce merveilleux arrangement était destiné à la délectation de l'invitée royale Madonna Leonora, fille du roi Ferrante pour laquelle lui et son cousin Girolamo ont organisé un grand festin.

"Après le banquet ci-dessus, on vit une des plus belles choses qui aient jamais été vues à Rome ou hors de Rome : car entre le banquet et la fête, plusieurs milliers de ducats furent dépensés. On dressa un buffet avec autant d'argent dessus que vous n'auriez jamais cru que l'Église de Dieu possédait tant de choses, en plus de ce qui se servait à table : et même les choses à manger étaient dorées, et le sucre utilisé pour les fabriquer était sans mesure, plus qu'on ne pouvait le croire. " Ladite Madonna Leonora était dans ladite maison avec de nombreuses demoiselles et baronnes. Et chacune de ces dames avait un lavabo d'or que lui avait donné le Cardinal. Oh guarda ! dans de telles choses pour dépenser le trésor de l'Église ! "

L'année suivante, le cardinal Riario mourut à vingt-huit ans, « empoisonné », dit Infessura : « et ce fut la fin de toutes nos belles fêtes ». Un autre jour, ce fut le laïc parmi les neveux qui remua toute Rome et le monde au-delà avec une fête incommensurable.

" Le jour de la Saint-Marc 1746, le comte Jerónimo, fils ou neveu du pape Sixte , organisa un tournoi solennel à Navona, où se trouvaient de nombreux vaillants chevaliers d'Italie et beaucoup de gens, Catalans, Bourguignons et autres nations ; et on croyait qu'à cette fête il y avait plus de cent mille personnes, et elle a duré vendredi, samedi et dimanche, et il y avait trois prix, dont un a été remporté par Juliano Matatino , et un autre de Lucio Poncello , et le troisième d'un homme d'armes du Royaume (Naples, ainsi appelé jusqu'à ces derniers jours), et ils étaient d'une grande valeur.

La Piazza Navona, théâtre de ce tournoi, fut faite par le pape Sixte la place du marché de Rome, où se tenaient les marchés une fois par mois, une institution qui perdure encore. Le noble Panthéon occupe le fond de cette grande place, comme lorsque le comte Jéronimo, aux sourcils noirs, rassemblait ses chevaliers dans la longue enceinte, si propre à un tel spectacle. Nous sommes maintenant arrivés à une période de l'histoire où toutes les localités sont familières et où nous pouvons identifier chaque maison, chaque église et chaque tour.

« Sixte , dit le chroniqueur, n'a rien laissé de côté de ce qu'il croyait être pour l'ornement ou le confort de la ville. Il a défendu intrépidement la cause des Romains et la dignité du Saint-Siège. La première de ces affirmations est peut-être plus vraie que la dernière ; et nous pouvons lui pardonner ses défauts, ainsi qu'à ses neveux, sur ce point important. Il termina son règne en août 1484, après treize ans de pontificat.

FONTAINE DE TREVI.

CHAPITRE III.
JULES II.— LÉON X.

Il est heureusement possible de passer sous silence les pontificats successifs d'Innocent VIII. et Alexandre VI. Ces papes n'ont guère fait pour Rome, sauf, surtout le dernier d'entre eux, à associer le nom de la ville centrale de la chrétienté à toute dépravation. L'opinion charitable des historiens ultérieurs, qui prennent ce plaisir à bouleverser toutes les notions antérieures, ce qui est une des caractéristiques de notre époque, a commencé à murmurer que même les Borgia n'étaient pas si noirs qu'ils étaient peints . Mais il faudra beaucoup de persuasion et d'éloquence pour convaincre le monde qu'il y a quelque chose à dire sur ce nom. Pape Innocent VIII. il continua l'embellissement du Vatican, qui était son propre palais, acheva le Belvédère et chargea Andrea Mantegna de peindre ses chambres ; mais ce n'était pas plus que n'importe quel noble romain aurait pu faire pour son palais s'il avait eu assez d'argent pour des décorations, qui n'étaient en aucune façon aussi coûteuses à cette époque qu'elles le seraient aujourd'hui, et probablement même beaucoup moins chères que les plus magnifiques. sortes d'arras ou d'autres objets décoratifs dignes d'un palais pape. Alexandre s'y ajouta également un splendide appartement, encore connu sous son nom ; et il prévoyait un danger éventuel (qui ne se produisait cependant pas à son époque) en construisant et en décorant un autre appartement dans le château de Saint-Ange, où il aurait pu se retirer et encore réussir à se divertir, si Rome s'était soulevée contre lui. Mais Rome, qui avait souvent auparavant pourchassé ses meilleurs papes dans l'étroit confinement de cette forteresse, laissa les Borgia en paix. Nous sommes heureux de passer au prochain pape, dont les traces, presque plus que celles de tout autre de ses monarques, sont encore visibles et reconnues à travers Rome. Il a donné plus à la ville que quiconque l'avait précédé, et il a détruit plus qu'aucun pape ne s'était permis de faire auparavant.

Jules II., della Rovère , neveu du pape Sixte , pour qui et pour son frère et cousin ce pape a occupé une grande partie de sa vie bien remplie, était un homme de guerre violent, dont toute la vie a été occupée à combattre, et qui n'avait ni ne prétendait avoir aucun réputation de sainteté ou de dévotion. Mais aussi passionné et impitoyable qu'il fût, et farouchement attaché à sa propre voie, le but de ses conflits perpétuels était en tout cas plus élevé que celui de son oncle, dans la mesure où il s'agissait d'enrichir l'Église et non sa propre famille. qu'il a travaillé et s'est battu. Il fut toute sa vie au centre de combinaisons guerrières : Ligue de Cambrai, sainte Ligue, toutes sortes de combats concertés pour écraser ceux qui s'opposaient à lui et partager leurs biens ; mais la part des biens qui revenait au pape Jules était destinée à l'Église et non à la dotation du fils d'une sœur. Il n'était pas tout à fait insensible aux prétentions des fils de sa sœur ; mais il préférait en général le patrimoine de Saint-Pierre et combattait pour cela avec une énergie sans faille. Il existe de nombreux livres dans lesquels l'histoire de ces guerres et des papes de la Renaissance en général peut être lue dans son intégralité, à l'exception de Jules II. celui auquel nous nous intéressons ici n'est pas celui qui a jamais dirigé une armée ou signé une ligue offensive : c'est l'employeur de Bramante, de Michel-Ange et de Raphaël, le patron colérique qui a menacé de jeter de son échafaudage le peintre de la Chapelle Sixtine, le le redoutable iconoclaste qui démolit Saint-Pierre et détruisit les tombeaux des papes, le prince magnifique qui attachait les plus grands artistes existant alors en Italie, c'est-à-dire dans le monde, à ses roues de char et les conduisait à sa guise. La plupart de ces choses étaient de bonnes choses et donnent de lui une conception favorable ; mais pas ce qui était le plus important de tous.

Comment se fait-il qu'il en soit venu à démolir Saint-Pierre, personne ne peut le dire. Il avait bien sûr le mépris qu'un homme, porté au plus haut courant d'un mouvement nouveau, éprouve par nature pour toutes les vagues d'impulsions précédentes. Il pensait à l'édifice antique si souvent restauré, objet de tant de soins affectueux, avec tous les expédients soucieux employés par les papes passés pour glorifier et embellir l'intérieur bien-aimé, en lui donnant l'intérêt historique le plus chaleureux et le plus varié - avec à peu près le même sentiment comme le respectable marguillier du XVIIIe siècle regardait la pièce de vieux gothique qui était tombée entre ses mains. Une église du XIVe siècle construite pour l'éternité a toujours semblé au marguillier comme si elle allait lui tomber autour des oreilles - et ses efforts herculéens pour abattre un arc qui, sans lui, aurait tenu jusqu'à la fin des temps ont toujours été interprétés comme signifiant que l'ancienne construction était sur le point de s'effondrer. Jules II. de la même manière, il annonça que Saint-Pierre était en mauvais état et avait grand besoin de réparations, au point d'être à peine sûr pour les fidèles ; et Bramante était là tout prêt avec les plus beaux projets, et le pape n'était pas un homme patient qui attendait, mais qui insistait pour obtenir des résultats immédiats. Cette église fut pendant des centaines d'années le plus célèbre des sanctuaires chrétiens ; du bout du monde, des pèlerins étaient allés chercher ses autels. Le tombeau des Apôtres en était le point central, et de nombreux autres saints et martyrs habitaient ses lieux sacrés. Elle avait vu la consécration des empereurs, elle avait tenu de faux papes et de vrais, et avait été témoin du plus haut sommet du triomphe pour les uns, et pour les autres de la dernière solennité de la mort. [10] Mais Bramante ne voyait dans ce vénérable temple que les fondations d'une nouvelle cathédrale, à l'image du grand Duomo qui faisait l'orgueil de Florence ; et son maître voyait en imagination les colonnes s'élever et les vastes arcs se développer, d'un tel édifice qui serait la vantardise

de la chrétienté et porterait la gloire de son propre nom jusqu'aux extrémités
de la terre : un temple tout glorieux dans fierté païenne, plus classique que
les classiques, ornée de grandes statues et de magnificences vierges de
pilastres et de tombeaux s'élevant jusqu'au toit - un tombeau au moins, celui
des della Roveres , de Sixte IV. et Jules II, qui devrait vivre aussi longtemps
que l'histoire, et qui, si ce fier et irritable Buonarotti voulait seulement
achever son œuvre, serait une des gloires de la Ville éternelle.

VIEUX ST. DE PIERRE.

L'ancienne basilique Saint-Pierre ne semble avoir rien eu de la splendeur
poétique et du mystère d'un édifice gothique tel qu'on l'entend dans les pays
du Nord : les arcs arrondis de sa façade ne s'élevaient pas vers le haut avec la
haute légèreté et la grâce élancée des grandes cathédrales de Rome. France et
Allemagne. Mais la façade irrégulière était pleine d'intérêt et de vie,
pittoresque sinon splendide. Il y avait du caractère et du sens dans chaque
ligne, c'était une série d'érections, transférant la méthode d'un siècle dans un
autre, avec cet art qui fait d'un grand édifice une histoire animée et variée des
temps et des âges par lesquels il a passé. prendre quelque chose à chacun et
donner à tous un abri et un sentiment de continuité. Il n'y a pas un tel charme
dans le plus parfait des triomphes architecturaux exécutés par une seule
impulsion. Mais c'était là la dernière qualité au monde susceptible de
dissuader un magnifique pape du XVe siècle, pour qui l'unité de conception
et l'exactitude de la forme étaient bien plus préoccupantes qu'un tel intérêt
imaginatif. Cependant Jules II. il ne faut pas qu'une plus grande culpabilité

lui soit imposée que ce qui lui était dû. Ses opérations ne concernèrent que la partie orientale de la grande église : la façade et l'aspect extérieur de l'édifice restèrent inchangés pendant plus de cent ans ; tandis que le plan, comme on le croit maintenant, était celui du pape Nicolas V, exécuté uniquement par tranches par ses successeurs, dont Jules était l'un des plus audacieux.

C'est cependant dans la renommée de ses trois serviteurs, esclaves sublimes, dont les noms sont plus puissants encore que ceux d'aucun pontife, que ce pape s'est surtout illustré. Ses triomphes au combat sont perdus de mémoire dans les pages des historiens, où nous lisons et oublions la lutte qu'il a menée en Italie et les transformations par lesquelles ce pays si troublé est passé sous sa domination, pour changer à nouveau le lendemain, comme cela avait changé la veille du début de sa carrière. Certes, c'est lui qui a finalement identifié et sécurisé le patrimoine de saint Pierre, afin que les États de l'Église ne soient pas désormais perdus et gagnés par une succession naturelle d'événements au moins une fois dans la vie de chaque pape. Mais nous oublions ce fait , et tout ce qui l'a assuré, le chaos tumultueux des affaires européennes étant encore trop sombre pour être pénétré par une quelconque certitude de consolidation. Le cours des événements était en grande partie ce qu'était en petite partie l'histoire de la fortune de saint Jean de Latran. Depuis l'époque du pape Martin V jusqu'à celle de Sixte IV. un changement de clergé s'y produisit à presque chaque pontificat. Eugène IV. rétablit les chanoines réguliers, ou moines : qui furent chassés par Calixte III, de nouveau rétablis par Paul II, et ainsi de suite, jusqu'à ce qu'enfin Sixte , ramenant les prêtres séculiers pour la troisième fois, satisfasse les moines par le don de sa nouvelle église de Sta. Maria della Pace. La révolution des affaires en Italie fut presque aussi régulière, et ce n'est qu'avec un effort d'esprit que le lecteur peut suivre le déplacement incessant des scènes, les combinaisons qui se dispersent et se rassemblent, le tourbillon des événements qui se répètent sans cesse. le point à partir duquel ils sont partis. Mais quand on met de côté les papes et les princes, le piétinement et le tumulte des guerriers en cotte de mailles, et que la foule qui s'ouvre de tous côtés nous donne à voir un artisan patient, mais colérique, montant jour après jour sa haute plate-forme, basculée vers le haut. près du toit, où tantôt couché sur le dos, tantôt accroupi sur ses genoux, il rendait toit et architrave éloquents avec une vision que les siècles ne peuvent effacer, ni qu'aucune révolution, ni des affaires extérieures, ni des modes de pensée, ne diminue d'intérêt, un sentiment très différent remplit l'esprit, et les pensées, qui étaient malades et fatiguées du tourbillon inutile et vertigineux des faits, reviennent soulagées à la permanence consolante de l'art. Le Pape qui montait impérieux, maître du monde, sur ces planches vertigineuses, admirait, blasphémait et menaçait d'un souffle ; mais sans force pour émouvoir le robuste peintre qui, on le savait, était un homme impossible à remplacer. "Quand l'auras-tu fini ?" dit le pape. "Quand je peux", répondit l'autre. Le Pontife pouvait se mettre en colère et menacer, mais le Florentin continuait à peindre sans relâche ; et le pape Jules, sur l'échafaudage tremblant du toit de la chapelle de son oncle, est mieux connu du monde par cette scène que par toutes ses victoires. Oncle et neveu, tous deux hommes puissants, âmes guerrières et fortes, cette salle du Vatican a plus de part dans leur renommée que tout ce qu'ils ont réalisé dans le monde.

Un autre esprit, plus doux, entre en même temps pour glorifier cet heureux pape. Ses prédécesseurs avaient depuis quelque temps chacun fait quelque chose pour la splendeur de la demeure qui était leur résidence principale, même les moins intéressés ajoutant au moins une *loggia* , un couloir, une villa dans le jardin, comme on l'a vu, pour faire du Vatican glorieux. Alexandre VI. avait été le dernier à embellir et à agrandir le logement plus que royal des Pontifes ; mais Jules II. avait pour son prédécesseur une haine que tous les honnêtes gens ont le droit de partager, et il ne voulait pas vivre dans les chambres sur lesquelles les Borgia avaient laissé l'horreur de leur nom. Il revient aux appartements plus propres, quoique plus simples, que Nicolas V. avait construits et décorés par les mains des peintres plus âgés. Sur l'un d'eux, il mit au travail le jeune Raphaël, un jeune homme avec lequel il ne devait probablement pas y avoir de problèmes semblables à ceux qu'il avait avec le Florentin noueux et grincheux, qui était aussi obstiné que lui . Presque aussitôt que le jeune peintre eut commencé son gracieuse œuvre, le pape ravi comprit quel trésor de gloire il avait en ce nouveau serviteur. Qu'importe que le maître du nouveau peintre, le Pérugin, ait été là avant lui avec d'autres hommes aux plus hautes prétentions ? Il ne restait plus qu'à démolir ces maîtres à l'ancienne mode, à les dégager des murs, à s'en remettre à Raphaël. On frémit et s'étonne d'une telle preuve d'enthousiasme. Le jeune homme était-il prêt à obtenir de l'espace pour ses images douces et éthérées avec toute leur grâce céleste, à un tel prix ? Mais s'il faisait quelque remontrance — ce qu'il fit probablement, car nous le voyons plus tard en grande difficulté à cause de Saint-Pierre et des destructions qui s'y poursuivirent — son impérieux maître n'y prêta guère attention. Julius était l'un des hommes à qui il fallait obéir, et il était toujours aussi prêt à démolir qu'à construire. La destruction de Saint-Pierre d'une part, et toutes ces peintures de l'autre, prouvent la nature imprudente et magistrale de cet homme, qui ne reculait devant rien dans une affaire qui lui tenait à cœur. Plus tard, les images du Pérugin sur le mur de la chapelle Sixtine furent démolies, comme on l'a dit, pour faire place au Jugement dernier de Michel-Ange ; mais le pape Jules était alors passé dans une autre sphère.

La plupart des gens se souviennent du célèbre portrait de ce pape par Raphaël, l'un des tableaux les plus connus au monde. Il est assis sur sa chaise, un vieil homme, la tête légèrement baissée, méditant, dans une pause des occupations et de l'énergie sans fin qui rendaient sa vie si pleine. Le portrait est assez simple, mais plein de dignité et de puissance maussade. Nous sentons qu'il ne serait pas bon de réveiller le vieux lion, bien qu'en ce moment son repos soit parfait. Raphaël était à l'aise dans la paix de son âme pour observer et enregistrer le puissant maître dont il allait si largement contribuer à faire la renommée. Il aurait été curieux d'avoir aussi le Julius que Michel-Ange a connu.

Il mourut au milieu de tout ce grand travail, alors que la poussière de la chute de Saint-Pierre était encore dans l'air. S'il avait pu vivre assez longtemps pour voir le nouveau et splendide temple s'élever à sa place, nous pourrions mieux comprendre la merveilleuse hardiesse de cet acte ; mais il serait presque inconcevable comment même le plus impie des hommes aurait pu exécuter une telle impulsion, ne laissant derrière lui qu'une ruine partielle du grand sanctuaire de la chrétienté, si nous ne savions pas que toute une lignée de dirigeants compétents avaient poursuivi le prévoir un achèvement progressif. Ce n'est que cent cinquante ans plus tard que la nouvelle basilique Saint-Pierre, dans sa forme actuelle, vaste et splendide, mais apparemment conçue pour paraître aussi petite que possible au premier coup d'œil, était complète, à l'admiration des monde. Dans la violence de la destruction , un grand nombre de tombeaux des papes ont péri, au moyen de cette insouciance cynique et de ces grossièretés qui sont plus cruelles que toute impulsion hostile. Jules a conservé la tombe de son oncle Sixte , où il fut lui-même ensuite déposé, non pas dans son propre tombeau splendide, en construction depuis de nombreuses années, et que l'on peut maintenant voir dans l'église de San Pietro in Vincoli d' où il prend son titre de cardinal. Il n'avait donc que peu de bien de cette œuvre d'art qu'il méritait bien, et elle fut elle-même tristement diminuée, coupée et complétée par diverses mains secondaires ; mais il est gardé à la portée du spectateur par Moïse de Michel-Ange et quelques autres parties de son œuvre originale, bien qu'il ne consacre ni le corps ni ne marque le lieu de repos de son impérieux maître. Jules mourut en 1513, « plus illustre en gloire militaire qu'un pape ne devrait l'être ». Panvinio dit : « Il était d'une grande âme et d'une grande constance, et un puissant défenseur de toutes les choses ecclésiastiques : il ne souffrait aucune offense et était implacable avec les rebelles et les personnes contumaces. Il était de ceux qui ne pouvaient qu'être loués pour avoir avec tant de force et de fidélité, il préserva et augmenta les possessions de l'Église, bien qu'il y en ait quelques-uns pour qui il semble qu'il était plus porté aux armes qu'il ne devenait un saint pape. « Le 21 février 1513, mourut le pape Jules, à neuf heures de la nuit », dit un autre chroniqueur, Sebastiano Branca ; "il exerça la papauté neuf ans, trois mois et vingt-cinq jours. Il était de Savone : il acquit de nombreuses terres pour l'Église : aucun pape n'avait jamais fait ce que fit le pape Jules. Le premier était Faenza, les autres Forli, Cervia , Ravenne, Rimini, Parme, Plaisance et Arezzo. Il les gagna toutes pour l'Église, sans jamais songer à les donner à sa propre famille. Il donna Pesaro au duc d'Urbino, son neveu, mais à aucun autre. Des cardinaux sont morts en son temps. Et il a causé la mort à la guerre de plus de cent mille personnes. Il ne pourrait y avoir de résumé plus sombre .

Il est curieux de remarquer que les hommes qui sont à l'origine de la splendeur de la Rome moderne, qui ont construit ses églises et ses palais les plus nobles, qui ont orné ses murs des œuvres d'art les plus nobles et qui ont rempli ses bibliothèques de livres du plus grand luxe, étaient des hommes de l'époque. race la plus humble, d'origine paysanne, née pour la pauvreté et le labeur. Thomas de Sarzana , le pape Nicolas V., Francesco et Giuliano de Savone, les papes Sixte IV. et Jules II : ces hommes sont nés sans même la distinction d'un nom de famille, dans les cabanes où reposent les pauvres, ou plus humblement encore dans quelque chambre accrochée aux fondations rocheuses d'un village, perchée sur une falaise, à la mode. de l'Italie. Ce sont eux qui ont donné naissance à une magnificence dépassant les rêves des plus grands princes de leur temps.

Il n'en était pas de même du successeur de Jules II, pape au nom duquel se concentrent toute la grandeur et la magnificence de Rome, et auquel on pense le plus immédiatement lorsque s'achève l'âge d'or du luxe ecclésiastique et de la splendeur de l' art . nommé. Léon X était aussi vrai fils du luxe qu'eux de la terre. La race des Médicis a toujours été chanceuse dans ses records. Les plus grands peintres du monde ont été à ses pieds, encouragés, chéris et tyrannisés . La littérature, telle qu'elle était alors la plus estimée, les flattait, les caressait et les flattait. Lorenzo, appelé un peu bêtement dans l'histoire le Magnifique, — par oubli du fait qu'il Magnifico était le titre commun d'un fonctionnaire florentin, — est considéré par beaucoup comme le personnage le plus remarquable et le plus splendide de l'histoire de Florence. Et Léon X porte la même renommée dans les archives de la Rome papale. Nous ne dirons pas qu'il était un Néron moderne jouant du violon pendant que Rome brûlait, car il s'est montré à bien des égards un politicien particulièrement avisé, et aussi peu enclin à laisser échapper aucun avantage temporel que ses prédécesseurs combattants – mais le spectacle est toujours un curieux celui d'un homme dépensant sa vie et sa richesse (ou celle d'autrui) dans ce qui était même les décorations les plus exquises et les plus splendides, des merveilles d'ornementation telles que les fresques de Raphaël - tandis que la papauté elle-même était assaillie par la plus grande rébellion jamais soulevée. encontre. Continuer à peindre les murs pendant que les fondations de l'édifice se ruinent sous vos pieds et peuvent à tout moment tomber sous vos oreilles, réduisant en poudre vos splendides ornements, est une chose qui donne la sensation la plus curieuse au spectateur. Le monde ne savait pas à cette époque que même pour une institution aussi superficiellement corrompue que l'Église de Rome, l'ancienne promesse tenait fermement, et que non seulement les portes de l'enfer, mais celles qui ressemblaient davantage à celles du ciel, ne devaient pas prévaloir contre elle. En Italie, on croyait que l'Église, récemment gouvernée par un Borgia et qui, il est vrai, était pleine de méchanceté dans les hauts lieux, devait s'effondrer complètement sous le coup terrible. Une grande partie du monde a en effet continué à le croire pendant un siècle ou deux. Mais au milieu de cette conviction presque universelle, rien n'est plus curieux que de voir la vie de la Rome papale se dérouler comme si de rien n'était, et le jeune Raphaël et tous ses disciples aller et venir, joyeux comme le jour, autour du grand vide. chambres dont ils faisaient une merveille de la terre. Michel-Ange, il est vrai, dans un sombre mécontentement, s'acharnait contre ses énormes esclaves à Florence, insufflant de merveilleuses pensées dans leurs grands membres ; mais tout ce monde romain coulait avec éclat et gloire sous des cieux épargnés par aucune menace de catastrophe.

ROME MODERNE : LA TOMBE DE KEATS.

Les chroniqueurs italiens évoquent à peine les débuts de la Réforme. "A cette époque, dans les régions les plus reculées de l'Allemagne, le nom abominable et infâme de Martin Luther commençait à être entendu", dit l'un d'entre eux. L'éléphant qu'Emmanuel du Portugal envoya à Sa Sainteté, et qui était censé avoir mille ans, prend autant de place. Le soleil brillait à Rome. Les peintres chantaient et sifflaient leur œuvre, et leur sublime patron allait et venait, et coiffait ses vers avec le Bembo vénitien et l'unique Aretino. Ils n'avaient, semble-t-il, aucune peur de Luther, et n'en avaient même pas conscience , sauf d'une manière faible et lointaine. Il était assez absurde pour s'opposer à la vente des indulgences. Or, la vente des indulgences n'était pas défendable en théorie, comme le savaient tous ces philosophes. Mais racheter les pénitences qu'autrement ils auraient été obligés de faire semblant de faire, était un soulagement reconnaissant à beaucoup de personnes qui n'étaient pas de mauvais chrétiens, en plus d'être de bons catholiques. Peut-être, en effet, dans l'imagination populaire grossière, ces indulgences auraient-elles pu ressembler à des autorisations de pécher, comme le prétendait ce monstre d'Allemagne ; mais cela n'a pas vraiment modifié leur véritable caractère, pas plus que d'autres erreurs populaires n'ont affecté la doctrine en général. Et comment avancer avec cet immense édifice de Saint-Pierre, auquel travaillaient d'innombrables ouvriers année après année, et qui représentait le fardeau le plus terrible pour les fonds pontificaux, sans cette méthode consistant à essorer la pierre et le mortier, la dorure et la mosaïque pour les extraire de la pierre, du mortier, de la dorure et de la mosaïque ? les gens ordinaires ? Le pape Léon l'a pris très facilement. Malgré les acquisitions du pape Jules et la certitude avec laquelle les historiens nous assurent que, depuis son époque, le patrimoine de Saint-Pierre était bien établi en possession de Rome, une partie de celui-ci avait été de nouveau perdue et devait de nouveau être récupérée. au temps de son successeur. C'était sans doute plus important que le nom *nefando* , *exécrabile* du moine allemand. Et ainsi les guerres continuèrent, mais pas avec l'esprit et le goût de Jules II. avait apporté en eux. Léon X. n'avait aucune envie de tuer qui que ce soit. Lorsqu'il était obligé de le faire , il le faisait avec le plus grand calme et inexorablement, comme il convient à un Médicis ; mais il n'y prit aucun plaisir. Si Luther était tombé entre ses mains, la Curie aurait sans doute trouvé le moyen de laisser partir ce pestiféré. Une promenade autour de la *loggie* ou de la *stanze* où les peintres étaient si occupés, et où Raphaël, un gentleman né, ne se plaignait pas comme le faisait ce sauvage Buonarotti, lorsqu'on l'interrompait, mais s'arrêtait, souriait et s'expliquait, mettait la pensée de tout ennuyeuse. Les Allemands sortent facilement de la tête du génial potentat. C'était l'âge d'or ; et Rome était le centre du monde comme il se doit, et le génie travaillait sans relâche à l'embellissement de tout ; et jamais dans aucune cour des remarques aussi intelligentes n'avaient été faites, des suggestions aussi spirituelles, un langage aussi fin utilisé et des arguments aussi subtils tenus, que ceux de tous les savants et de tous les esprits qui rivalisaient les uns avec les autres pour l'oreille et le regard du pape Léon. La jouissance calme de la vie au-dessus d'un volcan n'a jamais été exposée avec une telle perfection auparavant.

Nous n'avons pas besoin de nous arrêter ici pour énumérer ou décrire ces œuvres que tout visiteur à Rome s'empresse de voir, dans lesquelles l'art bienveillant et charmant de Raphaël a éclairé les splendides salles du Vatican avec quelque chose de la lumière qui n'a jamais existé sur la mer ou sur le rivage. . Nous avouons que pour nous un petit tableau de la même main, que l'on rencontre ici et là, et souvent loin de l'endroit où il a été peint, surpasse toutes ces œuvres d'art ; mais personne ne peut contester leur beauté ou leur importance. Le pape Léon n'a pas même contribué à leur perfection par le simple toucher d'un crayon, et pourtant ils sont la principale gloire de son temps et l'élément principal de sa renommée. Il les a faites dans la mesure où il a pourvu aux moyens, à la situation noble aussi bien qu'aux provisions plus vulgaires qui étaient tout aussi nécessaires, et il a donc droit à sa part des applaudissements, par lesquels il est bien récompensé pour tout ce qu'il a fait. a fait; car sans doute le paiement du moment, le plaisir qu'il y prenait sincèrement, et l'orgueil de prendre si noblement sa part à l'illumination durable de Rome étaient une très grande récompense en eux-mêmes, sans la moisson qu'il a récoltée depuis dans les applaudissements. de la postérité. Aujourd'hui, nous n'honorons peut-être pas autant le mécène de l'art qu'on avait tendance à le faire au siècle dernier. Et nombreux sont sans aucun doute ceux qui adorent Raphaël au Vatican sans penser à Léon. Il mérite néanmoins d'être honoré . Il laisse carte blanche au jeune peintre, croyant en son génie et probablement attiré par son caractère plus génial, tout en tenant à bout de bras Michel-Ange, pour lequel il semble avoir toujours éprouvé une certaine répugnance.

Nous n'essaierons pas de souligner dans les grandes peintures murales de Raphaël les allusions flatteuses à l'histoire et au triomphe de Léon que les critiques y trouvent, ni encore le but noble avec lequel d'autres considèrent que le peintre a été ému dans ces grandes œuvres. Mgr Creighton y trouve une leçon très édifiante, mais bien au-delà de ce que nous serions disposés à chercher. « La vie de Raphaël, dit-il, exprime la meilleure qualité de l'esprit de la Renaissance italienne, sa croyance dans le pouvoir de la culture pour restaurer l'unité de la vie et implanter la sérénité dans l'âme. Il est clair que Raphaël n'a pas vécu pour un simple plaisir, mais que son temps était consacré à une activité incessante animée par de grands espoirs pour l'avenir. Comment cela se peut- il, nous ne le savons pas : mais nous penchons plutôt pour l'opinion que Raphaël, comme d'autres hommes de grand génie spontané, a fait ce qu'il avait en lui et a fait de son mieux, avec peu d'intentions ultérieures et peu de réflexion sur le pouvoir de la culture. Il lui appartenait, pensons-nous, de montrer comment l'art pouvait illustrer au mieux et avec le plus parfait effet l'espace qu'il lui donnait à embellir, avec un sens non indigne de l'œuvre gracieuse, mais sans impulsion didactique. C'était à lui de rendre belles ces belles pièces et la légèreté aérienne de la brillante *loggie* , avec une exposition triomphale d'un thème plein de possibilités picturales. Mais il est difficile de comprendre ce que cela a à voir avec Luther, ou comment l'un doit contrebalancer l'autre. Goethe, de son côté , déclare qu'en allant à *la loggie* de Raphaël depuis la chapelle Sixtine, « nous pouvions à peine supporter de les regarder. L'œil était si éduqué et élargi par ces grandes formes et la glorieuse complétude de toutes les parties qu'il ne pouvait prendre aucun plaisir. " dans des œuvres tellement moins importantes. Telles sont les divergences d'opinions à toutes les époques. C'est la gloire de cette période de l'histoire romaine qu'à une époque où le Siège Apostolique avait tant perdu et où tous ses grands desseins, ses nobles idéaux, son règne de sainteté et de sagesse inspirée avaient péri comme la fleur des champs... lorsque tout ce pour quoi Grégoire et Innocent avaient lutté toute leur vie s'était dissous comme une bulle : lorsque les papes n'étaient plus des hommes saints, ni distingués par aucun objectif grand et universel, mais des princes italiens comme d'autres, pires que meilleurs dans certains cas. : auraient dû surgir, avec un manteau de gloire pour cacher l'échec, l'horreur et le mépris, ces deux grands frères de l'Art - l'un robuste, triste, gêné, courbé par le mal du temps, l'autre toute douceur et allégresse, un ange de lumière, devinant dans sa gracieuse simplicité les secrets des cieux.

Le pape Léon n'était pas une âme aussi noble. Il n'était qu'un Médicis courtois et habile , capable de tirer le meilleur parti des esclaves divins prêts à son service - les utilisant pas mal, les encourageant à faire de leur mieux, sinon pour des motifs plus élevés, mais pour lui plaire, le Sommo Pontefice , sûrement la meilleure chose qu'ils puissent espérer ; et pour gagner la part des ducats qui lui revenaient de la vente des offices du Vatican, des chapeaux des cardinaux, des chevaleries papales et autres trompe-l'oeil, qui pourrait suffire à tous leurs besoins. Il vendait ces choses et d'autres choses, des indulgences par exemple, semées à la volée sur la surface de la terre et produisant des récoltes d'une tout autre nature. Mais en revanche il n'a jamais vendu de bénéfice. Il remit la taxe sur le sel ; et il donnait généreusement à qui le lui demandait, et jouissait de la vie de tout son cœur, ce qui n'est pas une mauvaise qualité en soi.

UN BRIC-À-BRAC.

« Le pontificat de Léon fut le plus gai et le plus heureux que Rome ait jamais connu », dit le chroniqueur. « Très amoureux de la construction, il entreprit avec une grande âme la construction de San Pietro, que Jules, avec un art merveilleux , avait commencé. Il ennoblit le palais du Vatican de triples portiques, amples et longs, de la plus belle facture, avec des toits dorés et ornés d'excellents tableaux. Il reconstruisit presque depuis les fondations l'église de Notre-Dame du Monte Cœlio , d'où il tirait son titre de cardinal, et l'orna de mosaïques. Enfin il n'y eut rien qui durant toute sa vie il Il avait plus à cœur ou plus ardemment désiré que l'excellent nom de libéral, bien que tous les autres avaient coutume de tourner le dos à cette vertu de libéralité et de s'en éloigner. Il jugeait indignes d'une haute position ceux qui Il n'a pas dispersé d'une main large et bienveillante les dons de la fortune, et surtout ceux qui étaient acquis par peu ou pas de fatigue. Mais tandis que sous cette forme il gouvernait Rome et que toute l'Italie jouissait d'une paix joyeuse, il fut mort trop tôt. tiré de ce monde bien qu'il soit encore dans la fleur et l'apogée de ses années.

Il décède à l'âge de quarante-cinq ans le 1er décembre 1521.

Les grands travaux que l'un et l'autre des papes laissèrent ainsi à moitié terminés furent achevés. Pierre par Sixte V. 601 1590 et Paul V. 1615. Le Jugement dernier complétant la chapelle Sixtine fut achevé par Michel-Ange en 1541 sous Clément VII. et Paul III. Et ainsi la Rome de nos jours, la Rome que nous visitons non pas en pèlerins, mais en personnes vivant selon la mode de notre temps, qui nous oblige à parcourir toute la terre et à voir tout ce qu'il y a à voir. chaque année en grand nombre - est resté plus ou moins tel qu'il est aujourd'hui, pour l'admiration du monde. Beaucoup a été fait depuis et fait encore chaque jour pour rendre plus intelligibles et plus évidents les souvenirs d'une antiquité inépuisable - mais dans la Rome des papes, la Rome de la chrétienté, l'Histoire n'a eu que peu de choses et l'Art n'a pas eu un autre mot à dire. dire.

LA FIN.

NOTES DE BAS DE PAGE :

[1] Il est touchant et pathétique de deviner, chez le Pape actuel, quelque chose de cette ambition visionnaire et désintéressée, de ce désir de bénir et d'aider l'univers, qui était dans ces rêves de l'esprit médiéval, poussé par une grande pitié , et un amour à moitié divin. Léon XIII. est un homme trop sage pour rêver d'un pouvoir temporel restauré, bien qu'il soit un martyr de la théorie de celui-ci : mais il semblerait qu'il y ait dans sa vieillesse, ce qui le rend impossible si rien d'autre ne le faisait, une conscience tremblante de sa capacité à être en lui-même un Papa Angelico, et nous rassemble tous sous ses ailes.

[2] Certains en déduisent que l'élection a eu lieu dans cette église et non dans le Latran ; mais cela est contredit par Grégoire lui-même, qui dit que cela a eu lieu à Ecclesia S. Salvatoris , nom fréquemment utilisé pour le Latran. Bowden suggère qu'« à la fin des débats tumultueux au Latran, le clergé cardinal » aurait pu « s'être rendu officiellement à Saint-Pierre ad Vincula pour ratifier et enregistrer l'élection ».

[3] Ce personnage est toujours appelé Cencio dans les archives italiennes. Certains supposent qu'il appartenait à la famille des Crescenzi, dont le nom, ainsi que celui de Vincenzo, est le diminutif.

[4] Sur ce sujet, les documents diffèrent, les uns affirmant que ces lettres avaient été lues immédiatement après le déplacement de Roland, les autres que la séance avait été ajournée après ce merveilleux incident.

[5] Le vice-prévôt d'Eton qui a aimablement lu ces pages dans une critique douce qui ne peut dire aucun mot dur, remarque ici : « Si le succès se mesure moins par les résultats immédiats que par l'orientation de la manière dont les hommes pensent, je devrais dire qu'Innocent a réussi. « Que dira le Pape ? était la question posée aux quatre coins du monde, même si on ne lui obéissait pas toujours.

[6] Une distinction nécessaire quand il y en avait tant du même nom, *c'est-à-dire* Pietro, fils d' Agapito , neveu du vieux Stefano.

[7] Ils changèrent leurs vêtements et jetèrent parmi le peuple ceux qu'ils enlevaient.

[8] Le bain, ou vase baptismal de Constantin (soi-disant) mentionné ici, se trouve toujours dans le baptistère du Latran.

[9] On racontait autrefois à Rome à propos de ce lieu une histoire amusante, qui découlait sans doute de la légende de cette ancienne demeure ecclésiastique. C'est qu'un évêque, voyageant à travers le pays (c'est toujours un évêque qui est le *bon vivant* de l'histoire italienne), envoya devant lui un

messager avec pour instruction d' écrire sur les murs de chaque ville son opinion sur le vin du lieu, afin que son maître puisse juger s'il devait y descendre ou non. Si c'était bien, *Est* devait être le mot. Lorsque le coursier est arrivé à Montefiascone, il était si ravi du millésime qu'il a blasonné le portail avec une triple légende *Est* , *Est* , *Est* . L'évêque arriva, descendit ; et n'a plus jamais quitté Montefiascone. Le vin dans ses flacons d'origine se distingue encore par cette inscription.

[10] Voir la mort du pape Léon IX., p. 199 .

9 789359 250847